U0916149
卫华集团
WEIHUA
卫华集团

河南省矿山起重机有限公司
HENAN MINE CRANE CO.,LTD.

企业介绍 ·
Enterprise Introduction

河南省矿山起重机有限公司是一家股份制企业，主要从事“矿源”牌电动葫芦，单、双梁桥式、门式、铸造、防爆等系列起重机及配件的制造与销售。公司占地面积68万㎡，员工2 700余人，拥有资产6.6亿元，380余家销售服务机构，各类生产检测设备1 600余台（套），能独立完成车、铣、刨、磨、热处理等20余道工艺流程。业务涉及冶金、矿山、机械、水利、电力、港口、造船等众多行业，服务国内外大小企业上万家，产品畅销全国30多个省、市、自治区，并出口到澳大利亚、印度及东南亚各国。年产销双梁起重机4 000余台，单梁起重机23 000余台，单梁、双梁电动葫芦及配件33 000余台（套），其中单梁产销量已连续七年全国领先。

公司先后荣获“中国驰名商标”“河南省名牌产品”“新乡市市长质量奖”“河南省高新技术企业”“守合同重信用企业”“中国起重运输机械行业50强单位”等120余项荣誉称号。

质量铸就品牌，诚信编织未来，您的理想就是“矿源”的追求，您的追求就是“矿源”牌系列产品，希望“矿源”能为您经济产业的腾飞作出贡献。

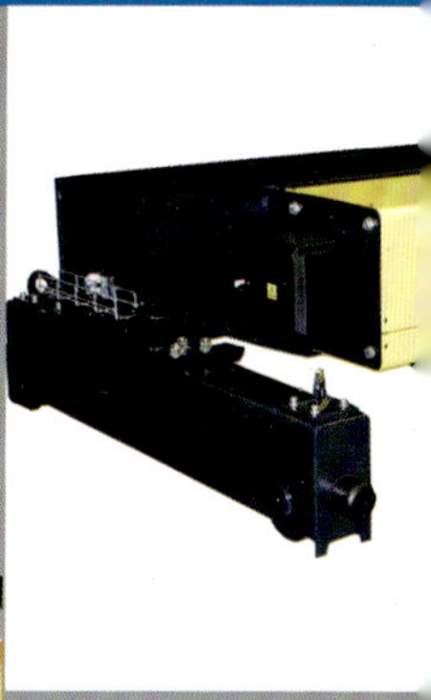

型葫芦
小车

320 t
通用桥式起重机

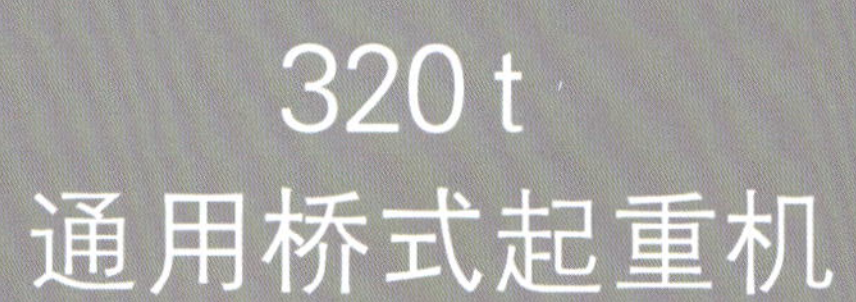

1 300 t 造船门机

产品展示
Product Display

企业风采
Enterprise Scenery

河南省矿山起重机有限公司
HENAN MINE CRANE CO.,LTD.

公司官网：http://www.hnks.com
E-mail：hnksky@126.com

河南矿山 HENAN MINE

通用双主梁
桁架门式起重机

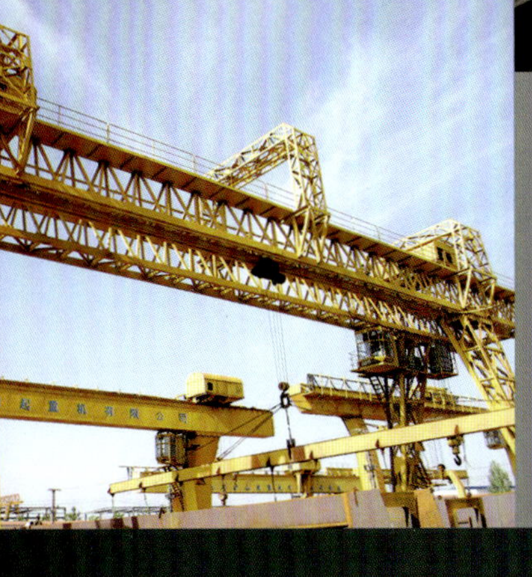

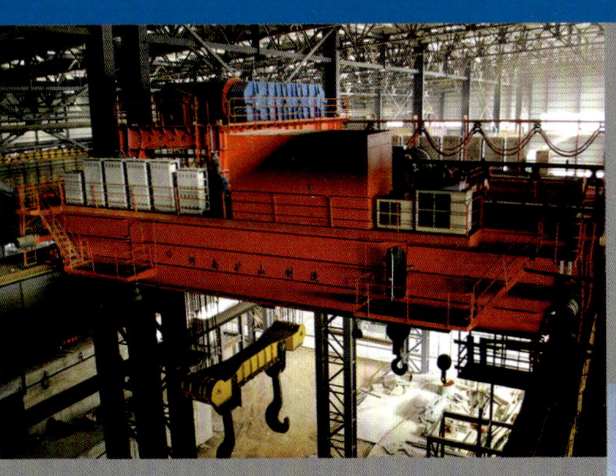

YZS280t
四梁铸造起重机

地铁专用
双主梁门式起重机

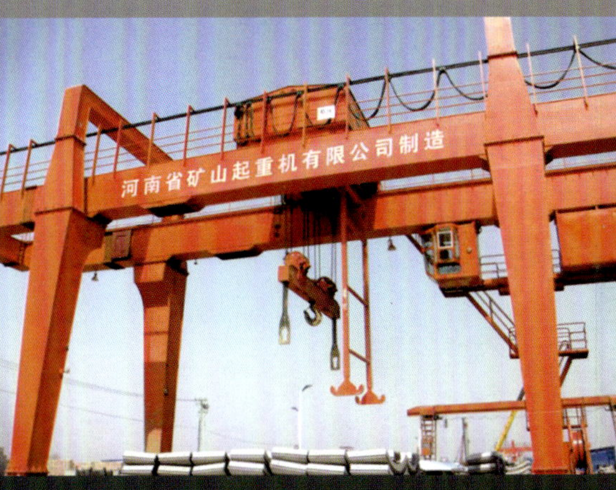

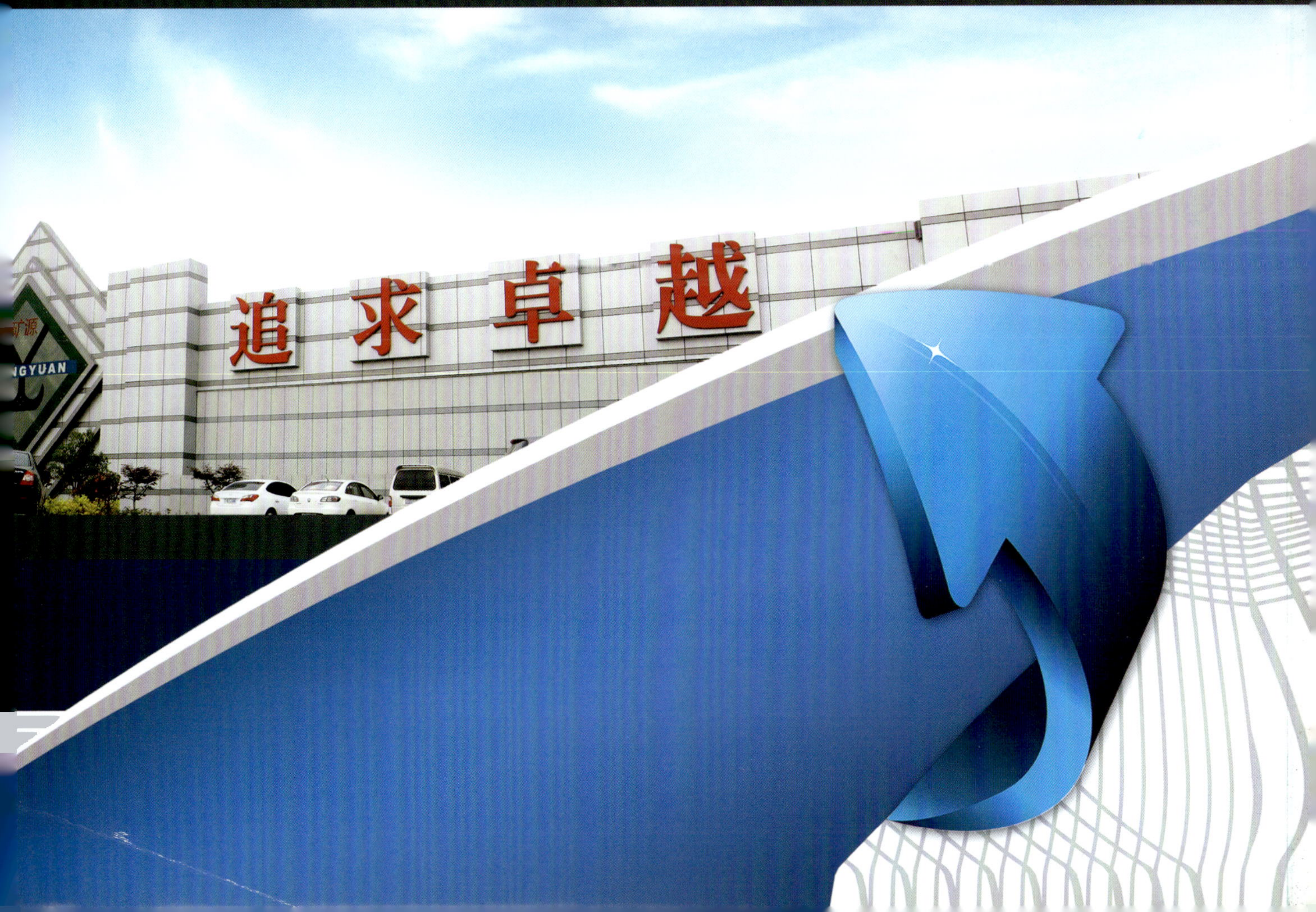

公司简介 About Shuangniao Machinery

浙江双鸟机械有限公司是专业生产轻小型起重机械的民营有限责任公司，是中国重型机械工业协会起重葫芦分会副理事长单位。公司创办于1984年，专业生产“双鸟”牌电动葫芦、手动葫芦、单轨行车、起重链条、吊索具、夹持器等，远销北美、欧洲、大洋洲、东南亚等一百多个国家以及国内大部分地区，深受顾客好评。

“双鸟”商标被认定为“中国驰名商标”，公司被认定为“国家重点高新技术企业”“浙江省文明单位”，双鸟产品被认定为“浙江名牌产品”。公司通过ISO9001质量管理体系认证、ISO14001环境管理体系认证以及德国GS、欧洲CE认证，公司率先通过欧盟2005/84/EC指令，REACH法规要求。手拉葫芦获得全国工业产品生产许可证，环链、钢丝绳电动葫芦获得国家特种设备制造、安装、改造、维修许可证。公司研制开发的环链电动葫芦被列入国家星火计划项目、国家火炬计划项目。公司累计授权国家专利40项，其中发明专利3项，参与制定手拉葫芦、手扳葫芦、环链电动葫芦、起重用圆环链验收总则等国家和行业标准15项。

双鸟机械本着“不断创新，为顾客提供满意的产品和服务”的宗旨，热诚欢迎中外客户光临惠顾！

中国机械工业年鉴系列

中国重型机械工业年鉴

2013

中国机械工业年鉴编辑委员会
中 国 重 型 机 械 工 业 协 会 编

《中国重型机械工业年鉴》2013年刊设置综述、行业篇、市场篇、企业篇、统计资料、标准与质量、政策法规、大事记和附录等栏目，集中反映2012年重型机械行业的发展情况，详细记录了18个分行业的生产发展、产品产量、市场销售、科技成果及新产品、标准与质量、基本建设及技术改造等情况，公布重型机械行业权威统计数据。其中“企业大事记”栏目梳理了行业重点企业2012年亮点事件，记录企业发展历程。

《中国重型机械工业年鉴》主要发行对象为政府决策机构、机械工业相关企业决策者，从事市场分析、企业规划的中高层管理人员以及国内外投资机构、贸易公司、银行、证券、咨询服务部门和科研单位的机电项目管理人员等。

图书在版编目（CIP）数据

中国重型机械工业年鉴.2013/中国机械工业年鉴编辑委员会，中国重型机械工业协会编.—北京：机械工业出版社，2014.5

（中国机械工业年鉴系列）

ISBN 978-7-111-46393-1

Ⅰ.①中… Ⅱ.①中… ②中… Ⅲ.①重工业—机械工业—中国—2013—年鉴 Ⅳ.①F426.42-54

中国版本图书馆CIP数据核字（2014）第067929号

机械工业出版社（北京市西城区百万庄大街22号　邮政编码 100037）

责任编辑：袁士华　　编辑：张珂玲　王亚水

北京宝昌彩色印刷有限公司印制

2014年4月第1版第1次印刷

210mm×285mm•21.75印张•53插页•870千字

定价：360.00元

凡购买此书，如有缺页、倒页、脱页，由本社发行部调换

购书热线电话（010）68326643、88379812

封面无机械工业出版社专用防伪标均为盗版

中国机械工业年鉴系列

作为『工业发展报告』
记录企业成长的每一阶段

中国机械工业年鉴

编辑委员会

中国重型机械工业年鉴

鉴证行业发展足迹

振兴重型装备工业

中国重型机械工业年鉴 执行编辑委员会

中国重型机械工业年鉴

振兴重型装备工业

鉴证行业发展足迹

中国重型机械工业年鉴编辑出版工作人员

总　编　辑　郭　锐

主　　　编　李卫玲

副　主　编　刘世博　肖新军

执行主编　赵　敏

责任编辑　袁士华

编　　　辑　张珂玲　王亚水

市场编辑　黎　平　江道芝　金　薇　王海臣

地　　　址　北京市西城区百万庄大街22号（邮编100037）

编　辑　部　电话（010）88379812　传真（010）68997968

发　行　部　电话（010）68326643　传真（010）88379825

E-mail:cmiy@vip.163.com

http://www.cmiy.com　www.mepfair.com

中国重型机械工业年鉴

鉴证行业发展足迹
振兴重型装备工业

中国重型机械工业年鉴
特约顾问单位特约顾问

特约顾问单位	特约顾问
北方重工集团有限公司	耿洪臣
上海重型机器厂有限公司	肖卫华
卫华集团有限公司	韩红安
河南省矿山起重机有限公司	崔培军
江苏通润机电集团有限公司	顾雄斌
江阴凯澄起重机械有限公司	黄珑琳
山东山矿机械有限公司	马昭喜
四川矿山机器（集团）有限责任公司	杨　军
株洲天桥起重机股份有限公司	成固平
山起重型机械股份公司	徐新民
唐山冶金矿山机械厂	陈　思
浙江双鸟机械有限公司	张文忠
中原圣起有限公司	齐景光
沈阳隆基电磁科技股份有限公司	张承臣
山东华特磁电科技股份有限公司	王兆连
太原通泽重工有限公司	杨　泽
湖南长重机器股份有限公司	陈建林
新乡市中原起重机械总厂有限公司	郝兆庆
南昌矿山机械有限公司	龚友良
湖州双力自动化科技装备有限公司	冯　勇
无锡宏达重工股份有限公司	张忠明
江西华伍制动器股份有限公司	谢徐洲
浙江双金机械集团股份有限公司	胡祖尧
岳阳科德科技有限责任公司	周应创
安徽铜冠机械股份有限公司	范锡生
江西耐普矿机新材料股份有限公司	郑　昊
上海山美重型矿山机械有限公司	杨安民
钟祥市新宇机电制造有限公司	游学峰
山东升金矿山机械有限公司	安合庆
韶关铸锻机械设备有限公司	徐春华
浙江浙矿重工股份有限公司	陈利华
唐山汇力科技有限公司	张锡炤
纽科伦（新乡）起重机有限公司	龙宏欣
国家桥门式起重机械产品质量监督检验中心	孙小伟
奥力通起重机（北京）有限公司	黄小伟
广东永通起重机械实业有限公司	叶宏洪
浙江凯岛起重机械有限公司	朱云国
常州市常欣电子衡器有限公司	袁黎萍
辽宁国远科技有限公司	田　振
江西工埠机械有限责任公司	彭祖军
浙江中富电气有限公司	倪向勇
浙江冠林机械有限公司	王红华

中国重型机械工业年鉴

鉴证行业发展足迹
振兴重型装备工业

中国重型机械工业年鉴
特约顾问单位特约编辑

特约顾问单位	特约编辑
北方重工集团有限公司	刘晓东
上海重型机器厂有限公司	陈寿焕
卫华集团有限公司	钟山庆
河南省矿山起重机有限公司	任海涛
江苏通润机电集团有限公司	王祥元
江阴凯澄起重机械有限公司	薛留成
山东山矿机械有限公司	胡秀万
四川矿山机器（集团）有限责任公司	夏发明
株洲天桥起重机股份有限公司	黄文斌
山起重型机械股份公司	赵建平
唐山冶金矿山机械厂	刘　杰
浙江双鸟机械有限公司	韩　剑
中原圣起有限公司	刘　杰
沈阳隆基电磁科技股份有限公司	郑晓婉
山东华特磁电科技股份有限公司	王成业
太原通泽重工有限公司	姚建社
湖南长重机器股份有限公司	肖　熳
新乡市中原起重机械总厂有限公司	杨章顺
南昌矿山机械有限公司	胡敏锐
湖州双力自动化科技装备有限公司	王飞华
无锡宏达重工股份有限公司	曾　琳
江西华伍制动器股份有限公司	陈胜根
浙江双金机械集团股份有限公司	周　玲
岳阳科德科技有限责任公司	周新晖
安徽铜冠机械股份有限公司	陈晓东
江西耐普矿机新材料股份有限公司	余　斌
上海山美重型矿山机械有限公司	张元凯
钟祥市新宇机电制造有限公司	黄长明
山东升金矿山机械有限公司	安　瑞
韶关铸锻机械设备有限公司	张本君
浙江浙矿重工股份有限公司	陈连方
唐山汇力科技有限公司	孙艳丽
纽科伦（新乡）起重机有限公司	马辉艳
国家桥门式起重机械产品质量监督检验中心	顾旭波
奥力通起重机（北京）有限公司	刘宪华
广东永通起重机械实业有限公司	周观喜
浙江凯岛起重机械有限公司	叶俊杰
常州市常欣电子衡器有限公司	包鸿霞
辽宁国远科技有限公司	李叶军
江西工埠机械有限责任公司	郭希文
浙江中富电气有限公司	田勇军
浙江冠林机械有限公司	胡芸芸

前　　言

重型机械行业（包括冶金机械、矿山机械、起重运输机械、重型锻压机械和大型铸锻件）是我国装备制造业的重要组成部分，也是关系到国民经济命脉和国家安全的重要产业，主要服务于钢铁、有色、煤炭、电力、建材、水利、交通、石化、国防及机械等国民经济各部门。

2013 年，面对国际、国内多重风险和挑战，重型机械行业以市场为导向、科技创新为支撑，加快产业结构调整。在风险和机遇面前，行业企业加大创新力度，取得不俗的业绩。全行业主营业务收入 11 299.25 亿元，同比增长 10.83%；进出口总额 235.52 亿美元，同比增长 4.16%；全行业保持了相对稳定的增长势头。

2014 年，重型机械行业将继续加强自主创新，推进转型升级，提高企业竞争能力，促进重型机械行业持续发展。中国重型机械工业协会希望通过《中国重型机械工业年鉴》向各界展示行业的整体面貌，进一步加强与各界同仁的交流与沟通，共同努力推动我国重型装备制造业的平稳发展。

《中国重型机械工业年鉴》2013 年版对重型机械行业总体和各分行业的发展概况、新产品、新技术、新工艺及技术改造、主要重点企业介绍、国内外市场、行业标准、质量、科技成果、行业大事、行业协会活动以及重型机械行业的各项经济指标等内容进行了记载。

在《中国重型机械工业年鉴》的编纂过程中，得到了各有关企业和用户的大力支持，也得到了许多行业领域专家的指导，在此表示诚挚的感谢。中国重型机械工业协会将一如既往为行业提供真诚的服务。

中国重型机械工业协会理事长　[signature]

中国重型机械工业协会常务副理事长　[signature]

2014 年 1 月

广告索引

广告索引

专栏索引

目　录

综　述

行　业　篇

市　场　篇

企　业　篇

统计资料

标准与质量

政策法规

大事记

附录

Contents

Summary

Industry

Markets

Enterprises

Statistical data

Standards & quality

Policies & legislations

Calendar

Appendix

企业logo集锦

NHI
北方重工

上海电气
SHANGHAI ELECTRIC

WEI HUA
卫华集团
WEI HUA GROUP

凯澄
KITO

山矿
SHAN KUANG

川矿集团

圣起
SHENGQI

中国驰名商标

LONGi隆基
磁技术专家
可靠 增值 便利

华特磁电
HUATE MAGNETISM

TZCE

CZMC 长重机器

yuqi

NMS

XL
星力
XINGLI

BADA

亚洲重工
FORGINGS
asia

华伍
HUAWU

SK
SHINEKING

岳磁牌
YUE CI PAI

TORIN

铜冠机械
TNMG

NP

SANME
山美

新宇机电
XYMET

SJ
升金矿机
SHENGJINKUANGJI

韶铸

ORMAISE
奥麦斯

汇力科技

SIEMENS

NUCLEON

NOSIC
ORIT奥力通起重机®

常欣
CHANG XIN

国远科技
GUOYUAN TECHNOLOGY

GBM
Gong Bu Machinery

JDNN

武林起重
WULIN LIFTING

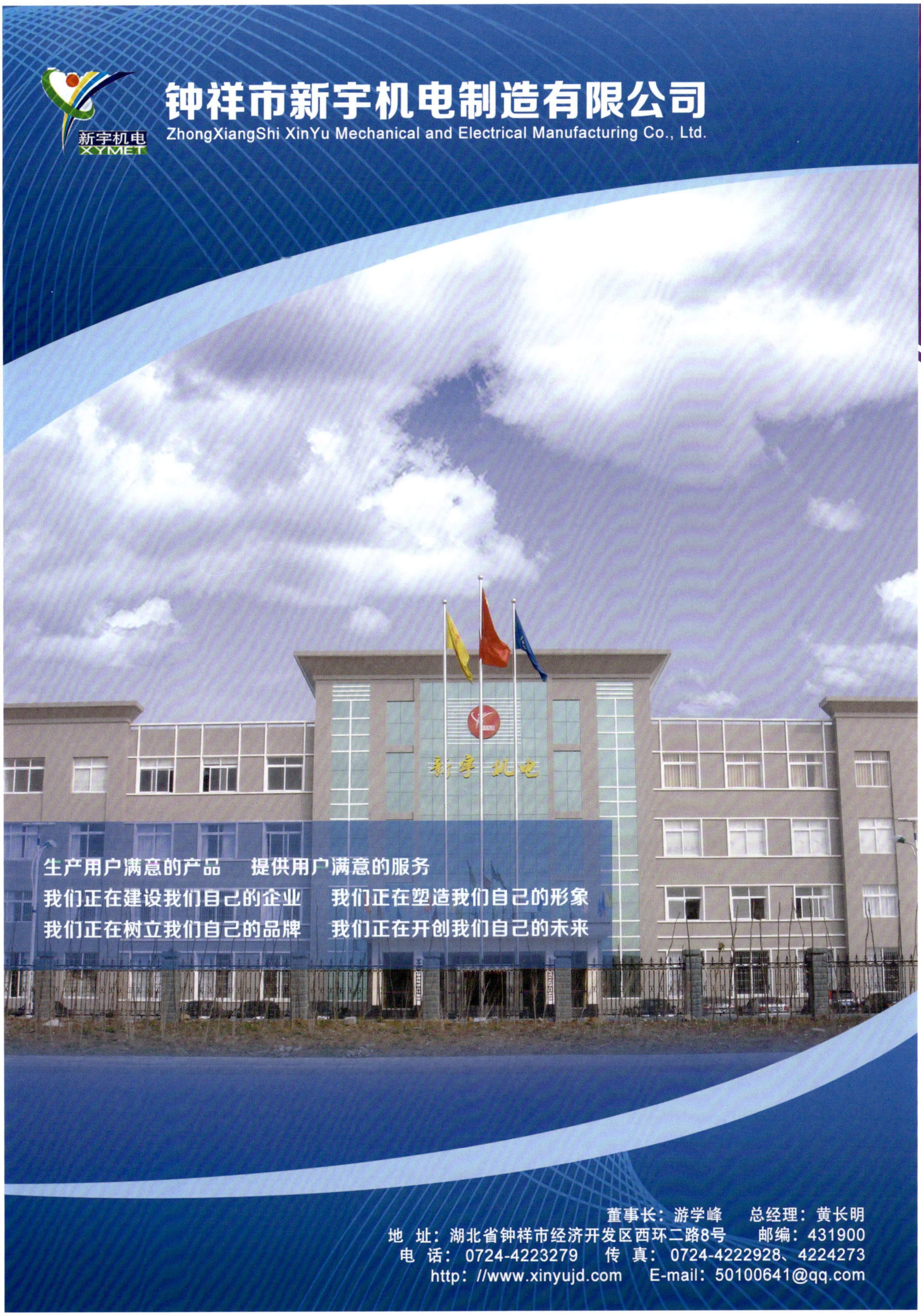
新宇机电
XYMET
钟祥市新宇机电制造有限公司
ZhongXiangShi XinYu Mechanical and Electrical Manufacturing Co., Ltd.
新宇 机电
生产用户满意的产品　提供用户满意的服务
我们正在建设我们自己的企业　我们正在塑造我们自己的形象
我们正在树立我们自己的品牌　我们正在开创我们自己的未来
董事长：游学峰　总经理：黄长明
地　址：湖北省钟祥市经济开发区西环二路8号　邮编：431900
电　话：0724-4223279　传　真：0724-4222928、4224273
http：//www.xinyujd.com　E-mail：50100641@qq.com

品质第一 信誉至上 专注用户

让我们做的更好！

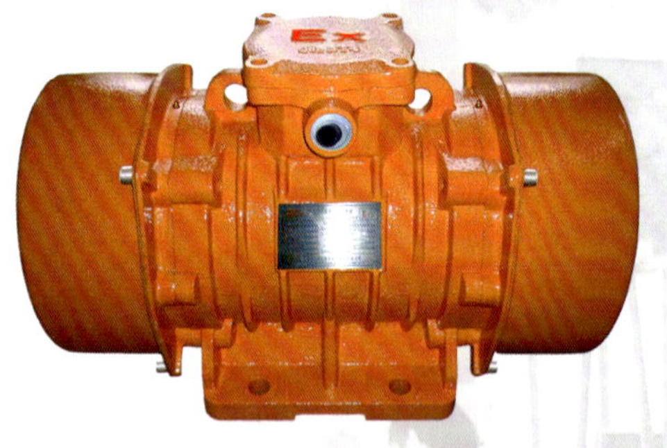

VBB系列隔爆振动电机

VB系列三相异步振动电机

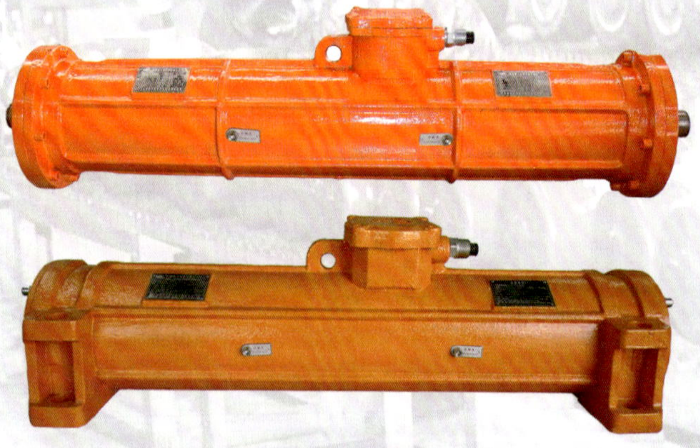

VLB系列隔爆振动电机

VBCB系列三相异步振动电机

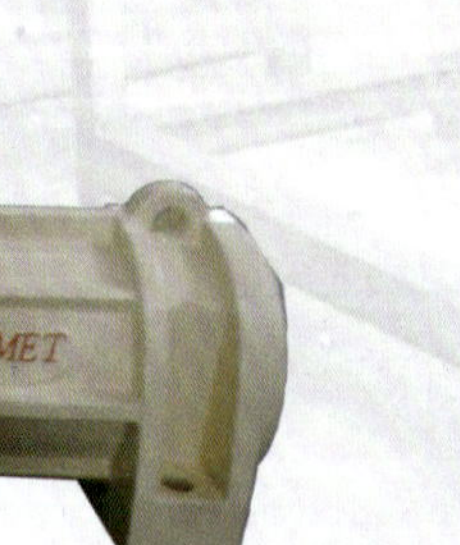

VLBL$_2$系列隔爆振动电机

VBH系列超频启动振动电机

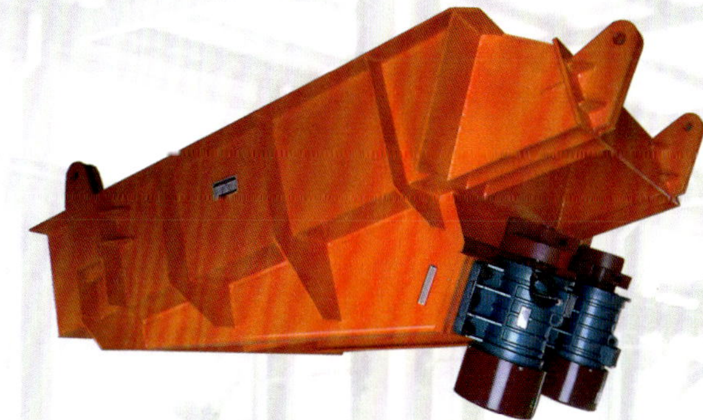

振动给料机

振动料斗

圆振筛

直线振动筛

湖北省钟祥市新宇机电制造有限公司创建于1968年，主要生产各类振动电动机、振动机械、输送机械，是中国电器工业协会中小型电机分会理事单位、中国重型机械工业协会洗选设备专业委员会理事单位。公司被中国重型机械工业协会洗选设备专业委员会评为“重点配套企业”。

公司已发展成为集振动电动机、振动设备生产基地，铸造基地和电器设备基地三位一体的，以振动电动机、振动机械为主导，以铸铁、铸钢、电器、电控产品为支撑的，全国大型的振动电动机制造企业和振动机械骨干企业，享有“外贸进出口自营权”。

公司产品畅销全国各地，并进入国际市场，“宇兴”牌振动电动机是“湖北名牌产品”。公司研发的高新技术振动电动机新产品，技术性能国内领先，部分产品可替代进口，并被列入“国家火炬计划”，获“国家重点新产品”“国家知识产权专利”证书。用于煤炭、有色矿山等行业的平动椭圆振动筛属创国内之先，振动筛、振动料斗、振动给料机在煤炭、钢铁、矿山、港口建立了良好的信誉。公司新产品获“湖北省重大科学技术成果奖”“湖北省星火科技成果奖二等

钟祥市新宇机电制造有限公司

ZhongXiangShi XinYu Mechanical and Electrical Manufacturing Co., Ltd.

奖”“湖北省科技进步奖三等奖”。公司质量管理体系获得ISO9001:2008质量管理体系认证；产品获CQC认证、CCC认证和CE认证。

公司作为主要起草单位编制和修订了国家行业标准JB/T 5330—2007《三相异步振动电机技术条件》。开发的VBE系列高效节能振动电动机是国内振动电动机更新换代产品，具有高效节能、体型小、重量轻、售价低等优势，综合性能远远优于国内现有产品。公司技术中心是湖北省省级企业技术中心，具有强大的产品研制和开发能力，现有38名工程技术人员从事产品研发，其中教授级高级工程师2人，享受国家津贴专家2人。

公司是湖北省高新技术企业，获湖北省科技中小企业重点培育企业、湖北省重点培育的100家有发展潜力的中小型企业、湖北省优秀民营科技企业、湖北省著名企业、湖北省科技型中小企业创新奖等荣誉和称号，被列入湖北省创新型企业建成试点单位。

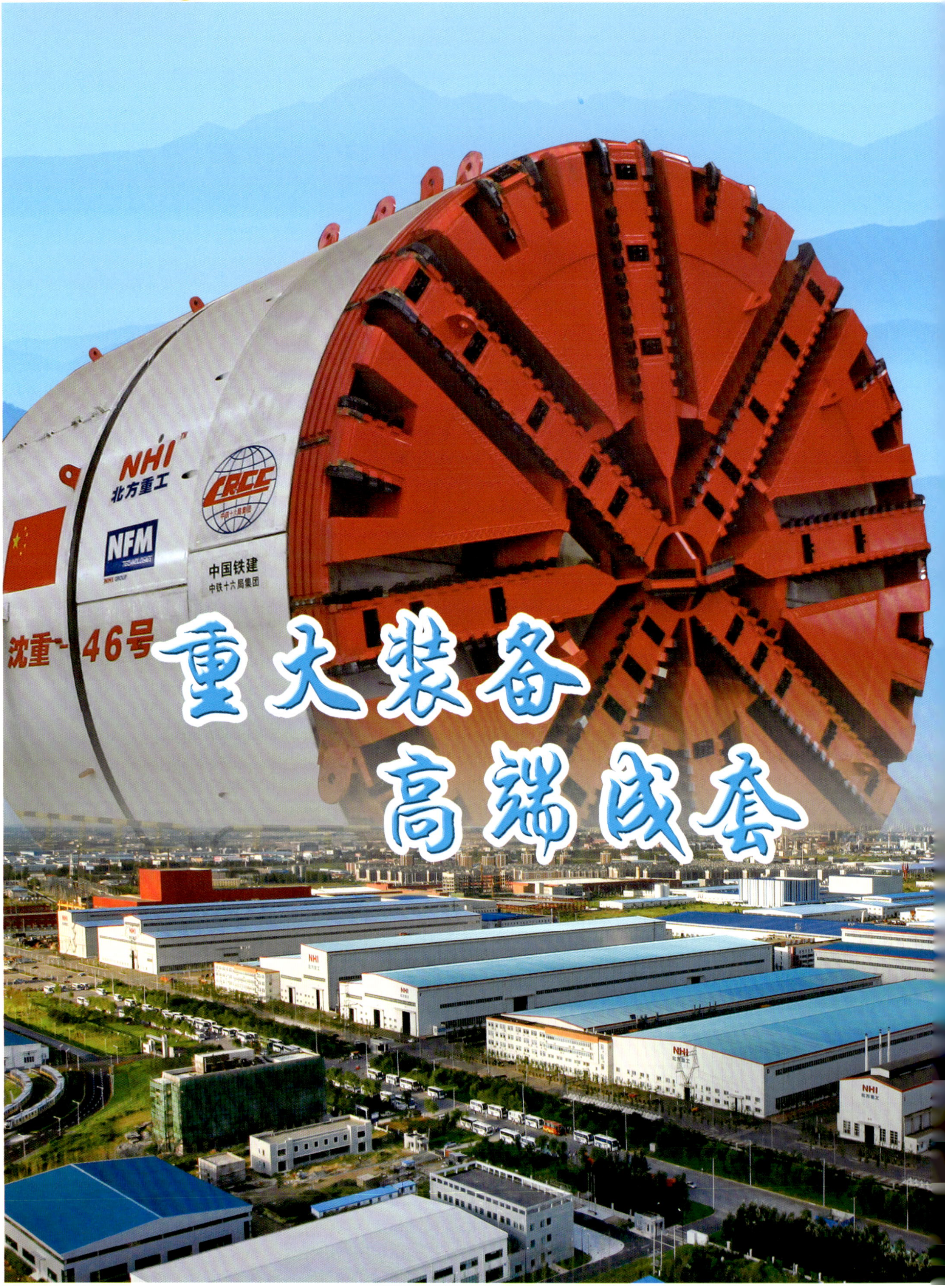
NHI
北方重工
CRCC
NFM
中国铁建
中铁十六局集团
沈重-46号
重大装备
高端成套

北方重工集团有限公司坐落于沈阳经济技术开发区，占地面积约140万m^2。公司为国家高新技术企业，拥有国家技术中心和以全断面掘进机国家重点实验室为核心的10个专业产品实验室，设有产品和工程两个设计研究院，14个专业产品研究所，专业工程技术人员1 200人。公司拥有200余项专利和专有技术，先后有近200台（套）新产品填补国家空白，有200多项产品或技术获国家各级科技奖项，两种产品获“中国名牌”称号。企业商标为“中国驰名商标”。公司主要产品包括工程机械、电站、冶金、轧钢、矿山、锻压、水泥、人造板、环保、散料装卸和散料输送、煤矿机械、传动机械、军工等十二大类500多个品种、7 000余种规格。公司通过了ISO9001质量管理体系、ISO14001环境管理体系、GB/T28001职业健康安全管理体系和ISO10012测量管理体系四项“一体化”认证。

公司以科学发展观为指导，实施三大战略、四个结构调整。以改革、创新、突破为主旋律，以重大装备、高端成套为主攻方向，正在努力把企业打造成为具有核心竞争力的国际化知名公司。

地址：中国辽宁省沈阳经济技术开发区开发大路16号　　邮编：110141
电话：024-25802815　　传真：024-25851610
http://www.nhi.com.cn

隧道工程装备

盾构机装配现场

泥水平衡盾构机

电站、水泥、矿山设备

中国名牌产品
水泥立式磨机

矿渣立式磨机

直径60x95m球磨机

中国名牌产品双进双出磨煤机

煤炭机械

挖掘机

大型斗轮挖掘机

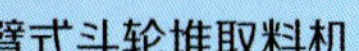

臂式斗轮堆取料机

管带机

为港口煤码头制造的带式输送机

镁板轧机

660m²烧结机

SHINE KING

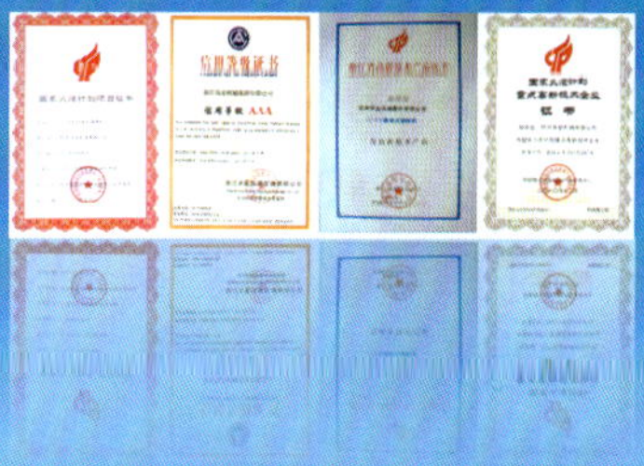

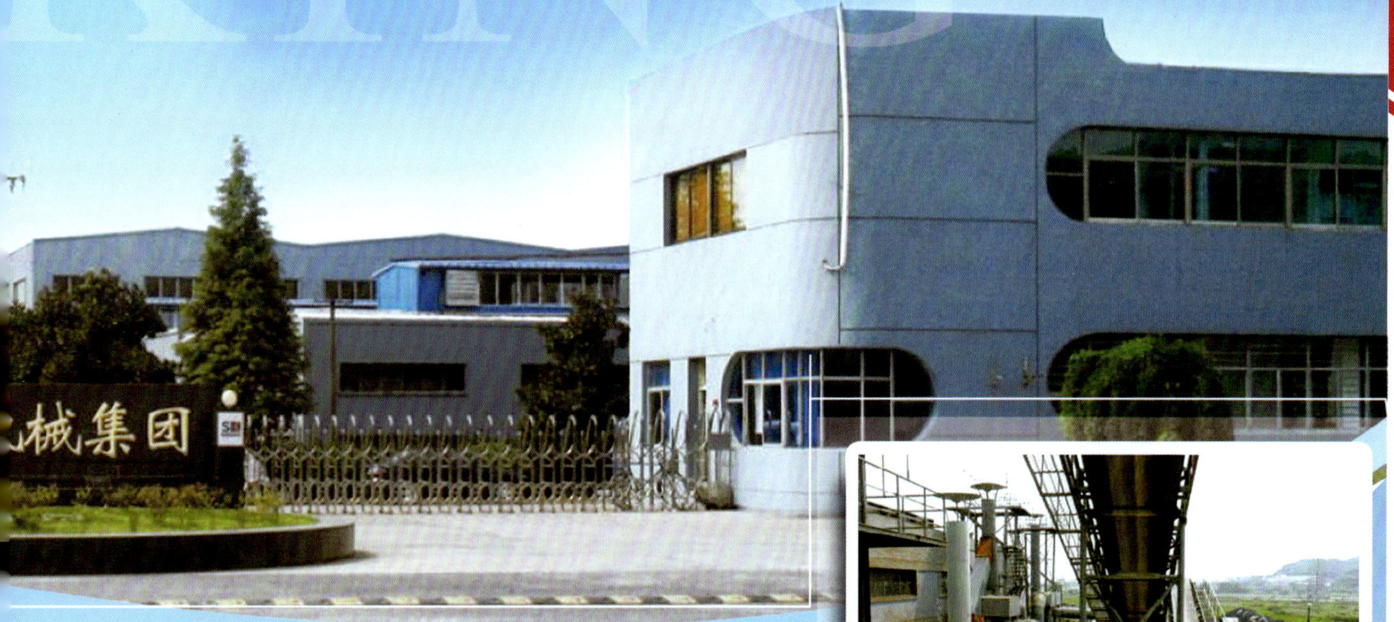

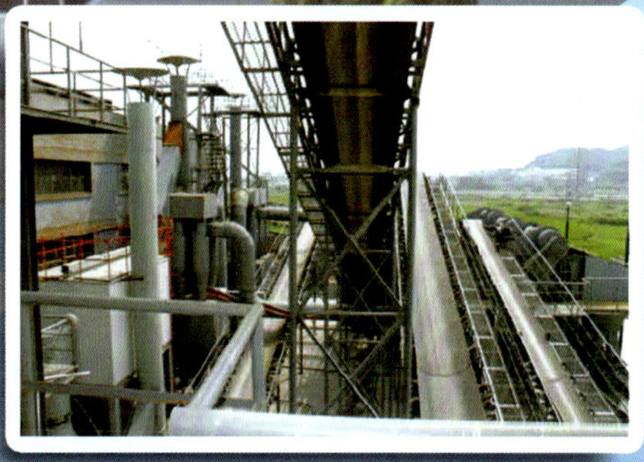

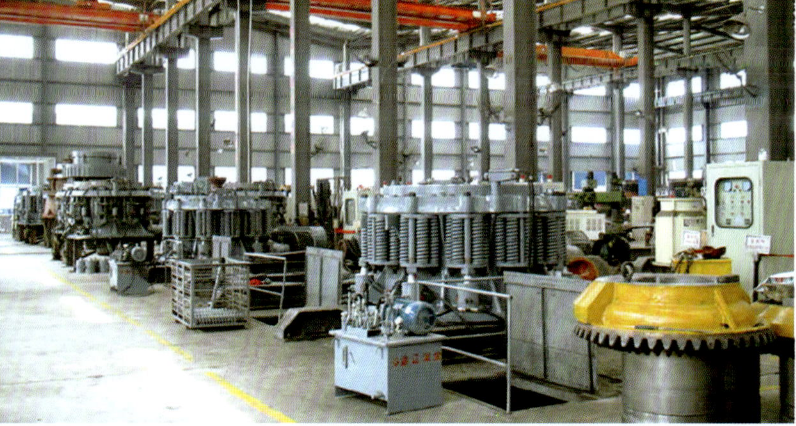

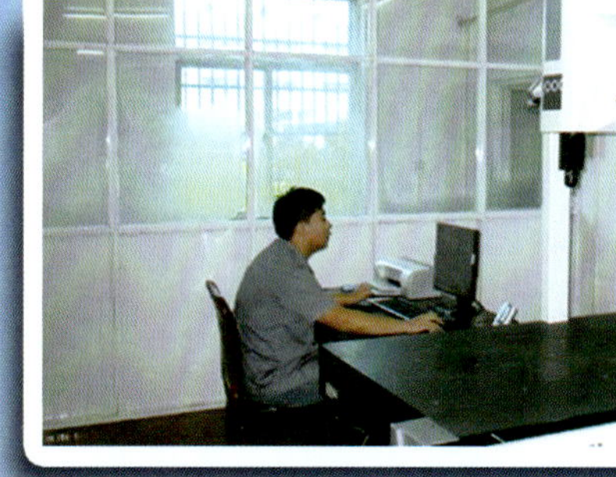

地址：浙江省杭州市温州路71号南北商务港A座
销售电话：400 006 1987
http://www.hzsjjx.com.cn

邮编：311115
传真：0571-88537368
E-mail：sales@hzsjjx.com.cn

安徽铜冠机械股份有限公司

【企业简介】

安徽铜冠机械股份有限公司坐落于美丽富饶的长江南岸，中国古铜都——铜陵市。是铜陵有色金属集团控股有限公司控股，长沙矿山研究院有限责任公司、北京矿冶研究总院和安徽省信用担保集团有限公司等参股的，集科研于一体的国家高新技术企业。是我国早期研发生产环保设备——陶瓷过滤机的企业，也是国内率先生产高气压环形潜孔钻机和井下无轨设备的企业。

公司目前拥有 40 多项国家专利，现有员工 300 余人，其中工程技术专业人才近百人，大专以上学历员工占 89%。

公司自 2008 年 11 月成立以来，坚持科技引领、质量兴企，企业的科技创新、生产经营、质量管理、内部管理等发生了很大的变化。企业产品从 2008 年的 3 个品种发展到 2012 年的 4 大系列、17 个品种。销售收入增长 200%。

公司先后获得全国专利工作先进单位、全国再就业先进单位、国家重点火炬计划高新技术企业、国家知识产权试点企业等荣誉，被安徽省授予井下无轨设备工程技术中心、安徽省卓越绩效奖等。是国家重点环保实用技术推广项目的实施单位和《陶瓷过滤机》《高气压环形潜孔钻机》《井下服务卡车》行业标准起草者和制定者。“铜冠”牌铲运机被授予“安徽省名牌产品”；“铜冠”牌陶瓷过滤机、钻机被授予“安徽省著名商标”。

公司秉承“创造成就未来”的核心价值观，和“求实、创新、合作、自强”的创业精神，通过铜冠一、二、三、四期工程建设，力争在“十二五”期间，企业产值超 10 亿元，利润过亿元，企业上市，并成为国内同行领军企业。

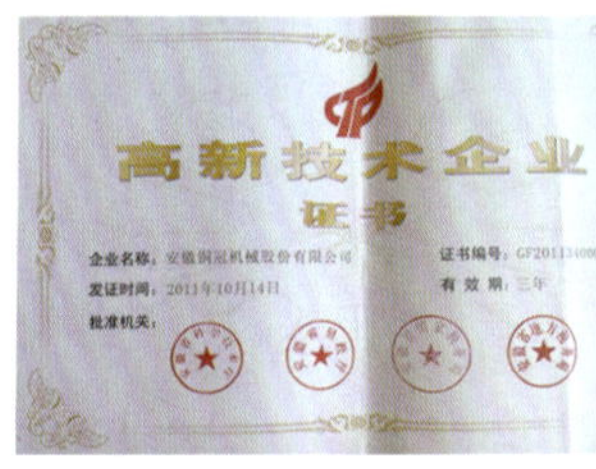

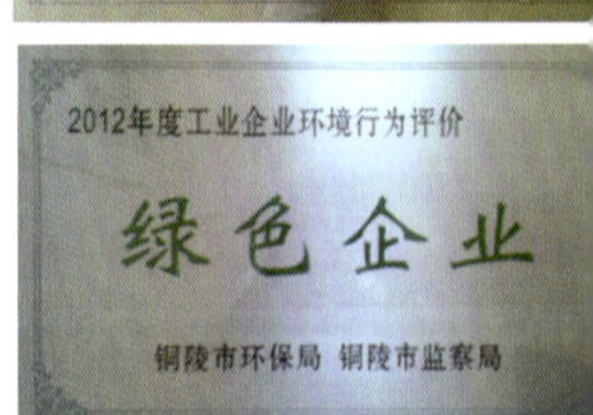

双拳矿机 广东省名牌产品

韶关铸锻机械设备有限公司是韶铸企业集团下属的骨干企业，创立于 1969 年。韶铸企业集团是中国知名的铸锻件、矿山机械设备专业生产企业，是中国铸造协会副理事长单位，公司年销售收入超过 10 亿元，年出口创汇 3 000 万美元，自 1997 年以来先后通过 ISO9001:2000 质量管理体系认证、QS—9000 质量认证、ISO14001 环境管理体系认证和 QHSAS180001 职业健康安全管理体系认证，并取得多国船级社认证。

公司具有强大的加工能力，拥有俄罗斯产 1563、1550 大型立式车床和 ATP180—4AC 镗铣床，美国产 HBM/8 落地镗床和国产 C534J、C52253 立式车床，TX6216C 落地镗床，XQ2014 龙门铣床，汽轮加工专机等各种大型加工、起重设备 70 多台(套)，可加工直径 6.4m 以内的回转体以及长 12m、宽 1.6m、高 1.8m 以内的各种加工件。凭借雄厚的管理优势和技术优势，韶关铸锻机械设备有限公司在产品开发方面取得了长足的发展。公司主要产品有“双拳”牌颚式破碎机、圆锥式破碎机、反击式破碎机系列，连续 10 年经省、市技术部门监检合格，并获得广东省“优质名牌产品”称号。公司矿山机械产品畅销全国 20 多个省、市、自治区以及马来西亚、印度尼西亚、新加坡、柬埔寨、越南、斯里兰卡等多个国家。

公司一贯坚持以严格的管理、优质的产品和良好的服务来开拓市场、服务用户，竭诚欢迎广大客商携手共进，共创未来！

Brief Introduction

Found in 1969 Shaoguan Foundry and Forging Machinery Equipment Co., Ltd. is a skeleton enterprise of Guangodng Shaoguan Foundry and Forging Group Co., Ltd. (hereinafter referred to as GSFFG). GSFFG is one of the largest enterprises specialized in producing mining machinery equipment, castings and forging parts. GSFFG is also the vice governing unit of China Foundry Association. The overall sales in one year for GSFFG exceed RMB 1,000million yuan with export USD 30million dollars. Since 1997 GSFFG has acquired ISO9001:2000 Quality Management System Approval, QS-9000 Quality Approval, ISO14001 Environment Management System Approval and QHSAS180001 Vocation Health Safety Management System Approval, as well as certificates approved by the classification societies of different countries.

We have many types of heavy-duty machining equipment and cranes such as the Heavy-duty Vertical Lathes 1563 and 1550 and the Boring & Milling Lathe ATP180-4AC made in Russia, the Standing Boring Machine HBM/8 made in USA, the Vertical Lathes C534J and C52253 and the Planing Machine XQ2014 and the special lathes for machining turbines made in China, as well as crane equipment over 70 sets. We have strong capability in machining different sizes of work piece, such as circular bodies with diameter up to 6.4m, length up to 12m and other bodies with width up to 1.6m, height up to 1.8m. With strong management advantage and technical advantage, Shaoguan Foundry and Forging Machinery Equipment Co., Ltd. makes a great progress on developing products. The main products are Shuangquan® jaw crushers, cone crushers, impact crushers, which have been inspected and approved by the technical departments of Guangdong Province and Shaoguan Cities in the last 10 years and acquired the title of Guangdong Excellent Brand Products. Our mining machinery equipment are well sold in China over 20 provinces, cities and municipalities, as well as to many Southeast Asian countries such as Malaysia, Indonesia, Singapore, Cambodia, Vietnam and Sri Lanka.

We insist to expand marketing and serve our users with our strict management, excellent product and good service. We are looking forward to your cooperation for mutually creating a wonderful future.

韶关铸锻机械设备有限公司

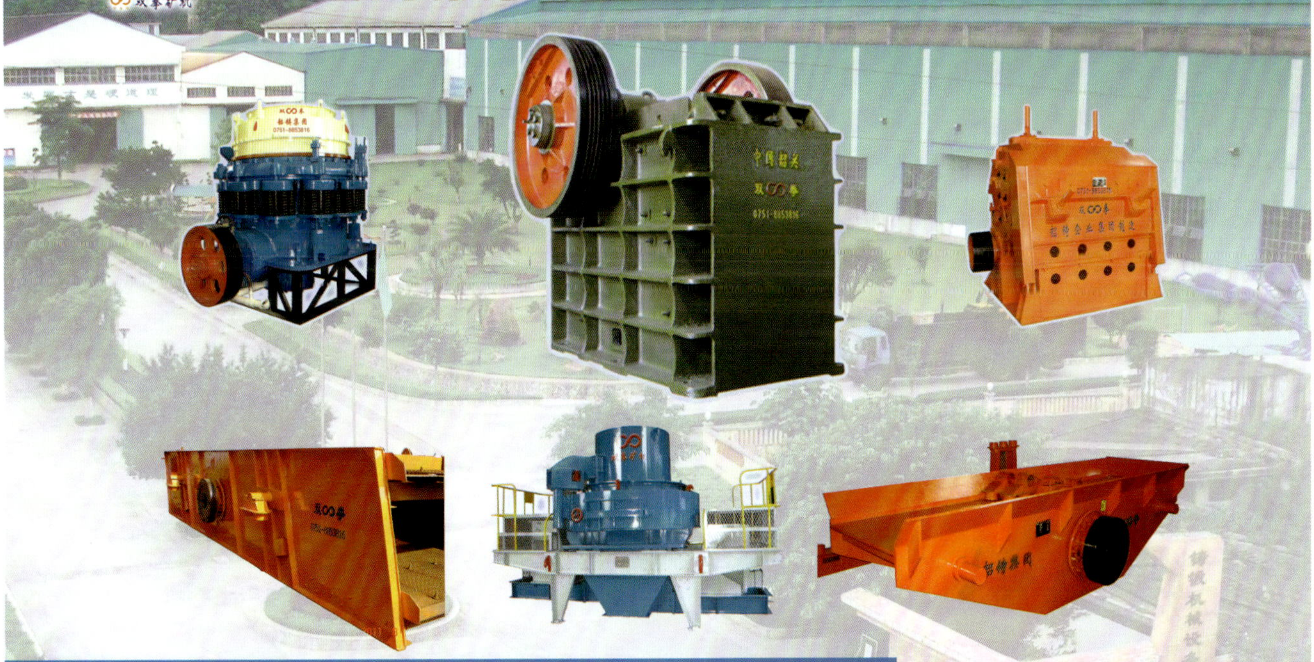

地　址：广东省韶关市十里亭
邮　编：512031
电　话：0751-8853816 8832691
传　真：0751-8833303
售　后：0751-8853816
http://www.sffg.com.cn
E-mail：sgsqkj@163.com

Add:Shi Li Ting，ShaoGuan City，GuanGdong Province，China
Postcode:512031
Tel:0751-8853816 8832691
Fax: 0751-8833303
After-sales Service Tel:0751-8853816
http://www.sffg.com.cn
E-mail:sgsqkj@163.com

★ 中国重型机械工业协会会员
★ 湖南省高新技术企业
★ 湖南省著名商标
岳磁牌®
YUE CI PAI
专注磁电　服务全球
40年品牌沉淀
科技成就经典品质
永磁起重器
立环式高梯度磁选机
除铁器
力矩电机式电缆卷筒
起重电磁铁
有色金属涡电流分选机
焊接流水线电磁吊
岳阳科德科技有限责任公司
地址：湖南省岳阳经济开发区桐子岭路196号科德工业园
电话：0730-8729888
传真：0730-8729288
E-mail:koder188@126.com
http://www.koder.cn

唐山汇力科技有限公司

汇力科技

Tangshan Huili Science & Technology Co.,Ltd.

贵州银河60万t/a洗煤厂

六盘水钟山区煤业公司老鹰山60万t/a洗煤厂

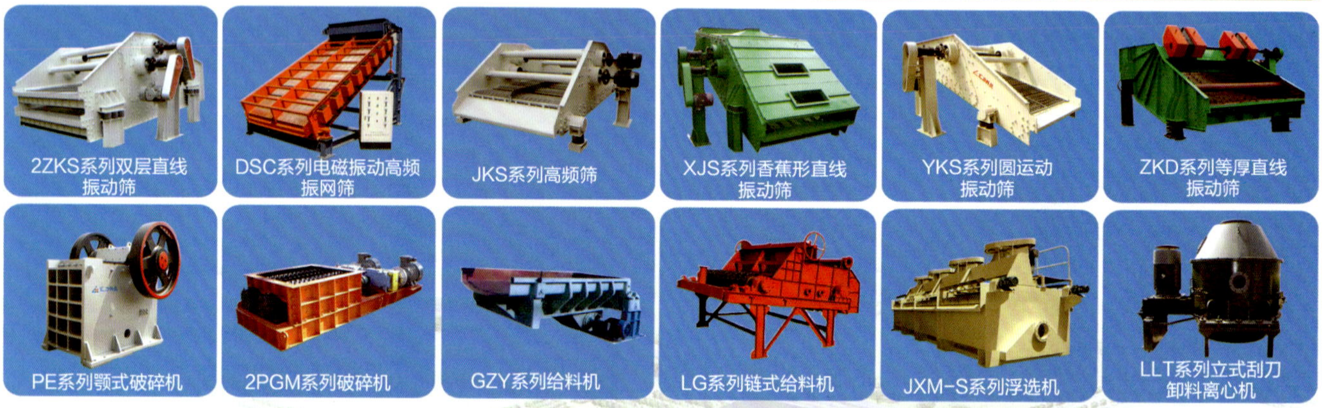

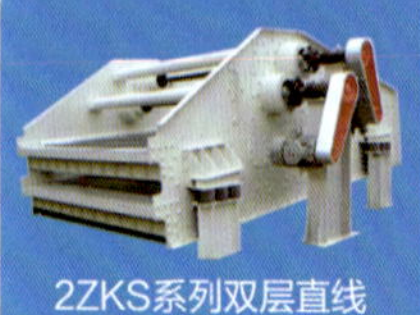
2ZKS系列双层直线振动筛

DSC系列电磁振动高频振网筛

JKS系列高频筛

XJS系列香蕉形直线振动筛

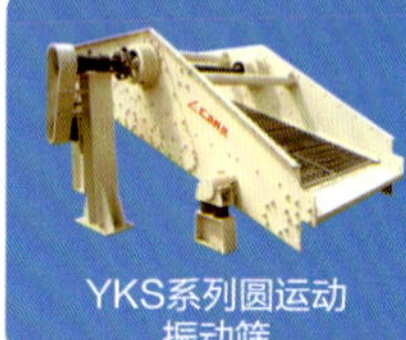
YKS系列圆运动振动筛

ZKD系列等厚直线振动筛

PE系列颚式破碎机

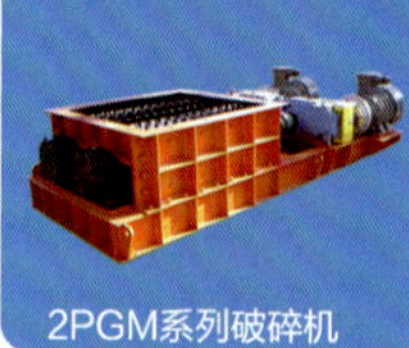
2PGM系列破碎机

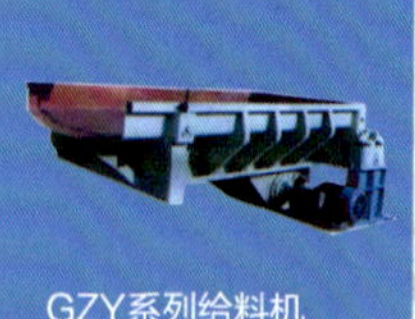
GZY系列给料机

LG系列链式给料机

JXM-S系列浮选机

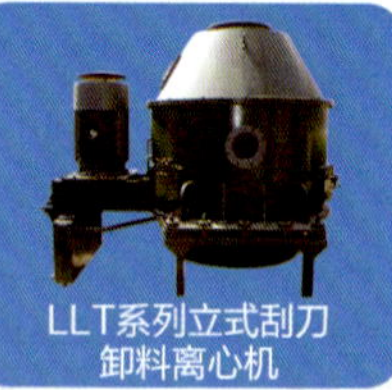
LLT系列立式刮刀卸料离心机

唐山汇力科技有限公司始建于20世纪90年代初，是集选煤厂设计与工程承包，选煤、建材、钢铁、化工等行业设备制造和技术服务于一体的高新技术企业。

公司拥有精干的选煤厂设计和产品研发队伍，按现代企业管理模式进行运作。十几年来，唐山汇力科技有限公司不断发展壮大，在具有前卫经营理念的团队领导下，以人为本，科学管理，采用精良的装备、先进的生产工艺，创造一流的产品。近年来在产品研发和创新上获得了5项国家专利。

公司设计承包的洗煤厂工程，经过精心设计、精心组织施工，全部做到了按期投产，在短期内就达到了设计能力，各项经济指标完全符合设计要求；并实现了高产、优质、低消耗，洗水闭路循环，不污染环境，取得了很好的经济效益和社会效益。

公司主要产品有：用于分级、脱水、脱介的系列振动筛；煤用、矿用各种规格的破碎机；用于输送大宗松散物料各种形式的给料机；重介旋流器、分级旋流器、跳汰机、浮选机、离心脱水机、耙式浓缩机等洗煤厂专用设备。

公司产品销往全国十几个省市及地区，并出口到东南亚、南亚等国家。“汇力”产品已被越来越多的用户所接受。

公司有可靠的质量保证体系，并已通过ISO9001：2008质量管理体系认证，从技术、生产、质量检验、营销等环节实施多层次、全方位的质量管理，确保向用户提供优质产品。

公司秉承的理念：以质量求生存、以技术求进步、以管理求效益、以诚信求发展。

竭诚服务于矿山、电力、化工各个行业！

地 址：河北省唐山市路南区唐古路3号　河北省唐山市丰南区沿海工业园区　邮 编：063001

电 话：0315-2870061　传 真：0315-2876709　http://www.tshljx.com　E-mail：huilicompany@163.com

Yearbook
China Heavy Machinery Industry
A25

集团主导产品广泛应用于机械、冶金、电力、铁路、航天、港口、石油、化工等行业，服务于国家南水北调、西气东输、三峡水电站、酒泉卫星发射基地、秦山核电站、杭州湾跨海大桥、北京奥运等国家重点工程，助力了“神十”、“嫦娥三号”成功飞天，并远销美国、英国、日本、俄罗斯、韩国等69个国家。2013年销售收入达66.39亿元，桥门式起重机产销量遥遥领先。

卫华拥有国家认可技术检验测试中心、国家认定企业技术中心、博士后科研工作站、院士工作站，获得专利证书273项。以中国科学院院士杨叔子为带头人的600人的卫华科研团队，是我国通用起重机行业领先的研发团队，荣获国家、省市级科技成果72项。

“十二五”期间，卫华人将继续在科学发展观的指引下，按照集团发展战略，奋勇开拓、持续创新，为实现“百年卫华 世界第一”的宏伟目标而努力。

360t双主梁门式起重机

800t造船门式起重机

轮胎起重机

800t双梁桥机

中国驰名商标
中国机械百强

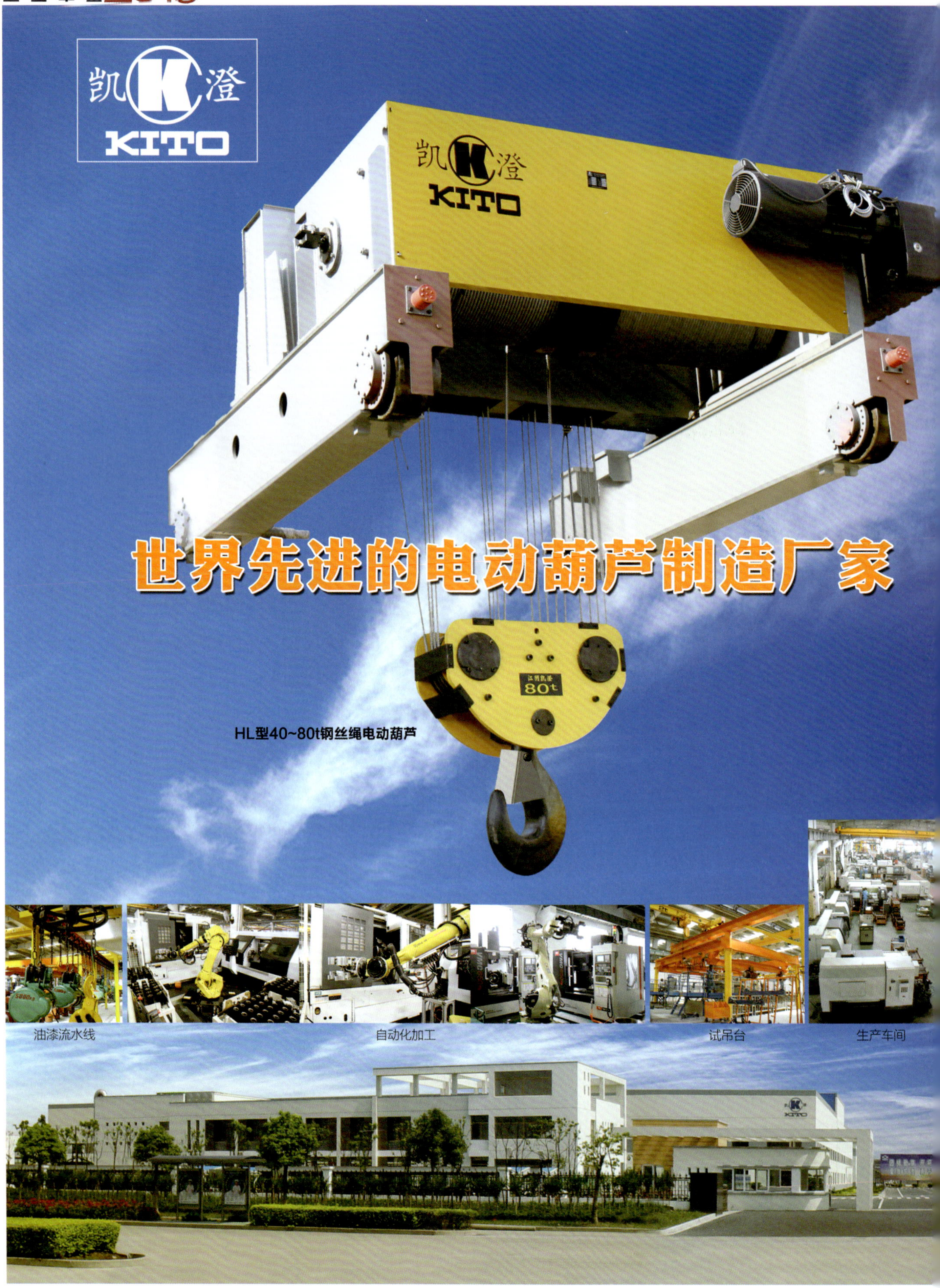
凯澄
KITO
世界先进的电动葫芦制造厂家
HL型40~80t钢丝绳电动葫芦
80t
油漆流水线
自动化加工
试吊台
生产车间

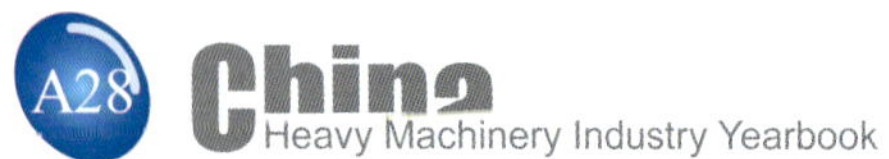

江阴凯澄起重机械有限公司

江阴凯澄起重机械有限公司创建于1958年，1995年6月与日本KITO株式会社合资，始更名为江阴凯澄起重机械有限公司（以下简称江阴凯澄公司）。公司占地面积17万m²（255亩），建筑面积近10万m²，投入资金4 500万美元，拥有员工600多名，年产值约5亿元。合资后，公司通过引进吸收国外先进管理经验和技术，已发展成为集生产CD/MD钢丝绳电动葫芦、变频电动葫芦、船用电动葫芦、冶金用电动葫芦、防爆电动葫芦、HJ电动葫芦、HK电动葫芦和单双梁起重机、门式起重机、变频起重机、葫芦双梁起重机等为一体的国内知名起重机械专业生产企业，是目前世界上钢丝绳电动葫芦年产量较多的生产厂家。钢丝绳电动葫芦多次获江苏省名牌产品称号。公司是中国重型机械工业协会常务理事单位，起重葫芦分会副理事长单位，2006年至今多次获江苏省质量管理奖。

近年来，江阴凯澄公司定位于打造“世界一流的电动葫芦制造厂家”，坚持把功夫花在管理上，把两眼盯在市场上，企业继续保持行业领先地位。2012年实现开票销售4.79亿元，入库税金4 014万元，总产值5.106亿元。

2012年，中国起重行业处于转型升级、增速调缓、稳中求进的调整期，企业面临着巨大的市场挑战和压力。为了把市场压力转化为企业动力，把国家调整期变为企业的发展期，公司一是注重质量管理，加强技术改造与创新。2012年新投入数千万元，引进了机器人自动化操作设备，现在卷筒外壳焊接、齿轮加工、部分车削加工、电机冲片均采用机器人操作，还改进了装配流水线，大大提高了产品质量。同时企业不断创新，完成CD/MD产品技术升级；加强与北京起重运输机械研究院合作，双方签订了战略合作协议，成功进行了LHD40～80t新型葫芦双梁起重机和HL型40～80t钢丝绳电动葫芦的合作开发。二是注重品牌建设，加强服务与营销。企业打造富有凯澄特色的产品品牌与服务品牌。公司新开发的HK电动葫芦和CD/MD升级版电动葫芦已面向市场，受到用户青睐。

近几年，公司不断吸收国内外新技术、新工艺，提高设备自动化水平。2012年，公司还加强了售后服务体系的完善与服务机制的创新改进，大大缩短了服务时间，提高了服务质量，提升了用户满意度。

公司产品在进军中国核电事业、做好核电站起重设备配套服务中，先后与中广核、中核等公司完成数亿元订单的业务合作。公司提供的起重机、电动葫芦进入了核电站的核岛、常规岛等工程核心部位使用，深受用户信赖。

近年来，江阴凯澄公司务实推进企业内部管理和市场开拓工作，认真奉行“凯澄的产品用户放心，凯澄的服务用户满意，凯澄的管理用户信任”的理念，以产品品种齐全、质量可靠、价格合理、售后服务及时，赢得了广大用户信任，扩大了产品销售市场，继续保持了钢丝绳电动葫芦产销量在中国起重葫芦行业中的领先地位。公司将以不懈的努力，进一步与各界朋友携手并进，共创美好的未来。

地址：江苏省江阴市澄江东路18号　邮编：214429
电话：0510-86196611 86199600　传真：0510-86199668 86196633
http://www.kaicheng.com　E-mail：Kaicheng@public1.wx.js.cn

株洲天桥起重机股份有限公司
ZHUZHOU TIANQIAO CRANE CO.,LTD.

株洲天桥起重机股份有限公司成立于1999年，传承了株洲起重机厂（1956年成立）40余年的起重机制造经验，是我国南方地区大型的桥式、门式起重设备制造商。2010年，公司股票在深交所挂牌上市（证券简称：天桥起重；证券代码：002523），率先成为我国专业从事高端起重装备制造业务的上市企业。公司是中国重型机械工业协会常务理事单位、全国起重机械标准化技术委员会委员单位，公司商标被国家工商部门评定为中国驰名商标。

目前，公司注册资本3.328亿元，总资产逾14亿元，净资产逾10亿元，年营业收入逾6亿元。公司下辖3家控股子公司，共拥有厂房面积约10.2万m^2，员工1 140人，技术人员140人。公司主要从事桥式、门式起重机的研发、设计、生产、销售业务，产品主要包括电解铝多功能机组、阳极焙烧炉用多功能机组、阳极炭块堆垛机组、铝电解槽集中大修转运系统、铸造起重机、夹钳起重机、电磁挂梁起重机、电解铜（铅、锌）多功能机组、核电数控起重机、欧式起重机、通用桥（门）式起重机、港口门座式起重机、450t×2提梁机、公路架桥设备等。产品销售网络覆盖全国30多个省、市、自治区，并出口德国、阿曼、俄罗斯、越南、赞比亚、委内瑞拉等诸多国家。

近年来，公司获得了31项国家专利技术，并获得中国机械工业科学技术进步奖、中国有色金属工业科学技术奖、湖南省科学技术进步奖，历年省级创新指导项目、历年省市级重合同守信用单位、2011年度中国投资者知情权保护表现优秀的上市公司等一系列荣誉。在未来的发展道路上，公司将继续秉承“诚信、敬业、自强、卓越”的企业精神，奉行“天道酬勤”的核心价值观，立足起重行业，耕耘起重行业，为践行“服务社会和国家经济的和谐发展、致力客户和企业价值的稳定提升、立足员工和股东利益的持续实现”而不懈努力。

吊钩双梁桥式起重机

龙门转运系统

三梁电解铝多功能机组

铸造起重机

阳极炭素焙烧机组

地址：湖南省株洲市石峰区田心北门　邮编：412001
电话：0731-22337000-8010（企划部）、8046（技术部）、8043（质保部）　0731-28432961（销售部）
传真：0731-22337000-8009　E-mail：tqcc@tqcc.cn

中国·中原圣起有限公司
中国·中原圣起

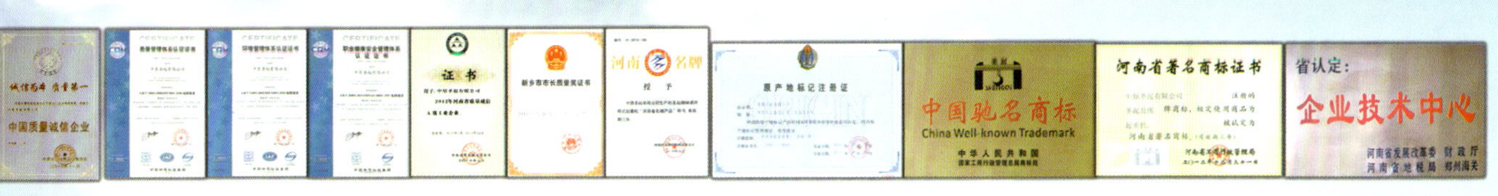

中原圣起有限公司是中国重型机械工业协会理事单位，是以生产“圣起”牌双梁起重机、门式起重机、单梁起重机、电动葫芦、造船门机、架桥机、装卸桥、过轨机、抓斗及防爆、绝缘、电磁、变频、冶金铸造起重机等各系列多品种物流设备为主导，集设计、开发、制造、安装、维修为一体的高科技股份制企业。公司拥有自主知识产权和工业产权，较早通过了ISO9001质量管理体系、24001环境管理体系、28001职业健康安全管理体系及国际联盟认证，建立了完善的质保体系及TQC全面质量管理体制。公司具有自主进出口资格经营权，并进一步开拓国际市场，打造世界品牌。

公司总占地面积51万m^2，资产7.4亿元，现有员工2 100多人，其中中级、高级工程技术人员460人，各种生产、检测设备近千台（套）。具有年产500t以下各类双梁、龙门、抓斗起重机4 000多台，单梁起重机15 000多台，电动葫芦18 000多台的生产能力。

公司产品广泛用于航天、水利、冶金、核工业、化工、电力、钢铁等行业，畅销国内30多个省、自治区、直辖市，并出口到欧盟、美国、加拿大、俄罗斯、日本、韩国、菲律宾、新加坡、苏丹、巴基斯坦、伊拉克、越南、泰国、南非、埃及等68个国家和地区。

“圣起”品牌及系列产品连年被评为“中国驰名商标”“河南省著名商标”“中国原产地保护产品”“河南省名牌产品”“河南省优质产品”等荣誉称号；企业曾荣获“中国质量诚信企业”“市长质量奖”“河南省科技企业”“河南省科技成果二等奖”“资信AAA级企业”“先进民营企业”“质量效益型企业”“质量管理先进单位”“消费者信得过单位”“科技工作先进单位”等荣誉称号。2013年圣起公司被认定为“高新技术企业”及“国家中小企业服务平台”，新申请获批6项实用新型专利。

公司将充分利用资本、技术、人才优势，不断提高企业技术创新能力及核心竞争力，促进国际化经营水平，努力开拓市场空间，尽快把公司建设发展成为以起重物流设备制造为主导，集产、学、研为一体的现代化大型企业集团。

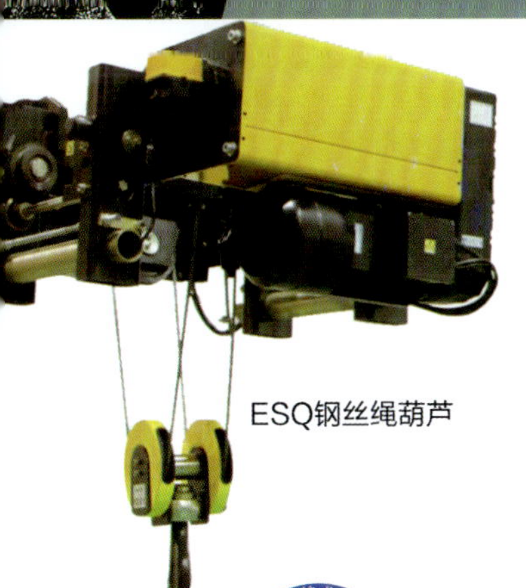
ESQ钢丝绳葫芦

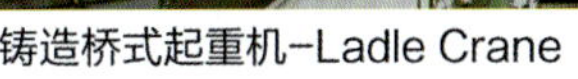
铸造桥式起重机–Ladle Crane

通用双梁桥式起重机–Overhead Crane with Hook

高新技术企业 高新技术认定企业

圣起 SHENGQI

中国·中原圣起有限公司

地址：河南省长垣县魏庄工业区　　邮编：453424

电话:0373-8711858　8711868

传真:0373-8711808　8711818

http://www.zhongyuanshengqi.com

董事长、总经理：郝兆庆

新乡市中原起重机械总厂有限公司创建于1985年，是集研发、生产制造、销售、安装维修、售后服务为一体的新乡市规模效益10强企业。公司占地面积36万m^2，注册资金2.668 8亿元，拥有总资产3.7亿元；现有员工1 500多人，其中专业技术人员300多人，机械、电气工程师50多人，高级工程师20人。

公司设备先进齐全，拥有各种生产、检测、检验设备800多台（套），其中大型数控镗铣床、数控车床、数控切割等设备的多功能、自动化程度国内领先。公司有全套CAD计算机辅助设计和CAM计算机辅助制造系统及大型数据库，可承接1 200t以上吨位、大跨度、多功能、智能化、自动化起重机及各类专用和非标起重机的设计生产。

公司主导产品是双梁桥式、门式起重机，冶金、起重、电磁、绝缘起重机。产品广泛用于电力、建材、化工、交通、铁路、油田、煤矿、港口等行业，在全国31个省、自治区、直辖市，有健全的销售网络，并远销越南、印度尼西亚、蒙古、新加坡等国家。

公司志在高远，敢为人先。自主设计制造的“全自动管坯移送装置”“双头双工位钢管内、外圆磨削装置”，具有自主知识产权，填补了国内起重行业的空白，国内领先，并已获19项专利。公司自主设计制造的500t/100t桥式起重机、280/80t四梁铸造起重机、200/100t造船门机，出口印度尼西亚的门座式旋转港口用起重机等大吨位、大跨度、技术含量高、制造难度大的创新产品获用户高度赞扬，开创了起重行业的先河，凸显了公司生产制造能力。

公司有全套单梁、双梁起重机生产许可证、安装改造维修许可证及质量管理、环境管理、职业健康安全管理体系认证。公司是中国重型机械工业协会理事单位、桥式起重机专业委员会常务理事单位，河南省质量协会会员单位，长垣县慈善协会副会长单位；是河南省重合同守信用企业、河南省科技企业、信用AAA级企业，公司产品获河南省著名商标、河南省优质产品。

公司实施品牌战略，坚持质量第一，用户至上，诚信经营，真心服务。产品质量得到用户认可，“豫起”品牌已叫响全国。

中原起重 轻松皆由我！

新乡市中原起重机械总厂有限公司

全自动管坯移送装置

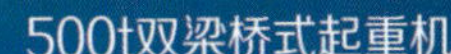

500t双梁桥式起重机

铸造起重机

欧式起重机

门式起重机

地址：河南省长垣县东外环南段　邮编：453400　电话：0373-8893567　8812875
传真：0373-8816271　http://www.xxzyqz.com　E-mail:hzh6785@126.com

ISO14000 GB/T28001 ISO9001
BADA
BADA ELECTROMECHANICAL
八达机电
八达葫芦——减轻您的负担
BADA HOIST-RELEASE YOUR BURDEN
PA500
单相电动葫芦
吊重量：100～1 000kg
浙江名牌产品
全球同类产品大型制造商
国家星火项目
国家重点新产品
国家专利产品
中国驰名商标　浙江著名商标
国家高新技术企业

NUCLEON 纽科伦(新乡)起重机有限公司
NUCLEON (XINXIANG) CRANE CO.,LTD.

纽科伦（新乡）起重机有限公司，系中外合资企业，创建于2005年8月，位于有“中国起重机械之乡”美誉的长垣县河南起重工业园区，注册资本2.7亿元，总投资5亿元，占地面积32万m^2，现有员工1 700余人，其中高级、中级专业技术、管理人员近400人。公司拥有各种生产检测设备1 600多台（套），专业生产桥式、门式起重机及轻小型起重设备3大系列20多个品种。其中煤安系列起重设备，ND、NH型欧式系列钢丝绳电动葫芦，HD型欧式电动单梁起重机处于国内领先水平。公司具有年产单梁起重机15 000台，双梁起重机5 000台，电动葫芦30 000台的生产能力。

公司于2007年通过了ISO9001质量体系认证、ISO14001环境管理体系认证和OHSAS18001职业健康安全管理体系认证，全面提升了企业的整体管理水平。2008年被评为全市利用外资先进企业；2009年获得出口产品质量许可证书，连续七年被评为3A级信用企业；2012年公司荣获“高新技术企业”称号，“河南省名牌产品”称号；2013年再度被评为“中国重型机械工业协会起重葫芦分会副理事长单位”，并荣获“2009—2012年度先进会员”称号，荣获“全国质量诚信优秀企业”。

公司生产区建筑面积21.4万m^2，新增加了机器人焊接自动线、两条单梁压槽生产线、龙门自动焊、重型落地铣镗床等一批高精尖设备，有现代化的办公楼、多功能厅、职工公寓等办公、生活、娱乐设施2.4万m^2，是集研发、生产、销售为一体的现代化制造企业。

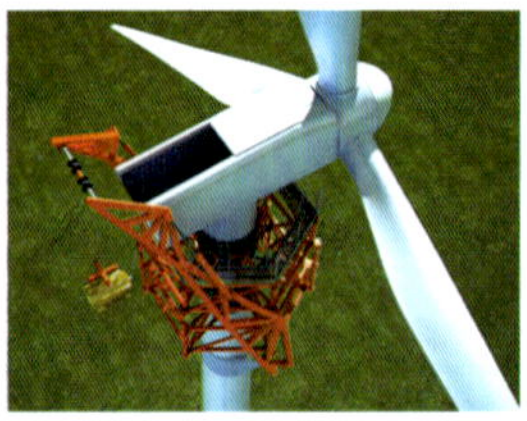
风电维修起重机

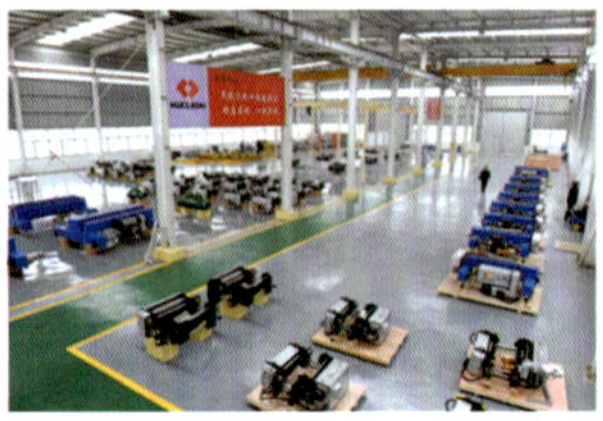
ND葫芦车间

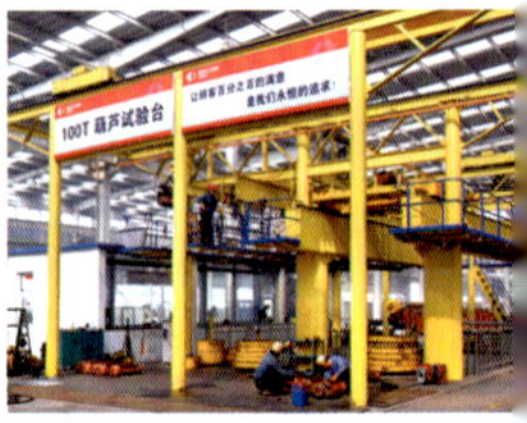

100t葫芦试验台

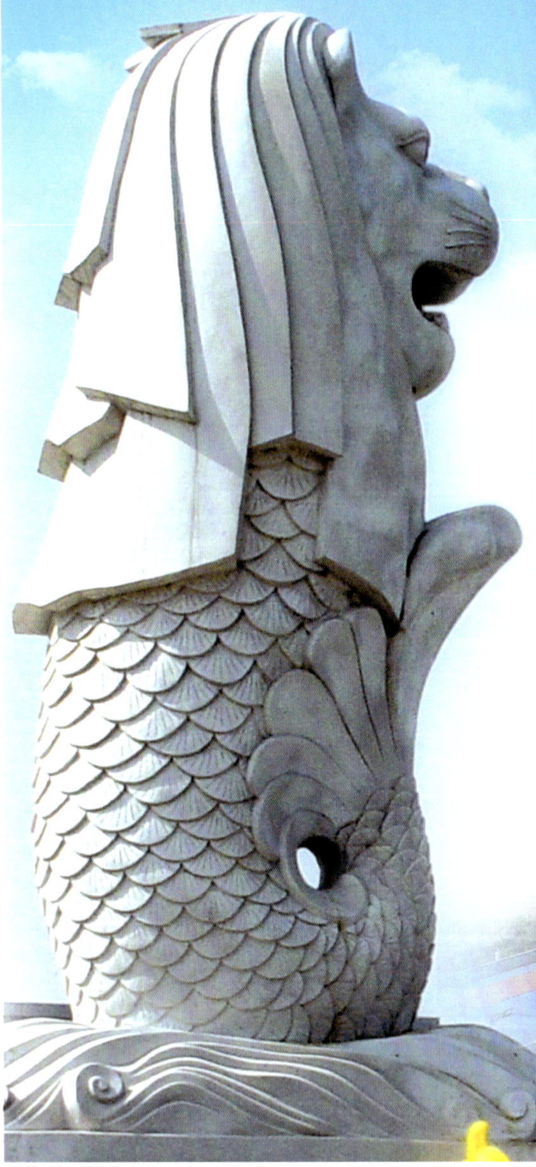

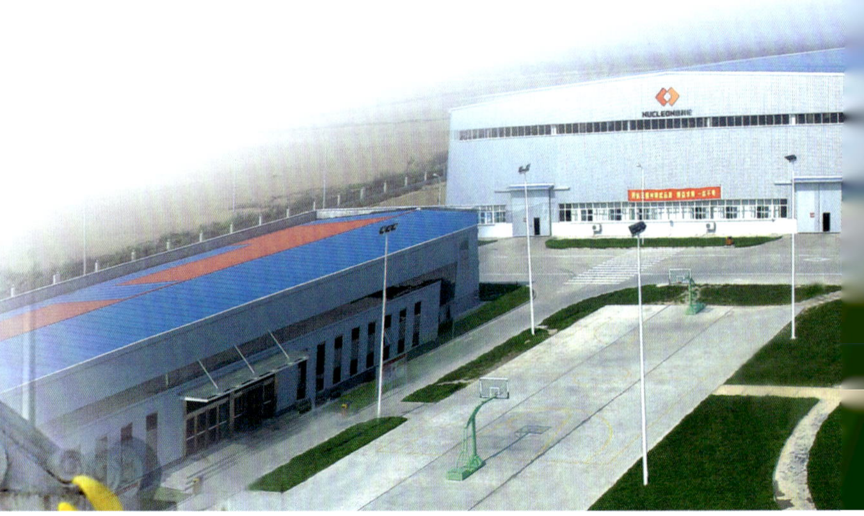

地址：河南省长垣县河南起重机械工业园区 邮编：453424
销售电话：0373-8622016 8622066 8622077 8622088 传真：0373-8622001
E-mail：nucleon@nucleon.com.cn http://www.nucleon.com.cn

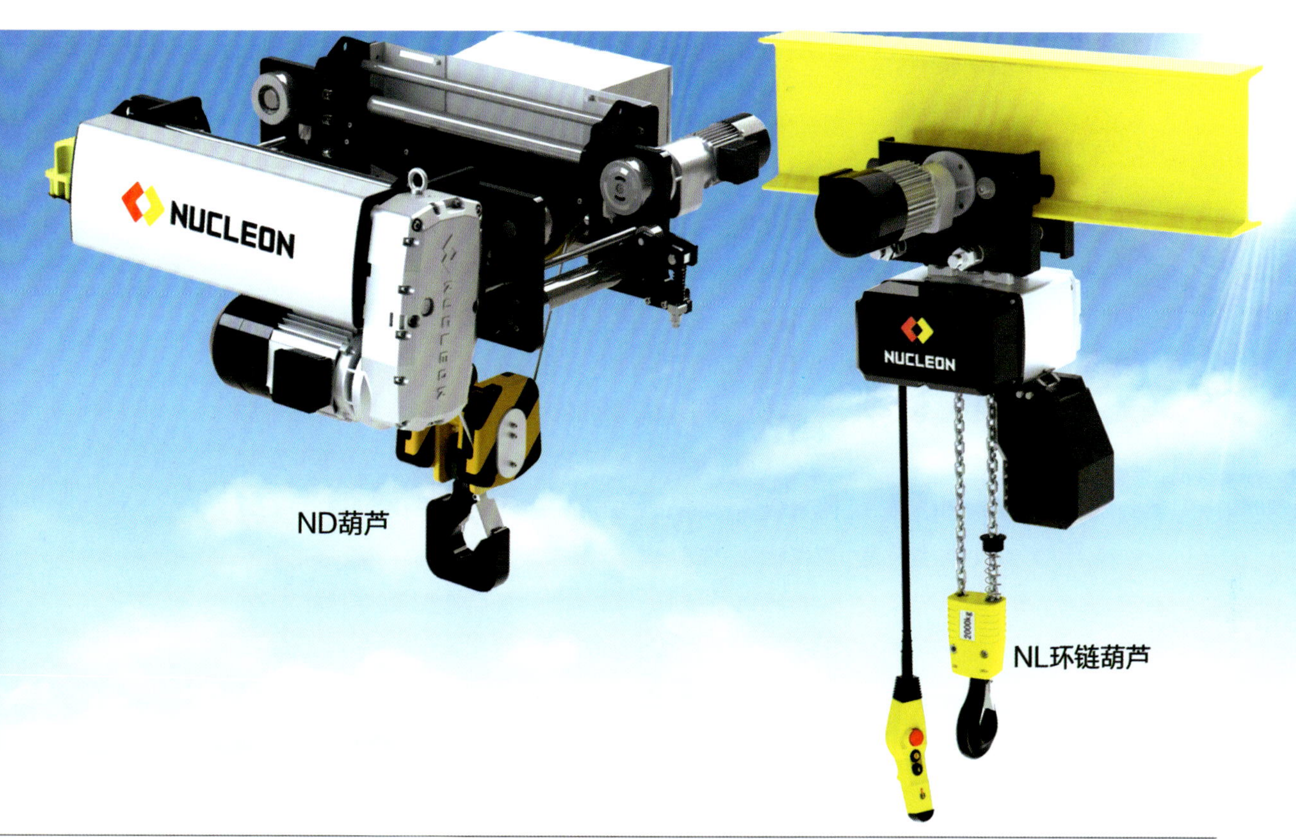

ND葫芦

NL环链葫芦

U型槽一次成形罗拉线

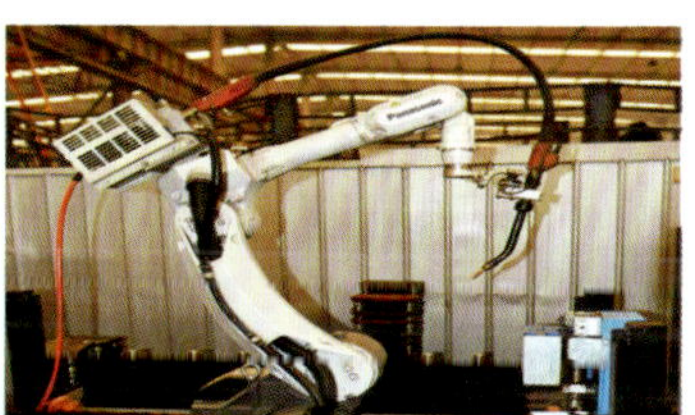

焊接机器人

码放整齐的仓库

NCSIC 国家桥门式起重

国家桥门式起重机械产品质量监督检验中心暨江苏省特种设备安全监督检验研究院无锡分院坐落在美丽的太湖之滨、全国宜居城市——江苏无锡，隶属江苏省特种设备安全监督检验研究院。国家桥门式起重机械产品质量监督检验中心2011年3月由国家质量监督检验检疫相关部门批准建成，占地面积2.3万m²(35亩)，净资产近2.5亿元，拥有先进检验仪器装备2 000多台（套），价值近6 000万元，其中60%以上为进口设备。中心科研办公及试验用房共3万m²，目前内设机械结构试验室、制动器试验室、电动葫芦试验室、制动电机试验室、电机能效试验室、超载限制器试验室、高度限位器试验室、材料理化及金相实验室、无损检测实验室、钢丝绳及吊具试验室、起重机安全监控试验室、新技术及标准开发研究室等多个专业技术科室；拥有职工近280人，其中研究员级高工4人、高级工程师53人、博士及博士后6人、硕士69人；拥有高级检验师证5张、美国ASME检验师证4张（ASME主任检验师证1张）、检验师证162张、三级无损检测证12张、CWI证2张、国家特种设备评审员证32张，是中国特检院、法国BV、英国劳氏授权的合作检验机构。中心目前开展各类起重机及其部件、零件的型式试验、委托检验，开展起重运输机械与工程机械的深度检验检测及产品性能试验，开展新产品开发设计、体系认证咨询等业务。中心自投入运作以来，始终秉承科学严谨、扎实先进的技术发展理念，秉承规范诚信、热诚服务的市场发展理念，致力于建成国内领先的行业检测中心并迈向国际检验市场，建成能力强、诚信度高、口碑好的第三方检验机构。

ORIT 奥力通起重机®

奥力通起重机（北京）有限公司，位于北京市通州工业开发区，年产起重机1 200多台，产值3亿多元，现有员工320名，厂房20 000㎡，集起重机研发、制造、销售、安装、服务于一体，专注于生产欧式双梁、单梁、桥式、门式起重机，包括全自动智能起重机、电磁起重机、抓斗起重机、防爆起重机、过跨起重机、航空发动机上部运输专用起重机、飞机维修专用多支点起重机等，以及各类非标起重机。奥力通已成为中国一流的欧式起重机专业制造企业。

基于世界领先的起重机优化设计和变频驱动技术，我们的起重机**尺寸小、自重轻、免维护性能好、工作持续率高**，采用**镀锌高强钢丝绳、盘式制动器、硬齿面减速机、可编程起升限位、球墨铸铁导绳器、大直径焊接卷筒等**，是国内起重机领域的创新产品。

北京总部

地址：北京市通州工业区南区（张家湾枣林庄南口）101103
Tel:010-61509090
Fax:010-61509780
Hotline: 4006-900-801
E-mail:sales@oritcranes.com
www.oritcranes.com

办事处

北京 139 1138 7507	西安 138 9287 7502	河北 137 0107 9173
天津 135 1103 0693	济南 133 2511 1590	沈阳 139 4002 8825
杭州 136 0104 3266	重庆 139 8087 1737	长沙 135 1103 0693
大连 135 0411 8346	合肥 152 5657 1430	银川 158 0961 5364
青岛 153 1871 1003	常州 135 0120 9769	包头 136 0100 0917
长春 135 0433 0816	济宁 134 0228 5878	成都 139 8087 1737
柳州 180 7825 9687	郑州 159 3797 2665	航空领域 138 1164 6985

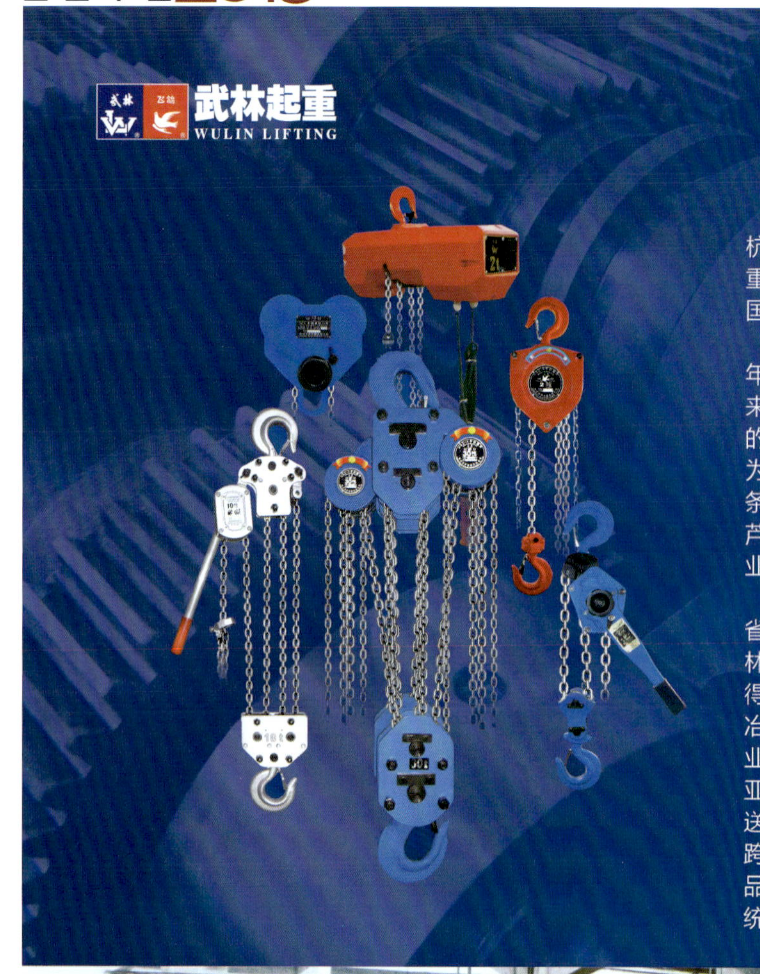

浙江冠林机械有限公司（前身杭州武林机械和杭州现代机械成立于1952年）是中国研制中小型起重机械产品历史长、生产规模大、技术实力强，处于全国行业领先地位的专业制造商。

作为中国手动葫芦的摇篮，公司早在20世纪50年代就研制出中国领先的手拉葫芦。半个多世纪以来，公司凭借丰富的制造经验、雄厚的技术力量、完善的质量管理体系，致力于起重葫芦的开发与研究，成为当今国内大型的手动葫芦、环链电动葫芦、起重链条研发基地。公司负责起草了手动葫芦、环链电动葫芦、单轨小车、起重链条等行业标准及国家标准，在行业中率先通过了ISO9001:2000质量管理体系认证。

产品曾多次获得国际优等品、国家金质奖、浙江省名牌产品等诸多荣誉。半个多世纪的专业生产，冠林机器凭借先进的技术、可靠的产品和完善的服务，得到广大用户的厚爱与信赖。产品广泛应用于电力、冶金、造船、化工、矿山、港机、核电站和建筑工程等行业，特别成为国家重点工程项目的主选产品，如：大亚湾核电站、秦山核电站、岭澳核电站、国家“西电东送”送变电工程、国家电气化铁路改造工程、杭州湾跨海大桥建设工程等。“飞鸽”和“武林”两个知名品牌闻名遐迩，深受广大用户的信赖，一直为中国传统的名优产品。

Zhejiang Guanlin Machinery Lnc.

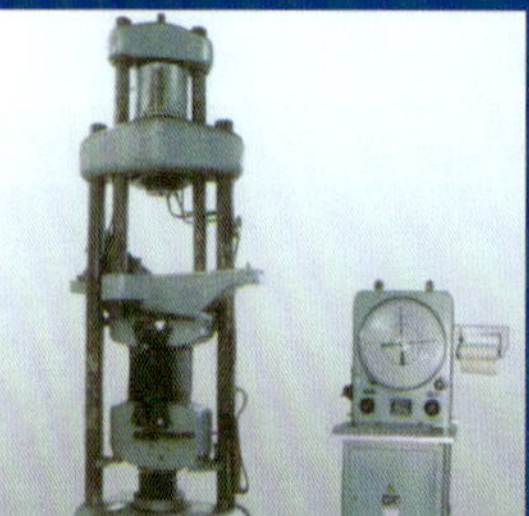

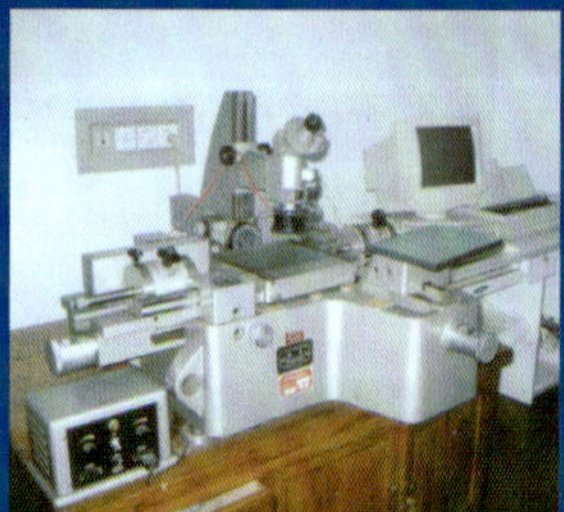

浙江冠林机械有限公司
地　址：浙江省安吉县天子湖工业园区五福路7号
联系人：王红华　胡芸芸
电　话：0572-5091151
传　真：0572-5098786

QTDJ智能起重机调速控制器
(32~100A)

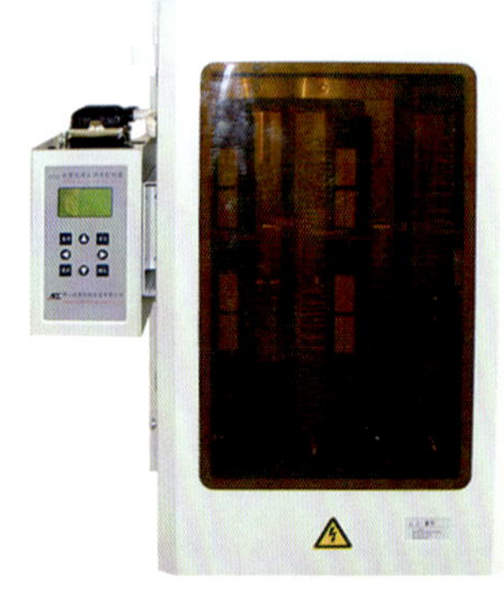
QTDJ智能起重机调速控制器
(500~3 000A)

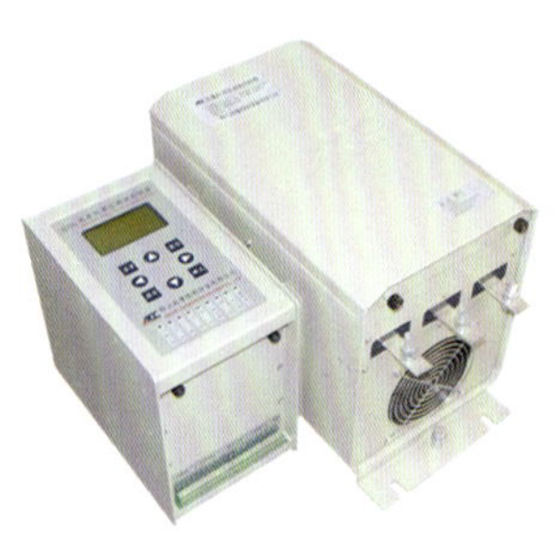
QTDJ-I智能起重机调速控制器
(150~350A)

QTDJ-II智能起重机调速控制器
(150~350A)

辽宁国远科技有限公司，中国起重机控制设备方案一流供应商，其前身为鞍山起重控制设备有限公司。国远科技创立伊始，便专注于起重机专用控制产品的研发、制造、销售与服务。公司全面贯彻 ISO9001-2000 质量管理体系，2006 年通过国家 CCC 强制性产品认证资格。

为加速公司的发展，提升管理水准，公司引入了 ERP 管理系统、MES 生产管理系统。这两大管理系统的引入和应用，实现了生产信息管理和生产执行管理的完美融合。

为确保产品质量的安全可靠，国远全线引进数字化生产设备。德国通快精密板金生产线、德玛吉机械加工中心、西门子 SMT 生产线及产品自动装配作业流水线，形成了完整的国际型数字化生产基地。主要产品有起重机专用定子调压调速控制装置、起重机专用变频器、能量回馈系统、固化接触器、起重机安全信息管理系统、制动单元、开关电源、超负荷限制器等。产品均拥有自主知识产权，产品技术达到国际先进水平。

产品应用在冶金、港口、石化等行业，客户有首钢、济钢、重钢、鞍钢、中国一重、中国二重等国内大型企业以及太原重工、大连华锐重工、河南卫华、上海起重等国内大型起重机主机制造企业，可为其提供一流的起重机安全操控设计方案，并提供设备成套生产，产品深受用户好评。

专注于起重机控制设备的研发、制造、销售及服务

■一流起重机企业战略合作伙伴 ■起重电控全套解决方案供应商 ■起重控制设备定制产品市场引领者

QTDJ-II智能起重机调速控制器

（500~3 000A）

GYI起重机专用变频器

（7.5~630kW）

GYI起重机专用变频器
（新型结构7.5~630kW）

环通认证中心有限公司
环境管理体系认证证书
鞍山起重控制设备有限公司
GB/T24001-2004/ISO14001:2004
"起重机控制设备的制造、安装、改造和维修及相关管理活动"

环通认证中心有限公司
质量管理体系认证证书
鞍山起重控制设备有限公司
GB/T19001-2008/ISO9001:2008
"起重机控制设备的制造、安装、改造和维修"

环通认证中心有限公司
职业健康安全管理体系认证证书
鞍山起重控制设备有限公司
GB/T28001-2011/OHSAS 18001:2007
"起重机控制设备的制造、安装、改造和维修及相关管理活动"

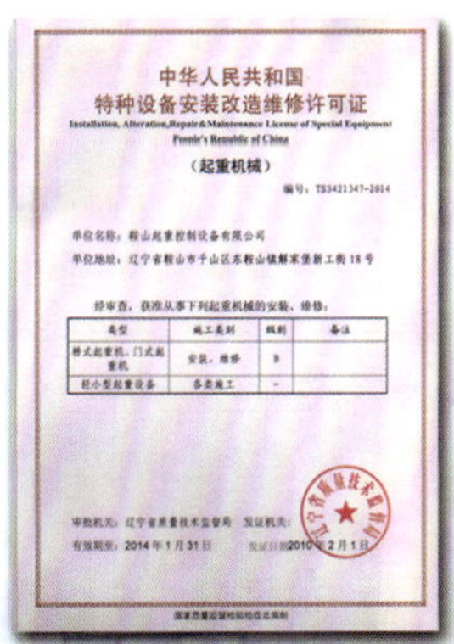

中华人民共和国
特种设备安装改造维修许可证
（起重机械）

回首来路，我们知道，国远科技今天所得远胜所付出的……

多年来，社会对我们的成长和关爱给予了很多……

多年来，我们心怀感激，却无以回报……

我们惟有视品质为生命、以创新为宗旨，脚踏实地，尽心尽力……

在前进的道路上，我们将继续努力，永无止境。

辽宁国远科技有限公司
LIAO NING GUOYUAN TECHNOLOGY Co.,Ltd.

地址：辽宁省鞍山市千山区通海大道427号
电话：0412-5644999
传真：0412-5644000
邮编：114000
http://www.lnguoyuan.com

Add: Qianshan District, Anshan City, Liaoning Province, Tong Hai Road, No. 427
Tel: 0412-5644999
Fax: 0412-5644000
Web: www.lnguoyuan.com

湖州双力自动化科技装备有限公司（湖州电动滚筒有限公司）是一家集科研、开发、生产、销售和服务为一体的专业化电动滚筒制造企业。公司一直执著于为广大客户奉献高品质的电动滚筒产品，并在核心领域作深入研发。公司引进德国专有技术设计，为生产优质的电动滚筒奠定了坚实的基础，确保公司在电动滚筒行业激烈的竞争中，始终以一流的质量永立潮头。

公司于2000年被中国重型机械工业协会授予“全国起重运输机械行业信得过产品和企业”证书，2007年被评为“浙江省高新技术企业”，1999年2月通过ISO9002质量体系认证，并于2002年2月通过ISO9001：2000质量管理体系认证。公司拥有年产10 000台以上电动滚筒生产能力以及设计生产变型产品、延伸产品和其他产品的应变能力，是全国电动滚筒制造的骨干企业，是中国南方地区大型的电动滚筒专业生产厂家。公司生产的“星力”牌电动滚筒广销全国各地及东南亚、中南美等地区。三峡工程、首钢集团、宝钢集团等重点工程和企业，都采用了“星力”牌电动滚筒做为输送工程驱动设备，具有良好的市场口碑。

公司经过自主研发和技术合作，产品拓展出了电动滚筒、辊道输送机、带式输送机、平板硫化机、挡烟垂壁等5大系列1 000多个规格。其中电动滚筒有：油冷式电动滚筒、油浸式电动滚筒、外装式电动滚筒、隔爆型油冷式电动滚筒（已获煤安证）、单相油浸式电动滚筒等。公司致力于不断满足市场变化的需要，引领国内电动滚筒行业革新与进步。

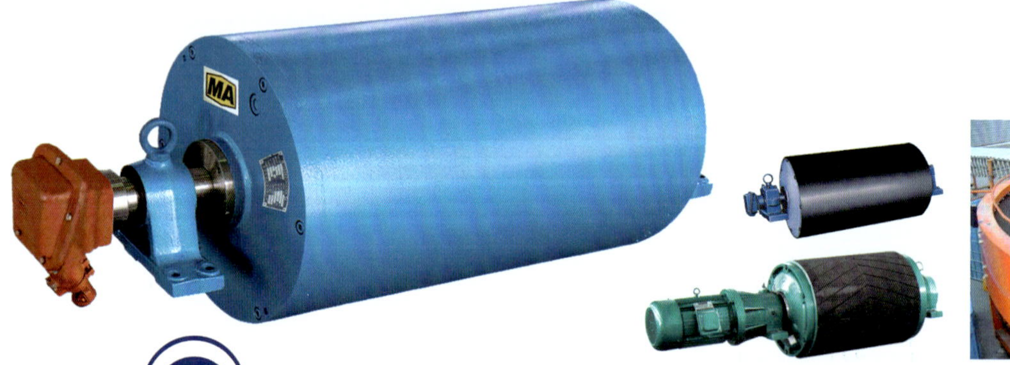

XL 星力 XINGLI

湖州双力自动化科技装备有限公司
湖州电动滚筒有限公司

地址：浙江省湖州市西凤路888号
电话：400-881-0572
电动滚筒销售部：0572－2022227 2022209
物流设备销售部：0572－2053013 2111363
办公室：0572－2037996
http://www.hzdt.com.cn
邮编：313000
成套设备销售部：0572－2022263 2022202
橡胶机械销售部：0572－2110327 2032080
消防设备销售部：0572－2361228
传真：0572－2059480
E-mail：sf@hzdt.com.cn

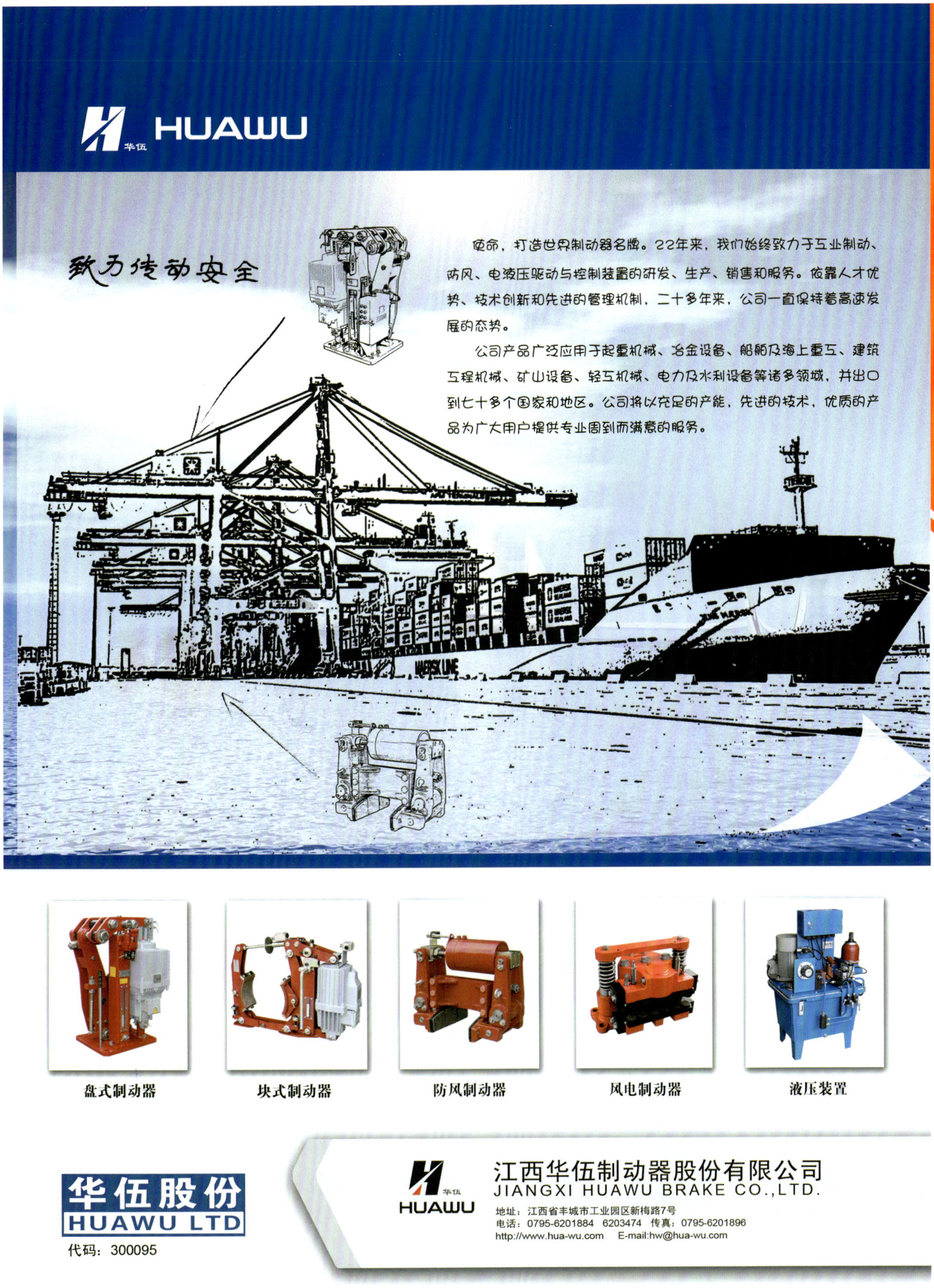
HUAWU
华伍
致力传动安全
使命，打造世界制动器名牌。22年来，我们始终致力于工业制动、防风、电液压驱动与控制装置的研发、生产、销售和服务。依靠人才优势、技术创新和先进的管理机制，二十多年来，公司一直保持着高速发展的态势。
公司产品广泛应用于起重机械、冶金设备、船舶及海上重工、建筑工程机械、矿山设备、轻工机械、电力及水利设备等诸多领域，并出口到七十多个国家和地区。公司将以充足的产能，先进的技术，优质的产品为广大用户提供专业周到而满意的服务。
盘式制动器
块式制动器
防风制动器
风电制动器
液压装置
华伍股份
HUAWU LTD
代码：300095
江西华伍制动器股份有限公司
JIANGXI HUAWU BRAKE CO.,LTD.
地址：江西省丰城市工业园区新梅路7号
电话：0795-6201884 6203474 传真：0795-6201896
http://www.hua-wu.com E-mail:hw@hua-wu.com

综合索引

鉴证行业发展足迹
振兴重型装备工业

中国机械工业年鉴系列

《中国机械工业年鉴》

《中国电器工业年鉴》

《中国工程机械工业年鉴》

《中国机床工具工业年鉴》

《中国通用机械工业年鉴》

《中国机械通用零部件工业年鉴》

《中国模具工业年鉴》

《中国液压气动密封工业年鉴》

《中国重型机械工业年鉴》

《中国农业机械工业年鉴》

《中国石油石化设备工业年鉴》

《中国塑料机械工业年鉴》

《中国热处理行业年鉴》

《中国齿轮工业年鉴》

《中国磨料磨具工业年鉴》

《中国机电产品市场年鉴》

中国工业年鉴出版基地

编辑说明

一、《中国机械工业年鉴》是由中国机械工业联合会主管、机械工业信息研究院主办的大型资料性、工具性年刊，创刊于1984年。

二、根据行业需要，1998年中国机械工业年鉴编辑委员会开始出版分行业年鉴，逐步形成了中国机械工业年鉴系列。该系列现已出版了《中国电器工业年鉴》《中国工程机械工业年鉴》《中国机床工具工业年鉴》《中国通用机械工业年鉴》《中国机械通用零部件工业年鉴》《中国模具工业年鉴》《中国液压气动密封工业年鉴》《中国重型机械工业年鉴》《中国农业机械工业年鉴》《中国石油石化设备工业年鉴》《中国塑料机械工业年鉴》《中国热处理行业年鉴》《中国齿轮工业年鉴》《中国磨料磨具工业年鉴》和《中国机电产品市场年鉴》。

三、《中国重型机械工业年鉴》作为该年鉴系列之一，2005年创刊，每年出版一期，2013年为第9期。该年鉴集中反映了重型机械行业的发展情况，全面系统地提供了重型机械行业及其企业的主要经济技术指标。

四、《中国重型机械工业年鉴》2013年版内容由综述、行业篇、市场篇、企业篇、统计资料、标准与质量、政策法规、大事记和附录9部分构成，统计资料中的数据由中国重型机械工业协会提供，数据截至2012年12月31日。

五、本年鉴在编纂过程中得到了中国重型机械工业协会及所属分会、研究院所和企业的大力支持和帮助，在此深表谢意。

七、由于水平有限，难免出现错误及疏漏，敬请批评指正。

中国机械工业年鉴编辑部

2014年3月

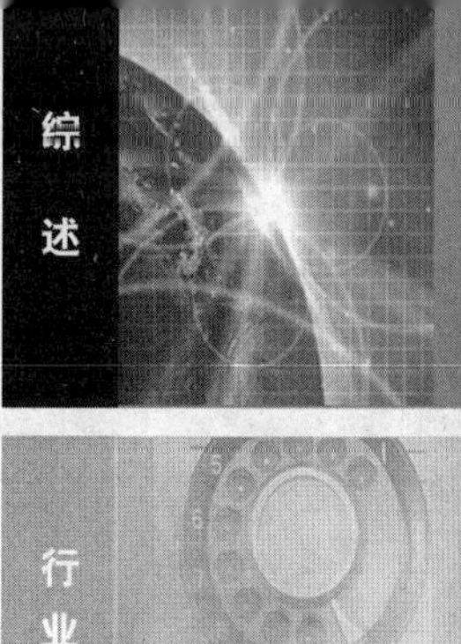

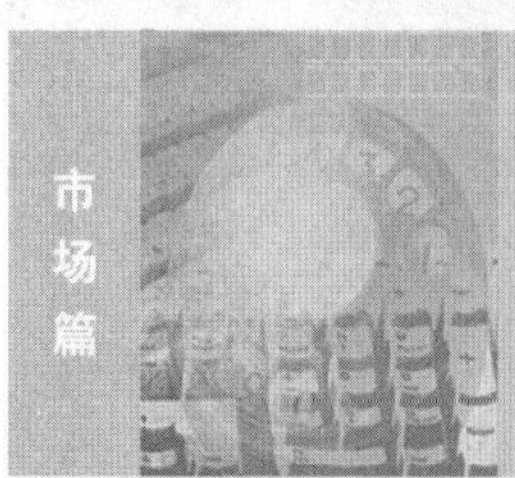

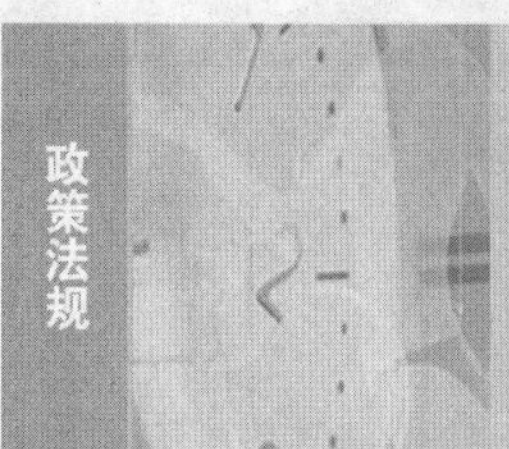

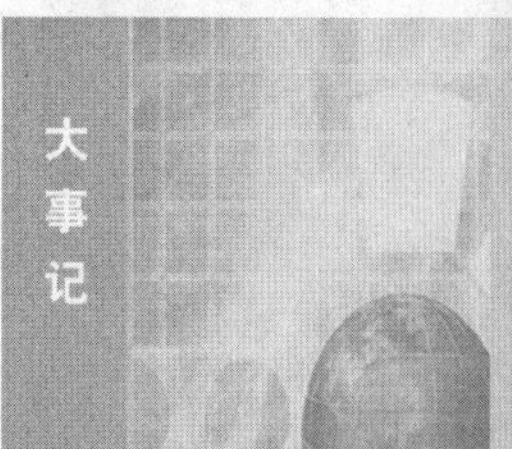

综述

回顾2012年重型机械行业发展状况，公布2012年中国重型机械科技奖获奖情况，指出当前行业发展中存在的问题，并提出措施建议

Reviewing the development of heavy machinery industry in 2012, announcing the winners of Science and Technology Award of China heavy machinery industry, pointing out problems existing in the development of heavy machinery industry, and putting forward suggestions on countermeasures

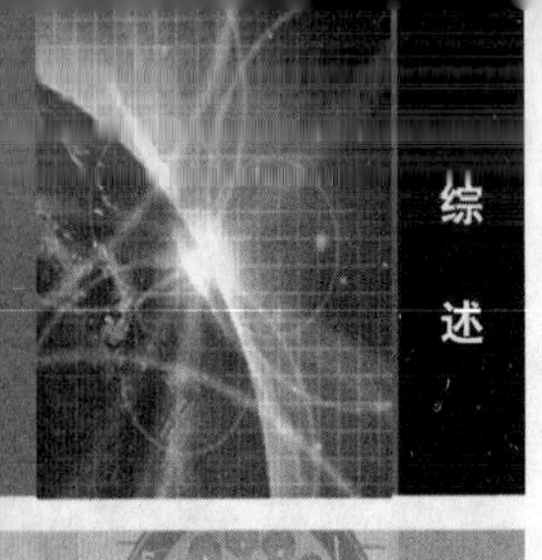
综
述

行业篇
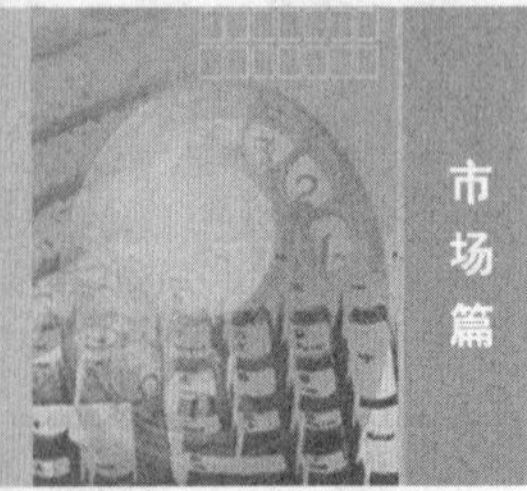
市场篇

企业篇

统计资料

标准与质量
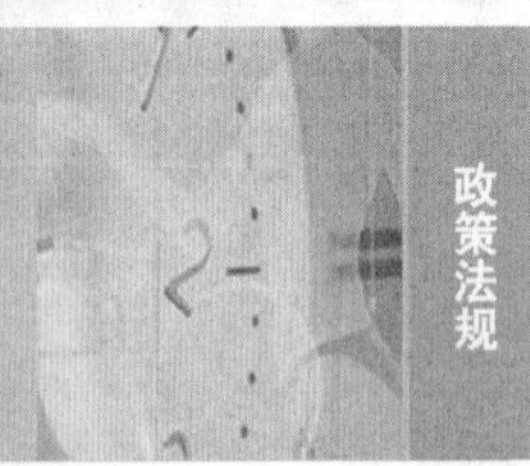
政策法规

大事记
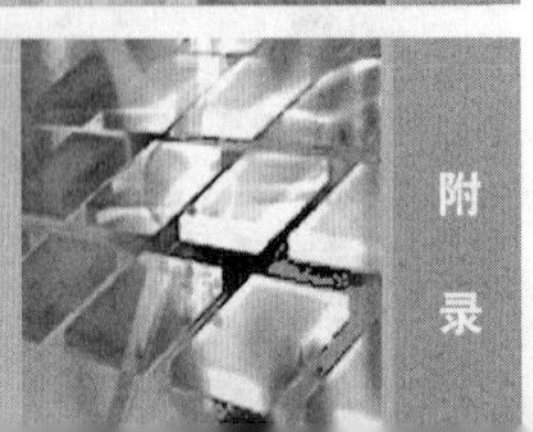
附
录

2012 年重型机械行业总体发展情况

重型机械行业是全国冶金矿山机械制造业和全国物料搬运(起重运输)设备制造业的合称。

按照《GB/T 4754—2011 国民经济行业分类》新标准的规定,重型机械行业归口的行业小类已由原冶金设备、采矿采石(矿山)设备和起重运输设备 3 个行业小类,变更为:冶金设备、矿山机械和轻小型起重设备、起重机、生产专用车辆(编者注:应称为工业车辆)、连续搬运设备、电梯自动扶梯及升降机、其他物料搬运设备 8 个行业小类,其中轻小型起重设备、起重机、生产专用车辆、连续搬运设备、电梯自动扶梯及升降机、其他物料搬运设备 6 个小类通称物料搬运(起重运输)设备,并从 2012 年国家行业统计年报开始执行。

2010—2011 年重型机械行业主要经济指标完成情况见表 1。

表 1　2010—2011 年重型机械行业主要经济指标完成情况

指标名称	行业名称	2010 年	2011 年	同比增长
企业数(家)	重型机械行业	4 686	3 626	-22.62
	冶金设备行业	605	453	-25.12
	矿山机械行业	1 779	1 433	-19.45
	物料搬运(超重运输)机械行业	2 302	1 740	-24.41
工业总产值(当年价)(亿元)	重型机械行业	7 111.88	8 986.10	26.35
	冶金设备行业	1 050.18	1 189.27	13.24
	矿山机械行业	2 157.40	2 965.02	37.43
	物料搬运(超重运输)机械行业	3 904.30	4 831.81	23.76
主营业务收入(亿元)	重型机械行业	6 966.98	8 806.22	26.40
	冶金设备行业	1 006.40	1 139.95	13.27
	矿山机械行业	2 104.91	2 881.07	36.87
	物料搬运(超重运输)机械行业	3 855.67	4 785.20	24.11
利润总额(亿元)	重型机械行业	553.21	653.17	18.07
	冶金设备行业	76.19	62.59	-17.85
	矿山机械行业	173.51	212.30	22.36
	物料搬运(超重运输)机械行业	303.51	378.28	24.64
主营业务收入利润总额率(%)	重型机械行业	7.94	7.42	
	冶金设备行业	7.57	5.49	
	矿山机械行业	8.24	7.37	
	物料搬运(超重运输)机械行业	7.87	7.91	
从业人员平均人数(万人)	重型机械行业	88.53	92.32	4.28
	冶金设备行业	14.67	14.61	-0.41
	矿山机械行业	30.63	34.74	13.42
	物料搬运(超重运输)机械行业	43.23	42.97	-0.60

注:表中原始数据来源于国家统计局有关年报统计资料。

2012 年,全国机械工业企业数为 77 639 家,实现工业销售产值(当年价)177 889.76 亿元,主营业务收入 179 893.52 亿元,利润总额 13 248.53 亿元,资产总计 144 058.52 亿元,重型机械行业占全国机械工业的比重分别为 5.30%、5.64%、5.64%、4.77% 和 6.83%。

一、2012 年重型机械行业总体经济发展概况

1. 2012 年重型机械行业经济指标完成情况

2012 年重型机械行业总体主要经济指标完成情况见表 2。

表2　2012 年重型机械行业总体主要经济指标完成情况

行业名称	企业数（家）	比上年增长（%）	工业销售产值（亿元）	比上年增长（%）	出口交货值（亿元）	比上年增长（%）
重型机械行业合计	4 117	13.54	10 035.97	15.19	764.83	20.22
冶金矿山机械行业	2 189	16.07	4 489.94	12.56	165.45	25.04
其中:冶金设备行业	514	13.47	1 185.27	7.56	59.32	42.18
矿山机械行业	1675	16.89	3 304.68	14.47	106.12	17.14
物料搬运设备行业	1 928	10.80	5 546.02	17.41	599.38	18.95

行业名称	主营业务收入（亿元）	比上年增长（%）	利润总额（亿元）	比上年增长（%）	总资产贡献率（%）	上年同期总资产贡献率（%）	利润率（%）	上年同期利润率（%）
重型机械行业合计	1 0144.63	15.20	632.17	-3.21	11.05	12.51	6.23	7.42
冶金矿山机械行业	4 597.55	14.34	233.51	-15.05	9.18	10.97	5.08	6.84
其中:冶金设备行业	1 202.39	5.48	14.37	-77.05	3.90	6.72	1.19	5.49
矿山机械行业	3 395.16	17.84	219.14	3.23	12.72	14.14	6.45	85.35
物料搬运设备行业	5 547.08	15.92	398.66	5.39	12.87	14.11	7.19	7.91

注:1. 表中原始数据来源于国家统计局2012 年年报资料,统计范围为:年主营业务收入 2 000 万元以上法人企业(以下表同)。

2. 因四舍五入,表中尾数略有误差(以下表同)。

2012 年重型机械行业进出口情况见表3。

表3　2012 年重型机械行业进出口情况

行业名称	出口额（亿美元）	比上年增长(%)	进口额（亿美元）	比上年增长(%)	进出口总额（亿美元）	比上年增长(%)	进出口顺差（亿美元）	比上年增长(%)
重型机械行业合计	161.27	15.49	64.85	-5.85	226.12	8.44	96.43	36.27
冶金矿山机械行业	34.22	13.12	18.06	-12.30	52.28	2.83	16.16	67.36
其中:冶金设备行业	18.16	14.80	9.77	-20.06	27.93	-0.40	8.38	133.39
矿山机械行业	16.06	11.29	8.29	-0.98	24.35	6.79	7.77	28.23
物料搬运设备行业	127.06	16.15	46.79	-3.10	173.84	10.25	80.27	31.36

注:表中原始数据来源于海关总署2012 年12 月月报统计资料,进出口顺差为负数表示逆差。

2. 2012 年重型机械行业经济运行特点

(1)行业生产销售总值再创历史新高,继续保持高速增长态势。2012 年,重型机械行业工业销售总产值突破万亿元达到 10 035.97 亿元,主营业务收入 10 144.63 亿元,均再创历史新高,分别比上年增长 15.19% 和 15.20%,增速回落到中速增长的区间。其中,冶金设备行业、矿山机械行业、物料搬运设备行业的工业销售产值与主营业务收入也分别再创历史新高。

(2)行业利润总额与利润率下滑。2012 年,重型机械行业利润总额 632.17 亿元,同比下降 3.21%;利润率 6.23%,比上年下降了 1.19 个百分点。其中,冶金设备行业利润率 1.19%,矿山机械行业利润率 6.45%,物料搬运设备行业利润率 7.19%。

(3)行业固定资产投资继续保持高速增长态势。2012 年,全行业完成固定资产投资 2 104.54 亿元,增速为 43.87%,增速比上年高 7.51 个百分点,超过机械行业增速 19.01 个百分点。

其中:矿山机械行业同比增长 40.65%,增幅下降 11.79 个百分点;物料搬运机械行业增长 78.66%,增幅 49.26 个百分点;冶金机械下降 13.30%,增幅下降 25.08 个百分点。

(4)行业外贸出口额与进出口顺差保持快速增长态势。2012 年,重型机械行业合计外贸出口额 161.27 亿美元,进口额 64.85 亿美元,进出口总额 226.12 亿美元,进出口顺差 96.43 亿美元,比上年增长分别为 15.49%、-5.85%、8.44%、36.27%,而 2011 年同比增长率分别为 25.57%、15.74%、22.15%、36.89%,说明出口额与进出口顺差继续保持快速增长的态势。其中,冶金设备行业、矿山机械行业、物料搬运设备行业出口也分别保持增长态势。

二、2012 年重型机械行业产业结构及利用境外资本情况

1. 产业结构组成

2012 年重型机械行业产业结构组成情况见表4。

表4　2012年重型机械行业产业结构组成情况

行业名称	企业数（家）	占行业比重（%）	工业销售产值（亿元）	占行业比重（%）	主营业务收入（亿元）	占行业比重（%）	利润总额（亿元）	占行业比重（%）
重型机械行业合计	4 117	100.00	10 035.97	100.00	10 144.63	100.00	632.17	100.00
冶金矿山机械行业	2 189	53.17	4 489.94	44.74	4 597.55	45.32	233.51	36.94
物料搬运（起重运输）机械行业	1 928	46.83	5 546.02	55.26	5 547.08	54.68	398.66	63.06

从表4可见，2012年，物料搬运（起重运输）机械行业工业销售产值占重型机械行业比重为55.26%，比上年上升了1.49个百分点；主营业务收入占重型机械行业比重为54.68%，比上年上升了0.34个百分点。冶金矿山机械行业所占比重则有所下降。

2. 行业利用境外资本情况

2012年重型机械行业利用境外资本情况见表5。

表5　2012年重型机械行业利用境外资本情况

行业名称	实收资本（亿元）	比上年增长（%）	境外资本（亿元）	比上年增长（%）	其中：中国港澳台资本（亿元）	比上年增长（%）	外商资本（亿元）	比上年增长（%）	境外资本占实收资本比重（%）	上年同期（%）
重型机械行业合计	1 602.06	23.12	266.21	7.53	81.63	90.41	184.58	-9.82	16.62	19.03
冶金矿山机械行业	779.22	22.77	83.55	10.17	34.57	393.86	48.97	-28.85	10.72	11.95
其中：冶金设备行业	276.28	18.17	20.87	13.98	2.09	102.95	18.78	8.69	7.55	7.83
矿山机械行业	502.94	25.45	62.68	8.97	32.49	444.14	30.19	-41.43	12.46	14.35
物料搬运设备行业	822.85	23.46	182.66	6.36	47.06	31.20	135.6	-0.19	22.20	25.77

从表5可见，2012年，重型机械行业利用境外资本比上年增长7.53%，其中，冶金矿山机械行业利用境外资本增长10.17%。物料搬运（起重运输）机械行业利用境外资本占重型机械行业比重为68. 62%，比上年下降了0.75个百分点。

二、2005　2012年重型机械行业主要经济指标及增长走势

2005—2012年重型机械行业及其冶金设备行业、矿山机械行业和物料搬运（起重运输）机械行业工业销售产值走势见图1。

2005—2012年重型机械行业及其冶金设备行业、矿山机械行业和物料搬运（起重运输）机械行业工业销售产值增长率走势见图2。

2005—2012年重型机械行业及其冶金设备行业、矿山机械行业和物料搬运（起重运输）机械行业主营业务收入走势见图3。

2005—2012年重型机械行业及其冶金设备行业、矿山机械行业和物料搬运（起重运输）机械行业主营业务收入增长率走势见图4。

2005—2012年重型机械行业及其冶金设备行业、矿山机械行业和物料搬运（起重运输）机械行业利润总额走势见图5。

2005—2012年重型机械行业及其冶金设备行业、矿山机械行业和物料搬运（起重运输）机械行业主营业务收入利润（总额）率走势见图6。

2005—2012年重型机械行业及其冶金设备行业、矿山机械行业和物料搬运（起重运输）机械行业出口额走势见图7。

2005—2012年重型机械行业及其冶金设备行业、矿山机械行业和物料搬运（起重运输）机械行业出口额增长率走势见图8。

2005—2012年重型机械行业及其冶金设备行业、矿山机械行业和物料搬运（起重运输）机械行业进口额走势见图9。

2005—2012年重型机械行业及其冶金设备行业、矿山机械行业和物料搬运（起重运输）机械行业进口额增长率走势见图10。

2005—2012年重型机械行业及其冶金设备行业、矿山机械行业和物料搬运（起重运输）机械行业进出口顺差走势见图11。

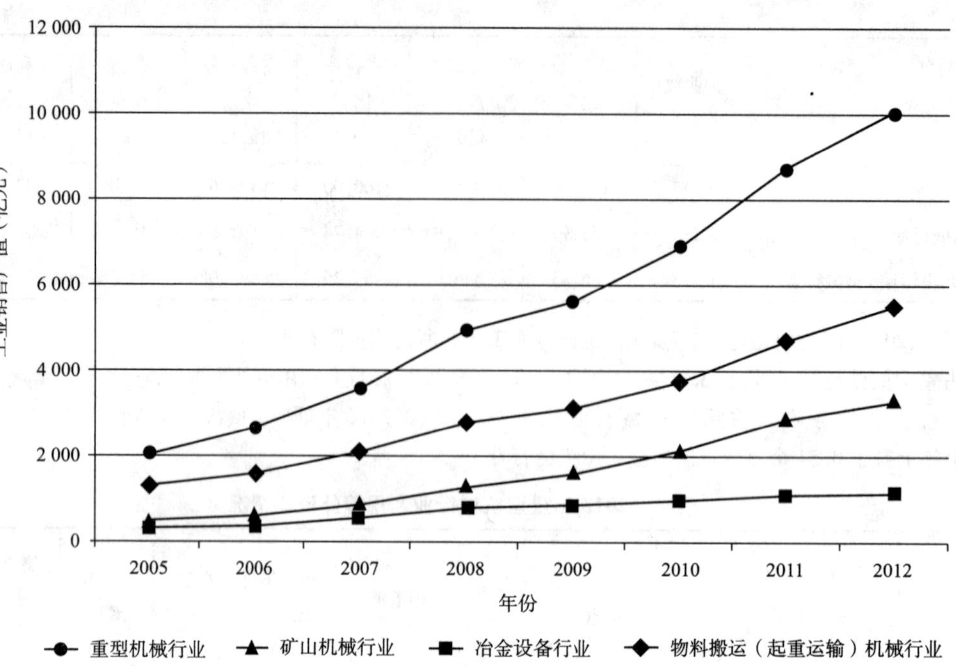

图1　2005—2012年重型机械行业及其冶金设备行业、矿山机械行业和物料搬运（起重运输）机械行业工业销售产值走势

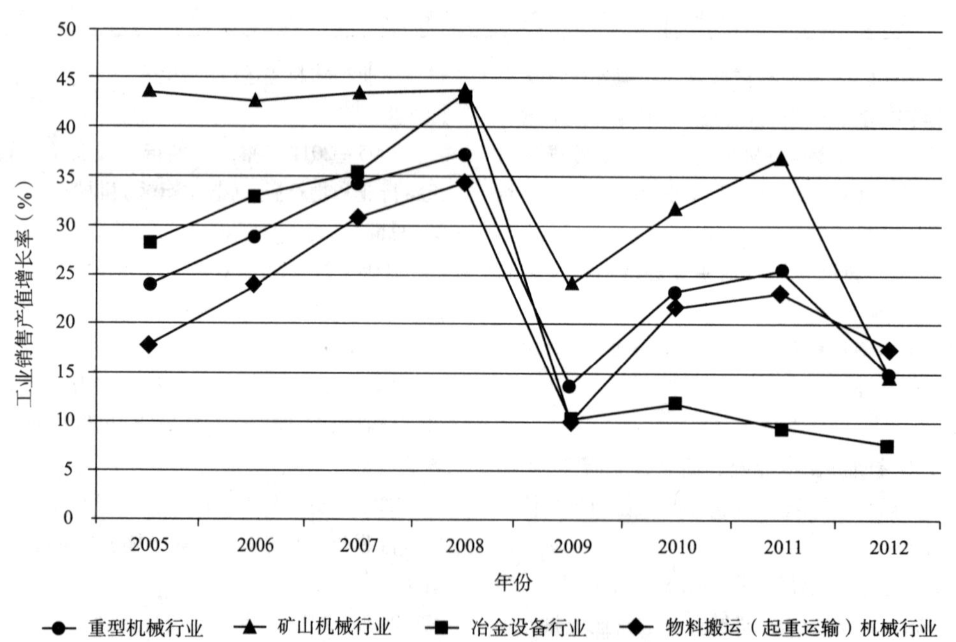

图2　2005—2012年重型机械行业及其冶金设备行业、矿山机械行业和物料搬运（起重运输）机械行业工业销售产值增长率走势

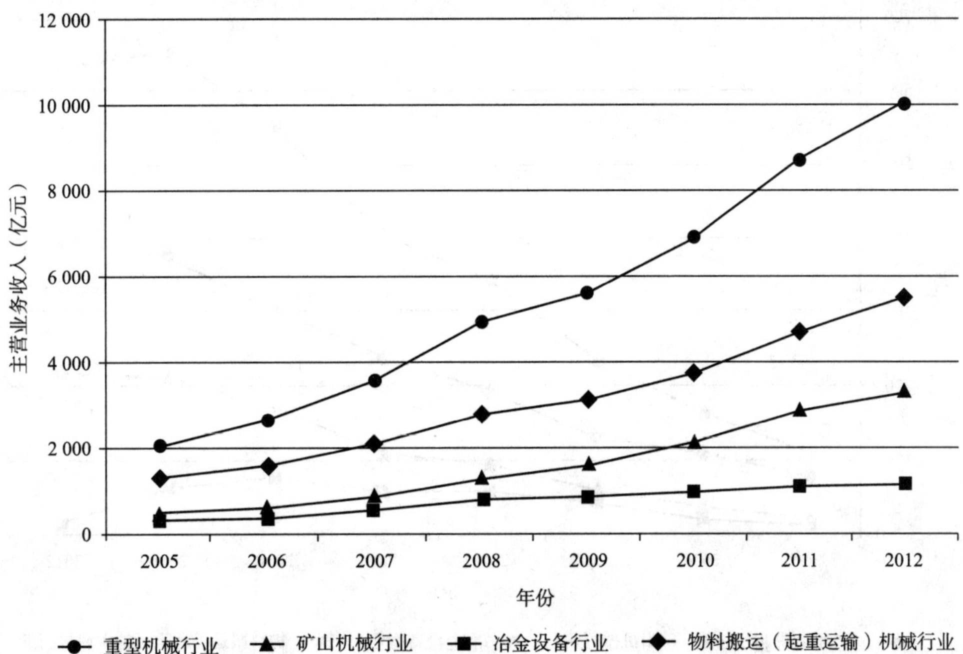

图 3　2005—2012 年重型机械行业及其冶金设备行业、矿山机械行业和物料搬运（起重运输）机械行业主营业务收入走势

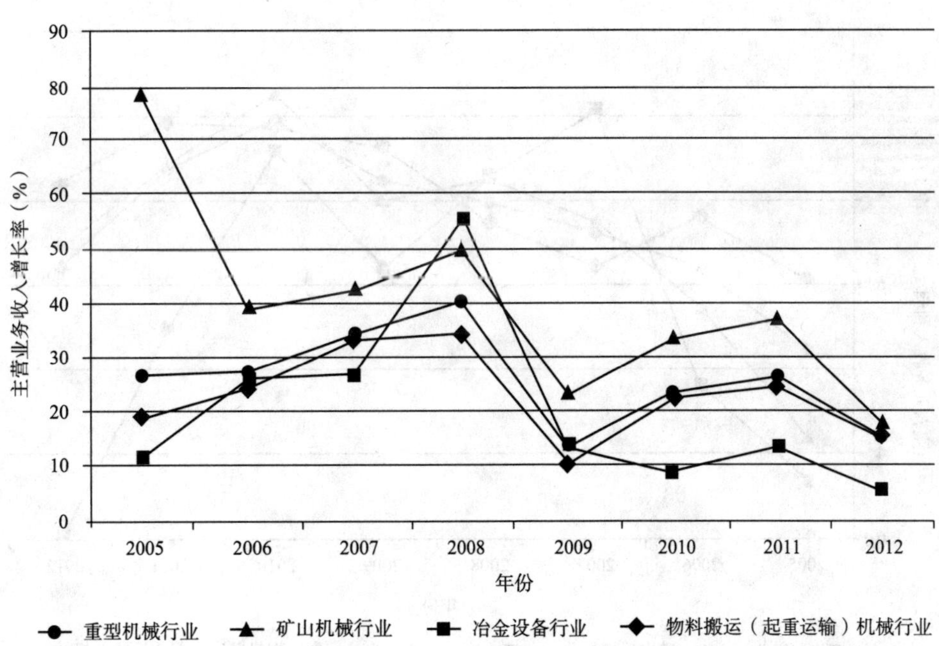

图 4　2005—2012 年重型机械行业及其冶金设备行业、矿山机械行业和物料搬运（起重运输）机械行业主营业务收入增长率走势

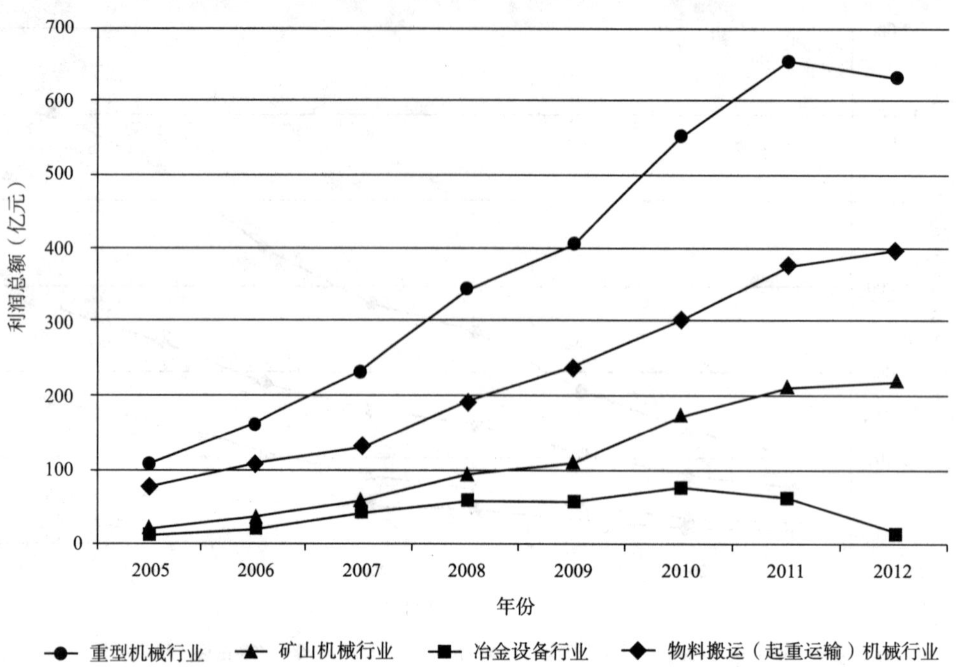

图5　2005—2012年重型机械行业及其冶金设备行业、矿山机械行业和物料搬运（起重运输）机械行业利润总额走势

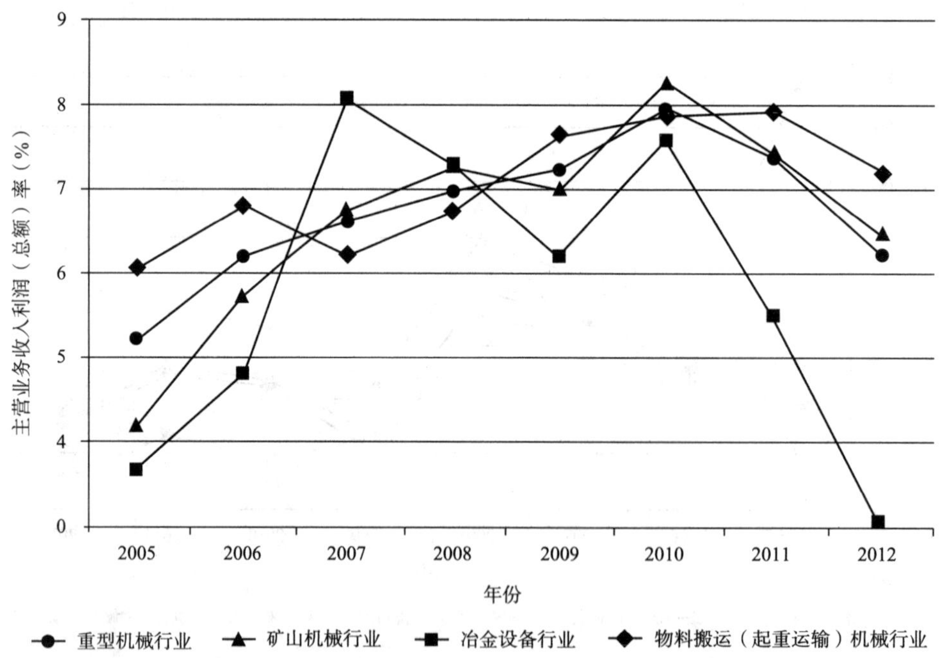

图6　2005—2012年重型机械行业及其冶金设备行业、矿山机械行业和物料搬运（起重运输）机械行业主营业务收入利润（总额）率走势

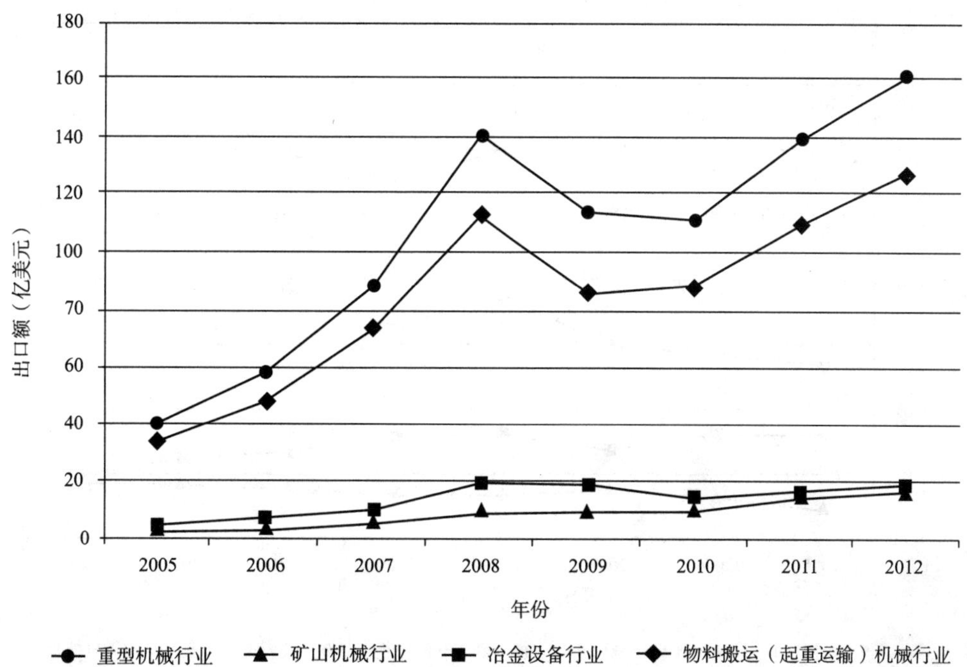

图7　2005—2012年重型机械行业及其冶金设备行业、矿山机械行业和物料搬运（起重运输）机械行业出口额走势

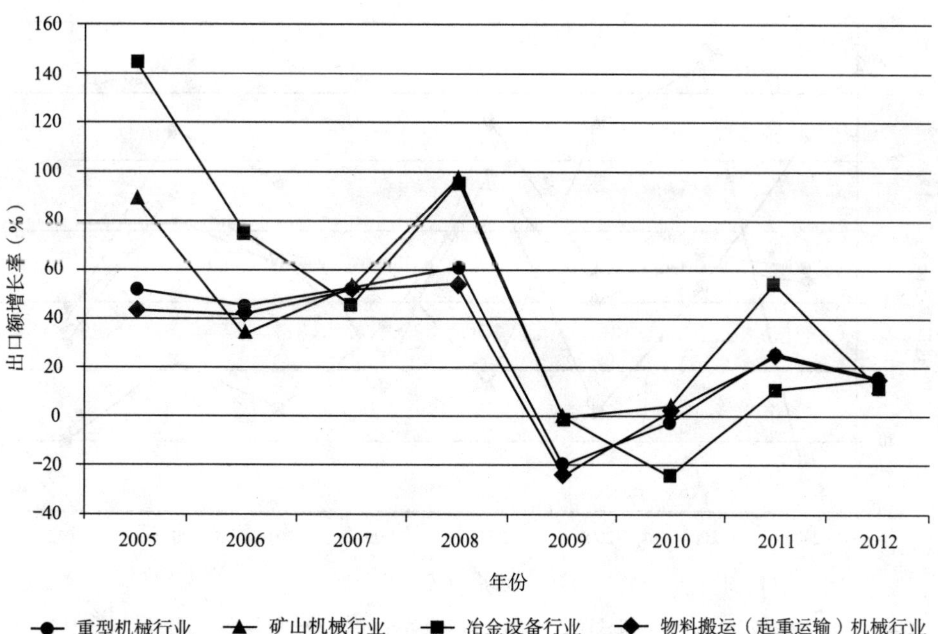

图8　2005—2012年重型机械行业及其冶金设备行业、矿山机械行业和物料搬运（起重运输）机械行业出口额增长率走势

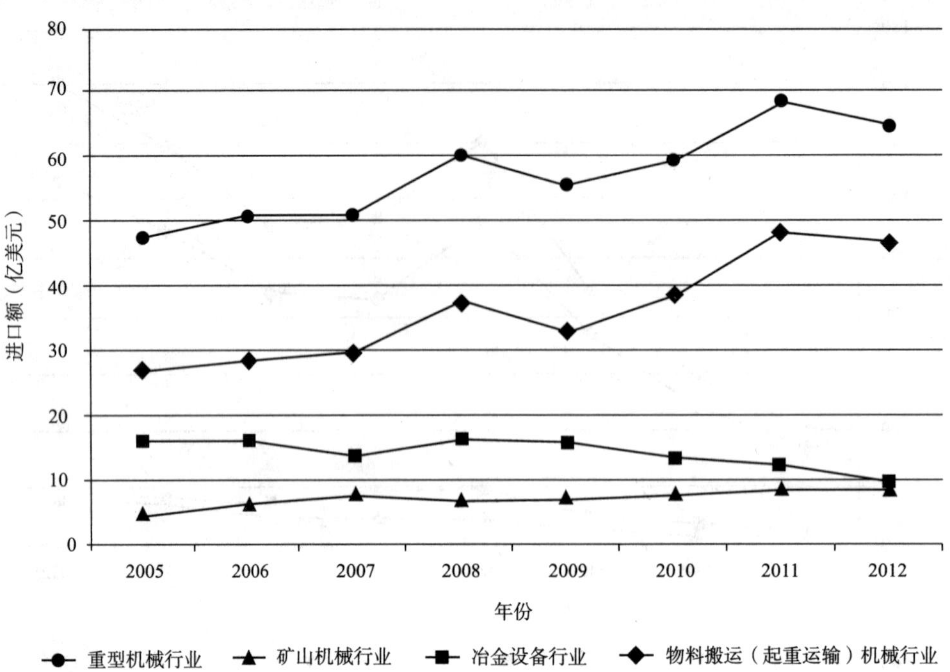

图9　2005—2012年重型机械行业及其冶金设备行业、矿山机械行业和物料搬运（起重运输）机械行业进口额走势

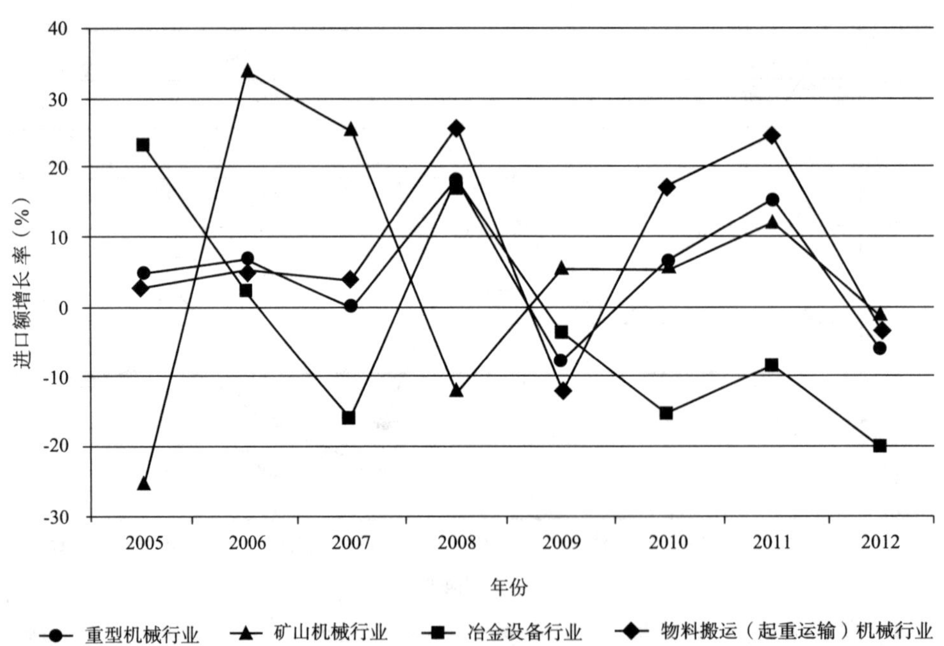

图10　2005—2012年重型机械行业及其冶金设备行业、矿山机械行业和物料搬运（起重运输）机械行业进口额增长率走势

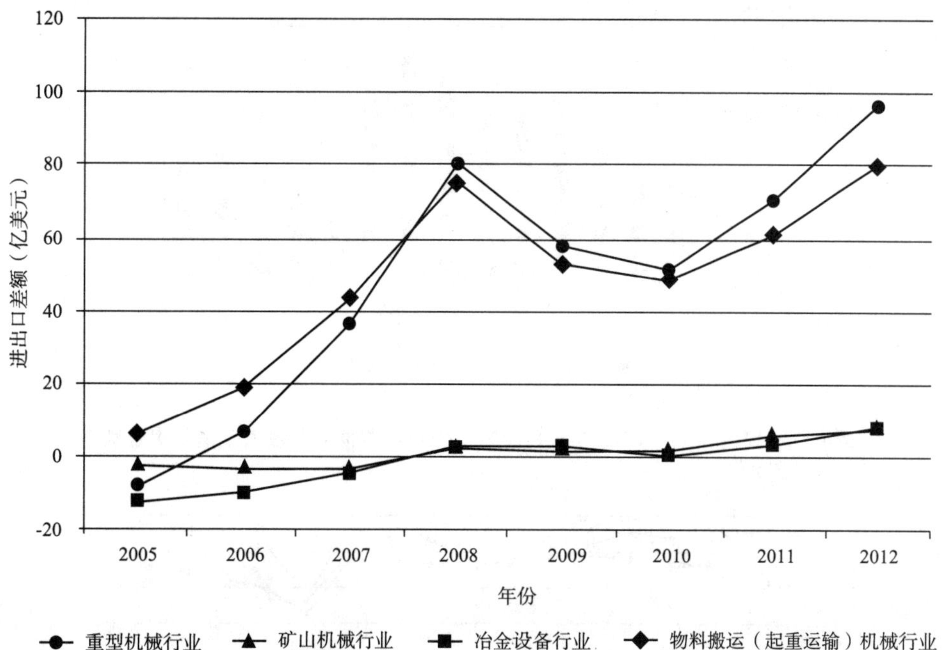

图 11　2005—2012 年重型机械行业及其冶金设备行业、矿山机械行业和物料搬运（起重运输）机械行业进出口顺差走势

〔撰稿人：中国重型机械工业协会王文斯　审稿人：中国重型机械工业协会岳建忠〕

2013 年 1—6 月重型机械行业总体发展情况

一、生产经营

2013 年 1—6 月重型机械行业主要经济指标完成情况见表 1。2012 年 2 月—2013 年 6 月各月累计重型机械行业主营业务收入及增长率走势见图 1。2012 年 2 月—2013 年 6 月各月累计重型机械及分行业利润率走势见图 2。

表 1　2013 年 1—6 月重型机械行业主要经济指标完成情况

行业名称	主营业务收入（亿元）	同比增长（%）	主营业务成本（亿元）	同比增长（%）	利润总额（亿元）	同比增长（%）	利润率（%）	上年同期利润率（%）
重型机械行业合计	5 171	12.6	4 371	13.6	285.9	3.5	5.5	6.0
1. 冶金设备行业	568	2.0	498	5.4	−0.5	−103.0	−0.1	3.2
2. 矿山机械行业	1 745	18.5	1 489	21.6	91.5	−6.1	5.2	6.6
3. 物料搬运（起重运输）机械行业	2 858	11.5	2 384	10.8	194.9	21.0	6.8	6.3
其中：轻小型起重设备行业	189	9.1	161	9.6	9.3	5.5	4.9	5.2
起重机行业	1 230	3.2	1 047	3.6	67.4	−2.7	5.5	5.8
连续搬运设备行业	143	16.1	119	18.5	7.6	5.3	5.4	5.9

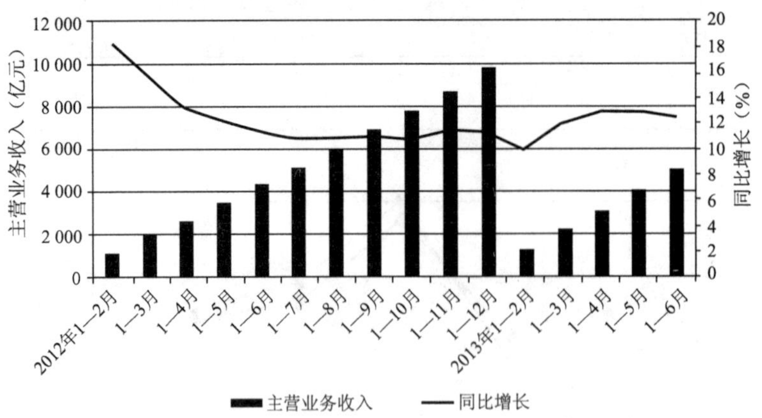

图1　2012年2月—2013年6月重型机械行业主营业务收入及增长率走势

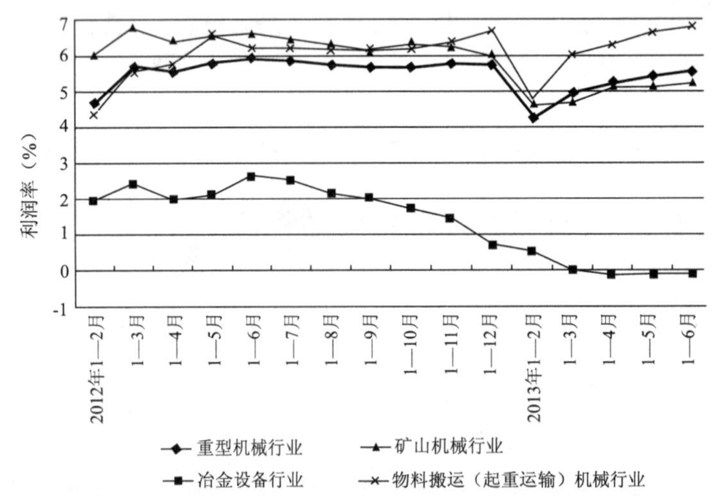

图2　2012年2月—2013年6月各月累计重型机械及分行业利润率走势

2013年1—6月重型机械行业主营业务收入5 171亿元，同比增长12.6%，增速比上年同期提高1.3个百分点；利润总额285.9亿元，同比增长3.5%，增速比上年同期下降0.7个百分点；利润率5.5%，比上年同期下降0.5个百分点；应收账款净值2 277.4亿元，同比增长13.4%。

（1）冶金设备行业主营业务收入568亿元，同比增长2.0%，增速比上年同期下降1.1个百分点；利润总额-0.5亿元，同比下降103.0%，增速比上年同期下降80.5个百分点；利润率-0.1%，比上年同期下降3.3个百分点；应收账款净值457.3亿元，同比增长9.5%。

（2）矿山机械行业主营业务收入1 745.3亿元，同比增长18.5%，增速比上年同期下降7.3个百分点；利润总额91.5亿元，同比下降6.1%，增速比上年同期下降15.3个百分点；利润率5.2%，比上年同期下降1.4个百分点；应收账款净值715.4亿元，同比增长14.2%。

（3）物料搬运（起重运输）机械行业主营业务收入2 858亿元，同比增长11.5%，增速比上年同期下降1.9个百分点；利润总额194.9亿元，同比增长21.0%，增速比上年同期上升16.1个百分点；利润率6.8%，比上年同期上升0.5个百分点；应收账款净值1 104.6亿元，同比增长14.5%。

轻小型起重设备行业主营业务收入189亿元，同比增长9.1%，增速比上年同期下降0.8个百分点；利润总额9.3亿元，同比增长5.5%，增速比上年同期下降10.2个百分点；利润率4.9%，比上年同期下降0.3个百分点；应收账款净值68.8亿元，同比增长21.1%。

起重机行业主营业务收入1 230亿元，同比增长3.2%，增速比上年同期下降7.1个百分点；利润总额67.4亿元，同比下降2.7%，增速比上年同期下降1.9个百分点；利润率5.5%，比上年同期下降0.3个百分点；应收账款净值588.1亿元，同比增长18.6%。

连续搬运设备行业主营业务收入143亿元，同比增长16.1%，增速比上年同期下降11.3个百分点；利润总额7.6亿元，同比增长5.3%，增速比上年同期下降15.5个百分点；利润率5.4%，比上年同期下降0.5个百分点；应收账款净值58.4亿元，同比增长32.2%。

二、产品产量

2013年1—6月重型机械行业部分产品产量见表2。

表 2　2013 年 1—6 月重型机械行业部分产品产量

产品名称	企业数（家）	单位	产量	上年同期	同比增长(%)
一、冶金设备合计		万 t	70.4	72.0	-2.3
金属冶炼设备	91	万 t	41.5	39.2	5.9
金属轧制设备	65	万 t	28.9	32.8	-12.0
二、矿山机械	535	万 t	331.9	348.4	-4.8
水泥设备	64	万 t	49.2	45.7	7.6
三、物料搬运(起重运输)机械					
起重机	414	万 t	450.3	424.6	6.1
输送机械(输送机和提升机)	125	万 t	69.0	63.0	9.6
内燃叉车	38	万台	12.1	10.8	11.8
电动叉车	39	万台	9.7	9.6	0.4
减速机	168	万台	273.0	278.9	-2.1

(1)冶金设备行业。2013 年 1—6 月,冶金机械(金属冶炼设备 + 金属轧制设备)产量 70.4 万 t,同比下降 2.3%,增速比上年同期下降 8.5 个百分点。

(2)矿山机械行业。2013 年 1—6 月,矿山机械产量 331.9 万 t,同比下降 4.8%,增速比上年同期下降 35.7 个百分点。

(3)物料搬运(起重运输)机械行业。2013 年 1—6 月,起重机产量 450.3 万 t,同比增长 6.1%,增速比上年同期下降 8.2 个百分点;输送机械(输送机和提升机)产量 69.0 万 t,同比增长 9.6%,增速比上年同期上升 14.1 个百分点。

三、固定资产投资情况

2013 年 1—6 月,重型机械行业完成固定资产投资 1 184.45亿元,同比增长 34.18%,增速比上年同期下降 5.9 个百分点,重型机械行业同比增长率比全国机械工业同比增长率高 20.1 个百分点。其中:冶金设备同比增长 4.9%,增速比上年同期上升 12.1 个百分点;矿山机械同比增长 41.3%,增速比上年同期下降 25.4 个百分点;物料搬运(起重运输)机械同比增长 34.36%,增速比上年同期下降 4.6 个百分点。

表 3　2013 年 1—6 月重型机械行业固定资产投资情况

行业名称	计划总投资		当年新增固定资产		自年初累计完成投资		其中:当月完成投资	
	1—6 月完成（亿元）	同比增长（%）	1—6 月完成（亿元）	同比增长（%）	1—6 月完成（亿元）	同比增长（%）	6 月完成（亿元）	同比增长（%）
全国机械工业合计	59 218.53	11.98	7 837.17	18.91	17 175.46	14.09	4 298.02	12.29
重型机械行业	3 881.27	29.24	482.74	34.28	1 184.45	34.18	289.05	24.28
（占全国机械工业比重）	(6.55%)		(6.16%)		(6.90%)		(6.73%)	
其中:矿山机械制造	1 905.29	40.79	235.13	54.93	563.35	41.30	150.10	47.91
冶金专用设备制造	366.92	3.72	64.44	13.67	104.24	4.94	29.04	26.65
物料搬运(起重运输)机械制造	1 609.07	24.16	183.17	21.27	516.86	34.36	109.91	1.60

四、进出口情况

重型机械行业产品进出口增速放缓。2013 年 1—6 月行业进出口总额 114.1 亿美元,同比增长 1.5%。其中,出口额 84.6 亿美元,同比增长 4.2%;进口额 29.5 亿美元,同比下降 5.6%;进出口顺差 55.1 亿美元,同比增长 10.4%。

2012 年 2 月—2013 年 6 月各月累计重型机械行业进出口同比增长率走势见图 3。

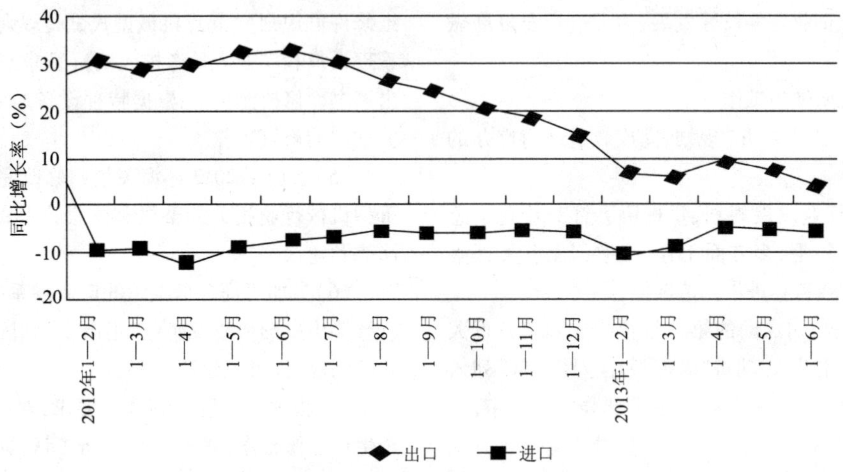

图 3　2012 年 2 月—2013 年 6 月各月累计重型机械行业进出口同比增长率走势

(1)冶金设备行业进出口总额13.8亿美元,同比增长0.7%。其中,出口额9.0亿美元,同比下降0.2%;进口额4.8亿美元,同比增长2.5%;进出口顺差4.2亿美元,同比下降3.0%。

(2)矿山机械行业进出口总额11.5亿美元,同比下降2.8%。其中,出口额8.1亿美元,同比下降0.1%;进口额3.4亿美元,同比下降8.7%;进出口顺差4.7亿美元,同比增长7.2%。

(3)物料搬运(起重运输)机械行业进出口总额88.9亿美元,同比增长2.2%。其中,出口额67.5亿美元,同比增长5.4%;进口额21.4亿美元,同比下降6.7%;进出口顺差46.1亿美元,同比增长12.1%。

轻小型起重设备进出口总额12.2亿美元,同比下降2.0%。其中,出口额8.8亿美元,同比下降0.8%;进口额3.4亿美元,同比下降4.8%;进出口顺差5.4亿美元,同比增长5.4%。

起重机进出口总额23.7亿美元,同比下降0.5%。其中,出口额21.6亿美元,同比下降0.6%;进口额2.1亿美元,同比增长0.3%;进出口顺差19.5亿美元,同比增长19.7%。

连续搬运设备进出口总额14.3亿美元,同比增长0.4%。其中,出口额8.0亿美元,同比增长9.8%;进口额6.3亿美元,同比下降9.4%;进出口顺差1.7亿美元,同比增长500.6%。

〔撰稿人:中国重型机械工业协会王文斯　审稿人:中国重型机械工业协会岳建忠〕

以转型升级、两化融合、节能环保为主线 促进重型机械行业稳定、健康发展

2012年以来,重型机械行业企业贯彻落实党的十八大精神、践行科学发展观,在大力振兴装备制造业方针的指引下,积极应对国内外市场变化,虽然行业增长速度出现了明显下降,但是总体仍然保持着持续发展态势。

中国重型机械工业协会(以下简称重机协会)在中国机械工业联合会(以下简称中机联)的领导下,在政府有关部门的关心和指导下,在全体会员单位的大力支持下,与各分支机构紧密配合,面对市场需求趋缓、经济下行压力加大等复杂外部环境,深入贯彻落实科学发展观,按照协会章程,以服务企业为宗旨,维护会员整体利益,发挥桥梁和纽带作用。在转型升级、两化融合、节能减排、科技创新、流程再造等方面,围绕着提高企业效率和效益开展活动,与企业共同克服当前困难,引导企业着眼长远发展,为促进行业发展做了一些有益的工作。

一、一年来协会所做的工作

1. 努力贯彻落实“十二五”规划,完成政府部门交办的任务

根据重型机械行业发展规划,重机协会针对行业中急需发展的课题,抓住机遇,多方面工作,争取国家有关部委多方面的支持,为行业科技进步创造条件。

(1)在工信部装备司启动的第二批智能成套装备重大专项中,经重机协会推荐,成功将“超厚板坯连铸设备”列入重大专项,通过发改委、工信部、财政部三部委专家评审,中国重型机械研究院有限公司为武汉重冶机械成套设备有限公司研制的700mm×1 500mm超厚板坯连铸设备获得专项支持。

(2)受工信部装备司的委托,完成了河北宏润重工股份有限公司与济南巨能液压机电工程有限公司联合研制的5万t垂直热挤压机组新产品技术鉴定。完成了北京约基工业股份有限公司研制的长距离空间曲面U型带式运输机的新产品鉴定工作。

(3)组织行业申报2012年国家节能产品推广目录(第五批)。

(4)参加了国家质检总局特种设备局对起重机整机现行的制造许可、安装与维修、型式试验、人员考核四个规则的修改工作。重机协会作为国家特种设备安全技术委员会起重机械安全分委会委员单位,本着管理科学、程序简化、确保制造质量和安全,以及维护会员利益,反映行业企业诉求的原则,对《起重机械制造许可规则》《起重机械安装改造维修许可规则》《起重机械型式试验规则》和《起重机械安全管理人员和作业人员考核大纲》(征求意见稿)相关条款,提出了书面修改意见 。根据特种设备局要求,参加了上述相关细则的修订工作。

(5)参加了2013年海关税则修改完善工作。对涉及与重型机械行业相关的整机和配套产品的税则、税率提出了修改和建议。

(6)参加了商务部组织的产业联系机制及专家座谈会。就行业出口形势以及企业“走出去”到国外开展经营活动遇到的问题,提出了建议。

(7)根据国务院法制办的要求,对《中华人民共和国安全生产法修正案(送审稿)》进行了认真的审查,并提出修改意见,报送国务院法制办。

(8)多次参加了国家发改委、工信部、能源局等部委局组织的企业申报技改、专项的项目审查,提出咨询建议和审

查意见。

(9)积极为各地方政府提供服务。为天津北辰工业园区、山东胶州新产业园义务提出发展规划意见;为天津滨海经济开发区、辽宁阜新经济开发区、安徽芜湖经济开发区提供与企业直接交流的平台,使企业了解各地工业开发政策,为企业拓展提供信息。

2. 积极参加中国机械工业联合会组织的会议并完成布置的工作

(1)参加了中机联专家委员会定期组织的机械行业经济运行会商,分析重型机械行业运行态势和发展趋势,提出保证行业持续、健康发展的意见建议;与机械行业各专业间交流互通情况;按照每次会商的主题,依照重型机械行业的特点,提供情况和意见。

(2)在中机联专家委员会组织的关于现代制造服务业的专家工作会议上,分析了重型机械行业现代制造服务业发展现状、存在的主要问题,提出了促进发展意见。在参加了中机联在潍坊召开的现代制造服务业大会后,将会议交流中有关企业转型升级、扩大服务业范围的经验,通过协会内刊向行业进行了介绍。

(3)参加了中机联专家委员会组织的"节能技术与装备"专项研讨会,应专家委的要求,提供了近期大型铸锻件生产情况。

(4)参加了中机联组织的国家技术改造、科技、建设等项目咨询或评审工作。

(5)在中机联组织的品牌评选活动中,受中机联的委托,组织了散料运输机械品牌评审工作。北方重工集团有限公司、大连华锐重工集团股份有限公司、衡阳运输机械有限公司、中联重科物料输送设备有限公司、华电重工股份有限公司、湖南长重机器股份有限公司、武汉电力设备厂、四川省自贡运输机械集团股份有限公司、上海科大重工集团有限公司、山东山矿机械有限公司、北京约基工业股份有限公司和安徽攀登重工股份有限公司共 12 个企业 15 种产品通过审定,获得了中国机械工业优质品牌。

(6)作为中国工业经济联合会的理事成员,参加了工经联组织召开的年会、专题会议和评比活动。

3. 扎实开展工作,积极为会员、为行业服务

(1)针对 2013 年重型机械行业经济运行速度大幅下滑的形势,重机协会加强与中机联和机械行业各专业协会交流,加强与各分支机构、重点企业、业内专业组织的沟通,利用参加各分支机构召开的会议或到企业调研等各种机会,了解企业运行的实际情况,综合分析经济环境,研判形势。说服行业内企业避免价格大战、下岗裁员等短期行为,引导企业在搞好当前经营工作的同时,着眼未来,坚持科技创新,围绕着转型升级、两化融合、节能减排等,在产品升级完善、制造流程再造、内部制度修订等方面持续地开展扎实的工作。

(2)开展了 2012 年度中国重型机械科技进步奖项目评审工作。对重型机械行业企业、科研院所、大专院校申报的70 余项成果进行了评审,有 39 项成果获奖,其中评选出行业一等奖 4 项,二等奖 18 项,三等奖 17 项。其中,获得一等奖的项目是:唐山建龙实业有限公司、中国第一重型机械集团公司、燕山大学、北京工业大学联合完成的"冷轧带钢酸洗联轧机组成套设备自主研发与工业应用",中信重工机械股份有限公司完成的"矿井提升智能恒减速电液制动系统",太原科技大学与太原重型机械集团有限公司完成的"新型宽厚板滚动剪切方法与装备技术",以及中国第一重型机械集团公司完成的"实验快堆核岛关键设备研制"等。评出推荐到中国机械工业科学技术奖评审的项目,推荐的项目分别获得了中国机械工业科学技术奖一等奖、二等奖和三等奖。

(3)加强和完善协会统计工作,服务行业。召开了重机协会 2012 年度统计工作会议,重型机械行业的 40 个单位 45 位代表参加了会议。针对当前经济形势和需要,决定在 2013 年网员和行业统计指标中,增加几项统计数据,以便更准确地分析行业运行趋势。在 2012 年第四季度、2013 年一季度,采用重点企业抽样的方式,对企业运行数据进行了逐月的跟踪,分析行业运行趋势,向行业发出预警信号,并将行业运行情况向中机联和有关部门做了如实反映。

定期完成了协会《统计月报》的编辑、出版工作,及时寄送给会员单位和总会理事。完成了《2012 年中国重机协会统计年报》《2012 年中国冶金矿山机械进出口统计年报》和《2012 年中国起重运输机械进出口统计年报》的编辑出版工作。

依据协会多年积累的统计资料和行业统计网的资料,先后为江西华伍制动器股份有限公司、焦作制动器股份有限公司、北京约基工业股份有限公司、山东华特磁电科技股份有限公司、卫华集团有限公司和四川川润股份有限公司等企业提供了相关证明,为企业在国家、省、市开展的各项活动中提供鉴证材料。

(4)按时编辑出版协会会刊《中国重机通讯》(双月刊六期),发送各会员单位。利用会刊,及时向会员单位宣传国家相关法律法规和政策,报道协会和分支机构的工作动态,通告会员单位在体制改革、经营管理、经济运行、自主创新、新产品、新技术等方面的情况,汇集各方面专家学者对行业改革、发展的理论探讨和政策建议,提供外经贸信息,使会员获得多方位信息。

(5)利用协会网站,宣传、介绍重机协会,向公众发布行业信息、企业发展、产品情况,让公众通过正规渠道了解行业企业和产品。建立了协会的官方微博及中国重机微群,通过新浪网微博发布协会活动、会议动态及企业新闻,受到了社会有关方面的关注。

(6)与机械工业信息研究院合作,完成了 2012 年《中国重型机械工业年鉴》的组稿、撰稿、编辑和审稿工作,各分支机构撰写了本行业发展的稿件。

(7)加强国际交流,了解国外招商投资情况,为行业提供商机。利用协会秘书处在北京的有利条件,参加了缅甸、

印度尼西亚、马来西亚、泰国、智利等国的招商、投资说明会,通过协会会刊将会议信息提供给企业,为企业“走出去”提供商机。接待了美国、日本等国行业组织和企业,交流行业信息,沟通情况。

(8)举办了“2012 中国(北京)国际重型机械装备展览会”。由中机联和重机协会共同主办的“2012 中国(北京)国际重型机械装备展览会”设冶金机械、重型锻压机械、矿山机械、物料搬运机械等展区,共 400 个展位,1.0 万 m^2,集中展示近年来重型机械和配套企业的发展情况。

(9)应邀参加了会员单位举办的活动。在中国重型机械研究院有限公司、唐山冶金矿山机械厂、天地科技有限公司、太原重型机械集团有限公司、四川川润股份有限公司、机械工业第五设计研究院、太原科技大学等单位召开的专题会议和活动上,根据主办方的要求,派员参加宣讲行业的发展情况,提出意见和建议。

(10)协助筹建中国工业博物馆重型机械馆。沈阳是我国东北老工业基地的代表,沈阳市委、市政府决定在沈阳市铁西区建造中国工业博物馆。应沈阳市铁西区人民政府的邀请,重机协会积极配合,组织老专家义务对展览大纲进行修改补充;召开部分企业宣传部长会议,动员在国民经济建设中作出重大贡献、在行业中有影响的企业提供文物和展品。展馆于 2013 年下半年开馆。

(11)各分支机构的理事长单位和分支机构秘书处积极开展工作,专业活动丰富、给力。

近年,多数分支机构进行了换届工作,新任理事长单位和分支机构秘书长开始承担工作。为保持分支机构工作的连续性,总会秘书处分别在 2012 年 7 月、12 月召开两次分支机构秘书长会议,交流工作方法和经验,研究部署协会工作,分析重型机械行业的形势。各分支机构秘书长,在理事长单位和理事长的领导和大力支持下,认真分析本专业的情况,根据会员单位的意见,开展了有声有色的活动。

一是开展新技术、新成果的交流。矿山机械方面,开展了采取多破少磨工艺节能降耗的有效性、国内外典型破磨工艺、磁选技术发展等方面的交流。大型铸锻件方面,交流了近年锻造、热处理技术等取得的成果。运输机方面,交流了长距离带式输送机的软启动及多驱动的平衡技术,高速托辊的实际运用以及成套设备和工程出口的经验,斗式提升机板链、中央链、钢丝胶带式等结构形式的选择,高温物料链式输送机应当注意的问题等。桥式、门式起重机方面,开展了轻量化研究、变频器在起重机上应用的交流。散料输送设备方面,交流了国内外发展趋势和创新发展情况。物料搬运机械方面,开展了物流业务交易平台数据库模型研究成果等的交流。

各分支机构在活跃行业的技术进步和学术活动中,为企业了解新技术、开发新产品搭建了交流的平台,促进了自动化、智能化在重型机械的应用和推广。

为让会员单位充分掌握行业技术发展动态,有的分支机构在理事长单位的大力支持下,分别免费向会员单位赠送《重型机械》《大型铸锻件》《中国重型装备》《矿山机械》和《矿山机械标准化》等专业期刊,让企业了解更多的知识。

二是介绍制造工艺和流程再造方面的经验和实践。近年来,为了提高产品质量,解决产品生产一致性、技术工人短缺、减轻工人劳动强度等问题,部分企业在改进和完善生产制造工艺、研制专用加工装备和机具、开发建造自动化生产线等方面取得很大的进展。在专业分支机构组织的行业交流中,相关企业积极配合,毫无保留地向业内企业开放,提供现场观摩学习的机会,如起重葫芦电机加工自动化生产线、高效低耗自动化铸造生产线、工业制动器关键部件数控加工生产线、停车设备自动化生产工艺和涂装工艺,工业机器人应用等,为促进行业在生产制造工艺中实现两化融合、节能环保、流程再造作出了贡献。

三是举办技术、法规培训班,提高人才素质。有关分支机构根据行业发展需要,举办了矿井提升机、轧钢机油膜轴承等方面的用户培训班。为停车设备生产企业人员举办特种设备制造企业质量保证体系、特种设备法律法规的培训,深受用户和会员的欢迎。

四是参与国家、行业标准和法规制修订和宣贯工作。完成了工信部下达的《机械工业“十二五”技术标准体系建设方案》中重型机械专业部分的编写工作;组织完成了 JP 型、HP 型行星齿轮减速器两项行业标准审查,连同 2012 年通过的《XP 型行星齿轮减速器》,三项标准可广泛应用于工程机械、矿山、煤炭及石油等行业;参与了国家质检总局关于起重机械制造、安装改造维修、型式试验等规则修订;参加了机械式停车设备标准以及住建部《车库建筑设计规范》的修订工作,与城建部标准院共同组织编制《机械式停车库建筑设计手册》。召开了《立式油压千斤顶》2011 年版标准宣贯会。

五是探讨发展途径。各分支机构按照国家产业政策和企业要求,组织企业管理、科研生产、体系建设等方面的专题交流。

二、行业运行态势以及 2013 年发展形势

近十年,随着国家经济的快速发展,重型机械行业的综合实力得到了壮大,生产规模迅速扩大,为能源、交通、原材料等基础产业发展以及人民生活提供了设备和产品。2012 年在行业主要服务的传统领域中,煤炭产量 36.5 亿 t,铁矿石 13 亿 t,粗钢 7.1 亿 t,钢材 9.5 亿 t,十种有色金属产量 3 600 万 t,水泥 22.1 亿 t,都是靠重型机械行业制造的装备和产品生产出来的。

1. 2012 年和 2013 年一季度重型机械行业运行特点

(1)生产增速大幅下降,回归到中速增长区域。2012 年重型机械行业完成工业总产值 100 73 亿元,同比增长 15.4%,下降 11 个百分点;出口 161.3 亿美元,同比增长 15.5%,下降 5 个百分点;主营业务收入利润率 5.8%,同比下降 1 个百分点。全年机器产品产量:矿山设备 68.8 万 t,同比增长 24.4%;金属冶炼设备 85.7 万 t,同比增长 1.7%;金属轧制设备 65 万 t,同比下降 10.4%;建造机械式立体停车泊位40万个,同比增长30.0%。

受国内需求回落的影响,重型机械行业工业总产值增速由2010年、2011年增速30%和26%,下滑到2012年的15.4%,由高速增长回归到中速增长范围,较机械工业中率先大幅下降的行业滞后约半年。2012年增长速度符合重机协会在当年年初的预期。

2013年1—2月份,重型机械全行业完成工业总产值1 393.4亿元,同比增长9.6%,较同期下降6.7个百分点;工业销售产值同比增长9.6%,下降9.4个百分点;产销率96.6%,与上年持平。2013年一季度行业产品产量总体仍呈下降的态势,金属冶炼设备累计产量16.6万t,同比下降0.6%;金属轧制设备12万t,同比下降24.6%;矿山设备151万t,同比增长9.6%;起重机181.4万t,同比增长1.6%;输送机34.4万t,同比增长4.0%。

(2)一批重大新产品研制成功。2012年,一批代表行业最高技术水平的产品研制出来,太原重型机械集团有限公司自行研制的斗容75m³的矿用挖掘机顺利出厂,成为可以生产最大规格、与世界矿用挖掘机生产商齐名的厂商。大连重工·起重集团有限公司、华电工程集团有限公司分别研制了1万t/h级矿石堆取料机。中信重工机械有限公司开发的水泥回转窑城市垃圾焚烧处理单元,为垃圾围城提供了解决方法。中国第一重型机械集团公司研制成功4 000kN·m锻造操作机。中国第二重型机械集团公司研制的8万t热模锻压力机胜利运行,5m轧机锻造支撑辊完成研制。中国第一重型机械集团公司和第二重型机械集团公司等企业完成了百万千瓦级发电机组所需的全套大型铸锻件的研制。近年内蒙古北方重工业集团有限公司建造的3万t立式钢管挤压机、河北宏润重工股份有限公司5万t立式钢管挤压机,解决了国内厚壁压力钢管的急需。大型矿用自卸车商品车的吨位已经达到300t,载重360t、400t的电动轮车已经研制出来。自行研制出了国内最大斗容15~17m³的矿用液压挖掘机。

(3)固定资产投资保持高位增长。2012年全行业完成固定资产投资2 104亿元,增速43.8%,增幅上升7.5个百分点,超过机械行业增速19个百分点。

2013年一季度,全行业固定资产完成投资383亿元,同比增长40.3%,较机械行业高出23.2个百分点。

一些企业针对产品生产的新工艺、新的生产组织方式,以及新产品生产的需要,开展了技术改造,添置设备,建造生产线,转向内涵发展,投资是良性的。但是行业外的一些企业,看到近年来矿山机械、物料搬运机械、大型铸锻件的持续发展,较其所在的行业增长速度快,便纷纷进入。特别是大型和特大型的重型矿用自卸车、矿用液压挖掘机、采煤机、隧道联合掘进机、散料设备以及大型铸锻件生产等,纷纷以大手笔、高投资布阵,行业投资增速被抬高。一些大牌知名企业的进入,虽然为行业带来新的经营、管理和发展理念,促进了行业进步,但是也带来了生产能力过度增加,市场竞争加剧等问题。

(4)出口继续增长。2012年全行业进出口总额226.1亿美元,同比增长8.4%。其中,出口161.3亿美元,同比增长15.5%;进口64.8亿美元,同比下降5.85%;顺差96.4亿元,同比增长36.3%。出口额中:冶金设备增长14.8%,矿山机械增长11.3%,物料搬运机械增长16.2%。

2013年1—3月份全行业进出口总额51.9亿美元,同比增长1.4%。其中,出口38.2亿美元,同比增长5.9%;进口13.7亿美元,同比下降9.4%;顺差24.5亿元,同比增长16.9%。

传统的起重工具类产品仍保持原市场份额并稳步增长。冶金机械,矿山机械,大型桥式、门式起重机,散料运输成套设备和备件等出口到除欧洲以外的许多地区;值得注意的是,对美国出口方面,不乏有冶金机械、重型锻压机械、物料搬运机械等设备及配件。

(5)经济效益有所下降。2012年1—11月全行业主营业务收入利润率为5.8%,较上年下降1个百分点。

2013年1—2月实现利润总额55.2亿元,同比增长4.1%,增幅提高3个百分点;主营业务收入利润率4.3%,同比下降0.2个百分点。

效益下降的原因:一是任务不足,导致企业间销售价格竞争;二是应收账款增长达到25%,其中冶金机械应收账款占本类产品销售产值的近一半;三是业主支付的承兑汇票比例较大,造成实际收入下降;四是大型重型机械厂冶金机械、风电、核电等产品,在总产值、利润中的所占比例过大,市场需求下降后,既影响产值,也使利润大幅下降。

(6)订货急剧下降。自2011年中期部分骨干企业订货开始下降以来,形势一直未明显好转。2012年底累计订货增速已经下滑到1.9%,下降了7.4个百分点,冶金机械订货下滑幅度更大(30~40个百分点),不但影响2013年的经营状况,也将影响2014年、2015年的生产经营。矿山机械、物料搬运机械企业出现冰火两重天的现象,矿山机械、物料搬运机械增幅下降一半以上,均为16个百分点。生产“大路货”产品的部分中小企业近于关门,但是优势企业、优势产品的订单可以满足2013年上半年生产需要,部分企业2013年订单已饱满。

2.2013年行业的形势

从总体上看,2013年是重型机械行业形势更为严峻的一年。根据掌握的部分重点企业订货情况,只有少部分企业订货满足全年订货,且品种不均衡,有的订货合同安全性欠佳。全行业生产经营困难加大,即便宏观经济有所回升,按照重型机械行业要晚于其他先行行业半年响应的规律,后期才能有些改观。冶金机械将继续下降,可能出现负增长;矿山机械增速与上年持平,物料搬运机械在年中、后期有所上升。全年增长速度约10%~12%,低于2012年。受人工、能源、资金周转、合同撤延等不可控因素影响,效益继续下滑。出口仍有空间,可保持小幅的增长态势。

三、以转型升级、两化融合、节能减排为主线,促进行业稳定、健康发展

2012年以来,重型机械行业发展现状引起原机械部老领导、老同志们的关注，提出许多好的建议。协会调研时许多企业家、专家也提出了许多有益的建议。部分企业也已经开始着手新一轮发展的布局，并取得有效的效果。综合大家的建议，2013 年行业的发展要按照党的十八大、人大十六届一次会议的要求，继续贯彻行业“十二五”发展规划思路，坚持科学发展，以转型升级、两化融合、节能减排为主线，促进重型机械行业稳定、健康地发展。

面对严峻形势，一方面企业应做好 2013 年生产经营工作，审慎评审合同，规避应收账款的增长，防止财务费用的增加，保证企业安全运行；另一方面建议企业利用这个机会，抓紧制度、管理和技术的完善，安排新产品、新工艺的试制、实验，韬光养晦，聚集力量。

从长远讲，应抓住我国转型的战略机遇，以“两化融合”为切入点，以节能减排为目标，以传统产品的升级换代为着力点，实现企业转型升级。

1. 关于企业转型

我国已经成为第一经济大国，但是发展粗放，资源过度消耗等高速发展的隐患逐渐显现。重型机械行业连续十年的高速发展，生产规模不断扩大，低端产品生产能力过剩，产品同质化严重，产品存在着制作不精细，个性化、两化融合、节能减耗的产品不多。在国家经济转型的大背景下，重型机械企业需要抓住机遇，顺势转型。转型的方向一是业态的变化，主要是从生产销售型向现代制造服务型转化；其次是产品销售方式，由单体产品转向机电一体化产品，由单机装备转向成套装备，由单一卖产品转向全套解决方案，硬件、软件一起卖；第三是增长方式的转变，由以单纯靠扩大规模获得效益的粗放生产转向适度规模以精益生产、品牌获得效益的增长方式。

2. 关于产品升级

重型机械行业的升级主要是产品升级、生产制造工艺与装备的升级。我国能源、原材料工业已经达到相当的规模，世界煤炭的 49%、钢铁的 46.3%、水泥的 61% 由我国生产，但是这些工业生产对环境产生的负面影响越来越大，给民生带来的灾难将会愈来愈严重，节能减排的呼声越来越高。这些行业的主体装备大部分是重型机械行业提供的，因此加快产品升级，提供节能环保的产品、成套工艺装备和系统，以及全套解决方案，是重型机械行业响应新一届政府“美丽中国”的号召，需要迫切解决的问题。

在国家提出转变增长方式的方针后，国外跨国公司看到了市场新的空间，纷纷调整来华策略，抢占节能环保产品的制高点。如果我们故步自封，继续提供老产品，用户将减少采购国产设备的数量，出现新一轮引进浪潮，国内企业将失去现有市场。

新中国成立初期，我国借助苏联技术，形成了重型机械行业的雏形，但是满足不了用户的需要。改革开放后，通过引进技术、合作生产、消化吸收、再创新，重点产品的设计制造能力大大加强，可基本满足市场需要，但是总体水平仍有一定的差距。需要行业企业加大研发投入，走自主创新的路子。重型机械产品的升级主要是在产品的生产一致性、产品对市场的适应性、产品性能的先进性以及工艺装备的成套性方面。

一是有能力的企业需要围绕主导产品，以传统产品为基础，加紧开发符合国家产业政策的节能环保新产品和成套技术。投资建设主导产品使用工艺和产品研究实验室，开展参数结构优化、生产工艺技术提升、零件可靠性等基础技术的研发，形成自主知识产权产品的技术体系。

二是抓紧开发工业化和信息化融合升级的产品。当前电子信息技术有很多成熟产品，加之电力变频技术、自动化控制技术等，将弱电、强电、信息化技术嫁接到产品上的外部环境非常好，重型机械产品有条件实现从单机逐步到成套设备的“两化融合”升级。通过产品在自动控制、信息化、智能化方面的升级，可以进一步为用户提供生产流程的解决方案，满足能源、交通、原材料等行业在开展技术进步、节能减排、减员增效等方面的改造需求，促进用户工艺上的革新和升级。

三是在产品制造工艺方面，实现两化融合。通过技术改造、建造专业生产线、引入生产管理信息技术等，实现产品质量的可追溯，以提高管理水平、效率和效益。

重机协会在调研过程中，看到一些会员单位在转型升级、两化融合、节能减排方面已经取得了明显的成效。比如轧钢机的轧辊、大型筒节制造工艺设备的改造，在为用户提供轧辊全套解决方案方面取得了突破；单梁起重机企业研发了主梁制造新的工艺设备，提高了工效，取得了节材的效果；电动葫芦企业在电机叠片自动生产线的部分工位上，使用机器人操作，保证了质量一致性，提高了工效几倍，解放了繁重的工人劳动。工业制动器企业建造了先进的数控生产线，产品质量得到保障。他们还建造了试验室，一部分试验台可以模拟使用工况，研究产品的最佳设计方案；另一部分试验台做制动器材料、参数、寿命的试验，以期获得自主知识产权的技术和升级产品。可以看出，在危机感的驱动下，企业内生动力促进了技术进步。

四、2013 年协会重点工作

（1）加强行业经济运行形势的监测和预警。2013 年行业发展环境严峻，市场需求、原材料供应、能源价格、资金保障以及国家政策取向等都将影响行业的运行，重机协会将加强监测分析，通报会员，及时向有关部委反映影响行业发展的问题和建议。对企业运行中出现的问题，会员单位应及时提供有关情况和建议。协会建立的内部统计网，是把握行业的晴雨表，协会工作宗旨是为大家办事，把大家凝聚到一起来办事。

（2）参加有关部门政策、法规制定工作。国家政策对行业发展影响很大，协会继续了解企业运行的情况，分析影响运行的因素，从维护会员整体利益出发，向有关部门建言献策。各位会员和理事应积极向协会反映生产一线出现的新情况、新问题，提出意见和建议，共同为行业争得宽松和谐的生存空间。

（3）按照“十二五”规划，以加强重型机械行业自主创新能力建设为重点，围绕"转型升级、两化融合、节能减排"的主线，开展行业交流。协会及时把能源、原材料、物流等使用行业在两化融合、节能减排方面的方针政策和路线图通告给各会员企业；为配合年会主题，搜集了近年来国家和有关部门出台的相关政策和法规，摘录成册，供企业了解政策取向，把握全局。同时帮助会员了解电气自动化、信息化、智能化的新技术，开展企业间交流，推动行业科技创新。

(4)办好"2013 中国(上海)国际重型机械装备展览会"。

(5)努力加强与国外相关行业协会、机构联系，为企业"走出去"提供帮助。

(6)继续开展金融、保险、租赁等跨行业的交流，利用各种资源促进行业发展。转型是经营理念、增长方式的转变，转型除了要有内在动力，还要靠外部加力，了解金融、保险、租赁、担保等行业的运作方式，可以借助资本的力量发展企业的核心竞争力。特别是走出去的企业，如何利用外力，化解风险，做好做强，是进入国际市场企业急需要考虑的问题。协会将继续这方面的工作，为会员单位牵线搭桥，出谋划策。

(7)加强协会秘书处建设。民政部、国资委对协会管理制订了一系列的要求，包括制度建立、财务管理、分支机构的管理等，要求协会规范运作。为此协会也要开展此项工作，将按照要求完善有关规章制度，以便更好地为会员服务。

2013 年重型机械行业发展面临传统服务领域需求趋缓，新的增长点核电、风电、高铁等需求尚未回暖，生产经营将遇到较大的困难。协会继续与全体会员一起，密切关注经济走势，及时研究出现的新情况新问题，发挥桥梁和纽带作用，为重型机械行业稳定、健康地发展努力工作。

〔撰稿人：中国重型机械工业协会李镜　审稿人：中国重型机械工业协会岳建忠〕

2012 年中国重型机械科技奖获奖项目

根据中国机械工业科学技术奖励工作办公室的计划安排，2012 年 8 月 8—10 日，中国重型机械工业协会组织在山东省济宁市召开中国重型机械科学技术奖评审会议，行业知名专家 30 人参加会议。会议对 2012 年全行业申报的 70 项科技项目进行评审，共评选出 39 项优秀成果，其中一等奖 4 项、二等奖 18 项、三等奖 17 项。2012 年中国重型机械科技奖获奖项目见表 1。

表 1　2012 年中国重型机械科技奖获奖项目

项目名称	完成单位	获奖等级
冷轧带钢酸联轧机组成套设备自主研发与工业应用	唐山建龙实业有限公司、中国第一重型机械股份公司、燕山大学、北京工业大学	一等奖
矿井提升智能恒减速电液制动系统	中信重工机械股份有限公司、洛阳中重自动化工程有限责任公司	一等奖
一种新型宽厚板滚动剪切方法与装备技术	太原科技大学、太原重工股份有限公司	一等奖
中国实验快堆核岛关键主设备研制	中国第一重型机械股份公司	一等奖
480/100t—21.4m 铸造起重机研制	太原重工股份有限公司	二等奖
转炉炼钢烟气干法除尘与能量回收一体化系统	中国重型机械研究院有限公司	二等奖
集装箱空箱堆高机研究开发与应用	三一重工股份有限公司	二等奖
TZϕ180mm 三辊连轧管机组研制	太原重工股份有限公司	二等奖
高可靠性煤用超静定大型振动筛关键技术	中国矿业大学、北京理工大学	二等奖
百万千瓦级大型核电蒸发器成套关键锻件研制	二重集团(德阳)重型装备股份有限公司	二等奖
3MW 风力发电增速机	大连华锐重工集团股份有限公司	二等奖
5 000mm 以上宽厚板轧机锻钢支承辊研制	中国第一重型机械股份公司	二等奖
年处理能力 40 万 t 废钢破碎成套设备	北方重工集团有限公司	二等奖
起重机用硬齿面减速器系列研制	北京起重运输机械设计研究院	二等奖
复杂煤层机械化开采工艺及装备研究	中国矿业大学、江苏中机矿山设备有限公司	二等奖
煤化工水煤浆制备 ϕ4.3×6m 棒磨机组	洛阳矿山机械工程设计研究院有限责任公司、中信重工机械股份有限公司	二等奖
550/125/150/50t×33m A6 锻造起重机	大连华锐重工集团股份有限公司	二等奖

（续）

项目名称	完成单位	获奖等级
大采高电牵引采煤机及其关键技术	太原矿山机器集团有限公司	二等奖
3.6万t黑色金属垂直挤压机组的研制	清华大学、内蒙古北方重工业集团有限公司、太原重工股份有限公司、中国二十二冶集团有限公司、内蒙古工业大学、沈阳重锻液压机有限公司、北京天力创玻璃科技开发有限公司	二等奖
通钢热连轧轧机振动研究及在线监测	通化钢铁股份有限公司、北京科技大学	二等奖
带式输送机栈桥一体化开发研究	华电重工股份有限公司	二等奖
480/80t 铸造起重机	大连华锐重工集团股份有限公司	二等奖
1050 四辊平整机的研制	云南冶金昆明重工有限公司	三等奖
SKGD 管状带式输送机	山东山矿机械有限公司	三等奖
HMDS 系列高强磁煤用重介质磁选机	沈阳隆基电磁科技股份有限公司	三等奖
ND 型低净空单轨运行式电动葫芦	纽科伦（新乡）起重机有限公司	三等奖
CTGY 型永磁旋转磁场干式预选机	山东华特磁电科技股份有限公司	三等奖
800T 座滩式风电设备多功能安装作业工程船	上海振华重工集团（南通）有限公司	三等奖
5 000mm 以上宽厚板轧机工作辊极限制造技术集成	中钢集团邢台机械轧辊有限公司	三等奖
中厚有色金属板表面处理、堆垛包装生产线	中国重型机械研究院有限公司、西南铝业（集团）有限责任公司	三等奖
自升式海上石油钻井平台桩腿锁紧系统的研制及产业化	中海油田服务股份有限公司，广东精铟机械有限公司	三等奖
QE300/50 +300/50—40m 桥式起重机	卫华集团有限公司	三等奖
新型无磁材料在不锈钢板坯连铸机上的研究应用	山西百一机械设备制造有限公司、北京科技大学、太原钢铁（集团）有限公司、山西省机械电子工业联合会	三等奖
KMQ—800 型矿用连续牵引车的研制开发	西山煤电（集团）有限责任公司机电厂	三等奖
大吨位高效铝锭连续铸造成套装备关键技术研究、开发与产业化	兰州理工大学、兰州爱赛特机电科技有限公司、兰州理工大学高新技术成果推广转化中心	三等奖
2YAK2460 复合振动筛	山东山矿机械有限公司	三等奖
高档液压机关键控制技术的研究	天津大学、天津市天锻压力机有限公司	三等奖
MUEK800—152 A5 造船门式起重机	象王重工股份有限公司（原名为：江苏象王起重机有限公司）	三等奖
WCJ5E（A）防爆柴油机无轨胶轮车	沈阳北方重矿机械有限公司	三等奖

〔撰稿人：中国重型机械工业协会张维新　审稿人：中国重型机械工业协会李镜〕

2012 年重型机械行业十大新闻

一、国际标准化组织起重机技术委员会落户我国

经国际标准化组织技术管理局（ISO/TMB）和国家标准化管理委员会批准，国际标准化组织/起重机技术委员会秘书处（ISO/TC96）由英国迁往我国，由北京起重运输机械设计研究院总工程师张喜军任 ISO/TC96 主席，由中联重科股份有限公司承担 ISO/TC96 秘书处工作，中联重科股份有限公司副总工程师、中央研究院院长付玲任 ISO/T96 秘书处秘书。

二、中国重型机械工业协会成功换届

2012 年 7 月 20 日中国重型机械工业协会第六届会员代表大会在北京召开，大会选举中国第二重型机械集团公司总经理、党委书记石柯同志为第六届理事会理事长，国家发展和改革委员会经济运行调节司原副巡视员李镜同志为常务副理事长，中国重型机械有限公司副总经理岳建忠为

秘书长，张维新、张艳君继续担任副秘书长，推举原常务副理事长徐善继同志为名誉理事长，原名誉理事长汪建业同志为高级顾问。

三、大连重工·起重集团有限公司获国家科技奖

大连重工·起重集团有限公司自主研制的世界首台20 000t×125m多吊点桥式起重装备，荣获国家科学技术进步奖二等奖，这是重型机械行业唯一获得2012年度国家科技奖励的项目。

四、中国第一重型机械股份公司4 000kN·m锻造操作机研制成功

中国第一重型机械股份公司承担的国家"863"计划先进制造领域课题——"巨型重载锻造操作装备"通过了国家科技部验收，结束了大型锻造操作机技术长期被国外垄断的局面。

五、中国第二重型机械集团公司研制成功国内最大核电含铜钢锻件

中国第二重型机械集团公司福清核电项目冷却剂泵用密封室锻件一次性合格并通过用户联检，其力学性能、晶粒度等指标完全满足技术条件要求，标志着国内最大的核电含铜钢锻件研制成功，替代进口实现了国产化。

六、太原重型机械集团有限公司75m³挖掘机成功下线及高速列车关键零部件国产化项目一期投产

太原重型机械集团有限公司为内蒙古大唐国际锡林浩特矿业有限公司自行研制、生产的WK—75型矿用正铲式机械挖掘机，于2012年6月5日正式下线，太重集团也跻身世界最大的矿用挖掘机制造商行列。高速列车关键零部件国产化项目一期工程，于2012年11月29日在太重集团建成并投产，具备年产30万片高品质车轮的制造能力，标志着我国高速铁路关键零部件国产化取得了阶段性成果。

七、上海振华重工(集团)股份有限公司制造的世界最大前伸距岸桥落户德国

上海振华重工(集团)股份有限公司制造的可装卸25排集装箱的世界最大前伸距岸桥项目首批4台落户德国深水大港威廉港。

八、中信重工机械股份有限公司成功研制出日产1.2万t新型干法水泥生产线

中信重工机械股份有限公司研制的日产1.2万t新型干法水泥生产线成套装备，具有产量高、能耗低的优势。

九、中国重型机械研究院股份有限公司研制出特厚板坯连铸生产线

中国重型机械研究院股份有限公司为武汉重冶机械成套设备有限公司研制的世界上最厚的700mm×1 500mm高品质、特厚板坯连铸生产线装备获得国家2012年度智能制造重大专项支持。

十、河北宏润重工股份有限公司研制出世界最大的5万t垂直热挤压机

河北宏润重工股份有限公司研制的世界最大的5万t垂直热挤压机，于2012年6月29日投产，并于12月16日顺利通过中国重型机械工业协会组织的行业专家鉴定。该机组可生产直径1 320mm、厚度200mm的无缝钢管，是世界上具备生产最大口径和壁厚巨型钢管的新型装备，达到了国际先进水平。该机组不仅可挤压大型无缝管材，还可以为国内外核电、水电、高铁、大型飞机等行业提供大型优质耐高温、耐高压的高端挤压件产品。

〔撰稿人：中国重型机械工业协会陶岚　审稿人：中国重型机械工业协会岳建忠〕

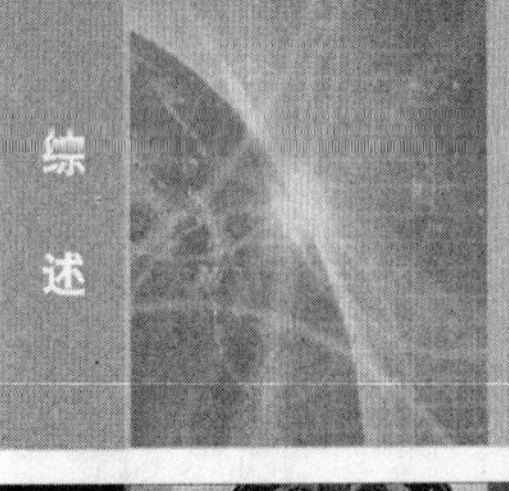

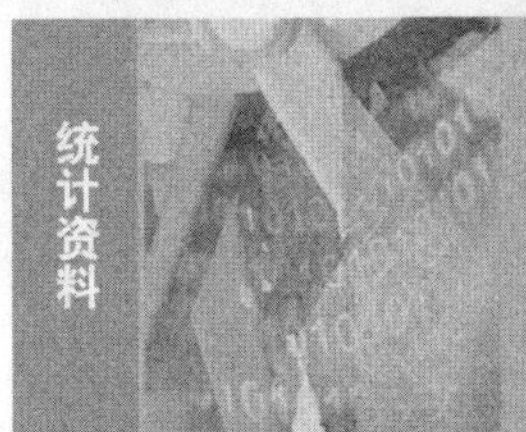

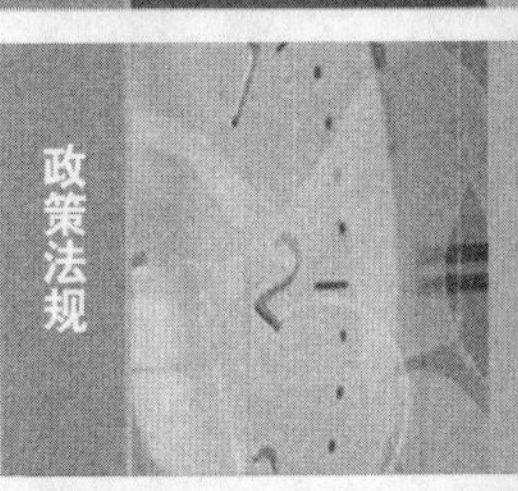

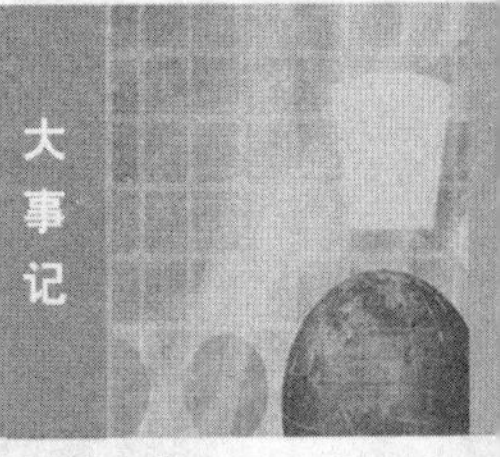

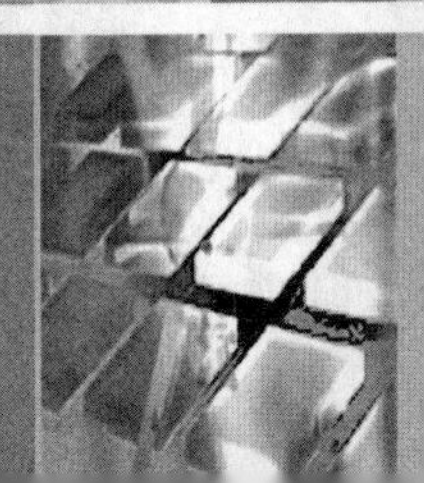

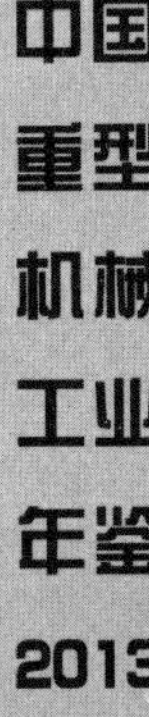

从生产发展情况、市场及销售、产品进出口、科技成果及新产品等方面阐述重型机械各分行业2012年的发展情况

It briefs the development made in 2012 in all the sectors of the heavy machinery industry, namely production, marketing, sales, product import and export, technical development and the new product creation

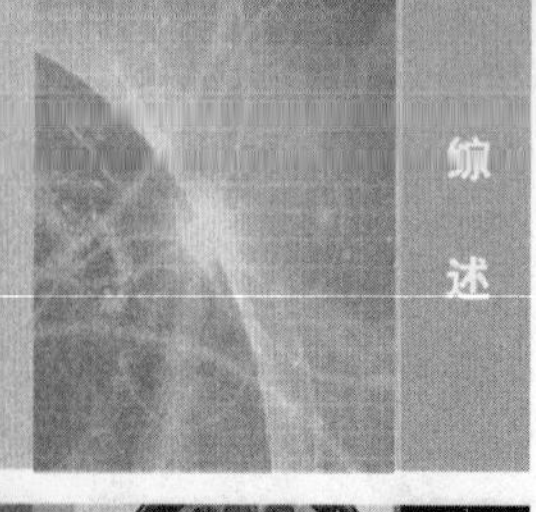

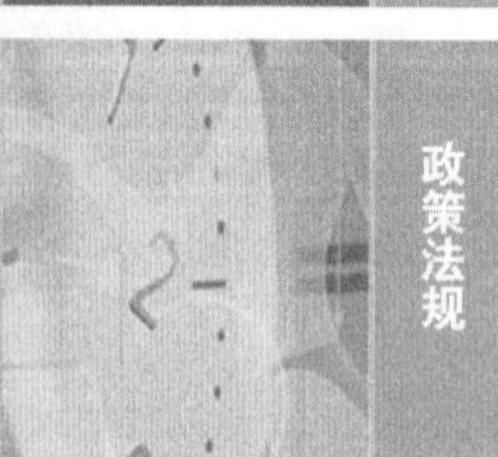

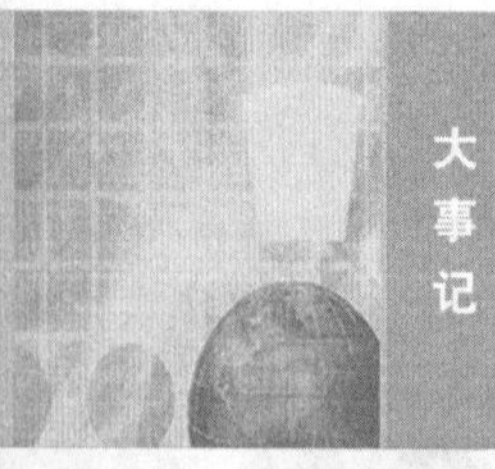

行业篇

冶金矿山机械

　冶金设备

物料搬运(起重运输)机械

　轻小型起重设备

　桥式、门式起重机

　带式输送机

　散料装卸机械

　仓储机械

　机械式停车设备

矿山机械

　破碎粉磨设备

　洗选设备

大型铸锻件

基础件

　减速器

　制动器

　油膜轴承

　润滑液压设备

冶金矿山机械

行业简况 冶金矿山机械行业是以提供炼焦、烧结、冶炼、轧制、矿山开采、矿井提升、破碎粉磨、煤矿采掘、筛分洗选、竖井及隧道挖掘、水泥、重型锻压等大型成套设备及相关产品,并为能源、原材料、化工、造船、军工、机械等部门提供所需大型铸锻件为主导产品的机械制造行业。该行业的主要产品包括冶金机械、矿山机械,多为重大基本建设项目所需的核心设备,因此该行业不仅在国民经济建设中占有十分重要的地位,而且是体现国家制造实力的重要表征。

行业经济运行情况

1. 主要经济指标完成情况

2012 年冶金矿山机械行业主要经济指标完成情况见表 1。

表 1 2012 年冶金矿山机械行业主要经济指标完成情况

企业分类	企业数（家）	比上年增长（%）	工业销售产值（亿元）	比上年增长（%）	出口交货值（亿元）	比上年增长（%）	主营业务收入（亿元）	比上年增长（%）
冶金矿山设备行业	2 189	16.07	4 489.94	12.56	165.45	25.04	4 597.55	14.34
其中:大型企业	63	14.55	1 497.63	-0.09	99.65	39.98	1 599.78	3.60
中型企业	259	9.28	1 019.55	18.91	30.51	-9.07	1 031.78	20.62
小型企业	1 811	16.91	1 939.40	21.53	33.48	23.09	1 932.27	20.70
微型企业	56	24.44	33.36	38.83	1.80	386.49	33.71	63.96
其中:全国有企业	73	14.06	584.29	-7.34	47.04	44.12	598.08	4.10
私营企业	1 267	14.45	1 835.39	28.02	12.77	83.41	1 842.39	28.22
其他内资企业	738	22.19	1 744.55	14.38	52.53	24.27	1 816.79	13.08
三资企业	111	0	325.71	-18.43	53.11	26.18	340.29	-15.55
其中:国有控股	166	7.79	1 429.57	-1.15	93.69	33.65	1 532.29	4.54
私人控股	1 748	17.24	2 546.90	26.32	20.75	-1.80	2 539.57	26.25
三资控股	89	3.49	243.12	-15.03	47.24	43.67	257.86	-11.58
其他控股	186	20.00	270.35	12.49	3.76	45.85	267.82	6.26

企业分类	固定资产合计（亿元）	比上年增长（%）	主营业务收入利润总额率（%）	上年同期	工业资金利税率（%）	上年同期
冶金矿山设备行业	1 213.18	13.65	5.08	6.84	8.74	10.82
其中:大型企业	612.76	1.06	2.02	6.16	3.21	6.43
中型企业	264.49	42.15	6.87	7.80	12.81	14.34
小型企业	333.73	22.36	6.64	6.99	19.86	21.64
微型企业	2.20	-7.95	5.72	5.35	15.27	17.35
其中:全国有企业	289.37	-1.58	-2.23	4.39	0.06	4.24
私营企业	299.83	33.84	7.51	7.57	24.67	27.42
其他内资企业	536.77	13.63	4.91	6.07	7.30	8.46
三资企业	87.22	13.14	5.66	10.77	7.71	15.60
其中:国有控股	675.97	7.08	1.53	5.60	2.52	5.48
私人控股	423.59	24.29	7.20	7.13	22.58	23.83
三资控股	61.26	6.24	5.25	11.04	7.04	14.08
其他控股	52.37	38.66	5.07	6.82	11.65	13.68

注:由于四舍五入,表中合计数有微小出入。

2. 产品产量情况

2012 年冶金矿山机械行业主要产品产量见表 2。

3. 产品进出口情况

2012 年冶金矿山机械行业主要产品进出口情况见表 3。

2012 年我国冶金矿山机械进口额或出口额 2 000 万美元以上的产品见表 4。

2012 年冶金矿山机械进口额和出口额前 20 位国家(地区)见表 5。

表 2　2012 年冶金矿山机械行业主要产品产量

产品名称	企业数（家）	产量（万 t）	上年同期（万 t）	同比增长（%）	产品名称	企业数（家）	产量（万 t）	上年同期（万 t）	同比增长（%）
金属冶炼设备	70	85.79	84.80	1.17	金属轧制设备	60	64.61	72.09	-10.36
矿山设备	450	688.58	553.49	24.41	水泥专用设备	54	83.62	90.20	-7.30

表 3　2012 年冶金矿山机械行业主要产品进出口情况

产品名称	出口额（亿美元）	同比增长（%）	进口额（亿美元）	同比增长（%）	进出口总额（亿美元）	同比增长（%）	进出口差额（亿美元）	上年同期（亿美元）
冶金矿山机械行业合计	34.22	13.12	18.06	12.29	52.28	2.83	16.16	9.65
（占重型机械行业的比重）	(21.22%)		(27.85%)		(23.12%)		(16.76%)	(13.64%)
（一）冶金设备合计	18.16	14.79	9.77	-20.05	27.93	-0.4	8.38	3.59
（占冶金矿山机械比重）	(53.06%)		(54.11%)		(53.43%)		(51.89%)	(37.21%)
1. 金属冶炼设备	0.52	4.00	0.35	20.699	0.87	1.01	0.17	0.22
2. 连铸设备	0.32	43.24	0.13	-7.14	0.45	48.84	0.19	0.59
3. 金属轧机设备	4.61	44.97	4.06	-22.96	8.67	2.60	0.55	-2.10
4. 冶金设备零件	12.70	11.50	5.23	-19.79	17.93	0	7.48	4.87
（二）矿山机械合计	16.06	11.30	8.29	-0.96	24.35	6.80	7.77	6.06
（占冶金矿山机械比重）	(46.94%)		(45.89%)		(46.57%)		(48.11%)	(62.79%)
1. 采掘设备及钻机	4.22	57.57	3.80	11.76	8.01	26.74	0.42	-0.97
2. 筛分、洗选设备	7.76	169.44	2.62	106.30	10.38	150.12	5.14	1.60
3. 破碎粉磨设备	3.56	-57.52	1.38	-57.67	4.94	-57.76	2.17	5.13
4. 提升（卷扬）设备	0.08	-11.12	0.03	0	0.10	-16.67	0.05	0.06
5. 矿山设备零件	0.45	12.50	0.46	170.41	0.91	59.65	-0.02	0.24

注：由于四舍五入，表中合计数有微小出入。

表 4　2012 年我国冶金矿山机械进口额或出口额 2 000 万美元以上的产品

商品代码	商品名称	数量单位	出口量	出口额（万美元）	进口量	进口额（万美元）	进出口总额（万美元）	进出口差额（万美元）
	一、冶金设备							
84541000	转炉	台	503	2 714	20	1 244	3 958	1 469
84542010	炉外精炼设备	台	271	2 450	25	2 233	4 683	217
84543021	方坯连铸机	台	302	2 104	1	9	2 114	2 095
84552110	板材热轧机	台	43	6 704	2	8 512	15 216	-1 808
84552210	板材冷轧机	台	3 430	9 401	14	3 679	13 080	5 723
84551010	热轧管机	台	94	4 327	9	3 812	8 139	514
84551020	冷轧管机	台	535	2 070	2	1 047	3 117	1 023
84552130	线材轧机	台	547	3 198	28	3 606	6 803	-408
84552190	其他金属热连轧机	台	304	2 298	9	1 507	3 805	791
84552290	其他金属冷轧机	台	3 477	7 910	81	5 586	13 496	2 325
84631020	拔丝机	台	2 212	5 472	498	4 662	10 133	810
84179020	焦炉零件	t	20 510	5 850	6	27	5 878	5 823
84542090	锭模及浇包	台	9 222	4 479	426	1 879	6 358	2 600
84549010	炉外精炼设备的零件	t	9 271	4 528	99	380	4 908	4 148
84549090	其他冶炼及铸造机的零件	t	75 768	27 411	1 496	4 698	32 109	22 714

（续）

商品代码	商品名称	数量单位	出口量	出口额（万美元）	进口量	进口额（万美元）	进出口总额（万美元）	进出口差额（万美元）
84549021	钢坯连铸机用结晶器	t	1 843	2 582	415	1 429	4 011	1 153
84549029	其他钢坯连铸机用零件	t	16 696	9 165	509	2 374	11 538	6 791
84553000	金属轧机用轧辊	个	121 585	26 963	15 070	18 638	45 601	8 325
84559000	其他金属轧机零件	t	104 620	45 229	8 290	21 913	67 142	23 317
	二、矿山机械							
84303100	自推进的采煤、凿岩机及隧道掘进机	台	1 248	23 412	119	22 488	45 900	924
84303900	非自推进的采煤、凿岩机及隧道掘进机	台	27 977	1 784	78	8 061	9 846	-6 277
84305020	矿用电铲	台	19	9 749	5	5 212	14 961	4 536
84306919	其他非自推进工程钻机	台	21 706	5 320	59	644	5 964	4 676
84742010	齿辊式破碎设备	台	6 116	9 654	149	5 177	14 831	4 477
84742020	球磨式粉磨设备	台	5 860	18 378	153	1 013	19 391	17 364
84742090	其他破碎或粉磨设备	台	45 381	49 578	749	19 979	69 557	29 599
84741000	筛分、洗选设备	台	30 163	35 564	2 140	13 846	49 410	21 718
84314910	矿用电铲用零件	t	11 403	4 464	1 857	4 639	9 104	-175

表5　2012年冶金矿山机械进口额和出口额前20位国家（地区）

序号	国家（地区）	出口额（万美元）	占出口总额的比重（%）	序号	国家（地区）	进口额（万美元）	占进口总额的比重（%）
	冶金矿山机械总计	342 170	100.00		冶金矿山机械总计	180 588	100.00
1	印度	44 095	12.89	1	德国	56 321	31.19
2	印度尼西亚	21 344	6.24	2	美国	37 295	20.65
3	巴西	18 447	5.39	3	日本	19 088	10.57
4	美国	15 584	4.55	4	意大利	14 606	8.09
5	越南	15 097	4.41	5	奥地利	11 247	6.23
6	韩国	12 974	3.79	6	英国	8 261	4.57
7	俄罗斯联邦	12 940	3.78	7	法国	7 111	3.94
8	日本	12 497	3.65	8	瑞典	6 671	3.69
9	马来西亚	10 325	3.02	9	韩国	4 210	2.33
10	泰国	8 921	2.61	10	中国台湾	3 313	1.83
11	土耳其	8 347	2.44	11	澳大利亚	2 861	1.58
12	沙特阿拉伯	8 269	2.42	12	土耳其	1 643	0.91
13	新加坡	8 238	2.41	13	芬兰	1 266	0.70
14	南非	8 137	2.38	14	瑞士	1 079	0.60
15	伊朗	8 128	2.38	15	加拿大	984	0.54
16	德国	7 528	2.20	16	巴西	961	0.53
17	墨西哥	6 880	2.01	17	中华人民共和国	619	0.34
18	中国台湾	5 597	1.64	18	波兰	618	0.34
19	智利	5 301	1.55	19	南非	517	0.29
20	澳大利亚	5 024	1.47	20	新西兰	227	0.13

4. 经济运行的基本特点

（1）行业生产、销售继续保持增长态势，但增长速度明显降低。

2011年，我国经济发展继续受到世界后金融危机及欧美债权危机和经济增长乏力的影响，但从统计数字看，冶金矿山机械行业仍然实现了较高的增长速度，工业总产值和主营业务收入的增速分别达到了29.52%和29.24%，比2010年的增速分别提高了5个百分点。到2012年，增速明显下降，工业销售产值增速只有12.56%，主营业务收入的增速只有14.34%。具体呈现出以下特点：冶金机械行业的工业总产值和主营业务收入，增速明显低于矿山机械行业，相对应的增长率冶金机械分别为7.56%和5.48%，矿山机械分别为14.47%和17.84%，前者的增速分别为到后者的1/2和1/3；国有企业的增速明显低于私营企业，相对应的增长率国有企业分别为－7.34%和4.10%，比行业平均增长率分别低了20个和10个百分点以上，私营企业分别为28.02%和28.22%。

（2）行业经济效益水平明显下降。全行业利润总额同比下降15.05%；主营业务收入利润（总额）率为5.08%，比上年度的6.84%下降了1.76个百分点。国有企业的利润状况明显低于私营企业，国有企业利润为－13.23亿元，私营企业利润为138.36亿元，。特别是冶金机械行业，利润总额比上年同期下降77.04%，一些大型企业又重新回到微利、无利甚至亏损的局面。

（3）产品出口额继续维持较快增长局面，进出口顺差有较大幅度提高。受国际后金融危机及国际经济增长乏力的影响，2009年、2010年连续两年冶金矿山机械出口额出现负增长后，2011年出口总额同比增长了27.94%，进口总额同比下降了1.25%，实现进出口顺差9.65亿美元。2012年实现出口额34.22亿美元，同比增长13.12%，进口额18.06亿美元，同比降低12.30%，实现进出口顺差16.16亿美元，同比增长67.36%。其中冶金机械出口额18.16亿美元，同比增长14.80%；矿山机械出口总额16.06亿美元，同比增长11.29%。

从表4可以看出，实现进出口顺差的主要产品类别有：冶金设备零件，实现进出口顺差7.48亿美元，同比增长53.60%；筛分、洗选设备，实现进出口顺差5.14亿美元，同比增长221.25%；破碎粉磨设备，实现进出口顺差2.17亿美元，同比下降57.70%。

2012年，冶金矿山机械出口额超过1亿美元的国家从上年的4个增加到9个，其中印度4.41亿美元、印度尼西亚2.13亿美元、巴西1.84亿美元、美国1.56亿美元、越南1.51亿美元、韩国1.30亿美元、俄罗斯联邦1.29亿美元、日本1.25亿美元、马来西亚1.03亿美元。进口额超过1亿美元的国家从上年的4个增加为5个，依次为：德国5.63亿美元、美国3.73亿美元、日本1.91亿美元、意大利1.46亿美元 、奥地利1.12亿美元。

2012年，我国冶金机械出口超过2 000万美元的商品代码继续保持在19个，其中超过1亿美元的3个，与上年相同，分别为其他金属轧机零件4.52亿美元、其他冶炼设备及铸造机零件2.74亿美元、金属轧机用轧辊2.70亿美元，全都是以铸锻件为基础的零部件产品。其中金属轧机用轧辊进口额为1.86亿美元，从上年度的进出口逆差0.77亿美元变为进出口顺差0.83亿美元。

2012年，矿山机械出口超过2 000万美元的商品代码由上年的7个增加为8个，其中，超过1亿美元的由上年的5个减少为4个，分别为其他破碎粉磨设备4.96亿美元，筛分、洗选设备3.56亿美元，自推进的采煤、凿岩机及隧道掘进机2.34亿美元，球磨式粉磨设备1.84亿美元。

2012年，冶金矿山机械出口额较多的产品类别依次为：冶金设备零件12.70亿美元，同比增长11.5%；筛分、洗选设备7.76亿美元，同比增长169.44%；金属轧机设备4.61亿美元，同比增长44.97%；采掘设备及钻机4.22亿美元，同比增长57.57%；破碎粉磨设备3.56亿美元，同比下降57.52（上年负增长54.12%）。进口额较多的产品类别依次为：冶金设备零件5.23亿美元，同比下降－19.79%，其中金属轧机轧辊1.86亿美元，同比下降－39.22%，其他金属轧机零件2.19亿美元，同比增长3.3%；金属轧机设备4.06亿美元；采掘设备及钻机3.80亿美元；筛分、洗选设备2.62亿美元；破碎粉磨设备1.38亿美元。

（4）国有控股企业在行业中的主导地位消弱甚至消失，私人控股企业和三资企业在行业中的比重继续增加。2012年，国有控股企业工业销售产值、资产总额占行业的比重分别从上年的37.35%和63.21%，下降为31.83%和60.18%，私人控股企业和三资企业在行业中所占的比重则分别达到了61.12%、41.21%和35.37%，在工业销售产值方面国有控股企业在行业中的主导地位已经失去。

产业结构情况

2012年冶金矿山机械行业产业结构见表6。

表6　2012年冶金矿山机械行业产业结构

行业名称	企业数（家）	占行业比重（%）	工业销售产值（亿元）	占行业比重（%）	主营业务收入（亿元）	占行业比重（%）	资产总计（亿元）	占行业比重（%）	利润总额（亿元）	占行业比重（%）
冶金矿山机械行业	2 189	100.00	4 489.94	100.00	4 597.55	100.00	4 859.55	100.00	233.51	100.00
其中：冶金机械行业	514	23.48	1 185.27	26.4	1 202.39	26.15	1 947.80	35.95	14.37	6.73
矿山机械行业	1 675	76.52	3 304.68	73.6	3 395.16	73.85	2 911.74	64.05	219.14	93.27

从表6可以看出，2012年冶金机械制造业占冶金矿山机械行业的比重为：企业数占23.48%，比上年下降2个百分点；主营业务收入占26.15%，比上年减少2.2个百分点；资产总值占35.95%，比上年减少6.75个百分点；利润总额占6.73%，比上年减少15.54个百分点。

〔撰稿人：中国重型机械工业协会傅树利　审稿人：中国重型机械工业协会李镜〕

冶金设备

生产发展情况 冶金设备制造业是为冶金工业和国民经济基础部门提供重大成套技术装备的行业，并承担着带动相关产业发展的重任。冶金设备是用于金属冶炼、铸造、轧制和深加工等生产流程中的专用成套工艺设备，是冶金工业发展所需的重要基础装备。大型冶金成套设备生产线是集连续高效和自动化控制技术密集型的工艺集合。冶金设备品种规格繁多，多属于高精尖的重型成套设备，产品主要包括烧结、焦炉、窑、金属冶炼铸造设备（高炉、转炉、炉外精炼、方坯连铸机、板坯连铸机、铸造机），钢渣、矿渣处理设备，金属轧制设备（板带材热轧机、板带材冷轧机、热轧管机、冷轧管机、型钢轧机、线材轧机、有色金属轧机），金属精整及后处理设备（酸洗机组、热镀锌机组、镀锡机组、平整机组、连续退火机组）等。

冶金设备制造业与钢铁和有色金属工业关系密切，钢铁和有色金属工业的发展影响着冶金设备制造业市场的繁荣。冶金设备制造业的技术进步和制造水平的提高也极大地促进了冶金工业的发展。两者在新生产工艺和设备技术研发方面更是合作伙伴。通过冶金设备行业的不断创新努力，钢铁和有色金属工业不断变化、创生的工艺需求正得以满足。当前，受国内外冶金市场低迷和技术改造升级以及产业调整的影响，我国冶金设备制造行业也处在一个由制造向制造和服务并重的转变期，冶金设备制造企业正处在加速产业调整和转型升级的过程中，通过持续改进和技术提升，适时开发和推出新产品进军中高端市场，使得国产中高端冶金机械产品国内市场占有率保持约在85%的高位。期间研制成功的典型冶金机械重大成套设备有：

1. 大型冷、热带钢连轧机成套设备

我国大型冷、热带钢连轧机成套设备在自主设计、制造及技术和工程总承包方面继续开创新局面，除个别要求特别高的带钢品种外，钢铁企业技术改造、升级等所需的大型冷、热带钢连轧机成套设备已真正实现了自主设计、集成、制造成套。900mm、1 250mm、1 420mm、1 450mm、1 550mm、1 780mm、2 130mm五机架（酸洗）冷连轧机组成套设备和工艺是国内自主研发的大型冷连轧机组。该设备的成套集成技术已广泛应用于鞍山钢铁集团、宝钢梅山钢铁集团公司、武汉钢铁集团、安阳钢铁集团、新余钢铁集团、广西柳州钢铁集团、河北中金冶金有限公司、马鞍山钢铁集团、江苏沙钢集团等公司。特别是中国第一重型机械集团公司对宝钢梅山钢铁集团公司板业科技有限公司1 420mm冷连轧机组的技术升级，以及其后的山力科技发展有限公司和山东远大1 420mm酸洗冷连轧机组的技术总包和工程总承包项目的实施推广，实现了冷连轧机组的更新换代。在冷轧生产线建设中，实现了冷连轧机组的国内设计、制造和工艺技术总集成，突破了冷连轧成套设备制造和生产工艺控制两大核心技术，工艺装备水平已步入世界先进行列。其中，自主开发的大型六辊轧机具有卓越的板型控制能力；自主开发的转盘式双筒卷取机实现了高效卷取，这标志我国自主设计集成制造冷连轧成套设备和工艺控制能力又上了一个新台阶。国内自主设计研发的1 000mm、1 250mm、1 450mm、1 580mm、1 680mm、1 780mm、2 150mm、2 250mm热带钢连轧机成套设备的集成技术已成功应用于鞍山钢铁集团、武汉钢铁集团、首钢集团、新余钢铁集团、日照钢铁集团、马鞍山钢铁集团、涟源钢铁集团、北海诚德不锈钢集团等钢铁公司。中国第一重型机械集团公司自主设计开发的“1+8”1 680mm不锈钢热连轧机生产线的顺利投产，不仅有力地改善和提升了我国热轧带钢的产品结构和质量等级，而且极大地促进了钢铁生产设备和工艺技术的改造升级。上述国内自主设计研制的大型宽带热连轧机广泛开发应用了当代先进技术：高压水除鳞技术，保证产品的表面质量；立辊轧机具有宽度自动控制和短行程自动控制功能；粗轧机采用电动加液压压下，保证了位置精度；定宽压力机实现了板坯大压下减宽和成材率的改善；热卷取箱实现了多钢种节能轧制和缩短轧线长度；超强转鼓式飞剪进一步优化了头尾剪切功能，提高了收得率和剪切能力；高刚度四辊全液压精轧机，液压自动厚度控制技术，弯、串辊和板型控制技术，保证了产品板型及尺寸精度；全液压三助卷辊地下卷取机采用了自动踏步控制技术，保证钢卷的卷形质量等。我国大型冷、热连轧成套设备已有多套向国外输出，近年来出口的项目有：巴西4 300mm宽厚板和2 200mm炉卷轧机（合作制造），尼日利亚900mm酸洗冷连轧机，印度1 800mm和波兰2 250mm热连轧机成套设备（为合作制造），伊朗1 725mm炉卷轧机（为合作制造），美国TKS2150热连轧机，意大利阿维迪1 700mm短流程热轧生产线，韩国浦项2 150mm热连轧机等设备。

2. 大型多辊冷轧机工艺设备

我国大型多辊高强超薄带钢轧制成套设备的自主设计成套已拉开帷幕，为北海诚德不锈钢集团和山东远大板业科技有限公司自主设计研发的双机架1 320mm和五机架1 450mm十八辊不锈钢冷轧机组，单机架1 250mm二十辊冷轧机组等大型多辊冷连轧机组已进入制造阶段，标志着我国在大型中高端多辊冷轧机工艺设备设计制造领域又向国际先进迈出了可喜的一步。

3. 短流程轧制设备

近年来，我国在冶金轧制设备领域对节能减排工艺设备的开发应用取得了长足的进步。继中国第一重型机械集团公司为鞍山钢铁公司压制了“1+6”2 150mm热连轧机取得成功后，国内冶金设备企业正在研制“炉卷轧机+3机架热连轧机”“连铸机+热连轧机”和“自由锻造+筒节成形轧机”等节能减排设备。

4. 宽厚板轧机成套设备

我国宽厚板轧机成套设备的集成设计制造已基本实现了国产化,呈现出合作制造与自主设计制造兼容的局面。合作制造的有鞍山钢铁公司 5 500mm/5 000mm 生产线、宝山钢铁公司 5 000mm 宽厚板轧机、湘潭钢铁集团 5 000mm宽厚板轧机;自主设计制造的有宁波建龙钢铁公司4 300mm,湖南湘潭钢铁集团、河南南阳汉冶钢铁有限公司3 800mm、4 300mm 铝板轧机等宽厚板轧机。独立设计制造出口越南、泰国3 300mm 宽厚板轧机各一套。一重集团合作制造出口韩国浦项钢铁公司的5 500mm 宽厚板轧机,是当前世界上规格最大、装机水平最高、轧制能力最强的宽厚板轧机,其轧机机架也是世界上重量最大的整体式铸造机架;合作制造出口韩国现代、泰国等钢铁公司5 000mm宽厚板轧机主设备各一套,出口俄罗斯 OMK、MMK 和印度爱莎、JISPL 等公司 5 000mm 宽厚板生产线部分辅机设备。

5. 大型连铸机成套设备

我国大型连铸机成套设备已经全面实现了自主化设计、制造和技术集成。完成的重大成套设备有:舞阳钢铁公司的 2 500mm 大型板坯连铸成套设备、诚德钢铁公司 1 600mm大型板坯连铸成套设备,敬业钢铁公司 1 100mm 板坯连铸机,攀枝花钢铁公司五流 360mm × 450mm、邢台钢铁公司六流 380mm × 450mm 两个大型方坯连铸成套设备,700mm 特厚板连铸机、垂直铸造机等。

6. 大型平整机成套设备及精整设备

我国大型先进的冷、热平整工艺设备已经实现了自主设计集成国产化,投产应用的平整机成套设备有:宝山钢铁集团2 030mm、1 850mm 平整机组,广西柳州钢铁集团1 450mm、1 250mm 单机架平整机组,濮阳钢厂、东海网格1 450mm平整机组,鞍山钢铁集团 1 450mm 热平整机组,鄂城钢铁有限责任公司 1 700mm 平整机,衡水钢厂1 250mm双机架多功能平整机组,邯郸日鑫板材公司1 450mm六辊平整机组,京唐钢铁公司1 380mm 双机架平整兼二次冷轧机组。其中,衡水钢厂 1 250mm 双机架平整机组具有干、湿平整和轧制等多种功能,是深受钢铁用户青睐的一种机型。

近五年,受国际金融危机及经济增长乏力的冲击,我国承受了巨大的节能、减排和产需矛盾压力,多家大中型钢铁企业产量效益持续下滑甚至亏损。新建的大批先进冶金工艺装备如大型冷、热宽带钢连轧机、宽厚板轧机,大型铝板带轧机、大型连铸机及转炉、高炉等设备普遍开工不足或处于半停产状态。致使以钢铁冶金行业发展为龙头的冶金设备制造业持续三年单调递减甚至急速下跌后仍不能回升,一直处于低迷小幅震荡状态运营。国内外情形大同小异,2012 年一整年内,国外钢铁冶金企业新上项目屈指可数,几家大型冶金设备公司如西马克、西门子奥钢联等在手项目数也明显下滑;国内仅两三家钢铁企业新上大型热连轧项目,七八家钢铁企业上大型冷连轧机项目,三家企业上大型铝板轧机项目,无一家企业上宽厚板项目。许多冶金机械设备制造企业年合同额锐减,几近亏损,甚至难以为继。2012 年冶金设备制造业的主要特点为:

(1)冶金设备制造业的转型升级。受钢铁冶金市场低迷的影响,针对合同少、价格低,僧多粥少的现状,冶金设备制造业不断完善技术创新体系,提升技术创新能力,整合各种资源,围绕降低冶金成套设备设计制造成本,制定成本控制指标:优化设计降成本、优化采购降成本,再造工艺流程降成本、生产环节降成本、管理运行降成本。各大重型机械集团公司纷纷制定实施转型升级战略,一方面在传统领域扩展市场范围,另一方面力求在新兴领域寻找突破,继续进行新产品开发,给力国际市场开发,并积极开展降本增效活动,以实现可持续发展。同时,一些冶金设备制造企业正面临着转型和重组的选择。

(2)冶金成套设备合同额和价格仍在低位徘徊。国内冶金市场继续下行,导致冶金设备市场竞争异常激烈。我国八大重型机械集团公司的合同额和产品价格均处于下降态势,甚至后退到 10 年前水平;一些中小冶金机械制造厂的生产能力更是明显闲置,几近倒闭的边缘,虽然采取多项调整措施后有所改观,但这种低迷状态一直持续到 2012 年年底未见有明显复苏。受市场需求快速下滑和持续不景气的影响,多数重型冶金设备制造企业均呈现出“需求不足”,将继续调整生产和经营方式,力保产值和销售。

(3)冶金成套设备需求及工艺技术发生了变化。随着钢铁冶金行业全面治理整合期的到来,新上项目集中在新品种及中高端工艺技术水平的产品上,现有设备已将节能减排技术改造升级提上日程。虽然新上和改造项目不多,但技术要求高、难度大,唯有靠技术创新和开发才能解决。新上的自主设计成套的大型冶金成套设备基本满足了国内中高端产品市场的需求。宽厚板轧机向深加工方向技术改造;自主设计集成的宽带钢热、冷连轧机节能减排和高等级产品生产能力显著提高。

(4)冶金成套设备向工程总承包方向发展。中国第一重型机械集团公司总承包的山东远大钢铁公司 1 420mm 酸洗冷连轧机交钥匙工程项目,北海诚德钢铁公司 1 680mm 不锈钢热连轧机、1 600mm 不锈钢连铸机及冷轧酸洗连退生产线工程总承包项目就是典型例证。随着冶金工业国际化进程的加快以及国内自主集成成套能力的增强,国内新上项目数量的减少,许多国有大中型和民营钢铁冶金企业用户对冶金成套项目工程总承包和交钥匙工程的需求越来越强烈,这种趋势为冶金机械的发展搭建了新的平台,也进一步推动冶金设备企业向制造服务业转变,向国内市场和国际市场并重转变。以中国第一重型机械集团公司、中国第二重型机械集团公司为代表的重型冶金设备制造企业正在发挥着积极作用,从 2010—2012 年新承担和完成的冶金成套项目情况看,多数项目均按工程总承包的方式进行,并产生了良好效果。由此可见,工程总承包项目正在推动重型冶金设备制造业由中国制造向中国创造转变。

(5)迎接金融危机和钢铁市场低迷所带来的挑战。冶金设备主要制造企业已开始在传统产业和新兴产业进行并重技术研发和创新的尝试,由以冶金工业领域为主向工业领域、能源装备、环保装备等领域并重转变。同时在重型冶金设备制造行业进一步加强了产、学、研、用多方位、多视角的合作攻关和联合开发,以攻克冶金成套设备的制高点——先进轧制工艺及控制模型,瞄准国内外市场新需求,适时进行高强钢、冷轧不锈钢、中高牌号取向硅钢轧制工艺技术和工艺设备研发,如大型高端二十辊和十八辊等多辊冷轧工艺技术装备的研发已取得了突破。大型型钢和磨具钢轧制工艺及设备设计研制取得成功,如唐钢多功能型钢生产线和大连磨具钢生产线。开发出了不锈钢连铸和热连轧生产线,如自主设计研制的诚钢 1 600mm 不锈钢连铸和 1 680mm 不锈钢热连轧机生产线已经投产。面对国内冶金设备市场的紧缩,一些企业正转型向各自的新领域进军,制定和实施新一轮战略转型政策措施。各大冶金设备制造企业正在寻找新的增长领域,加大开发国际市场和新市场、新产品研究的投入力度,谋求多元化与新的增长方式。

2012 年冶金设备行业主要经济指标完成情况见表 1。

表 1　2012 年冶金设备行业主要经济指标完成情况

指标名称	实际完成(亿元)	同比增长(%)
工业销售产值	1 185.27	7.56
出口交货值	59.32	42.19
主营业务收入	1 202.39	5.48
利润总额	14.37	-77.04

市场与销售　近几年来,国家为扩大内需采取了积极的财政政策。冶金、化工、能源等行业接受国家贴息贷款,在一定程度上加快了技术改造的步伐,也使得冶金设备市场维持在小幅增量运行,市场前景值得关注和期待。2012 年冶金设备主要产品产量见表 2。

表 2　2012 年冶金设备主要产品产量

产品名称	企业数(家)	产量(万 t)	同比增长(%)
冶炼设备	70	85.79	1.17
金属轧制设备	60	64.61	-10.36

2012 年冶金设备产品进出口额见表 3。

表 3　2012 年冶金设备产品进出口额(单位:亿美元)

产品名称	进口额	出口额	进出口差额
冶金设备	9.77	18.16	8.38
其中:冶炼设备	0.48	0.84	0.36
金属轧制设备	9.29	17.32	8.02

注:由于四舍五入,表中合计数有微小出入。

2012 年冶金设备主要生产企业:中国第一重型机械集团公司、中国第二重型机械集团公司、太原重型机械集团有限公司、大连重工·起重集团有限公司、上海重型机器厂有限公司、沈阳重型机械集团有限责任公司、河北邢台机械轧辊(集团)有限公司、秦皇岛冶金机械有限公司、沈阳冶金机械有限公司、唐山冶金矿山机械厂、衡阳有色冶金机械总厂、中信重工机械股份有限公司、上海沪江机器厂、山东冶金机械厂、宝钢常州冶金机械厂、陕西压延设备厂、乐山斯堪机械制造有限公司、太原矿山机器集团有限公司、天津天发重型水电设备制造公司、昆明力神重工有限公司和上海冶金矿山机械厂。

科技成果、新产品与标准　行业主要生产企业在引进、消化、吸收世界先进国家同类产品的基础上,自主设计开发出了多项具有自主知识产权的重大装备新产品,使我国冶金装备多项新产品工艺技术水平接近或达到国际先进水平,多个项目获科学技术奖。

2012 年冶金设备行业科技成果获中国重型机械科技奖情况见表 4。

表 4　2012 年冶金设备行业科技成果获中国重型机械科技奖情况

序号	项目名称	完成单位	获奖等级
1	冷轧带钢酸联轧机组成套设备自主研发与工业应用	唐山建龙实业有限公司、中国第一重型机械股份公司、燕山大学、北京工业大学	一等奖
2	一种新型宽厚板滚动剪切方法与装备技术	太原科技大学、太原重工股份有限公司	一等奖
3	中国实验快堆核岛关键主设备研制	中国第一重型机械股份公司	一等奖
4	转炉炼钢烟气干法除尘与能量回收一体化系统	中国重型机械研究院有限公司	二等奖
5	TZϕ180 三辊连轧管机组研制	太原重工股份有限公司	二等奖
6	百万千瓦级大型核电蒸发器成套关键锻件研制	二重集团(德阳)重型装备股份有限公司	二等奖
7	3MW 风力发电增速机	大连华锐重工集团股份有限公司	二等奖
8	5 000mm 以上宽厚板轧机锻钢支承辊研制	中国第一重型机械股份公司	二等奖
9	年处理能力 40 万 t 废钢破碎成套设备	北方重工集团有限公司	二等奖
10	3.6 万 t 黑色金属垂直挤压机组的研制	清华大学、内蒙古北方重工业集团有限公司、太原重工股份有限公司、中国二十二冶集团有限公司、内蒙古工业大学、沈阳重锻液压机有限公司、北京天力创玻璃科技开发有限公司	二等奖

（续）

序号	项目名称	完成单位	获奖等级
11	通钢热连轧轧机振动研究及在线监测	通化钢铁股份有限公司、北京科技大学	二等奖
12	1050四辊平整机的研制	云南冶金昆明重工有限公司	三等奖
13	5 000mm以上宽厚板轧机工作辊极限制造技术集成	中钢集团邢台机械轧辊有限公司	三等奖
14	中厚有色金属板表面处理、堆垛包装生产线	中国重型机械研究院有限公司、西南铝业（集团）有限责任公司	三等奖
15	新型无磁材料在不锈钢板坯连铸机上的研究应用	山西百一机械设备制造有限公司、北京科技大学、太原钢铁（集团）有限公司、山西省机械电子工业联合会	三等奖
16	大吨位高效铝锭连续铸造成套装备关键技术研究、开发与产业化	兰州理工大学、兰州爱赛特机电科技有限公司、兰州理工大学高新技术成果推广转化中心	三等奖
17	高档液压机关键控制技术的研究	天津大学、天津市天锻压力机有限公司	三等奖

标准在冶金设备行业企业的生产经营活动中越来越被重视。冶金机械的国家与行业标准有86项，国内主要冶金设备企业踊跃参加行业标准的编制工作。标准工作由机械工业冶金设备标准化技术委员会归口、组织编制和实施。另外，联合企业标准（简称《标重》）已由中国重型机械工业协会批准发布和执行。

冶金机械最新版的《重型机械标准》共四卷，已经4次修订，其中产品标准85%以上等效采用了国外先进标准（主要是德国西马克公司标准）。

中国重型机械研究院股份公司正在组织大型冶金设备制造骨干企业着手新一轮冶金设备行业标准的编制工作，几十项新增重型冶金机械设备部分冶金设备标准正在编制之中。

〔撰稿人：中国重型机械工业协会冶金压延机械分会王光儒　审稿人：中国重型机械工业协会傅树利〕

物料搬运（起重运输）机械

起重运输设备在国际上一般通称为物料搬运设备。按照2011年版《GB/T 4754－2011国民经济行业分类》新标准的规定，物料搬运（起重运输）设备制造业的行业分类已经被细分为6个行业小类：轻小型起重设备、起重机、生产专用车辆（编者注：行业内称为工业车辆，以下简称工业车辆）、连续搬运设备、电梯自动扶梯及升降机、其他物料搬运设备。

为了便于读者理解，本文所述的物料搬运（起重运输）设备行业包含的是轻小型起重设备、起重机、工业车辆、连续搬运设备、电梯自动扶梯及升降机、其他物料搬运设备。

2010—2011年物料搬运（起重运输）机械行业主要经济指标完成情况见表1。

表1　2010—2011年物料搬运（起重运输）机械行业主要经济指标完成情况

指标名称	单位	2010年	2011年	同比增长（%）
企业数	家	2 302	1 740	－24.41
工业总产值（当年价）	亿元	3 904.30	4 831.81	23.76
主营业务收入	亿元	3 855.67	4 785.20	24.11
利润总额	亿元	303.51	378.28	24.64
主营业务收入利润总额率	%	7.87	7.91	0.4个百分点
从业人员平均人数	万人	43.23	42.97	－0.6

注：表中数据来源于国家统计局年报资料，2011年统计口径为主营业务收入2 000万元以上法人企业（以下表同）。

2012年,全国机械工业企业数为76 456家(注:2011年规模以上企业统计口径由年主营业务收入500万元以上调整为2 000万元以上),工业总产值(当年价)为184 131.05亿元,主营业务收入为179 957.89亿元,利润总额为12 251.04亿元,资产总计为141 568.62亿元,物料搬运(起重运输)机械行业占全国机械工业的比重分别为:2.98%、3.08%、3.51%和3.25%。

行业经济运行情况

1.2012年行业主要经济指标完成情况

2012年物料搬运(起重运输)机械行业主要经济指标完成情况见表2。

2012年物料搬运(起重运输)机械行业主要财务指标见表3。

2012年物料搬运(起重运输)机械行业分类产品产量见表4。

2.2012年行业固定资产投资情况

2012年物料搬运(起重运输)机械行业固定资产投资情况见表5。

表2 2012年物料搬运(起重运输)机械行业主要经济指标完成情况

企业分类	企业数(家)	比上年增长(%)	工业销售产值(亿元)	比上年增长(%)	出口交货值(亿元)	比上年增长(%)
物料搬运(起重运输)机械行业	1 928	10.80	5 546.02	17.41	599.38	18.95
其中:大型企业	50	8.70	2 352.86	16.49	400.41	25.38
中型企业	286	5.15	1 555.36	19.02	112.78	-0.53
小型企业	1 568	12.89	1 627.24	17.61	85.65	21.58

注:1. 表中原始数据来源于国家统计局2012年年报资料。

2. 由于四舍五入,表中合计数有微小出入。

表3 2012年物料搬运(起重运输)机械行业主要财务指标

行业及企业分类	主营业务收入(亿元)	比上年增长(%)	利润总额(亿元)	比上年增长(%)	主营业务收入利润(总额)率(%)	上年同期(%)
物料搬运(起重运输)机械行业	5 547.08	15.92	398.66	5.39	7.19	7.91
其中:大型企业	2 394.01	13.61	185.01	-8.42	7.73	9.59
中型企业	1 529.58	19.29	118.49	23.80	7.75	7.46
小型企业	1 616.72	16.99	94.91	17.83	5.87	5.83
其中:轻小型起重设备行业	390.86		27.97		7.16	
起重机行业	2 487.62		148.44		5.97	
连续搬运设备行业	287.82		21.39		7.43	
工业车辆行业	352.14		18.95		5.38	
电梯、自动扶梯及升降机行业	1 871.26		170.33		9.10	
其他物料搬运设备行业	157.39		11.59		7.36	

注:由于四舍五入,表中合计数可能会有微小出入。

表4 2012年物料搬运(起重运输)机械行业分类产品产量

产品名称	企业数(家)	单位	产量	上年同期	比上年增长(%)
起重机	342	万t	855.36	704.82	21.36
输送机械	111	万t	136.03	134.00	1.51
内燃叉车	38	万台	24.47	22.28	9.85
电动叉车	33	万台	21.32	18.50	15.23
减速机	166	万台	540.59	542.31	-0.32

表5　2012年物料搬运(起重运输)机械行业固定资产投资情况

行业名称	计划总投资		当年新开工项目计划总投资		自开始建设累计完成投资		当年完成投资	
	2012年完成(亿元)	同比增长(%)	2012年完成(亿元)	同比增长(%)	2012年完成(亿元)	同比增长(%)	2012年完成(亿元)	同比增长(%)
全国机械工业合计	73 417.49	21.06	26 876.79	49.83	50 281.12	24.34	34 769.48	24.86
重型机械行业	4 424.64	31.20	1 490.84	59.51	2 968.76	30.32	2 104.54	43.87
（占全国机械工业比重）	(6.03%)		(5.55%)		(5.90%)		(6.05%)	
物料搬运(起重运输)机械行业	1 823.42	72.75	625.39	95.58	1 255.94	75.32	890.49	78.66
（占全国机械工业比重）	(2.48%)		(2.33%)		(2.50%)		(2.56%)	

3. 2012年行业外贸进出口情况

2012年物料搬运(起重运输)机械分类产品进出口情况见表6。

2012年物料搬运(起重运输)机械进出口额前10位产品见表7。

2012年物料搬运(起重运输)机械进出口额前10位国家(地区)见表8。

2012年物料搬运(起重运输)机械进出口额前5位省市情况见表9。

表6　2012年物料搬运(起重运输)机械分类产品进出口情况

货品名称	出口额(亿美元)	同比增长(%)	进口额(亿美元)	同比增长(%)	进出口总额(亿美元)	同比增长(%)	进出口差额(亿美元)	上年差额(亿美元)	同比增长(%)
重型机械行业总计	161.27	15.49	64.84	-5.85	226.12	8.44	96.43	70.76	36.27
物料搬运(起重运输)机械行业合计	127.06	16.15	46.79	-3.10	173.84	10.25	80.27	61.11	31.36
（占重型机械行业比重）	(78.78%)		(72.16%)		(76.88%)		(83.24%)	(86.36%)	
轻小型起重设备	17.97	7.00	6.91	1.98	24.88	5.56	11.07	10.02	10.40
（占物料搬运(起重运输)机械行业比重）	(14.14%)		(14.77%)		(14.31%)		(13.79%)	(15.79%)	
起重机合计	39.43	23.18	5.22	-33.84	44.65	11.90	34.21	24.12	41.83
（占物料搬运(起重运输)机械行业比重）	(31.03%)		(11.16%)		(25.68%)		(42.62%)	(38.90%)	
工业车辆合计	21.18	11.54	4.75	-8.64	25.93	7.21	16.44	10.02	19.15
（占物料搬运(起重运输)机械行业比重）	(16.67%)		(10.15%)		(14.92%)		(20.48%)	(16.40%)	
电梯自动梯及升降机	22.52	13.74	3.24	17.34	25.76	14.18	19.29	17.04	13.16
（占物料搬运(起重运输)机械行业比重）	(17.72%)		(6.92%)		(14.82%)		(24.03%)	(19.51%)	
连续搬运设备合计	15.67	23.24	13.44	-2.98	29.11	9.57	2.23	-6.13	295.03
（占物料搬运(起重运输)机械行业比重）	(12.33%)		(28.72%)		(16.75%)		(2.78%)	(-10.03%)	
其他物料搬运设备合计	10.27	13.22	13.23	12.04	23.50	12.55	-2.95	11.88	8.13
（占物料搬运(起重运输)机械行业比重）	(8.09%)		(28.27%)		(13.52%)		(-3.68%)	(19.44%)	

注：1. 表中原始数据来源于海关总署2012年12月月报统计资料，进出口差额为负数表示逆差。

2. 表中物料搬运(起重运输)设备产品名称及分类与2010年前有所不同，编者按照GB/T 4754—2011《国民经济行业分类》新标准和2010年国统局《统计用产品分类目录》，对海关原始数据中不规范的产品名称及分类作了新的调整。

表7　2012年物料搬运(起重运输)机械进出口额前10位产品

序号	税号	货品名称	出口额(亿美元)	比上年增长(%)	序号	税号	货品名称	进口额(亿美元)	比上年增长(%)
		物料搬运(起重运输)机械总计	127.06	16.15			物料搬运(起重运输)机械总计	46.79	-3.09
1	84281010	载客电梯	9.78	25.54	1	84289090	未列名提升、搬运、装卸机械	10.50	15.34
2	84272090	其他内燃叉车	9.01	17.56	2	84283990	其他输送机及提升机	4.26	-14.86
3	84261942	集装箱装卸桥	8.79	26.43	3	84253190	电动的卷扬机及绞盘	3.32	17.32
4	84313100	电梯、自动梯及升降机零件	6.77	25.54	4	84283300	带式输送机	2.69	22.48
5	84284000	自动梯及自动人行道	5.39	2.94	5	84313900	税号84.28所列其他机械零件	2.37	9.13
6	84312000	税号8427起升车辆的零件	5.12	-6.29	6	84283910	链式输送机	2.19	-2.19
7	84289090	未列名提升、搬运、装卸机械	4.87	12.52	7	84283920	辊式输送机	2.05	-1.61
8	84283300	带式输送机	4.82	24.86	8	84263000	门座起重机	1.88	-27.58
9	84313900	税号84.28所列其他机械零件	4.73	6.62	9	84281010	载客电梯	1.59	22.11
10	84261930	门式起重机	4.36	29.24	10	84312000	税号8427起升车辆的零件	1.45	-14.73
		以上货品小计 (占总计比重)	63.64 (50.09%)				以上货品小计 (占总计比重)	32.30 (69.03%)	

注:10个税号占物料搬运(起重运输)设备73个税号的13.70%。

表8　2012年物料搬运(起重运输)机械进出口额前10位国家(地区)

序号	国家(地区)	出口额(亿美元)	比上年增长(%)	占总计比重(%)	序号	国家(地区)	进口额(亿美元)	比上年增长(%)	占总计比重(%)
	物料搬运(起重运输)机械总计	127.06	16.15	100.00		物料搬运(起重运输)机械总计	46.79	-3.09	100.00
1	美国	13.48	29.74	10.61	1	德国	13.42	-13.36	28.68
2	印度	8.28	3.89	6.52	2	日本	8.42	0.12	18.00
3	巴西	6.17	-7.22	4.86	3	韩国	4.69	-5.25	10.02
4	澳大利亚	5.56	41.12	4.38	4	美国	3.68	12.20	7.86
5	韩国	5.14	-9.98	4.05	5	中国台湾	2.32	-13.11	4.96
6	俄罗斯联邦	4.82	41.35	3.79	6	意大利	2.07	17.61	4.42
7	印度尼西亚	4.61	26.65	3.63	7	法国	1.23	20.59	2.63
8	新加坡	4.14	17.95	3.26	8	荷兰	1.11	27.59	2.37
9	日本	4.14	4.55	3.26	9	奥地利	1.04	4.00	2.22
10	马来西亚	3.57	65.28	2.81	10	中华人民共和国	0.77	32.76	1.65
	合计	59.91		47.17		合计	38.75		82.81

注:2012年物料搬运(起重运输)机械我国共出口202个国家(地区),共从70个国家(地区)进口。

表9　2012年物料搬运(起重运输)机械进出口额前5位省市情况

序号	省市名称	出口额(亿美元)	比上年增长(%)	占总计比重(%)	序号	省市名称	进口额(亿美元)	比上年增长(%)	占总计比重(%)
	物料搬运(起重运输)机械总计	127.06	16.15	100.00		物料搬运(起重运输)机械总计	46.79	-3.09	100.00
1	上海市	28.82	15.96	22.68	1	江苏省	7.98	-2.68	17.05
2	江苏省	28.14	24.96	22.15	2	上海市	7.32	-10.29	15.64
3	浙江省	17.38	8.08	13.68	3	广东省	5.98	13.26	12.78
4	辽宁省	8.09	43.19	6.37	4	北京市	4.25	-16.83	9.08
5	广东省	7.26	2.69	5.71	5	辽宁省	3.57	12.97	7.63
	合计	89.69		70.59		合计	29.10		62.18

4.2012年物料搬运(起重运输)机械行业经济运行特点

(1)行业生产销售总值再创历史新高,增速从上年的高速增长趋于平稳发展。2012年,物料搬运(起重运输)机械行业完成工业总产值5 479.57亿元、工业销售产值为5 546.02亿元、主营业务收入为5 547.08亿元,均再创历史新高,同比增长分别为17.07%、17.41%和15.92%,增速从上年的高速增长趋于平稳发展。其中,大中型、国有、国有控股企业工业总产值、工业销售产值、主营业务收入同比增幅均在20%以下的两位数,而私营企业与小型企业增长幅度均在20%以上。

(2)行业利润总额继续增长,利润率稍有下降。2012年,物料搬运(起重运输)机械行业利润总额为398.66亿元,再创历史新高,同比增长5.39%;利润率为7.19%,同比下降了0.72个百分点。

(3)行业固定资产投资继续保持高速增长态势。2012年,物料搬运(起重运输)机械行业固定资产累计完成投资1 255.94亿元,同比增长75.32%,增幅提高了48.87个百分点;当年完成投资890.49亿元,同比增长78.66%,增幅提高了49.26个百分点,表明物料搬运(起重运输)机械行业固定资产投资仍保持高速增长态势。

5.2012年物料搬运(起重运输)机械进出口主要特点

(1)物料搬运(起重运输)机械进出口继续保持快速增长态势。2012年,物料搬运(起重运输)机械出口额127.06亿美元,进口额46.79亿美元,进出口总额173.84亿美元,进出口顺差80.27亿美元,同比增长分别为16.15%、-3.10%、10.25%和31.36%,而2011年,同比增长率分别为24.93%、24.91%、24.93%和24.95%,出口继续保持快速增长态势。

(2)行业小类均保持较快的增长态势。2012年,行业小类中,起重机出口额、进口额、进出口总额、进出口差额同比增长分别为23.18%、-33.84%、11.90%和41.83%,而2011年同比增长分别为8.49%、11.02%、8.98%和7.68%,增速比上年加快。起重机出口额占物料搬运(起重运输)设备出口总额的比重为31.03%,仍位居行业首位,所占比重同比上升了1.77个百分点。

其他行业小类产品中,轻小型起重设备出口额、进口额、进出口总额、进出口顺差同比增长分别为7.00%、1.98%、5.56%和10.40%,而2011年同比增长分别为21.36%、6.62%、16.72%和33.86%。

连续搬运设备出口额、进口额、进出口总额、进出口顺差同比增长分别为23.24%、-2.98%、9.57%和-295.03%(表示逆差下降了295.03%),而2011年同比增长分别为32.21%、31.89%、32.04%和28.47%。

工业车辆出口额、进口额、进出口总额、进出口差额同比增长分别为11.54%、-8.64%、7.21%和19.15%,而2011年同比增长分别为67.71%、2.75%、47.65%和120.17%。

电梯自动扶梯及升降机出口额、进口额、进出口总额、进出口差额同比增长分别为13.74%、17.34%、14.18%和13.16%,而2011年同比增长分别为26.56%、-0.10%、22.56%和32.28%。

其他物料搬运设备出口额、进口额、进出口总额、进出口差额同比增长分别为13.22%、12.04%、12.55%和8.13%(2012年逆差大于上年逆差,逆差增长了8.13%),而2011年同比增长分别为19.03%、71.90%、44.09%和-461.31%(从顺差变为逆差,顺差下降了461.31%)。可见均保持较快的增长态势。

(3)出口额前10位国家(地区)占出口总计47.14%,进口额前10位国家(地区)占进口额的82.81%。2012年,物料搬运(起重运输)设备共出口202个国家(地区),其中,出口额前10位的国家是:美国(13.48亿美元)、印度(8.28亿美元)、巴西(6.17亿美元)、澳大利亚(5.56亿美元)、韩国(5.14亿美元)、俄罗斯联邦(4.82亿美元)、印度尼西亚(4.61亿美元)、新加坡(4.14亿美元)、日本(4.14亿美元)、马来西亚(3.57亿美元)。前10位国家出口额合计59.91亿美元,占物料搬运(起重运输)机械出口总额的47.17%

2012年,物料搬运(起重运输)设备共从70个国家(地区)进口,其中进口额前10位国家(地区)是:德国(13.42亿美元)、日本(8.42亿美元)、韩国(4.69亿美元)、美国(3.68亿美元)、中国台湾(2.32亿美元)、意大利(2.07亿美元)、法国(1.23亿美元)、荷兰(1.11亿美元)、奥地利(1.04亿美元)、中华人民共和国(0.77亿美元)。前10位国家(地区)进口额合计38.75亿美元,占物料搬运(起重运输)机械进口总额的82.81%。

进口额前10位的国家(地区)中,除对韩国、美国进出口额为顺差外,其他均为逆差。

(4)2012年,物料搬运(起重运输)机械出口额前5位省市:上海市(28.82亿美元)、江苏省(28.14亿美元)、浙江省(17.38亿美元)、辽宁省(8.09亿美元)、广东省(7.26亿美元),前5位省市合计出口额占物料搬运(起重运输)机械出口总额的70.59%。

进口额前5位省市是:江苏省(7.98亿美元)、上海市(7.32亿美元)、广东省(5.98亿美元)、北京市(4.25亿美元)、辽宁省(3.57亿美元),前5位省市进口额占物料搬运(起重运输)机械进口总额的62.18%。

(5)进出口企业以外资企业为主,进出口贸易方式以一般贸易为主。2012年,物料搬运(起重运输)设备进出口按企业性质看,外资企业(含中外合作、外商独资、中外合作企业)出口额合计62.24亿美元,占出口总额的49.77%,占主导地位;私人企业出口额占出口总额的29.74%,位居第二。从进口来看,外资企业(含中外合资、外商独资、中外合作企业)进口额合计31.03亿美元,占进口总额的66.33%,也占主导地位;国有企业进口额占进口总额的18.44%,位居第二。

2012年,物料搬运(起重运输)机械进出口按贸易方式看,一般贸易出口额77.85亿美元,占出口总额的61.27%,位居第一;进料加工贸易出口额39.69亿美元,占出口总额的31.24%,位居第二位。从进口看,一般贸易进口额27.65亿美元,占进口总额的59.11%,也位居第一;进料加工贸易进口额89.70亿美元,占进口总额的19.17%,位居第二位。

6.行业生产销售前列的部分重点企业

2012年物料搬运(起重运输)机械行业部分重点企业主要经济指标完成情况见表10。

表10　2012年物料搬运(起重运输)机械行业部分重点企业主要经济指标完成情况

序号	企业名称	工业总产值(亿元)	序号	企业名称	主营业务收入(亿元)
1	卫华集团有限公司	59.75	1	卫华集团有限公司	59.46
2	江苏通润机电集团有限公司	37.08	2	江苏通润机电集团有限公司	39.81
3	豫飞重工集团	32.55	3	豫飞重工集团	29.80
4	河南省矿山起重机有限公司	29.12	4	河南省矿山起重机有限公司	29.09
5	中原圣起有限公司	23.87	5	中原圣起有限公司	23.87
6	河南省新乡市矿山起重机有限公司	12.29	6	四川省自贡运输机械集团股份有限公司	10.34
7	四川省自贡运输机械集团股份有限公司	10.42	7	河南省新乡市矿山起重机有限公司	9.83
8	安徽攀登重工股份有限公司	9.22	8	安徽盛运机械股份有限公司	7.95
9	安徽盛运机械股份有限公司	9.03	9	安徽攀登重工股份有限公司	7.88
10	上海科大重工集团有限公司	7.64	10	上海科大重工集团有限公司	6.58
11	衡阳起重运输机械有限公司	6.71	11	新乡市中原起重机械总厂有限公司	6.38
12	山起重型机械股份公司	5.87	12	山东省生建重工有限责任公司	5.86
13	河南华东起重机集团有限公司	5.66	13	河南华东起重机集团有限公司	5.54
14	山东省生建重工有限责任公司	5.58	14	山起重型机械股份公司	5.46
15	江阴凯澄起重机械有限公司	4.92	15	山东光明起重机械集团有限公司	5.34
16	法兰泰克起重机械(苏州)有限公司	4.86	16	衡阳运输机械有限公司	5.13

注:表中数据来源于中国重机协会统计网2012年统计资料。因缺少上海振华重工集团股份有限公司、大连重工·起重集团有限公司、太原重型机械集团有限公司和北方重工集团有限公司的分类数据,故未列入。

行业重大科技成果情况　2012年,物料搬运(起重运输)机械行业获国家科学技术进步奖共9项,其中二等奖项目5个。大连华锐重工集团股份有限公司的550t锻造起重机,其创新性的电气"随动控制"技术,大大提高了产品使用过程中的安全性能。该设备通过了江苏省特种设备安全监督检验研究院检验,已应用于山东通裕重工股份有限公司锻造厂。

大连华锐重工集团股份有限公司研制出480t铸造起重机,是目前国内起重量最大、技术最先进的铸造起重机,主小车480t,副小车80t。项目通过了国家起重运输机械质量监督检验中心的试验。

北京起重运输机械设计研究院完成了起重机用硬齿面减速器整个系列的研制。硬齿面减速器齿轮采用高强度低碳合金钢经渗碳淬火而成,齿面硬度高,齿轮均采用数控磨齿工艺,精度高,接触性好,传动效率高,运转平稳,噪声低;体积小、重量轻、使用寿命长、承载能力高。起重机上使用硬齿面减速器能大大地提高减速机的使用寿命。

华电重工股份有限公司研制出带式输送机栈桥一体化设备,打破了传统的带式输送机机架和栈桥单独设置的模式。将带式输送机机架和栈桥合二为一,不仅节省了设备支架,而且比传统型栈桥每米重量减轻30%~40%,大大减少了钢材。

太原重工股份有限公司自主研发了480t铸造起重机,其独特的四梁六轨柔性端梁桥架,上下部双层主小车结构;与小车架焊成一体的低速轴同步整体结构减速器。

三等奖4个:山东山矿机械有限公司研制了SKGD管状带式输送机,增大了输送带对物料的围包,达到对物料的密封输送。纽科伦(新乡)起重机有限公司ND型低净空单轨运行式电动葫芦,卫华集团有限公司研制了轻量化的QE300/50+300/50-40m桥式起重机,实现了节能减排的目标。象王重工股份有限公司研制了800t超大造船门式起重机,其小车自重减轻了15%,起重机整体自重减轻了10%~15%。

行业产业结构、企业规模、经济类型及利用境外资本情况

1.2012年行业企业规模情况

2012年物料搬运(起重运输)机械行业企业规模情况见表11。

表11　2012年物料搬运(起重运输)机械行业企业规模情况

企业分类	企业数(家)	占行业比重(%)	工业销售产值(亿元)	占行业比重(%)	主营业务收入(亿元)	占行业比重(%)	利润总额(亿元)	占行业比重(%)
物料搬运(起重运输)机械行业	1 928	100.00	5 546.02	100.00	5 547.08	100.00	398.66	100.00
其中:大型企业	50	2.59	2 352.86	42.42	2 394.01	43.16	185.01	46.41
中型企业	286	14.83	1 555.36	28.04	1 529.58	27.57	118.49	29.72
小型企业	1 568	81.33	1 627.24	29.34	1 616.72	29.15	94.91	23.81

可见，2012年物料搬运(起重运输)机械行业中，大型企业数占行业企业数的比重仅为2.60%，但工业总产值和工业销售产值以及主营业务收入占行业的比重却为40%～43%，是行业经济发展的主导和骨干力量。

2. 2012年行业经济类型和控股类型情况

2012年物料搬运(起重运输)机械行业经济类型和控股类型情况见表12。

3. 行业利用境外资本情况

2012年物料搬运(起重运输)机械行业利用境外资本情况见表13。

表12　2012年物料搬运(起重运输)机械行业经济类型和控股类型情况

行业及企业分类	企业数(家)	占行业比重(%)	工业销售产值(亿元)	占行业比重(%)	主营业务收入(亿元)	占行业比重(%)	利润总额(亿元)	占行业比重(%)
物料搬运机械行业	1 928	100.00	5 546.02	100.00	5 547.08	100.00	398.66	100.00
一、轻小型起重设备行业	272	14.11	391.54	7.06	390.86	7.05	27.97	7.02
1. 按企业规模分列								
大型企业	4	1.47	97.43	24.88	100.73	25.77	8.84	31.61
中型企业	39	14.34	125.79	32.13	124.88	31.95	10.29	36.79
小型企业	226	83.09	167.68	42.83	164.61	42.12	8.79	31.43
2. 按注册类型分列								
国有企业	8	2.94	20.29	5.18	20.28	5.19	0.26	0.94
私营企业	159	58.46	142.22	36.32	139.68	35.74	8.77	31.35
其他内资企业	65	23.90	163.14	41.67	165.90	42.45	15.42	55.13
三资企业	40	14.71	65.89	16.83	65.00	16.63	3.52	12.58
3. 按控股类型分列								
国有企业	10	3.68	25.84	6.60	25.67	6.57	-0.51	-1.82
私人控股	213	78.31	286.36	73.14	283.44	72.52	23.39	83.63
三资控股	27	9.93	46.27	11.82	45.92	11.75	2.98	10.65
其他控股	22	8.09	33.07	8.45	35.82	9.17	2.11	7.54
二、起重机行业	755	39.16	2 505.32	45.17	2 487.62	44.85	148.44	37.23
1. 按企业规模分列								
大型企业	23	3.05	1 158.47	46.24	1 156.90	46.51	52.94	35.66
中型企业	120	15.89	645.05	25.75	641.94	25.81	51.48	34.68
小型企业	605	80.13	699.00	27.90	686.22	27.59	43.95	29.61
2. 按注册类型分列								
国有企业	24	3.18	612.46	24.45	616.49	24.78	30.81	20.75
私营企业	414	54.83	754.67	30.12	730.23	29.35	58.70	39.55
其他内资企业	256	33.91	770.06	30.74	786.89	31.63	56.77	38.24
三资企业	61	8.08	368.13	14.69	354.01	14.23	2.16	1.45
3. 按控股类型分列								
国有企业	36	4.77	714.81	28.53	723.62	29.09	35.41	23.86
私人控股	604	80.00	1 291.50	51.55	1276.15	51.30	98.71	66.50

（续）

行业及企业分类	企业数（家）	占行业比重（%）	工业销售产值（亿元）	占行业比重（%）	主营业务收入（亿元）	占行业比重（%）	利润总额（亿元）	占行业比重（%）
三资控股	42	5.56	331.25	13.22	320.81	12.90	-1.14	-0.77
其他控股	73	9.67	167.76	6.70	167.05	6.72	15.45	10.41
三、连续搬运设备行业	219	11.36	291.89	5.26	287.82	5.19	21.39	5.37
1.按企业规模分列								
中型企业	25	11.42	131.72	45.13	125.42	43.58	9.80	45.80
小型企业	191	87.21	159.33	54.58	161.57	56.13	11.59	54.18
2.按注册类型分列								
国有企业	5	2.28	19.62	6.72	23.40	8.13	1.60	7.47
私营企业	118	53.88	114.03	39.06	114.21	39.68	7.73	36.15
其他内资企业	64	29.22	122.73	42.04	114.38	39.74	10.14	47.40
三资企业	32	14.61	35.52	12.17	35.82	12.45	1.92	8.98
3.按控股类型分列								
国有企业	7	3.20	26.90	9.21	30.20	10.49	2.07	9.68
私人控股	174	79.45	219.80	75.30	212.72	73.91	16.57	77.45
三资控股	28	12.79	33.71	11.55	34.03	11.82	1.85	8.63
其他控股	10	4.57	11.49	3.93	10.87	3.78	0.91	4.24
四、工业车辆行业	109	5.65	337.82	6.09	352.14	6.35	18.95	4.75
其中：大型企业	4	3.67	119.19	35.28	135.83	38.57	9.30	49.07
中型企业	17	15.60	111.15	32.90	107.76	30.60	6.06	31.97
小型企业	87	79.82	106.98	31.67	108.03	30.68	3.59	18.97
五、电梯、自动扶梯及升降机行业	461	23.91	1 863.99	33.61	1 871.26	33.73	170.33	42.73
其中：大型企业	18	3.90	970.03	52.04	992.18	53.02	113.10	66.40
中型企业	71	15.40	497.82	26.71	485.41	25.94	37.55	22.05
小型企业	362	78.52	390.37	20.94	391.42	20.92	19.54	11.47
六、其他物料搬运设备行业	112	5.81	155.47	2.80	157.39	2.84	11.59	2.91
其中：中型企业	14	12.50	43.84	28.20	44.16	28.06	3.31	28.60
小型企业	97	86.61	103.88	66.82	104.87	66.63	7.44	64.16

注：表中国有企业包括注册的国有企业、国有独资公司和国有联营企业。

表13　2012年物料搬运（起重运输）机械行业利用境外资本情况

企业分类	实收资本（亿元）	比上年增长（%）	境外资本（亿元）	比上年增长（%）	其中：中国港澳台资本（亿元）	比上年增长（%）	外商资本（亿元）	比上年增长（%）	境外资本占实收资本比重（%）	上年境外资本占实收资本比重（%）
物料搬运设备行业	822.85	23.46	182.66	6.36	47.06	31.20	135.60	-0.19	22.20	25.77
其中：大型企业	197.12	7.57	59.51	-0.80	16.39	-5.10	43.12	0.94	30.19	32.74
（占行业比重）	(23.96%)		(32.58%)		(34.83%)		(31.80%)			
中型企业	250.12	28.50	71.34	16.45	13.29	163.69	58.05	3.26	28.52	31.47
（占行业比重）	(30.40%)		(39.06%)		(28.24%)		(42.81%)			
小型企业	369.23	30.94	51.71	4.02	17.38	29.70	34.33	-5.45	14.00	17.63
（占行业比重）	(44.87%)		(28.31%)		(36.93%)		(25.32%)			
微型企业	6.38	-3.33	0.10	-77.78	0.00		0.10	-78.26	1.57	11.82
（占行业比重）	(0.77%)		(0.05%)				(0.07%)			

轻小型起重设备行业经济发展情况

1. 2012 年轻小型起重设备行业生产销售总值情况见表 14。

2. 2012 年轻小型起重设备分类产品进出口情况见表 15。

表 14　2012 年轻小型起重设备行业生产销售情况

企业分类	企业数（家）	工业销售产值（亿元）	比上年增长（%）	出口交货值（亿元）	比上年增长（%）
轻小型起重设备行业	272	391. 54	15. 03	82. 54	19. 44
其中：小型企业	226	167. 68	14. 28	18. 02	14. 44
私营企业	159	142. 22	17. 58	12. 57	59. 83
私人控股	213	286. 36	20. 92	43. 18	37. 99

注：1. 表中原始数据来源于国家统计局 2012 年年报资料，统计口径为主营业务收入 2 000 万元以上法人企业。

表 15　2012 年轻小型起重设备分类产品进出口情况

海关货物名称	出口额（亿美元）	同比增长（%）	进口额（亿美元）	同比增长（%）	进出口总额（亿美元）	同比增长（%）	进出口差额（亿美元）	上年同期差额（亿美元）	同比增长（%）
轻小型起重设备合计	17. 97	7. 00	6. 91	1. 98	24. 88	5. 56	11. 07	10. 02	10. 48
电动葫芦	1. 10	8. 57	0. 63	18. 24	1. 73	11. 88	0. 48	0. 49	-2. 00
滑车及手动葫芦	1. 31	7. 87	0. 32	48. 53	1. 62	13. 96	0. 99	1. 00	-1. 00
卷扬机及绞盘	5. 13	6. 04	4. 47	7. 09	9. 59	6. 52	0. 66	0. 66	0. 00
千斤顶	5. 81	7. 09	0. 50	6. 22	6. 31	7. 02	5. 30	4. 95	7. 07
车辆举升机	3. 14	11. 38	0. 30	9. 86	3. 44	11. 24	2. 85	2. 55	11. 76
轻小型起重设备零件	1. 49	-0. 23	0. 70	-37. 48	2. 19	-16. 16	0. 79	0. 38	107. 89

3. 轻小型起重设备行业经济运行特点

（1）增长率略低于重型机械全行业的增长率。2012 年，轻小型起重设备行业工业销售产值 391. 54 亿元，同比增长 15. 03%；增长率与重型机械全行业 15. 19% 相比，低了 0. 16 个百分点。

（2）行业小型企业、私营企业、私人控股企业的生产销售略占优势。2012 年，轻小型起重设备行业小型企业 226 个，占物料搬运（起重运输）机械行业（下同）企业总数的 83. 09%，工业销售产值 167. 68 亿元，占行业销售产值的 42. 83%；私营企业 159 个，占行业企业的 58. 46%；工业销售产值 142. 22 亿元，占行业销售产值的 36. 32%；私人控股企业 213 个，占行业企业总数的 78. 31%，工业销售产值 286. 36 亿元，占行业销售产值的 73. 14%。以上数据显示，2012 年轻小型起重设备行业小型企业、私营企业和私人控股企业的生产销售略微处于领先地位。

（3）行业产品进出口形势良好，进出口顺差增长较快。2012 年，轻小型起重设备行业进出口总额 24. 88 亿美元，同比增长 5. 56%。其中，出口额 17. 97 亿美元，同比增长 7. 00%；进口额 6. 91 亿美元，同比增长 1. 98%；进出口顺差 11. 07 亿美元，同比增长 10. 40%。行业产品出口形势良好，顺差增长较快。

起重机行业经济发展情况

1. 2012 年起重机行业生产销售情况见表 16。

表 16　2012 年起重机行业生产销售情况

名称	企业数（家）	工业销售产值（亿元）	比上年增长（%）	出口交货值（亿元）	比上年增长（%）
起重机行业	755	2 505. 32	13. 88	267. 37	6. 23
其中：大型企业	23	1 158. 47	10. 30	216. 39	5. 78
其中：私营企业	414	754. 67	23. 19	19. 68	38. 01
其中：私人控股	604	1 291. 50	18. 62	36. 22	18. 65

2. 2012 年起重机产品的产量情况见表 17。

表 17　2012 年起重机产品产量情况

产品名称	企业数(家)	单位	产量	上年同期	同比增长(%)
起重机	342	万 t	855.36	704.82	21.36%

3. 2012 年起重机分类产品进出口情况见表 18。

表 18　2012 年起重机分类产品进出口情况

海关货物名称	出口额(亿美元)	同比增长(%)	进口额(亿美元)	同比增长(%)	进出口总额(亿美元)	同比增长(%)	进出口差额(亿美元)	上年进出口差额(亿美元)	同比增长(%)
起重机合计	39.43	23.18	5.22	-33.84	44.65	11.90	34.21	24.12	41.83
桥式起重机	3.14	56.78	0.47	-52.00	3.61	21.02	2.67	1.02	161.76
门式起重机	4.36	9.89	0.03	39.24	4.39	10.04	4.33	3.94	9.90
装卸桥及其他桥架类起重机	9.75	21.77	0.44	108.99	10.19	24.03	9.31	7.79	19.51
塔式起重机	3.39	1.59	0.47	-9.65	3.86	0.08	2.92	2.82	3.55
门座起重机	3.04	29.24	1.88	-27.58	4.92	-0.55	1.16	-0.24	-583.33
流动式起重机	14.05	35.52	0.73	-71.07	14.78	14.60	13.32	7.84	69.90
未列名起重机	0.62	-46.19	0.77	40.09	1.39	-18.24	-0.15	0.60	-125.00
起重机零件	1.09	30.09	0.43	-11.27	1.52	14.91	0.66	0.35	88.57

注:由于四舍五入合计数有微小出入。

4. 起重机行业经济运行特点

(1)增长率略低于重型机械行业的增长率。2012 年,起重机行业工业销售产值 2 505.32 亿元,同比增长 13.88%,增长率与重型机械行业 15.19% 相比,低 1.31 个百分点。

(2)行业产品产量情况。2012 年,起重机产量 855.36 万 t,同比增长 21.36%,与起重机行业工业总产值增长率 13.75% 相比,高了 7.61 个百分点。

(3)行业产品进出口形势良好,进出口顺差高速增长。2012 年,起重机行业进出口总额 44.65 亿美元,同比增长 11.90%。其中,出口额 39.43 亿美元,同比增长 23.18%;进口额 5.22 亿美元,同比降低 33.84%;进出口顺差 34.21 亿美元,同比增长 41.83%。

连续搬运设备行业经济运行情况

1. 2012 年连续搬运设备行业生产销售情况见表 19。

2. 2012 年连续搬运设备产量情况见表 20。

3. 2012 年连续搬运设备行业分类产品进出口情况见表 21。

表 19　2012 年连续搬运设备行业生产销售情况

企业分类	企业数(家)	工业销售产值(亿元)	比上年增长(%)	出口交货值(亿元)	比上年增长(%)
连续搬运设备行业	219	291.89	26.14	10.06	-14.36
其中:小型企业	191	159.33	31.77	5.74	-18.81
其中:私营企业	118	114.03	24.05	1.04	-52.21
其中:私人控股	174	219.80	27.44	2.45	-34.17

表 20　2012 年连续搬运设备产品产量情况

产品名称	企业数(家)	产量(万 t)	上年同期产量(万 t)	同比增长(%)
其中:输送机械(输送机和提升机)	111	136.03	134.00	1.51

表21　2012年连续搬运设备行业分类产品进出口情况

海关货物名称	出口额（亿美元）	同比增长（%）	进口额（亿美元）	同比增长（%）	进出口总额（亿美元）	同比增长（%）	进出口差额（亿美元）	上年进出口差额（亿美元）	同比增长（%）
连续搬运设备合计	15.67	23.24	13.44	-2.98	29.11	9.57	2.23	-1.14	-295.61
其中：输送机械（输送机及提升机）	13.46	18.50	13.05	-5.31	26.50	5.45	0.41	-2.42	-116.94
装卸机械	2.21	62.89	0.40	397.54	2.61	81.52	1.81	1.28	41.41

4. 连续搬运设备行业经济运行特点

（1）增长率比重型机械全行业的增长率要高。2012年，连续搬运设备行业工业销售产值291.89亿元，同比增长26.14%，与重型机械全行业增长率15.19%相比，高10.95个百分点。

（2）行业产品出口形势良好，从上年的逆差变为顺差。2012年，连续搬运设备行业进出口总额29.11亿美元，同比增长9.57%，其中，出口额15.67亿美元，同比增长23.24%；进口额13.44亿美元，同比降低2.98%。进出口顺差2.23亿美元，从上年的逆差变为顺差，逆差减少了295.03%。

行业发展中值得关注的问题　物料搬运（起重运输）机械行业特点是产品功能及技术难易程度差别太大，行业小类较多及小微型企业众多，多年来，由于行业生产销售年增长率一直保持高位增长，连年创历史新高，使行业固定资产投资规模不断扩大，产能的重复建设比较严重。行业2012年较2011年工业总产值增长率大幅下降，由2011年的20%～30%下降到2012年的10%～18%，部分中小企业近于关门。但是优势企业、优势产品的订货量可以满足2 013年上半年生产需要。如何控制物料搬运（起重运输）设备行业过快发展，减少产能盲目重复建设和低价恶性竞争状况仍是今后应当特别关注和研究的问题。

1998—2012年物料搬运（起重运输）机械行业经济增长走势

1998—2012年物料搬运（起重运输）机械行业工业总产值、主营业务收入及其增长率走势见图1。

1998—2012年物料搬运（起重运输）机械行业利润总额及其增长率走势见图2

1998—2012年物料搬运（起重运输）机械行业资产总值及其增长率走势见图3。

1998—2012年物料搬运（起重运输）机械进出口额走势见图4。

1998—2012年物料搬运（起重运输）机械进出口额增长率走势见图5。

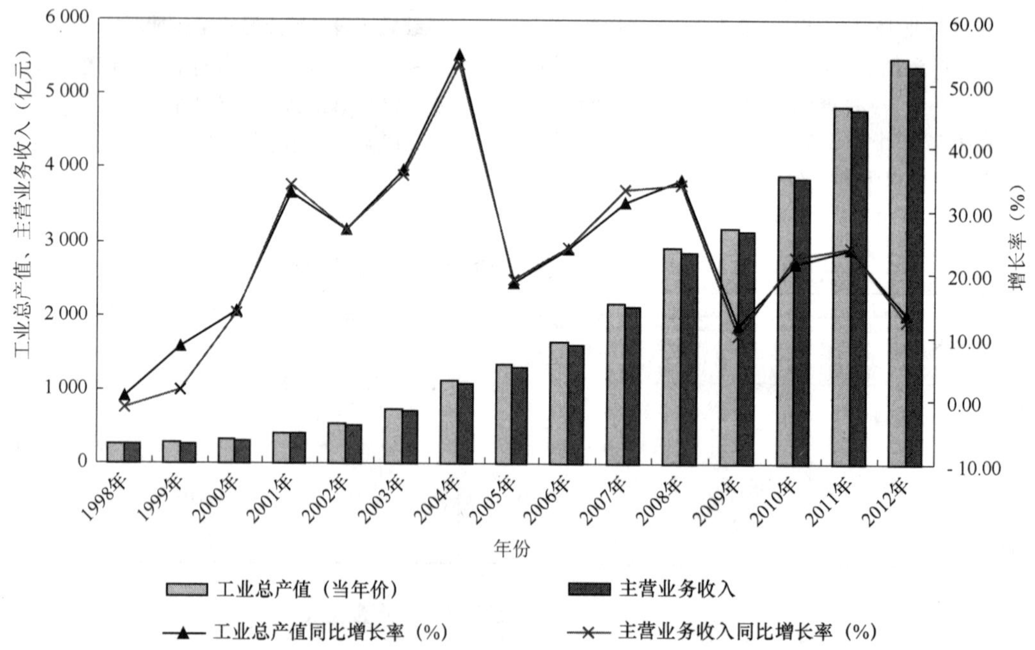

图1　1998—2012年物料搬运（起重运输）机械行业工业总产值、主营业务收入及其增长率走势

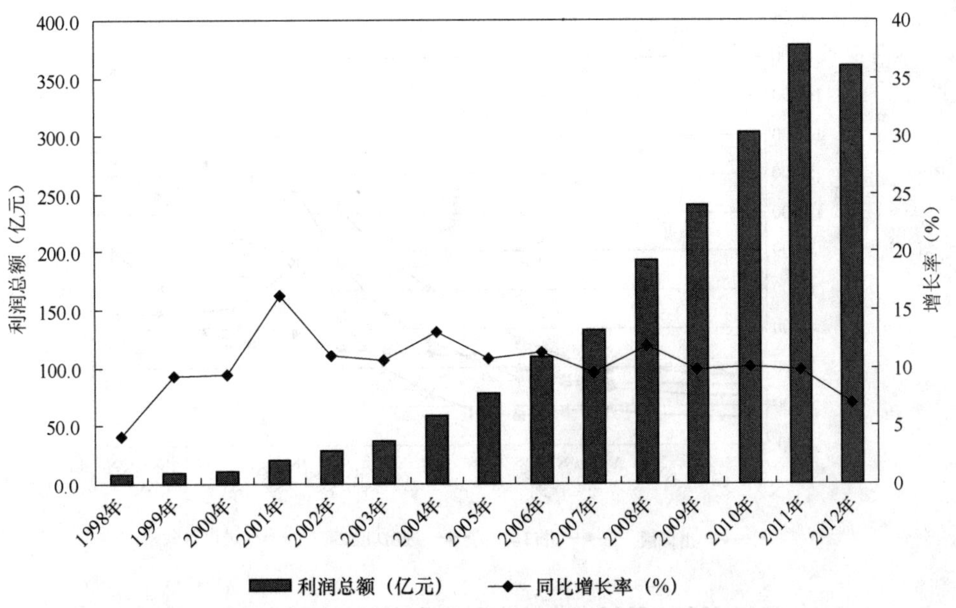

图 2　1998—2012 年物料搬运（起重运输）机械行业利润总额及其增长率走势

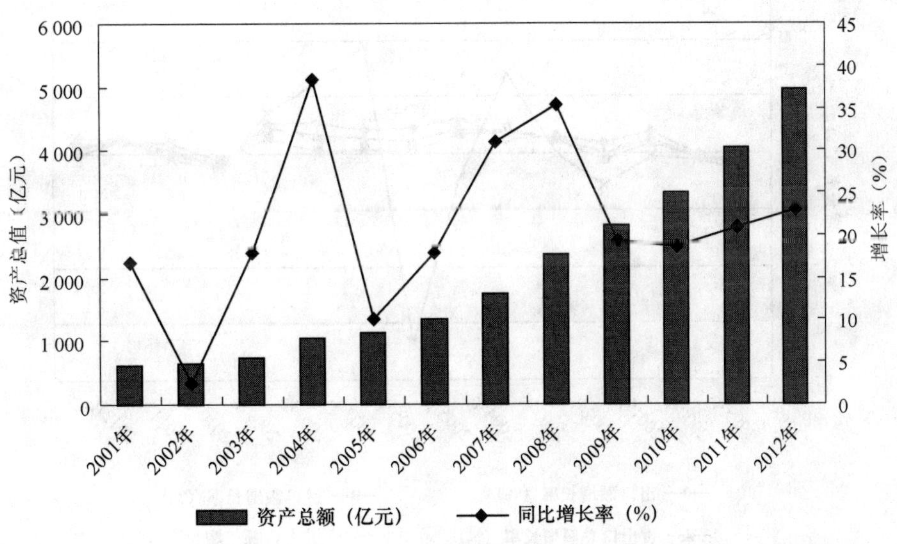

图 3　1998—2012 年物料搬运（起重运输）机械行业资产总值及其增长率走势

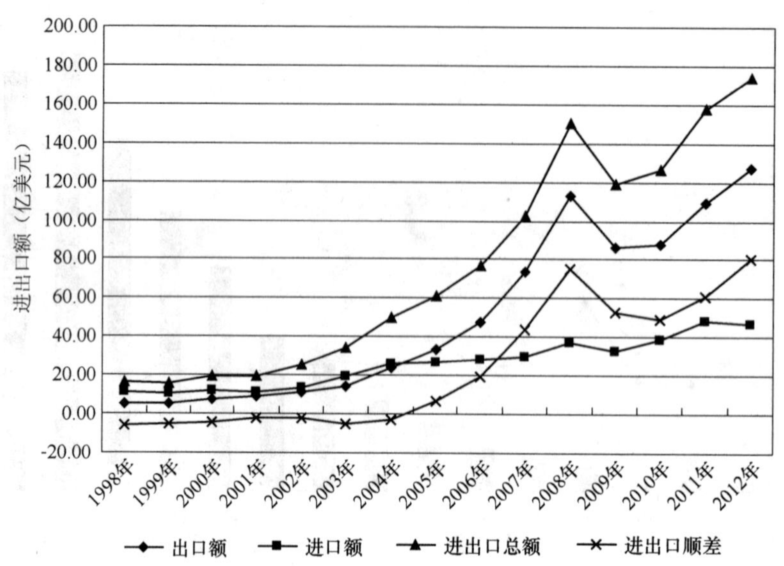

图4　1998—2012 年物料搬运(起重运输)机械进出口额走势

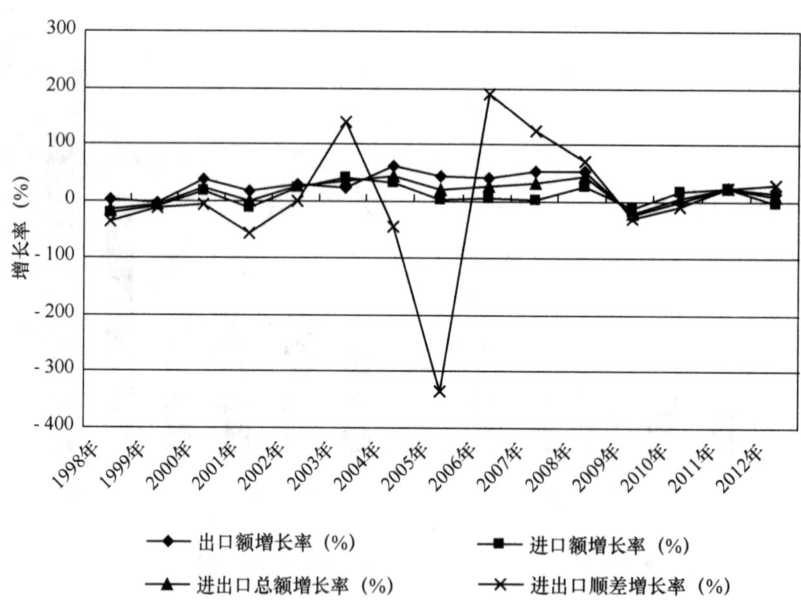

图5　1998—2012 年物料搬运(起重运输)机械进出口额增长率走势

〔撰稿人:中国重型机械工业协会梁锐　审稿人:中国重型机械工业协会徐善继〕

轻小型起重设备

千 斤 顶

生产发展情况 千斤顶产品按工作原理主要分为液压千斤顶和机械千斤顶。

液压千斤顶是由人力或电力驱动液压泵，通过液压系统传动，用缸体或活塞作为顶举件。液压千斤顶又可分整体式和分离式，整体式包括立式油压千斤顶、卧式油压千斤顶，其泵与液压缸联成一体。分离式油压千斤顶的泵与液压缸分离，中间用高压软管相联。液压千斤顶结构紧凑，能平稳顶升重物，起重量最大达1 000t，行程1m，传动效率较高，故应用较广；但易漏油，不宜长期支持重物。如长期支撑须选用自锁千斤顶或配用支架。

机械千斤顶是由人力通过锥齿轮、螺杆或螺母套筒等传动顶举件，实现顶举重物。机械千斤顶包括螺旋千斤顶、剪式千斤顶和齿条千斤顶等。

按市场分，千斤顶产品可大致分为商用千斤顶、汽车配套千斤顶及特种用途千斤顶。

按动力源分，千斤顶可分为手动和电动，电动千斤顶是由电动泵和液压缸组合而成。当前千斤顶产品绝大部分是手动千斤顶，符合节能、环保要求。

我国千斤顶产业发展进步较晚。改革开放之前，我国千斤顶的需求主要以工业为主。改革开放后，国民经济的快速发展，人民生活水平的显著提高，汽车逐步进入家庭，拉动了千斤顶的需求。20世纪八九十年代，外资不断注入国内千斤顶行业，部分境外千斤顶生产企业转移到国内，我国千斤顶产业进入快速发展期，千斤顶需求的增速远高于全球水平，千斤顶产业得到快速持续发展。我国已成为全球千斤顶生产和消耗量最大的国家之一。

为了满足不断增长的新的需求，生产企业特别是行业内的骨干企业投入较大的人力、财力、物力开发设计出大量新产品，改变了原来比较单一的产品结构、改进了加工工艺、提高了产品安全性和操作的便利性。目前超过300种不同规格、不同型号的千斤顶产品极大地丰富了市场，满足了顾客需求。特种千斤顶是传统千斤顶产品的扩展和延伸，在道路桥梁建设等方面应用较广，为千斤顶行业创造新的发展空间。千斤顶，特别是分离式千斤顶在抢险救灾中，由于其轻巧灵活而越来越受青睐。

市场及销售 千斤顶产品以其科学的设计、可靠性强的结构型式、较大的起重能量、小巧便携等特点，被广泛地应用于国民经济的各个领域，特别是流动性起重作业和汽车行业把它作为随车与维修场所必备的起重装备，起着起重、支撑、调整水平等作用。千斤顶制造行业在我国国民经济中有着重要的作用。在大型救援设备无法到达灾难现场的救援工作中，千斤顶特别是分离式千斤顶可发挥积极的作用。

国内具有一定规模的千斤顶生产企业有70多家，主要分布在江苏、浙江、广东、山东等省。千斤顶行业的发展趋势是继续向产品质量高、规模效益好、管理成本低、国际竞争能力强的东南沿海经济发达地区的大、中型企业集中。但是随着近年这些地区劳动力成本的持续提高，这种集中的趋势有可能延缓，甚至产业区域结构有可能发生变化。行业内专业分工更加细化，千斤顶绝大部分的零部件由配套企业生产。配套企业更有待提高生产和质量保证能力，提高规模化协作能力。

2012年，我国千斤顶产品主要出口到北美、欧洲、东亚、大洋洲等地区的165多个国家。

国内千斤顶生产企业面临新的机遇：①工信部发布的《机械基础件、基础制造工艺和基础材料产业“十二五”发展规划》，将液压件列为重点发展的11类机械基础件之一。在国家《汽车发展产业政策》中千斤顶发展得到政策扶持，同时作为物料搬运机械，在重型机械工业发展规划中被列入重点发展的产品。②加入世贸组织以来，我国市场的经济地位越来越多地被发达国家认可，国内企业参与国际竞争的能力越来越强，经验越来越丰富。③国际分工越来越细，世界著名汽车制造企业正逐渐将汽车配套千斤顶外移。④发达经济体经济渐渐复苏，市场需求有所增加。

国内千斤顶生产企业同时也面临风险和挑战：①发达国家对千斤顶产品的知识产权保护已经出现，应引起国内生产企业的重视。②千斤顶生产企业是劳动密集型企业，随着工资成本、财务成本等的上升，千斤顶产品在国际市场的价格竞争力将逐步减弱，利润空间被不断挤压。

技术、质量及标准 千斤顶行业是实行生产许可证制度的行业，国家起重运输机械质量监督检验中心承担着千斤顶产品生产许可证的相关管理工作，对行业健康发展发挥着越来越积极的作用。

在全国起重机械标准化技术委员会的领导下，全国起重机械标准化技术委员会千斤顶工作组积极开展工作，完成了GB/T 27697—2011《立式油压千斤顶》标准的修订工作，并由国家质量监督检验检疫总局和国家标准化管理委员会批准发布，于2012年6月1日起正式实施。

新的国家标准发布后，行业内开始宣传贯彻。但由于我国的千斤顶生产企业众多，大部分是民营小型企业，在新国标宣贯期间，很多中小企业希望能延期执行新标准，因为：①按老标准JB/T 2104—2002生产的库存零件和产品的消化，需要一个周期。②市场接受新标准也需要一段时间。③企业的技术工艺水平和生产检测能力与新国标要求相比有一定的差距，一时无法达到新国标的要求。千斤顶分会在征求分会内千斤顶生产企业，向全国起重机械标准化技术委员会提出延期执行的申请。全国起重机械标准化技术委员会批准将 GB/T 27697—2011《立式油压千斤顶》标准执行时间延期至2013年9月1日起。

〔撰稿人:中国重型机械工业协会千斤顶分会王祥元 审稿人:中国重型机械工业协会李镜〕

起重葫芦

起重葫芦主要产品包括:钢丝绳电动葫芦、环链电动葫芦、微型电动葫芦、气动葫芦、手拉葫芦、手扳葫芦和滑车等,是量大面广的产品,在国民经济很多领域得到广泛应用。

2012年根据中国重型机械工业协会统计网统计,电动葫芦产量(包括钢丝绳电动葫芦、环链电动葫芦,不包括单相电动葫芦)同比增长0.36%,手动葫芦同比增长3.78%。2012年起重葫芦行业整体疲软,大多数企业产量和产值同比都是在下滑。

国内市场与销售 我国起重葫芦行业经过几十年的发展,从企业数量、规模、制造能力和就业人数等多方面已经成为全球最大。

根据中国重型机械工业协会统计,2012年15家网员企业生产15.9万台电动葫芦(包括钢丝绳电动葫芦、环链电动葫芦,不包括单相电动葫芦),同比增长0.36%;5家网员企业年产96.0万台手动葫芦,同比增长3.78%。

其中,钢丝绳电动葫芦(不包括单相电动葫芦)产量前3位企业分别是江阴凯澄起重机械有限公司、河南省矿山起重机有限公司和卫华集团有限公司,3家企业产量同比减少5.93%;环链电动葫芦产量居前3位的企业分别是江苏佳力起重机械制造有限公司、杭州武林机器有限公司和浙江双鸟机械有限公司,3家企业产量同比增长52.94%。

单相电动葫芦是近几年发展非常迅速且主要供应国际市场的电动葫芦产品,2012年受国际大环境影响,单相电动葫芦的出口数量明显下降。浙江八达机电有限公司2012年产量同比减少29.71%。

根据中国重型机械工业协会提供的统计数据,国内手动葫芦产量最大的3家企业分别是浙江五一机械有限公司、浙江双鸟机械有限公司和杭州武林机器有限公司,3家公司的总产量同比增长3.4%,

进出口情况 根据海关统计,2012年我国起重葫芦进出口总额同比增长12.8%,与上年同期相比,增幅回落14.1个百分点。其中电动葫芦进出口额同比增长11.6%,与上年同期相比,增幅回落11.4个百分点;手动葫芦进出口总额同比增长14.1%,与上年同期相比,增幅回落17.4个百分点。

2002—2012年电动葫芦进出口额走势见图1。

2002—2012年手动葫芦及滑车进出口额走势见图2。

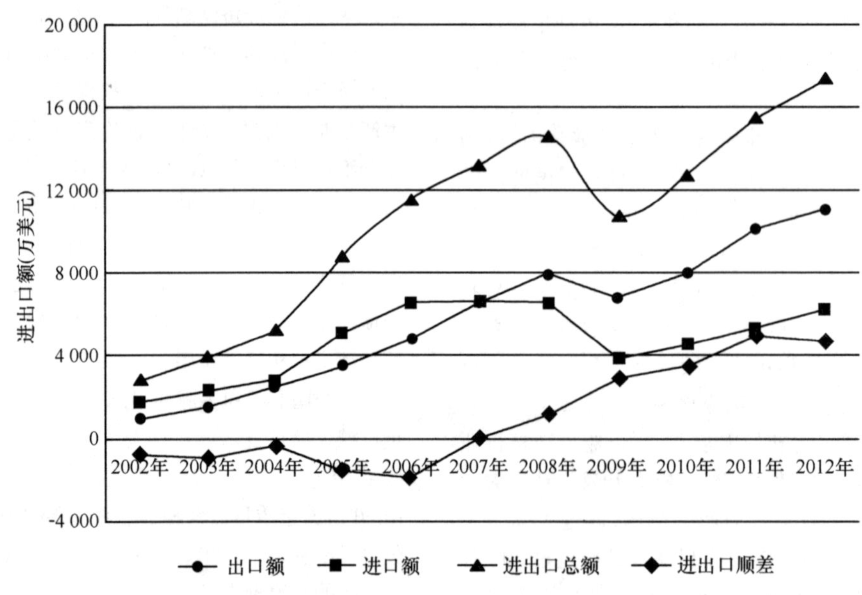

图1 2002—2012年电动葫芦进出口额走势

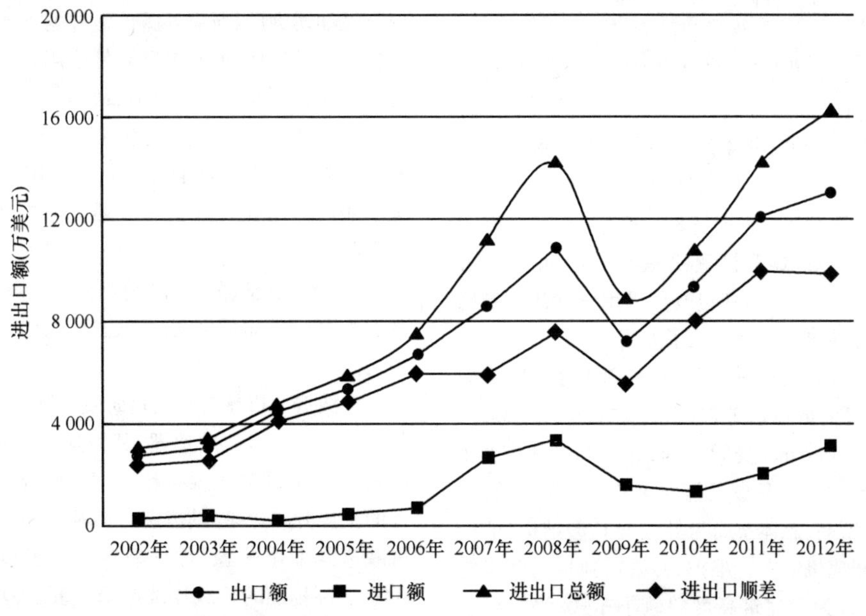

图2 2002—2012 年手动葫芦及滑车进出口额走势

2012 年我国电动葫芦出口额前 10 位国家见表 1。

表 1 2012 年我国电动葫芦出口额居前 10 位国家

序号	国家（地区）	出口额（万美元）	占出口总额的比重(%)	出口额同比增长(%)
1	美国	2 527	22.89	105.95
2	德国	600	5.44	-14.04
3	印度	562	5.09	27.44
4	巴西	559	5.07	23.95
5	土耳其	436	3.95	23.16
6	伊朗	399	3.61	164.24
7	马来西亚	377	3.41	99.47
8	俄罗斯联邦	366	3.32	34.56
9	越南	296	2.68	-18.90
10	印度尼西亚	275	2.49	-5.17

2012 年我国电动葫芦进口额前 10 位国家(地区)见表 2。

表 2 2012 年我国电动葫芦进口额前 10 位国家(地区)

序号	国家（地区）	进口额（万美元）	占进口总额的比重(%)	进口额同比增长(%)
1	德国	3 176	50.60	91.67
2	日本	1 083	17.26	-11.45
3	法国	504	8.02	-12.20
4	美国	397	6.32	-25.24
5	中国台湾	203	3.23	-13.25
6	挪威	147	2.33	-26.13
7	西班牙	131	2.09	-58.93
8	芬兰	107	1.70	64.62
9	荷兰	82	1.30	1 950.00
10	英国	76	1.20	5.56

2012 年我国手动葫芦与滑车出口额前 10 位国家见表 3。

表 3 2012 年我国手动葫芦与滑车出口额前 10 位国家

序号	国家（地区）	出口额（万美元）	占出口总额的比重(%)	出口额同比增长(%)
1	美国	2 399	18.37	21.90
2	德国	821	6.28	32.63
3	荷兰	755	5.78	0.67
4	印度尼西亚	737	5.64	31.14
5	澳大利亚	685	5.25	45.13
6	俄罗斯联邦	514	3.94	18.98
7	阿拉伯联合酋长国	501	3.83	7.05
8	加拿大	444	3.40	18.72
9	印度	431	3.30	-23.31
10	日本	380	2.91	7.95

2012 年我国手动葫芦与滑车进口额前 5 位国家见表4。

表 4 2012 年我国手动葫芦与滑车进口额前 5 位国家

序号	国家（地区）	进口额（万美元）	占进口总额的比重(%)	进口额同比增长(%)
1	德国	888	28.07	32.54
2	法国	514	16.23	504.71
3	美国	465	14.71	11.24
4	日本	312	9.85	9.09
5	挪威	280	8.85	1 233.33

2012 年电动葫芦出口量同比减少 5.00%,出口额同比增长 8.57%。

2012 年手动葫芦及滑车出口量同比增长了 2.41%,出口额同比增长了 7.42%。

新产品研发情况 2012 年 4 月 20 日,江阴凯澄起重机械有限公司与北京起重运输机械设计研究院正式结为战略合作伙伴,启动了新型起重机 40t 与 80t 大吨位钢丝绳电动葫芦的研发工作。江阴凯澄起重机械有限公司对原有 CD/MD钢丝绳电动葫芦由机械变速改为采用电动葫芦专用变频器,并结合钢丝绳电动葫芦设计了专用软件。

纽科伦(新乡)起重机有限公司,自行研发了 ND 系列钢丝绳电动葫芦,起重量覆盖 3.2 ~ 80t,工作级别为 M4 ~ M7,运行速度为 2 ~ 20m/min 变频调速,标准起升速度为 5(m/min)/0.8(m/min)。产品最大程度地采用模块化设计,各零部件通用化程度高,总体布局为并联型 C 型结构,结构紧凑,方便电动机减速机的安装维护,并采用独特的反滚轮设计。其安装形式分为低建筑高度单轨小车式、双轨小车式和固定式。该系列电动葫芦还实现了超载限制、失压保护、错相保护、精密上下限位、使用次数累积计数、运行信息、状态信息和故障信息适时存储等功能。该系列产品核心技术目前共申报并获得 8 项实用新型专利、3 项发明专利和 1 项外观专利,并通过了河南省科技厅科技成果鉴定,达到国际先进水平。

浙江双鸟机械有限公司在 2012 年度推出的 SHH - VFD 型高性能变频环链电动葫芦,拥有 11 项国家专利,并获得省级新产品称号;SH9A 型固定式钢丝绳电动葫芦,拥有 9 项国家专利,并获得省级新产品称号;SH 悬挂式电动葫芦,拥有 9 项国家专利,并获得省级新产品称号;CH 新型环链电动葫芦,拥有 8 项国家专利,并获得省级新产品称号。

湖北银轮起重机股份有限公司研制开发了 CD/MD10t + 10t 单电动机机械同步水利闸门专用双吊点葫芦,突破了通常双吊点为双电机不能绝对同步的问题;研制开发了 HC10 型 16t 偏重心低矮式电动葫芦,解决了某核电用户对电动葫芦几何尺寸的要求,也解决了因此而产生的平衡问题;研制开发了 MD 型 3t/3t × 9m 起升和下降不间断工作的双速双吊点电动葫芦,实现了一台电动葫芦上两个吊钩装置交替工作来实现一个工作循环,其吊钩状态是:其中一个吊钩在上极限位置的时候另一个吊钩在下极限位置。

南京神天起重机械设备有限公司研制的 XDH 型系列电动葫芦采用弹簧加压电磁制动器、YZ 系列电动机、新型排绳器并可实现变频调速;GHC 型高工作制系列电动葫芦采用双制动,工作级别可达 M5 - M6,小车运行采用闭式齿轮,防护等级高,尤其适用粉尘大、腐蚀高的场合;SDH 型大吨位电动葫芦具有起升速度快、工作效率高的特点,16 ~ 100t 起升速度均能提高 2 倍,采用行星减速器、吊钩组双绳缠绕并可实现变频调速。

诺威起重设备(苏州)有限公司生产的 NWH 钢丝绳电动葫芦采用高性能和高可靠性的电动机、减速箱和制动器,确保葫芦运行的可靠性和高寿命;高强度的钢丝绳确保高安全性和耐磨性;所有外露件镀锌处理或静电喷涂,确保外观长时间不生锈;所有电器元件采用知名品牌,并配备故障监控单元确保控制安全可靠,故障率低。NWH 钢丝绳电动葫芦具有高配置、结构尺寸紧凑、自重轻、运行平稳的特点,并可有效降低起重机自重和厂房投资。当前 NWH 钢丝绳电动葫芦的规格从 1t 到 80t,最大起升速度可达 10m/min,最大起升高度可达 70m。2012 年,诺威公司研发并生产的 16t 的 1 000 级洁净室电动葫芦填补了国内的空白;32t 起升高度为 50m 的非标电动葫芦也已经成功交付中国国电集团公司。

宁波博今机械有限公司研发了适用于钢丝绳电动葫芦的封闭式行星齿轮减速器,其减速器的机壳即齿圈作为输出轴,可在输出轴上安装卷筒、卷绕钢丝绳作为起重电动葫芦的主提升减速箱,其齿圈有多种不同功能且直径较大,使得减速器工作平稳,传动效率可高达 92% ~ 96%。经过 800h 国际标准的重载连续起降试验,各项性能指标均达到国际同类产品的技术水准。产品已申请两项国家专利,一项发明专利,其中封闭式行星齿轮减速器实用新型专利已授权。

获奖情况 纽科伦(新乡)起重机有限公司自主研发的 ND 型系列低净空单轨运行式电动葫芦获得中国机械工业科学技术奖三等奖、河南省装备制造工业科技奖二等奖、新乡市科学技术进步奖二等奖,并被列入河南省科技攻关项目。

〔撰稿人:中国重型机械工业协会起重葫芦分会张敏 审稿人:中国重型机械工业协会张维新〕

桥式、门式起重机

生产发展概况 桥式、门式起重机是物料搬运机械的主要产品之一,广泛应用于冶金、机械、化工、交通运输、能源、轻工、环保、水利及核工业等行业,在国民经济建设中发挥了重要的作用。桥式、门式起重机主要产品有:5 ~ 1 200t 通用桥式起重机系列。50 ~ 480t 铸造起重机系列,20 ~ 550t 锻造起重机系列,5 ~ 500t 脱锭起重机系列,各种挂梁起重机,加料起重机系列,1 ~ 20t 电动单梁起重机,0.5 ~ 20t 电动悬挂起重机,3.2 ~ 100t 电动葫芦桥式起重机,5 ~ 100t 防爆桥式起重机,1 ~ 20t 防爆梁式起重机;门式起重机,包括 5 ~ 20t电动葫芦门式起重机系列,5 ~ 50t 单主梁门式起重机系列,5 ~ 900t 双梁门式起重机系列;200 ~ 500t 大型水电站用门式起重机系列等。全行业生产的桥式、门式起重机有 100 多种型号,上千种规格,基本满足了国民经济发展的需要。

随着外部需求的萎缩，2012年工业经济形势延续了2011年下半年增速放缓的趋势。对桥式、门式起重机需求量比较大的行业，如：钢铁行业、机械加工行业、水电站行业需求量持续下滑，使产能过剩的桥式、门式起重机销售产值增长缓慢。生产比较集中的河南省长垣县、江苏省无锡市、山东省新泰县羊流镇、辽宁省大连市等制造企业订货情况增幅均比2011年下滑5%以上。反映中小企业难以接到订单，市场竞争过于激烈，价格战已达到白热化的程度，特别是中小型桥式、门式起重机企业将面临倒闭的危险。

市场与销售 2012年，我国桥式、门式起重机产品市场与销售呈现出增幅减小的局面。2008—2012年桥式、门式起重机产销情况见表1。

表1 2008—2012年桥式、门式起重机产销情况

年份	桥式、门式起重机销售量（万台）	销售产值（亿元）
2008	5.8	250
2009	6.3	270
2010	7.3	300
2011	8.0	345
2012	8.4	360

2012年，桥式、门式起重机行业10家主要生产企业的起重机产品销售收入达194.67亿元，约占整个国内市场54%的份额。起重机产品销售收入超过5亿元的企业有13家，它们是：卫华集团有限公司52.817 4亿元，河南豫飞重工集团有限公司29.80亿元，河南省矿山起重机有限公司29.09亿元，中原圣起有限公司23.85亿元，太原重型机械集团有限公司15.009 8亿元，大连重工·起重集团有限公司10.206 6亿元，河南省新乡市矿山起重机有限公司9.828亿元，河南郑起起重设备有限公司9.319 3亿元，江苏象王起重机有限公司9.10亿元，山起重型机械股份公司5.655 6亿元，河南重工起重机集团有限公司5.55亿元，河南省华东起重机集团有限公司5.542亿元，株洲天桥起重机股份有限公司5.053亿元。2012年桥式起重机专业委员会部分企业主要经济指标见表2。

表2 2012年桥式起重机专业委员会部分企业主要经济指标

序号	企业名称	工业总产值（万元）	起重机销售产值（万元）
1	卫华集团有限公司	538 738	528 174
2	河南豫飞重工集团有限公司	325 521	298 000
3	河南省矿山起重机有限公司	291 200	290 900
4	中原圣起有限公司	238 700	238 500
5	太原重型机械集团有限公司	1 672 699	150 098
6	大连重工·起重集团有限公司	9 034 565	102 066
7	河南省新乡市矿山起重机有限公司	102 370	98 280
8	河南省郑起起重设备有限公司	113 200	93 193
9	象王重工股份有限公司	94 278	91 000
10	山起重型机械股份公司	58 711	56 556
11	河南重工起重机集团有限公司	58 400	55 500
12	河南华东起重机集团有限公司	56 550	55 420
13	株洲天桥起重机股份有限公司	41 758	50 530
14	江苏三马起重机械制造有限公司	42 200	42 200
15	江西起重机械总厂	43 200	40 200
16	法兰泰克重工股份有限公司	47 000	36 000
17	奥力通起重机（北京）有限公司	33 673	32 366
18	浙江众擎起重机械制造有限公司	31 819	30 185
19	上海起重运输机械厂有限公司	25 000	27 300
20	湖北银轮起重机械股份有限公司	22 800	21 700
21	重庆起重机厂有限责任公司	19 600	19 800
22	山东省生建重工有限责任公司	55 800	18 200
23	宁夏天地奔牛银起设备有限公司	18 154	18 041
24	山东光明起重机械集团有限公司	18 600	16 200
25	宁波市凹凸重工有限公司	15 272	15 333
26	广州起重机械有限公司	14 800	14 800
27	南京起重机械总厂有限公司	12 700	14 800
28	温州合力建设机械有限公司	13 578	13 167
29	柳州起重机器有限公司	12 200	12 000
30	辽宁恒泰重机有限公司	11 000	10 793
合计		13 064 087	2 491 302

注：按起重机销售产值排序。

据《中国重机协会统计简报》统计，2012年桥式、门式起重机出口额7.5亿美元，进口额0.5亿美元。2012年起重机行业有关产品进出口情况见表3。

表3 2012年起重机行业有关产品进出口情况表

海关货物名称	出口额（亿美元）	进口额（亿美元）	进出口总额（亿美元）	进出口差额（亿美元）
起重机合计	39.43	5.22	44.65	34.21
桥式起重机小计	3.14	0.47	3.61	2.67
门式起重机	4.36	0.03	4.39	4.33
装卸桥及其他桥架类起重机小计	9.75	0.44	10.19	9.31
塔式起重机	3.39	0.47	3.85	2.92
门座起重机	3.04	1.88	4.92	1.16
流动式起重机小计	14.05	0.73	14.78	13.32
未列名起重机	0.62	0.77	1.38	-0.15
起重机零件	1.09	0.43	1.51	0.66

2012年起重机行业生产销售情况见表4。

表4　2012年起重机行业生产销售情况

企业分类	企业数（家）	工业总产值（亿元）	同比增长（%）	工业销售产值（亿元）	同比增长（%）	出口交货值（亿元）	同比增长（%）
起重机行业	7 45	2 538.47	13.75	2 505.50	13.88	252.94	6.23
其中:大型企业	24	1 179.30	11.03	1 179.69	10.30	208.89	5.78
其中:私营企业	408	818.23	22.43	800.43	23.19	18.52	38.01
其中:私人控股	575	1 266.62	17.71	1 240.88	1 8.62	24.27	18.65

由于大多数行业产能过剩，实体经济吸引新投资的力度减弱，新上项目对起重机的需求量在减少。但是起重机械是一个量大面广的产品，截至2012年年底，全国在用起重机械接近200万台，接近或超过使用年限的起重机将会逐步报废，从而增加起重机的需求。建议各起重机制造企业对所供产品，建立完整的档案，定期回访，寻找商机。

科技成果和新产品　行业一些骨干企业跟踪世界先进工业国家同类产品的新技术和新方法，推广应用CAD/CAE、优化设计、模块化设计、轻量化设计、可靠性概率设计、极限状态设计、虚拟样机设计等方法，用最少的部件，最大限度地满足用户的需求。北京起重运输机械设计研究院、大连华锐重工集团股份有限公司、山起重型机械股份公司等十几家企业联合或单独开发了行业上俗称的"欧式起重机"。

大连华锐重工集团股份有限公司攻克了550t/125t/150t/50t×33m A6锻造起重机整机功能及整体结构的研究、470t翻料器开发、550t主起升机构缓冲装置开发、机械式松闸机构研究、150t副钩缓冲装置及随动链开发、470t翻料器供电系统研究和整机电气控制系统等关键技术。大大提高了产品使用性能，为公司和用户带来了较好的经济效益。公司依托首钢京唐钢项目，通过努力攻关，开发了国内起重量最大、技术最先进的480t/80t铸造起重机，进入了特大型铸造起重机市场，获得了设计、制造的实践经验。该项目采用了整体大减速器四梁六轨机型、半刚性端梁的铸造起重机专利技术和全变频技术，各机构设计充分考虑冗余，提高了产品性能。

行业技术归口单位北京起重运输机械设计研究院组织研制的"起重机用硬齿面减速器"系列，包括起重机用底座式硬齿面减速器（QYD型）和起重机用三支点硬齿面减速器（QYS型）两种结构型式，每种结构型式分别有三级传动、四级传动和三、四级结合三种形式，主要应用于起重机械各机构，也可用于运输、冶金、矿山、化工及轻工等机械设备的传动中。系列产品具有以下创新性关键技术：

1）承载能力高。齿轮采用渗碳淬火、磨齿加工，承载能力比调质滚齿的软齿面或中硬齿面齿轮减速器有大幅度提高（综合比较，平均提高约2.5倍）。

2）体积小，重量轻。与软齿面或中硬齿面齿轮减速器相比，相同承载能力，减速器可降低2～4个相当机座号，实现了零部件的小型化，为实现起重机的轻量化和节能减排创造了条件。

3）效率高，噪声低，振动小，传动性能好。采用磨齿加工提高了精度等级，齿轮又进行了修缘，每级齿轮的综合效率达到98%，振动和噪声显著降低。

4）采用多级传动，减小单级传动比，可加大中心距，降低减速器高度，结构合理，满足了起重机机构布置的要求；公称传动比范围宽（最大公称传动比达到400），满足了慢速起重机的使用要求。

5）本系列减速器有三、四级结合型（即三级的结构型式、四级的公称传动比），为起重机的模块化和通用化设计创造了条件。

以该系列减速器产品为基础自主制定了两项行业标准JB/T 10816—2007《起重机用底座式硬齿面减速器》和JB/T 10817—2007《起重机用三支点硬齿面减速器》，广泛应用于起重机械行业。"起重机用硬齿面减速器系列研制与应用"项目于2011年11月18日通过了中国机械工业联合会组织的专家鉴定，并获得2012年度中国机械工业科学技术奖二等奖

由太原重型机械集团有限公司、中化二建集团有限公司、中科合成油技术有限公司联合开发的大型吊装设备——6 400t液压复式门式起重机。其最大提升能力达到6 400t，相当于可将100节火车皮的重量提升至120m的高空。它是世界上起吊能力最大提升高度最高的陆地液压提升式起重设备。

6 400t液压复式门式起重机是为满足石油化工行业大型反应器罐的吊装要求而开发制造的，相比以往经常使用的大型履带起重机，该设备具有起吊性能好、造价低、良好的互换性及多工况使用等诸多优点。它在同类设备中自身重量最轻，占地面积较小，安装运输方便，可以显著缩减吊装周期及吊装成本，产生巨大的经济效益和社会效益。

6 400t液压复式门式起重机设备具有可独立使用和拆分使用的灵活工况组合，独创的复式工况设计在整体吊装中有明显优势。整机可分为单双门架两大工况，每种工况又可以具有不同跨度、高度的组合。单门架工况可满足反应器的分段吊装，拆分为两台3 200t液压门式提升系统又可以一机多用，满足化工行业对起重设备的特殊要求。在拆分和组装设备时，设备的300多根弦杆与1 680多根腹杆

均可任意组装，互换性极高，大大方便了现场组装，提高了施工效率。

该设备采用了门架自顶升同步控制技术、16台主提升器同步控制技术、实现高互换性的门架标准节制造工艺等专利新技术、新工艺。目前已有4项专利获得授权，还有多项专利正在申报中。

太原重工股份有限公司480t/100t—21.4m铸造起重机研制项目首台产品依托马鞍山钢铁股份有限公司马钢新区炼钢工程，为亚洲起重量最大的铸造起重机，主要技术创新点有：自主研发了四梁六轨柔性端梁桥架、上下部双层主小车专利技术，自主研发了与小车架焊成一体的低速轴同步整体结构减速器，自主研发了大功率能量回馈变频调速技术，集成应用以上各项技术研制出了国内首台480t铸造起重机，完全满足了用户的使用要求。

卫华集团有限公司为大连万阳重工有限公司研制的QE300/50+300/50-40m桥式起重机具有防摇摆、高同步、高精度、轻量化、自动化程度高等特点。

河南省郑起起重设备有限公司、株洲天桥起重机股份有限公司等公司研发、生产的铜冶炼起重机，是电解铜生产的关键设备，主要用于吊运阴极板、阳极板及其他零星物品的吊运作业。设备具有三维自动定位精度高、设备作业运行效率高、绝缘防腐能力级别高的“三高”性能特点。铜冶炼起重机具备自动运行功能，吊具实现了可单独起吊两侧阳极板及同时起吊整槽阴、阳极板的功能。

株洲天桥起重机股份有限公司 生产的第四代国产电解铝多功能机组，型号PTM32R/(18+18)G-28.5A7，是高效节能大型预焙阳极铝电解生产的关键设备，主要用于打壳、更换阳极、覆盖氧化铝和电解质、出铝、辅助提升阳极母线和电解槽以及其他零星物品的吊运作业。该产品集成了计算机技术、PLC编程控制技术、无线摇控技术、电机变频调速技术、故障自诊断技术，集机、电、液、气及信息技术于一体，具有自主知识产权，技术性能和产品质量处于国内领先水平。

宁夏天地奔牛银起设备有限公司 干熄焦提升机新产品，是搬运需要干熄的红焦到干熄炉的专用起重设备，是实现节能减排炼焦和提高干熄焦技术水平的核心设备。设备主要技术指标：焦碳处理能力125t/h和140t/h，起重量63t和77t，起升高度35m，起升速度2~20m/min，有全自动、半自动、手动三种操作模式。设备的关键技术有：焦罐盖的耐高温寿命和密封技术，大型吊具的高安全性和自动开闭技术，提升机运行过程中的位能、动能清洁回馈电网技术，提高车架疲劳寿命的有效措施，全数字化、网络化的数据采集、传输、控制及远程操作技术，双电机驱动的同步技术，精确定位技术和防摇技术。

2012年桥式、门式起重机行业获奖科研项目见表5。

表5 2012年桥式、门式起重机行业获奖科研项目

序号	项目名称	获奖类别	获奖等级	主要完成单位
1	550/125/150/50t×33m A6锻造起重机	中国机械工业科学技术奖	二等奖	大连华锐重工集团股份有限公司
2	480/80t铸造起重机	中国机械工业科学技术奖	二等奖	大连华锐重工集团股份有限公司
3	起重机用硬齿面减速器系列研制	中国机械工业科学技术奖	二等奖	北京起重运输机械设计研究院
4	480/100t-21.4m铸造起重机研制	中国机械工业科学技术奖	二等奖	太原重工股份有限公司
5	QE300/50+300/50t-40m桥式起重机	中国机械工业科学技术奖	三等奖	卫华集团有限公司
6	全自动垃圾搬运起重机关键技术研究及应用	北京市科学技术奖	三等奖	北京起重运输机械设计研究院

各企业在重视新产品开发的同时，也更加注重加大知识产权的保护力度。2012年，桥式、门式起重机行业中，卫华集团有限公司、太原重工股份有限公司、大连华锐重工集团股份有限公司、北京起重运输机械设计研究院等企业的各类产品和技术，共获得国家授权专利100余项。

质量与标准 GB/T28 264-2012《起重机械 安全监控管理系统》标准规定了起重机械安全监控管理系统的构成、系统的监控、系统的性能要求、试验方法和系统的检验。标准适用于GB/T20 776规定的桥式起重机、门式起重机、流动式起重机、塔式起重机、门座起重机、缆索起重机、桅杆起重机、架桥机及升船机，其他类型起重机可参考使用。

GB/T 28758—2012《起重机 检查人员的资格要求》标准规定了负责对起重机定期检查、不定期检查、改造检查和全面检查的专业检查人员的资格要求。但不包括对起重机进行日常检查和检验的起重机操作和维护人员。

JB/T7 688.5—2012《冶金起重机技术条件 第5部分：铸造起重机》标准规定了铸造起重机的技术要求、试验方法及检验规则等内容。标准适用于吊运熔融金属的起重机。

行业发展中存在的问题及对策建议 随着经济改革的深入，当前在全国桥式、门式起重机生产厂中，约90%以上的生产厂是民营企业。众多民营企业的产品产量约占全国生产总量的90%。桥式、门式起重机市场竞争越来越激烈，造成价格下降，原材料、人员工资上涨，伴随着国家贷款政策的调控，中小企业的资金链有可能会出现问题。有关部门要对想进入本行业的企业进行正确引导，避免盲目投资和低水平重复建设。

桥式、门式起重机行业连续十年的发展，存在着生产规模壮大，低端产品生产能力过剩，产品同质化严重，产品制作不精细的问题，个性化、节能减耗的产品不多。行业企业要实现转型，其一是业态的变化，从生产销售型向现代制造服务型转化；其二是产品销售方式转化，由单一卖产品转向全套解决方案，硬件、软件一起卖；其三是增长方式的转变，由以单纯靠扩大规模获得效益的粗放式的生产方式转向适度规模以精益生产、优质品牌获得效益的增长方式。

行业内中小型企业人才危机比较突出，研发力量薄弱，缺少高技术人才队伍。技术创新后劲不足已成为企业发展的瓶颈。中小型企业要走产、学、研一体化的道路，以实现产品升级，打造桥式、门式起重机产业核心竞争力，从而赢得市场。

当前市场上供应的桥门式起重机存在结构庞大、制造成本和运行能耗高等缺陷，行业企业要通过整机的轻量化、零部件的小型化、控制系统的智能化来提高产品的整体水平，节能降耗，造福子孙后代。

多年来，桥门式起重机行业形成了"重视制造、轻视维保"的局面，导致多数事故是由于操作或检查与维护保养不当造成。企业可以通过开拓在用产品维修保养，找到新的利润增长点。

〔撰稿人：中国重型机械工业协会桥式起重机专业委员会孙吉泽　审稿人：中国重型机械工业协会徐善继〕

带式输送机

生产发展情况　据对带式输送机行业66家骨干企业的统计，带式输送机行业增速与重机行业相比处于较低水平。2012年66家企业全部产品完成工业产值210.7亿元，同比增长1%，增幅比2011年下降8个百分点；企业产品利润率7.6%，比2011年提高2个百分点。40家带式输送机生产企业2012年完成带式输送机总产值103亿元，与上年相比略有下降；利润率8.9%，比2011年增长4个百分点。

从2012年行业运行态势看，我国带式输送机行业增速放缓，部分企业出现负增长，与前几年带式输送机行业的高速增长形成了鲜明的对比，可以说带式输送机行业遇到了前所未有的困难局面。但是在企业的经营活动中，也涌现出了一些经营指标非常突出的企业，其中工业产值增加较快的企业有安徽攀登重工股份有限公司、芜湖起重运输机器有限公司、通化市起重运输机械制造有限公司、华电重工装备有限公司等企业。另外，特别值得一提的是，四川自贡运输机械有限责任公司在工业产值与上年持平的基础上，产品利润率大幅提高。北方重工输送设备分公司出口交货值屡创新高。

2012年行业骨干企业带式输送机产品生产情况见表1。

表1　2012年行业骨干企业带式输送机产品生产情况

序号	企业名称	产值（万元）	出口产值（万元）	产量	
				以吨计(t)	以米计(m)
1	北方重工集团有限公司输送设备分公司	113 537	20 800	83 303	130 794
2	四川自贡运输机械有限责任公司	104 249	0	99 223	124 748
3	上海科大重工集团有限公司	76 356	17 076	52 148	121 861
4	山东山矿机械有限公司	70 536	15 670	79 710	136 830
5	安徽攀登重工股份有限公司	68 749	8 701	55 502	205 145
6	兖矿集团大陆机械有限公司	67 595	0	46 056	158 300
7	衡阳运输机械有限公司	67 062	13 725	46 307	151 000
8	安徽盛运机械股份有限公司	62 046	0	27 663	221 593
9	东莞市隆泰实业有限公司	49 365	0		
10	焦作市科瑞森机械制造有限公司	45 075	6 111		
11	华电重工装备有限公司	34 619	0		
12	北京约基工业股份有限公司	33 115	16 383	25 968	82 787
13	山西晋煤集团金鼎公司皮带机制造分公司	26 796	0		53 000
14	四川东林矿山运输机械有限公司	24 667	497	12 729	66 250
15	芜湖起重运输机器有限公司	16 881	1 971	8 320	87 032
16	包头万里机械有限责任公司	16 533	0	33 266	82 667
17	中平能化集团机械制造有限公司	16 000	0	5 900	18 000
18	铜陵天奇兰天机械设备有限公司	15 863	0	13 522	63 775
19	四川自贡起重输送机械制造有限公司	13 900	0	1 280	13 560
20	江苏山鑫重工有限公司	13 500	0		
21	原平市兴胜机械制造有限公司	12 237	0		
22	长治潞安合力机械有限责任公司	11 430	0	940	
合计		960 111			

市场与营销　我国作为世界带式输送机制造大国，行业发展粗放，资源消耗过度，企业高速发展的同时，存在大量的隐患。加速转型与调整是行业有序健康发展的根本保证，可引领行业向着绿色制造，向着高效、节能、环保的方向发展。其中北方重工集团有限公司开拓国际市场，上海科大重工集团有限公司进行产业联合，通化市起重运输机械制造有限公司拓宽服务领域等，为我国带式输送机行业结构调整树立了标杆，提供了借鉴。总结、分析上述企业的经验，结合企业自身结构特点可找到企业快速发展之路。

科技成果与新产品　北方重工集团有限公司申报了“乌兹别克斯坦安格林露天煤矿输送系统”“澳铁矿重型卸料车”等11项科技成果奖；申报了“胶带机缓冲受料装置”“新型重载卸料车”等5项专利，其中发明专利3项。

山东山矿机械有限公司完善了技术内部计划管理流程，积极推动技术创新。年度内开发设计了输送水泥用特种管带机、B＝2400移动式散装物料输送系统成套设备、西蒙斯圆锥破碎机、美标欧标带式输送机和MLT240mm × 450mm脱硫球磨机等11项新产品，还对出口带式输送机的爬梯、跨越梯、护罩进行了合理分体，以便于运输，降低成本。

质量与标准　2012年，完成JB/T 1875—2012《液力偶合器　通用技术条件》和JB/T 1876—2012《普通型、限矩型液力偶合器　易熔塞》两项机械行业标准的申报工作。

〔撰稿人：中国重型机械工业协会带式输送机分会杨俊　审稿人：北方重工集团有限公司王瑀〕

散料装卸机械

散料装卸机械亦称连续搬运设备，属起重运输机械制造类。国内行业统计数据主要包括堆取料机、翻车机、装卸船机等三大类产品，约40个品种、近百个不同型号、规格的单机和成套设备。其中堆取料机有臂式、门式、混匀式、圆形料场、侧式刮板（刮斗）、桥式刮板、斗轮取料机、堆料机等；翻车机有折返式、贯通式、可翻卸解列和不解列铁路敞车式，也可分为翻卸单车、双车、三车、四车等翻车机；装船机有溜筒、抓斗、带式；卸船机有链斗式、螺旋、抓斗、双带、波形挡边带式、埋刮板、绳斗、自卸船式等产品。2012年生产的主要品种有臂式斗轮取料机、堆取料机，溜筒式装船机、抓斗式卸船机，贯通式翻车机等。受冶金、电力、建材、化工、水利等行业经济下滑影响，中小型混匀式、圆形料场、侧式刮板（刮斗）、桥式刮板斗轮取料机、堆料机、单车翻车机等品种市场订单严重下滑。

散料装卸机械产品分类及主要生产企业见表1。

表1　散料装卸机械产品分类及主要生产企业

产品分类	主要生产企业
门式、混匀式、圆形料场、侧式刮板（刮斗）、桥式刮板式堆取料机	北方重工集团有限公司装卸设备分公司、大连华锐重工集团股份有限公司、哈尔滨重型机器有限责任公司、长春发电设备有限责任公司、湖南长重机器股份有限公司、上海电力环保设备总厂有限公司、大连通达矿冶机械有限公司和大连重工机电动力有限公司
斗轮堆取料机、斗轮取料机、堆料机	大连华锐重工集团股份有限公司、哈尔滨重型机器有限责任公司、长春发电设备有限责任公司、湖南长重机器股份有限公司、上海电力环保设备总厂有限公司、中联重科物料输送设备有限公司、北方重工集团有限公司装卸设备分公司、上海振华重工集团股份有限公司、大连通达矿冶机械有限公司、大连重工机电动力有限公司、哈尔滨龙鑫重型机器有限公司和上海工茂起重设备有限公司、大连华锐重工集团股份有限公司、武汉电力设备厂、大连通达矿冶机械有限公司、大连重工机电动力有限公司和上海振华重工集团股份有限公司
装船机、卸船机、翻车机	大连华锐重工集团股份有限公司、上海振华重工集团股份有限公司、中联重科物料输送设备有限公司、长春发电设备有限责任公司、武汉电力设备厂和哈尔滨重型机器有限责任公司

生产发展情况　2012年，我国境内具有设计研发与生产制造散料装卸机械的规模以上骨干企业近20家。其中散料装卸机械工业总产值达到3亿元以上的企业约占61%，达到20亿元以上的企业约占15%。这部分企业具有专业设计研发与生产制造散料装卸机械的基地，代表了我国散料装卸机械的设计与制造水平，其中散料装卸机械作为大类主导产品的企业约占2/3。企业性质包括大型国有企业、股份制企业、民营企业、中外合资企业等类型。2012年，国内外经济环境依然复杂多变，国际金融危机和欧债危机的影响，使全球经济复苏缓慢，国内外市场竞争更加激烈。面对市场拓展和产品结构调整的压力，面对劳动力、资金、钢材、燃油成本上升以及汇率影响，全行业处于增速下滑局面，各项主要经济指标明显回落。据散料装卸机械分会对行业13家主要主机生产企业的统计，全行业工业总产值达307.15亿元，比上年下降13.7%；销售收入323.26亿元，比上年下降12.4%（部分企业按所属子公司数据统计）；其中散料装卸机械工业总产值85.15亿元，比上年下降17.7%。下降原因主要是受国内外市场需求低迷影响，行业内低价竞争导

致产品集中度出现扩散现象也是重要因素。

2012年,受国际金融后危机影响,国内外市场持续低迷,政策拉动的强劲势头已过,我国各行业基本建设增长态势趋缓,能源、冶金、港口、建材等基本建设投资项目均受到不同程度影响。其中为冶金行业提供装备的制造业受其影响较大,为能源、港口、建材等行业提供装备的制造业企业业绩下滑,市场需求主要以改造项目居多,国家核批新上投资项目并不多见,国外市场暂无大的订单,各企业持有的订单2012年处于技术准备阶段,尚未产出。2012年散料装卸机械生产与各项经济指标较2011年有所下滑。2012年散料装卸机械行业主要经济指标完成情况见表2。

表2 2012年散料装卸机械行业主要经济指标完成情况

指标名称	单位	实际完成
企业数	家	13
工业总产值(当年价)	万元	3 071 515
其中:散料机械工业总产值(当年价)	万元	851 492
工业总产值比上年增长	%	-13.69
其中:散料机械工业总产值比上年增长	%	-17.68
工业增加值	万元	1 722 977
产品销售收入	万元	3 232 632
产品销售税金	万元	19 138
利润总额	万元	-57 677
年末固定资产原价	万元	2 885 938
年末固定资产净值	万元	1 851 120
流动资产合计	万元	4 460 192
流动资产平均余额	万元	4 316 437
流动负债合计	万元	3 934 671
流动负债平均余额	万元	3 676 438
所有者权益	万元	2 205 215
全员劳动生产率	万元/人	37.45

近年来行业内各企业为适应市场需求,采取积极调整措施,不同程度加大技术创新力度,积蓄后劲适应变幻市场。中联重科物料输送设备有限公司跨地域设置多个研发机构,灵活机动快速抢占市场;大连华锐重工集团股份有限公司设立散料装卸专业设计院,积聚力量重点攻克出口超大规格的堆取料机;哈尔滨重型机器有限责任公司申报国家"大型高效智能散料机械项目"获国家新增中央投资资助;北方重工集团有限公司面对水泥市场下滑导致刮板式堆取料机订单下降的现实,及时调整市场策略,积极开展卸船机新产品开发,与国外公司联合设计大型斗轮堆取料机;湖南长重机器股份有限公司长期聘请"211"院校的专家参与企业内部技术研发工作,产品水平提升为企业经营奠定了有利基础;哈尔滨龙鑫重型机械有限公司的目标是每年开发一项新产品,其门式单起升斗轮堆取料机被列为哈尔滨市重点领域首台(套)新产品。但是,行业内近50%的中小企业存在转型升级的困惑,这些企业多处于价值链和产业链的低端,市场竞争激烈致使企业投资回报率低,技术升级资金不足导致产品竞争力日益下滑;中等规模的企业为扩大市场份额,继续加大改造力度,产品水平和企业综合能力大大提高;而大型企业则凸现能力过剩局面。原来需要进口或与国外合作生产的大型堆取料机,双车、三车翻车机,大型装卸船机等,行业内各企业采取消化吸收国外先进技术、引创结合措施,加大技术创新力度,形成一批具有自主知识产权的新产品。行业中有大连华锐重工集团股份有限公司、上海振华重工集团股份有限公司、北方重工集团有限公司、长春发电设备有限责任公司、湖南长重机器股份有限公司、武汉电力设备厂等6家企业拥有国家级、省级认定的企业技术中心;企业拥有现代港口、电厂、料场等散料装卸机械核心技术;围绕产品技术创新,向产品高效、智能发展;产品在向大型化、国产化、国际化发展。但是认真分析后可以看出,行业的技术发展仍存在问题,产品标准化、系列化、通用化有待统一规范和提高,企业技术发展应适应市场规律,各企业产品在逐步形成批量和规模化的同时,更应重视产品标准化、系列化、通用化、模块化设计,重视并适应国际标准和出口地国家标准和法律法规。行业内各企业散料装卸机械高端研发设计人员极度缺乏,特别是缺少领军式人才,制约了行业发展。

产品分类产量 我国散料装卸机械产品主要服务于全国各港口、电厂、冶金、煤炭、建材、矿山等散料均化、储存、转运的堆场。2012年,全行业共生产臂式、门式、混匀式、圆形、侧式刮板(刮斗)、桥式刮板、堆取料机、斗轮取料机、堆料机、翻车机、装船机、卸船机等散料装卸机械产品536台(套),计19.39万t,产量以台(套)计比上年下降10.06%,以吨位计比上年下降30.48%。其中,堆取料机销售430台(套),计13.26万t,分别比上年下降7.2%和23%,总台套下降幅度不大,但总吨位下降较多,说明大规格单机所占比重有所下降;翻车机59台(套),计2.39万t,分别比上年增长11.86%和27.2%;装卸船机47台(套),计3.74万t,同比分别下降27.7%和57.24%。总体分析,三大类产品产量除翻车机外均有所下降。

2012年散料装卸机械行业主要产品产销量见表3。

表3 2012年散料装卸机械行业主要产品产销量

产品名称	产量				销量			
	以套计(台、套)	比上年增长(%)	以吨计(t)	比上年增长(%)	以套计(台、套)	比上年增长(%)	以吨计(t)	比上年增长(%)
翻车机卸车线	59	11.86	23 915	27.2	59	11.86	23 915	27.2
装卸船机	47	-27.7	37 387	-57.24	44	-32	35 210	-59.69
堆取料机	430	-7.2	132 560	-23	422	-8.8	130 093	-24

产品进出口 散料装卸机械是为煤炭、矿石、水泥等大宗散状固体原料、燃料和材料转运、储运、存放、混匀、取样的重大关键设备，广泛应用于交通、冶金、电力、建材、化工、水利等国民经济重要基础工业部门。目前，我国正处于转变经济增长方式，走新型工业化道路、建设资源节约型和环境保护型社会的重要时期。散料装卸机械在经济建设与产业物流过程中，对提高运行质量和效益起着重要作用。散料装卸机械现有产品品种、规格、系列及性能，完全可以满足国内需求，同时可以出口国外市场。国际上受矿石需求影响，许多国家兴建专业矿石码头和中转码头，拉动了我国散料装卸机械设计水平与制造能力的提升。过去我国出口的散料装卸机械大都是中小型，当前我国每小时万吨能力的斗轮取料机、每小时2 000t的卸船机等大型散料装卸机械设备，已成功进入国际市场，并快速成为主力机型，而且可以实现批量供货或EPC总承包。如：大连华锐重工集团股份有限公司、上海振华重工集团股份有限公司、中联重科物料输送设备有限公司等大型企业，已实现批量出口每小时取料万吨能力的斗轮堆取料机，充分体现了我国在特大型堆取料机设计、制造方面的综合实力。大连华锐重工集团股份有限公司在与世界矿业巨头巴西淡水河谷公司和澳大利亚比和比拓不断合作的基础上，已得到该公司对其散料装卸机械设计、制造、总包能力的认可。迄今，大连华锐重工集团股份有限公司已覆盖了淡水河谷公司在拉美洲、非洲、亚洲的铁矿、煤矿和港口项目。

上海振华重工集团股份有限公司、大连华锐重工集团股份有限公司、湖南长重机器股份有限公司、中联重科物料输送设备有限公司等主要企业均实现600万美元以上出口额；长春发电设备有限责任公司、武汉电力设备厂实现300万美元以上出口额；已出口的堆取料机、装卸船机、翻车机水平均达到国外同类产品先进水平，可靠性明显提高。

当前我国散料装卸机械产品的生产和销售完全可以满足国内市场，并可部分出口国外市场。2012年共实现出口额2.2亿美元，比上年下降40.46%。

2012年散料装卸机械产品进出口情况见表4。

表4 2012年散料装卸机械产品进出口情况

产品名称	数量单位	进口量	进口额（万美元）	出口量	出口额（万美元）
堆取料机	台	296	2 249	202	6 423
翻车机	套			2	398
装卸船机	台	3	737	453	15 223
合计		299	2 986	657	22 044

注：表中数据来源于2012中国重型机械工业协会进出口统计资料。（翻车机除外）

科技成果及新产品 2012年，行业企业在市场变化中，以不变应万变，继续苦练内功，加大技术创新力度，提升技术内涵和产品质量，消化吸收国外先进技术，符合国外用户需求的新产品、新技术也随之推出。一批具有自主知识产权的新产品相继完成技术研发和技术准备工作。如北方重工集团有限公司装卸设备分公司完成136m门架式顶堆侧取堆取料机；大连华锐重工集团股份有限公司完成澳大利亚QLK14400.60型斗轮取料机、DBK14500.50型移动式堆料机、DBK15280.50型固定式堆料机等三项超大型散料装卸机械的技术研发和技术准备工作；哈尔滨重型机器有限责任公司DQLL600/800.25型斗轮链斗式堆取料机获2012年国家重点新产品证书；中联重科物料输送设备有限公司完成3 000/6 840t/h圆形料场堆取料机研发，达到同类产品国内之最。各企业在重视新产品开发的同时，继续加大知识产权保护，行业内80%以上的企业拥有自主知识产权。2012年，湖南长重机器股份有限公司获授权专利21项，大连华锐重工集团股份有限公司获授权专利83项。2012年经企业自愿参加行业评审认定，有大连华锐重工集团股份有限公司"DHHI"牌堆取料机、装卸船机、翻车机，华电重工股份有限公司"CHEC"牌大型散料装卸输送成套设备，湖南长重机器股份有限公司"长重机器"牌堆取料机，北方重工集团有限公司"沈矿"牌堆取料机，带式输送机，中联重科物料输送设备有限公司"ZOOMLION"牌堆取料机，武汉电力设备厂"华能"牌翻车机等，一批主导产品荣获2012年度中国机械工业优质品牌；取得引人瞩目成果。散料装卸机械各类产品获国家授权专利已达100余项，同比增长60%。出口较多的企业为更好地保护知识产权，已开始注重国际专利的保护，在出口国及潜在出口国家申报专利。

质量及标准 当前，各大类产品主要执行标准分别为：GB/T 14695—2011《臂式斗轮堆取料机 型式和基本参数》、GB/T 26475—2011《桥式抓斗卸船机》、JB/T 4149—2010《臂式斗轮堆取料机技术条件》、JB/T 7329—2008《斗轮堆取料机械术语》、JB/T 7015—2010《回转式翻车机、装卸船机执行用户技术规格书》。除专业产品行业标准以外，还执行GB、JB、JC、SD等相关标准。近年来出口产品较多，按属地化标准相应增加了产品设计难度，大型斗轮堆取料机、翻车机、装卸船机产品设计和制造质量有一定的提高。五家企业在设计过程中陆续采用三维设计软件、有限元计算分析软件作为计算机辅助优化设计平台，采用计算机"虚拟试验仿真"技术实现"整体可视化"设计分析，确保产品设计达到国际先进水平。按全国工业产品生产许可证办公室颁布实施的《港口装卸机械产品生产许可证实施细则》要求，各企业认真贯彻执行并推动散料装卸机械产品设计、制造、质量规范化。从事港口装卸机械产品生产的企业，已陆续取得港口装卸机械产品生产许可证，取证后每年的复审工作强化了企业设计、制造能力和质量规范化。各企业在取得ISO 9001:1994版的基础上，继续强化质量管理，进行了质量管理体系转版换证工作，过渡并通过ISO 9001:2000版质量体系认证，加强了质量体系运行控制，完善了质量管理责任制，抓好质量信息处理、传递及重点项目的质量档案管理和质量分析通报工作，对重大项目实施检验负责制，制订检验计划，编制检验报告。

基本建设及技术改造 2012 年,行业内各企业的基本建设及技术改造投资延续了前两年的趋势仍在下降,制造能力不足已不是主要矛盾,因而投资相对减缓。2012 年行业基本建设及技术改造总投资额 33 940 万元,比上年下降 33.32%;其中基本建设投资 13 165 万元,技术更新改造投资 20 775 万元。

对外合作 为快速提升行业产品技术水平,2012 年相关企业先后与德国、澳大利亚、日本、奥地利、意大利等国际著名公司厂商合作,通过引进技术,实现国外先进技术国产化。斗轮取料机、堆料机、翻车机、装卸船机产品分别出口马来西亚、澳大利亚、巴西、美国、荷兰、奥地利、韩国、印度、土耳其、菲律宾、泰国、越南、缅甸和南非等国家。

〔撰稿人:中国重型机械工业协会散料装卸机械与搬运车辆分会邵龙成 审稿人:大连重工·起重集团有限公司邹胜〕

仓储机械

2012 年,由于企业追求更高的效率、更低的物流成本,再加上人力、土地、能源等诸多成本因素的提高,企业对机械化、自动化物流设备的需求提高,国内自动化立体仓库、输送分拣设备、货架、托盘等仓储设备保持了比较好的增长态势。

自动化立体仓库需求上升 中国制造业和电子商务的飞速发展,以及仓储系统向立体化、机械化、自动化和信息化发展的长期趋势,拉动了自动化立体仓库的市场需求。2012 年,我国自动化立体仓库市场增长幅度约 20%,国内建成的自动化立体仓库接近 250 座,共生产了 1 500 多台不同规格型号的有轨巷道堆垛机产品,自动化立体仓库总产值接近 40 亿元。新建的自动化立体仓库主要集中在医药制造及流通、快速消费品生产流通、服装生产、机械电子制造、轨道交通等行业领域。截至 2012 年底,我国已累计建成自动化立体仓库近 2 500 座,在役的自动化立体仓库达到 1 800座。

输送分拣设备发展较快 输送分拣设备是自动化物流的重要设备之一,近年来市场需求增长较快。2012 年,电子商务的迅猛发展,带动了国内快件物流配送产业的发展,对物流装备的需求急剧上升,其中适应快件业的物流输送分拣设备数量占比明显上升。在此背景下,2012 年我国物流装备数量持续增加,市场供求关系总体平衡,应用领域主要集中在电商、汽车、电子产品、快消品等领域。

货架市场稳定增长 2012 年国内货架行业保持了稳定的增长,其中自动化立体仓库货架、横梁式货架、阁板式货架、阁楼式货架等都保持了良好的发展势头,占据了绝大部分的市场,而穿梭板式货架开始崭露头角,为密集化仓储新增了一种解决方案。2012 年货架市场的显著特点一是大型、超大型项目越来越多;二是大众快速消费相关行业对货架的需求增长依然迅猛,如食品饮料、医药、商业(含电商)等;三是传统的服装纺织、烟草领域则需求下滑;四是市场需求的地域性较强,主要市场依然集中于华东、华北及华南地区,而华中、西南地区的货架市场有了长足的发展。

托盘行业保持增长 2012 年,受国内外经济环境影响及我国的出口低迷,托盘行业受到比较大的影响。但由于提高物流效率和降低成本受到越来越多的重视,以及人工成本的增加、集装单元化运输的发展等,使得 2012 年我国托盘产量依然达到约 3 000 万 ~4 000 万片,依然保持了增长。当前我国托盘的拥有量约为 8.4 亿片。其中木托盘所占比例大幅下降,塑料托盘占比大幅上升,金属托盘、纸托盘和复合托盘等其他类型托盘占比略有增加。

〔撰稿人:中国重型机械工业协会物流与仓储设备分会周云 审稿人:北京起重运输机械研究院祁庆民〕

机械式停车设备

生产发展情况 2012 年我国机械式停车设备行业再次跃上发展的新台阶。国内新增车库项目 1 626 个,同比增长 22.9%;新增泊位 404 133 个,同比增长 28.6%;国内销售总额(包括汽车升降机)761 920.40 万元,同比增长 33.7%;出口泊位 22 978 个,较 2011 年新增出口泊位 9 268个,同比增长 67.6%;出口总额 56 384.35 万元,同比增长 50.4%。

产品分类产量 2012 年国内已建机械式停车设备的城市继续增加。全国 30 个省、自治区、直辖市共 231 个城市新建车库,比 2011 年(190 个城市)增加 41 个城市。在 231 个城市中,有 66 个城市是新增城市,其中有 32 个是县级城市。在 66 个新增城市中,新建泊位 15 403 个,占 2012 年全国新增泊位总数的 3.8%。

泊位数排名前 10 位的省、自治区和直辖市合计新增泊位数占 2012 年新增泊位总数的 70.3%,其余 20 个省、自治区、直辖市合计占 29.7%。

泊位数排名前 10 位城市合计新增泊位数占 2012 年新增泊位总数的 45.5 %,其他 221 个城市合计占 54.5%。

2012 年新增机械式停车库泊位前 10 位省、直辖市见表 1。

2012 年新增机械式停车库泊位前 10 位城市见表 2。

表1　2012年新增机械式停车库泊位前10位省、直辖市

省、直辖市	新增泊位（个）	占全部新增泊位比例（%）
江苏省	46 922	11.6
浙江省	38 325	9.5
陕西省	34 279	8.5
广东省	26 526	6.6
山西省	26 136	6.5
安徽省	25 884	6.4
山东省	23 820	5.9
上海市	21 835	5.4
北京市	20 240	5.0
天津市	20 007	4.9
以上合计	283 974	70.3
其他省、自治区、直辖市合计	120 159	29.7

表2　2012年新增机械式停车库泊位前10位城市

城市	新增泊位（个）	占全部新增泊位比例（%）
西安市	24 839	6.1
上海市	21 835	5.4
合肥市	21 277	5.3
北京市	20 240	5.0
天津市	20 007	5.0
成都市	17 164	4.3
南京市	17 161	4.2
太原市	17 010	4.2
杭州市	15 049	3.7
宁波市	9 118	2.3
以上合计	183 700	45.5
其他城市合计	220 433	54.5

2012年，升降横移类车库共有1 244个项目，同比增长13.5%；简易升降类车库共有209个项目，同比增长78.6%；平面移动类车库共有70个项目，同比增长62.8%；垂直升降类车库共有56个项目，同比增长100%；巷道堆垛类车库共有40个项目，同比增长37.9%；垂直循环类和多层循环类车库分别安装了5个和2个项目，所占比例较少。

2012年，汽车升降机（PQS）共有13个项目，完成销售额914.18万元。

升降横移类按车库层数统计，2层的车库项目占多数，共834个项目、260 233个泊位，占升降横移类泊位总数的75.7%。按车库规模统计，超过1 000个泊位的有32个项目，同比增长52.4%；500到1 000个泊位的有147个项目，同比增长77.1%；100到500个泊位的有739个项目，同比增长12.3%，100个泊位以下的有326个项目，同比减少了2.4%。

2012年新增机械式停车设备分类情况见表3。

表3　2012年新增机械式停车设备分类情况

类别	新增泊位（个）	占比（%）
升降横移类（PSH）	343 839	85.1
简易升降类（PJS）	28 684	7.1
平面移动类（PPY）	17 523	4.3
巷道堆垛类（PXD）	6 793	1.7
垂直升降类（PCS）	6 446	1.6
垂直循环类（PCX）	578	0.1
多层循环类（PDX ）	270	0.1
合计	404 133	100%

市场及销售

（1）国内。从车库用户使用性质情况来看，小区配建车库新建泊位253 659个，占新增泊位总数的62.8%，比2011年增加43 311个泊位，同比增长20.6%。公共配套车库新建泊位78 805个，占新增泊位总数的19.5%，比2011年增加30 440个泊位，同比增长62.9%。单位自用车库新建泊位71 669个，占新增泊位总数的17.7%，同比增长29.3%。

2012年新建机械式车库用户构成见表4。

表4　2012年新建机械式车库用户构成

用户性质	车库数（个）	泊位数（个）	泊位数占比（%）
住宅小区	888	253 659	62.8
公共配套	312	78 805	19.5
单位自用	426	71 669	17.7
合计	1 626	404 133	100.0

2012年，国内销售额（含汽车升降机）排名前15位的企业是：杭州西子石川岛停车设备有限公司、深圳怡丰自动化科技有限公司、潍坊大洋自动泊车设备有限公司、唐山通宝停车设备有限公司、北京航天汇信科技有限公司、深圳市伟创自动化设备有限公司、山东莱钢泰达车库有限公司、许昌许继停车系统有限公司、山东天辰智能停车设备有限公司、上海赐宝停车设备制造有限公司、杭州友佳精密机械有限公司、北京大兆新元停车设备有限公司、江苏启良停车设备有限公司、浙江子华停车设备有限公司和上海天地岛川停车设备制造有限公司。

以上15家企业的国内销售额达524 011.27万元，占上报企业国内销售总额的68.9%；所安装的泊位数达275 768个，占国内新增泊位的68.2%。其余企业的国内销售额和所安装的泊位分别占31.1%和31.8%。

（2）国外。2012年共出口31个国家和地区，出口项目107个，出口泊位总数22 978个，出口总额为56 384.35万元。

以出口设备类型统计，2012年升降横移类是出口项目和出口泊位数最多的类型，出口52个项目、11 464个泊位；

其次是简易升降类，出口24个项目、7 724个泊位；平面移动类出口17个项目，2 626个泊位；其他类型车库出口比例较小。

2012年机械式停车设备出口区域比较情况见表5。

2012年机械式停车设备出口设备类型见表6。

表5 2012年机械式停车设备出口区域比较情况

出口区域	出口泊位（个）	出口额（万元）
亚洲	10 027	30 080.83
美洲	5 565	11 423.95
欧洲	5 405	9 738.74
大洋洲	1 623	4 185.26
非洲	358	955.57
总计	22 978	56 384.35

表6 2012年机械式停车设备出口设备类型

设备类型	项目数（个）	泊位（个）	出口额（万元）
升降横移类（PSH）	52	11 464	24 565.31
简易升降类（PJS）	24	7 724	11 640.70
平面移动类（PPY）	17	2 626	14 002.37
垂直升降类（PCS）	12	999	5 443.77
垂直循环类（PCX）	1	80	346.40
巷道堆垛类（PXD）	1	85	385.80
合计	107	22 978	56 384.35

〔撰稿人：中国重型机械工业协会停车设备工作委员会李仲军　审稿人：中国重型机械工业协会停车设备工作委员会明艳华〕

矿山机械

生产发展情况　按中国重型机械工业协会统计简报（2012.12期）载，2012年全国矿山机械行业企业有1 536家，从业人员平均为348 669人，完成工业总产值3 322.39亿元，同比增长16.98 %；工业销售产值同比增长16.21%；出口交货值同比增长31.18 %。各项指标均创历史最好水平，但增长幅度均不如上年。2012年矿山机械行业占重型机械行业工业总产值的32.98 %、工业销售产值的32.91 %、出口交货值的13.89 %。据对全国主要省份的449家主要矿山机械企业的统计，完成产品产量688.58万t。另对全国54家主要水泥设备生产企业统计，完成产量83.62万t。2011—2012年主要生产企业矿山机械和水泥设备产量见表1，矿山机械各类型企业销售额见图1、图2、图3。2012年按省（市）统计的矿山机械设备销售情况见表2。

表1 2011—2012年主要生产企业矿山机械和水泥设备产量

年份	矿山机械		水泥设备	
	企业数（家）	产量（万t）	企业数（家）	产量（万t）
2011	351	441.10	55	85.30
2012	449	688.58	54	83.62

资料来源：历年《中国重型机械工业年鉴》矿山机械部分。

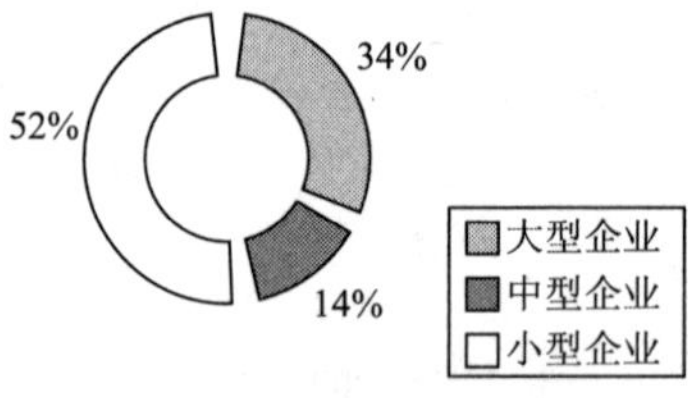

图1 按企业规模分类的工业销售额所占比重情况

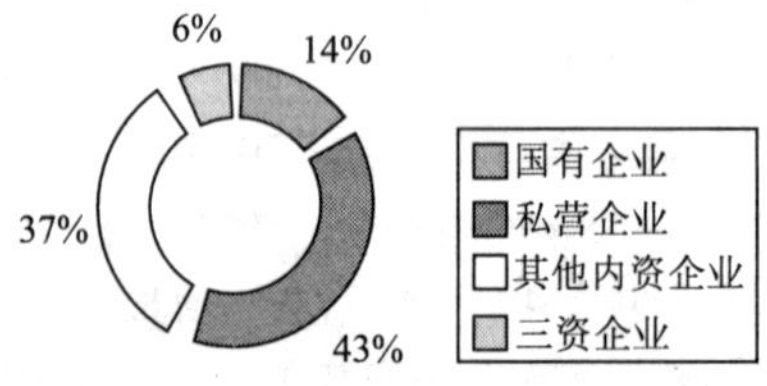

图2 按企业类型分类的工业销售额所占比重情况

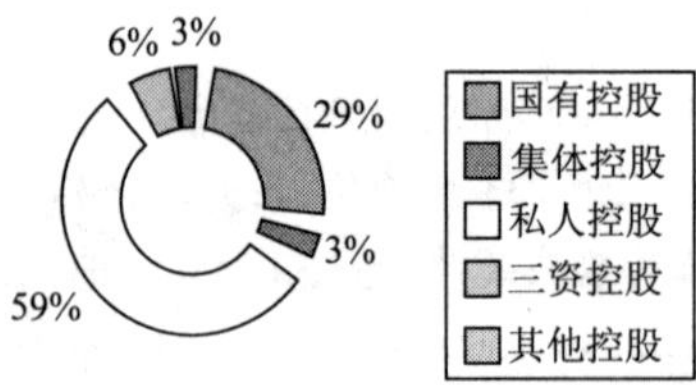

图3 按企业注册类型分类的工业销售额所占比重情况

表 2　按省(市)统计的矿山机械销售情况

序号	省、市名称	企业数(家)	销售额(亿元)	同比增长(%)	出口额(亿元)	同比增长(%)
1	河南省	249	730.11	17.27	10.83	
2	辽宁省	166	472.59	12.72	21.33	31.87
3	山东省	231	382.99	25.44	4.43	46.91
4	山西省	59	295.92	12.41	19.83	28.83
5	河北省	103	175.01	13.17	2.42	10.96
6	安徽省	137	161.41	32.86	0.39	98.74
7	江苏省	112	153.51	-19.78	7.70	16.26
8	四川省	50	126.05	19.12	0.93	
9	湖南省	72	107.40	49.68	0.01	
10	吉林省	30	86.93	36.20	0.00	
11	上海市	30	81.33	-21.59	21.70	
12	江西省	38	75.89	34.58	1.31	
13	天津市	36	50.60	21.92	8.25	9.34
14	北京市	17	37.66	0.46	0.19	-9.96
15	重庆市	25	36.04	26.26	0.00	
16	宁夏回族自治区	6	35.85	18.69	0.00	
17	湖北省	37	34.87	36.53	0.00	
18	广西壮族自治区	13	32.86	48.26	0.34	97.26
19	黑龙江省	16	26.63	-9.51	0.00	
20	内蒙古自治区	14	26.44	28.21	0.00	

注:资料来源于中国重型机械工业协会统计简报 2012.12 期。

市场与销售　2012 年我国矿山机械的国内外市场销售总额从 2000 年的 99.22 亿元增加到 3 130.09 亿元,是 12 年前的 32.41 倍,其间呈对数曲线正增长。2000—2012 年矿山机械国内外总销售收入走向见图 4。

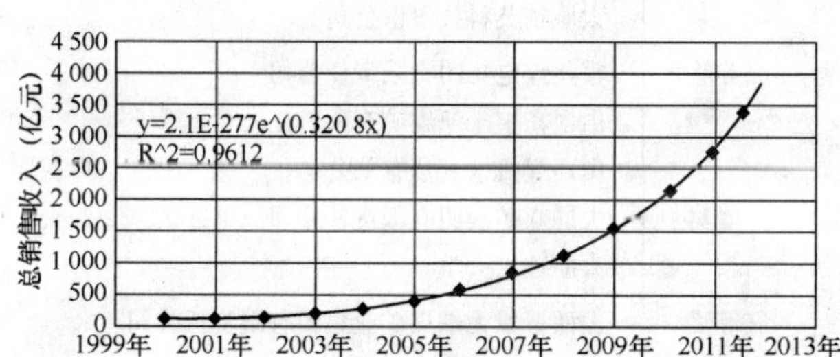

图 4　2000—2012 年矿山机械国内外总销售收入走向

注:数据来源于 2000—2011 年度《中国重型机械工业年鉴》及中国重型机械工业协会统计简报 2012.12 期。

进出口贸易。2012 年,我国矿山机械出口额达 160 600 万美元,较上年增长 11.29 %,进口额为 82 865 万美元,进出口总额达到 243 465 万美元,均创历史新高,是自 2008 年始我国矿山机械进出口的第五个顺差年。2000—2012 年我国矿山机械进出口走向见图 5。

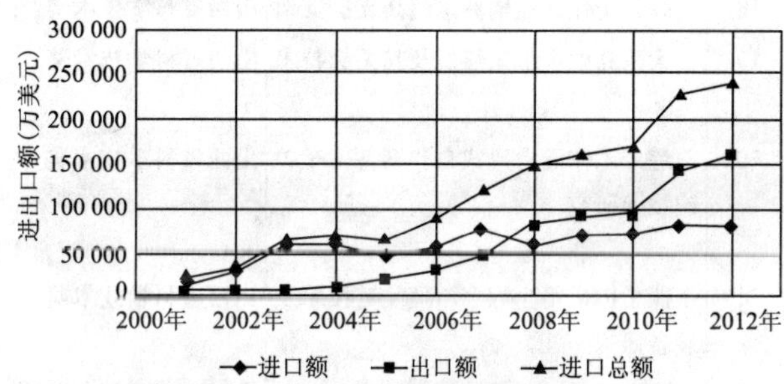

图 5　2000—2012 年我国矿山机械进出口走向

注:资料来源于 2007—2010 年度《中国重型机械工业年鉴》及中国重型机械工业协会统计简报 2012.12 期。

科技成果及新产品

(1)科技成果。2012 年度矿山机械行业获得的中国机械工业科学技术奖和部分省市科技进步奖见表 3。

表 3　2012 年度科学技术进步奖获奖情况

序号	项目名称	获奖类别	等级	主要完成单位
1	矿井提升机智能恒减速电液控制系统	中国机械工业科学技术奖	一等奖	中信重工机械股份有限公司 洛阳中重自动化工程有限责任公司
2	高可靠性煤用超静定大型振动筛关键技术	中国机械工业科学技术奖	二等奖	中国矿业大学 北京理工大学

（续）

序	项目名称	获奖类别	等级	主要完成单位
3	复杂煤层机械化开采工艺及装备研究	中国机械工业科学技术奖	二等奖	中国矿业大学 江苏中机矿山设备有限公司
4	煤化工水煤浆制备 ϕ4.3m×6m 棒磨机组	中国机械工业科学技术奖	二等奖	洛阳矿山机械工程设计研究院有限责任公司 中信重工机械股份有限公司
5	大采高电牵引采煤机及其关键技术	中国机械工业科学技术奖	二等奖	太原矿山机器集团有限公司
6	HMDS 系列高强磁煤用重介质磁选机	中国机械工业科学技术奖	三等奖	沈阳隆基电磁科技股份有限公司
7	CTGY 型永磁旋转磁场干式预选机	中国机械工业科学技术奖	三等奖	山东华特电磁科技股份有限公司
8	SKCD 管状带式输送机	中国机械工业科学技术奖	三等奖	山东山矿机械有限公司
9	KMQ－800 型矿用连续牵引车的研制开发	中国机械工业科学技术奖	三等奖	西山煤电（集团）有限责任公司机电厂
10	2YAK2460 复合振动筛	中国机械工业科学技术奖	三等奖	山东山矿机械有限公司
11	WCJ5E（A）防爆柴油机无轨胶轮车	中国机械工业科学技术奖	三等奖	沈阳北方重矿机械有限公司
12	QJYS－058 双护盾硬岩掘进机	辽宁省科学技术奖	一等奖	北方重工集团有限公司
13	自动化掘进理论与关键技术研究	辽宁省科学技术奖	二等奖	辽宁工程技术大学
14	鞍钢鲅鱼圈钢渣加工工艺技术及装备的研究与应用	辽宁省科学技术奖	三等奖	鞍山钢铁集团公司矿渣开发公司
15	1 000t/h 大处理能力分级破碎机的研发与推广	河北省科学技术奖	二等奖	煤炭科学研究总院唐山分院
16	WC55Y 支架搬运车	山西省科学技术奖	二等奖	中国煤炭科工集团太原研究院 山西天地煤机装备有限责任公司 神华神木煤炭集团有限责任公司
17	年产千万吨综采工作面运输系统关键技术研究及成套设备开发	山西省科学技术奖	二等奖	山西煤矿机械有限责任公司 山西煤电（集团）有限责任公司 山西西山晋兴能源有限责任公司
18	综采工作面运输巷道超高支护支架	山西省科学技术奖	二等奖	中国煤炭科工集团太原研究院
19	大采高电牵引采煤机及其关键技术	山西省科学技术奖	二等奖	山西煤炭工业厅 太原精英科技股份公司
20	综采工作面滑靴式自移设备列车关键技术研究	山西省科学技术奖	二等奖	霍州煤电集团有限责任公司 山西霍宝干河煤矿有限责任公司 山西煤机银利达有限公司
21	燕子山矿粉尘综合治理关键技术及装备研究	山西省科学技术奖	三等奖	大同煤矿集团有限责任公司 太原理工大学
22	重介悬浮液自动控制系统研究	山西省科学技术奖	三等奖	山西晋城无烟煤矿业集团有限责任公司 晋城蓝焰煤业公司有限公司 太原理工大学
23	多梯度真空带式过滤机使用的无纺滤布	河南省科学技术奖	二等奖	新乡市金利达化纤厂
24	千万吨级矿井主提升系统技术研究	河南省科学技术奖	三等奖	义煤集团股份有限公司 中国矿业大学
25	大倾角链式刮板给矿机的研究与应用	河南省科学技术奖	三等奖	鹤煤公司王庄矿

资料来源：中国机械工业联合会及部分省（市）2012 年度科技成果公报。

（2）主要新产品。2012 年矿山机械行业开发的主要新产品有：

①中钢集团衡阳重机有限公司推出新型干式除尘大型露天矿用牙轮钻机，以满足干旱地区和北方冬季钻凿炮孔的需求。

②上海建设路桥机械设备有限公司推出 PE－900×1200Ⅱ型节材降耗的新型颚式破碎机。

③宁夏天地奔牛实业集团有限公司推出 1 000kW、1 300kW、1 600kW 井下工作面输送设备减速器。

④上海建设路桥机械设备有限公司推出高效益、高性

能、高可靠性、高性价比的 DY 系列新型单缸液压圆锥破碎机。

⑤中钢集团衡阳重机有限公司推出性能先进、机动性强的 QMC－70 型地下液压撬锚车。

固定资产投资 2012 年全行业新增固定资产 670.35 亿元;年度固定资产投资计划总投资同比增长 33.08%;年度完成投资同比增长 40.65 %。2012 年固定资产投资情况详见表 4。

表 4 2012 年固定资产投资情况

项目	建筑工程	安装工程	设备及器具	其中:用于更新的设备	2012 年新开工项目	2012 年投产项目
投资额（亿元）	445.38	61.51	414.10	40.22	1 093 个	999 个

基地建设与海外并购 北方重工集团营口临港新兴装备制造项目 2012 年 2 月 18 日签约,该项目总投资 50 亿元,占地面积 129.8 万 m^2,主要从事矿山、冶金、港口、海洋工程等机械装备的研发与制造;以安徽省淮北杜集开发区为依托的淮北矿山机械装备高新技术产业基地年内获批,按产业基地规划,2015 年基地产值将突破 300 亿元;美国时间 9 月 21 日太重煤机煤矿装备成套有限公司的威利朗沃国际集团在美国盐湖城以 1 250 万美元控股美国 REI 钻机公司 60% 股份的并购文件签字。REI 钻机公司主要业务是为煤矿定向钻机提供成套工程服务,并生产和销售钻机产品(包括导向系统);继中信重工机械股份有限公司成立澳大利亚公司和并购西班牙工厂后,中信重工机械股份有限公司巴西公司于 2011 年底在巴西贝洛奥里藏特市正式开业。

行业管理

(1)2012 年年底由中国重型机械工业协会矿山机械分会秘书处单位——中信重工机械股份有限公司组织召开了全国矿山机械协会年会;9 月份秘书处与矿山机械杂志社联合组织了第五届全国矿井提升机使用与维护技术培训班。

(2)矿山机械行业标准:组织完成《破碎设备·安全要求》等 2 项国家标准和《井下煤矿用可移动式硬体救生舱》等 32 项机械行业标准制修订工作;完成了《矿山机械产业年鉴》"矿山机械市场分析"和《矿山机械标准化年鉴》的编写工作。

(3)矿山机械行业技术监督与检测以及安全标志检验:国家矿山机械质量监督检验中心顺利通过中国实验室国家认可委员会的实验室监督和扩项评审;国家安全生产监督管理总局组织了对国家安全生产洛阳矿山机械检测检验中心(简称洛矿中心)进行监督检查,洛矿中心全年完成 52 家提升运输产品生产企业安全标志检验、218 台在用提升系统安全性能检验、27 台调度绞车生产许可证检验 27 台。

另外,洛阳矿山机械工程设计研究院有限责任公司获得国家安全生产监督局批准,筹建"矿山提升设备安全准入分析验证实验室"。

〔撰稿人:洛阳矿山机械工程设计研究院有限责任公司张荣宽　审稿人:洛阳矿山机械工程设计研究院有限责任公司邹声勇〕

破碎粉磨设备

生产发展情况 2012 年,大规模基础设施建设如火如荼地进行着,强有力地推动了破碎粉磨设备行业的发展。中国破碎粉磨设备行业已经完全发展成为一个竞争激烈的行业。在激烈的市场竞争中,行业协会的一些会员单位取得了骄人的成绩。例如在工业总产值方面:洛阳矿山机械工程设计研究院有限责任公司比上年增长 47.49%,南昌矿山机械有限公司增长 46%,章丘市东风水泥机械配件厂增长 15.3%,山东大通机械科技有限公司增长 12.7%,北方重工集团有限公司矿山冶金设备分公司增长 9.28%。云南冶金昆明重工有限公司、常熟中材装备重型机械有限公司等企业的工业总产值也比上年有所提高。

(1)四川矿山机器(集团)有限责任公司(简称川矿)经受住了市场的严峻考验。面对国际、国内的严峻形势对公司现有产品、产业尤其是水泥建材产业造成的极大冲击,深入贯彻落实科学发展观,积极应对市场形势的不断变化,布局冶金矿山煤炭行业,加强冶金矿山设备的技术储备,同时通过内部持续改善各项工作,全面提升企业核心竞争力。同时结合川矿实际,积极探索实施工程项目总承包,发展代理商渠道销售,创新市场营销工作模式;在资金高度紧张、市场需求急剧下降的形势下,渡难关、过严冬,实现了平稳发展。

(2)山东山矿机械有限公司面对国内外经济增长放缓、复杂多变的经济形势交织叠加的困难挑战,以"适应、提高、创新、务实"八字方针为指导思想,以年度方针目标的落实为主线,不断优化创新,坚持质量为本、实施名牌战略,积极推进产品质量的改善和提升,攻坚克难,保持了企业平稳发展的良好势头。全年累计完成 171 台破碎机、52 台球磨机、2 个总包项目、一条物料粉碎烘干生产线和 43 238.715m/316 台的皮带机等生产任务。全年完成产值 8.1 亿元,其中破磨产品产值 1 亿元,实现产品销售收入 8.06 亿元,与上年基本持平。企业加大了管理力度,开展了一系列节约挖潜增效活动，实现利税5 510万元。“山矿”商标通过了山东省著名商标复审，带式输送机继续保持了山东名牌产品称号，还被评为2012年中国机械工业优质品牌产品。

(3)北方重工集团有限公司矿山冶金设备分公司(简称矿冶公司)以“全员营销”为理念，打赢了一场“面向市场、向市场要生存”的艰苦战役。在“忠于市场、服务市场”的前提下，要求销售面向市场，设计面向市场，生产、质检、管理等部门都要面向市场。矿冶公司采取了以下措施以应对当前严峻的市场形势：①抽调精兵强将，成立市场部；②创新生产管理模式；③布局海外市场；④开阔EPC项目市场；⑤有针对性地加强回款工作管理；⑥成功举办了“中澳破碎粉磨高级技术研讨会”；⑦加强研发队伍的建设。

(4)云南冶金昆明重工有限公司面对市场竞争加剧、成本上升、生产能力不足等问题，以加强基础管理为抓手，成立了“加强基础管理、提高效率、增强执行力”工作领导小组，旨在通过建立健全各项基础管理制度，优化流程，明晰职能职责等措施，探索推进各项工作。围绕生产计划，协调全公司各种资源，使产品生产处于受控状态，一定程度上扭转了拖期交货的生产被动局面；严把物资采购源头，实行集中管理，降低采购、仓储及物流运输成本，开展了分供方评审和询价、比价、审批工作，实行询价、合同订立、付款“三分立”，保证物资采购信息的公开、公正、公平；在财务管理方面，针对存货、固定资产等实物进行资产清查盘点，真实准确反映资产状况；试点推行业务招待费、差旅费预算管理，为全面预算管理积累了经验，在降低管理成本方面发挥了一定的作用；对应收账款组织开展催收工作，积极争取集团贷款支持，缓解资金压力。通过采取以上多种措施，进一步提升了企业的经营管理水平。

(5)2012年，常熟中材装备重型机械有限公司第一次承接了国内最大的TRP220-160大型辊压机的加工制造，为确保完成这些大型辊压机的生产任务，一方面生产计划、供应、加工制造各个部门紧密配合，保障物料供应和生产进度；另一方面技术工艺、质检等部门攻坚克难，严格把关。通过大家团结努力，艰苦摸索，终于在焊接坡口、焊接顺序方面找到了突破口，编制修订了主要钢结构焊接工艺、主关键件加工工艺、整机装配工艺等，通过自主技术革新解决了机架大梁变形、焊缝开裂、平面粗糙度高等问题。

(6)江苏鹏胜重工股份有限公司在后期产品的改进上面做了巨大的投入，不仅在加工设备的改良、引进高新精密设备和培养高新人才上面下功夫，还注重设备售后的反馈。在安全管理上，公司给予一线员工新的平台，设立了总经理信箱和董事长信箱，激励公司的每一位员工对公司的所有管理、生产、采购制度行使监督、检举，发表自己观念职责，对检举真实、有益的意见均给予相应的经济奖励。公司于2012年8月、11月先后获得“江苏省科技型中小企业证书”和国家“高新技术企业”称号。在售后服务上，为了强化服务品牌，公司成立了6S服务体系，并成功地举行了“全国矿山机械操作培训班”，得到了客户的广泛认同和赞赏。

(7)2012年，上海龙阳机械厂共生产主机设备700余台，完成产值1.8亿元人民币，其中国内因需求量急剧下降而销售额有所减少，国外销售额依然保持稳步上升。使“龙阳”品牌在社会上赢得了更高的认可度。

2012年破碎粉磨设备行业部分企业主要经济指标完成情况见表1。2012年破碎粉磨设备行业部分企业产品产量、产值及增长情况见表2。

表1　2012年破碎粉磨设备行业部分企业主要经济指标完成情况

序号	企业名称	工业总产值		工业增加值（万元）	产品销售收入（万元）	产品销售税金及附加（万元）	利润总额（万元）	全员劳动生产率（元/人）
		当年价（万元）	比上年增长（%）					
1	四川矿山机器(集团)有限责任公司	736 170	-11.20	11 537	54 563	234.6	1 570	76 556
2	山东山矿机械有限公司	80 559	0.00	20 963	80 621	450.0	2 506	150 165
3	北方重工集团有限公司矿山冶金设备分公司	57 316	9.28	6 837	51 176	234.0	8 270	122 085
4	南昌矿山机械有限公司	24 605	46.00	4 350	19 605	48.0	2 897	806 721
5	浙江矿山机械有限公司	8 380	-4.99	1 622	8 205	9.5	537	32 080
6	云南冶金昆明重工有限公司	26 019	5.40	2 817	21 573	49.7	-5 004	206 996
7	河南省群英机械制造有限公司	12 826	-29.00	12 090	12 949	30.5	317	300 000
8	上海嘉庆轴承制造有限公司	11 570	-15.00		10 856			
9	常熟中材装备重型机械有限公司	21 646	4.31	6 850	22 267	107.0	2 533	318 605
10	江苏鹏胜重工股份有限公司	5 794	6 616.00	1 168	7 097	34.0	-402	432 300
11	哈尔滨国海星轮传动有限公司	1 321	-34.00	483	816	8.0	-284	201 300
12	山东大通机械科技有限公司	7 100	12.70	800	6 770	440.0	338	81 632
13	溧阳中材重型机器有限公司	59 465	-14.00	11 893	50 824	7 110.0	2 688	782 500
14	上海龙阳机械厂	18 500	-20.00	5 000	18 000	3 200.0	1 000	750 000
15	洛阳矿山机械工程设计研究院有限责任公司	196 967	47.49	61 059	196 967	1 079.0	25 820	110 461

（续）

序号	企业名称	工业总产值		工业增加值（万元）	产品销售收入（万元）	产品销售税金及附加（万元）	利润总额（万元）	全员劳动生产率（元/人）
		当年价（万元）	比上年增长（%）					
16	河北万矿机械厂				6 943	19.0	181	
17	河北省邯郸市邯山冶金机械备件厂	3 207			2 895		4	
18	北京斯诺堡轴承有限公司				11 000	26.0	940	
19	章丘市东风水泥机械有限公司	1 500	15.30	450	1 200	15.8	310	
20	淄博市博山万雷机械设备厂	3 000	10.00		2 900	12.0		

序号	企业名称	年末固定资产		流动资产		流动负债		所有者权益（万元）
		原价（万元）	净值平均余额（万元）	合计（万元）	平均余额（万元）	合计（万元）	平均余额（万元）	
1	四川矿山机器（集团）有限责任公司	2 188	9 200	82 616	75 401	66 183	58 952	31 204
2	山东山矿机械有限公司	10 989	6 658	7 059	6 710	63 634	57 395	13 052
3	北方重工集团有限公司矿山冶金设备分公司	10 165	7 959	157 893	126 442	174 453	143 417	-10 268
4	南昌矿山机械有限公司	4 659	2 551	8 450	7 553	9 773	8 394	3 230
5	浙江矿山机械有限公司	2 480	690	802	756	456	403	1 201
6	云南冶金昆明重工有限公司	7 069	3 220	31 725	34 027	43 010	42 444	14 315
7	河南省群英机械制造有限公司	7 271	3 280	17 900	16 883	13 792	13 121	7 160
8	上海嘉庆轴承制造有限公司							
9	常熟中材装备重型机械有限公司	6 170	4 147	22 675	20 884	19 524	19 030	8 133
10	江苏鹏胜重工股份有限公司	3 279	2 594	9 731	13 339	11 540	13 459	3 944
11	哈尔滨国海星轮传动有限公司	949	546	3 653	3 609	1 160	1 056	3 297
12	山东大通机械科技有限公司	2 113	1 552	3 922	3 473	2 710	2 252	1 212
13	溧阳中材重型机器有限公司	21 422	17 945	45 221	44 402	45 509	46 714	15 785
14	上海龙阳机械厂	35 000	35 000	3 000	3 000	0	0	35 000
15	洛阳矿山机械工程设计研究院有限责任公司	4 670	1 846	161 004	136 907	128 332	108 922	37 182
16	河北万矿机械厂	4 211	2 623	4 227	3 470	3 657	3 027	3 850
17	河北省邯郸市邯山冶金机械备件厂							
18	北京斯诺堡轴承有限公司	966	750	9 980	9 980	3 100	3 100	9 105
19	章丘市东风水泥机械有限公司	2 000		1 500		500		2 000
20	淄博市博山万雷机械设备厂							

表2　2012 年破碎粉磨设备行业部分企业产品产量、产值及增长情况

序号	企业及主要产品名称	产量（台）	产值（万元）	产值比上年增长（%）
1	四川矿山机器（集团）有限责任公司			
	冶金矿山设备	203	30 363.10	-53.90
	建筑材料生产专用设备	149	43 253.90	250.30
2	山东山矿机械有限公司			
	破碎设备	171	4 187.00	-20.00
	粉磨设备	52	5 835.00	5.00
3	北方重工集团有限公司矿山冶金设备分公司			
	球磨机	15	12 287.86	
	半自磨机	3	3 621.95	
	破碎机	35	3 852.92	

（续）

序号	企业及主要产品名称	产量（台）	产值（万元）	产值比上年增长（%）
	破碎生产线	1套	1 893.06	
4	南昌矿山机械有限公司			
	破碎机	105	19 605.00	35.00
5	浙江矿山机械有限公司			
	颚式破碎机	450	5 600.00	-6.80
	圆锥破碎机	12	802.00	49.91
	反击破碎机	24	612.00	-33.48
	锤式破碎机	30	318.00	-9.66
	高能圆锥破碎机	3	189.00	50.00
	辊式破碎机	6	50.00	-47.37
	给料机、输送机、备件	160	680.00	-12.93
	振动筛	15	129.00	100.00
6	云南冶金昆明重工有限公司			
	矿山设备	142	3 420.43	-7.62
	起重设备	206	8 185.28	38.42
	金属轧制设备	41	5 228.87	-8.60
7	河南省群英机械制造有限责任公司			
	矿山机械	219	6 014.30	-57.10
	水泥专用设备	11	964.10	-46.00
	冶金专用设备	45	5 091.90	64.70
	输送机械	66	456.60	58.20
	给料机械	34	298.50	-38.30
8	上海嘉庆轴承制造有限公司			
		39.36万套		
9	常熟中材装备重型机械有限公司			
	破碎机	146	21 646.00	4.31
10	江苏鹏胜重工股份有限公司			
	破碎机	47	1 493.00	-12.50
	喂料机	42	200.00	
	洗砂机	6	33.00	
	圆锥破碎机	6	420.00	
	振动筛	67	637.00	
	立轴式破碎机	3	129.00	
	集料整形式反击式破碎机	66	1 803.00	
11	哈尔滨国海星轮传动有限公司			
	减速器	110	1 321.00	34.00
12	山东大通机械科技有限公司			
	颚式破碎机	186	3 114.00	-28.00
	锤式破碎机	92	1 650.00	166.00
	双辊破碎机	22	330.00	57.00
	硬岩反击式破碎机	18	432.00	10.00
	振动筛	52	786.00	45.00
	圆锥破碎机	16	788.00	162.00
13	溧阳中材重型机器有限公司			
	破碎机、板式喂料机		12 639.00	-56.00

（续）

序号	企业及主要产品名称	产量（台）	产值（万元）	产值比上年增长（%）
	立磨机		8 930.00	-45.00
	回转窑		4 491.00	-39.00
	堆取料机		4 288.00	
	预热器及钢结构		4 168.00	
	备件		4 795.00	-33.00
	其他		11 513.00	
14	上海龙阳机械厂			
	颚式破碎机	142	4 260.00	-35.00
	反击式破碎机	220	5 500.00	-35.00
	圆锥破碎机	30	1 800.00	0.00
	圆振动筛	146	2 190.00	-45.00
	冲击式破碎机	18	450.00	-30.00
	振动给料机	25	250.00	-40.00
	移动式破碎站	12	2 160.00	-5.00
	单段锤式破碎机	8	640.00	5.00
	板式喂料机	10	500.00	5.00
	洗砂机	30	600.00	-20.00
15	洛阳矿山机械工程设计研究院有限责任公司			
	氧化球团成套项目		52 549.00	
	活性石灰成套项目		48 308.00	
	余热发电成套项目		35 288.00	
	粉磨机械设备		67 569.00	
16	河北万矿机械厂			
	PE-600×900A 颚式破碎机	27	552.07	
	PE-900 颚式破碎机	13	762.00	
17	河北省邯郸市邯山冶金机械备件厂			
	齿轮		350.00	
	齿圈		650.00	

市场及销售　近年来，矿山开采、水泥、交通建设、冶金、化工、电力、水利和房地产等行业带动了中国破碎粉磨设备行业的发展，中国破碎粉磨设备企业在产能规模、经济实力、产品技术及管理水平等方面取得了质的飞跃，在国际市场上突飞猛进。

四川矿山机器（集团）有限责任公司通过与经销商开展联谊大会宣传川矿产品，提高订货额度，降低销售成本；通过加强网络平台的管理，提高川矿品牌效应，降低销售成本，努力拓展产品市场。2012 年，公司完成了网站改版，开通了川矿电子商城，通过互联网宣传，使川矿品牌的知名度得到一定提升。北方重工集团有限公司矿山冶金设备分公司充分利用社会技术资源，加强与国内外知名的技术专家合作，提升技术水平，增强对营销工作的支持力度，使公司在钢渣破碎及磨生产线、烧结球团、矿山破碎及磨及选送料成套项目的技术、商务洽谈能力方面得到明显提升。另外加大与优秀代理商的合作力度，增强了大型磨机及破碎设备在价格、性能、稳定性等方面的竞争能力。2012 年初，新组建了市场部和项目部，加大了对集团内三大营销公司的技术支持和项目配合力度，其效果显著。成功签订了钢渣破碎线 EPC 总包项目，承接了九原、天能、宣钢公司的余热发电项目，实现了市场开发上的新突破。全年共签订合同 71 537 万元，完成年计划的 110%。同比上年 50 206 万元合同额增加了 42%。江苏鹏胜重工股份有限公司面对当前严峻的市场形势，加大了国外市场的开发力度，在公司产品已经进入的几个国家均成立了办事处，并配备有销售人员和售后人员。一是可以继续扩大销售市场，更多地收集市场信息，二是可以保证让国外的客户放心地购买设备。经过大半年的运营，公司的出口销售收入有了大幅度的提高，销往沙特、加纳、利比里亚、南非等国家的数量大幅提高。山东大通机械科技有限公司确定了“稳固成熟市场、发展价值市场、开拓主流市场”的销售方针，深刻领会国家西部经济开发战略决策，在西部区域重点开发新的市场渠道和价值客户群。经过全年努力，一举突破 7 000 万元销售大关，创造了公司近年来崭新的销售业绩。河北万矿机械厂对外，一方面通过降低产品和配件价格，与同行业配套销售，加大客户回访和售后服务力度来提高产品市场竞争力，另一方面，积极建立销售网点、参加展会以拓宽市场，提高产品的知名度，全年共参加大型展会3次，巩固和发展销售网点5个（新疆、兰州、包头、二连浩特、安徽宁国市场）。对内，多次制定、修订销售激励措施来提高业务人员的积极性，从而提升业务量，同时还下大气力加强了产品质量管理。另外，公司还取得了外贸的进出口经营权，为下一步拓展外贸业务做好了准备。淄博市博山万雷机械设备厂2012年的销售情况保持稳定态势，生产矿山设备约500台（套）、实现产值约3 000万元，增置固定资产100万多元。

2012年破碎粉磨设备行业主要企业产品出口情况见表3。

表3　2012年破碎粉磨设备行业主要企业产品出口情况

序号	企业名称及出口国家（地区）	出口量（台）	出口额（万美元）	序号	企业名称及出口国家（地区）	出口量（台）	出口额（万美元）
1	四川矿山机器（集团）有限责任公司		5 853		柬埔寨	17	53.0
	美国	3	（万元）		安哥拉	18	71.0
	莫桑比克	1			尼日利亚	10	26.0
	沙特阿拉伯	1		6	河南省群英机械制造有限公司		
2	山东山矿机械有限公司				印度	6	260.0
	斯里兰卡、土耳其	10	41.0	7	江苏鹏胜重工股份有限公司		
3	北方重工集团有限公司矿山冶金设备分公司				南非	22	68.5
					沙特阿拉伯	13	35.3
	菲律宾	1	275.1		埃塞俄比亚	5	15.1
	巴西	7	45.6		利比里亚	11	37.6
	伊朗	2	533.9		加纳	9	34.5
	乌兹别克斯坦	4	126.5	8	溧阳中材重型机器有限公司		
4	南昌矿山机械有限公司				泰国	1	8.5
	印度	11	182.3	9	上海龙阳机械厂		
	马来西亚	3	62.5		非洲、中东	130	800.0
	厄瓜多尔	6	92.1	10	洛阳矿山机械工程设计研究院有限责任公司		
	几内亚	5	142.1				
5	浙江矿山机械有限公司				中国香港	1	973.0
	印度尼西亚	13	40.0				

科技成果及新产品　四川矿山机器（集团）有限责任公司为实现“加快科技创新、转型升级、提升公司核心竞争力、引领川矿又好又快发展”的长远发展战略的总体指导思想，充分发挥市场导向作用，强化企业的技术创新主体地位。

技术部门全年共完成150多台产品的开发、设计及工艺编制等工作。收集整理专利项目20件，已受理专利19件，其中2项发明专利、17项实用新型专利。山东山矿机械有限公司2012年开发设计了液压调整保护颚式破碎机、2PGCK700×3000筛分式齿辊破碎机、PFD1007反击式破碎机、S155标准型西蒙斯圆锥破碎机、ZSG1542高效密封振动筛、MLT220400及MLT240450脱硫球磨机、物料粉碎烘干生产线和输送水泥用特种管状带式输送机。2PGCK700×3000筛分式齿辊破碎机通过了省级新产品鉴定，SKGD管状带式输送机和2YAK2460复合振动筛分别获2012年度中国机械工业科学技术奖三等奖。北方重工集团有限公司矿山冶金设备分公司开发的HB1822烘干锤式破碎机，装机功率为630kW，2012年安装于莱钢第一炼铁厂，单机试车已经完成。开发适用于移动/半移动式破碎站的PXF6089平衡式高效旋回破碎机，处理能力达4 200～5 000t/h；开发PE600×900液压复摆颚式破碎机，并应用于山西太钢哈斯科250t钢渣破碎线；开发ϕ6.4m×6.4m溢流型球磨机，该球磨机系北方重工自主开发的具有完全自主知识产权的新产品，填补了国内空白，是国内最大规格球磨机之一，也是国际大型磨机的主流规格；为中国黄金集团开发的ϕ6.1m×6.5m半自磨机，首次采用了变速液阻启动装置，实现了磨机筒体“变速启动运行”功能，填补了此规格半自磨机的国内空白，在产品结构设计中，充分考虑到了外国用户使用现场多尘、多雨、多虫的恶劣环境，产品取得了用户的高度认可；伊朗KHORASAN年产250万t球团项目的ϕ5m×11m干式格子型球磨机是公司首次采用“异步双驱”驱动形式的磨机项目；开发设计388.5m^2带式焙烧机并与印度签订了销售合同；开发了ϕ6.96m×52m球团回转窑，同时还自主研发了ϕ5.1m×22m和ϕ5.1m×26m混合机，完善了混合机规格，填补了企业此类混合机规格的空白；与HATCH公司合作，成功打入并率先占领碳酸锂市场。公司自主开发的ϕ4.6m×52m大型酸化窑在银河锂业现场运行良好，填补了国内酸化窑产品空白，使矿冶公司成为目前国内唯一具有酸化窑产品设计制造能力的企业。云南冶金昆明重工有限公司继续坚持新产品立项攻关，以技术拓展市场。电解铝多功能机组、轻量化桥式起重机、25t/h连续铸锭机等新产品的开发工作取得阶段性进展，为产品结构调整奠定了基础。1050四辊平整机的研制项目获中国机械工业科学技术奖三等奖；并于2012年8月入选云南省科技厅年度重点新产品目录。积极开展知识产权保护工作，15项实用新型专利获授权，并完成1项软件著作权登记；得到云南省工信委"企业技术创新平台建设"及昆明市科技局重点技术创新项目支持。同时，在立足自主创新的基础上，借助外部资源，助推自身发展，公司先后与贵阳铝镁设计院、昆明有色金属设计院有限公司、云南省机械研究设计院等单位签订了战略合作框架协议。常熟中材装备重型机械有限公司2012年授权发明专利2项：终筛机构可调式单段锤式筛分破碎机、结构改进的单段锤式筛分破碎机。立项开工项目：锤式筛分破碎机正在进行安装调试，LPF1018.22大型反击式破碎机项目已进入样机试制阶段。2013年在拓展骨料市场、研发新产品方面进行了投入，并生产PE1500×1800大型颚式破碎机，且取得了一定成效。2012年4月，公司研制的大型半移动破碎站装备通过中国建筑材料联合会的鉴定，其吸震缓冲装置、锤头排列和篦板优化设计、系统优化集成等关键技术及主要创新点得到鉴定专家的一致认可。此大型半移动破碎站在水泥矿山生产领域成功应用，在国内尚属首例，取得了丰硕成果，填补了国内空白。江苏鹏胜重工股份有限公司在开发PY240/A复合圆锥破碎机，VSI7000立式冲击式破碎机等产品新技术方面取得了相关专利。山东大通机械科技有限公司研发了旋盘式圆锥破碎机产品，投放市场后效果显著，客户反映良好。上海龙阳机械厂自行设计和制造了欧版颚式破碎机，并装配为移动式破碎站；成功开发了中国第一套装潢垃圾资源化处理生产线，并运用了触摸屏、传感器等自动化控制，该工艺不仅可回收装潢垃圾中的金属和塑料，并且可将垃圾中的石料再次利用制作免烧砖，该工艺已经申请专利。河北万矿机械厂全年共开发试制出新产品7个（BZ1800－10m重型板式给料机、ZSK1845矿用筛、YG938E69移动机组、ZSW490×150振动喂料机、3YK1854铆接振动筛、PF－1320II型反击式破碎机、PE－750II颚式破碎机），其中移动破碎机、PF－1320II型反击破碎机、ZSW490×150振动喂料机实现了当年销售，储备新产品图样8个。

2012年破碎粉磨设备行业新产品和新技术开发项目见表4。

表4　2012年破碎粉磨设备行业新产品和新技术开发项目

企业名称	项目名称	主要技术性能	获奖项目及等级	专利情况
四川矿山机器（集团）有限责任公司	中心传动球磨机 半自磨机 滑履风扫磨机	ϕ4.5mm×8.5mm ϕ5.5mm×2.5mm ϕ4mm×(8.75+2.75)mm		
山东山矿机械有限公司	复合振动筛	产品采用独创的滚轴筛面和圆振筛面组合，解决了湿料粘筛、堵筛的难题；改进了激振器的结构，采用轴偏心与块偏心一体结构以及稀油润滑方式，增大了激振力，提高了筛分效率，延长了设备寿命，降低了噪声 一级筛面主要技术参数：给料粒度：≤200mm；筛下粒度：≤30mm，叶片转速：0.36m/s；筛面尺寸：1 500mm×1 600mm 二级筛面主要技术参数：给料粒度：≤200mm；筛面规格：≤(6 100×2 445)mm，筛面倾角：20°；工作频率：748次/min	中国机械工业科学技术奖三等奖	实用新型：混料装置
	2PGCK700X3000筛分式齿辊破碎机	该产品采用平行瞬间移动液压避让系统及自动联控电气系统，保证使用安全和出料粒度；具有破碎和筛分双重功能，齿辊旋转强制物料排出，避免了物料的重复破碎，不易产生拥堵，适合黏性高湿度物料；齿滚采用液力、差速、独立驱动装置，提高单机产能，降低了噪声；使用堆焊、高耐磨滚齿，方便维修，延长了使用寿命。主要技术参数： 辊子直径：700mm 最大给料粒度：300mm 最大出料粒度：≤50mm 辊子转速：75r/min 辊子工作长度：3 000mm 生产能力：600t/h	济宁市科技进步奖一等奖	

（续）

企业名称	项目名称	主要技术性能	获奖项目及等级	专利情况
北方重工集团有限公司矿山冶金设备分公司	HB1822 烘干锤式破碎机	辊子直径:1 800mm 辊子工作长度:2 200mm 最大给料粒度:40mm 出料粒度:≤5mm 电动机功率:630kW 产量:≤220t/h		
	φ6.4 X6.4 溢流型球磨机	筒体内径:6 400mm 筒体长度:6 400mm 筒体转速:12.62r/min 钢球装载量:300t 装机功率:5 500kW		
	φ6.1X6.5 半自磨机	筒体内径:6 100mm 筒体长度:6 500mm 筒体转速:10.5 ~ 14r/min 钢球装载量:155t 装机功率:3 600kW		
	MQG50110 球磨机	筒体内径:5 000mm 筒体长度:11 000mm 筒体转速:13.6r/min 钢球装载量:185t 装机功率:2 × 2 000kW		
常熟中材装备重型机械有限公司	半移动破碎系统	产能:1 400 t/h 最大进料粒度:≤(1 500 × 1 000 × 1 000)mm 出料粒度:＜80mm，不少于90%	2012 年通过建材工业联合会技术鉴定	已获得一项发明专利授权
江苏鹏胜重工股份有限公司	VSI 7000 立式冲击破碎机	通过机械或液压方式让调节器自由调整分料盘的上下高度，改变物料在接料平台上的落料点 优化分流破碎机的抛料盘中和破碎腔中料流的流量，实现最佳效果的物料整形破碎，同时拆除料流控制机构实现制砂破碎 采用图文并茂的冲击破碎机技术支持与数值模拟系统，通俗易懂		专利号:ZL201120078111.6 专利号:ZL201120078110.1 专利号:ZL201220565548.7
	2YA2145 轴偏心振动筛	克服了目前筛分装置寿命短的不足和缺陷，在技术原理、结构工艺特点、操作性能及人性化设计等方面进行了创造性的设计，在满足工艺条件的情况下，尽可能地降低成本，使效益最大化		专利号:ZL201220126835.8 专利号:ZL201220126895.X
	大功率弹簧圆锥破碎机	优化破碎腔型。运用层压理论改变产品的针片状含量，提高效率，增加产量 对主要的、重要的零部件进行有限元分析，使结构更加合理，减轻了重量，降低了成本，提高了寿命 精确调整锥套与主轴间隙，提高设备的运转速度，提高设备的破碎效率 建立弹簧圆锥破碎机的数字化样机，进行动态模拟仿真，为新产品的开发奠定基础		专利号:ZL201220135768.6 专利号:ZL201130048425.7
溧阳中材重型机器有限公司	公司成立的“水泥装备工程技术中心”	被认定为“江苏省工程技术研究中心”		
	公司成立的“企业技术中心”	被认定为“常州市企业技术中心”		

（续）

企业名称	项目名称	主要技术性能	获奖项目及等级	专利情况
上海龙阳机械厂	欧版颚式破碎机的研发及其在移动式破碎站的运用	①"V"字型破碎腔，比传统的破碎腔深，出料更细；②减少耗材，重量轻，倾斜安装，环保，并更方便安装在移动车架上；③实现排料口无极调整，并且调整更为方便		
	一种反击式破碎机反击架调整装置	①装配简单、方便；②零部件少，结构简单；③调整反击架更为简易		已获得专利，专利号:ZL201120355693.8
	一种装潢垃圾资源化处理工艺	①可将装潢垃圾分类；②可回收塑料、金属、建筑骨料；③可接免烧砖工艺用该工艺破碎出的材料生产免烧砖；④成功运用触摸屏、传感器等自动化控制		已申请专利，申请号:2012102797866
河北万矿机械厂	喂料机偏心轴	省工省材，简化生产工艺		国家实用新型专利

产品质量情况 四川矿山机器(集团)有限责任公司根据公司合同执行组织架构成立质保部，以适应现代企业质量管理的需要；开展质量月活动，强化职工质量意识；组织质检人员进行专题培训，不断提高员工素质和能力。山东山矿机械有限公司在实际管理工作中不断引入新的质量管理理念和方法，完善和丰富质量管理体系。公司确立了以"坚持预防为主、关注过程细节；增强全员意识、持续提升质量"的方针，利用公司内部局域网络，建立了质量管控信息平台和以关键质量控制点为核心的质量绩效考核体系。为全面提升管理水平，通过与先进企业对比，找出差距和需要改进的地方，加以整改，做到质量的持续改进和提升。公司还积极参与制订了 GB18452《破碎设备安全要求》、JB/T3667《座式圆盘给料机》、JB/T3666《吊式圆盘给料机》三项国家和行业标准。北方重工集团有限公司矿山冶金设备分公司立项的攻关课题"提高球磨机筒体制造质量"被评为2012年辽宁省质量科技成果奖三等奖、2012年辽宁省优秀质量管理小组称号、沈阳市优秀质量管理小组奖一等奖和沈阳市质量科技成果奖一等奖。在质量体系方面，完成集团公司及中启质量认证中心关于测量管理体系认证工作，完成东北认证有限公司(NAC)关于质量管理体系认证工作。在供应商管理体系方面，严格执行供应商过程审核程序，加强对供应商的管理与考核，确保供方质量满足公司产品质量要求。逐步建立"以战略供应商为合作伙伴，以重要供应商为生产制造基地，以一般供应商为有益补充"的供应商配套体系。加大供应商生产过程控制，对供应商的生产制造过程进行监督、检查、控制。对重要、关键零部件的工艺流程在投产前进行联合技术评审，并形成纪要，作为签约合同文本附件；加强产品出厂前的终检力度。2012年公司整机出厂合格率达到100%。河北万矿机械厂为了保证产品质量，公司严格按照ISO9001质量管理体系要求从物资采购、生产过程控制、产品检验、提升人员素质方面加强控制。在物资采购方面严格执行了供应商资质评审；全年通过差价采购节约资金10万多元。2012年，生产车间全面推行了以"比、学、赶、超"为主要内容的"对标工作"。着重推行了《厂级部门绩效考核办法》，共制定、修订各类管理制度20多项，为细化管理打下了基础，对提高干部职工的工作积极性起到了推动作用。

基本建设和技术改造 山东山矿机械有限公司积极推进工业园项目建设，为了实现企业"十二五"发展规划目标，公司规划山矿工业园，采取整体规划，分期实施的方式进行建设。目前一期项目可研报告书和项目厂区平面规划图已设计完成，现已定稿编制完成，正在进行工业园项目的报批立项、环评、能评等项目建设前期准备工作，力争年底开工建设。上海龙阳机械厂2012年新建了七号车间，并改造了原有的喷漆车间和增加了新的烤漆房。另外临港产业区投资2亿元人民币的工厂已经开始建设，新工厂完全按照国际领先水平制造。

2012年破碎粉磨设备行业部分企业固定资产投资情况见表5。

表5　2012年破碎粉磨设备行业部分企业固定资产投资情况

序号	企业名称	固定资产投资额（万元）	其中:基本建设投资（万元）	其中:技术更新改造投资（万元）
1	四川矿山机器(集团)有限责任公司	639.20		639.20
2	山东山矿机械有限公司	650.00		650.00
3	北方重工集团有限公司矿山冶金设备分公司	126.33	126.33	
4	南昌矿山机械有限公司	2 301.40	1 762.20	452.00
5	浙江矿山机械有限公司	78.00		78.00
6	云南冶金昆明重工有限公司	604.03	517.84	

（续）

序号	企业名称	固定资产投资额（万元）	其中：基本建设投资（万元）	其中：技术更新改造投资（万元）
7	河南省群英机械制造有限公司	6.03		6.03
8	常熟中材装备重型机械有限公司	74.00		74.00
9	江苏鹏胜重工股份有限公司	404.00		404.00
10	哈尔滨国海星轮传动有限公司	195.00	195.00	
11	山东大通机械科技有限公司	613.00		613.00
12	溧阳中材重型机器有限公司	171.00	20.00	151.00
13	洛阳矿山机械工程设计研究院有限责任公司	246.00		
14	河北万矿机械厂	97.00		97.00
15	章丘市东风水泥机械有限公司	300.00	300.00	
16	淄博市博山万雷机械设备厂	100.00		

〔撰稿人：中国重型机械工业协会破碎粉磨设备专业委员会张先峰　审稿人：中国重型机械工业协会破碎粉磨设备专业委员会杨军〕

洗选设备

企业发展情况　2012年洗选设备行业在市场疲软，同质化竞争严重的形势下，把经济下行的压力转化成结构调整的动力，积极推动信息化和工业化的深度融合，走中国特色的新型工业化道路。以产品转型升级为基础，以市场需求为研发导向，积极倡导科技发展的前瞻性，采用高新技术对传统产品进行升级改造，苦练内功，坚持以人为本，加强员工的素质教育，大部分企业的经济运行仍呈现稳健发展的态势。目前中国洗选设备行业规模企业有2 000多家，包括机械、煤炭、冶金、电力、金属及非金属等行业设备制造企业，统计资料显示，很多企业对老产品进行了升级换代，许多新产品已达到国际领先水平。涌现了一批具有国际竞争力的企业。如：沈阳隆基电磁科技股份有限公司、山东华特磁电科技股份有限公司、鞍山重型矿山机器股份有限公司、济南中燃科技发展有限公司、山东科力华电磁设备有限公司、柳州中特高压电器有限公司、赣州金环磁选设备有限公司、中信重工机械股份有限公司洛阳矿山机器厂、北方重工集团有限公司、河南威猛振动设备股份有限公司、南昌矿山机械有限公司、淮北矿山机器制造有限公司、北矿机电科技有限责任公司、海安县万力振动机械有限公司、镇江电磁设备厂有限责任公司、河南太行振动机械股份有限公司等企业，他们与科研院校合作，以低碳环保、高效节能为目标，在新产品开发、研制方面都取得了可喜的成果。2012年洗选设备行业主要企业经济指标见表1。

表1　2012年洗选设备行业主要企业经济指标

序号	企业名称	所有制	工业总产值		工业增加值（万元）	产品销售收入（万元）	产品销售税金及附加（万元）	年末固定资产	
			当年价（万元）	比上年增长（%）				净值（万元）	原价（万元）
1	北方重工集团有限公司	国有	1 428 888	2.0	278 038	1 404 419	3 854	315 282	251 556
2	中信重工机械股份有限公司洛阳矿山机器厂	股份制	100 032	11.0	10 643	112 257	3 907	41 596	33 066
3	沈阳隆基电磁科技股份有限公司	股份制	56 558	-5.2	28 047	54 068	539	11 525	9 920
4	山东华特磁电科技股份有限公司	股份制	30 044	3.9	11 417	26 922	215	10 605	8 949
5	鞍山重型矿山机器股份有限公司	股份制	25 751	0.4	11 098	25 751	225	13 109	9 633
6	淮北矿山机器制造有限公司	股份制	17 108	6.0	893	14 681	122	2 101	1 860
7	镇江电磁设备厂有限责任公司	股份制	10 800		1 980	10 896	688	8 235	6 875
8	南昌矿山机械有限公司	民营	25 630	29.0	7 471	21 905	48	4 659	3 514
9	河南威猛振动设备股份有限公司	股份制	36 100	19.0	7 876	33 090	1 274	9 984	7 550
10	河南群英机械制造有限责任公司	民营	12 825	-34.8	2 713	12 948	31	7 271	3 052
11	赣州金环磁选设备有限公司	民营	48 952	5.0	16 752	47 523	433	8 129	7 525

（续）

序号	企业名称	所有制	工业总产值		工业增加值（万元）	产品销售收入（万元）	产品销售税金及附加（万元）	年末固定资产	
			当年价（万元）	比上年增长（%）				净值（万元）	原价（万元）
12	海安县万力振动机械有限公司	股份制	17 450	2.0	10 915	17 081	120	5 660	214
13	河南平原矿山机械有限公司	民营	10 200	7.0	3 160	10 200	17.8	6 210	5 790
14	新乡市瑞丰机械设备有限公司	民营	5 127	10.0	1 604	5 127	40	1 699	1 530
15	岳阳科德科技有限责任公司	民营	8 200	10.0	725	7 163	54	2 085	1 923
16	柳州中特高压电器有限公司	股份制	6 300	7.0	855	6 462	215	1 893	815
17	河南金特振动机械有限公司	民营	4 266	1.0	890	4 266	139	2 355	2 130
18	山东科力华电磁设备有限公司	民营	10 000	20.0	2 000	12 000	396	6 840	5 280
19	北矿机电科技有限责任公司	国有	21 964	23.0	5 104	19 465	92	4 148	3 662
20	镇江市江南矿山机电设备有限公司	民营	9 876	11.0	4 194	9 876	108	2 710	2 357
21	上海山美重型矿山机械有限公司	民营	7 185	-12.0	979	6 987	20	3 083	2 941
22	上海盾牌矿筛有限公司	民营	5 150	10.0	1 850	5 200	541	1 248	785
23	济南中燃科技发展有限公司	民营	35 108	5.0	14 437	26 835	330	5 405	3 343
24	唐山汇力科技有限公司	民营	3 890	9.0	338	3 752	10	379	182
25	河南太行振动机械股份有限公司	股份制	30 780	-28.0	10 130	30 780	65	19 888	16 142
26	新乡市高科机械设备有限公司	民营	2 000	33.0	800	1 500	10	380	305
27	辽源市通工机械有限公司	民营	8 000	33.0	2 000	7 236	18	2 738	2 490
28	淮北科源矿山机器有限公司	民营	5 500	21.0	1 155	4 971	99	2 950	2 655
	合计		1 983 684		438 064	1 943 361		502 167	396 044

序号	企业名称	所有制	流动资产		流动负债		利润总额（万元）	所有者权益（万元）	全员劳动生产率（万元/人）
			合计（万元）	平均余额（万元）	合计（万元）	平均余额（万元）			
1	北方重工集团有限公司	国有	1 702 790	1 720 697	1 726 344	1 544 289	24 331	172 983	166
2	中信重工机械股份有限公司洛阳矿山机器厂	股份制	50 443	48 891	83 510	78 833	5 605	130 568	2 640
3	沈阳隆基电磁科技股份有限公司	民营	45 185	44 821	29 260	31 276	8 185	30 491	26
4	山东华特磁电科技股份有限公司	股份制	24 204	22 349	12 518	11 504	3 763	21 331	49
5	鞍山重型矿山机器股份有限公司	股份制	66 832	45 878	13 794	13 646	7 750	66 569	22
6	淮北矿山机器制造有限公司	股份制	4 120	3 980	2 810	2 810	968	3 019	19
7	镇江电磁设备厂有限责任公司	股份制	4 503	4 326	4 176	4 028	270	7 002	73
8	南昌矿山机械有限公司	民营	6 818	6 338	5 142	4 483	1 068	6 365	32
9	河南威猛振动设备股份有限公司	股份制	13 089	13 007	6 072	5 885	3 170	16 158	68
10	河南群英机械制造有限责任公司	民营	17 900	16 801	13 792	13 002	317	7 160	28
11	赣州金环磁选设备有限公司	民营	25 788	27 328	18 226	22 271	9 867	16 070	32
12	海安县万力振动机械有限公司	股份制	4 500	4 050	3 260	2 950	1 010	1 210	60
13	河南平原矿山机械有限公司	民营	4 876	4 700	4 960	2 750	591	6 380	30
14	新乡市瑞丰机械设备有限公司	民营	7 775	7 585	4 931	4 975	636	4 817	8
15	岳阳科德科技有限责任公司	民营	1 657	1 520	1 303	992	599	3 149	60
16	柳州中特高压电器有限公司	股份制	5 559	5 718	2 199	2 125	889	3 950	36
17	河南金特振动机械有限公司	民营	2 284	2 760	701	687	431	3 712	47
18	山东科力华电磁设备有限公司	民营	4 260	4 080	2 846	2 600	1 300	6 600	27
19	北矿机电科技有限责任公司	国有	15 733	13 790	6 312	5 681	2 452	15 046	23
20	镇江市江南矿山机电设备有限公司	民营	7 069	6 033	4 632	4 691	2 016	5 561	23
21	上海山美重型矿山机械有限公司	民营	7 360	9 904	7 567	5 068	360	4 657	63
22	上海盾牌矿筛有限公司	民营	2 862	2 845	1 925	1 810	895	1 987	40
23	济南中燃科技发展有限公司	民营	21 779	19 024	1 841	2 535	7 604	23 807	32

（续）

序号	企业名称	所有制	流动资产		流动负债		利润总额（万元）	所有者权益（万元）	全员劳动生产率（万元/人）
			合计（万元）	平均余额（万元）	合计（万元）	平均余额（万元）			
24	唐山汇力科技有限公司	民营	3 135	3 153	3 531	3 591	80	1 308	14
25	河南太行振动机械股份有限公司	股份制	33 984	32 684	21 477	18 528	3 864	23 726	42
26	新乡市高科机械设备有限公司	民营	1 165	972	210	140	10	1 261	18
27	辽源市通工机械有限公司	民营	4 641	3 288	2 731	2 076	956	6 308	25
28	淮北科源矿山机器有限公司	民营	5 315	2 658	5 708	2 854	994	1 344	71
	合计		2 095 626		1 991 778		89 981		

注：由于四舍五入，表中占行业比重数据有微小出入。

生产发展情况 2012年洗选设备制造行业主要企业都有较大的发展。行业内多数企业经济效益有所提升，行业内29家骨干企业全年工业总产值达到198.4亿元，产品销售收入达到194.3亿元。洗选设备产品产量达到25 354台，产值达到36.8亿元。洗选设备制造行业企业固定资产投资增大，增加了5.33亿元，其中，基本建设投资增加为3.584亿元，技术更新改造投资增加为1.685亿元，为洗选设备制造业增添了发展生机。

主要企业产品产量分析 2012年洗选设备行业主要企业洗选设备产品产量、产值及其增长情况见表2。

表2 2012年洗选设备行业主要企业洗选设备产量、产值及其增长情况

企业名称	产品名称	产量（台）	产值（万元）	产值比上年增长（%）
北方重工集团有限公司	分级机械	32	2 537	211.0
	磁选机械	16	1 509	-39.0
	浓缩机械	21	4 085	119.0
	过滤机械	23	1 730	200.0
	重选机械	27	5 013	700.0
中信重工机械股份有限公司洛阳矿山机械厂	过滤机械	21	4 300	30.0
沈阳隆基电磁科技股份有限公司	磁选机械	1 292	40 254	1.6
	电磁除铁器	1 157	12 060	-26.0
	起重电磁永磁铁	823	4 244	28.0
山东华特磁电科技股份有限公司	磁选机械	655	12 994	21.0
	电磁、永磁除铁器	2 006	9 349	-14.0
	涡流分选机	19	240	100.0
鞍山重型矿山机器股份有限公司	筛分机械	1 058	24 572	24.0
淮北矿山机器制造有限公司	浮选机械	65	3 015	4.0
	浓缩机械	220	14 093	20.0
镇江电磁设备厂有限责任公司	磁选机械	2 012	9 245	-44.0
南昌矿山机械有限公司	筛分机械	167	10 000	157.0
河南威猛振动设备股份有限公司	筛分机械	2 237	32 170	8.0
河南群英机械制造有限责任公司	分级机械	9	261	-41.0
	浮选机械	41	18	20.0
	搅拌机械	16	31	3.3
	筛分机械	8	38	-74.0
赣州金环磁选设备有限公司	重选机械	11	191	-92.0
	磁选机械	475	48 760	52.0
海安县万力振动机械有限公司	筛分机械	33	5 050	3.6
河南平原矿山机械有限公司	筛分机械	521	5 460	7.5
新乡市瑞丰机械设备有限公司	筛分机械	80	2 400	-58.0
	给料机	90	1 900	-10.0
岳阳科德科技有限责任公司	磁选机械	180	2 900	35.0
	电磁除铁器	130	1 650	20.0
柳州中特高压电器有限公司	磁选机械	200	1 200	33.0
	电磁除铁器	700	1 900	6.0

（续）

企业名称	产品名称	产量(台)	产值(万元)	产值比上年增长(%)
河南金特振动机械有限公司	筛分机械	126	2 100	-27.0
	振动给料机	75	880	2.0
山东科力华电磁设备有限公司	磁选机械	245	3 500	2.5
	除铁器	455	6 500	7.2
北矿机电科技有限责任公司	浮选机械	1 138	14 490	42.0
	磁选机械	595	6 067	-24.0
	重选机械	122	754	150.0
镇江市江南矿山机电设备有限公司	除铁器	450	9 095	
上海山美重型矿山机械有限公司	筛分机械	113	2 462	2.0
上海盾牌矿筛有限公司	筛分机械	2 430	5 000	9.0
济南中燃科技发展有限公司	筛分机械	1 300	14 820	-15.0
	给料机	920	2 013	20.0
唐山汇力科技有限公司	筛分机械	85	2 059	10.0
	重介旋流器	25	575	349.0
河南太行振动机械股份有限公司	筛分机械	2 420	21 929	17.0
新乡市高科机械设备有限公司	振动筛	110	2 000	33.0
辽源市通工机械有限公司	分级机械	80	2 400	20.0
	过滤机械	80	2 600	25.0
淮北科源矿山机器有限公司	振动机械	206	4 950	21.0
	其他洗选设备	34	550	21.0
合计		25 354	367 913	

产品出口情况　2012 年我国洗选设备行业出口下滑，据对 14 家企业的统计，共出口各种洗选设备 1 274 台，产值达 28 000万元。2012 年行业部分企业洗选设备出口情况见表 3。

表 3　2012 年行业部分企业洗选设备出口情况

序号	企业名称	产品名称	出口额(万元)
1	北方重工集团有限公司	磁选机	37
		浓缩机	852
2	沈阳隆基电磁科技股份有限公司	磁选机	3 556
		除铁器	664
		起重磁力设备	348
3	山东华特磁电科技股份有限公司	除铁器	114
		磁选机	426
4	鞍山重型矿山机器股份有限公司	筛分设备	508
5	镇江电磁设备厂有限责任公司	除铁器	3 130
6	赣州金环磁选设备有限公司	筛分设备	8 000
7	河南威猛振动设备股份有限公司	筛分设备	671
8	海安县万力振动机械有限公司	振动筛	2 170
9	柳州中特高压电器有限公司	除铁器	139
10	辽源市通工机械有限公司	圆盘真空过滤机	165
11	河南太行振动机械股份有限公司	筛分设备	2 100
12	山东科力华电磁设备有限公司	海沙磁选装备	260
13	河南平原矿山机械有限公司	煤化设备	1 210
14	北矿机电科技有限责任公司	浮选机	3 300
		磁选机	350
	合计		28 000

科研成果与新产品研制情况　2012 年，洗选设备制造企业与科研院校合作研制开发了一大批大型的技术先进的高效节能洗选设备。沈阳隆基科技股份有限公司开发新产品 LCTY－1550 大型高效预选磁选机、LJG－JF 港口输送物料洁净用高梯度除铁器。对全自动磁悬浮精选机、LGS－3000型立式转环感应式湿法强磁选机进行技术升级改造；对其大功率、高效能指标进行深入探索和研究，并实现了高效节能设备的进一步升级。山东华特磁电科技股份有限公司与院校合作研制开发了节能环保强制油冷却立环高梯度磁选机、高性能环保型电磁搅拌器、砂土类移动式干选机、CTY 型永磁湿式预选机等设备。镇江电磁设备厂有限责任公司研制了磁轨电磁铁。用于铁路高铁列车制动系统。河南金特振动机械有限公司研制了宽面烧结筛，具有环保、节能、处理量大及筛分效率高的特点。镇江市江南矿山机电设备有限公司研制的 RCDD－14JC 型加长除铁器，使除铁器吸到的铁磁杂质能越过机头料斗，甩到集铁斗内，改善了机头悬挂除铁器的使用效果；上海盾牌矿筛有限公司研制的防堵孔筛网，可提高筛分效率，减少筛网的堵孔现象。淮北科源矿山机器有限公司研制的强力分级筛适应于黏湿物料的分级。

获奖项目及等级　北京矿冶研究总院 2012 年获专利 12 项，其中发明专利 3 项；大型系列外充气式浮选机获国家科技进步奖二等奖；CTB1545 新型超大永磁磁选机、MA 型磁力弧研制及应用、铝土矿浮选机关键技术研究及应用等获得省部级科技进步奖一、二等奖。沈阳隆基电磁科技股份有限公司开发的 LCTY－1550 大型高效预选磁选机获中国冶金矿山企业协会科学技术成果鉴定达到国际领先水平;全自动磁悬浮精选机获中国冶金矿山企业协会科学技术成果鉴定达到国际领先水平;LJG-JF港口输送物料洁净用高梯度除铁器获中国机械工业联合会科学技术成果鉴定达到国际领先水平;LGS-3000型立式转环感应式湿法强磁选机获中国冶金矿山企业协会科学技术成果鉴定达到国际领先水平,获国家火炬计划项目证书、中国机械工业科学技术奖二等奖、中国国际专利技术与产品交易会金奖。山东华特磁电科技股份有限公司开发的低温超导强磁除铁器获2012年第十四届中国专利优秀奖;CTGY型永磁旋转磁场干式预选机获2012年度中国机械工业科学技术奖三等奖;节能环保强制油冷却立环高梯度磁选机获2012年山东省科技进步奖三等奖。河南威猛振动设备股份有限公司开发的节肢振动筛荣获国家"星火科技奖"三等奖;双轴自同步椭圆筛、大型三立面振动筛、烧结机三项产品荣获"河南省高新技术产品"称号;V式高幅振动筛、直线自振源、热管轴振动电机分别荣获"河南省优质产品""中华工商联合会科技进步奖优秀奖"和"河南省科技进步奖二等奖"。2012年洗选设备行业部分企业新产品新技术开发项目见表4。

表4　2012年洗选设备行业部分企业新产品新技术开发项目

序号	项目名称	主要技术性能	研制单位
1	ϕ38m浓缩机	主要技术指标: 池深:3~4m 沉降面积:1 135m^2 爬架提升高度:0.5m 处理能力:1 000~12 000t/d	北方重工集团有限公司
2	ϕ2m立环磁选机	主要技术指标: 转环直径:2m 转速:2~4r/min 给矿浓度:10%~40% 矿浆处理能力:100~200m^3/h	北方重工集团有限公司
3	200m^{2}式过滤机	主要技术指标: 盘径:4m 盘数:12 给矿浓度:50%~55% 处理能力:80m^3/h 滤饼厚度:10mm 含水量:≤8%	北方重工集团有限公司
4	GPKY-240m^{2}矿用盘式过滤机	不撤卸整体滤盘技术;中心轴的结构及内部流道技术;分配头结构及免维护技术 主要技术指标:精矿实际水分达到8.5%~9.0%,比内滤机降低了2.2~2.5个百分点,台时处理量40~50t,比内滤机提高20%以上。满足了精矿外销及运输要求,解决了长期以来精矿水分偏高的技术难题	中信重工矿山机器厂
5	高效选粉机	选粉效率85%以上;精度高,即特劳姆(Tromp)曲线比较陡;细度调节简单、灵敏、准确	中信重工矿山机器厂
6	大型高效预选磁选机	主要技术指标: 型号:LCTY-1 550 滚筒直径:ϕ1 500mm 处理能力:≥300t/h	沈阳隆基电磁科技股份有限公司
7	LJG-JF港口输送物料洁净用高梯度除铁器	主要技术指标: 设备型号:LJG-JF6022 电动机功率:18.5kW 悬挂高度:600mm 悬挂场强:0.2T 散热功率:3×1.5kW 煤层厚度:400~500mm 磁极形式:复合型磁系结构 励磁功率:111kW 适用带宽:2 200mm	沈阳隆基电磁科技股份有限公司

（续）

序号	项目名称	主要技术性能	研制单位
8	脱泥浓缩精选机	该产品磁感应强度180～700mT，磁系为分区设计，精选区为多磁极结构，磁系包角达160°，产品与现有磁重分选设备相比，结构紧凑、耗水量低、处理量大、分选效果稳定，产品属国内首创，技术达到同类产品国际领先水平	山东华特磁电科技股份有限公司
9	中场强半磁自卸式尾矿回收机	产品磁感应强度≥300mT，磁系采用多组极性相反的磁极对交替排列，磁性物料在集料盘表面的水中不断地翻滚，冲洗脱泥，使回收的磁性物料与普通的尾矿回收机相比纯净度更高，产品属国内外首创，技术达到同类产品国际领先水平	山东华特磁电科技股份有限公司
10	油水复合冷却立环高梯度磁选机	该产品线圈采用全密封强制油冷外循环，盘式线圈为多层结构浸泡在变压器油中，增加了换热面积和冷却油通道，实现了快速热交换，线圈温升不大于25℃，磁场冷热态差异小，磁能利用率高，使同等磁场强度时励磁功率降低20%，线圈成本节约20%，线圈两端外露部分采用高导磁材料聚磁，分选区磁场均匀度提高了50%以上，磁场强度提高8%以上，提高了磁能利用率；背景场强达到1.3T以上；介质棒感应磁场强度达到2.4T，该产品属国内外首创，技术达到同类产品国际领先水平	山东华特磁电科技股份有限公司
11	电磁流体海水浮油分离与回收装置	该技术将磁流体技术应用到处理薄油层（油层厚度小于5mm）的海水浮油分离回收装置上，实验研究表明，该项技术具有回收分离过程同时进行、回收比较彻底、易于实现自动化控制、对海洋环境影响小等优点，可解决目前海面轻质薄油层和化工原料难以分离回收的技术难题，样机永磁磁体的中心场强1.08T，油污海水处理量为1 060L/h 该项电磁流体海水浮油分离与回收装置技术先进，样机工艺设计合理，属国内外首创	山东华特磁电科技股份有限公司
12	直流电磁搅拌器	该产品磁场强度300mT，该产品采用直流电磁搅拌法，节能效果显著，与交－交电磁搅拌器相比，节电70%以上	山东华特磁电科技股份有限公司
13	高效、节能、大型直线振动筛	筛面宽度分别为3.0m、3.6m、4.2m；筛分效率提高90%以上；降低参振重量20%～30%；节能20%～30%	鞍山重型矿山机器股份有限公司
14	GSZN－35高效深锥浓缩机	①采用液压大转矩多点驱动的大功率驱动系统 ②针对高浓度底流的独立搅拌系统 ③适用于细粒级沉降的布料装置 ④提高高黏度难沉降物料沉降效果和效率的自动稀释系统 ⑤高强度、大转矩的刮集部件 ⑥自动检测泥层厚度、自动检测底流浓度、自动控制加药、稀释的自控系统	淮北矿山机器制造有限公司
15	对极均匀磁场磁选机	磁感应强度0.6T、极间距100～200mm，极长1 000mm	镇江电磁设备厂有限责任公司
16	RCDD－14JC型加长除铁器	将普通型的甩铁距离加长500mm。使除铁器吸到的铁能越过机头料斗，甩到集铁斗内，改善机头悬挂除铁器的使用效果	镇江市江南矿山机电设备有限公司
17	HGP系列高频筛	处理量：干料10～70 t/h 电动机功率：2.2～4kW 筛孔尺寸：0.3～1mm 频率：24Hz 采用聚氨酯筛板，具有脱水效果好、耐磨等优点；筛机结构简单可靠，维护方便。适应尾矿脱水	唐山汇力科技有限公司

（续）

序号	项目名称	主要技术性能	研制单位
18	反击筛	处理物料:块矿 块矿堆比重:2. 3t/m^3 处理量:2 000t/h 筛分效率:≥85% 分级粒度:6mm 物料粒度组成:≤30mm	济南中燃科技有限公司
19	烧结矿筛	处理物料:烧结矿 处理量:400t/h 筛分效率:≥90% 分级粒度:5mm 入料粒度:0～150mm 电动机功率:2×4kW 降低高度:从零平面至料缸上口高度比传统设计降低2m	济南中燃科技有限公司
20	HC－12 海沙磁选装备	①粗选磁选机的磁感应强度:240mT±20mT ②精选磁选机的磁感应强度:180mT±25mT ③精矿日产量:120t ④精矿含铁品位:(58±2)% ⑤工作制:连续	山东科力华电磁设备公司
21	CHDL－10 立环强磁选机	①转环直径:1 000mm ②额定背景场强:1T ③额定励磁功率:≤15kW ④干矿处理量:4. 0～7. 0t/h ⑤矿浆处理量:12～20m^3/h	山东科力华电磁设备公司

固定资产投资情况 2012 年洗选设备行业部分企业固定资产投资额见表 5。

表 5 2012 年洗选设备行业部分企业固定资产投资额

序号	企业名称	固定资产投资总额（万元）	其中:基本建设投资（万元）	其中:技术更新改造投资（万元）
1	北方重工集团有限公司	1 299	929	370
2	中信重工机械股份有限公司洛阳矿山机械厂	4 018		4 018
3	沈阳隆基电磁科技股份有限公司	5 065	4 554	511
4	山东华特磁电科技股份有限公司	1 387	191	1 196
5	鞍山重型矿山机器股份有限公司	3 440	2 025	1 415
6	淮北矿山机器制造有限公司	482	102	380
7	镇江电磁设备厂有限责任公司	655	577	78
8	南昌矿山机械有限公司	1 300	1 000	300
9	河南威猛振动设备股份有限公司	700	320	380
10	河南群英机械制造有限责任公司	300	100	200
11	赣州金环磁选设备有限公司			
12	海安县万力振动机械有限公司	550	260	290
13	河南平原矿山机械有限公司	1 500	970	530
14	新乡市瑞丰机械设备有限公司			
15	岳阳科德科技有限责任公司	836	486	350

（续）

序号	企业名称	固定资产投资总额（万元）	其中：基本建设投资（万元）	其中：技术更新改造投资（万元）
16	柳州中特高压电器有限公司	4 500	3 000	1 500
17	河南金特振动机械有限公司	890	800	90
18	山东科力华电磁设备有限公司	3 830	2 800	1 030
19	北矿机电科技有限责任公司	386		386
20	镇江市江南矿山机电设备有限公司	155	127	28
21	上海山美重型矿山机械有限公司	2 165	1 559	606
22	上海盾牌矿筛有限公司	250		250
23	济南中燃科技发展有限公司	52		52
24	唐山汇力科技有限公司	130	120	10
25	河南太行振动机械股份有限公司	1 529	832	697
26	新乡市高科机械设备有限公司	20		20
27	辽源市通工机械有限公司	1 200	800	400
28	淮北科源矿山机器有限公司	1 200	1 000	200
	合计	37 839	22 552	15 287

行业标准化工作 2012 年，共完成了 5 项洗选设备标准的制修订工作、4 项标准的复审、两项已通过的标准。制定的标准有：由鞍山重型矿山机器股份有限公司负责起草、山东莱芜煤矿机械有限公司参与的 JB/T10460《香蕉形直线振动筛》机械行业标准的修订；由鞍山重型矿山机器股份有限公司负责起草，河南太行振动机械股份有限公司参与的 JB/T5496《振动筛制造通用技术条件》机械行业标准的修订。由北方重工集团起草、淮北矿山机器制造有限公司等企业参与的 GB/T10605 中心传动式浓缩机的修订。上述标准，大大提升了行业的共性技术水平，标准的覆盖面广，适用性更强。2012 年行业标准化工作情况见表 6。

表 6　2012 年行业标准化工作情况

序号	标准名称	标准编号	制定、修订情况
1	香蕉形直线振动筛	JB/T 10460—××××	已讨论通过、上报，待发
2	振动筛制造通用技术条件	JB/T 5496—××××	已讨论通过、上报，待发
3	周边胶轮传动式浓缩机	JB/T 1659—2007	复审
4	筒型外滤式真空过滤机	JB/T 2161—2007	复审
5	盘式强磁选机	JB/T 5506—2007	复审
6	永磁双辊强磁选机	JB/T 5507—2007	复审
7	立环脉动高梯度磁选机	JB/T 11293—2012	参与起草
8	悬挂式电磁除铁器	JB/T 7689—2012	参与起草
9	中磁场永磁滚筒	JB/T 7351—2004	修订
10	立环脉动高梯度磁选机	JB/T 11293—2012	制定
11	离心选矿机	JB/T 3651—2012	修订
12	旋转概率筛	JB/T 4246—2012	制定
13	周边传动中心自动提耙浓缩机	JB/T 11298—2012	制定

〔撰稿人：中国重型机械工业协会洗选设备专业委员会吕英凡　审稿人：中国重型机械工业协会洗选设备专业委员会冯泉〕

大型铸锻件

生产发展情况 2012年,大型铸锻件行业面临的外部环境依然复杂,内需增长动力不足,外需也无大的起色,行业内大多数企业生产经营状况艰辛。

从产业发展条件看,为应对金融危机抢占新的制高点,发达国家与新兴经济体纷纷出台、实行宽松货币和重振实体经济政策,推进再工业化战略,在不同层面上对我国制造行业形成了压力。同时,贸易保护主义不断加剧,不仅对传统领域市场,亦对新兴产业带来较大影响,使我国面临比较优势弱化、新优势尚未形成、有效应对难度加大的严峻局面。

从行业自身条件看,在经济全球化深入发展、新的科技革命酝酿突破、世界经济格局深度调整的背景下,我国机械工业需求增长趋缓、成本上升过快、创新能力不足以及产能严重过剩等问题越加凸显。经济运行困难加大,主要经济指标有较大幅度回落,大型铸锻件行业已从连续多年的高速增长转入了低速增长,甚至是负增长区间。2008—2012年大型铸锻件行业经济指标完成情况(7个代表性企业)见表1。

表1 2008—2012年大型铸锻件行业经济指标完成情况(7个代表性企业)

指标名称	单位	2008年	2009年	2010年	2011年	2012年
企业数	个	7	7	7	7	7
工业总产值(当年价)	万元	7 284 066	8 057 780	8 139 908	8 022 950	7 503 521
工业增加值	万元	1 511 451	1 722 469	1 667 784	1 620 352	1 059 804
产品销售收入	万元	6 196 433	7 308 633	7 114 662	7 564 715	7 237 527
产品销售税金及附加	万元	20 564	37 087	33 819	35 013	23 715
利润总额	万元	450 068	494 037	479 396	249 231	-207 273
年末固定资产原价	万元	2 498 236	2 912 158	3 313 490	3 903 564	4 197 344
年末固定资产净值	万元	1 632 542	1 977 655	2 284 461	2 684 187	2 796 907
流动资产合计	万元	7 401 404	8 935 947	8 884 493	11 008 638	11 267 230
流动负债合计	万元	5 423 675	8 244 290	6 969 332	8 571 058	8 418 893
所有者权益	万元	1 972 179	2 462 250	4 270 114	4 921 803	4 918 298
全员劳动生产率	元/人	271 358	301 805	280 017	269 118	203 872

注:表中统计的7个企业是中国第一重型机械集团公司、中国第二重型机械集团公司、上海电气重工集团、中信重工机械股份有限公司、太原重工股份有限公司、大连重工·起重集团有限公司、北方重工集团有限公司。

市场及销售 2012年,大型铸锻件行业主要产品的产销量见表2。由表2数据可知,除金属轧制设备产销量有较大幅度的增长外,其余设备的产销量都大幅减少。金属轧制设备的产销量和起重设备的出口量比上年度有较大幅度增长的原因是上年度的比对数据较低。工矿配件(包括通用机械配件、重型矿山机械配件和电工电器配件)总的产销量虽然大幅降低,但出口量仍与2011年一样,保持着很大幅度的增长。就国内大型铸锻件行业的整体产能来看,绝大多数企业都处于订单严重不足的状态。

表2 2012年大型铸锻件行业主要产品产销量

产品名称	产量(t)	比上年增长(%)	销量(t)	比上年增长(%)	出口量(t)	比上年增长(%)
炼油化工设备	49 760	-36.2	43 075	3.8		
矿山设备	369 260	-10.9	345 026	-11.1	37 692	-26.5
冶炼设备	142 937	-15.7	137 286	-18.4	8 899	-32.4
金属轧制设备	237 443	75.1	187 799	17.0	18 421	380.0
起重设备	85 188	-41.4	86 001	-40.7	7 791	913.0
工矿配件	136 717	-36.7	124 405	-57.5	33 417	71.8

注:表中统计数据来自中国第一重型机械集团公司、中国第二重型机械集团公司、上海电气重工集团、中信重工机械股份有限公司、太原重工股份有限公司、大连重工·起重集团有限公司、北方重工集团有限公司。

科技成果及新产品 由于国内外市场竞争激烈，科研开发与技术创新能力成为企业存亡的重要因素。行业内各企业在进一步完善研发体系，着力提高科技创新能力方面都很下功夫，取得了较好成绩。据不完全统计，2012 年度，大型铸锻件行业共申请专利 270 余项。2012 年大型铸锻件行业部分科研项目获奖情况见表 3。

表 3 2012 年大型铸锻件行业部分科研项目获奖情况

项目名称	奖项名称	获奖等级	主要完成单位
大型合金钢锭及铸锻件缺陷与组织控制	国家科学技术进步奖	二等奖	中国第一重型机械集团公司
水泥窑纯低温余热发电成套工艺技术及装备	国家科学技术进步奖	二等奖	中信重工机械股份有限公司
核电机组特大型半速整锻转子锻件制造技术研究与应用	国家能源局科技进步奖	一等奖	中国第二重型机械集团公司
矿井提升智能恒减速电液制动系统	中国机械工业科学技术奖	一等奖	中信重工机械股份有限公司
绿色焊接技术研究及应用示范	中国机械工业科学技术奖	一等奖	中信重工机械股份有限公司
百万千瓦级大型核电蒸发器成套关键锻件研制	中国机械工业科学技术奖	二等奖	中国第二重型机械集团公司
3MW 风力发电增速机	中国机械工业科学技术奖	二等奖	大连华锐重工集团股份公司
550t/125t/150t/50t × 33m A6 锻造起重机	中国机械工业科学技术奖	二等奖	大连华锐重工集团股份公司
480t/80t 铸造起重机	中国机械工业科学技术奖	二等奖	大连华锐重工集团股份公司
600 吨级超大型钢锭研制及工程应用	黑龙江省科学技术奖	特等奖	中国第一重型机械集团公司
第三代核电 AP1000 主管道成套设备研制	四川省科技进步奖	二等奖	中国第二重型机械集团公司

中国第二重型机械集团公司成功研制出世界首台高温气冷堆核电示范工程蒸发器锻件；AP1000 三代核电主管道、稳压器波动管成功应用于海阳 1 号示范工程；完成了 AP1000堆芯补水箱模拟制造；石化容器自主设计、电站铸锻件精深加工取得突破；燃机锻件、新型矿渣立磨、海洋平台传动装置等新产品开发取得成效。

中国第一重型机械集团公司成功浇注了世界最大的 715t 特大钢锭；卧式辊磨机、伺服压力机投向市场；海水淡化、城市生活垃圾处理等项目正在积极开展首台（套）工程化工作；CAP1400 核电锻件、热轧复合板等重点科研项目正在推进中。

行业标准化工作 2012 年度，大型铸锻件标委会根据国标委和中国机械工业联合会的工作要求，通过广泛调研和大量细致的工作，按期完成了大型铸锻件专业领域“十二五”技术标准体系建设方案。该方案包括标准体系框架和体系表。体系框架包括大型铸锻件各个细分领域的技术标准体系框架，体系表包括现行标准、正在制定的标准以及“十二五”期间拟制定的标准，并对重要技术标准和一般标准进行了区分。

在标准制修订方面，完成了 2 项国家标准和 6 项行业标准的立项申报工作；20 项标准制修订工作正在进行中，完成了 12 项标准的复核和报批工作。

在标委会建设和管理方面，为了进一步提高标委会工作效率和标准编写质量，标委会组织委员和专家对标准编写的共性问题进行了讨论，印发了“大型铸锻件标准制修订共性问题处理规定”“大型铸锻件标准中断后伸长率表示方法的规定”，进一步规范标准编写，减少标准制定出现分歧的几率。秘书处还制定了标准化工作手册，加强标准制修订工作的过程管理，提高标准化工作质量。

在国家能源局的组织下，大型铸锻件行业多家企业作为主要制标单位编制了核电铸锻件标准，为我国核电标准体系建设做出了积极贡献。

基本建设及技术改造 经过“十一五”期间的大规模投资后，目前各企业基本没有新的大型基建和技改项目。

中国第二重型机械集团公司采取有力措施，加快推进在建急需的工程项目收尾工作，促进其尽快发挥投资效益。成都工程研究中心大楼具备入驻条件；德阳制造基地 80MN 快锻机等建成投产；镇江出海口基地一期大部分工程项目及二期部分工程项目已基本完成，其中核电容器厂房绝大部分设备、成套装备厂房大型机械加工设备已投入使用，长江码头具备试运营条件。

中国第一重型机械集团公司重点在热加工系统积极推进“专业化、自动化、信息化、流水化、绿色化”转型升级，完成了电极棒垂直铸机、铸造型砂自动冷却回收系统等规划项目的论证，并相继启动实施。完成了新型立式喷淬装置以及 60 余台大小型机床等设备的安装、调试及搬迁工作，建成了循环水处理系统、自动化立体库仓储系统。热加工锻造生产专业化、营销管理等信息化已相继实现。

上海电气重工集团正在建设临港重型装备基地，建成后的主要产品为 1 000MW 级以上核电设备、极端重工设备、大型船用曲轴及交通运输设备等大型机械设备。

太原重工股份有限公司天津临港重型装备研制基地一期重型装备厂房及配套设施建成投产；新建高速车轮生产线建成投产；炼铸钢系统投入试生产，锻造热处理系统调试基本完成，具备试运行条件。

中信重工机械股份有限公司齿轮箱重型装配跨工程、$800m^3$ 制氧机系统、中水回用及污水站改造等一批重点项目建成投用；16m 数控滚齿机、$\phi4.2m \times 18m$ 数控重型卧式车床、$\phi800mm$ 外圆磨床，以及 15m、18m 深孔钻机等重点机床完成安装调试，交付使用。

中原特钢股份有限公司启动了高洁净重型机械装备制造技术改造项目。该项目总投资约 10 亿元，项目主要包括新建炼钢车间一座、新增60t电炉1台。项目建成后,将形成年产30万t高品质特殊先进材料的生产能力。

对外合作及企业发展 2012年7月6日,中信重工机械股份有限公司成功登陆A股主板市场,募集资金31.99亿元。2012年8月28日,太原重工股份有限公司召开的第五届董事会第十次会议决定设立全资子公司——太原重工香港国际有限公司,该公司主要从事进出口业务和贸易。上海电气与西门子共同组建的风电合资公司已正式运营,正加紧3MW及6MW直驱风机产品的技术引进工作,以增强公司未来在海上风电领域的实力。

〔撰稿人:中国重型机械工业协会大型铸锻件分会肖红原 审稿人:中国重型机械工业协会大型铸锻件分会蒋新亮、陈海堤、孙海燕〕

基 础 件

减 速 器

行业发展及市场销售 2012年,国内经济发展速度整体趋缓,受此影响,减速机行业的发展也呈现整体回落态势,全行业企业均不同地程度出现了销售收入和利润下滑的现象。

冶金、风电、工程机械、煤炭及起重机等作为减速机产品的主要服务行业,2012年的市场均较为低迷,产品需求大幅下滑,使得行业生产厂家的销售业绩下降明显,个别对单一行业依赖度较大的企业甚至出现了亏损、库存增多和生产难以为继等十分严峻的局面。此外建材、电力行业在2012年需求也明显下降,但整体表现尚好于其他行业。基于国内经济发展现状及趋势的整体分析,预计这种状况仍将会持续一段较长的时间,行业企业也要积极转变思路,加快推进产品结构转型升级,同时采取“走出去”的发展战略,努力拓展海外市场,以便把局限于国内销售范围内的产能过剩转化为相对较为宽松及有利的局面。

表1列出的是传动件行业国内几家主要上市公司2012年度的经营业绩情况。

表1 2012年传动件行业主要上市公司业绩统计表

序号	公司简称	营业总收入(亿元)	利润(万元)	营业收入增长率(%)	利润增长率(%)
1	宁波东力	6.18	-5 450	-9.68	
2	杭州前进	16.80	6 855	-29.13	-54.08
3	中国高速	63.69	12 840	-10.60	-76.53
4	中船重齿	30.95	4 907	-35.30	-83.66

由表1可知,营业收入下降幅度较利润下降幅度小,说明行业产品销售价格下滑幅度更大。宁波东力公司出现亏损,另外二重集团精衡传动设备有限公司(二重精衡公司)和华锐重工的齿轮箱公司等也都出现较大幅度亏损。中信重工未公布传动件销售的具体业绩,但根据年报整体情况推断,减速机产品销售业绩表现尚好。

为进一步保持减速机行业的健康持续发展,行业企业应深入研究行业发展态势及市场变化情况,并应对以下问题予以充分关注:

(1)应研究国内经济总体的发展现状,适应各行业转型升级和调结构的需求,抓住战略性新兴产业发展带来的新的需求和机遇,强化产品创新和开发,积极研制新一代高性能高可靠性产品,以适应海洋工程、航空、军工、新能源及新型煤化工等行业对高端产品的需求,同时也提升企业自身的产品竞争力。

(2)应积极实施“走出去”战略,努力拓展国际市场。近几年国内减速机行业产能扩张十分迅速,国内有限市场已无法消纳如此大的产能,惟有采取走出去战略,才能化解行业产能过剩的危机,这将是包括减速机行业在内的国内诸多行业破解发展难题的必然选择。

(3)应推进行业企业的兼并重组,尽快形成几个有一定规模的龙头企业,以便在营造全球销售服务网络和技术开发创新上有更强的优势,同时也具有与国际上同类大型企业抗衡及竞争的实力。

技术改造及产品制造 2012年,行业企业技术改造工作仍在快速推进,行业装备水平又有了新的提升。

世界上最大规格的磨齿机——NILES 8m磨齿机,已在江苏常州天山重工机械有限公司完成安装、调试并投入使用。为配合NILES 8m磨齿机的应用,该公司还同时购置了格里森—普发特10m高速数控滚齿机和北一机12m落地车铣中心,进一步配套完善了相关加工设备。8m磨齿机的投入使用在传动件行业具有标志性意义,它必将对国内外大型齿轮产品的性能升级产生积极的促进作用。

由中航工业发动机控股有限公司计划斥资30亿元兴建的湖南南方宇航高精传动有限公司已初具规模。目前大规格、高精度的进口磨齿机、滚齿机及加工中心等数十台设备已陆续到位并投入使用,这标志着我国的传动件行业又增添了一家技术实力雄厚、生产装备精良的新成员,行业实力得到进一步增强。

湖南南方宇航高精传动有限公司依托的是多年从事航空齿轮设计开发及制造所积累的丰富经验,在高速齿轮传动、行星传动均载技术等方面有着明显的竞争优势。目前公司将定位于风电传动箱、发电设备齿轮箱、轨道交通设备传动箱、船舶齿轮箱及冶金齿轮箱等重载高端传动产品的设计制造,并已在相关领域取得了不凡的市场业绩。

江苏省金象传动设备股份有限公司斥资近2 000万元从德国购置的六轴五联动龙门式弧齿锥齿加工中心安装调试成功。该设备可进行多坐标的联动,加工表面形状复杂的零件,带有24刀刀库,有自动多种换刀或选刀功能,工件在一次装夹后,能对多个表面完成多种工序的加工,大大地提高了生产效率。该设备最大加工直径2 800mm,最大加工精度DIN5级。

此外,江苏省金象减速机有限公司年产320台的大型减速机技术改造项目也顺利通过了验收。为了实施好这次技术改造,该公司瞄准当代国际先进水平,坚持高起点,购置了如ZP20成形磨齿机等一批国际一流水平的加工设备,使企业的装备水平和产品水平同时跃上了新的台阶。在引进先进设备的同时,更注重技术和管理与之相适应,使软硬件配套。为了用好国际先进水平的数控成形磨齿机等设备,该公司还组织了相关人员赴德国考察学习。

二重精衡公司也引进了数控五轴联动加工中心,并利用该设备成功加工制造了首批4对渗碳淬火硬齿面弧齿锥齿轮,用于公司生产的立磨减速机、铝板轧机中的锥齿轮箱以及其他一些轧机中。

国内首个海洋平台提升试验项目——宏华海洋提升平台齿轮箱在二重精衡公司完成制造。宏华海洋提升平台齿轮箱项目是二重精衡公司2012年的一个重要项目。该齿轮箱作为海上钻井平台的主要传动设备,其所处的海洋环境非常恶劣,对其安全性要求极高,整个生产过程也需在美国ABS船级社船检认证下严格进行。

新产品开发 中国高速传动设备集团有限公司下属子公司南京高精齿轮集团有限公司自主研发制造的国内首台用于水泥球磨机主传动的功率分流式组合行星中心传动减速机成功试车。该减速机型号为FZX320,输入功率为3 200kW,输入转速为990r/min,输出转速为15.7r/min。

FZX320功率分流式组合行星减速机是水泥球磨机主传动减速机,它采用"输入级平行轴齿轮副+中间级差动行星齿轮副+输出级封闭行星齿轮副"的传动结构,由差动级行星转架与封闭级内齿圈共同输出转矩。FZX320减速机在设计中使用了"动力学建模仿真""有限元分析"等先进设计方法,以及多项自主研发的专利技术。该产品与传统中心传动减速机相比,具有结构紧凑、体积小、重量轻、传递能力大、安全可靠性高等一系列优点,同时由于FZX320减速机直接悬挂在球磨机上进行连接,不需使用联轴器,可以使磨机系统的工艺布置大为简化,市场前景良好。

由南京高精传动设备制造集团有限公司子公司南京高精船用设备有限公司承制的天津德赛海洋平台升降齿轮箱在船东及ABS验船师现场验证下进行了超负荷试车及拆检。经过两倍超负荷试车,所有数据完全满足用户各项设计要求与负载要求,并通过了ABS现场认证。该海洋平台升降齿轮箱负荷试车的成功,标志着南高齿在海洋工程装备行业这一重大战略领域取得了实质性的突破,也是ABS海洋钻井平台新规范自2013年1月1日开始实施以来全球第一家通过型式认证的制造企业。

该海洋平台升降齿轮箱包含多级行星齿轮结构,具有大速比、超大转矩及齿轮超大模数的特点,属于海洋石油自升式平台的传动产品,此前一直由国外公司设计生产,也属于我国高端装备制造业"十二五"规划的范围,产品结构复杂,可靠性及关键零件精度要求极高,材料特殊,整机性能要求高。在研制过程中,南京高精船用设备有限公司成立了专门的研发团队,围绕齿轮箱的技术要求作了充分的技术准备,同时按照ABS的最新版规范进行质量控制,在毛坯采购、工艺编制、加工制造、热处理控制等关键工序上都通过了ABS的认证。

由中船集团重庆齿轮箱有限责任公司(中船重齿公司)自主研发生产的5MW海上风力发电增速齿轮箱成功下线。齿轮箱设计按照GL规范,吸收了中船重齿公司10多年来风电齿轮箱的设计、制造、运行经验。行星传动采用了多分流技术,使齿轮箱具备了结构紧凑、体积小、重量轻等优点;同时,该齿轮箱配备了电驱动慢速盘车装置,提高了齿轮箱的可维性和可操作性。

矿用减速器是煤炭开采井下工作面输送设备的主要辅机,使用环境恶劣,对工况要求苛刻,其运行性能优劣直接影响到煤炭的开采效率。近年来,随着国家大型煤炭基地建设步伐的加快,对1 000kW以上大功率矿用减速器的市场需求量不断增加,国际上知名的减速器企业陆续进入国内市场,几乎垄断了国内市场的高端需求。

针对这一市场需求,宁夏天地奔牛实业集团有限公司在借鉴国内外减速器制造先进技术的基础上,组织精干力量开展了大功率矿用减速器制造技术开发与产业化研究,相继成功研制出1 000kW、1 300kW、1 600kW等多种规格的矿用减速器产品。其中,1 600kW矿用减速器填补了该领域国内空白。目前该公司在银川建设的减速器制造基地已投入生产,形成了年产矿用和起重机减速器2 000台的规模化生产能力。

锻造操作机是锻压机组中最重要的辅机,是锻造车间实现锻造机械化与自动化的重要设备。它主要用于夹持锻件来配合压机完成锻造作业,其工作特点是冲击载荷大、惯性大、自由度多、工况恶劣。锻造操作机分为全机械式、全液压式、机械液压混合式等多种驱动形式,所用减速机有钳杆旋转减速机和大车行走减速机两种。由于种种原因，国内一直没有适用的锻造操作机减速机系列产品。为满足国内用户的实际需要，从2007年60t锻造操作机减速机的开发及投入使用开始，截至目前，中国重型机械研究院股份公司已开发了用于10t～300t等多种规格锻造操作机的专用减速机系列产品。目前，多个规格的产品已投入应用，总体使用情况良好。

中船重齿公司海洋工程多功能船用离合齿轮箱在国内率先突破了海洋工程船用离合齿轮箱的关键技术，拥有授权发明专利4项、实用新型专利11项。中船重齿公司研发了高速、低发热摩擦离合器的新型油路结构，多种齿轮箱压力集成阀以及初级润滑油和次级工作油组合模式的船用离合齿轮箱油路系统，提出了多工况下油路系统压力和流量匹配技术以及调压曲线和阻尼孔优化技术，有效地减小了离合器接排冲击，确保润滑油温和压力稳定，实现多离合器切换及并车运行的操纵平稳性要求。

科技成果与标准　2012年，传动基础件行业共有十余项科研成果获科技进步奖。这一空前的成绩充分说明了传动基础件行业科研开发工作的活跃和所受到的重视，也展示了行业发展的勃勃生机和光明前景，这必将对传动件行业的发展起到积极的推动作用。2012年传动基础件行业获奖项目见表2。

表2　2012年传动基础件行业获奖项目

序号	获奖项目名称	获奖单位	奖励类别
1	高精度弧齿锥齿轮数控加工关键技术与成套装备	天津大学、天津第一机床总厂	中国机械工业科技进步奖一等奖
2	大型齿轮控形控性制造关键技术及应用	上海振华重工有限公司、上海交通大学	上海市科技进步奖一等奖
3	3MW风力发电增速机	大连华锐重工集团股份有限公司	中国机械工业科技进步奖二等奖
4	起重机用硬齿面减速器系列研制	北京起重运输机械设计研究院	中国机械工业科技进步奖二等奖
5	弧齿锥齿轮的数字化设计理论与制造技术	河南科技大学	中国机械工业科技进步奖二等奖
6	轿车齿轮成形工艺与模具制造关键技术及应用	江苏太平洋精锻科技股份有限公司	中国机械工业科技进步奖二等奖
7	海洋工程多功能船用离合齿轮箱关键技术研究及应用	重庆齿轮箱股份有限公司	海洋工程科学技术奖二等奖
8	H2000C/G数控弧齿锥齿轮铣/磨齿机	哈尔滨量具刃具集团有限责任公司	中国机械工业科技进步奖三等奖
9	外制动回转差动行星齿轮箱	中国重型机械研究院股份公司	中国机械工业科技进步奖三等奖
10	倾角传动齿轮箱的理论研究和产业化攻关	杭州前进齿轮箱集团股份有限公司	中国机械工业科技进步奖三等奖

此外，中国第二重型机械集团公司新开发的“多点边缘传动特大型新型立磨成套设备研制”项目采取了多点及外置形式，便于采用大功率驱动，也方便设备检修及易损件更换，为国内立磨机大型化创造了条件。

由郑州机械研究所和重庆齿轮箱股份有限公司等单位起草的《齿轮装置噪声评价》《齿轮接触（点蚀）强度计算》和《通用齿轮装置型式试验方法》3项国家标准和《风力发电机组变桨齿轮箱》《风力发电机组偏航齿轮箱》两项行业标准顺利通过了全国齿轮标准化技术委员会的技术性审查。

由中国重型机械研究院股份公司、江苏金象传动设备股份有限公司、浙江通力重型齿轮股份有限公司等单位联合起草的《行星齿轮减速器》《锥面包络圆柱蜗杆减速器》《圆弧圆柱蜗杆减速器》也顺利通过了全国冶金设备标准化技术委员会的技术性审查。

技术交流　由重型基础件分会及《重型机械》杂志社共同组织的“重型机械科技论坛”暨2012年重型基础件分会工作会议在秦皇岛成功举行。参加这次会议的有来自全国各地重型机械行业产、学、研、用等单位的代表70余人。会议上中国重型机械工业协会李镜常务副理事长对重型机械行业的发展现状及走势进行了分析，指出重型机械行业要认清形势，做好应对行业整体发展态势还将会低迷较长一段时间的思想准备，并积极采取相应的应对措施。

江苏金象传动设备股份有限公司、浙江通力重型齿轮股份有限公司、杭州杰牌传动科技有限公司及咸宁三合机电制造业有限责任公司等单位分别就各自企业在新产品及新工艺开发、企业发展现状等进行了交流。尽管也存在许多困难，但上述企业在不同的方面取得了一定的成绩。其中杭州杰牌传动科技有限公司多年来一直坚持出口为主导及服务行业多元化的市场策略，2012年合同订单不仅没有下降，反而有明显增长。咸宁三合机电制造业有限责任公司积极开发新型启闭机，很好适应了国内近几年大力开展水利工程建设的需要，使企业获得了发展的先机。这些均为行业企业提供了宝贵的借鉴经验。

会议还听取了关于先进齿轮制造技术发展现状的报告，这对促进行业技术进步和产业及产品性能升级将有着积极的意义。

参加这次会议的代表不仅有来自中国重型机械工业协会重型基础件分会的成员企业及其他配套企业，同时还有来自重型机械行业设备制造企业、科研院所和高等院校，因此这也是一次重型机械行业产、学、研、用相结合的交流盛会，是强化行业技术及信息交流，丰富协会活动内容的有益探索。主机企业可借此机会介绍对相关配套产品的要求，配套企业也可借此机会充分了解市场需求，寻求新产品开发方向，并宣传介绍已有的产品。科研院所及高校也可借此机会积极寻求与产业的结合点及合作伙伴。参会各方充分利用这次机会，积极参加交流宣传，以共同推动我国重型机械行业的进一步发展。

〔撰稿人：中国重型机械工业协会重型基础件分会赵玉良
审稿人：中国重型机械研究院股份公司晁春雷〕

制 动 器

中国重型机械行业中的制动器分行业主要是为起重运输机械、冶金矿山机械、风力发电机械、港口机械等提供配套制动器产品的专业行业。2012年在我国钢铁、水泥、有色金属等行业产能严重过剩、市场需求萎缩,风电行业全面技术整顿的严峻形势下,工业制动器行业出现了负增长。

生产发展情况 2012年,我国整个制动器行业生产企业数为150个,较上年减少20个。2012年制动器行业主要经济指标完成情况见表1。

表1 2012年制动器行业主要经济指标完成情况

指标名称	单位	实际完成
企业数	个	150
工业总产值	万元	147 692.38
工业增加值	万元	28 781.57
主营业务收入	万元	123 987.24
产品销售税金及附加	万元	1 671.51
利润总额	万元	5 869.60
年未固定资产原价	万元	100 159.35
流动资产净值平均余额	万元	164 665.59

2012年,制动器行业工业总产值同比下降3.71%,主营业务收入同比下降12.55%;利润总额同比下降48.83%。主营业务收入和营业利润下降的主要原因:一是制动器主要的上游市场需求大幅度下降,如钢铁、煤炭、港口、矿山等均出现需求萎缩、订单下降的局面。二是风力发电行业,自2011年下半年开始持续了近一年的全面技术整顿,使整个风电制动器2012年前8个月合同几乎为零。三是行业主要企业——焦作制动器股份有限公司主营业务收入和营业利润大幅下滑,拉动整个行业收入和利润水平的下滑。值得一提的是,江西华伍制动器股份有限公司在市场需求下降的宏观形势下,调整产品结构、加强内部管理,2012年利润总额比上年增长一倍。2012年制动器行业主要企业主营业务收入和利润情况见表2。

表2 2012年制动器行业主要企业主营业务收入和利润情况

序号	企业名称	主营业务收入(万元)	利润(万元)
1	江西华伍制动器股份有限公司	31 401	3 663
2	焦作制动器股份有限公司	15 403	-3 611
3	天水长城控制有限责任公司	12 466	402
4	焦作市长江制动器有限公司	10 987	2 302
5	上海伯瑞制动器有限公司	5 730	430
6	焦作市制动器开发有限公司	5 193	487
7	沈阳市起重电器机械厂	3 347	330
8	焦作市江河制动器有限公司	1 200	10
9	焦作市虹发制动器有限公司	1 000	50
10	焦作起重控制电器厂	800	50

2012年制动器行业的主要特点:

(1)整个行业在冶金、煤炭及矿山等行业产能过剩、需求下降的压力下,积极寻求突破、转型升级。一是调整产品结构,开发新用户行业和新市场。行业主要企业积极进军汽车、高速列车、工程机械和石油等行业,开发汽车电子、工程车辆和石油机械制动器等产品,寻求更加广阔的市场空间。二是加大研发力度,提高产品档次,努力实现产品的智能化、模块化和节能环保。行业主要企业开发了在港口机械、大型皮带输送机等多种设备上使用的智能型制动器,开发了3~5MW的大型风机用风电制动器等多种新产品。江西华伍制动器股份有限公司新承担并完成省级重点新产品计划3项,其中"智能化工业制动器"项目经行业专家评议会评审:"项目技术与水平属国内外首创,关键技术达到了国际先进水平"。"高可靠安全制动器"等3项新产品荣获江西省优秀科技新产品。三是优胜劣汰的效果开始显现。一些产品档次低、质量差的小微型企业,纷纷关门或转产,行业企业总数减少至150个,减少了20个。

(2)重视自主知识产权和创新。据不完全统计,全行业2012年共获得专利21项。其中焦作制动器股份有限公司新获得专利6项,累计获得专利已超过52项。江西华伍重工股份有限公司新获得专利7项。全行业省级高新技术企业累计达到2家,省级创新型企业2家,省级工程技术中心3家,国家认可实验室1家。焦作制动器股份有限公司荣获国家工商总局颁发的"守合同、重信用"企业;鉴于该公司重视研发和人才工作,国家人力资源和社会保障部及国家博士后管理委员会批准该公司为"博士后工作站"设站单位。

产量及产品结构 2012年全行业制动器总产量为289 221台(不含推动器),比上年的359 573台下降19.56%。推动器(单独销售)产量101 113台,比上年的169 096台下降了40.20%。从产品结构上看,电力液压块式制动器还是主导产品,产量比上年下降25.61%;盘式制动器37 716台,比上年的28 360台增长了32.99%,特别是液压盘式制动器逆势增长,比上年增长232%。盘式制动器与鼓式制动器相比,具有制动面积小、制动力矩大等诸多技术优势,价格相对较高。液压盘式制动器已逐渐被市场接受,使用范围逐步扩大,使用量逐步提高。2012年制动器行业分类产品产量见表3,2012年制动器行业主要企业产品产量见表4。

表3　2012年制动器行业分类产品产量

产品名称	产量(台)
电力液压块式制动器	236 345
电力液压盘式制动器	16 343
直流电磁块式制动器	11 829
交流电磁块式制动器	3 331
气动盘式制动器	2 625
液压盘式制动器	17 523
电磁盘式制动器	1 225
双推杆推动器	50 634
单推杆推动器	50 479
合　计	390 334

表4　2012年制动器行业主要企业产品产量

序号	企业名称	产量(台)
1	焦作制动器股份有限公司	55 794
2	焦作市长江制动器有限公司	44 631
3	江西华伍制动器股份有限公司	40 850
4	焦作市制动器开发有限公司	27 930
5	沈阳市起重电器机械厂	27 449
6	焦作市江河制动器有限公司	15 000
7	焦作市银星制动器有限公司	11 300
8	焦作市虹发制动器有限公司	10 013
9	焦作起重控制电器厂	8 000
10	天水长城控制有限责任公司	5 350

〔撰稿人:中国重型机械工业协会传动部件专业委员会郭希文　审稿人:中国重型机械工业协会徐善继〕

油膜轴承

生产发展情况　随着2000年之后钢铁行业井喷式发展,我国成为世界第一产钢大国,也是全球最大的钢铁消费市场。但是产能过剩的问题也凸显出来。2012年受国内钢铁行业调控的影响,新建项目减少,而油膜轴承备件需求基本持平,使得整个轧机油膜轴承行业销量较2011年下降约10%。

油膜轴承作为轧机系统中关键的部件,具有摩擦系数低、承载能力大、结构尺寸紧凑、速度范围宽及使用寿命长等优点。随着对油膜轴承润滑理论的深入研究,通过对轴承油膜厚度计算,在轧制过程中的油膜厚度补偿控制,有助于进一步地提高板材的轧制精度。目前在国内各类冷、热轧机的油膜轴承广泛采用无键薄壁锥套结构、双止推全对称结构、新型脚型密封装置、在线温度监控装置、液压锁紧机构等先进技术和装备,使用中反映良好。

油膜轴承能否安全、高效、连续地运行,取决于从设计制造到使用维护多个环节的工作质量。保持一定的油膜厚度是油膜轴承稳定运行的必要条件,这与轧机轧制制式、轧机内轴承的装配精度、轴承制造精度、润滑油及润滑系统密切相关。对于轴承的故障诊断,必须依据当时的工作条件,结合上述因素综合分析。油膜轴承失效形式包括:异常磨损、划伤、锈蚀、片状剥落、塑性流动、龟裂、烧熔、规则裂纹及边缘磨损等。

由于国内新上项目减少,油膜轴承行业内企业已逐渐从设备制造商向具有研究设计、设备制造、运行指导、咨询培训及故障诊断等能力的研制服务型企业转变。随着钢铁工业技术的进步,油膜轴承在润滑机理、加工工艺、材料和结构形式方面都在不断地改进和完善,尤其是与其配套的润滑系统、润滑方式、润滑管理和油液分析、监控监测等领域都在不断发展和进步,今后应加大油膜轴承的科技投入和研究开发力度,大力培养专业技术人才。加强科研设计制造单位、大学院所和用户之间的信息交流和合作也是油膜轴承技术发展的保证。

太原重型机械集团公司(太重集团)是我国唯一从事轧机油膜轴承基础研究、设计制造的专业企业。自20世纪50年代成功研制出第一套轧机油膜轴承开始,先后为国内各种热连轧机组、冷连轧机组、宽厚板轧机、高速线材轧机设计制造了数千套动压、静－动压油膜轴承。1999—2008年间,经多次技术改造,研发能力和制造能力显著提高,产品各项性能指标达到国际先进水平。

2012年,太重集团油膜轴承继续着自己的“保品牌,做精做强”目标,在保持国内市场占有率不降低的同时,加大力度开拓国际市场。“十二五”期间国内粗钢消费量预计达到8亿t,新上项目不会太多,钢铁行业主要对现有的落后产能进行淘汰或者升级改造,由粗放式增长方式向集约型转变。国内现在还有很多运行多年的老旧轧机,其轴承的承载能力、运行精度及生产效率等方面已不能满足现代轧制规范要求,要求进行升级改造。攀钢1450、太钢1549热连轧机油膜轴承,改造后提高了轴承的承载能力。八钢1420冷连轧机油膜轴承,改造后提高了轴承低速运行下的承载能力,改善了密封性能。南阳汉冶、河北恒通原麦斯塔圆柱型轴承,改造后承载能力、密封性能、装拆效率均得到提高。济钢中板、鞍钢中板、兆顺中板对原支承辊滚动轴承结构改造为油膜轴承,提高了轧机的整体性能。

为了用户能更好地使用油膜轴承,行业通过培训班和技术交流会等多种形式向用户宣传油膜轴承技术。太重派有丰富经验的售后人员定期走访用户,了解产品的使用情况,及时解决轴承运行中出现的故障。用户及时将有关信息反馈给太重,建立起双向交流渠道,运用科学的管理体系和手段,将轴承使用好。同时太重还组织编写了《轧机油膜轴承清洗、安装、维护、使用规程》《轧机油膜轴承润滑油使用规范》《轧机油膜轴承名称术语规范》《轧机油膜轴承技术培训教材》A级和AA级。

产品分类产量、市场及销售　轧机油膜轴承按润滑原理可分为动压油膜轴承和静－动压油膜轴承;按轴承锥套结构可以分为长键油膜轴承、短键油膜轴承、无键油膜轴承及无键薄壁油膜轴承。油膜轴承的结构按锁紧方式可以分为机械快速锁紧结构、液压缸快速锁紧结构、移动液压快速锁紧结构；按止推轴承的形式可以分为单止推结构和双止推结构。

2012年，行业凭其出色的技术能力、先进的加工设备及工艺、完善的售后服务体系等多方位综合能力，继续保持国内80%以上的市场占有率，满足了国内各类轧机的需要。另外国外一些油膜轴承制造企业如VAI、DANIELI等也进行一些轴承备件供应和修复业务。

2012年国内有12条轧机线在建，主要有包钢2250热连轧机、南钢4700宽厚板轧机、燕山钢铁1780热连轧机、泰山钢铁1800炉卷轧机扩建及金堆成1780钼板轧机等。同时梅钢1780热连轧机、北海诚德1450热连轧机、唐山港陆1500热连轧机、滨海金属4300宽厚板轧机等共计27个机架油膜轴承投入运行。并且完成了对太钢1549热连轧机F1－F2机架的改造，为国内老旧轧机升级改造提供了成功的经验。改造截至2012年年底，全国已建使用油膜轴承的轧机机架数达到605个，其中热轧宽带钢轧机机架422个，中宽厚板轧机机架116个，冷轧带钢轧机机架67个。2012年油膜轴承行业主要产品产量和出口交货值见表1。

表1　2012年油膜轴承产品产量和出口交货值

产品名称	产量		出口额	
	数量（t）	比上年增长（%）	数量（万元）	比上年增长（%）
油膜轴承	7 917.48	－16.1	1 210	2.3

科技成果及新产品　太重集团拥有国家级技术中心、轧机油膜轴承研究所和机械工业油膜轴承实验室等，同清华大学、吉林大学、上海大学、上海交通大学、西安交通大学、太原科技大学等大学院校科研机构联合，不断进行新技术、新材料方面的探索，对轧机油膜轴承的原理进行深入的研究。

机械工业轧机油膜轴承工程实验室依托太重集团技术中心和油膜轴承分公司，经过两年多的建设，于2011年5月通过了中国机械工业联合会专家组验收，正式挂牌。该实验室可实现模拟轧机轴承的在线运行，对动压油膜轴承的油膜厚度、油膜压力、流量等参数进行在线测定，可深入润滑机理的研究和油膜厚度的研究，以及轴承结构的改进、油膜轴承现场运行监测、冷轧机用油膜轴承的研制及其他领域油膜轴承的开发与应用等，为油膜轴承结构及性能改进提供实验和理论保证。

2012年，太重集团为南钢4700宽厚板轧机设计制造了目前世界上承载能力最大的油膜轴承。该轴承的工作直径为1 670mm、高度1 452mm，单个轴承的额定载荷达到6 588t，可满足5 500mm轧机使用。该套油膜轴承采用了当今世界上最先进的技术，在产品结构、制造精度等方面，均达到或超过目前国外同类产品水平。它的试制成功标志着我国在油膜轴承设计、制造水平方面实现了新的突破，而且为国内油膜轴承的发展开辟了更加广阔的市场。2012年油膜轴承行业新产品新技术开发项目见表2。

表2　2012年油膜轴承行业新产品新技术开发项目

项目名称	主要技术性能
包钢2250热连轧机油膜轴承	油膜轴承直径：955mm、1 166mm、1 115mm 轧制压力分别为35 000kN、55 000kN、50 000kN
南钢4700宽厚板轧机油膜轴承	油膜轴承直径：1 670mm 轧制压力为100 000kN
燕山钢铁1780热连轧机油膜轴承	油膜轴承直径：875mm、1 030mm 轧制压力分别为30 000kN、42 000kN
唐山港陆1500热连轧机油膜轴承	油膜轴承直径：1 030mm 轧制压力为40 000kN
泰山钢铁1800炉卷轧机F1－F3油膜轴承	油膜轴承直径：1 127mm 轧制压力为45 000kN
北海诚德1450热连轧F8机架轧机油膜轴承	油膜轴承直径：1 065mm 轧制压力为43 000kN
吉林建龙1450热连轧F6机架轧机油膜轴承	油膜轴承直径：1 026mm 轧制压力为40 000kN
金堆成钼业1780钼板热轧油膜轴承	轴承工作直径：1 115mm 轧制压力为51 325kN

注：表中仅收录太原重型机械集团有限公司的资料和数据。

质量和标准　太重集团在中华人民共和国机械行业标准JB/T 9049—1999《轧辊油膜轴承》的基础上，对原标准进行了修订，率先在国际同行业中制定了A、B、C、D四个系列的标准，并对主要部件寿命进行了补充和调整。新标准JB/T 9049—2007《轧辊油膜轴承》规定了轧辊油膜轴承的结构形式、基本参数、技术条件、试验方法、标志、包装、运输及储存，其参数系列可以满足国内外各种规格轧机的要求。新标准与国内外轧机相关部件的接口性好，为我国轧辊油膜轴承进一步走向世界创造了有利条件。

对外合作　太重集团油膜轴承已远销到哈萨克斯坦、南非、德国、意大利、日本、印度、越南、泰国、巴西及罗马尼亚等国家，并成功为越南、泰国及印度等国家提供成套油膜轴承。

〔撰稿人：中国重型机械工业协会油膜轴承分会杨汇荣　审稿人：中国重型机械工业协会油膜轴承分会杨国庆〕

润滑液压设备

生产发展情况　2012年，润滑液压设备行业受市场需求下滑的影响，行业内企业的订单下降，盈利能力降低。由于润滑液压设备行业的企业多数为中小型企业，企业自身发展能力不足,但是润滑液压设备行业企业能够克服企业内部自身困难,以市场为导向,增强科技创新能力建设,提升核心竞争力;加快产业结构调整和产业转型升级;克服困难,加快产品结构调整,加大新产品的开发力度,扩大产品的应用领域,提高产品的技术含量;扩大企业的市场占有率,行业保持了平稳健康发展态势。润滑液压设备作为机械产品,特别是大型、成套机械产品不可缺少的主要配套产品,其应用领域和需求量不断地增长。2012年,润滑液压设备行业工业总产值23.85亿元,较2011年下降2.05%,产品销售收入21.26亿元,较2011年增长6.54%,产品出口额1 473.66万美元,较2011年增长99.89%。2012年润滑液压设备行业34家主要生产企业主要经济指标完成情况见表1。

表1 2012年润滑液压设备行业(34家主要生产企业)主要经济指标完成情况

指标名称	指标单位	实际完成	比上年增长(%)
工业总产值(当年价)	万元	238 500	-2.05
工业增加值	万元	47 599	4.15
产品销售收入	万元	212 581	6.54
产品销售税金及附加	万元	4 746	-5.20
利润总额	万元	13 204	5.33
年末固定资产原价	万元	66 837	7.91
年末固定资产净值	万元	48 253	13.17
流动资产合计	万元	153 221	9.90
流动资产平均余额	万元	127 656	0.052
流动负债合计	万元	97 550	0.73
流动负债平均余额	万元	85 561	1.30
所有者权益	万元	83 550	2.46
全员劳动生产率	元/人	102 145	2.23

注:表中全员劳动生产率(元/人)是按当年工业增加值和企业人数计算的。

润滑液压设备行业主要生产企业有:太原矿山机器润滑液压设备有限公司、四川川润股份有限公司、常州市华立液压润滑设备有限公司、启东润滑设备有限公司、上海澳瑞特润滑设备有限公司、南通市南方润滑液压设备有限公司、启东市南方润滑液压设备有限公司、上海润滑设备厂有限公司、四平维克斯换热设备有限公司、启东中冶润滑设备有限公司、启东安升润滑设备有限公司、启东丰汇润滑设备有限公司、温州市三丰润滑设备制造有限公司、江苏澳瑞思液压润滑设备有限公司、沈阳市北方润华冷却设备有限公司、温州市龙湾润滑液压设备厂、北京中冶华润科技发展有限公司、大连华锐股份有限公司液压装备厂、沈阳市北方润滑设备制造有限公司、淄博九洲润滑科技有限公司、温州中合润滑设备制造有限公司、沈阳市大金润滑设备厂、苏州宝宇液压设备制造有限公司、四平市隆百洲机电科技有限公司、沈阳三丰液压润滑设备有限公司、江苏恒泰自动化润滑设备有限公司、美润思(北京)科技有限公司、浙江镇南精工机械有限公司、宁波盛发液压有限公司,黄山工业泵制造有限公司、陕西中润液压设备有限公司、淄博市博山润丰油泵厂、南通市博南润滑液压设备有限公司、泰州市远望换热设备有限公司。

产品分类产量 按照使用领域的不同,润滑液压设备分为润滑产品和液压产品两大类。润滑产品又根据使用介质的不同和润滑部位的不同分为稀油润滑、干油润滑、油气润滑、工艺润滑和喷射润滑五大部分。液压产品主要有斜轴式轴向柱塞泵、径向柱塞马达、乳化液泵装置、冶金设备液压系统、综合采煤机液压元件和系统及液压缸等。各主要生产企业在面对市场的同时,积极提高企业核心竞争力,增强企业的科技创新能力,以市场为导向,积极开拓市场,企业的主导产品产量较2011年有一定幅度的增长,个别产品类型有一定幅度的下滑。2012年润滑液压设备行业主要产品生产及销售情况见表2。

表2 2012年润滑液压设备主要行业产品生产及销售情况

产品名称	数量单位	产量	产量比上年增长(%)	产值(万元)	产值比上年增长(%)	销量	销量比上年增长(%)	销售额(万元)	销售额比上年增长(%)
稀油站(系统)	台(套)	8 535	-9.24	87 300	-12.84	7 664	-12.24	77 885	-5.96
干油站(系统)	台(套)	15 443	-6.02	17 365	-11.2	13 361	-6.75	16 653	-7.09
冷却器	台	8 406	6.33	33 126	8.11	7 556	9.30	29 839	10.41
干油分配器	块	148 760	-4.70	7 821	-3.53	145 862	5.38	7 664	-4.23
油气润滑系统	台(套)	436	11.50	4 230	8.46	409	11.84	4 177	13.35
工艺润滑站(系统)	台(套)	116	36.47	44 647	4.86	81	47.27	35 761	32.24
液压站(系统)	台(套)	1 278	16.28	23 631	10.35	1 066	17.66	19 637	15.47
液压柱塞泵	台	3 653	96.92	4 673	60.25	2 531	62.45	4 066	68.78
其他润滑液压产品	台(套)	11 764	28.42	11 131	10.97	10 235	21.59	12 533	26.78
液压缸	套	2 465	23.55	4 576	9.23	2 455	19.11	4 366	17.30
合计				238 500				212 581	

市场及销售 2012 年，润滑液压设备生产企业加快产品结构调整，积极提高企业核心竞争力，增强企业的科技创新能力，加大新产品的开发力度，扩大产品的应用领域，提高产品的技术含量，扩大企业的市场占有率。主营业务向相关产业延伸，积极开拓国外市场，使企业转型升级能力进一步加强。2012 年，润滑液压产品的订货量较 2012 年有所下降，销售量较 2012 年呈上升趋势，其销售量较 2012 年增长 6.54%，各类润滑产品较上年都有一定幅度的增长，基本保证了润滑液压设备行业的健康发展。

润滑液压设备产品进出口 2012 年，由于国际市场的整体疲软，润滑液压设备行业随主机配套的出口量减少，零部件出口增加，2012 年总体出口量较 2011 年增长99.89%，2012 年进口额相比 2011 年下降了 3.90%，2012 年进出口额贸易呈逆差。2012 年润滑液压设备产品进出品情况见表 3。

表 3 2012 年润滑液压设备产品进出口情况

产品名称	单位	进口量	进口金额（万美元）	产品名称	单位	出口量	出口金额（万美元）
过滤器、净油机、变送器	件	1 160	178.88	稀油站	套	235	412.66
各类冷却器	台	37	172.38	高低压油站	套	12	162
各类润滑泵	台	313	148.35	液压系统	套	24	481
各类控制阀	台	1 507	468.26	冷却器	台	21	43
各类仪器仪表	套	9 518	536.3	管路附件	件	1 300 000	375
合 计		12 535	1 504.17	合 计		1 300 292	1 473.66

基本建设和技术改造 2012 年，各润滑液压设备生产企业依据企业自身发展、产品发展和行业发展的情况，加大基本建设和技术改造投入，项目投产后润滑液压行业的整体技术水平、装备水平将有明显的提高。2012 年润滑液压设备行业企业固定资产投资情况见表 4。

表 4 2012 年润滑液压设备行业企业固定资产投资情况

企业名称	固定资产投资（万元）	其中：基本建设投资（万元）	其中：技术更新改造投资（万元）
苏州宝宇液压设备制造有限公司	48	29	19
常州华立液压润滑设备有限公司	2 460		2 460
淄博市博山润丰油泵厂	45	22	23
浙江镇南精工机械有限公司	850	620	230
博淄市博山精润润滑设备厂	92	55	37
上海润滑设备厂有限公司	282	190	92
启东丰汇润滑设备有限公司	191	102	89
南通市南方润滑液压设备有限公司	248	75	173
江苏恒泰自动化润滑设备有限公司	300	208	92
陕西中润液压设备有限公司	120	50	70
合计	4 636	1 351	3 285

新产品开发和新技术的应用 润滑液压产品已成为机械产品，特别是大型机械产品不可缺少的主要配套产品。主机对润滑效果和润滑液压功能的要求不断提高，促进了各主要生产企业的技术发展，各企业补充了必要的精密加工设备、检测设备、试验设备和辅助设备，润滑液压产品正在向智能控制、数字控制、专业化生产方向发展。南通市南方润滑液压设备有限公司开发的可控式辊压机液压系统获得江苏省中小企业发展专项项目奖，上海润滑设备厂有限公司开发的列管式冷却器获得上海市科技奖银质奖，启东丰汇润滑设备有限公司开发的智能润滑系统获得江苏省高新技术奖。这些新产品新技术为企业发展增加了后劲。2012 年润滑液压设备新产品新技术获奖开发项目见表 5。

表 5 2012 年润滑液压设备新产品新技术获奖开发项目

单位名称	项目名称	奖项名称	获奖等级	完成时间
南通市南方润滑液压设备有限公司	可控式辊压机液压系统	江苏省中小企业发展专项项目、江苏省专精特新产品项目	省级	2012.02
上海润滑设备厂有限公司	列管式冷却器	上海市科技奖银质奖	省(市)级银质奖	2012.09
启东丰汇润滑设备有限公司	智能润滑系统	江苏省高新技术奖	省级	2012.07

〔撰稿人：中国重型机械工业协会润滑液压设备分会徐郁林　审稿人：中国重型机械工业协会润滑液压设备分会郝尚清〕

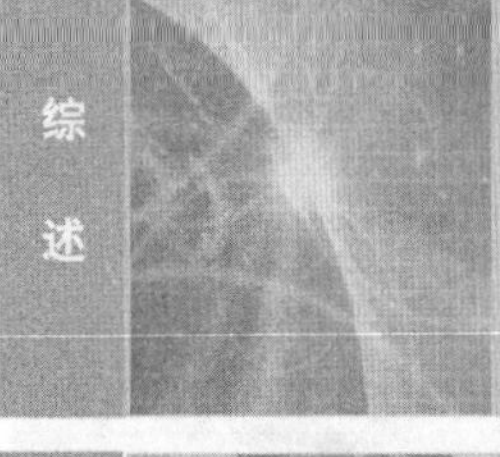

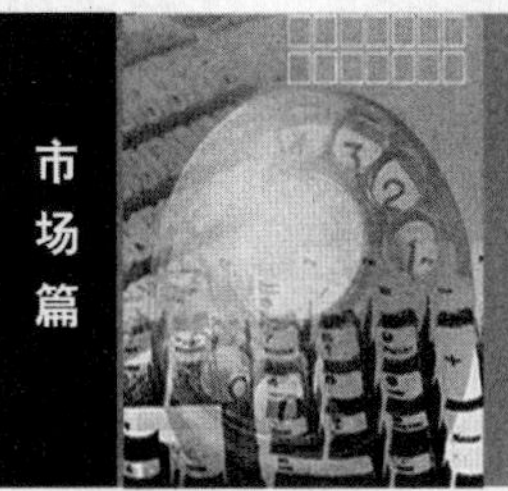

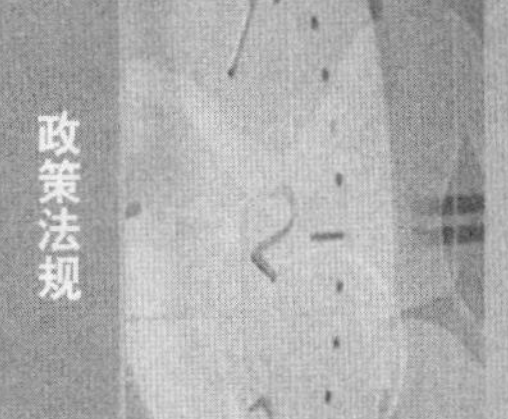

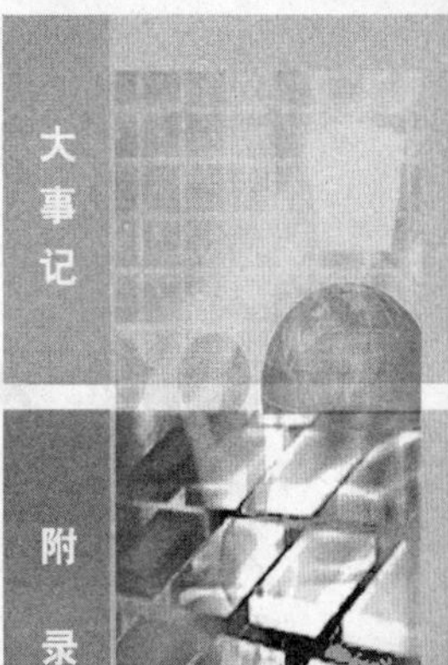

分析冶金机械、矿山机械、物料搬运机械国内、国外市场情况

It analyzes international and domestic market situations concerning metallurgical machinery, mining machinery, material hoisting and handling machinery

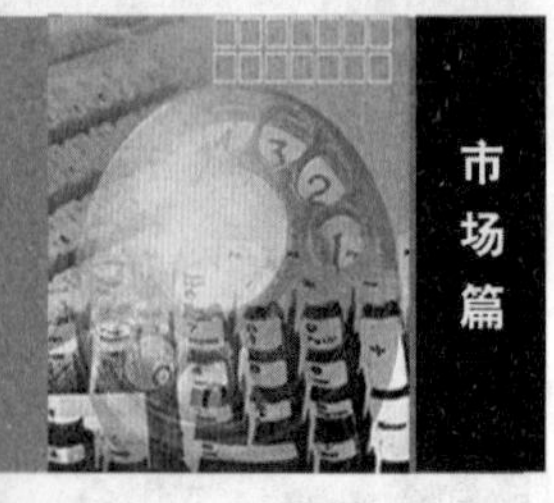

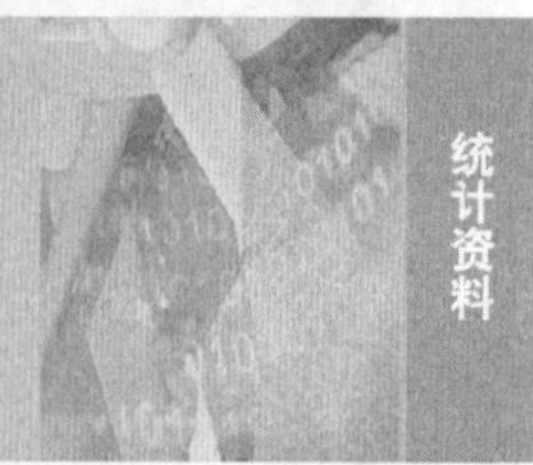

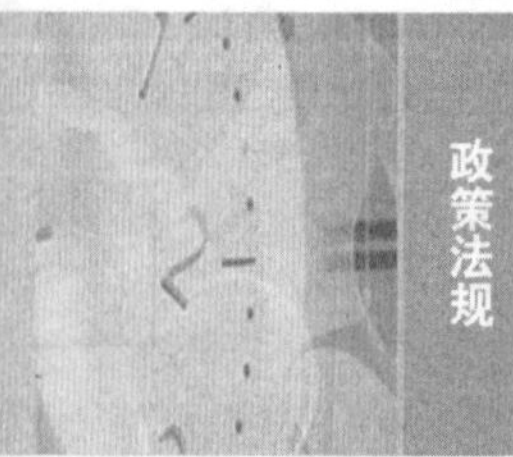

市场篇

冶金机械国内市场及进出口情况

一、概述

冶金机械行业重点服务于钢铁、有色金属行业和装备制造业。受市场和需求的影响,2012年,冶金机械行业市场需求出现严重萎缩,行业内投资明显回落,新建和技术改造项目亦明显减少。在国家不再依靠大规模固定资产投资拉动经济增长,而是着力于转方式、调结构、拉动内需来促进经济增长的客观形势下,钢铁等行业已经步入需求趋缓、产能过剩、低速增长阶段,冶金机械行业也随着钢铁业陷入需求不足的发展低谷。

二、国内市场概况及特点分析

1. 冶金机械行业经济运行数据

(1)冶金机械行业生产销售情况。2012年,据不完全统计,冶金机械行业完成工业总产值1 271.55亿元,同比增长6.25 %,工业销售产值1 147.90亿元,同比增长2.54%,低于重型机械行业的15.36%和15.19%的同比增长率,分别低9.11和12.65个百分点。出口交货值55.91亿元,同比增长31.10%,高于重型机械行业的15.34%的同比增长率。工业销售产值增速低于工业总产值增速,行业产品产销率同比下降。由此可见,冶金机械行业市场需求形势严峻。2012年冶金机械行业工业总产值同比增长率走势见图1。

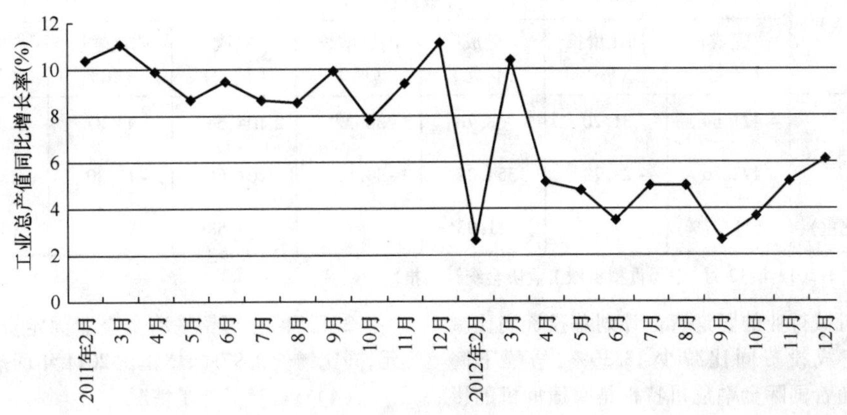

图1 2011年2月—2012年12月冶金机械行业工业总产值同比增长率走势

图1直观反映了自2011年2月以来的一年间,冶金机械行业工业总产值同比增长率的下行变化情况。2012年冶金机械行业工业总产值增速在2月创新低,跌至2.69%,随后强势反弹,3—5月逐月下降1个多百分点,7月份增速回升并趋于平缓,9月又降至2.76%的增速,第四季度增速缓慢提升,12月份累计增速达到6.25%,较同期下降4.9个百分点。2012年,冶金机械工业总产值增速比2011年大幅下降,增速明显放缓,由高速增长降到低速增长范围。

(2)冶金机械行业经济效益情况。2012年,据不定量统计,冶金机械行业主营业务收入1 162.72亿元,同比下降0.47%;利润总额同比下降86.13%;主营业务利润总额率为0.75%,同比下降4.74个百分点;企业亏损面达到15.05%,同比上升5.77个百分点。2012年,冶金机械行业主营业务收入与2011年基本持平,仅小幅下降,但是行业利润总额出现大幅下降,进而导致主营业务利润总额率持续走低,在12月份达到年度最低值。2011年12月—2012年12月冶金机械行业主营业务利润总额率走势见图2。

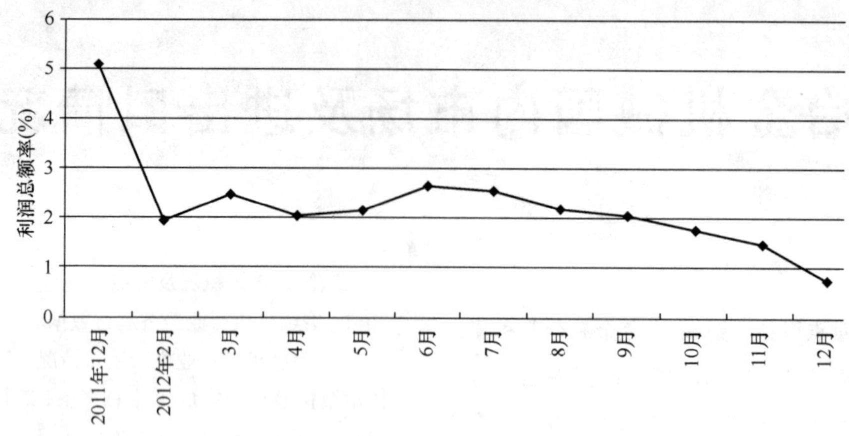

图2 2011 年 12 月—2012 年 12 月冶金机械行业主营业务利润总额率走势

2012 年,冶金机械行业效益大幅下降,冶金机械国内市场需求不振,任务不足,导致企业间销售价格竞争激烈,行业产值下降,利润也大幅降低。冶金机械行业应收账款净值增速达到 11.24%,远远超过主营业务收入增速 11.71 个百分点,应收账款占销售产值的近一半,主要是用户任务不足,资金不到位,订购的设备和备件不能按时付款,"三角债"严重,恶性循环,造成企业回款困难,应收账款、高龄账款越积越多,形成经营风险。

(3)固定资产投资情况

2012 年冶金机械行业固定资产投资情况见表 1。

表 1 2012 年冶金机械行业固定资产投资情况

行业名称	计划总投资		自开始建设累计完成投资		当年投资		其中:本月投资	
	完成(亿元)	同比增长(%)	完成(亿元)	同比增长(%)	完成(亿元)	同比增长(%)	完成(亿元)	同比增长(%)
重型机械行业合计	4 424.64	31.20	2 968.76	30.32	2 104.54	43.87	208.22	53.40
其中:冶金机械行业	498.76	-29.79	354.22	-34.62	201.66	-13.30	15.77	-21.69
(占重型机械行业比重)	(11.27%)		(11.93%)		(9.58%)		(7.57%)	

注:表中数据来源于 2012 年 12 月《中国重型机械工业协会统计简报》。

2012 年,冶金机械行业的固定资产计划总投资同比减少 29.79%;当年完成投资同比减少 13.30%,增幅下降 25.08 个百分点。随着国际金融危机特别是欧债危机的影响,国际市场萎缩,国内经济形式增长放缓,行业固定资产投资规模缩紧。

2012 年,全国钢铁冶金企业固定资产投资为 6 584 亿元,同比增长 2.97%,增幅比 2011 年回落 12.54 个百分点。

(4)行业产品产量情况

2012 年冶金机械(冶炼+轧制)产量情况见表 2。

表 2 2012 年冶金机械(冶炼+轧制)产量情况

产品名称	企业数(家)	产量(万 t)		同比增长(%)
		2012 年	2011 年	
冶金机械(冶炼+轧制)合计		150.41	156.89	-4.13
其中:金属冶炼设备	70	85.79	84.80	1.17
金属轧制设备	60	64.62	72.09	-10.36

注:表中数据来源于 2012 年 12 月《中国重型机械工业协会统计简报》。

2012 年,冶金机械(金属冶炼设备+金属轧制设备)产量 150.41 万 t,同比减少 4.13%。其中,金属冶炼设备 85.79 万 t,同比增长 1.17%,增幅同比下降 18.79 个百分点。金属轧制设备 64.62 万 t,同比下降 10.36%,增幅同比下降 45.80 个百分点。冶金机械产品产量大幅减少,行业整体市场空间缩小。

(5)2012 年冶金机械行业企业经济类型情况

2012 年冶金机械行业企业经济指标见表 3。

表3　2012年冶金机械行业企业经济指标

企业类别	企业数（家）	工业总产值（亿元）	上年同期（亿元）	同比增长（%）	工业销售产值（亿元）	上年同期（亿元）	同比增长（%）
冶金机械行业合计	485	1 271.55	1 196.71	6.25	1 147.90	1 119.52	2.54
国有企业	20	193.62	198.52	-2.46	131.18	173.39	-24.34
（占行业比重）	（4.12%）	（15.23%）	（16.59%）		（11.43%）	（15.49%）	
私营企业	261	376.85	303.06	24.35	357.62	292.50	22.26
（占行业比重）	（53.81%）	（29.64%）	（25.32%）		（31.15%）	（26.13%）	
其他内资企业	164	555.45	570.17	-2.58	517.82	534.67	-3.15
（占行业比重）	（33.81%）	（43.68%）	（47.64%）		（45.11%）	（47.76%）	
三资企业	40	145.62	124.97	16.53	141.28	118.96	18.76
（占行业比重）	（8.25%）	（11.45%）	（10.44%）		（12.31%）	（10.63%）	

注：表中数据来源《重型机械统计资料》。

由表3可见，冶金机械行业中其他内资企业、私营企业的生产销售略占优势。其他内资企业164家，占行业企业总数的33.81%，工业总产值555.45亿元，占行业工业总产值的43.68%，工业销售产值517.82亿元，占行业销售产值的45.11%；私营企业261家，占行业企业总数的53.81%，工业总产值376.85亿元，占行业工业总产值的29.64%，工业销售产值357.62亿元，占行业销售产值的31.15%。私营企业和三资企业的生产销售都呈现正增长态势。

2. 冶金加工业和装备制造业中低端产品和部分高端产品产能过剩明显

冶金机械行业经过近十年的高速发展，生产能力迅速扩张，但是，从2008年全球金融危机爆发后，冶金机械行业之前的盲目、粗放式的产能扩张所造成的后果也逐渐显现出来，国内市场产能总体明显过剩。2012年我国钢铁工业固定资产投资新增产能约5 000万t，到2012年年底，粗钢产能达9.2亿t以上，粗钢产量达7.2亿t，国内粗钢表观消费量约6.7亿t，产能过剩约2亿t，产能利用率接近或低于78%。典型过剩产品举例如下：

高强度、高韧性、耐损伤的铝合金厚板项目截至2012年3月总投资超过250亿元，总生产能力大于90万t/a，如果全部达产，所产厚板足可以满足全世界的需求，还绰绰有余。

我国长距离输送石油、天然气管线市场，螺旋埋弧焊管中大直径管线管的产能约为600万t，UOE/JCOE直缝埋弧焊管机组的产能约为543万t共计达到1 100万多t，产能过剩达300万多t。

3. 企业研发新技术新产品抢机遇

2012年，在行业部分产能过剩的情况下，冶金机械行业调结构、转方式，将目光聚焦在关键零部件国产化，大型、重型和总集成的高端制造上，将新技术、新理念融入制造业之中，自主研发设备创市场。行业中相继出现了一系列新技术、新产品，在低迷的市场环境中抢占机遇。5万t垂直热挤压机组研制成功，于2012年6月投产。该机组可生产直径1 320mm、厚度200mm的无缝钢管，是世界上具备生产最大口径和壁厚巨型钢管的新型装备，达到了国际先进水平。该机组不仅可挤压大型无缝钢材，还可以为国内核电、水电、高铁及大型飞机等行业提供优质耐高温、高压的高端挤压件产品。2012年7月，铝板带热轧生产线关键设备4 300mm铝板轧机专用的KRC4000减速器部件——大齿轮研制成功。该减速器重达41 t、直径4.2m，采用欧洲标准加工制造及检验，用于国家大飞机项目各种规格的铝合金厚板主机上。750mm X型六辊压延铜箔轧机成功研制，目前属国内首创，有利于国内铜加工板块的结构调整，延长和完善产业链，充分发挥国内现有铜加工装备的生产能力。国内首件管轧机回转螺母制造难关成功攻克，回转螺母是钢管轧机喂料器中的关键零件之一，制造难度很大，目前，国内钢管厂使用的回转螺母都是从国外进口。国内第一套工业应用级的拥有完全自主知识产权的冷轧带钢板形测量和控制系统已完成。冷轧机板形控制系统是轧钢技术领域最复杂、技术含量最高的技术之一，目前我国所有钢铁企业冷轧生产线上的板形控制系统全部为进口，该项目打破了国外对冷轧板形控制系统的长期技术垄断。国内首次研制的自主化的2 250mm大型热轧板精整机组结束了大型精密热轧板横切机组技术长期由国外垄断的局面。2012年9月验收通过的1 450mm五机架全连续宽带钢冷轧机组，实现了机、电、液、自动化首次全部国内自主化，性能达国内领先、世界水平。LF-210t电极旋转式双工位精炼炉技术达到了进口同类设备技术水平。5m以上宽厚板轧机工作辊极限制造技术自主研发成功，产品已覆盖国内全部5m宽厚板轧机生产线，彻底摆脱了5m宽厚板轧机关键部件依赖进口的局面，为国内急需的造船、军工等特种钢板应用行业的发展奠定了基础，并出口到韩国。

4. 大型国外传统企业加速进军中国市场

欧洲市场陷入低迷，国外装备制造企业纷纷加大科研投入和新兴市场开发力度。西马克集团一方面在德国本土两家制造厂投入巨资进行扩建和现代化改造，以提高开发和制造高技术核心装备部件的能力，一方面在中国、印度等地广泛招聘高素质人才，建立制造和服务车间，贴近用户以提高本土供货能力和服务水平。2012年5月，投资2亿元、员工350名的西马克最大海外制造基地——张家港综合生产基地正式开业，连同两年前开业的西马克梅尔在上海的生产车间和中国其他的工程设计和服务部门，西马克集团目前在中国的员工达到总数的近1/10。2000年至今，西马克在中国总计完成新建订单超过300个，集团营业收入中有超过20%的来自中国，这一比例还在不断增长。达涅利集团也不断加大科研投入力度和扩大新兴市场的投资，尽管上一会计年度收入和利润下滑，2012年度仍然投入研发资金1.5亿欧元，同比增长5.1%，2013年完成在中国的工程部门和车间的扩建工作，利用中国制造能力使在中国的生产能力翻倍。

三、进出口情况

1. 进出口数据分析

2012年，冶金机械行业产品出口形势良好，进口额显著下降，进出口顺差继续保持强劲的增长势头。冶金机械行业全年进出口总额27.93亿美元，同比减少0.40%；进出口顺差8.39亿美元，同比增长133.39%。其中出口额18.16亿美元，同比增长14.80%；进口额9.77亿美元，同比下降20.06%。金属冶炼设备、连铸设备、冶金设备零件进出口延续顺差形势，分别比上年降低22.69%、降低68.81%、增长53.48%。金属轧制设备3年来首次实现进出口顺差。2012年冶金机械行业产品进出口情况见表4。2012年冶金机械行业分类产品进出口情况见表5。

表4　2012年冶金机械行业产品进出口情况

海关货物名称	出口额（亿美元）	同比增长（%）	进口额（亿美元）	同比增长（%）	进出口总额（亿美元）	同比增长（%）	进出口差额（亿美元）	上年同期进出口差额	同比增长（%）
冶金机械合计	18.16	14.80	9.77	-20.06	27.93	-0.40	8.38	3.59	133.39
1. 金属冶炼设备	0.52	3.29	0.35	23.08	0.87	10.45	0.17	0.22	-22.69
2. 连铸设备	0.32	-56.65	0.13	-6.48	0.45	-48.46	0.19	0.59	-68.81
3. 金属轧制设备	4.61	45.02	4.06	-23.00	8.67	2.60	0.55	-2.09	-126.52
4. 冶金设备零件	12.70	11.49	5.23	-19.87	17.93	0.07	7.48	4.87	53.48

注：表中数据来源于2012年12月《中国重型机工业协会统计简报》。

表5　2012年冶金机械行业分类产品进出口情况

货品名称	数量单位	出口数量	出口金额（万美元）	进口数量	进口金额（万美元）	进出口总额（万美元）	进出口差额（万美元）
冶金机械合计			181 570		97 723	279 292	83 847
1. 金属冶炼设备	台	832	5 197	47	3 514	8 711	1 683
(1)炼焦炉	台	58	33	2	37	70	-3
(2)转炉	台	503	2 714	20	1 244	3 958	1 469
(3)炉外精炼设备	台	271	2 450	25	2 233	4 683	217
2. 连续铸钢设备	台	398	3 199	6	1 347	4 546	1 853
(1)方坯连铸机	台	302	2104	1	9	2 114	2 095
(2)板坯连铸机	台	2	0	4	1191	1 191	-1 190
(3)其他钢坯连铸机	台	94	1 095	1	147	1 241	948
3. 金属轧制设备	台	11 955	46 141	1434	40 597	86 739	5 544
(1)板材轧机	台	3 473	16 105	16	12 190	28 296	3 915
板材热轧机	台	43	6 704	2	8 512	15 216	-1 808
板材冷轧机	台	3 430	9 401	14	3 679	13 080	5 723
(2)管轧机	台	935	7 567	30	6 391	13 958	1 175
热轧管机	台	94	4 327	9	3 812	8 139	514
冷轧管机	台	535	2 070	2	1 047	3 117	1 023
定、减径轧管机	台	130	195	17	1 488	1 683	-1293
其他金属管轧机	台	176	975	2	44	1 019	931
(3)型材轧机	台	234	1 889	1	623	2 512	1 267
(4)线材轧机	台	547	3 198	28	3 606	6 803	-408

（续）

货品名称	单位	出口数量	出口金额（万美元）	进口数量	进口金额（万美元）	进出口总额（万美元）	进出口差额（万美元）
（5）其他金属轧机	台	3 781	10 208	90	7 093	17 301	3 115
其他金属热轧机或冷热连轧机	台	304	2 298	9	1 507	3 805	791
其他金属冷轧机	台	3 477	7 910	81	5 586	13 496	2 325
（6）拉拔机	台	2 985	7 174	1 269	10 694	17 869	-3 520
300t 及以下的冷拔管机	台	81	471	28	960	1 431	-489
其他冷拔管机	台	5	152	1	6	158	146
拔丝机	台	2 212	5 472	498	4 662	10 133	810
金属杆、管、型材、异型材等的拉拔机	台	687	1 080	742	5 067	6 147	-3 987
4. 冶金设备零件			127 032		52 265	179297	74 768
（1）金属冶炼设备零件			42741		6 993	49 734	35 748
海绵铁回转窑的零件	kg	1 736 714	472	1 429	9	481	463
焦炉零件	kg	20 510 128	5850	6 264	27	5 878	5 823
锭模及浇包	台	9 222	4 479	426	1 879	6 358	2600
炉外精炼设备的零件	kg	9 270 575	4 528	99 443	380	4 908	4 148
其他金属冶炼设备及铸造机的零件	kg	75 767 729	27411	1 495 733	4 698	32 109	22 714
（2）连铸机零件	kg	18 931 786	12 099	1 172 850	4720	16 820	7379
钢坯连铸机用结晶器	kg	1 843 063	2 582	415 048	1 429	4 011	1 153
钢坯连铸机用振动装置	kg	392 828	352	249 033	918	1 270	-566
其他钢坯连铸机用零件	kg	16 695 895	9 165	508 769	2 374	11 538	6 791
（3）金属轧制设备零件			72 192		40 551	112 743	31 641
金属轧机用轧辊	个	121 585	26 963	15 070	18 638	45 601	8 325
其他金属轧机零件	kg	104 620 375	45 229	8 289 774	21 913	67 142	23 317

注：表中数据来源于 2012 年 12 月《中国重型机械工业协会统计简报》。表中部分数据因四舍五入的原因，分项之和与总项略有出入。

通过对比分析 2011 年度进出口情况表可以看出，2012 年国内市场需求不振，部分产品进口数量比 2011 年有所下降。降幅较大的产品主要有板材轧机、热轧管机、冷轧管机、型材轧机、其他金属轧机、拔丝机、金属轧机用轧辊及金属冶炼设备零件。但是，也有一些产品进口数量有较大增加，定、减径轧管机 2012 年进口 17 台，进口额 1 488 万美元，而 2011 年进口 3 台，进口额 947 万美元；金属杆、管、型材、异型材等的拉拔机 2012 年进口 742 台，比 2011 年进口数量增长了近一倍。锭模及浇包、钢坯连铸机用结晶器 2012 年进口数量同比都有大幅度的增长。从出口情况来看，金属冶炼设备、连铸设备中的方坯连铸机 2012 年的出口数量都比 2011 年增加了一倍，但是出口金额却与 2011 年基本持平。从设备进口、出口的数量以及金额可以看出，冶金机械设备同类产品中，平均一台国产设备的出口价格远远低于相应的进口国外设备的进口价格，这种情况依然大量存在。

冶金机械行业进口增速持续回落，显示出当前国内冶金机械设备需求正在大幅下滑和自主化能力在提高，但总体反映国内市场渐入低迷。出口增速在 2010 年有所下降，2011 年、2012 年都持续增加，表明出口市场，尤其是新兴市场仍有较大潜力，国内企业走出去显见成效。

2. 行业内企业深耕出口市场，寻求全球商机

宝钢以“设计 + 供货”的 EP 方式，承揽日本太平工业株式会社的“活性炭尾气半干法脱硫除尘系统”项目。该自主集成的烟气脱硫环保技术及装置，不仅顺利通过了日本环境厅的严格检测，还创造了有效脱硫率大于 99% 的业绩。中国二重与印度 JSL 不锈钢公司签订的首个海外机电液总承包项目——1 600mm 二辊可逆不锈钢平整机组，是中国二重自主设计的第一条不锈钢冷轧带钢平整机组，在印度安装完毕后顺利进入调试阶段，为其进军海外市场积累更多的经验。中国中冶集团所属企业总承包的西班牙年产能 10 万 t 的板带彩色涂层生产线投产，标志着工程总承包业务成功打入西欧市场。中国中冶集团继续重点开发印度和东南亚等国家和地区的冶金工程市场，新签了印度 BSP 二次精炼钢结构供货工程项目。太原重型机械集团有限公司先后与韩国和印度各签订了一条无缝管轧机组生产线的出口合同，标志着该类产品不仅完全替代了进口设备，而且已正式走出国门，开始迈向国际市场。太原矿山机器集团有限公司与危地马拉科马干姆公司签订一条型钢生产线设备购销合同。此次合作是国内装备制造业首次打入中美洲地区的型钢生产线设备供货合同，实现了冶金产品在中美洲市场零的突破。

四、展望

"十二五"期间,钢铁产业面临的结构调整和淘汰落后产能任务艰巨,国家出台相关政策,控制钢铁产能过快增长,与增加产能直接相关的工艺技术,如大方坯连铸、热连轧、冷连轧、薄板坯连铸连轧等不再列为鼓励类条款。同时,为鼓励发展循环经济,鼓励类项目新增了烧结烟气脱硫、脱硝、脱二英等多功能干法脱除技术,以及副产物资源化、再利用化技术,冶金废液循环利用工艺技术与装备,新一代钢铁可循环流程工艺技术开发与应用等。钢铁产业结构调整和升级的政策取向将是冶金机械行业的发展重点和方向。

近年来,冶金机械设备及技术出口虽有一定的进展,但和形势要求还有很大差距,也有很大的潜力,要提高自主设计制造和创新能力,努力多创知名品牌和企业,加强对我国产品和企业的宣传,改进冶金机械设备出口的体制,使出口总承包单位、设计单位、制造单位结合起来,采取措施加强我国冶金机械设备成套出口中的薄弱环节(如电气和自动化设备的硬件及软件、液压元件等),进一步发展对外工程设计、咨询等,用以带动冶金机械设备和技术等出口,使冶金机械设备及技术出口不断迈上新的台阶,取得更大的发展。

〔撰稿人:中国重型机械研究院股份公司宋晔、秦毅 审稿人:中国重型机械研究院股份公司孟令忠〕

矿山机械国内市场及进出口情况

一、概述

按中国重型机械工业协会统计,2012 年全国矿山机械行业企业有 15 36 家,从业人员平均数为 348 669 人,完成工业总产值 3 322. 39 亿元,同比增长 16. 98 %;工业销售产值同比增长 16. 21%;出口交货值同比增长 31. 18 %,各项指标均创历史最好水平。

近十几年来,矿山机械在质量和数量上都快速发展,基本满足并适应了国内蓬勃发展的基础工业和基础建设行业对固体燃料、原料和材料的需求,从销售额上看平均年递增率在30% 左右。2000—2012 年矿山机械国内外市场销售走向见图 1,2000—2012 年矿山机械国内市场销售(含进口)走向见图 2。

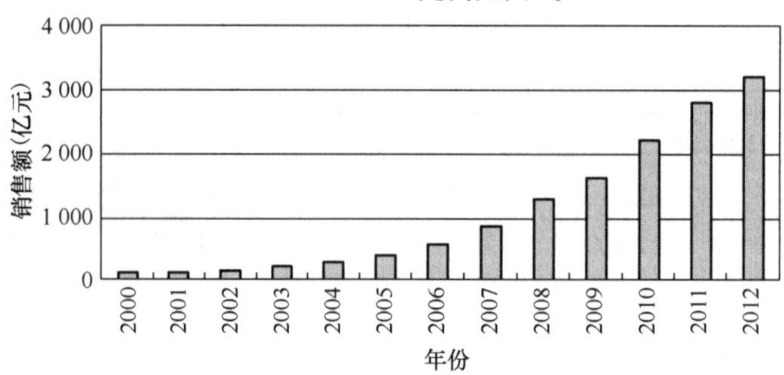

图 1　2000—2012 年矿山机械国内外市场销售走向

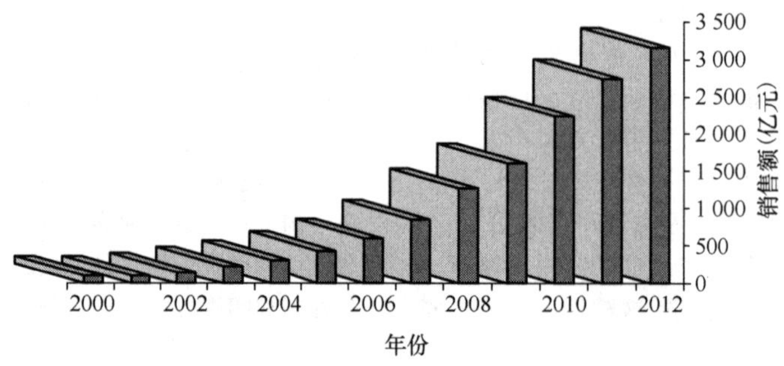

图 2　2000—2012 年矿山机械国内市场销售明体走向

多年来,我国矿山机械的出口增长迅猛,而进口却一直在小幅徘徊中前进,特别是 2008 年以后已经连续五年实现了进出口贸易的顺差,尽管进出口总额在矿山机械总销售额中所占比例不大,但反映出的本质是我国矿山机械技术的进步和矿山机械出口的发展趋势(如图 3 所示)。

2008 年美国暴发的次贷危机引发了全球性的金融危

机，给世界的经济发展带来很大的负面影响，对矿山机械行业而言，其影响主要宏观地表现在：

（1）矿山机械的发展势头没有改变，但年增长率有所降低。近三年的矿山机械国内外销售额年增长率见表1。

表1　2010—2012年矿山机械的销售额增长率

年份	销售额（亿元）	年增长率（%）
2010	2 152.40	34.2
2011	2 766.73	28.5
2012	3 215.84	16.3

（2）国际金融危机促进了国内矿山机械企业对国外公司的控股收购。如2011年北方重工对法国掘进机工厂的并购、中信重工对西班牙工厂的收购、2012年太重煤机公司的威利朗诺集团对美国REI钻机公司的控股并购等。这些不仅直接拥有了国外的先进技术并提升了国内外市场的竞争能力，而且增加了我国的国外资产。

二、国内市场概况

1. 国内市场发展情况

按中国重型机械工业协会统计出口额折算，2012年美元兑人民币的比价平均价为：1美元=6.3700元人民币，按此计算2012年矿山机械国内市场总容量（即我国矿山机械国内市场供应量与进口量之和）为3 166.33亿元，其中国内供应量为3 113.54亿元，是十年前的26.7倍，是五年前的3.7倍，较上年增长16.5%。进口量为82 865万美元（约合52.79亿元人民币），国内市场占有率为98.2 %，略高于上年。

2. 国内市场中的国内、外产品构成

国产设备在国内矿山机械市场中始终占据绝对优势，这与价格因素和国家政策的关系较大，但也客观地反映出国内市场对国产设备的依存度很高。虽然进口设备质量好，但价格高，客户更注重的是产品的性价比，近些年来，国内设备性能和质量的提高助推了其占有率的提升。

在2012年的进口设备中占比重大的是采掘设备，占到全部进口额的45.8 %，而其中采煤、凿岩机及隧道掘进机占全部采掘设备进口额的80.49 %。2012年矿山机械进口设备各大类产品（按海关分类）所占比例见表2。

表2　2012年矿山机械进口设备各大类产品（按海关分类）所占比例

大类名称	进口额（万美元）	占全部进口的比重（%）	进出口差额（万美元）
采掘、凿岩设备及钻机	37 954	45.80	-5 353
破碎粉磨设备	26 170	31.58	51 440
筛分、洗选设备	13 846	16.73	21 718
矿山提升设备	255	0.31	523
矿山机械零件	4 639	5.60	-175

三、设备进出口情况

1. 主要产品进出口情况

自2008年以来，我国矿山机械已连续五年实现了进出口顺差，2001—2012年矿山机械进出口走向见图3；2012年矿山机械主要产品进出口情况见表3；2012年矿山机械总出口额达102.30亿元（约16.06亿美元），各省、自治区、直辖市矿山机械出口额占全国的比重见图4。

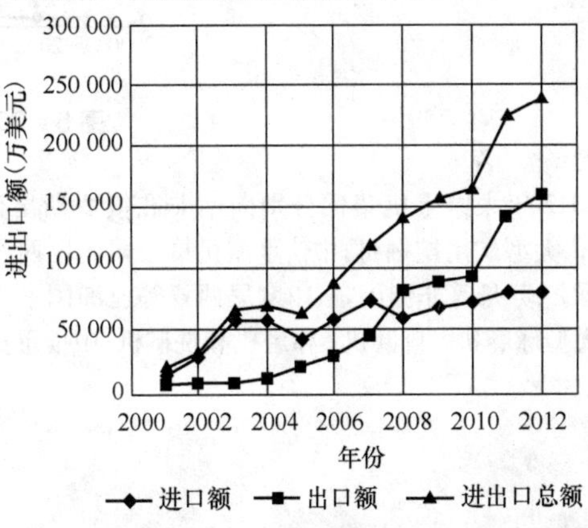

图3　2001—2012年矿山机械进出口走向

表3　2012年矿山机械主要产品进出口情况

（单位：万美元）

货品名称（按海关分类）	出口额	进口额	进出口总额	进出口顺差
矿山机械合计	160 600	82 865	243 465	77 736
1. 采掘、凿岩设备及钻机	42 185	37 954	80 239	4 230
（1）采煤、凿岩机及隧道掘进机	25 196	30 550	55 746	-5 353
（2）矿用电铲	9 749	5 212	14 961	4 536
（3）采矿钻机	1 860	1 547	3 407	313
（4）工程钻机	5 380	646	6 025	4 734
2. 破碎、粉磨设备	77 609	26 170	103 779	51 440
（1）齿辊式破碎设备	9 654	5 117	14 831	4 477
（2）球磨式粉磨设备	18 378	1 013	19 391	17 364
（3）其他破碎或粉磨设备	49 578	19 979	69 557	29 599
3. 筛分、洗选设备	35 564	13 846	49 410	21 718
4. 矿山提升设备	778	255	1 033	253
（1）电动矿山提升设备	653	274	827	479
（2）非电动矿山提升设备	124	81	205	43
5. 矿山机械零件	4 464	4 639	9 104	-175

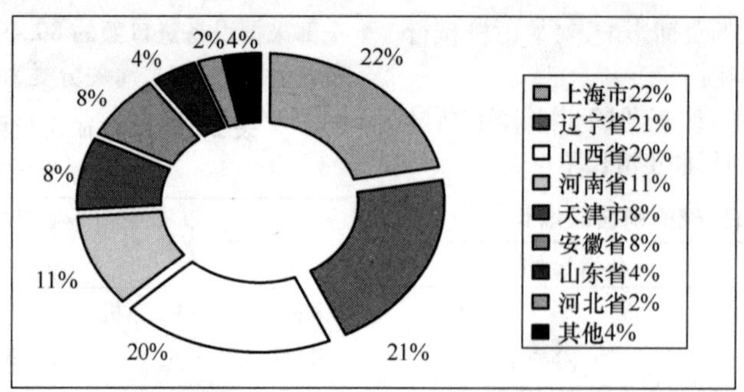

图4　各省、自治区、直辖市矿山机械出口额占全国的比重

2. 出口设备

2001—2012 年矿山机械出口额走势见图 5。

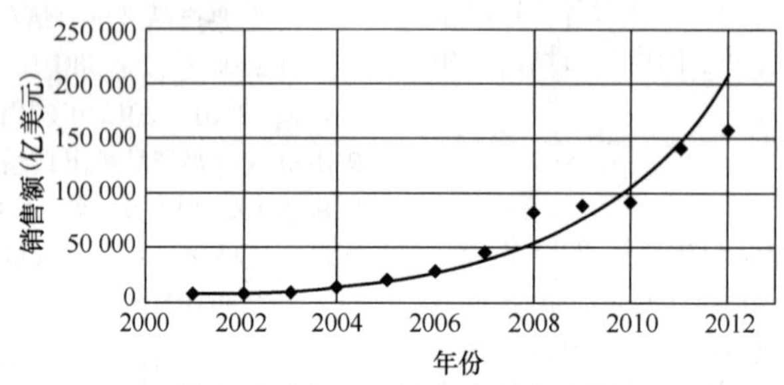

图5　2001—2012 年出口额走势

2012 年太原重机集团分别向南非和俄罗斯出口了 6 台 $35m^3$ 大型矿用挖掘机；中信重型机械公司向巴西等拉丁美洲国家、苏丹等非洲国家、印度尼西亚等亚洲国家出口了 26 台大型球磨机、自磨机、棒磨机和洗矿机；中信重型机械公司还向波兰出口了一台 $\phi5.5m \times 4m$ 的大型落地多绳摩擦式矿井提升机。

〔撰稿人：洛阳矿山机械工程设计研究院张荣宽　审稿人：洛阳矿山机械工程设计研究院邹声勇〕

物料搬运机械进出口市场分析

物料搬运机械通常包括轻小型起重设备、起重机、输送机械、装卸机械、工业车辆、仓储机械、架空索道等几类产品。根据《中华人民共和国海关统计商品目录》的分类统计，物料搬运机械所涉及的商品共有 4 类，用 4 位数字来表示的商品代码分别为 8425、8426、8427、8428。8425 为轻小型起重设备，包括滑车及起重葫芦、卷扬机及绞盘、千斤顶等；8426 为起重机；8427 为工业车辆；8428 为连续输送设备、电梯、自动扶梯及架空索道等。全路面起重机、汽车起重机列于 8705 中，电动牵引车、短距离运货机动车辆等列于 8709 中，本文中提及的物料搬运机械商品还包括上述 4 类商品的相关零部件，这部分列在商品代码 8431 中。

一、进出口市场概述

2012 年与我国进行物料搬运机械进出口贸易的国家或地区共有 202 个，进出口贸易总额达 173.8 亿美元。其中进口贸易总额为 46.8 亿美元，进口国家或地区为 70 个；出口贸易总额为 127.0 亿美元，出口国家或地区为 202 个；进出口贸易顺差为 80.2 亿美元。与 2011 年相比，进出口贸易总额同比增长 10.2%，进口贸易总额同比下降 3.1%，出口贸易总额同比增长 16.2%，进出口贸易顺差同比增长 31.4%。进出口贸易总额超过 1 亿美元的国家或地区共 37 个(2011 年为 36 个)，超过 2 亿美元的国家或地区为 24 个(2011 年为 21 个)，超过 3 亿美元的国家或地区共 17 个(2011 年为 12 个)。进出口贸易总额前三个国家，分别是美国 17.1 亿美元，德国 16.5 亿美元，日本 12.6 亿美元。进出口总额超过 3 亿美元的国家或地区见图 1。

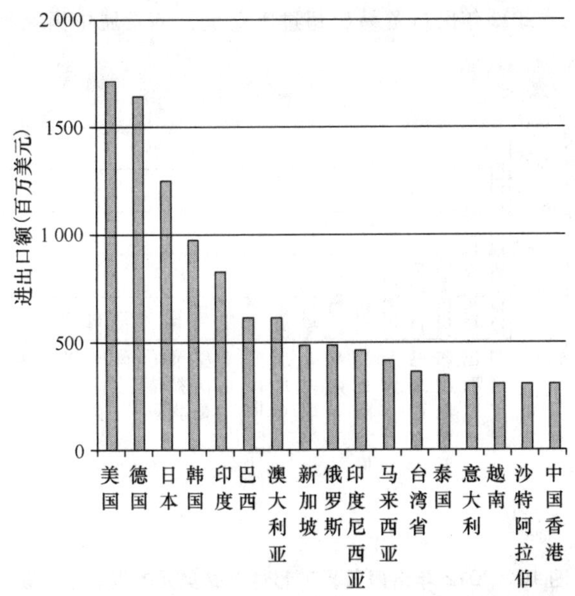

图1 2012 年进出口贸易额超过 3 亿美元的国家或地区

2012 年我国内地 31 个省市、自治区有物料搬运机械进出口贸易,进出口贸易总额排前 10 位的省市见图 2,排名前 10 位省市的进出口贸易总额为 153.2 亿美元,占全部进出口贸易总额的 88.1%,除北京、湖南外,其他省市都处于沿海地区。

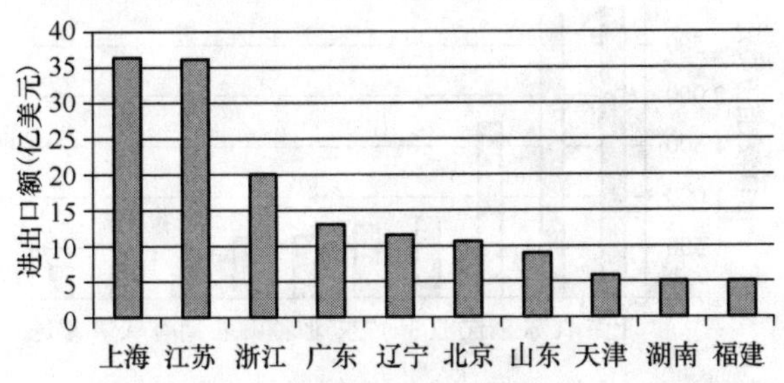

图2 2012 年进出口贸易总额前 10 位省市

2012 年进出口贸易总额按商品分类的统计分析见图 3,其中起重机类进出口贸易总额最大,为 44.6 亿美元,占进出口总额的 25.7%。

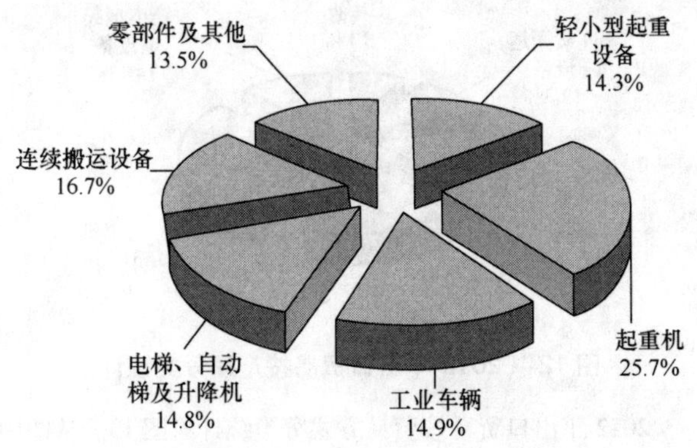

图3 2012 年进出口贸易按产品分类统计

二、进口市场概述

2012 年,我国从 70 个国家或地区进口物料搬运机械商品,进口贸易总额为46.8 亿美元,比2011 年下降 3.1%。进口贸易总额前 10 位国家或地区见图 4,其中前三名是德国、日本、韩国,进口贸易总额分别为 13.4 亿美元、8.4 亿美元和 4.7 亿美元,分别占进口贸易总额的 28.6%、17.9% 和 10.0%。

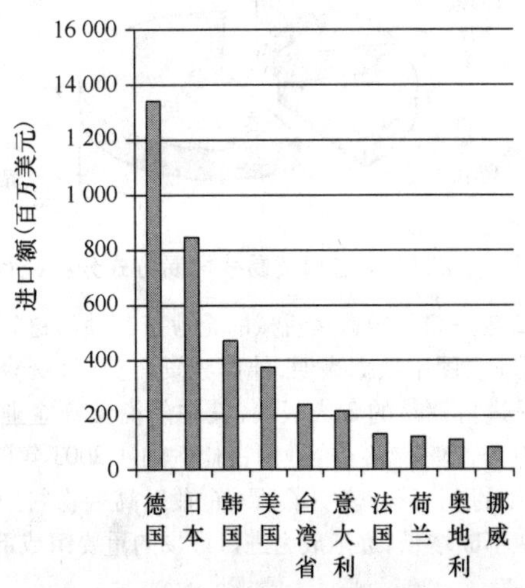

图4 2012 年进口贸易总额前 10 位国家或地区

2012 年我国物料搬运机械进口贸易额按地区统计,前 10 位省市主要集中在沿海地区,见图5。进口贸易额最大的是江苏省,共 8.0 亿美元,占全国进口市场份额的 17.1%;上海居第二为 7.3 亿美元,占全国进口市场份额的 15.6%。

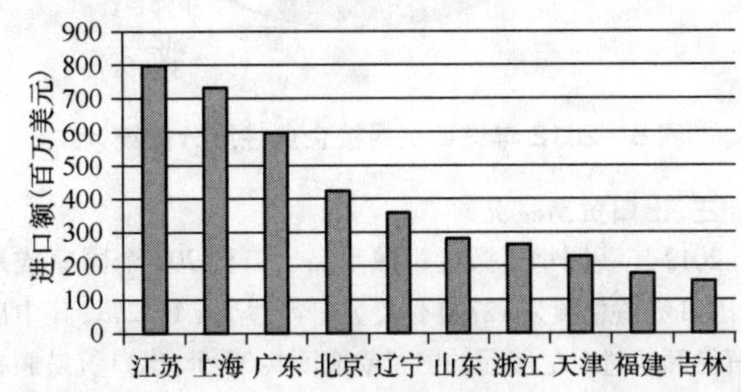

图5 2012 年进口贸易总额排前 10 位省市

2012 年进口商品按产品进行分类统计,其中连续搬运设备的比例最大,进口额达到 13.4 亿美元,占进口贸易总额的 28.7%,按产品分类统计情况见图 6。

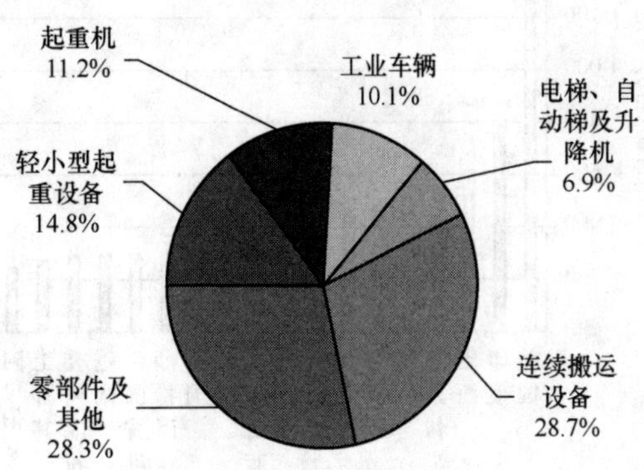

图6 2012 年进口贸易按产品分类统计

2012年进口商品按贸易方式的分类统计见图7。从图中可以看出,一般贸易是我国物料搬运机械进口贸易的主体。

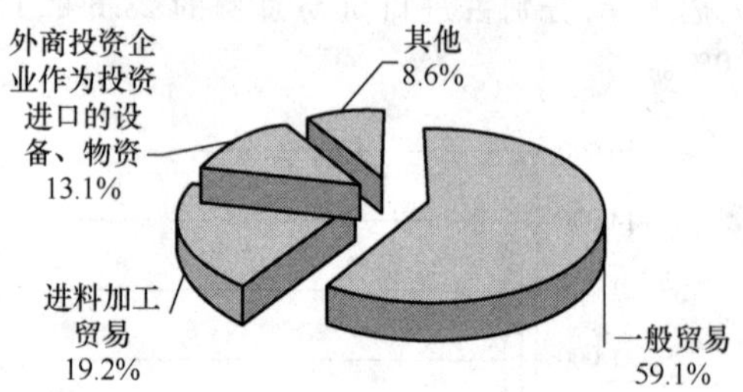

图7 2012年进口贸易按贸易方式分类统计

2012年进口物料搬运机械的企业按其性质进行的分类统计见图8。图中数据表明,外商独资企业、合资企业和国有企业是进口贸易的3大板块,其中外商独资企业所占比例最大为33.2%。私人企业所占比例则从2003年的4%增至2012年的14.3%,表明了私人企业对高端物料搬运机械的需求在不断增长,逐渐成为进口市场的重要组成部分。

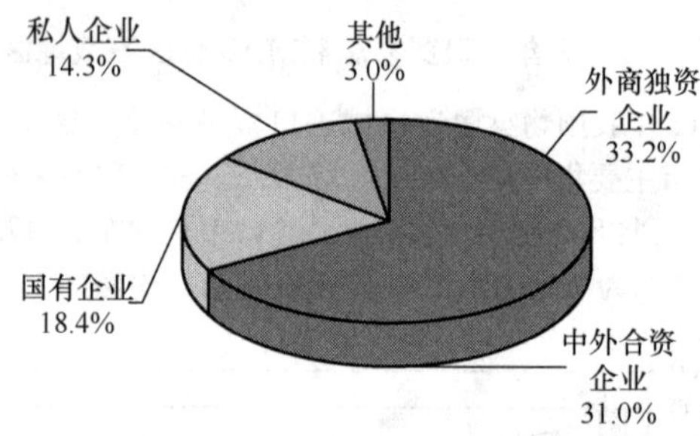

图8 2012年进口贸易按企业性质分类统计

三、出口贸易概况

2012年我国物料搬运机械商品出口到202个国家或地区,出口贸易总额为127.0亿美元,同比增长16.2%,其中出口贸易额超过1亿美元的国家或地区共33个,出口贸易额超过2亿美元的国家或地区共18个,见图9,其中出口贸易额最大的是美国,总额达13.5亿美元,占总出口额的10.6%,印度居第二,出口总额为8.3亿美元,占出口总额的6.5%。

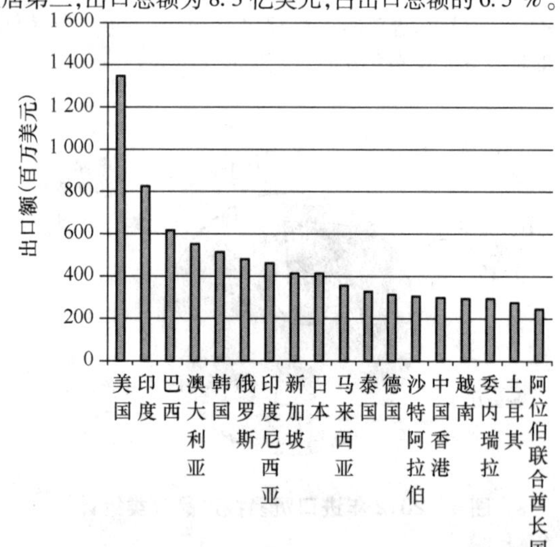

图9 2012年出口总额超过2亿美元的国家或地区

2012年出口贸易额超过1亿美元的发展中国家见图10。

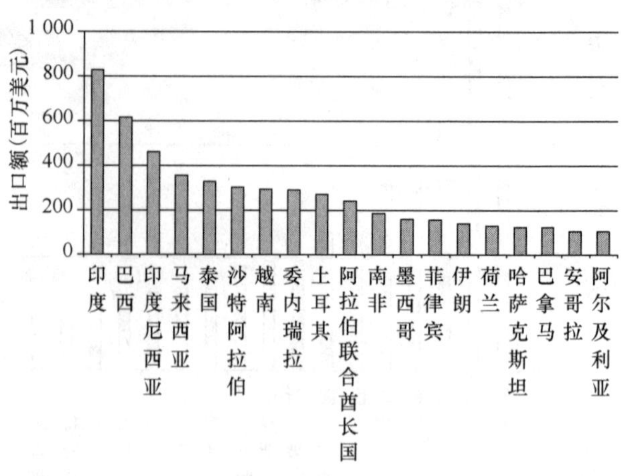

图10 2012年出口贸易额超过1亿美元的发展中国家

2012年我国出口贸易排名前10位的省市见图11,其中上海出口贸易总额达28.8亿美元,占全国出口贸易总额的22.7%,排名前3位省市上海、江苏、浙江的出口总额占全国的58.5%。

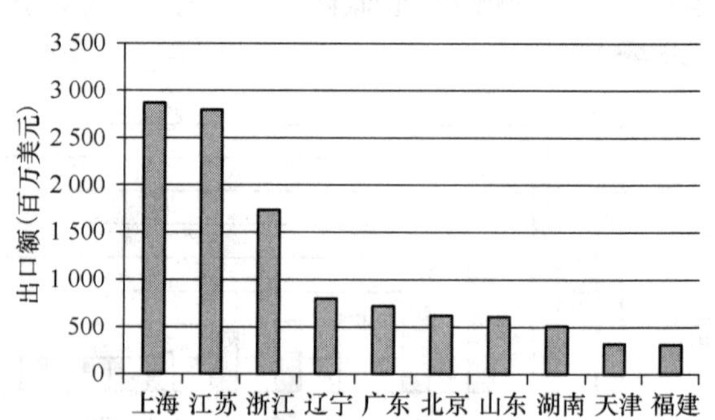

图11 2012年出口贸易总额排前10位的省市

2012年出口贸易按产品分类统计见图12,出口额最大的是起重机,共计39.4亿美元,占出口总额的31.0%。

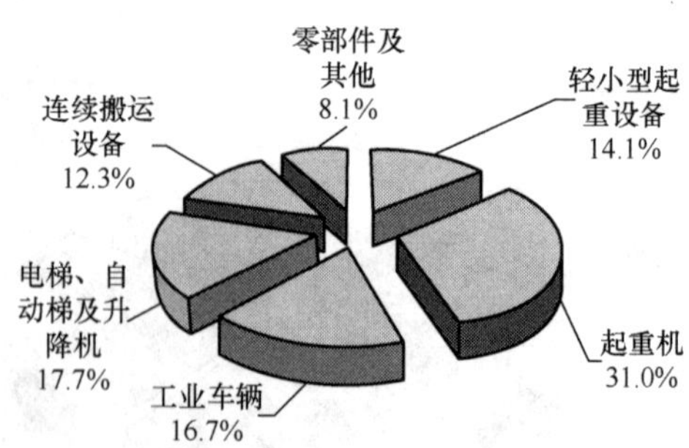

图12 2012年出口贸易按产品分类统计

2012年出口贸易按贸易方式分类统计见图13。从图中的数据可以看出,我国出口贸易主要为一般贸易和进料加工贸易。

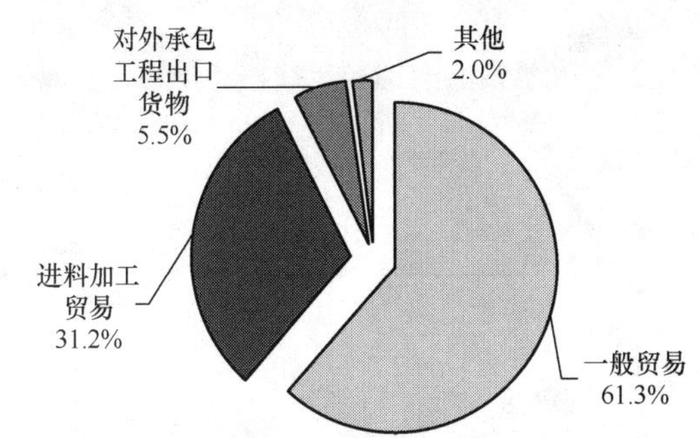

图 13　2012 年出口贸易按贸易方式分类统计

2012 年出口贸易按物料搬运机械出口企业性质分类统计见图 14。

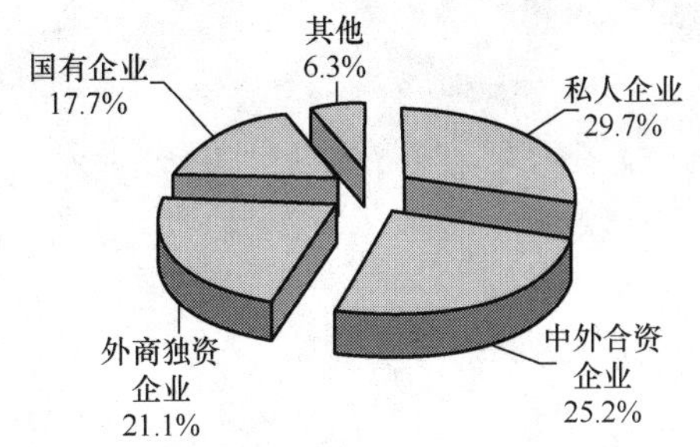

图 14　2012 年出口贸易按企业性质分类统计

〔撰稿人:中国重型机械工业协会物料搬运工作委员会肖立群　审稿人:中国重型机械工业协会徐善继〕

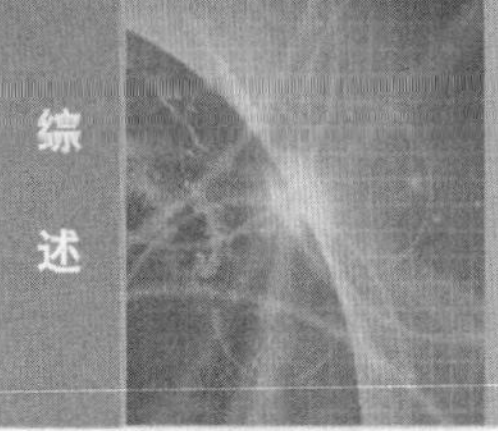

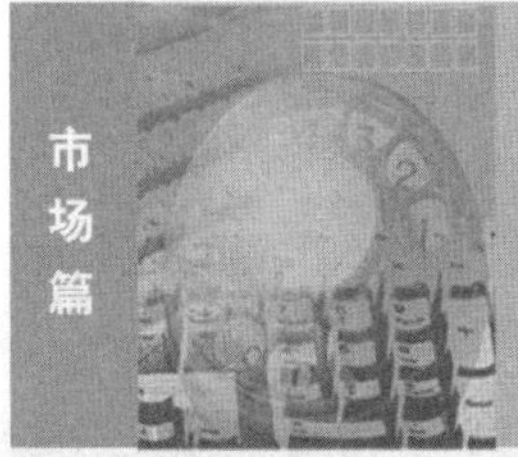

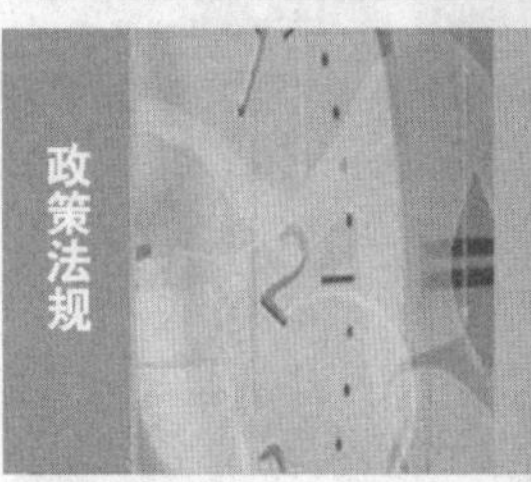

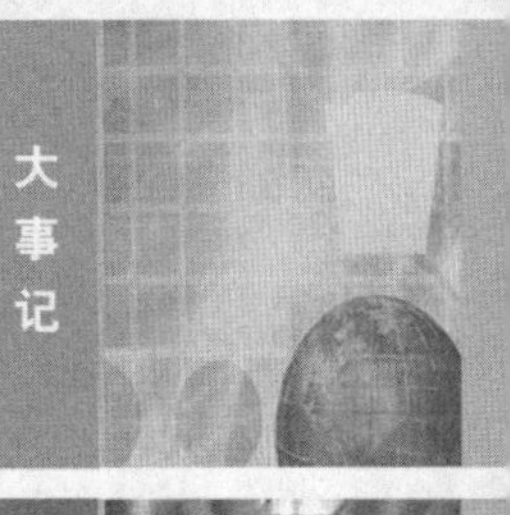

2012年重型机械行业主要企业运行情况，重点企业经营理念、文化建设及发展规划

Mainly enterprises' operating situations, business concepts, cultural development and development programs in the heavy machinery industry in 2012

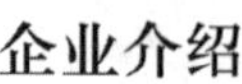

企业介绍

人物访谈
加强自主创新
推进转型升级
促进由大变强

铸世界品牌　创百年通润

——访江苏通润机电集团有限公司董事长顾雄斌

顾雄斌：

高级经济师，1984年至今担任江苏通润机电集团有限公司董事长。曾荣获苏州市劳动模范、中国重型机械工业"优秀企业家"和中国机械工业"优秀企业家"，当选"2006推动中国品牌国际化五十人"和"中国经济百佳诚信人物"。

江苏通润机电集团（常熟市千斤顶厂）创建于1954年。60年风风雨雨，一代代通润人走出了积极进取、不断创新，实现企业转型升级、健康发展的成功之路，完成了一次又一次的成长。通润集团业已发展成为一个行业领先、由多家全资和控股子公司组成的集团公司，成为中国机械工业核心竞争力百强企业，分别于2010及2012年位列"中国机械工业500强"第242名和第225名。

一、60年风雨创业路

江苏通润机电集团公司的前身常熟千斤顶厂是由几家铁业、竹业等手工业小厂合并起来的集体企业，成立之初底子薄，生产力低。改革开放后，通润人一步一个脚印，实现了一次又一次的跨越：从国内市场向国际、国内两个市场同时发展的跨越；从粗放型手工作坊生产向集约型规模生产的跨越。到1968年，因陋就简成功试制出第一台千斤顶。70年代初，积极争取全国外贸出口定点企业，到80年代中后期，外经、外资、外贸三外齐上；90年代，通过收购、兼并、参股、控股，通润从一个名不见经传的手工业机械小厂脱颖而出，发展成为具有相当实力，多元发展，在国内外享有盛誉的省级集团企业。目前，集团拥有汽车零部件、电梯曳引机、工具箱柜三大板块，各控股子公司主导产品包括各类千斤顶、汽车维保设备、电梯曳引机、螺杆压缩机主机、工具箱柜、精密钣金、高低压开关柜、高低压断路器、高品质铸铁件、物流仓储设备等。通润汽车零部件股份有限公司已经成为世界最大的千斤顶生产出口基地，商用千斤顶生产出口量居世界第一。电梯曳引机产品产销量也是世界第一，并且连续五届十五年获中国质协用户委员会"满意产品，满意服务"称号。工具箱柜产品是企业近年发展的新产品，也已经成为亚洲同行的龙头，高低压开关柜被广泛地用于国家重点工程电力设备的配套。

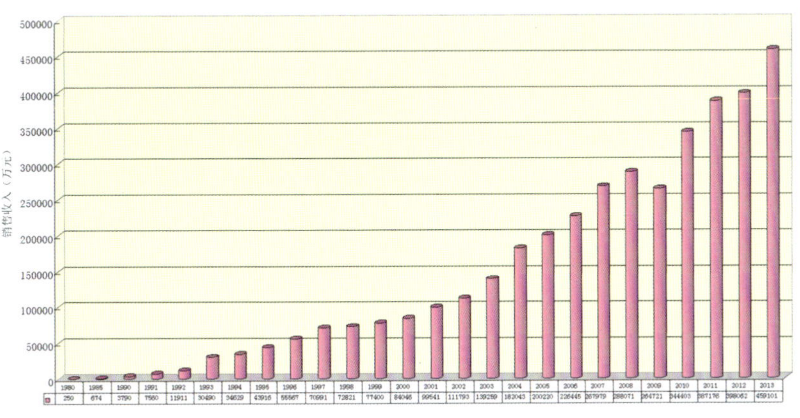

二、规范化管理铸品牌

从 2003 年起，公司按照现代企业制度要求，实施集团化管理，并积极探索利用资本市场谋求发展机会。2007 年，江苏通润工具箱柜股份有限公司成功上市，并加快在全集团公司内部引入上市公司管理模式，以提高效率、降低消耗、增加效益、保障经营成果安全为目的，分析提升人才管理、企业营销管理、财务成本管理、质量管理、生产管理、安全管理、劳动管理等各项专业管理水平，优化流程、明确目标、制订措施、落实责任、评价效果，最大程度地提高企业经营效益。

通润集团始终以产品质量、品牌战略为企业发展的根本，坚持贯彻质量兴企、科技兴企、品牌兴企。“创新设计、精细制造，为全球顾客提供一流产品、一流服务”的质量方针，已成为全体通润人共同遵守的价值观和行为规范。“TORIN”（通润）油压千斤顶产品在 2005 年获得“中国名牌”称号，“TORIN”（通润）品牌连续多年被商务部、省商务厅列入“重点培育和发展的出口名牌”，“TORIN 及图”“通润及图”商标均被认定为“中国驰名商标”。“TORIN”（通润）品牌享誉海内外。

三、“走出去”战略谋发展

通润千斤顶（美国）维修服务公司（TORIN JACKS INC.）由常熟市千斤顶厂出资，注册资本 180 万美元，于 1993 年 8 月经中国对外经济贸易部批准在美国洛杉矶成立。

公司拥有先进的设计理念和市场敏锐度，在北美汽配售后服务业占有一席之地。公司每年参加在美国拉斯维加斯举办的“五金展”和“汽车零部件及售后服务展览会”，为国内工厂与客户之间的交流沟通提供平台，以更好地向客户展示通润的产品及服务。公司在美国注册了“BigRed”、“Torin Performance”和“Black Jack”等商标，拥有自己的品牌策划及包装设计团队。另外独立的技术情报部门与国内工厂技术人员共同对市场进行调研、分析，进而开发适合市场的产品。

公司拥有 16 位销售人员专门负责北美和加拿大市场，建立了完整的售后服务体系，经营的产品包含千斤顶、车辆支架和吊机等几大系列产品。多年的努力，使通润千斤顶产品在美国具有广泛影响力，市场占有率超 65%。客户包括 Wal-mart、Auto Zone、Advance Auto、Pep Boys、Sears、Northern Tool 等等，均为美国零售及汽配业的巨头。

四、规划目标促梦想

“十一五”期间，通润集团累计完成销售收入近 140 亿元，出口销售收入近 10 亿美元，实现利润近 12 亿元，所有者权益超过 16 亿元。公司完成了电梯试验塔、专业顶生产车间、高档工具箱柜生产车间、工具箱柜募资项目一期工程、4 万 t 高品质铸件项目首期、新型液压机具及装置项目、开关厂万能式断路器和真空断路器装配线检测线等重大项目，近期完成的 8 万台电梯曳引机扩产项目、工具箱柜募资项目二期、南通汽车零部件等项目也是在“十一五”期间筹建的。

“十一五”期间取得的成就增强了公司更好更快发展的信心和决心，也为通润今后的发展奠定了良好的基础。“十二五”期末，公司将累计实现销售收入 280 亿元，出口销售额 20 亿美元，利润达到 20 亿元。

自 1984 年以来，通润坚持以外贸出口为导向，以发展外向型经济为核心，积极参与国际竞争，出口创汇 20 年持续增长。2013 年实现主营业务收入 45.9 亿元，比上年增长 15.33%，其中出口销售额 3.89 亿美元，同比增长 15.26%；实现利润 3.32 亿元，比上年同期增长 60.39%。通润已发展成为具有相当实力、多元发展的外向型企业。2014 年适逢通润创建六十周年，六十年来的风雨历程，通润从无到有，从小到大，从弱到强，经历了由计划经济向市场经济的转变，积淀深厚。

走过六十年不断改革、不断发展的历程，通润集团经历了无数个蓝天白云、风平浪静的日夜，也经历了风雨交加、惊涛骇浪的岁月。在此过程中，通润人清醒地认识到，必须坚持推进名牌战略，扩展品牌价值，继续发扬“拼搏、创新、科学、竞争”的通润精神，提高通润产品在国际、国内市场中的地位，从而将通润建设成有知名度、有竞争力、有特色、有较好经济效益、能长远发展的小型跨国公司，实现“走得更远”的目标，成就百年梦想。

追求卓越管理 创造卓越绩效

——访山东华特磁电科技股份有限公司董事长兼总经理王兆连

王兆连：山东华特磁电科技股份有限公司、潍坊新力超导磁电科技有限公司董事长兼总经理，山东省磁电工程技术研究中心主任，高级工程师。荣获山东省省长质量奖、山东省劳动模范，当选为山东省第十届、第十一届政协委员，潍坊市第十五届人大代表。

山东华特磁电科技股份有限公司成立于1993年，系国家火炬计划重点高新技术企业、国家创新型试点企业、国家火炬计划临朐磁电装备特色产业基地龙头企业、中国重型机械工业协会常务理事单位、中国科学院技术合作企业、国家产业技术创新战略试点联盟“磁电与低温超导磁体应用产业技术创新战略联盟”理事长单位。公司主要生产超导除铁器、磁选机，电磁及永磁除铁设备、磁选设备，电磁及永磁搅拌设备等八大类80多个系列700多种规格型号的产品，是国内集科研开发、工程设计、生产安装、调试服务于一体的重要的磁电设备制造基地。主要产品技术性能达到国内领先水平，其中吸收世界先进科学技术研发的超导除铁器、超导磁选机，填补国内空白并达到国际领先水平；以蒸发冷却和强油冷却技术成功解决了大型电磁除铁器、磁选机温升、磁力、环境适用性三者相互制约的难题，打破了制约行业发展的桎梏。目前，华特公司国内洗选磁电行业技术水平和专利拥有量，磁力搅拌器、大型除铁器全国市场占有率均名列前茅。“华特”作为中国驰名商标，已成为我国磁电行业科技创新的领导品牌，并已跻身和声隆国际市场。

公司董事长兼总经理王兆连2011年被中国重型机械工业协会授予“十一五”全国重型机械行业优秀企业家称号。2013年1月，获第四届山东省省长质量奖，同年4月被授予“山东省劳动模范”称号。

山东华特磁电科技股份有限公司是如何取得这些骄人业绩？本刊记者采访了公司董事长兼总经理王兆连。

1. 积极打造卓越的质量文化 提升产品质量

王兆连不断探索先进的质量管理模式，打造卓越的质量文化，以“振兴民族工业，创世界品牌”为己任。他始终坚持“用户至上，倡导改进，重视创新，共利共赢”的经营原则，以卓越绩效评价准则为基准，通过采用“内部培训，外部借脑”“走出去，请进来”等内外结合模式，培育形成了“合作创新，追求卓越”的华特公司质量文化体系，有力地推动了企业质量管理工作的开展。

在他对卓越质量文化打造的重视下，公司迅速提升了质量管理水平，取得了一系列辉煌的成果。产品质量多次经国家、省质量技术监督部门抽查合格，产品被主管部门作为行业重点产品向全国推广，公司被认定和确定为标准化良好行为企业、行业标准起草单位。产品经广大用户应用证实，质量可靠、性能卓越、技术服务周到，深受客户青睐；技术水平在激烈的市场竞争中保持领先地位。

2. 构建科学合理的创新网络 健全完善科研创新体系

王兆连重视创新工作，积极推行管理创新、制度创新和技术创新。

——管理创新。近年来，王兆连不断引入先进的管理工具和方法，如6S管理、6σ管理、QC小组管理、精细化管理和精益化生产管理，并深入实施卓越绩效管理模式，追求管理创新。

——制度创新。他从企业实际出发，不断实现企业管理制度的创新。一是从建立健全各项管理制度入手，主持制定、完善了内部管理制度，使企业各层次、各环节做到有章可循，走上规范化管理的轨道。二是主持建立了科学的员工绩效系统和完善的激励机制。

——技术创新。王兆连率领的团队承担完成了国家科技支撑计划、863计划、火炬计划、重点新产品计划等26项，省级科技、创新计划45项；拥有国家专利112件，其中发明专利16件，并通过PCT途径在美国、巴西、澳大利亚等56个国家申请了发明专利；获省部级科技奖、专利奖18项；制修定国家行业标准8项。公司被认定为国家火炬计划重点高新技术企业、国家级创新型试点企业，被授予山东省高新技术企业。公司“磁电选除设备技术研究及设计”岗位为第一期潍坊市“鸢都学者”岗位。公司获山东省企业技术创新奖，获批设立博士后科研工作站、院士工作站和综合院士工作站，成立了机械工业超导磁体工程技术研究中心。王兆连被评为第八批、第十批潍坊市专业技术拔尖人才。

3. 积极导入先进的管理工具和方法 全面推行质量管理工作

王兆连始终确信，“产品质量好坏，是企业走向成功的基石”。近年来，他不断导入先进的质量管理工具和方法，积极追求卓越。

——贯彻落实卓越绩效评价准则。他不断吸收借鉴国内外先进的质量管理经验，引进新的管理技术，聘请相关专家开展全员培训，以卓越绩效评价准则为企业提供科学有效的指导。公司企业文化得到了进一步系统凝练和完善；发展目标由生产计划引领转为战略规划引领；更加关注以顾客和市场为导向的经营“大质量”；人力资源管理更加全面、系统、规范；更加注重相关方的利益，与顾客及供应商建立了合作伙伴关系，互相支持发展，经济效益也得到了很大程度的提高。2010年王兆连同志获得了潍坊市市长质量奖个人奖。

——体系建设。他领导广大职工不断致力于运行和建立健全各种质量保证体系。公司率先在行业内通过GB/T 19001、GB/T 24001、GB/T 28001、ISO10012等有关管理体系认证和计量确认，全面控制八大类产品的生产开发全过程，并已形成综合性、成套性产品研发、制造、试验基地。另外公司生产的RCDA、KGLA等系列产品通过CE认证和防爆合格认证。

——6S 管理。公司开展了以“清扫、清洁、整理、整顿、素养、安全”为内容的“6S”管理活动，鼓励员工积极参与管理活动。通过有效的激励机制，持续自主改善，使6S管理标准化，达到了生产环境优良、员工行为规范、整体习惯良好的目的，实现了清洁生产和安全文明生产，带动了产品质量的显著提高。

——6σ 管理。严格、集中和高效地改善了企业流程管理质量，以“零缺陷”的完美商业追求，在生产过程中降低了产品及流程的缺陷次数，并带动了质量成本的大幅度降低，最终以节约企业运营成本、改进服务水平、形成积极向上的企业文化，实现了财务成效的显著提升与企业竞争力的显著增强。

——QC 小组。充分利用“小、实、活、新”的特性，力求课题成果实用化、经济化、专业化，鼓励生产和服务一线单位人员成立以解决现场实际问题为主的“问题解决型”课题小组，并倡导开展“创新型”活动，积极培育“有创新特性、有自身特点、有推广价值”的 QC 成果。

——精细化管理和精益化生产管理。在他的带领下，公司开展了具有华特特色的精细化管理，并对此赋予新的认识和理念，把工作做“精”代表了工作的品质和成效，把工作做“细”代表了工作的数量和规模。通过推行精细化管理，使华特成为了国内磁电行业第一家进行流动化生产的公司，基本实现了生产均衡同步化、短周期、低库存与柔性生产；推行生产全过程的质量保证体系，基本零不良、高品质；减少和降低了各个环节上的安全隐患和浪费，最终以优品质、低成本和高效率对市场需求做出最快速的响应。

4. 大力实施品牌战略 打造中国知名品牌

近年来，王兆连同志带领公司大力实施“争创名牌”战略，扩大产品宣传，增强产品和品牌的影响力，通过多种手段打造宣传声势。近三年广告宣传投入达 600 万元，扩大了市场知名度，把实施名牌战略作为提升竞争力、知名度及加快发展的重要措施来抓。

他建立并完善现代企业制度，制订了“科技创新、科学管理、优质服务、持续改进、全员参与、打造企业名牌，创建百年企业”的质量方针。“华特”商标被认定为“中国驰名商标”。“华特”牌永磁搅拌器、磁选机、金属探测及选除设备和超强电磁除铁器等 4 类产品被评为山东名牌。

5. 积极推行节能降耗 实现质量效益可持续发展

王兆连重视节能降耗和环境保护方面的工作。实施的“年产 1 000 台（套）节能环保搅拌器装置生产线节能项目”获批 2007 年省节能节水专项资金项目，“新上 500 台（套）/a 节能环保新型电池材料生产设备”获批 2008 年省重大节能技术产业化项目，并通过省经信委竣工验收。另投资 1 500 万多元淘汰落后设备，减少了“三废”排放，万元产值耗能降低了 30.9%，被授予潍坊市环境友好型企业称号。同时积极开发超导除铁器等节能、绿色、低碳新产品，累计为社会节电超过 10 亿 kW·h，获山东省政府节能成果奖 2 项。

6. 积极参与公益事业 勇于承担社会责任和努力构建和谐企业

致富思源。王兆连认为，企业的发展来自于社会，企业的发展离不开社会，企业的长足发展必须回报社会，这是时代发展赋予企业的历史使命。

他积极投身公益事业，累计为助学、赈灾、扶困等捐款超过 1 000 万元。公司被授予“潍坊慈善奖——潍坊市爱心慈善企业”和全国“光彩之星”等荣誉称号。他本人也被推选为潍坊市光彩事业促进会副会长、临朐县慈善总会荣誉会长。在构建和谐社会工作方面，公司是潍坊市劳动关系和谐企业，累计缴税 2 亿多元，被授予“纳税先进企业”称号。

卫华集团 2012年大事记

1月 荣获“中原最佳雇主”称号，这是继2008、2009、2010年后，第四次荣膺此殊荣。

2月 集团荣获“2011年度河南省优秀博士后科研工作站”称号；集团执行总裁、博士后工作委员会主任俞有飞荣获“优秀博士管理工作者”称号。

3月 荣获“中国制造业信息化应用领先奖”。

再次入选河南省2012年规模效益“百强”企业和高成长性“百高”企业。

为中国一重集团承制的两台800t双梁桥式起重机成功下线，这是卫华集团成立以来自行研制的起重量最大的桥式起重机，创造了河南省桥式起重机研制之最。

5月 中华全国总工会授予河南卫华机装班“全国工人先锋号”。

继续蝉联“中国机械工业100强”企业，排位较2010年的第78位前进了10位。

6月 在集团成立24周年庆祝大会上，董事长韩宪保提出了七点要求：一是坚持“十六字”方针不动摇；二是坚持主业发展不放松；三是努力完成全年总目标；四是新公司要规范管理；五是坚持廉洁建设不松懈；六是坚持艰苦奋斗不能变；七是坚持幸福卫华宗旨不能变。

E300/50—40m桥式起重机、RTG关键技术改进攻关、ND型低净空单轨运行式电动葫芦、MEA400t门式起重机四个项目通过河南省科技成果鉴定，并取得科学技术成果证书。

与武汉理工大学合作的“国家863计划新型智能化大型抓斗挖泥船关键技术研究项目”举行签约仪式。

在全国创先争优表彰大会上，卫华集团党委荣获“全国创先争优先进基层党组织”称号。

7月 为内蒙古包钢集团承制的全自动防摇摆自动定位职能控制钢管分配起重机在包钢测试完毕，并投入使用。

8月 “桥门式起重机轻量化关键技术攻关”项目被列入“2012年度国家火炬计划”。

获得“AAAA级标准化良好行为”证书。

9月 “盾构用系列门式起重机”“ND型系列钢丝绳电动葫芦”等7个项目列入2012年河南省科技计划项目。

10月 卫华集团正式获批设立院士工作站。

11月 集团副总裁秦英奕就任首席质量官，并实行首席质量官制度。

获“十二五”首批“制造业信息化科技工程数字化企业试点单位”。

12月 河南卫华荣膺“国家火炬计划重点高新技术企业”。

河南省人民政府授予卫华集团“河南省省长质量奖”荣誉称号。

集团第三届董事会一次会议选举韩红安为第三届董事会董事长，李相杰为第三届董事会副董事长。按照股东会、董事会决议，任命俞有飞为集团总裁，秦英奕为常务副总裁，李世昌、熊坤山、苗红、李全振和曹相学为集团副总裁。

在集团全员营销大会上，董事长韩红安提出“一个发扬、两个转变”的工作思路：在继承卫华诚信文化的基础上，大力发扬民主、道歉、快乐文化；要迅速转变工作作风和工作态度，转变集团管理团队对营销工作的重视度，将工作重点转到销售工作中来。

起重量40t起升高度400m门式起重机

卫华集团总部

山东山矿机械有限公司 2012年大事记

1月 受山东省经济和信息化委员会委托，济宁市经济和信息化委员会对公司承担的山东省技术创新项目计划“复合振动筛”（编号：201120108025）和“行走式连续输送散料装船机”（编号：201120108024）进行了鉴定验收。

中国国际商会副秘书长林舜杰先生一行五人莅临山矿公司参观指导工作。

由山东省工商联和齐鲁晚报联合主办的2011年山东民营企业“三项评选”颁奖盛典在济南隆重举行，公司荣获“山东省最具发展潜力民营企业”称号。

2月 公司与山西太钢干燥处理线项目成功签约。

公司供印度电钢PCFK1820破碎机项目成功试车。

3月 公司参与拍摄的102集大型电视系列片《演说论语》获得全国电视文艺“百家奖”电视专题类一等奖、优秀撰稿奖、优秀创意奖，荣膺三项桂冠。

公司产品煤矿用反井钻机通过国家煤安认证并取得证书。

公司董事长马昭喜荣获“山东省诚信企业经营者”荣誉称号。

4月 公司供腾州盛隆焦化管带机项目试运行成功。

6月 公司生产的带式输送机荣获天盛港务有限公司“用户满意项目”。

7月 公司自主研发的“新型港口散状物料输送系统成套设备”“弹簧式圆锥破碎机”项目分别荣获山东省机械工业科技进步奖二等奖和三等奖。

10月 山矿公司第五届职工运动会成功举办。

11月 济宁市机械行业商会成立大会暨一届一次会员大会隆重召开。公司董事长马昭喜同志当选为商会名誉会长，公司总经理孙善金同志当选为商会常务副会长。

公司开发生产的“SKGD管状带式输送机”和“2YAK2460复合振动筛”项目荣获2012年度中国机械工业科学技术奖三等奖。

12月 鉴于山矿公司职工陈玉东同志在指导印度GMR卡玛朗加项目安装服务中的优异表现，山东电力建设第二工程公司携同印度GMR卡玛朗加项目部联合向公司及陈玉东同志发来表扬信，致以表扬和感谢。

运行于用户现场的圆管带式输送机

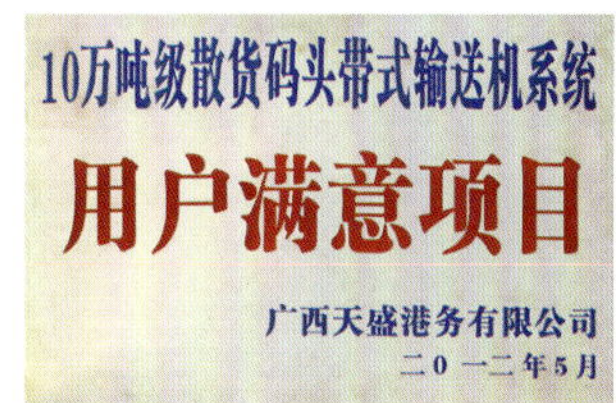

用户满意项目证书

2012|07

2012|08

2012|09

2012|10

2012|11

2012|12

企业介绍

中国第一重型机械集团公司

一、企业经济发展概述

2012年，国际金融危机的影响持续加深，世界经济形势错综复杂。我国经济增长下行压力继续加大，产能过剩的矛盾更加突出。在这种外部形势异常艰难的情况下，中国第一重型机械集团公司(简称：一重)采取积极有效的措施，全面加强生产经营管理等各项工作，经过全体干部员工的共同努力，保持了企业的平稳运行。全年实现商品产值110亿元，营业收入83.19亿元，利润0.82亿元，新增订货107.8亿元。

二、企业概述

1. 企业生产发展情况

2012年，一重实现商品产值110亿元，商品产量30.9万t，营业收入83.19亿元，工业增加值17.3亿元，国有资产保值增值率100.1%。2012年主要产品产量分类见下表1。

表1　2012年主要产品产量分类

序号	种类	产量(t)
1	冶金成套设备	88 744
2	核能设备	7 887
3	重型压力容器	108 737
4	大型铸锻件	8 959
5	锻压设备	14 505
6	矿山设备	11 207
7	其他	69 870
	合计	309 909

2. 企业市场经营及销售情况

2012年分类产品销售收入及占比见表2。

表2　2012年分类产品销售收入及占比

序号	种 类	收入(万元)	占比(%)	同比增长(%)
1	冶金成套设备	227 582.71	27.4	-3.37
2	核能设备	54 986.82	6.6	-8.71
3	重型压力容器	304 678.59	36.6	0.51
4	大型铸锻件	95 047.36	11.4	-17.99
5	锻压设备	47 769.23	5.8	0.42
6	矿山设备	27 569.59	3.3	22.56
7	其他	74 217.70	8.9	4.83
	合计	831 852.00	100	-4.22

从收入构成分析：受钢铁市场低迷影响，冶金成套设备、大型铸锻件的销售收入较同期有所下降；受日本福岛核事故影响，核能设备销售收入降幅较大。随着国家淘汰落后产能力度的加大，及核电项目审批的解禁，预计未来销售收入将逐步好转。重型压力容器销售额的增加弥补了其他产品销售收入的减少，使得公司总体销售收入较同期降幅不大。

2012年，一重全力抓好经营订货工作，营销系统加大经营订货力度，及时调整营销策略，全年新增订货107.8亿元，实现销售回款73亿元。在营销事业部设立了市场管理部，对公司经营活动进行统筹管理，并加强合同审批，有效规避合同风险。发挥冶金成套产品的技术和市场优势，囊括了国内全部冷、热连轧大项目，在有色金属轧制设备市场上也取得新的收获。工程总承包取得较好成绩，相继承揽了冷、热连轧等多个总承包项目。石化容器产品订货取得新进展，成功签订了公司第一份乙二醇项目制造合同。继续开发新产品市场，卧式辊磨机获得首台(套)市场机会。大力开拓国际市场，与美国、墨西哥、印度尼西亚等国的企业建立联系。

3. 企业科技成果及新产品

2012年，一重继续努力推动科技进步，技术创新体系进一步完善，体系构架和机构设置基本完成。科研新产品开发工作积极推进，保证了世界最大的715t特大钢锭成功浇注，卧式辊磨机、伺服压力机投向市场，海水淡化、城市生活垃圾处理等项目正在积极开展首台(套)工程化工作，CAP1400核电锻件、风电、热轧复合板等重点科研项目正在推进中，700℃转子材料、高铁轴系材料等基础研发课题取得阶段性成果。CAP1400压力容器、专项课题等获得国家立项，AP1000主管道研制、核电关键设备超大型关键锻件研制、国家“863”计划巨型重载锻造操作机等项目通过验收。全年获省部级以上科技进步奖5项，其中大型合金钢锭及铸锻件缺陷与组织控制成果获国家科技进步二等奖。

4. 企业产品质量及标准工作情况

继续加强质量管理，产品质量同比有了一定的提高，公司产品质量体系进一步完善，完成了核电产品蒸发器取证、清华大学低温堆取证、奥地利辊道CE认证等取证换证工作，全面实行民品、核电、加氢产品的NCR网上审理。

5. 企业基本建设及技术改造情况

2012年，一重完成固定资产投资74 165万元，全部为主业投资,都是围绕提高公司装备能力,为新产品开发搭建平台开展的。新开工项目占完成投资额的9.74%,主要是项目前期建设的环评、勘察、桩基础等。

一重依靠各项投入,不断推进技术改造、科研开发和兼并重组的开展,显著提升了自主创新能力和产出能力,促进了企业向战略新兴产业的转型升级,尤其是向新能源、新材料等行业方向发展。2012年完成的技术改造项目的效果体现在以下方面:一是对企业经营发展的积极作用。在扩大企业产业链和服务领域的同时,通过石化装备制造专业化建设,提升了企业在石化装备领域的竞争力;通过大型铸锻件生产流程专业化、自动化升级改造项目的建设,推进了生产过程的专业化、自动化、信息化,提高了产品质量的稳定性,为经营发展提供了基础支撑。二是对实施产业结构调整、产品结构调整的促进作用。2012年,是一重走内涵式发展道路,实施转型升级、产业结构调整的关键之年。通过推进转型升级,提高了主体工艺设备的生产效率,稳定了产品质量;通过对大连前盐石化容器制造基地、马鞍山高端装备制造基地的建设,为扩展产品领域奠定了基础;按照专业化、自动化、信息化、流程化要求,开展了三大基地的生产制造流程再造,在热加工、冷加工、核电锻件专业化等方面取得阶段性成果,相继建成的循环水处理系统、铸件树脂砂系统、自动化立体库仓储系统,标志着公司流程再造迈出实际步伐;大力推进"四大基地"技术改造,铸锻钢基地生产能力已超越了"7654"的极端制造目标。三是对主业发展的提升和促进作用。通过对现有大型铸锻件生产能力进行系统性的提升改造,进一步提升了核心制造能力;通过加大技术创新平台的建设,为科技开发提供了支撑等,主业竞争力得到进一步强化。四是对企业技术水平和创新能力的促进作用。使一重整体技术水平、生产能力和市场竞争力又跃上一个新台阶,促进了企业生产的专业化、自动化、信息化和流程化,夯实了企业开展技术创新的物质基础。五是对节能降耗,降低成本,增强可持续发展能力的促进作用。通过实施"能源装备大型铸锻件生产流程专业化、自动化升级改造项目",实现了清洁生产、能源循环利用、降低成本的目的。

6. 企业对外合作情况

一重与一批高校及科研院所保持着长期战略合作关系,如与上海交通大学开展合作,联合成立了一重重型装备研究院交大分院。通过这种方式,进一步加强了产学研结合,为联合开发符合一重长远战略规划的新产品和新技术搭建了发展平台。

7. 企业改革与机构调整

2012年,一重积极推进转型升级。一是按照专业化、自动化、信息化、流水化、绿色化的原则,开展了生产过程的流程再造规划论证工作,并在热加工系统如何实现"五化"原则方面取得了思路上的突破,完成了电极棒垂直铸机、铸造型砂自动冷却回收系统等规划项目的论证,并相继启动实施。二是完成了新型立式喷淬装置以及60余台大小机床等设备的安装、调试及搬迁工作,建成了循环水处理系统、铸件树脂砂系统、自动化立体库仓储系统,提高了一重的装备实力。三是进一步促进两化融合,热加工锻造生产专业化系统、营销管控系统等信息化应用先后投入使用。四是不断完善绩效考核体系,探索建立以经济增加值(EVA)为中心的考核系统。

8. 企业发展主要或突出的问题

(1)盈利能力大幅降低。目前,公司生产成本不断上升与产品价格不断下降的矛盾较为突出。由于产品订货价格逐渐降低,而成本费用居高不下,公司产出指标较同期有所下降,产品盈利能力更是大幅下滑。从全年来看,保持企业不亏损的难度很大。

(2)市场经营订货减少。2012年,受大的宏观经济环境影响,冶金设备、大型铸锻件等产品处于低迷期,全年新签订货106.5亿元,完成年度计划的59%,同时盈利能力较强的石化产品、核电产品所占比例大幅降低。从2013年前几个月来看,市场形势没有发生实质性改观,除核电产品外,公司在各类产品市场上均面对一家乃至多家兄弟单位的竞争。随着过去几年行业内各企业大规模的技术改造陆续竣工投产,不断增强的生产制造能力与疲弱的市场需求之间的矛盾日益突出。

(3)货款回收难度加大。一方面,由于订货量没有达到预期,直接导致用户预付款和进度款数额的大幅减少。另一方面,一些用户特别是一些重要国企用户生产经营也出现了一些困难,造成他们不能及时提货和付款,致使公司一部分产成品无法实现销售,进而导致应收账款与存货快速增长,造成对公司的资金占用,给企业资金链正常运行带来较大的压力。

〔撰稿人:中国第一重型机械集团公司杨先仙 审稿人:中国第一重型机械集团公司万靖君〕

中国第二重型机械集团公司

2012年,中国第二重型机械集团公司(简称中国二重)积极应对复杂多变的经济形势,以坚持科学发展、构建和谐企业为主基调,着力抓好经营生产、转型升级、深化改革、管理提升等各项工作,采取了一系列针对性的工作措施,着力推进产品结构调整,推进"一个中心,两个基地"建设,推动了企业的科学发展,保持了企业的和谐稳定。

一、生产经营情况

近年来,由于受到国际金融危机后续影响的持续冲击,中国二重具有传统优势的冶金轧制设备需求持续低迷,订单远低于预期,造成大量生产缺口无法弥补。面对生产能力放空、产值增速放缓、产销率下降、成本费用上涨、利润水平不断降低等不利情况,企业通过紧盯市场信息,增强对营销工作的领导和支持力度,努力争取订单。在巩固传统市场的同时,开拓新市场,在冶金持续低迷的情况下,大力发展清洁能源,同时积极开拓有色、水利、重容、水泥等领域,尽量弥补产能缺口。2012年,成功签订了世界最大等级

168MN 热模锻压力机和国内首套“3300 + 2800mm”铝板带热轧机组合同；首次签订石化容器和水电叶片精加工出口合同；成功进入煤化工换热器、深海潜水器、CAP1400 核电稳压器装备配套制造及风电服务领域；成功为 C919 大飞机项目制造了大型模锻件。全年完成工业总产值 65 亿元，同比下降 18.6%；出口交货 3.03 亿元；机器产品产量 11.15 万 t，同比下降 19.6%；完成销售收入 46 亿元，同比下降 34.3%；实现利润总额 −27.8 亿元。2012 年主要产品生产情况见表 1。2012 年主要产品销售情况见表 2。

表 1　2012 年主要产品生产情况

产品名称	产量(t)	产值(万元)
合计	111 539	441 956
轧钢设备	39 440	123 362
锻压设备	2 022	10 937
能源发电装备	132	3 332
重型化工压力容器	5 687	55 095
其他设备	7 799	17 200
大型电站铸锻件产品	19 891	97 954
冶金备件	1 618	3 427
船用铸锻件	7 968	13 356
模锻件	1 837	65 309
其他铸锻钢加工品	19 858	30 675

表 2　2012 年主要产品销售情况

产品名称	销量(t)	销售额(万元)
合计	116 142	435 899
轧钢设备	35 399	113 329
锻压设备	12 080	32 781
能源发电装备	−4 196	−22 115
重型化工压力容器	5 666	54 488
其他设备	8 272	18 236
大型电站铸锻件产品	17 411	80 401
冶金备件	1 636	3 548
船用铸锻件	7 464	14 013
模锻件	2 066	22 571
其他铸锻钢加工品	19 209	39 533

二、自主创新情况

为积极改善公司产品结构，适应公司从投资拉动型走向技术带动型的发展模式，中国二重加强了以核电和风电等国家鼓励发展领域的重点产品开发，继续加强了核电产品、大型模锻件、燃气轮机等锻件、矿渣立磨等公司重点产品的研发，新产品技术研发和市场开发都取得了很大突破，全年新承担 3 项、完成 5 项国家科技重大专项课题，新获 41 项专利授权，为公司发展提供了较好的技术支撑。2012 年度完成的重大科技成果情况见表 3。

表 3　2012 年度完成的重大科技成果情况

序号	项目名称	完成时间	主要性能参数及技术内容	成果水平评价
1	核电机组特大型半速整锻转子锻件制造技术研究与应用	2012	该项目针对当前世界极限制造领域的标志性高难产品大型核电半速发电机转子锻件的制造技术，进行了技术研究，完成了十余项重大装备工艺设计和技术改造，开发了核电发电机特大型半速转子锻件全套制造技术，并成功应用于产品制造，形成了批量生产能力。产品交货重量226t，直径为 1 955mm，总长度为 15 226mm，锻件任何部位缺陷不能≥ϕ31.6mm	填补了国内空白，总体技术达到世界先进水平
2	第三代核电 AP1000 主管道成套设备研制	2012	中国二重在材料的成分控制，锻造裂纹形成机理、晶粒度的控制以及弯制模具研究等方面进行了深入研究，在超低碳控氮奥氏体不锈钢冶炼、大型不锈钢钢锭锻造、大直径小弯曲半径管道弯曲成型、大直径不锈钢管道热处理等领域取得重大技术突破	在世界范围内率先完成，达到国际先进水平
3	百万千瓦级大型核电蒸发器成套关键锻件研制	2012	中国二重通过持续自主研发和技术改造，在特大型核电用钢锭的超纯净钢冶炼和浇注技术、有效改善偏析的方法、特厚壁锻件均质性技术、提高 RTNDT 和 −20℃ 冲击韧性、异型锻件成形等多个科学技术领域取得突破，多项技术已获得国家专利授权，具有完全的自主知识产权	国际同行业先进水平
4	西南铝 4 300mm 铝板宽厚板热轧机组设计研发	2012	项目采用铸锭升降回转装置、立辊轧机、四辊可逆热轧机、液压复合剪切机、板材卸料、真空吸盘堆垛装置等组合配置；机组在线设置了测厚仪、轧制压头、测温仪、热金属检测器、激光测速测长仪等工艺检测仪表，实现了在线检测及信号反馈，整体装机自动化程度高，结构及功能设置先进、可靠	填补了国内空白，主要技术性能指标达到国内领先水平

（续）

序号	项目名称	完成时间	主要性能参数及技术内容	成果水平评价
5	大锻件真空铸锭先进技术研究	2012	该项目的核心是以提升真空钢锭浇注附具和模具的清洁干燥，减轻浇注过程二次氧化，保证钢液的纯净度等方面展开工作并制定改进和优化措施。主要有如下4方面：①减轻浇注过程中的外来夹杂。②减轻钢水浇注过程中的二次氧化。③稳定浇注真空度。④减轻保温材料的加入对钢锭质量的风险	该项目技术处于国内领先水平
6	三峡升船机螺母柱拼装检测技术研制	2012	该项目首次运用摄影测量和扫描测量相结合无缝拼接的测量及技术方案，解决了螺母柱螺旋面相关高难度拼装参数的测量方法；为了提高摄影测量的准确度，提出了运用1μm左右高精度的3m测长机作为标准，校准摄影测量用的基准尺，保证了摄影测量和扫描测量的高精度，获得了专利授权；运用通用分析软件，对测量数据进行分析、评定、建模技术，已经过上级技术部门的验证，所得测量结果准确可靠	关键技术处于国内领先水平

1. 核电锻件及成套产品

继续加强核电锻件及成套产品研制。AP1000波动管顺利完成了产品制造，并发往用户；AP1000蒸发器筒体锻件已经交付用户，水室封头锻件已经完成粗加工和探伤，准备进行热处理，椭圆形封头已经完成制造，锥形筒体锻件已生产出合格产品；AP1000反应堆压力容器接管段筒体锻件已经完成制造；CAP1400堆芯补水箱研制项目已经完成模拟件研制，并顺利通过了专家评审；积极为CAP1400核电锻件及主管道研究做好技术准备；继续开展了核电稳压器、反应堆压力容器等成套核电产品研制。大型核电半速转子形成了批量供货。

2. 燃气轮机关键锻件产品

燃气轮机机组锻件开发取得进展。GE系列的燃机压气机及中温段转子锻件已交付用户；西门子系列全套压气机轮盘及拉杆等验证件经过外方评审；三菱系列燃机压气机锻件通过多次交流，自主化燃机手套轮盘试验件即将开始试制投料，为进一步进入燃气机锻件产品研制打下了良好基础。

3. 大型模锻件产品研制

继续加强了模锻件新产品研制，研制了多种型号战机航空模锻件，并为8万t压机投产做了大量产品技术储备，正积极组织开展大飞机航空模锻件产品研制，如铝合金、钛合金、及烟气轮机涡轮盘等模锻件产品研制。

4. 矿山水泥等成套设备研制

矿渣立磨等成套设备新产品开发也取得突破，取得了沙钢 ϕ36.9m、新疆八钢 ϕ36.9m 两套矿渣磨订单。

三、技改投资情况

2012年在集团公司狠抓在建、收尾工程，集中公司有限的资金，重点解决影响经营生产的瓶颈，为生产经营的顺利进行提供了有力的装备保障。同时组织了对所有在建工程项目的清理，重点清理了工程项目实施内容与批准情况、资金使用情况，并逐个项目进行了工作安排。经过精心组织，完成了连续复合熔铸高速钢轧辊项目、大型全断面掘进机生产线项目、企业信息化项目三个项目的竣工验收。在建项目中，8万t模锻压机完成安装、调试，实现试生产，具备正式投产条件；成都工程中心具备入驻条件；8 000t快锻机、热稳定性试验炉等建成投产；镇江基地核容厂房大部分设备已投用，长江码头具备试运行条件。

全年累计完成固定资产投资额9.19亿元；完工单项工程80余项；新增生产设备60余台，改造设备9台；施工建筑面积230 067m^2，竣工建筑面积108 562m^2（其中：德阳基地全年累计完成固定资产投资额5.4 684亿元，新增生产设备29台，改造设备9台，施工建筑面积108 562m^2，竣工建筑面积108 562 m^2；镇江基地全年累计完成固定资产投资额3.72亿元）。较好地完成了各工程项目的阶段计划目标。

四、狠抓管理提升活动

中国二重的管理提升活动与公司化改革后完善、调整的需要相结合，联系公司实际，逐级建立工作机构，严密制订工作方案，深入开展业务培训，系统诊断剖析问题，积极营造活动氛围。公司18个管理部门共组织专项问卷调查21次，调查人数6 000余人次，形成了19份分析诊断报告，归纳整理形成24个提升专项，包括121个提升项目，并逐项明确了提升目标、完成标志、评价标准、责任单位。各生产经营单位、公共服务单位一方面积极参与各系统管理提升项目，同时结合自身实际认真开展各具特色的管理提升活动。在提升活动中，坚持了“以线为主、全面参与，质量优先、适度提前，有机融合、务求实效”的工作原则，体现了“思想认识到位、动员组织到位、问题查找到位、基层落实到位、整改推进到位”的工作特点，与年度工作目标相结合，与开源节流、降本增效工作结合，取得了初步成效。

五、企业发展主要或突出问题

长期以来，在我国，重机企业只是负责设备制造这一环节，企业产品存在单件小批、单件无批的基本生产特点，制造处于低端环节，而专业的研发、工程设计和工艺设计处于不同行业，尚不具备工程总承包业务，处于任务重、利润薄的局面。近年来，受冶金、电站、能源、造船等行业需求急剧减少的影响，公司主要产品订单量及价格大幅下滑，产品竞争激烈；受宽松货币政策刺激，原材料、燃料动力、人工成本等均出现上涨,压窄了产品的利润空间。进行差异化、高端化的产品开发是解决这一问题的重要途径之一,但企业原创技术少、自主创新能力弱、研发风险大,致使企业进展缓慢,建议国家对承担国家重大装备制造的企业提高项目补助金比例,对前期技术研发投入较大、生产周期长、赢利空间有限的项目给予费用性补贴,出台首台(套)国产设备的认定细则和补偿办法,尽快完善下发使用国产首台(套)装备的风险补偿机制实施细则,以促进企业技术创新的持久开展。

〔撰稿人:中国第二重型机械集团公司杨毓银　审稿人:中国第二重型机械集团公司严祥文〕

太原重型机械集团有限公司

太原重型机械集团有限公司(简称太重集团)始建于1950年,是新中国自行设计、建造的第一座重型机器厂,属于国家特大型骨干企业。2005年进入中国制造业500强,2006年荣获了“全国五一劳动奖状”,2008年胜利跨入百亿企业的行列。2011年,荣获了中国工业大奖表彰奖,成为山西省第一家在该奖项中获奖的企业。主要成员单位有:太原重工股份有限公司、太重集团煤机有限公司、太重集团榆次液压工业有限公司等。2012年总资产317亿元,净资产80亿元;占地面积500余万 m^2;在岗职工14 561人。

太重集团产品门类多,品种全,主业突出、优势明显:一是大型冶金起重机、轧机油膜轴承、无缝钢管轧机、转炉倾动装置等大型冶金设备保持国内领先地位。其中,太重牌油膜轴承、起重机、齿轮传动等为中国名牌产品。二是构建了比较完整的煤炭设备产业链,成为比肩国际巨头的集大型井下综采设备、露天采掘设备、洁净煤技术设备等为一体的成套设备供应商。三是大中型挤压机、大中型自由锻造液压机等锻压设备达到世界水平。四是突破重型机械行业单件小批的模式,成为国内唯一同时生产火车轮和轴的生产基地;五是初步形成新能源产业链,以风电整机以及增速器系列、核燃料装卸转运设备、核电锻件等为突破口,全面进入了风电、核电、水电等清洁发电领域。六是液压、传动、铸锻件等基础配套件产业群实现了向高端的延伸。其中,三峡1 200t桥式起重机、480t铸造起重机、20～75m^3矿用挖掘机、1.5～3MW风力发电机、ϕ 340mm无缝管轧机、三辊连轧管机组、10 000t铝合金挤压机、3 000kW电牵引采煤机、神舟七号发射塔架、奥运会开闭幕式舞台设备等为太重标志性产品。

太重集团技术实力雄厚,拥有重大技术装备自主研发和工程总承包能力;建有国家级技术中心和博士后工作站。2011年国家认定企业技术中心排名第12名,荣获发改委、科技部等五部委颁发的“国家认定企业技术中心成就奖”。2011年进入全国“创新型企业20强”。拥有国家级发明奖4项,国家级成果奖26项,国家科技进步奖22项,国家授权专利126项,创造了360多个国内外第一,累计为国家重点建设项目提供了1 000余种,两万多台(套)装备,被誉为“国民经济的开路先锋”。

一、生产经营情况

2012年是为实现公司“十二五”目标奠定坚实基础的一年。一年来,太重集团广大干部职工锐意进取,开拓创新,克服了国际市场持续低迷,国内经济下行压力加大等不利影响,经销订货逆势而上,产品研发成绩显著,五大基地陆续投产,总体保持了平稳增长,规模仍居行业第一。2012年经济指标完成情况见下表。

表　2012年经济指标完成情况

指标名称	2012年完成(万元)
工业总产值	1 672 699
工业增加值	232 611
营业收入	1 707 326
利润总额	-18 727
实现利税	9 337
出口交货值	201 598

二、企业市场经营及销售情况

2012年太重集团实现营业收入1 707 326万元,同比增长5.8%,实现出口交货值201 598万元,同比增长28.1%。

成套项目订货亮点纷呈。风机实现批量订货,签订了7个风场项目约27亿元,刷新了公司单笔合同金额纪录,形成了新的经济增长点;在文山铝业成套项目成功实施的基础上,签订了煤化工总包项目9.6亿元,将煤化工成套进一步做大做强;签订了锻造压机总包项目18亿元,首套130万t双高线全线工程总包3.5亿元,支撑了公司规模的平稳增长。

出口订货创历史新高。全年实现出口订货19亿元。大型挖掘机成功打入南美和非洲市场,国际市场开拓取得新突破;轮轴全年累计出口订货4亿元,保持了较好的发展势头;3.6MW风电增速器出口美国,为公司抢占5MW及以上市场奠定了坚实基础;签订了台塑越南项目8台480t铸造起重机,大型起重机市场地位更加稳固。太重煤机与危地马拉签订了4 000万元的型钢生产线合同,首次打入南美市场。

首台(套)订货取得新突破。签订了世界最大的半移动破碎站项目12.3亿元,实现了露天矿山采掘设备的成套供货;1 200t全路面起重机、720冷轧管机组、30万kW发电机转子、世界最大功率3 000kW电牵引采煤机等一批新产品实现订货。

三、企业科技成果及新产品

2012年,太重集团完成新产品开发130项,技术创新工作在全国科技创新工作大会上进行了典型经验交流。“新型宽厚板滚动剪切方法与装备技术”“480t铸造起重机”“大采高电牵引采煤机及关键技术”获机械工业科学技术奖,“ϕ180mm三辊连轧管机组”“双柱快锻压机系列成套设备”“1.5MW风力发电机组”获省科技进步奖。

(1)产品系列不断完善。世界最大的WK-75挖掘机成功下线，实现了从“跟随”到“引领”质的飞跃，树立了太重大型挖掘机的世界领先地位；8m焦炉成套设备设计完成，标志着太重已完全具备国内所有炉型配套用机械设备的设计、制造能力；国内最大的225MN单动铝挤压机、125MN四柱自由锻造液压机、200MN模锻液压机设计完成，锻压产品系列更为完善；ϕ460mm连轧管机组生产线成套设备完成设计开发；联合研发了采高7.2m、600kW永磁电牵引采煤机、500kW短臂式采煤机、2×100kW永磁薄煤层割煤机，均为国内外首创机型。

（2）新的增长点逐步形成。1.5MW、2MW风机低电压穿越试验完成，3MW风机全功率并网发电，5MW风机样机设计完成，标志着太重步入国内大型风机制造企业行列；1 200t全路面起重机、窄轨履带伸缩臂起重机、750t全路面桁架臂起重机图纸设计完成，32m^{3}液压挖掘机机械图样设计完成，工程机械系列开发取得新进展；国内最大的6 400t液压复式起重机制造完成，一次性通过单门架吊重试验，获得用户好评；废钢破碎线开发设计完成，掌握了破碎生产线工艺流程。

（3）为技改项目发展提供支撑。海上打桩机完成25t、40t打桩锤上、下锤体及筒体、液压系统技术设计；完成海上起吊设备技术设计开发。城轨车辆轮、轴、齿轮箱及轮对总成合同签订；完成高速列车轮、轴试制件及动车齿轮箱设计，高铁车轮常规性试验全部合格，车轴疲劳试验合格。30万千瓦级火电机组转子锻件制造工艺确定；30万千瓦级火电汽轮机汽缸体铸钢件完成前期工艺研究。开始进行高端柱塞泵、多路阀开发。完成19种型号高压液压阀的图样设计，YX多路阀完成装机空载试验，效果良好。

四、产品质量及标准工作

（1）质量管理体系持续有效运行。完成公司质量体系、国际焊接企业认证以及轮轴产品AAR和EC认证的换证复评，顺利通过军工产品保密资格认证和移动式起重机认证的现场审核，凭借“可靠性管理”被工信部评为全国50家质量标杆企业，荣获全国机械工业和山西省政府质量奖。

（2）持续做好重点产品的质量改进。对WK－55矿用挖掘机进行改造升级，达到预期效果。螺母柱浇铸工艺取得重要突破，三峡螺母柱全部加工完成，已部分发运。

（3）加强外协管理，将管理延伸至供方。全年对涉及批量产品和重点产品的供方实施两方审核，取消、暂停供方5家，进一步规范了外协质量管理流程，提高了供方质量控制能力。

（4）积极开展群众性质量活动。“提高衬套一次浇铸合格率”和“ϕ850mm车轮降噪环槽加工攻关”分获中机质协QC成果一等奖和二等奖。

五、基本建设及技术改造

2012年是太重集团重点工程项目全面建设年。太重集团上下高度重视作为支撑“十二五”发展的以五大基地建设为核心的重点项目，通过早筹划，早安排，及各项目组的精心组织，克服了种种困难，全年共完成固定资产投资27.01亿元，完成年计划的100.05%。其中重大技术装备铸锻件国产化项目2012年底投入使用，高速列车轮轴国产化项目具备试生产条件；临港重型装备研制基地建设项目一期重装厂房已完工并投入使用，高性能液压产品自主化产业基地建设项目液压系统厂房投入使用，内蒙古风电项目已竣工投入使用，为公司尽快做大风机产业提供了支撑。

六、对外合作

2012年太重集团继续大力推进国际化发展，成立了太重派尔核电公司，进一步提升了太重核电产品的竞争力；太重香港公司正式成立运营，为公司开展更广泛的国际贸易，开拓国际市场搭建了平台；成功收购了美国REI公司，标志着太重煤机千米定向钻机的孔底马达、导向系统已处于世界领先地位。

〔撰稿人：太原重型机械集团有限公司李伟琨　审稿人：太原重型机械集团有限公司乔铁军〕

大连重工·起重集团有限公司

大连重工·起重集团有限公司是我国重型机械行业大型重点骨干企业和新能源设备制造重点企业，是“国家创新型企业”和首批“国家技术创新示范企业”。2011年12月27日，企业实施重大资产重组成立的控股子公司大连华锐重工集团股份有限公司（简称“大连重工”）在深交所上市（证券代码：002204；证券简称：大连重工）。大连华锐重工集团股份有限公司拥有大连重工·起重集团有限公司除华锐风电股权之外的所有装备制造业经营性资产、负债、业务及人员。

2012年，面对全球经济环境复杂多变、市场有效需求减少、经营风险加大、增支减利因素增多等不利条件，大连重工积极应对，坚持“打造国际一流的装备制造企业集团”的目标不动摇，坚持“人才集聚、创新升级、产融并举、高质发展”的战略不动摇，坚持走“独、特、专、新”的企业发展道路不动摇，以技术为先导，创新为驱动，调结构、转方式，推动企业实现了平稳持续发展。2012年，企业实现营业收入102.9亿元，销售收入98.92亿元，利税总额10.7亿元。

一、生产发展情况

2012年企业实现工业总产值903 456万元，工业增加值206 923万元，主要产品产量260 083t，经济运行平稳健康。2012年生产完成情况见表1。

表1　2012年生产完成情况

指标名称	单位	完成额
工业总产值（当年价）	万元	903 456
商品产值（现行价）	万元	1 053 891
工业增加值	万元	206 923
销售收入	万元	989 159
产品产量	t	255 962
起重机械	t	44 999
装卸机械	t	39 561
港口机械	t	32 419

（续）

指标名称	单位	完成额
冶金机械	t	69 398
矿山机械（含盾构机）	t	2 524
风电设备	t	1 614
船用设备	t	5 294
工程机械	t	2 354
其他机械设备	t	12 249
工矿配件	t	49 671

二、市场经营及销售情况

1.高端市场开拓收效明显

散料装卸机械、焦炉机械、冶炼设备等传统主导产品加速高端升级，市场占有率进一步提高，国内领先优势进一步巩固和扩大。大容积环保型焦炉机械、万吨级大型斗轮堆取料机、万吨级大型装船机、新型三车翻车机等一批代表行业领先水平的升级换代重大装备新产品相继实现了市场化经营，并形成了规模效益；成功签订埃克森美孚印尼海上油田单点系泊系统合同，实现了国际海工市场拓展的突破；承制世界首台500m单口径射电望远镜的馈源支撑系统驱动项目，首次进入天文台设备新领域，丰富了公司产品领域和业绩。

2.单机向工程成套转变提速

围绕主导产品横向延伸产业链，大力促进散料装卸机械、焦炉机械及连铸、连轧、矿热炉等主导产品由单机制造向设备成套和工程总包方向转变。承建了出口巴西、澳大利亚、马来西亚堆取料机、装卸船机等港口散料装卸成套设备；矿热炉EPC总承包合同实现放量增长；签订了陕西蒲城等3个翻车机小区总承包项目，成功进入散料料场工程总承包领域等。全年实现工程总承包订货近30亿元。

3.外贸出口订货创历史新高

以拓展“金砖国家”和富矿生产国市场为重点，大力推进国际化经营战略。与世界最大的铁矿石采矿公司巴西淡水河谷公司签订了世界上规模最大、装卸效率最高的专业矿石中转码头马来西亚VMMP项目合作合同。该合同是包括5种9台大型高端港口和散料装卸重大设备的交钥匙工程，完全依据国际标准进行自主设计制造，并创下我国散料装卸机械设备单笔出口最高金额（6亿元）；成功签订了澳大利亚劳黑尔项目、台湾台塑集团3套7m焦炉设备等重大合同；按照世界顶级标准自主设计制造了澳大利亚必和必拓锰矿堆取料机并成功交付顾客。全年完成出口订货4亿美元，出口创汇1.9亿美元，公司荣获“大连市‘走出去’先进企业”称号。

4.产销及国内外市场分析

面对传统装备市场需求不足、产品价格下降、综合成本上升、行业竞争加剧，以及风电市场进入了战略调整期，核电市场受日本福岛核事故影响，建设暂停等诸多不利因素影响，大连重工对产销战略适时进行调整，一是加速四大类传统主导产品向大型成套、自动高效、环保低耗方向发展，加速由中低端市场向中高端市场拓展，全面实施产品高端升级和国际化经营战略；二是加速单机生产向工程成套转变，扩大散料装卸机械、焦炉机械、起重机械及连铸、热连轧、矿热炉等主导产品的设备成套和工程总包市场占有率；三是大力开发和拓展符合国家产业政策和企业特点的海工、矿山、节能环保等新的产业领域，为企业未来发展做好产品和技术储备。目前企业产品结构优化调整已见成效，已逐步形成了传统产业与新拓展产业新老并举的差异化、多元化发展，专业化、规模化经营的新格局，进一步强化了企业应对市场变化的能力。

三、科技成果及新产品

重大装备产品高端升级成效显著。2012年，企业相继开发研制成功国内最大的7.63m捣固焦炉机械，国内首台获世界权威GL认证的6MW风电齿轮箱，按照ASME标准研制的国内首件AP1000试验用核一级核主泵铸件，世界首台350t煤气、煤粉两用活性套筒对烧窑；承制开发了国内最大的DBK15280.47型斗轮堆料机，QLK14400.60型斗轮取料机，DQLK8000/10500.53型斗轮堆取料机，12 700t/h装船机，拥有独有技术的世界首套折返式“C”型三车翻车机，世界首台500m单口径射电望远镜（FAST工程）馈源支撑系统驱动项目等一批代表行业领先水平、填补国内空白的重大装备新产品，并相继或即将投入市场。重大装备产品实现了高端升级，为企业发展提供了强力技术支撑。2012年获授权专利71项（其中发明和国外专利29项）。

2012年企业重大科技成果及当年获省市以上科技成果奖项目见表2，2012年获市级以上科技成果奖项目见表3。

表2　2012年企业重大科技成果及当年获省市以上科技成果奖项目

序号	项目名称	完成年月	主要性能参数及技术内容	成果水平评价
1	7.63m捣固焦炉机械	2012年8月	碳化室高度7.63m；炉体孔数2×60；每孔装煤能力67.5t（干煤）、74.3t（湿煤）；最大出焦量50.6t。是自主研制的国内首套最大规格的大容积环保型捣固焦炉机械	国际先进，填补国内空白
2	6MW风电齿轮箱	2012年7月	额定驱动功率6 600kW；额定转速12.17r/min；速比98.61；最大制动力矩45kN·m；额定效率97.5%。是自主研制的国内首台最大规格的国产化风电齿轮箱，并获世界权威认证机构德国GL认证	国际先进，填补国内空白

（续）

序号	项目名称	完成年月	主要性能参数及技术内容	成果水平评价
3	AP1000 试验用核一级核主泵铸件	2012 年 4 月	材质 Z3CN20 - 9M 奥氏体双相不锈钢；轮廓尺寸 2.1m×2.5m×3.5m；泵壳厚 150～180mm；工作温度 300℃左右；工作压力 15MPa。是按照 ASME 标准研制的国内首件核电 AP1000 试验用核一级核主泵铸件	国际先进，填补国内空白
4	350t 煤气、煤粉两用活性套筒对烧窑	2012 年 4 月	产量 300t/d；窑作业率 96%；燃料高炉煤气；CaO 比热 3 750kJ/kg 左右；石灰产品活性度≥350 ml/4n HCl；原料石灰石粒度 30～60mm；生过烧率≤5%。是世界首台煤气、煤粉两用活性套筒对烧窑	国际先进，填补国内外空白

表 3　2012 年获市级以上科技成果奖项目

序号	获奖产品名称	奖项及等级
1	3MW 风电增速机	机械工业科学技术奖二等奖 第九届辽宁省优秀新产品奖二等奖
2	550t/125t/150t/50t×33m A6 锻造起重机	机械工业科学技术奖二等奖
3	480t/80t 铸造起重机	机械工业科学技术奖三等奖 大连市科技进步奖一等奖
4	40.5MV·A 密闭电石炉	第九届辽宁省优秀新产品奖二等奖
5	冶金热轧输送辊表面喷焊硬面技术	第九届辽宁省优秀新产品奖三等奖
6	1.5MW 风电偏航、变桨驱动器	第九届辽宁省优秀新产品奖三等奖 大连市科技进步奖二等奖
7	大型船用低速柴油机曲轴	第九届辽宁省优秀新产品奖三等奖 大连市科技进步奖一等奖

四、产品质量及标准工作

1. 产品质量

运用 PDCA 管理方法，全面提升质量管理和对产品质量的保证能力，产品质量稳步提高，全年重大质量事故为零，产品出厂检验合格率为 100%，产品质量损失控制在年度指标（商值 0.95%）以内，在国家有关质量监督部门的各项产品质量抽查中无不合格产品。2012 年，企业荣获首届“大连市市长质量奖”和“大连市质量振兴特别贡献奖”。

2. 标准工作

2012 年，完成产品“三化”（系列化、通用化、标准化）21 项；完成技术标准制修订 23 项（国家标准 1 项，行业标准 11 项，企业标准 11 项）。企业主导产品行业优势地位得到了进一步巩固。

五、基本建设及技术改造

按照企业基本建设及技术改造计划，2012 年，大连重工完成投资共 52 项，总投资金额为 4 973 万元。

一是注册成功唐山曹妃甸华锐重工机电设备服务有限公司和大连华锐重工印度有限公司两个子公司，注册资本金额分别为 1 000 万元和 300 万元。新子公司的成立，为满足企业传统产品后服务市场延伸式增长的发展需要，为谋求扩大国际化经营，辐射中南亚市场发挥了带动效应。

二是为完善传统产品制造能力和拓展高端铸锻件市场，购置了 12m 立式车床、龙门式数控钻床等 13 台设备，共计投资 2 294 万元，企业生产制造能力得到了扩充和提升。

三是实施各项专项投资，包括 15 项测量仪器更新换代、3 项信息化系统升级和办公设备更换、10 项安全隐患整改等，共计投资 1 159 万元，企业软环境得到了进一步提升。

四是结转投资，为船用推进器项目购置 2 台起重机以及装卸料机厂房净水装置 1 套，共投资额 220 万元，满足了生产需要。

六、改革与调整

2011 年 12 月 27 日，企业实施重大资产重组，整体上市成功，标志着企业体制改革取得了重大突破，企业发展翻开了具有重要里程碑意义的新篇章。

2012 年，企业适应上市公司规范运作和长远发展需要，强力推进内控体系建设，制定完成 58 项一级制度、154 项二级制度，编制了 12 个流程内控手册，修订并正式颁布实施了企业《内控手册》和《管理制度》，建立起科学、简捷、实用、高效的内控体系。优化调整组织结构，将企业上市前的 24 个职能部室调整设置为 17 个。完善了《部门工作职责》，积极推行职能部室核岗定编和科级管理人员竞聘上岗。

七、对外合作

多年来，企业全面实施联盟战略，已先后与克虏伯、奥钢联、亨肖、西门子、夏尔克、弗尔兰德、东芝、住友、石川岛播磨、斗山重工、罗宾斯、Romax、KONE、伍德布鲁克等众多国际知名公司建立了战略合作关系，为企业四大类传统主导产品高端升级和新能源、矿山、海工、节能环保等新产业拓展提供了重要支持。2012 年，随着万吨级斗轮堆取料机等产品的开发研制，对外合作得到了进一步加强，目前企业已发展成为巴西淡水河谷、澳大利亚必和必拓等世界高端客户的国际顶尖散料装卸设备供应商，并开启了自主研制国际高端装备的大门。

大连重工·起重集团有限公司将继续推行科技主导、创新驱动战略，推动企业持续稳定发展，努力实现打造国际一流装备制造企业集团的目标。

〔撰稿人：大连重工·起重集团有限公司邵龙成、姜明东　审稿人：大连重工·起重集团有限公司唐宪峰〕

北方重工集团有限公司

一、生产发展情况

2012年，北方重工集团有限公司(简称:北方重工)完成生产总值143亿元，销售总值137亿元，增加值278 038万元。工业总产值按行业小类分组情况见表1。主要产品产量分类见表2。

表1　工业总产值按行业小类分组情况

行业小类分组	产值(万元)
金属成形机床制造	12 375.4
连续搬运设备制造	428 666.4
齿轮及齿轮减、变速箱制造	4 187.6
其他通用设备制造	310 963.7
黑色金属铸造	18 209.2
锻件及粉末冶金制品制造	4 931.1
矿山机械设备制造	371 510.9
建筑工程用机械制造	14.2
冶金专用设备制造	108 685.5
建筑材料生产专用机械制造	157 177.7
汽车零部件及配件制造	7 444.5
金属表面处理及热处理加工	2 215.9
配电开关控制设备制造	596.7
紧固件制造	1 909.2
合计	1 428 888.0

表2　主要产品产量分类

产品分类	单位	产量
输送机械	t	249 979
铲土运输机械	台	1
减速机	台	628
矿山专用设备	t	135 627
金属冶炼设备	t	37 267
金属轧制设备	t	5 938
水泥设备	t	48 242
锻压设备	台	3
低压开关板	面	72

2012年受周期性因素与结构性因素的合力影响，经济增长速度放缓，与重型装备制造业相关联的矿山、冶金、水泥、电力等领域，市场需求下滑。面对严峻的经济形势，北方重工坚定信心、迎难而上，各项主要工作取得新进展，企业经济运行在困难时期实现了平稳较好发展。

二、市场经营及销售情况

2012年，北方重工产品销售收入138.8亿元。完成出口交货值3.17亿美元，其中自营出口2.4亿美元，同比增长33%。实现订货204.84亿元，同比增长20.16%。产品销售收入分类构成见表3。

表3　产品销售收入分类构成

产品分类	销售收入(万元)
冶炼设备	121 732
金属轧制设备	28 956
矿山设备	450 472
盾构机	97 756
锻压设备	1 112
人造板设备	17
水泥设备	177 085
军工设备	196
运输设备	219 982
给料设备	31 017
堆取料	131 613
工程机械	597
减速机	8 185
工矿配件	61 182
其他	58 238
合计	1 388 141

受国内外大环境影响，基础建设投资需求下降，市场竞争更加激烈，北方重工主要服务领域如冶金、水泥、火力发电等行业均是目前国家重点调控的领域，市场总量在萎缩，企业营销面临严峻挑战。

北方重工以开拓国际化市场、实施国际化营销为战略目标，全力进军国际市场，实现国际市场订货75.88亿元，比上年同期增长38.31%。成功打入印度、巴西以及东南亚、非洲、独联体、中东等国家和地区的电力、水泥、矿山、输送、煤炭、隧道掘进等市场。其中，阿尔及利亚水泥厂2 500t/d水泥生产线和欧洲水泥厂6 000t/d水泥生产线，两条线近17亿元。印度国家钢铁管理局波卡罗钢铁厂360m^{2}原料处理系统烧结生产线10.7亿元。国际市场的扩展，进一步提高了北方重工在国际市场的知名度和竞争力，向“创建世界知名公司，打造国际著名品牌”的目标又迈进了一步。

三、科技成果及新产品情况

2012年，北方重工有6个重点项目被列入国家、省、市科技计划。其中，大型露天矿自移式破碎机半连续成套装备研制被列入国家科技部“863”计划项目，镁合金深加工关键技术研究及大型成套设备研制被列入国家科技部科技支撑计划项目，硬岩掘进机关键技术研究被列入辽宁省科技计划项目，镁合金深加工关键技术研究及大型成套设备研制、沈阳市全断面掘进机重点实验室建设被列入沈阳市科技计划项目，盾构机管片智能拼装技术研究及装备研制被列入沈阳市企业技术创新专项。

2012年，北方重工共获得国家、省、市科技奖项13个。QJYS—058双护盾硬岩掘进机、年处理能力40万t废钢破碎成套设备获中国机械工业科技进步二等奖，QJYS—058双护盾硬岩掘进机获辽宁省科技进步奖一等奖，QJYS—058 双护盾硬岩掘进机、600MW 超临界机组用 MFH 型风扇磨煤机获辽宁省优秀新产品奖一等奖，QJRT—063 复合式土压平衡盾构机获辽宁省优秀新产品奖二等奖，25MN 钢丝缠绕式快速锻造液压机、XGYW—18 筒型真空外滤式永磁过滤机、永磁高梯度强磁预选机、XPG—200 大型真空盘式过滤机获辽宁省优秀新产品奖三等奖，NTY—53 型周边传动中心搅拌式液压分段提耙浓缩机获沈阳市科技进步一等奖，DCG200 全液压锻造操作机获沈阳市科技进步二等奖，MQY6095 溢流型球磨机获沈阳市科技进步三等奖。

四、产品质量及标准工作情况

2012 年通过完善质量策划，加强进货检验，实施质量监造，加强质量考核和持续改进等一系列措施确保产品实物质量的提升。从原辅材料的入厂到成品出厂都严格按程序文件规定执行，在各工序间制定了质量控制标准，对特殊过程的人员及设备进行了严格的鉴定和认可，对过程加强了信息反馈机制，使质量管理体系各个过程持续始终处于受控状态。加强重大产品、批量产品及成台（套）产品设计评审、工艺评审，评审完成率达 100%。积极开展 QC 质量小组活动培训，提高全体员工质量意识，持续进行质量改进；开展美国焊接协会 AWS 焊接检验师（CWI）等专业资格培训，培训适应国际化标准的检验技术人员，实现出厂产品质量与国际接轨。确定 48 个成套/出口/重大项目为 2012 年度重点质量监控项目，集团公司实施全面质量监控，建立质量监控计划，对原材料成分、性能试验、无损探伤、演示装配和试验现场鉴证，进行系统的监督检验，确保项目产品质量。2012 年集团公司重大质量事故为零。2012 年 3 月获得辽宁省省长质量奖。2012 年度获得沈阳市用户满意服务先进单位。2012 年未发生顾客投诉，国家有关质量监督部门未抽查产品质量情况。

在企业标准化方面，完成了《滚切式双边剪》《刮板式堆取料机》《桥式斗轮取料机》《重型板式给料机》《轻中型板式给料机》《煤用浮选机》《搅拌槽》《中磁场永磁滚筒》《球团用链篦机》《水泥工业用单段锤式破碎机》10 项冶金、起重、矿山、建材机械行业标准的制定（修订）工作，制定企业标准 29 项。翻译转化公司常用的国际标准目录放在公司内部网站上供技术人员查询，公司产品积极采用国际标准。公司荣获 2012 年度矿山机械行业标准化工作先进单位，《JB/T6126—2010 立式原料/熟料辊磨机》获优秀标准项目二等奖。

五、基本建设及技术改造情况

2012 年北方重工根据本企业生产经营需要，编制了企业《2012 年技改技措计划》和《设备大修理计划》，并进行了日常固定资产零星购置。

2012 年技改技措计划项目共计 15 项，计划投入资金 210 万元。2012 年实际完成了 16 个项目，实际投资 370 万元。2012 年实际完成 16 个项目：完成了 20t 龙门吊新购安装、20t 淬火起重机新购安装、CW6163B 车床新购安装、CA6150A 车床新购安装、$6m^3$ 空压机新购安装、Z30100 × 31 摇臂钻新购安装、机器人焊接工作站新购安装 7 项；完成了 100/32 桥式起重机大车部分电气改造、500m × 3m 6 650 全齿车床电气改造、C5112A1250 立式车床电气改造、100t 油压机液压及电气改造、WHB—150 卧式铣镗床快速和进给传动改为电气伺服电机控制系统改造、ϕ2 100立车数控改造、JDS—1 立式接触干涉仪改造、厂区污水井整改、保卫本部采暖改造 9 项。2012 年，零星新购固定资产如：移动式焊烟除尘器、压缩式垃圾清理车、电脑打印机等 206 台，投资 691 万元。2012 年设备大修理计划项目共计 25 项，计划投入资金 236 万元，实际完成了卧式镗床、落地镗床、立式车床、桥式起重机、数控切割机等 25 个大修项目，实际投资 216 万元。

2012 年初，公司下发了《2012 年北方重工集团有限公司能源管理考核工作方案》，成立了以总经理为组长的集团公司节能工作领导小组，负责集团公司节能领导工作，贯彻执行国家、地方、主管部门有关节能方针政策、法规、标准，定期召开会议研究部署企业节能管理工作。2012 年实现万元产值综合能耗 0.013t 标准煤，完成年度节约标准煤 600t 的目标。完成万元产值耗水量 0.176m^3，与 2011 年相比下降 7.9%。工业用水重复利用率为 36.4%，与 2011 年相比提高 0.5 个百分点。完成了万元产值用水量不得高于上一年度，工业用水重复利用率不得低于上一年度的目标。

六、对外合作情况

引进德国 IMK 工程股份有限公司 DQL10000/10000.60 大型臂式斗轮堆取料机关键技术。斗轮堆取料机越来越向大型化发展，为了适应市场需求及发展趋势，北方重工于 2011 年 12 月与德国 IMK 公司签订 DQL10000/10000.60 臂式斗轮堆取料机技术开发合同，引进具有国际领先水平的大型臂式斗轮堆取料机技术，其中包括机械部分、液压部分、电气部分详细设计、典型核心零部件生产制造工艺等，所形成的知识产权完全归北方重工集团有限公司所有。

北方重工依托引进的万吨斗轮堆取料机技术，通过吸收、转化到自主创新，开发研制了 DQL4000/ 3000.45 臂式斗轮堆取料机，该机堆料能力为 4 000t，取料能力为 3 000t，堆取料能力在国内已达到顶端，应用于非洲矿业二期项目。2013 年 1 月圆满完成现场安装调试工作，堆取料能力均达到合同中规定的指标，该产品得到了用户的大力好评。同时，依托引进的万吨斗轮堆取料机技术与已有业绩，我公司于 2012 年 1 月，签订了马来西亚曼荣电厂输煤系统项目 DQL1400/3800.40 斗轮堆取料机项目，该项目设计工作目前已基本完成。

七、改革与结构调整

2010 年 12 月 18 日重组改制工作正式启动，通过股权划转、转让；向北方重工增资和补足北方重工实收资本三个步骤于 2012 年 9 月 30 日完成了北方重工集团有限公司、沈阳重型机械集团有限责任公司、沈阳矿山机械（集团）有限责任公司、沈阳重型机器有限责任公司、沈阳矿山机械有限公司的重组工作。重组后的基本情况，一是企业性质由法人独资的有限责任公司变更为多股东的有限责任公司；二是股权架构为：沈阳市经济技术开发区国有资产经营有限公司，持股比例 77.35%；沈阳工业国有资产经营有限公司，持股比例 5.25%；中国华融资产管理股份有限公司，持股比例 10.14%；中国信达资产管理股份有限公司，持股比例 5.51%；中国长城资产管理有限公司，持股比例 1.75%。

企业集团成立情况。2007 年,根据市委市政府相关文件精神,沈阳重型机械集团有限责任公司和沈阳矿山机械(集团)有限责任公司重组为北方重工集团有限公司,同年并购法国 NFM 公司后成为跨国经营企业。

〔供稿单位:北方重工集团有限公司〕

中信重工机械股份有限公司

2012 年,世界经济增速普遍回落,我国经济也开始进入增长阶段的转换期。面临复杂且严峻的经营形势,公司以“创新发展”为统领应对危机的总体部署,通过积极调整经营策略,加快战略转型,同时在内部深入开展降本增效活动,总体保持了稳健发展态势。

2012 年,公司各项工作的主要进展可以概括为以下几点:

(1)成功登陆 A 股主板市场。

(2)主要指标逆势增长。

(3)技术发展取得新突破,研发实力进一步增强。

(4)营销和技术实现有效融合。

(5)生产组织成功转型。

(6)海外业务取得新进展。

(7)募投项目等重点技改项目稳步推进。

(8)管理工作再上新台阶。

(9)党建和企业文化建设再结硕果。

(10)为员工搭建起共同成长平台。

2012 年,公司共实现营业收入 160.6 亿元,完成年计划的 107.09%,同比增长 3.10%;实现利润总额 9.8 亿元,完成年计划的 98.08%,同比增长 1.70%;完成机器产品产量 15 万 t,完成年计划的 75.04%,同比下降 25.00%;实现工业总产值 152.8 亿元,完成年计划的 101.86%,同比增长 0.32%;当年新增订货额 110.2 亿元,完成年计划的 73.46%,同比下降 8.20%。

一、技术创新

公司坚持技术先导战略,充分发挥技术的引领支撑作用,在多个方面取得新突破,增强了技术研发实力,强化了技术领先优势。

2012 年 12 月 17 日,与 SMCC 公司签署独家买断其知识产权的协议,从而迅速成为全球最先进的选矿工艺技术的拥有者。基于 SMCC 的知识产权,公司将能够为用户提供更加专业的破碎咨询服务和破碎设计解决方案。

公司成立了河南省余热利用工程研究中心,形成了水泥回转窑余热发电、干熄焦余热发电、烧结窑余热发电及硅冶炼炉余热发电等一系列余热发电相关技术。

公司引入高层次研发团队,组建变频技术研发中心。未来公司将围绕主导产品和成套项目,进入新的产品领域。

公司推出集新型干法水泥、余热发电、矿渣微粉、破碎、垃圾处理为一体的绿色、复合型干法水泥新工艺,为水泥行业建设资源节约型、环境友好型企业提供了有力支撑。

作为矿山装备国家重点实验室的组成部分,热工实验室设备陆续开始投入使用,为热加工的研发助力。

公司已取得国家矿山提升设备安全准入分析验证实验室建设许可,建成后综合能力将达到国际先进和国内领先水平。

公司多项重大研发项目正在向产业化方向发展:利用水泥回转窑处理城市生活垃圾的技术研究、大型硬岩掘进机技术创新研究、干熄焦余热及低温余热发电技术研究、褐煤提质和高压成型技术应用研究、不锈钢渣处理及综合利用技术研究、大型氧化球团技术研究、4 000 ~ 6 000t/h 大型矿山用破碎站成套系统和关键设备技术研究。

2012 年,公司共新获专利授权 54 项,其中发明专利 22 项。

二、市场营销

面对持续低迷的经济形势,公司始终把市场放在第一位,公司领导分工负责,抓细抓实重大项目。营销系统以保总量、促生效、快收款为前提,坚持“一项一策”,主动出击,抢占市场先机,在逆境中实现新增订货 110.19 亿元。得益于营销与技术的有效融合,2012 年成套产业取得快速发展,全年成套产业新增订货 56.9 亿元,占公司订货总量的 51.68%,同比增长 34.11%,且类别更加多样化,涵盖水泥窑余热发电、干熄焦余热发电、烧结机余热发电、垃圾处理、矿渣微粉、氧化球团、活性石灰等多个类别,拉动了经营规模和效益水平的提升。

对新增订货的行业结构分析显示,煤炭、冶金、建材、有色行业订货分别占到总量的 14.44%、11.76%、46.14% 和 21.96%。煤炭行业的产品除平煤首山干熄焦项目外,主要是提升设备和电控液压设备;冶金行业的产品以活性石灰、氧化球团、矿渣微粉等成套项目、矿渣立磨、矿用磨机为主;建材行业的产品以水泥生产线、余热发电、水泥窑消纳城市垃圾成套项目以及水泥立式磨机为主;有色行业的产品以矿用磨机和提升机为主。

三、生产组织与制造

公司坚持一切以客户需求为中心,一切以客户满意为目标,生产组织实现转型,从被动的保交货期向主动满足客户需求转变,成功组织了一批短周期、短流程项目,极大地支持了市场订货。

中国黄金集团西藏甲玛项目 ϕ10.37m × 5.19m 半自磨机和 ϕ7.32m × 12.5m 溢流型球磨机仅用 7 个半月就完成了厂内试车,打破了乌山二期项目 10 个月的生产纪录。

澳大利亚 SINO 铁矿第一组 ϕ7.9m × 13.6m 球磨机和 ϕ12.2m × 11m 自磨机成功试运行,对公司进一步开拓国际矿业市场具有极其重要的意义。

依托核心制造体系和技术中心三大院的研发优势,公司还先后完成了蒙古额尔登特项目、巴西 MMX 项目、中铁资源伊春鹿鸣项目、太钢项目、西藏华泰龙项目、江铜 CC500 圆锥破、西门子奥钢联世界最大的 4 300mm 铝板轧机减速器、缅甸 4 000t/h 半移动式破碎站等重大项目。

在成套项目的实施上，公司也取得了重大成效，完成了彼纳尼项目、新疆大唐项目等一批成套项目，取得了很好的市场效应。总包的两条年产300万t球团项目得到了客户的高度评价。同时还新开工了一批包括平煤干熄焦项目、宛北水泥和海峡水泥项目等重大成套项目。

安全生产方面，公司顺利通过安全生产标准化（二级企业）评审。全年在册职工发生轻伤事故8起，职工轻伤率0.88‰，无重伤、死亡事故。

四、技术改造

公司加强对重点技术改造项目的巡视和专项检查，对检查出的问题责令整改，严肃问责，并接受职工代表的监督和民主评议，促进了工程建设质量水平的提高。技术改造系统参建各方保质量、保安全、保进度，狠抓各项控制措施的落实，各项技术改造工作有序推进并取得新成效，全年完成技术改造投资额6.64亿元。齿轮箱重型装配跨工程、800m^3制氧机系统、中水回用及污水站改造等一批重点项目建成投用。16m数控滚齿机、ϕ4.2m×18m数控重型卧式车床、ϕ800mm外圆磨床，以及15m、18m深孔钻床等重点机床完成安装调试，交付使用。利用总部优势探索实施CITIC CENSA技改项目，目前已完成90%的工作量，项目建设速度快，施工质量好。伊滨新区高端电液项目厂房建设基本完成。

五、内部管理

2012年，公司各项管理再上新台阶，为企业发展提供有力支撑。

1.财务管理

（1）预算管理。2012年，公司实现营业总收入160.6亿元，同比增长3.10%；实现利润总额9.8亿元，同比增长1.70%。在当前严峻的经营形势下，公司主要经营指标均创历史最好水平，实现逆势增长。

（2）资金管理。公司加强资金集中管控，确保了资金收支平衡，年末经营活动现金流量净结余82 794万元。

形成了多元化的复合型融资结构，既有包括股权融资和债券融资在内的直接融资，也有商业银行贷款和政策性银行贷款等间接融资。

（3）投融资管理。2012年7月6日，公司成功实现在上海证券交易所A股主板上市，募集资金31.99亿元。上市一方面为公司搭建起投融资的新平台，另一方面在规范企业运行、提升企业形象方面发挥了积极作用。12月14日，总发行规模为28亿元的公司债券通过证监会审核。2013年1月，一期18亿元公司债券已成功发行。通过IPO上市和发行公司债券，公司当年获得证监会批复近60亿元的融资，为公司“十二五”的发展奠定了基础。

2.人力资源管理

2012年末，公司在册职工总数8 825人，比年初减少21人，少于9 000人的年末在册人员总量控制目标。对人力资源的结构性分析显示，技术人员、营销人员、管理人员在在岗人员中所占比重分别比年初提高0.9个百分点、0.09个百分点和0.08个百分点；拥有中级以上职称人员所占比重比年初提高0.36个百分点；各类技术工人所占比重提高2.02个百分点。

2012年，中信重工大学正式开始运行。全年共开发课程13门，组织管理、技术及新入职员工等各类培训10 665人次，基本达到预期培训效果，人员整体素质有所提升。

薪酬激励方面，制定了《技术中心工艺院隶属直属厂行政管理研究所薪酬分配指导意见》，设立并执行热加工工艺技术人员技术服务一线岗位津贴。

3.质量管理

进一步细化了质量成本控制方案，质量成本同比进一步下降。此外，公司加强质量管理方面的部门联动，定期召开有相关责任部门参加的质量联动会议，通报典型质量问题，并提出合理化建议，促进了质量管理工作的提升。

4.风险管控

公司聘请财务咨询公司对原有内部控制流程进行了全面梳理，制定完成了《内部控制执行手册》（实施细则），2013年将开始正式实施。

公司以重大项目作为切入点，将风险控制关口前移，变被动应诉为主动起诉，防范风险的能力进一步增强。全年未发生一起重大风险事项。

六、党建、工会及稳定工作

公司党委把学习贯彻十八大精神作为当前和今后一个时期的首要政治任务，通过学习进一步增强持续创新的动力，拓展科学发展的思路，激发党建工作的活力。成功召开了中国共产党中信重工机械股份有限公司第一次代表大会，选举产生了新一届党委会和纪律检查委员会。充分发挥党组织的战斗堡垒作用和党员的先锋模范作用，持续深入推进创先争优活动，公司党委获评“全国创先争优先进基层党组织”。广泛深入开展向新时期焦裕禄式的好干部杨奎烈学习活动，并把杨奎烈同志的先进事迹推向全国，使其成为全国重大典型，既树立了企业形象，又为公司发展注入了新动力。

工会积极发挥组织优势，积极策划各种群众性技术创新活动和劳动竞赛，开展“创先争优”和“建功立业”活动，调动职工生产积极性，促进了生产经营目标的实现。

〔供稿单位：中信重工机械股份有限公司〕

上海重型机器厂有限公司

一、企业生产发展情况

2012年，外部环境继续发生深刻变化，经济形势愈发严峻，行业需求不足以及产能过剩导致竞争空前激烈，上海重型机器厂有限公司（简称上重公司）遇到了前所未有的风险和挑战。

上重公司管理层以科学发展观为指导，增强紧迫感和危机感，主动调整，积极应对，带领全体员工落实上海电气“十二五”“再次创业”规划，围绕“提高现代化水平、提高运行质量、提高企业效益”中心工作,以“转方式、调结构、强管理”为抓手,知难而上,锐意进取,为完成全年各项经济预算指标不懈努力。2012 年企业主要经济指标完成情况见表 1。2012 年主要产品产量见表 2。

表 1 2012 年企业主要经济指标完成情况

生产总值(万元)	同比增长(%)	销售收入(万元)	同比增长(%)
272 185.1	-28.44%	261 908.8	-25.8%

表 2 2012 年主要产品产量

指标名称	以套计(台、套)	以吨计(t)
金属成形机床	21	3 519
铸钢件		37 549
锻件		37 090
矿山专用设备	264	42 799
其中:1. 矿物破碎机械	1	141
2. 矿物粉磨机械	263	42 658
金属冶炼设备(冶炼设备)	2	568
其中:炼钢设备	2	568
金属轧制设备	530	20 415

二、企业市场经营及销售情况

2012 年公司推行“以销定产”模式,围绕“加快产出、提升质量、准点履约、加强服务”的目标,落实“长短结合、远近兼顾、未雨绸缪、预案在先”工作方针,实行“项目责任制”,产出的完整、可销售性有所提高,产品质量也得到进一步提升。产品销售收入(按产品分类)见表 3。出口销售情况见表 4。

表 3 产品销售收入(按产品分类)

产品大类	2012 年销售收入(万元)
HP 磨煤机	57 036.56
BBD 钢球磨	18 442.37
冶金设备	53 171.55
锻压设备	34 261.06
水泥设备	5 310.72
铸锻件	114 961.43
其中:转子	35 771.96
汽缸	7 326.21
曲轴	7 508.22
核电	25 693.64
备品备件及其他	11 635.38

表 4 出口销售情况

主要出口产品	结算币种	金额
矿山设备	万元	37 990
	万美元	1 823
轧制设备	万元	456
工矿配件	万元	647
	万美元	78
电站设备	万美元	184
	万欧元	8
水泥设备	万元	55

三、科技成果及新产品情况

在公司广大科技人员的努力下,企业自主创新能力稳步提升,在新产品、新材料和新工艺的研究方面取得了一定的成果,特别是通过大型铸锻件的产学研合作,使得以核电大锻件为代表的攻关产品取得了突破性的进展。

2012 年公司技术创新、新产品开发项目 65 项(97 子项),已完成 75 子项,结转至 2013 年 22 子项。截至 11 月,完成国家能源局大型压水堆及高温气冷堆核电站重大专项等 5 个子课题、上海市 3 个专项的项目验收。申报立项了上海市战略性新兴产业项目 CAP1400 核岛主设备关键锻件研制和智能热处理实验室建设等 4 项。

2012 年完成申请和受理的专利为 26 项,获得授权的为 35 项,其中技术含量较高的发明专利占到 22 项。公司被闵行区评为 2011 年专利工作先进单位和 2012 年专利工作示范企业,同时被认定为 2012 年上海市知识产权局优势企业,并获得上海市经济与信息化委员会授予上海市产学研合作创新示范基地称号。

继 2011 年核电大锻件科研攻关取得系列成果,2012 年也取得了一定的成果:AP1000 核岛主设备大锻件和高温气冷堆核岛主设备大锻件科技成果通过国家级鉴定,综合性能指标和制造技术研究成果均达到国际先进水平;承制的国家重大专项 CAP1400 示范工程蒸汽发生器锻件通过各项性能测试,成为首个性能合格的大型锻件,为后续工作的顺利推进奠定了坚实的基础;与上海电气核电设备有限公司联合申报的第三代非动能百万千瓦核电稳压器及大锻件获得第 14 届中国国际工业博览会铜奖;高温气冷堆核电压力容器及堆内构件大锻件研制项目获得上海电气科技进步二等奖;AP1000 核电稳压器大锻件与火电百万千瓦超超临界高压、中压、低压转子锻件获得上海电气重大科技创新三等奖。

冶金设备设计通过与 SPCO 合作,完成越南、印度、常熟烨辉等多个冶金项目的自主设计工作,设计队伍得到了锻炼;压机通过苏南重工项目积累了成套承包经验;自行开发设计和优化设计的新产品 GS - HP 高速磨煤机和 LM - HP 高水分磨煤机性能得到客户认可。

四、产品质量及标准工作情况

2012 年公司继续以“质量年”活动为抓手,加强企业质量文化氛围的塑造和员工质量教育,不断提高员工的质量意识;坚持质量推进会制度,采用“小题大做”、“案例分析”“责任追溯”和“三包转移”等措施,认真反思出现的产品质量问题,总结教训,吸取经验,做到举一反三,促进员工质量意识的巩固和提高。

2012 年公司废品损失、核电制造活动发生 NCR 指标均明显下降。核电产品未发生由于机加工问题产生的核电产品废品;民品出厂验收一次性合格率 93% 以上;上级监督抽查产品合格率 100%;军品一次交验合格率 100%。

五、对外合作

2012 年,上重公司继续承担着与上海交大、上海电机学院、菱电公司、同济大学、中国重型机械研究院、济南铸造所、沈阳铸造研究所、Intec 公司等合作的 10 余项研究,使这些研究成为公司技术能力提升的基础,取得一系列成果。

通过共建立研发中心等多种合作形式，加强与国内外企业集团、高等院校、科研院所的技术合作，建设开放的、集聚的、具有行业影响力的产学研合作实体。呈现出层次不断提高、形式不断创新、领域不断拓展等新特征。在潘院士的指导下，上重公司、上海交大拟合作成立上海市核电大锻件智能热处理重点实验室，重点面向核电用大锻件产品，研究大锻件制造所需的各种理论和应用技术，建立和拓展大锻件制造综合数据库，建立一支稳定的研究队伍，并参与完成大锻件制造；通过3～5年的努力，基本掌握核电大锻件热处理过程中组织转变的规律，使核电大锻件热处理的不合格率降低，力争达到当前国际水平，强度和韧度达到国际先进水平。

上重公司联合上海电机学院大锻件制造技术知识服务平台项目，与电机学院共建大锻件制造技术产学研合作中心，在试验、检测及专用工艺设备等方面加大投入，并配套相关设施，逐步建设"热加工工艺实验室"，用于产业技术能力提升和综合试验基地。

〔撰稿人：上海重型机器厂有限公司赵富　审稿人：上海重型机器厂有限公司陈寿焕〕

云南冶金昆明重工有限公司

一、生产发展情况

2012年，公司围绕依托冶金、发展昆重、突出特色、服务社会、打造一流服务品牌发展方针，以生产经营和项目建设为工作重点，夯实基础，强化管理，团结和动员全体干部职工弘扬工人阶级的优秀品格，公司上下团结一致，克服了各方面的困难，生产经营和新基地项目建设前期工作做出了一定的成绩。全年完成工业总产值2.60亿元，销售收入2.19亿元，年出口创汇0.18亿元。主要产品产量见表1。

表1　主要产品产量

序号	产品分类	数量(台)
1	回转圆筒设备	2
2	金属压延加工设备	22
3	起重设备	167
4	铸锭设备	11
5	矿山设备	82

2012年，国内外宏观经济形势持续低迷，重型机械行业传统服务领域的冶金、有色、建材、电力等行业需求出现严重萎缩，行业内投资明显回落，市场竞争激烈，原材料价格上涨、经营压力加大。

二、市场经营及销售情况

2012年公司继续坚持新产品立项攻关，以技术进步拓展市场。首台16t半门式起重机研制成功。推广应用桥式起重机高效降耗轻量化关键技术，运用于大泽电极、705所工程等项目，获得优良效果。推广应用PTC系列塔机、轧机卸卷小车系列化、多功能天车等关键共性技术，均获得客户好评。铝电解多功能机组、25t/h连续铸锭机等新产品的开发工作取得阶段性进展，一定程度上支持了集团内部市场需求，并为产品结构调整奠定了基础。2012年主要产品销售情况见表2。

表2　2012年主要产品销售情况

序号	产品种类	销售收入(万元)
1	回转圆筒设备、起重设备、铸锭设备	8 889.82
2	金属压延加工设备	6 683.41
3	矿山设备	2 400.38

三、科技成果及新产品情况

1.科技项目

2012年，公司云南省技术中心创新能力建设列入云南省工信委平台建设项目。铝锭连续铸造机组的开发及产业化、中宽板多机架冷连轧制生产线的研制及产业化、高精度铜带关键技术研究及推广应用、铝电解多功能机组(PTM)性能提升及关键性技术研究、大型精密铸(钢)锻件研制及生产共5个项目列入云南省工信委2012年重点新产品开发及产业化项目、关键及共性技术攻关推广项目。桥式起重机高效降耗轻量化关键技术研究项目被列为昆明市科技计划项目。

2.产品获奖情况

2012年度，1050四辊平整机的研制项目获中国机械工业科学技术三等奖；C6013塔式起重机的研制项目获云南冶金集团股份有限公司科学技术二等奖；以上两项目分别于当年8月入选省科技厅年度重点新产品。公司"KH"桥式起重机(50t及以下)获云南名牌称号；"KH"商品铸铁件、"KH"破碎机、"KH"精密轧机、"KH"回转圆筒设备、"KH"商品铸钢件获昆明名牌产品称号。

2012年度，公司获得国家级技能大师工作室称号。2012年专利申请及授权情况见表3。

表3　2012年专利申请及授权情况

序号	专利名称	专利号	专利类型	受理情况	授权公告日
1	一种铸锭翻转及转运装置	200920111493.0	实用新型	已发证书	2010.03.31
2	一种铸锭连续翻转及转运装置	200920111492.6	实用新型	已发证书	2010.03.31
3	转臂式堆码装置	200910094566.4	发明	已发证书	2011.02.16
4	一种轧机辊系轴向定位装置	201020151891.8	实用新型	已发证书	2010.12.08

（续）

序号	专利名称	专利号	专利类型	受理情况	授权公告日
5	一种组合式板带轧机除油装置	201020151880. X	实用新型	已发证书	2011. 01. 12
6	一种用于线材除锈及去污的机械装置	201020220106. X	实用新型	已发证书	2011. 01. 12
7	一种测量深孔内沟槽的游标卡尺	201020276684. 5	实用新型	已发证书	2011. 02. 16
8	一种高效颗粒橡胶液压打包机	201020529698. 3	实用新型	已发证书	2011. 04. 13
9	倒立式拉丝机双辊式压丝装置	201020529654. 0	实用新型	已发证书	2011. 05. 11
10	一种塔式起重机附着框装置	201020655234. 7	实用新型	已发证书	2011. 07. 27
11	一种检定焊接检验尺宽度尺示值误差的专用样板尺	201120261750. 6	实用新型	已发证书	2012. 07. 04
12	一种 10kg 锌合金锭连续铸造机组的锭列整理装置	201120368347. 3	实用新型	已发证书	2012. 06. 06
13	一种 20kg 铝锭连续铸造机用的水溶性脱模剂连续喷涂装置	201120367712. 9	实用新型	已发证书	2012. 06. 06
14	一种铸锭连续翻转装置	201120367858. 3	实用新型	已发证书	2012. 06. 06
15	一种卷取机	201220101418. 8	实用新型	已发证书	2012. 10. 31
16	一种工作辊换辊装置	201220101411. 6	实用新型	已发证书	2012. 10. 31
17	一种轧机支撑辊清辊装置	201220101390. 8	实用新型	已发证书	2012. 10. 10
18	一种三辊测张力装置	201220101412. 0	实用新型	已发证书	2012. 10. 31
19	一种卷筒镶块拆装装置	201220101417. 3	实用新型	已发证书	2012. 10. 31
20	一种铸锭未脱模检测装置	201220101419. 2	实用新型	已发证书	2012. 10. 31
21	一种金属铸锭连续堆垛装置	201220101413. 5	实用新型	已发证书	2012. 10. 10
22	桥式起重机设计软件	2012SR072045	软件著作权	已发证书	
23	一种起重机负荷控制装置	201220226129. 0	实用新型	已发证书	2012. 12. 19
24	一种起重机圆管拖缆小车装置	201220226157. 2	实用新型	已发证书	2012. 12. 19
25	一种起重机主梁抗疲劳筋板	201220226076. 2	实用新型	已发证书	2012. 12. 19
26	一种减小量具测量面表面粗糙度值同时增加光泽的研磨器	201220228423. 5	实用新型	已发证书	2012. 12. 19
27	一种铝锭编号字码打印锤头	201220662570. 3	实用新型		2012. 04. 11 授权
28	一种铝锭铸造机用铸模间接水冷却装置	201220662501. 2	实用新型		2013. 04. 07 授权

四、产品质量及标准工作情况

1. 质量工作

完善体系建设，提升质量管理，公司 ISO9001:2008 质量管理体系通过监督审核。各主导产品质量整体有所提高，加强产品取证认证工作，共取得 QDY74t、LD20t、MGB20t、MHB16t 等起重产品的特种设备生产许可证。重建质量管理小组（简称 QC 小组），解决设计、工艺、生产制造和产品使用中出现和存在的问题。以改进质量、降低消耗、提高经济效益和人的素质，运用质量管理的理论和方法开展活动。

2. 标准化工作

产品的设计生产制造主要执行《重型机械标准》及桥式、门式、塔式起重机等特种设备的国家标准，无采用国际标准及转化情况。具体采标情况如下：GB/T 14405—2011 通用桥式起重机、GB/T 5031—2008 塔式起重机、Q/KZG162—2009 中小型四辊可逆式液压轧机、JB/T 7910—1999 拉丝机、JB/T 8916—1999 回转窑、JB/T 3264—2002 简摆颚式破碎机等。

五、基本建设及技术改造情况

云南冶金重型装备研发制造基地的建设有序进行，围绕“三管三控一协调”工作重点，即安全管理、合同管理、信息管理、成本控制、进度控制、质量控制及组织协调开展工作。完成了整体初步设计及挡土墙施工图设计、强夯工程的招投标及合同签订、场平工程的施工验收以及铸钢、清理粗加工、二食堂、金属结构厂房区域的详细地质勘察；取得了一期用地预审批复、受电工程可研批复、辐射评价批复；在“退二进三”、总降变 EPC 发包、强夯检测、设计优化等方面开展了大量的工作。目前公司正在积极推进相关工作，紧锣密鼓对初步设计方案进行优化调整。

六、对外合作情况

企业在立足自主创新的基础上，借助外部资源，助推自身发展，公司先后与贵阳铝镁设计院、昆明有色金属设计院有限公司、云南省机械研究设计院等单位签订了战略合作框架协议。与昆明理工大学建立密切的合作关系，为昆明理工大学机电工程学院的企业实践基地（国家卓越工程师计划实践基地），每年都组织在校学生来公司实习、学习。

七、改革与结构调整

强化基础管理，按照“整合内部资源，降低综合成本”的总体要求，结合公司实际，改变传统的管理模式。

1. 采取由公司集中进行营销、采购、库房管理、设备管理、外委外协的方式，实行公司层面的专业化管理，实现内部资源共享、提高生产效率。

2. 建立价格核算和成本管控体系，进一步掌控公司赢利平衡点，为市场开拓奠定基础。

3. 加强产品成本的全过程控制，夯实基础管理，着眼基层，注重发挥好提质降耗降成本等传统手段的作用，从合同签订、产品研发、生产组织、现场管理、质量保证、产品发运、安装调试、验收到售后服务全过程进行规范化、标准化管理，提升产品制造各环节的质量和成本管理意识，从而降低生产经营各环节的消耗和运行成本。

4. 进一步加强公司激励机制建设，完善、细化考核方案及薪酬制度。

5. 加强执行力建设。建立完善公司规章制度，加强信息沟通，严格考核，使责任层层落实。

八、主要问题

1. 运营成本上升，经营难度加大。

2. 企业文化建设亟待加强。

3. 历史包袱沉重，制约企业发展。

〔撰稿人：云南冶金昆明重工有限公司李艳芳　审稿人：云南冶金昆明重工有限公司殷浩〕

中钢集团衡阳重机有限公司

一、基本情况

中钢集团衡阳重机有限公司（简称：中钢衡重）是中国中钢集团公司的全资子公司，是国内从事矿山、冶金重型机械装备的研发、设计、制造、安装和服务的高新技术企业，主要为千万吨及以上级露天矿山和400万t以下井下矿山的开采和选矿、钢铁及有色和建材等行业生产提供关键工艺装备，如牙轮钻机、电动挖掘机、井下铲运机、破碎机、球磨机、烧结机、冶金炉、连铸机、轧机、卷取机及大型耐热耐酸铸件等。

公司保持了GB/T 19001—2008质量管理体系和GB/T 24001—2004环境管理体系、GB/T 28001—2001职业健康安全管理体系的认证资格，拥有国家级企业技术中心，具有国家授予的企业自营进出口经营权、矿用产品生产许可、冶金机电设备安装工程等多项资质。

二、生产经营情况

2012年，中钢衡重面对诸多困难和挑战，以“抓质效、促转型、增实力、保平稳、谋发展”为主线，努力克服钢铁等行业市场需求低迷、重机行业产能过剩和同质化竞争激烈、企业自身生产任务不均衡、流动资金紧张等内外不利因素的影响，着力强化技术创新，调整产品结构和优化内部运行机制，以及加大技术改造投入力度，以应对错综复杂的市场经济形势变化，保持了企业平稳持续发展的总体形势。全年完成工业总产值10.01亿元，完成产量4.38万t，实现利税6 020万元。

三、技术创新情况

2012年，公司在充分发挥技术配合经营、服务生产作用的同时，着力加强创新能力建设，促进产品研发和工艺创新多出成果，努力提升企业技术实力和产品市场竞争力，增强发展后劲。

公司技术中心加强各分支机构的协同与配合，围绕产品研发和生产制造过程中的关键技术问题加大攻关力度，取得一批新成果。公司全年申报优势企业培育项目、重点科技项目、科技成果推介项目10余项，其中CYE－4电动铲运机和ϕ6.3m双柱数控立式车床被认定为湖南省首台（套）重大技术装备，风电设备大型球墨铸铁件研制获得湖南省科技成果奖。2012年公司累计申报专利43项（包括发明专利22项），有4项发明专利已获得国家授权。公司在技术创新项目方面，通过实行台账式管理，促进加快项目的实施，取得了阶段性成绩，目前已完成湖南省重大科技专项35m^{3}电动挖掘机的设计审查；完成60t电传动铰接式自卸矿用卡车的设计审查和工艺设计；自行设计制造出国内首台遥控地下铲运机和新型地下炸药运输车、国内最大的氧气底吹炉，以及铜冶炼阳极炉、炼铅顶吹熔融还原炉等高难度产品；陆续完成双锥度辊表面淬火、提高冒口补缩效率、铸件浇注挡渣工艺、减少铸件加工余量”等一系列工艺攻关项目。

四、质量、安全环保管理及标准化工作

1. 质量管理工作

公司坚持以客户需求为关注焦点，加强质量控制和管理工作，确保公司质量管理体系的有效运行。为促进公司二级单位强化对质量管理薄弱环节的管控，公司修订了《质量管理考核办法》《质量事故管理制度》，组织开展质量专项检查，加强过程监督，狠抓产品质量预防和把关，从严执行质量考核和质量损失责任追究相关制度。公司还积极研究和探索新形势下的专业化售后服务模式，提高响应、服务用户的前瞻性、及时性，售后服务工作取得一定进步。公司紧紧依靠广大员工，积极开展质量月主题活动和QC小组攻关活动，为进一步提高质量管理水平和解决技术质量问题起到了良好的推动作用。2012年公司铲运机QC小组的提高电动铲运机漏电保护可靠性项目获中国机械工业QC成果一等奖。

2. 安全和环保管理工作

公司坚持“安全第一、预防为主、综合治理”的安全生产方针，把“0123”安全管理模式、“两体系”运行和安全生产标准化创建工作结合起来，进一步丰富安全管理的手段和方法，促进安全生产责任制的落实。强化安全教育培训和现场安全督查，加大隐患整改力度，不断提高本质化安全水平。2012年，公司共开展各类反事故应急演练22场次，组织安全培训23场，培训各类人员2 782人次，整改安全隐患770余项，其中重大隐患整改率达到100%，年度安全生产目标得以实现。公司顺利通过“两体系”年度认证监督审核。

3. 标准化工作

公司作为全国矿山机械标准化技术委员会的委员单位，积极参与国家和行业技术标准的制（修）订工作，充分发挥企业在矿山装备的技术优势和引领作用。同时，及时更新相关的标准，组织技术、质量、生产等人员宣贯国家和行业标准，促进企业持续提升装备制造水平。2012年，公司先后主持和参与国家标准《地下轮胎式运人车　安全要求》的起草，GB/T 10598.1—2005《露天矿用牙轮钻机和旋转钻机》、GB/T 10598.2—2005《露天矿用牙轮钻机和旋转钻机工业试验方法》、JB/T 8436《地下矿用无轨轮胎运矿车》、JB/T 5500《地下铲运机》等多个标准的制（修）订。公司还应邀参与 ISO 标准《Earth-moving machinery-Mobile machines working underground-Safety, rubber tyred machines（土方机械 地下轮胎式移动机器 安全要求）》制定的前期工作。另外，公司被确定为《冷轧卷取机/开卷机卷筒》《地下轮胎式矿用车辆 驱动桥 技术条件》和《地下铲运机 试验方法》等行业标准的主要起草单位。

〔撰稿人：中钢集团衡阳重机有限公司游朝阳〕

山东山矿机械有限公司

山矿机械公司始建于1970年，主导产品有大型破碎机、筛分机械、带式输送机、脱硫磨机、工矿电机车、生物质能发电燃料输送系统等产品，广泛应用于电力、冶金、煤炭、矿山、建材和港口码头等行业。

2012 年，面对国内外经济增长放缓、复杂多变的经济形势和交织叠加的困难挑战，公司以"适应、提高、创新、务实"八字方针为指导思想，以公司年度方针目标的落实为主线，不断优化创新，坚持质量为本、实施名牌战略，积极推进产品质量的改善和提升，攻坚克难，保持了企业平稳发展的良好势头。全年完成产值 8.1 亿元，实现产品销售收入 8.06 亿元，与上年基本持平。企业加大了管理力度，开展了一系列节约挖潜增效活动，实现利税 5 510 万元。2012 年山矿商标通过了山东省著名商标复审；带式输送机继续保持了山东名牌产品称号，同时被评为中国机械工业优质品牌产品。

一、强化战略规划，明确企业持续发展方向

公司制定了秉持"优、新、快、信"的经营理念；坚持集团多元化，分厂专业化的发展思路，做强、做优、做精、做专主导产品；坚持技术创新和管理创新双轮驱动，突出企业发展的质量与效益。

公司规划到"十二五"末，建成国家级企业技术中心，年销售收入突破 30 亿元，利税达 3 亿元，积极运作成功上市，建成国家重点现代化的重型矿山机械产品制造基地。

1. 进一步加大科技创新力度，积极推动产品转型升级，重点研发制造环保节能、成套化、大型化、机电一体化产品，大幅度提高产品附加值。

2. 根据国家产业政策调整，加大企业转型升级，针对新的产业发展趋势，优化市场结构，巩固原有市场，积极开拓国内外新的市场增长空间。

3. 积极选择战略合作伙伴，进一步整合企业资源，实施"退城进园"，进行全面升级改造，建设现代化的山矿工业园，全面提升制造能力。

二、调整产品结构，转变增长方式

目前，我国正处于扩大内需、加快基础设施建设和产业转型升级的关键时期，市场机遇众多。公司以省级企业技术中心为平台，以市场和用户需求为导向，坚持走科技创新发展之路，开发生产了高效新型、技术含量和附加值较高的个性化大型成套设备，并将主导产品向大型化、成套化、环保节能方面发展，企业产品结构逐步得到完善。

紧紧结合市场需要，精心组织，积极开发新产品、优化提升老产品。2012 年开发设计了液压调整保护颚式破碎机，2PGCK700X3000 筛分式齿辊破碎机，PFD1007 反击破碎机，S155 标准型西蒙斯圆锥破碎机，ZSG1542 高效密封振动筛，MLT220400、MLT240450 脱硫球磨机，物料粉碎烘干生产线和输送水泥用特种管带机，B2400 带式输送机、移动式散状物料输送系统成套设备，美标、欧标的带式输送机等 20 项新产品。2PGCK700X3000 筛分式齿辊破碎机通过了省级新产品鉴定。该项目采用平行瞬间移动液压避让系统及自动联控电气系统，保证使用安全和出料的粒度；具有破碎和筛分双重功能，辊齿旋转强制物料排出，避免了物料的重复破碎，不易产生拥堵，适合黏性高湿物料。SKGD 管状带式输送机和 2YAK2460 复合振动筛分别获 2012 年度中国机械工业科学技术奖三等奖。这些新产品、新工艺、新技术的应用，不仅增强了公司的市场竞争能力，还提高了公司的经济效益和发展后劲。

公司还积极参与制订了 GB18452《破碎设备安全要求》、JB/T 3667《座式圆盘给料机》、JB/T 3666《吊式圆盘给料机》三项国家和行业标准。

三、强化质量管理，提升产品档次

一是构建完善的管理体系，夯实基础管理。公司牢记没有完善的体制，就没有完美的质量。公司于 1997 年就通过了 ISO9001 质量管理体系认证，并保证了体系有效运行，持续改进。同时，在实际管理工作中不断引入新的质量管理理念和方法，完善和丰富质量管理体系。公司确立了以"坚持预防为主、关注过程细节；增强全员意识、持续提升质量"的方针，利用公司内部局域网络，建立了质量管控信息平台和以关键质量控制点为核心的质量绩效考核体系。

二是建立高效循环质量评价体系。为全面提升管理水平，公司推行了卓越绩效管理模式。通过与先进企业对比，从中找出我们的差距和需要改进的地方，加以整改，做到质量的持续改进和提升。为了真正达到用户满意，在企业内部推行质量保证和承诺制度，上道工序对下道工序负责，层层有责，环环相扣，实现对顾客的全面质量保证。

四、坚持以"经营生产协调会、协同计划"管控模式为主抓手，较好地保证了各项生产计划的落实。

2012 年由于受经济形势变化的影响，部分项目暂停或多次推迟交货期，企业资金异常紧张，材料、配套件不能及时保证，再加上出口项目集中交货，产品的质量要求高，这些都给生产的组织带来较大的难度。公司坚持以"经营生产协调会、协同计划"管控模式为主抓手，统领整体生产经营活动，各单位协同协调、积极配合，在组织生产过程中坚持清前再续后，提高了计划执行率，基本保证了重点任务计划的进度。同时,每月都筛选出 1~2 个项目作为拉动月度生产的重点任务,从而带动整个生产气氛的提升。全年累计完成 171 台破碎机、52 台球磨机、2 个总包项目、一条物料粉碎烘干生产线和 43 238.715m/316 台的皮带机等生产任务。出口项目主要有:印度塔尔万迪、KMPCL 项目、印度 UCCH、越南海防项目、委内瑞纳项目等,尤其是出口澳大利亚的项目从准备、制造、安装、发运等各个环节都得到了业主的好评。

五、综合管理方面也积极立足各自职能,做好对生产经营活动的支持和服务。

1. 节约挖潜、压库工作也取得了较好成绩。在 2012 年 8—11 月份开展的节约降耗、压库活动中,累计利用各类库存积压物资 153 万元,对外处理了一大批常年不用的电动滚筒、耦合器、减速器等,盘活了存量资产。

2. 积极推进山矿工业园项目建设。为了实现企业"十二五"发展规划目标,公司规划、建设了山矿工业园,实行整体规划,分期实施。目前一期项目可研报告书和项目厂区平面规划图已设计完成,现已定稿编制完成。正在进行工业园项目的报批立项、环评、能评等项目建设前期准备工作,力争年底开工建设。

2013 年我国将全面深入贯彻落实党的十八大精神,是实施"十二五"规划承前启后的关键一年,也是中国第四代领导集体上任的第一年。十八大报告中一个非常重要的内容,是明确提出要支持实体经济,并在政策措施上给予一些更好的保障,这对作为实体经济的重要组成部分的机械工业的发展无疑是一大利好。展望 2013 年,既有机遇又有挑战。在协会及各级领导、朋友的关心和支持下,公司将继续坚持"优、新、快、信"的经营理念,深入贯彻落实"适应、提高、创新、务实"指导原则,紧紧围绕"质量和效益的提高"这一中心工作,展开分解各项计划,落实各项措施,积极作为,抢抓机遇,攻坚克难,实干兴企,加快企业发展的步伐,实现企业健康、持续发展。

〔供稿单位:山东山矿机械有限公司〕

中冶陕压重工设备有限公司

一、企业概况

中冶陕压重工设备有限公司是中国冶金科工股份有限公司暨中冶集团旗下的重型设备研发制造企业。公司以生产大型精密板带轧机和板带处理成套设备、大型有色轧制设备、特种金属轧制设备、大型锻压成套设备、锻钢轧辊、大型铸锻件等为主要产品,冷热加工配套齐全,技术实力雄厚,工艺制造能力先进,具有设备成套、工程项目总包能力,是中国西部乃至国际、国内都有着广泛影响力的大型国有重工业骨干企业。

公司在西安高新区新型工业园设有总部和设计、销售、研发中心等机构,在陕西富平建有 55 万 m^2 的生产基地。企业 3 000 多名职工中,拥有教授级高级工程师、高级工程师以及各类工程技术人员 800 余人。公司是国家安全质量标准化一级企业,具有三标一体管理体系和资质,并具有国家批准的进出口贸易经营权。企业可以按国际标准、欧洲标准和国外公司标准制造设备。企业建立了完整的技术创新体系,有独立的新产品开发能力,从市场开拓、产品研发、产品设计、工艺技术研究、生产制造、质量控制到售后服务,具有严格的运行管理体系。

二、经济运行情况

1. 主要生产经营指标完成情况。2012 年实际完成工业总产值(不含税)100 170.49 万元,比上年同期105 600.86 万元减少 5 430.37 万元,下降 5.14%。影响产值的主要因素有:由于机器产品产量比去年减少了 12.27%,使工业总产值减少 6 947.63 万元;由于机器产品价格的提高使工业总产值增加 1 322 万;由于热加工商品量的增加使工业总产值增加 11 056 万元。2012 年完成新产品产值 20 434 万元,比上年同期 26 171 万元减少 5 737 万元,下降 21.92%。2012 年实现工业增加值 5 616 万元. 比去年同期 22 112 万元减少 16 495 万元,下降 74.6%。提高企业的技术创新能力,加速企业的技术进步水平,进一步优化企业运行机制,使企业在激烈的市场竞争中站稳脚跟,立于不败之地,企业特别注重科技投入,不断研发新产品,提高产品的科技含量,近年来新产品层出不穷,科技开发硕果累累,2012 年开发新产品 16 项,申报专利 25 项。

2012 年新签合同量是 82 299 万元,比上年同期 99 236 万元减少 16 937 万元,下降 17.17%。全年新签海外合同量为 10 024 万元。比上年 10 711 万元减少 687 万元,下降 6.41%

2. 主要经济效益指标完成情况。2012 年实现营业收入 101 072 万元,比上年同期 111 170 万元减少 10 098 万元,下降 9.08%. 主营业务收入 99 007 万元,比上年同期105 087 万元减少 6 080 万元,下降 5.79%. 企业利润亏损 21 208 万元。由于企业利润亏损较大直接影响总资产贡献率、净资产收益率、成本费用利润率等指标的水平,使工业企业经济效益综合指数为 -30.18%,比上年同期下降了 173.9 个百分点。直接影响了企业经济效益水平。

三、产品发展状况

公司拥有机械加工及装配、锻钢轧辊专业化生产以及大型铸造、锻造、热处理等全部工序的生产设备 2 000 多台套,其中"精大稀"设备 200 多台,大型数控设备 70 多台。已形成年产轧制设备和重型锻压设备 50 000t 的生产能力,产品形成了 15 个系列、200 多个品种规格。主导产品有:各种黑色、有色板带轧制设备,板带连续处理设备以及板带精整设备。代表产品有:大型冷、热板带轧机,平整机,开卷与卷取机,矫直设备,热镀锌、镀锡机组,连续退火机组,酸洗机组,板带纵、横剪切机组,板带矫直设备,各种飞剪、液压剪,方坯、板坯连铸设备。

大型锻压设备有：大型金属挤压机、锻造液压机、操作机、液压压力机，硬齿面传动箱，各种大型冶金备件等。大型锻钢轧辊和铸锻件，具有年生产 2 万 t 成品锻钢轧辊（单件轧辊最大直径 1 650mm，最大重量 65t），2.5 万 t 大型铸钢件（最大单重铸钢件可达 240t），4.5 万 t 锻件（最大单重锻钢件可达 90t），以及 9 万 t 锻造用钢锭的生产能力。

公司有独立的新产品开发能力，严格的管理体系，企业可以按国际标准、欧洲标准和外国公司标准制造设备。多年来，公司为国内包括宝钢、鞍钢、武钢、唐钢、马钢、攀钢等85%以上大中型冶金企业提供设备，与世界上 8 个国家的 18 家国际著名公司保持技术合作关系，主要有德国西马克、蒂森－克虏伯、西门子奥钢联、三菱－日立重工、新日铁安德里兹、达涅利等许多国际知名总包商或著名公司。

四、公司发展情况

在深厚的文化积淀和现代企业文化的培育下，公司形成了纯朴厚道的企业风范，严实管理的企业特色，开拓进取的企业精神，健康和谐的文化氛围，广交中外朋友坦诚相待的企业襟怀，深得广大用户信赖和各级党政领导肯定。曾被陕西省政府授予“重合同、守信用”企业、公司“严实细”的管理风格被中国机械行业和陕西省政府作为先进经验进行推广，先后被授予陕西经济百杰单位、陕西著名国企、西安高新区新兴工业园区先进单位、西安高新区明星企业、陕西省振兴装备制造业工作中做出重要贡献企业等荣誉称号。

公司致力于打造为国民经济提供重大装备的国内一流、国际知名的专业化冶金设备及大型成套设备的研发、制造基地，打造中国西北地区最大的锻钢轧辊生产基地，打造以生产、销售铸锻件、焊接件、热处理件、机械零部件以及相关材料、相关技术为主的大型铸、锻件生产基地，以新的起点和高度，竭尽全力为客户提供适用的精品、名牌、成套、创新产品，让企业的产品为社会创造价值并使客户获得利益，使企业在为社会和客户服务的过程中同时得到持续发展和提升。

〔撰稿人：中冶陕压重工设备有限公司李萍　审稿人：中冶陕压重工设备有限公司王智强〕

卫华集团有限公司

卫华集团有限公司（简称：卫华）是一家以研发、生产、经营起重机械为主业、多业发展的综合性集团公司。现已经发展成为我国产销量最大、品牌影响力最强、最具竞争力的通用起重机械制造行业领军企业。主要产品桥式、门式起重机产销量全国第一。

公司占地面积 206 万 m^2，总资产 47.9 亿元，现有员工 6 800余人，其中专业技术人员 800 余人。公司以优质的产品、超值的服务赢得了市场，得到了客户的认可，服务于国家南水北调、西气东输、三峡水电站、酒泉卫星发射基地、秦山核电站、杭州湾跨海大桥、北京奥运等国家重点工程，产品畅销全国，远销东南亚、中东及欧非等 65 个国家和地区。2012 年销售收入 59.46 亿元。

公司以科技创新作为公司发展的主要动力之一。公司拥有国家级企业技术中心和博士后工作站，先后荣获有国家认可委认可的技术检验测试中心、国家技术创新示范企业、国家火炬计划重点高新技术企业、国家技术创新示范企业、国家认定企业技术中心、全国守合同重信用企业、中国100 最佳雇主、全国先进基层党组织等 500 多项荣誉称号。公司每年完成几十项具有国际、国内先进水平的研发项目，解决企业发展过程中的技术难题，使企业产品的技术水平处于行业领先地位。

一、拓展营销思路 实现经营突破

根据市场环境，公司积极调整营销思路。对外开拓海外国际市场，对内挖掘潜在客户网络，实行全员营销战略思维模式，鼓励全体员工参与公司销售工作。服务宗旨上，公司以满足客户需求为核心，建立了完善的营销服务网络，把“打过一次交道，便是永远朋友”这一理念贯穿于整个企业的经营活动中。市场开拓上，在继续抓好钢铁、化工、造船等传统市场领域的同时，积极开拓军工、航天、核电等核心市场；在扩大国内市场份额的同时，不断开展国际贸易业务，扩展海外营销网络。通过结构调整、产品升级、提高质量、挖掘潜力，并一如既往地坚持科技创新，取得了骄人成绩。

2012 年卫华集团全年实现工业总产值 59.75 亿元，同比增长 20.96%；工业销售产值 59.46 亿元，同比增长 22.77%；利税 3.54 亿元，同比增长 4.40%。2012 年主要产品产量见表 1。

表 1　2012 年主要产品产量

产品名称	单位（台）
单梁桥式起重机	23 965
双梁桥式起重机	5 242
合计	29 207

二、坚持科技创新，加大技术改造力度，促进产品更新换代

卫华集团始终坚持“科技为本，创新为魂”，坚持“科技创新与产品升级相结合”，充分发挥国家级认可实验室、博士后科研工作站、国家企业技术中心的技术优势，通过自主创新与引进技术吸收并举，不断壮大科研队伍，加大投入，提高科技创新能力。

公司以不低于年销售收入 5% 的比例，提取研发费用，用于技术研发、产品研制，近三年共完成技术研发项目 226 项。2012 年卫华集团申报专利 97 项，其中发明专利 19 项。截至 2012 年，公司申报专利 325 项，其中发明专利 56 项，拥有自主知识产权专利 250 项，占全国桥门式起重机行业 22 家主要大型生产企业的 42.5%。2012 年公司获得国家火炬计划重点高新技术企业称号。近三年科技项目获奖情况见表 2。

表2　近三年科技项目获奖情况

序号	产品	技术及备注	主要技术指标	集团水平	国际水平	获奖情况
1	水利工程用400m超大起升高度的40/5t门式起重机	拥有6项关键技术、2项实用新型专利和1项发明专利	起升高度	400m	≤200 m	中国企业新纪录;中国机械工业科学技术三等奖
2	GLQ40双驱动交流变频港口轮胎起重机	节能降耗20%以上;两种可选择驱动形式;2项实用新型专利和1项发明专利	吊运1 000t货物耗能	49.16kg标煤	54.67kg标煤	国家火炬计划;中国机械工业科学技术三等奖
3	低净空250t桥式起重机	国际采购中标出口英国	起重机高度	3.33m	>3.33m	中国机械工业科学技术三等奖;河南省工业和信息化科技成果一等奖
4	BXBT（BB8）、BX12T(BB12)壁式悬臂起重机	自主知识产权的卷扬机牵引机构及平衡臂防卡装置,2项实用新型专利和1项发明专利	起重量/有效悬臂长	12t/11.5m	5t/10m	国家重点新产品;中国机械工业科学技术三等奖;河南省工业和信息化科技成果一等奖
5	盾构用系列门式起重机技术	可与不同直径、重量的盾构刀盘及管片安装使用;钢丝绳交互缠绕;自主产权的起吊装置	起重量系列	4个系列400/200/130/100t	无系列化	河南省重点科技攻关项目;河南省工业和信息化科技成果一等奖

除上述产品以外,还研发了600t桥式起重机、400t欧式结构桥式起重机、多功能绝缘桥式起重机、300t/h－19.2m堆料机、中国航天一体化模态试验作业系统、MG32/10t－72m大跨度门式起重机、QE400＋400t－34m A5桥式起重机等。完成了桥架整体加工、优化热处理参数等工艺改进项目以及多项产品的标准化、系列化,加快了产品设计和生产准备过程。

2012年集团科技项目主要类型为新产品、新工艺、工艺技术改造等,在桥门式机、港口机械、新型电动葫芦等产品上实现了重大突破。2012年部分科技成果获奖情况见表3。

表3　2012年部分科技成果获奖情况

奖项名称	获奖时间	颁奖部门
中国机械工业科学技术奖三等奖(ND型低净空单轨运行式电动葫芦)	2012年10月	中国机械工业联合会 中国机械工程学会
中国机械工业科学技术奖三等奖(QE300/50＋300/50－40m桥式起重机)	2012年10月	中国机械工业联合会 中国机械工程学会
“MEA400t门式起重机”被认为河南省科学技术成果	2012年5月	河南省科学技术厅
“RTG关键技术改进攻关”被认为河南省科学技术成果	2012年5月	河南省科学技术厅

三、注重产品质量,打造卫华精品

卫华集团按照“关注客户,持续改进,过程控制,制造精品”的质量方针,完善质量控制机构,健全质量管理制度,运用质量管理方法,促进质量改进。

公司坚持质量是企业的生命线,今天的质量和服务是明天的市场,把产品质量放在企业品牌战略的核心地位,制定卫华质量理念:更好产品、更高质量、更强品牌、更快发展。近三年,公司通过进行技术、工艺和生产的改进,研发、制作出多种技术含量高和制作水平高的新产品,各类新产品样机经过国家起重运输质量监督检验中心的年度抽查,抽查检验合格率均达到100%。

公司实行首席质量官制度,制定《质量控制管理标准》、《产品质量奖惩制度》、《工艺控制管理标准》等质量管理标准。每年组织学习国家颁发的《质量发展纲要》,编制《集团质量工作大纲》。

通过开展质量论坛、质量改进总结、评比先进质量管理单位培训宣传等活动,强化全员质量意识,把质量工作拓展到每个部门、每个员工。从设计审批、工艺审查、生产过程严格保证产品质量。公司先后获得全国质量管理先进单位、河南省质量信用AAA级工业企业、河南省质量标杆企业、河南省省长质量奖等荣誉。

四、对内加强基本设施建设,对外深入战略合作交流

2012年,卫华集团投入7 000多万元新建电气车间、附属结构车间、吊钩车间、热处理车间等生产用车间3万多m^2,添置立式车床、插齿机、滚齿机等设备,进一步提高企业的技术装备水平,为企业产品升级、质量提升提供了一流的硬件基础。

“卫华集团有限公司技术检验测试中心”通过了中国合格评定国家认可委员会认可,在原有金相分析室、力学分析室等涵盖力学、长度、无损、化学、电学计量和检测机构的基础上，又投入资金300多万元筹建了电器实验室。

卫华集团与华中科技大学机械科学与工程学院、郑州大学机械工程学院、武汉理工大学、西班牙GH公司等院校、科研院所、起重机械企业及相关研究机构合作，建立了科研生产联合体，先后开发出GLQ40t双驱动交流变频港口轮胎起重机、BXBT(BB8)、BX12T(BB12)壁式悬臂起重机、防摇摆起重机等产品。还聘请了杨叔子院士为集团高级顾问，带动了集团科技创新研发能力的不断提高，推动集团加快科技人才的培养和全员素质的提升。

卫华自创立以来，以"合作发展、互利共赢"为原则，从战略高度构建供应链，带动、培育了一批规模大、实力雄厚的合作伙伴。目前公司已与德国西门子有限公司、施耐德电气投资有限公司、SEW—传动设备有限公司、ABB有限公司、武汉钢铁集团公司、安阳钢铁集团有限责任公司等国内外知名企业建立了长期、稳定的合作关系，实现了互利共赢和协同发展。

五、强化企业风险管控，不断提升可持续经营能力

作为全国起重机械标准化技术委员会的委员单位和国家AAAA级标准化良好行为企业，卫华2005年至2012年共参加了38项国家标准及行业标准的制(修)订，并参与了国际起重标准的研讨论证，为行业标准化、系列化、模块化的发展起到了重要作用。

集团目标责任考核制度逐渐完善，日趋成熟。目标责任书制度的制定和执行较以前明显改进：紧密围绕集团经营计划确定各中心、各子公司的考核指标，确保集团总体目标的实现；相关指标能够有效涵盖职能部门的主要工作内容和目标，起到了积极的导向作用，各单位的年度目标更加明确，工作质量不断改进；考核指标的权重分配更加合理，较好地突出了重点考核指标；目标值的确定具有一定的难度，同时目标值尽可能量化，有效地兼顾了操作性与挑战性；对应的考核单位界定更加合理，便于对考核数据进行审核把关。同时还推行季度、月度绩效考核，提高了员工工作责任心和积极性，也强化了各单位对部门人员的监督与管理力度。

卫华致力于为客户提供"安全、节能、环保"的高新产品和超值服务，坚持走质量兴企、品牌强企之路，通过创造魅力质量，造就了大批忠诚客户，取得了较高的行业品牌知名度和良好的口碑。卫华通过推行卓越绩效管理模式，实施精细化管理，使产品和服务质量明显领先于竞争对手，在产品和服务、顾客与市场、财务、资源、过程有效性和领导方面取得了持续增长的绩效，在行业内处于领军企业地位。

卫华的成功不仅体现在企业自身的持续发展上，而且在发展过程中为员工、顾客、供应商和地方经济创造了发展空间，带动他们共同发展。

〔撰稿人：卫华集团有限公司李艳鑫　审稿人：卫华集团有限公司苗红〕

中国重型机械有限公司

一、基本概况

中国重型机械有限公司(简称：中国重机)成立于1980年9月，是以工程总承包、带资运营、贸易和服务为主营业务的工程总承包综合服务企业。业务领域覆盖冶金、矿山、交通、建材、电力、水务、环保、化工、生物能源、农产品仓储及加工等行业领域。截至2012年底，经商务部批准，中国重机已在缅甸、越南、柬埔寨、塔吉克斯坦、印度尼西亚、土耳其、泰国、斯里兰卡、埃塞俄比亚和南苏丹等10个国家设立驻外代表处。

2012年，中国重机在国机集团的正确领导和中国重机协会的指导下，坚持"以内贸求生存，以外贸求发展，以服务求信誉，以管理求效益"的经营指导思想，坚持实施"业务领域多元化，业务类型多样化，市场区域分散化"的经营发展战略和市场开发的"区域滚动"发展战略，大力开拓市场，夯实管理基础，加强人才队伍建设，齐心协力，积极克服经营中的困难，奋力完成国机集团下达的年度主要考核任务。

二、生产发展情况

截至2012年底，中国重机资产总额38.6亿元，相比上年同期增加8.32亿元，负债总额32.8亿元，所有者权益5.8亿元，资产负债率84.97%，国有资产保值增值率108.21%。

2012年全年实现营业收入12.12亿元，利润总额实现5 641.6万元，经济增加值(EVA)为-211.8万元，应收账款周转率累计实现3.99次。中国重型机械有限公司主要经济指标完成情况见表1。

表1　2012年中国重型机械有限公司主要经济指标完成情况

项目	单位	2011年	2012年	同比增长(%)
资产总额	万元	302 799.98	386 009.91	27.48
净资产	万元	62 209.73	58 018.71	-6.74
营业收入	万元	141 652.30	121 204.74	-14.44
利润总额	万元	4 522.19	5 641.60	28.55
技术开发投入	万元	2 096.45	1 793.17	-14.47
利税总额	万元	4 783.37	6 149.03	28.55
全员劳动生产率	万元/人·年	7.05	19.03	169.85
净资产收益率	%	8.82	8.42	减少0.4个百分点
总资产报酬率	%	2.55	2.59	增加0.04个百分点
国有资产保值增值率	%	105.11	108.21	增加3.10个百分点

三、市场营销及销售

1. 市场开拓取得新突破

在国家“走出去”战略的指引下，中国重机充分利用国家外交政策、对外经贸合作战略和资金支持，按照“重点开发非洲市场，大力巩固传统市场，加快培育新的市场”的总体思路，有效调整国际市场布局，抓签约、促成交，全年合同签约额实现95.38亿元。

非洲市场取得丰硕成果。2012年非洲市场开发工作取得丰硕成果，在南苏丹、几内亚、尼日利亚、南非、埃塞俄比亚等5个国家实现了7个项目签约，全年累计实现合同签约额13.11亿美元，占公司全年总签约额的86.63%。

在南苏丹市场，先后实现3个项目合同签约。与南苏丹国家电力及大坝部签订输变电一期工程EPC合同，合同金额3.2亿美元。包括280km 400kV输电线路及两个400kV变电站的土建、设计、设备材料采购、安装施工等，工期预计3年。

与南苏丹水资源与灌溉部签订城镇供水和城市管网系统项目EPC合同，合同总金额2.09亿美元。包括36口水井、水净化处理系统和200km城市管网建设的工程设计、设备采购、土建施工、设备安装等，工期36个月。

签订南苏丹东赤道州供水项目EPC合同，合同总金额3 200万美元。包括一个取水泵站和一个日处理能力为5 000t水质净化工厂的工程设计、设备采购、土建施工和设备安装等，工期24个月。

在几内亚市场，与几内亚共和国国家能源环境部签订了首都科纳克里饮用水供应系统强化工程项目EPC总承包合同，合同金额4.22亿美元。包括新建日处理34万m^3的净水处理厂、原水及净水输水管线及蓄水池等的设计、设备材料采购、安装施工和调试，工期36个月。

在尼日利亚市场，与尼日利亚联邦农业部签订高品质木薯粉厂项目EPC合同，合同总金额为1.43亿美元。项目包括18个高品质木薯粉厂的设计、供货、土建、安装、调试和性能测试。

在南非市场，与南非燃料有限公司签订日产46.5万L燃料酒精厂项目EPC合同，合同总价约8.3亿。包括燃料酒精生产线、饲料生产线、自备电站、污水处理系统等。工期26个月。

在埃塞俄比亚市场，签订2×20MW蔗渣电站EPC合同，合同金额5 080万美元。项目范围包括设计、设备供货、安装、调试和试运行，工期24个月。

传统市场继续巩固。签订柬埔寨金边—巴威115kVA输变电线路EPC项目，合同金额7 558万美元，计划利用中国政府的优惠贷款建设。这是中国重机在同一市场承建的第3个输变电项目，为进一步深度开发柬埔寨市场奠定良好的基础。

在马来西亚市场实现了新的项目签约。与马来西亚帕塔玛铁合金有限公司签订了锰矿烧结厂项目现汇合同，合同金额1 064万美元，包括新建锰矿烧结厂设计、设备材料采购、安装和调试，工期18个月。在孟加拉市场，先后签订孟加拉皇家水泥厂粉磨站扩建项目等4个项目合同，合同金额600多万美元，实现在孟加拉市场的“区域滚动”发展。

与塔吉克铝业集团公司签订建设塔铝化工工业园项目框架协议，签订新建年产10万t硫酸工厂的设计、设备供货、施工和调试等EPC总承包合同，合同金额3 500万美元。在土耳其市场，继完成矿业公司新蒸汽锅炉EPC项目之后，通过投标取得了锅炉项目备件合同，为后续项目开发巩固了基础。

新的市场不断拓展。与奥地利奥高布殊公司签订阿根廷酒精设备供货项目合同，合同金额148万美元。这是中国重机在阿根廷执行的第一个项目，为下一步开发南美市场积累了经验。

国内市场取得新的收获。继续开发国内港口、铁路项目和矿用卡车车斗项目。广西北部湾国家港务集团下属北海铁山港区和防城港港区门机项目实现新的签约，合同金额5 400万元。中标湘桂线铁路扩能改造工程变压器项目，合同金额394万欧元。在车斗备件项目上取得突破，与小松公司签订了830E卡车车斗备件合同。全年国内贸易合同成交额折合3 935万美元，占总成交额的18%，同比增长224%。

2. 项目执行能力不断提高

2012年是柬埔寨金边环网输变电EPC项目执行的关键时期，项目部全体人员不辞辛苦，坚守项目现场，精心组织施工，有效控制每一个实施环节，努力克服困难，积极协调配合，使项目取得顺利进展。截至2012年底，2个新建变电站已经基本建成，具备了通电调试的条件，已收回合同总额80%的工程款项。

柬埔寨农网扩建EPC工程(一期)项目，自2012年4月正式开工以来，克服雨季施工的不利条件，到2012年底按合同计划完成了全部工程的40%。

越南新光水泥厂项目签署了项目最终验收证书，质量保证期结束，已收回包括质保金在内的全部款项。越南梅山水泥EP项目于2012年6月25日签署了项目验收证书，项目各项经济技术指标全部达到合同约定。

完成孟加拉海德堡水泥粉磨厂项目的验收工作，各项考核指标好于合同规定，被海德堡集团作为项目执行的范例，两次刊登在《世界水泥》杂志上。

3. 主营业务不断发展

工程承包平稳发展。2012年国内外工程承包项目合同签约额14.38亿美元，占合同签约总额的95%。其中，国外工程承包项目合同签约14.29亿美元，占合同签约总额的94%，继续保持良好发展态势。已签约的工程承包项目主要分布在水务、电力、生物能源和化工等行业，占签约总额的94.36%。

投资运营进展顺利。柬埔寨达岱水电站BOT项目进展顺利，工程进度和投资进度按计划进行，实现2012年主汛前副坝安全度汛及溢洪道具备初步泄洪能力的目标。2012年9月，国机集团审计部对项目的进展、财务收支、资金管理、内部控制等情况进行现场专项审计并给予充分肯定。截至

2012 年 12 月底,主坝和副坝均达到 220m 的坝顶设计高度,引水洞工程总长 11.2km 全线贯通,主厂房已经封顶。正在加紧设备安装和送出线路工程施工,努力确保 2013 年实现 3 台机组全部建成发电的最终目标。

进出口贸易保持稳定。2012 年,进出口贸易合同成交 3 639万美元,占总成交额的 17%,同比增长 0.2%。其中,铸件出口继续保持稳定发展的良好态势,全年出口量达到 3.03 万 t,合同成交 2 608 万美元,实现销售收入 1.7 亿元,利润 1 297 万元。公司通过加强产品质量监督,深化服务工作,得到了用户及工厂的赞誉,被韩国现代公司确定为铸件产品的唯一供货商;出口孟加拉海德堡熟料库成套设备、MI混凝土机械设备、阿根廷酒精设备以及出口哈萨克斯坦、俄罗斯、日本、马来西亚、土耳其、孟加拉等国备件成交 1 031 万美元。

四、改革与结构调整

2012 年,中国重机全面完成企业整体改制后的公司更名和工商、税务变更登记等一系列工作。完善企业法人治理结构,建立董事会、监事会,实行董事会决策下的企业运行机制。制定《董事会工作制度》《董事会薪酬与考核委员会议事规则》《董事会审计与风险管理委员会议事规则》和《总经理工作制度》等董事会运行的基本制度,规范董事会决策机制。按照相关法律法规和公司章程,定期召开董事会会议,就重大事项行使决策权。共审议通过公司董事会建设、内部组织机构设置、有关人员聘任、薪酬管理、2012 年经营计划和财务预算方案、融资担保以及其他有关事项等 7 个方面的议题共计 18 项议案,形成会议决议。

2012 年,中国重机根据外部经济形势和经营环境的变化,以及对自身优势、劣势的分析,制定了中国重机《2012—2016 总体战略规划》,在新的五年战略规划中,通过对新形势下国际工程承包发展的思考,以及发包方越来越重视承包商提供综合服务能力的要求,进一步明确“形成业务覆盖全球,产业链垂直一体化,核心行业为主,相关领域延伸的工程总承包综合服务商”的企业战略定位。把工程总承包、带资运营、贸易和服务作为重点发展的四大主业。提出以提高经济效益、提升发展质量为中心,稳中求进,实现持续健康发展的战略目标。

五、履行企业社会责任情况

2012 年,中国重机响应国机集团倡议,积极行动起来,开展“国机爱心日”自愿捐献“一日工资”的捐助活动,252 名职工踊跃捐款51 356 元,汇入国机集团“爱心基金”账户,为建设价值国机、创新国机、绿色国机、责任国机和幸福国机作出应有的努力。公司在经营活动中,严格按照环境管理体系的要求,认真做好国际工程承包项目的环境保护,认真做好环评报告,做好项目现场施工中的降污减排和节能降耗工作,认真履行环境责任。

〔撰稿人:中国重型机械有限公司张发明　审稿单位:中国重型机械有限公司综合管理一部〕

中国重型机械研究院股份公司

2012 年,中国重型机械研究院有限公司整体变更设立为中国重型机械研究院股份公司(简称:中国重型院)。然而,国际经济形势的持续低迷,金融危机的深层次影响不断显现,以及我国冶金装备制造业陷入外需不振,内需增长乏力的双重困境,增速明显回落,这些都严重冲击着冶金装备企业的生产经营利润。中国重型院的经营生产工作也遇到较大困难,预期的经济增长目标有所下降。面对困境,中国重型院全院认真贯彻董事会和院党委的决策部署,狠抓市场营销、强化科技创新、推进管理提升、促进转型升级,以适应市场和业务发展变化的需要,从而遏制了经营业绩下滑的趋势,实现了逆境中的稳定发展。

一、企业发展情况

2012 年,中国重型院面对主营业务市场萧条的不利环境,加大市场经营工作的力度。在巩固传统市场份额的同时,开拓民营市场,全年民营企业合同达到 96 项,占合同总额的 61%。继续开拓中亚、东南亚和东欧等国际新兴市场,扩大市场份额,全年共签订出口项目 7 项,合同额8 917 万元。此外,着力开发国家重点发展的航天航空、轨道交通、石油化工及天然气等行业、领域高端需求的装备。2012 年,中国重型院签订合同总额 19.6 亿元,实现营业收入 17.1 亿元,利润总额 8 556.6 万元,经济增加值 4 114.1 万元。

大型成套装备签约情况:冶金装备专业针对国内钢铁市场不景气情形,将重点放在特钢和不锈钢连铸机市场,有针对性开发了多项新技术新产品,不锈钢板坯连铸机的国内成套占有率达 90% 以上。2012 年签约福建 165mm × 1 250mm双流不锈钢板坯连铸机等 4 个大型成套项目。精整装备专业签约大型成套装备项目 7 项,签订的武钢冷轧工程准备机组速度达到 1 000m/min,可逆速度 550m/min,设计精度要求和难度达到国产设备的新高度,达到世界领先水平;再度成功与伊朗签约 3#热镀锌生产线,技术能力和服务水平得到国外用户肯定。重型锻压装备专业签订 5 项国内装备制造业具有代表性的项目,其中,吉林利源 160MN 挤压机后部出料系统是我国目前最大的挤压机后部出料系统。管棒型材装备专业大力开发新产品及新用户,签订的广西柳州 35MN 铝及铝合金板材拉伸机,是中国重型院在板式结构拉伸机装备的首台业绩,增加了拉伸机设备产品系列。自动化专业签订的宝钛集团 3 300mm 热轧机电气改造项目,是中国重型院首次在热轧机组控制系统方面签订大型工程。油气输送装备专业抓住国内企业在国外投资建厂机会,与天津钢管集团有限公司签订美国德州 G 项目水压试验机、通径设备等供货合同。

二、企业市场经营情况

2012 年中国重型院分类产品(服务)合同额见表 1。

表1　2012年中国重型院分类产品(服务)合同额

序号	产品(服务)类别	院外合同额(万元)
1	冶金装备	45 678.84
2	板带精整装备	27 719.59
3	重型锻压/挤压装备	45 104.19
4	管棒型材装备	18 594.07
5	自动化设备	2 072.00
6	基础件装备	585.00
7	液压设备	389.71
8	机械传动装备	1 215.05
9	环保节能装备	6 626.03
11	炉外精炼装备	1 868.18
12	板带轧制装备	3 041.58
13	油气输送装备	4 735.77

三、企业科技创新情况

中国重型院坚持创新驱动的战略和自主创新的战术，积极主动调整产品结构。不断加强在一些传统重点技术领域和业务拓展领域的技术攻关和储备，增强企业自主创新力度，拓展服务的广度和深度，提升企业核心竞争力。2012年，中国重型院荣膺首批"陕西省创新型企业"。

1. 科研工作成果概述

2012年，中国重型院共有12项科技成果分获国家和省市级以上科技奖，完成8项技术成果鉴定和验收，其中包括国家科技部验收金属材料挤压/锻造国家重点实验室项目、国家发改委验收高精度带材轧制成套装备产业化项目和转炉煤气干法净化回收技术以及国家财政部验收高孔洞率页岩烧结保温砌块生产线关键设备及技术研究项目等。获得专利授权144项，其中发明专利33项，实用新型专利111项。作为全国冶金设备标准化技术委员会秘书长单位，中国重型院2012年组织制定完成行业标准34项，包括首次完成冶金设备专业大型机组成系列三大项共25项标准体系的制定，均通过专家组审查鉴定；申请并获批立项标准计划44项。

2. 国产首台(套)产品及新领域创新技术

2012年，中国重型院创造7项国产首台(套)项目：宝钢2 030高品质汽车板重卷检查线，为国内第一条自主知识产权的高规格汽车外板生产线。国核宝钛40MN双动卧式锆挤压机组，为国内第一条核级锆生产线的关键设备。宝钛集团3 300热轧机控制系统，所采用的传动方案为国内外首创。河南鸽瑞十八辊机组，为国内首条新型18辊辊系，达到国内领先水平。高性能厚壁管淬火成套设备，其核心技术填补了国内外对厚壁管进行整体淬火的技术空白。多功能液压翻边机，采用的新技术在国内属首创，达到国际先进水平。

研发8项新产品和新领域创新技术：连铸机结晶器在线最佳运行状态判定方法、核电用卧式剪切机、卡套式纵切圆盘剪和双头圆盘剪、镀锌板准备机组、35MN张力拉伸机、含油污泥资源化处理关键设备的开发及应用、大气细颗粒物污染特征与防治关键技术研究、镁合金板带生产装备技术。

2012年，中国重型院经陕西省科技厅推荐，通过国家科技部组织专家评审，成为国家技术转移示范机构。经西安市经济委员会认定，中国重型院成为西安市首批企业技术中心。这将进一步加强中国重型院与各类产业集群、特色产业基地等的协同，持续提升科技创新能力，形成企业为主体、市场为导向、产学研相结合的科技创新体系。

四、企业质量管理及标准化工作情况

2012年，中国重型院质量、环境和职业安全健康管理体系通过中国质量认证中心复合认证审核，满足GB/T 19001—2008、GB/T 24001—2004、GB/T 28001—2001管理体系要求和相关法律法规要求，持续有效，并获得"三合一"管理体系认证资格。中国重型院对于项目实施采用过程控制方法，进行质量管理。实施对管理体系的监督检查，对于执行的项目，定期检查项目设计过程文件和记录的完整性、有效性，每月抽查，确保合同执行过程符合体系文件的要求，同时对环境和职业健康安全运行情况进行检查，确保管理体系有效运行。另外，中国重型院按照"全国质量月活动通知"及中国机械工业集团有限公司"关于开展2012年质量月活动的通知"，为了提升质量总体水平，开展"质量月"活动。在此期间，由主管院长领导部署，以分管院长为组长，质量管理部部长、人力资源部部长为副组长的"质量月"活动领导小组，具体策划、部署和安排活动各项事宜。结合中国重型院管理提升年活动，开展质量管理工作调研活动，对近3年以来先进质量管理方法推广情况，产品质量、服务质量提升和存在的问题进行归纳和总结。

2012年中国重型院重新修订发布《中国重型机械研究院股份公司标准化管理办法》，制定、修订部分产品标准、规范6项。同时作为全国冶金设备标准化技术委员会秘书长单位，中国重型院2012年组织制定完成行业标准34项，包括首次完成冶金设备专业大型机组成系列三大项(热轧管机组、焦炉机械机组、板带精整机组)共25项标准体系的制定，均通过专家组审查鉴定；2012年申请并获批立项标准计划64项。

五、企业改革改制情况

2012年，中国重型院股改上市工作进入股份制改造及公开发行上市准备阶段。国务院国资委下发了"关于中国重型机械研究院股份公司(筹)国有股权管理有关问题的批复"和"关于设立中国重型机械研究院股份有限公司的批复"文件。2012年6月20日，中国重型机械研究院股份公司创立大会、一届一次董事会、一届一次监事会及一届二次董事会会议在西安召开。发起人——国机集团和宝钢集团领导、董事会、监事会成员、陕西省有关部门领导出席了成立大会。董事会会议选举谢东钢为股份公司董事长；聘任了公司经理层、财务总监和董事会秘书；通过《总经理工作细则》《董事会秘书工作细则》等。2012年6月28日，中国重型院取得陕西省工商行政管理局颁发的营业执照，正式更名为中国重型机械研究院股份公司(仍简称为中国重型院)。

中国重型院根据《中华人民共和国公司法》等法律法规的规定，制定《股份公司章程》《股东大会议事规则》《董事会议事规则》《监事会议事规则》《独立董事工作制度》和《关联交易决策制度》等股份公司基本管理制度。并按照《上市公司治理准则》要求，在董事会下设立战略委员会、审计委员会、提名委员会、薪酬与考核委员会等4个专门委员会。

六、企业对外合作情况

2012年智能制造装备发展专项——高品质钢特厚大型板坯连铸生产线研制，是当年国家工信部专项投资额最大的项目，也成为中国重型院成立以来承担的最大的科研项目。项目涉及冶金、真空精炼、自动化和液压等多个专业，由中国重型院与武汉重冶机械成套设备(集团)有限公司、西安交通大学等8所高校共同合作承担。

〔撰稿人：中国重型机械研究院股份公司宋晔　审稿人：中国重型机械研究院股份公司孟令忠〕

北京起重运输机械设计研究院

一、企业概况

北京起重运输机械设计研究院(原北京起重运输机械研究所，简称：北京起重院)成立于1958年，经过五十多年的发展，从原机械工业部直属的国家一类研究所发展成为我国物料搬运机械行业技术领先的科技型企业，隶属于中国机械工业集团公司，具有独立法人资格，是国家级高新技术企业。

北京起重院在作为国家部属研究所期间，是我国起重运输机械行业的技术归口单位，主要承担我国起重运输机械技术体系建立、产品开发与确定、重大研究项目开展、标准体系建立与产品标准制定等有关行业技术研究工作。转制以来，该院根据自身的技术优势及市场竞争力，将自身发展定位在物料搬运技术开发与应用、物料搬运系统及其机电设备研究设计、集成及工程承包，保持本院在我国物料搬运机械行业的技术领先地位。

北京起重院先后承担了数百项国家科研项目，主持开发设计我国起重运输机械行业标准系列产品100余项，起草国家和行业标准300多项，完成物流仓储系统工程200多项、客运索道系统工程200多项，物料输送系统工程100余项，起重机械系统工程100余项。北京起重院荣获200多项国家及省部级科技成果奖，在我国物料搬运机械行业中具有特殊地位，发挥着独特的影响。

在物流仓储技术领域，北京起重院是在中国推出高架仓储技术的先驱者，自20世纪70年代研制出第一座自动化立体库并成功应用于北京汽车厂至今，为我国汽车制造、家用电器、机械电子、食品医药、石油化工、冶金等部门研发、建造了各种类型的自动化立体仓库200多座。用户广泛，设备品种齐全，技术水平领先。特别是近年来自动化物流配送中心市场的兴起，为本院在这一领域的持续发展提供了机遇。面对国内外厂商的激烈竞争，该院不仅在医药物流方面，而且在电子电器制造、服装制作及配送这两大应用领域有所突破，巩固了本院在中国物流行业的龙头地位。

在客运索道技术领域，北京起重院早在20世纪60年代组织完成了我国第一套货运索道系列设计，70年代又进行了客运索道的开发、研制、建设及技术引进工作，并于80年代初期分别建成了中国第一条双线往复式客运索道——重庆嘉陵江客运索道和第一条单线循环双人吊椅式游览索道——北京香山公园索道，促进了国内旅游事业的发展。至今，北京起重院为国内外客户设计承建了不同类型的客运索道200多条，约占全国客运索道数量的40%。该院在国内率先研发了新型脱挂抱索器客运索道，为开拓索道新市场打下了良好的基础。

在物料输送技术领域，北京起重院自20世纪60年代开始组织完成我国第一套带式输送机、振动输送机、埋刮板输送机、悬挂输送机等多项行业标准产品系列设计，在国内率先开发了斗轮堆取料机等大型装卸设备。近年来，广泛承接了国家重点建设工程大型露天矿、散料港口、料场、工厂内部的物料装卸、运输系统和各类物料输送系统成套项目的设计以及各种非标设备的开发与研制，深得广大用户的好评。

在起重机械技术领域，北京起重院在20世纪60年代设计了我国第一台桥式堆垛起重机，并陆续组织完成了各种轻小型起重设备、桥式起重机和门式起重机等多项行业产品系列设计，开发了多种专用起重机及其关键零部件，多次填补了我国起重机械行业的空白。近年来，更是根据市场的需求，研发了很多新机种。例如，用于垃圾处理领域的自动控制垃圾搬运起重机，用于秸秆发电领域的自动化秸秆搬运起重机等特种起重机，为国家在环保、生物质发电等领域提供了必要而又先进的设备。

在检验检测领域，国家起重运输机械质量监督检验中心、国家客运架空索道安全监督检验中心、国家安全生产北京矿用起重运输设备监督检验中心设在北京起重院，为我国各类起重运输机械产品的质量提高和客运索道的安全运行提供了保证。

在行业技术服务方面，全国起重机械标准化技术委员会、全国连续搬运机械标准化技术委员会、全国工业车辆标准化技术委员会和全国物流仓储设备标准化技术委员会的秘书处设在北京起重院。由北京起重院主办的《起重运输机械》杂志是国内物料搬运行业的技术核心期刊，为行业的科技进步和科技发展起到了积极的促进作用。中国机械工程学会物流工程分会、中国索道协会、中国工程机械协会工业车辆分会秘书处设在本院，为行业发展和技术进步做出了贡献。为更好地开展行业技术咨询与服务，北京起重院组建了北京科正平机电设备检验所，打造了行业技术服务的平台。

二、生产经营情况

2012年度，合同额达到约6.3亿，经营业绩较2011年同比下降13.72%。在仓储工程板块，继续保持行业领先优势，在医药行业中，成功进入国药控股，又赢得了华润医药、上海医药两家国内医药商业的项目。同时还在国外项目和电子商务行业实现了突破：赢得了委内瑞拉军方一个立体库项目和我买网广州项目的电子标签播种和分拣系统项目。索道工程板块继续保持了在我国客运索道行业中的龙头地位。在签署的多项合同中，技术先进、性能优异的脱挂式索道占有很高比重。成功签订了以奥地利多贝玛亚3S索道的技术服务合同为首的5项进口索道服务合同。3S索道为当今世界技术含量最高的一种索道形式。在西方发达国家，能够设计制造此种索道的厂商凤毛麟角，其技术领先我国现有索道一个时代，此类索道引进国内后，北京起重院抓住契机，一举拿下技术服务合同，为学习世界先进技术提供了有利的条件。起重工程板块市场占有率仍处于领先地位。北京起重院与华新水泥、海安天楹集团、烟台润达股份达成战略合作协议，并成功中标印度德里、海德拉巴、泰国曼谷3个出口项目。

三、科技创新情况

2012年，单线脱挂抱索器索道技术研究与工程化应用获得中国机械工业集团科学技术奖一等奖（排名第一），并由国机集团推荐申报2013年度国家科学技术进步奖；全自动控制垃圾搬运起重机关键技术研究与应用获得北京市科学技术奖三等奖，该项目同时获得了2009—2011年度北京市东城区科学技术奖二等奖；《客运架空索道安全规范》和起重机用硬齿面减速器系列研制均获得中国机械工业科学技术奖二等奖。2012年，北京起重院共申报发明专利3项，实用新型专利38项，已获专利授权13项，申报并取得软件著作权3项。知识产权数量比上年同期增长近一倍。

标准化方面，组织完成了27项国家标准和15项机械行业标准的制修订工作；参与国家质检总局特种设备安全监察局开展的大型起重机械安装安全监控管理系统前期示范试点工作中的相关工作；组织了7期宣贯会，2012年4月，根据国际标准化组织技术管理局（ISO/TMB）2012年第34号决议，正式由我国承担国际标准化组织/起重机技术委员会（ISO/TC96）的秘书处，北京起重院的张喜军总工程师任ISO/TC96首届主席。这是对我国近10年所承担的起重机国际标准化工作的充分肯定，也是中国起重机行业实质性参与国际标准化工作取得的重大成果。

2012年，北京起重院新增了科技部科研院所技术开发研究专项轻量化节能型起重小车关键技术研究与应用；公益性物料搬运机械能效标准体系及关键标准研究；中国机械工业集团有限公司科技基金发展专项：长距离带式输送机系统关键技术研究等多项科研项目。

四、行业技术服务

2012年，国家起重运输机械质量监督检验中心共完成了1 405份特种设备型式试验报告、467份特种设备鉴定评审报告，382份生产许可证产品检验报告，193份生产许可证企业审查报告，97份出口许可证产品检验报告和523份委托产品检验报告。

2012年，国家客运架空索道安全监督检验中心全年共完成31个省、市、自治区的291条客运索道的定期检验任务。除定期检验外，中心已对21个省市的37条索道进行了验收检验。此外，应山西、陕西、甘肃等省质监部门邀请，中心还对相应地区的10条客运拖牵索道进行了委托检验。受理77条客运索道的总体设计审查（其中包括拖牵索道17条），并全部在国家规定的时间要求内完成。对199个索道公司的161条（373 015米）钢丝绳、5 209套固定抱索器、512套脱挂抱索器、386根吊杆、11根主轴、9套轮体、77套索轮轴、35套联轴节进行了无损探伤检测，并及时出具了检验报告。完成了部件设计文件鉴定10件次，并完成现场型式试验6件次。对7家制造、安装企业进行了条件评审。

2012年，国家安全生产北京矿用起重运输设备监督检验中心完成产品检验47家，出具92份检验报告；完成技术审查58家，出具审查报告88份；完成现场评审147家。完成的认证企业和报告数量以及业务收入较上年同期均有大幅度增长。另外，安检中心还接受了安标中心的进口、非标产品安标认证委托任务11项；为安标中心的相关工作提供技术支撑。

〔撰稿人：北京起重运输机械设计研究院解小燕　审稿人：北京起重运输机械设计研究院王睿〕

洛阳矿山机械工程设计研究院有限责任公司

洛阳矿山机械工程设计研究院有限责任公司（以下简称洛阳矿研院）是中信重型机械公司下属的独立法人单位。其为全社会和总公司的技术服务内容包括：重型与矿山设备的工程工艺技术开发及设计、重型与矿山设备产品的技术研究及设计、产品制造工艺技术的开发及设计、我国矿山机械的行业工作（全国矿山机械标准化技术委员会、国家矿山机械质量监督检验中心和国家安全生产洛阳矿山机械检测检验中心挂靠在该院）。随着我国经济的迅猛发展及其伴随着对重型与矿山设备需求的旺盛，近几年，尽管在国际金融危机的大环境下，该院的经济与技术的发展仍呈现出稳步提高的趋势，2012年的各项经济技术指标创造了历史新高。

一、生产发展概况

2012年在全球经济危机的大环境下，洛阳矿研院积极转变经营方式，千方百计稳定和开拓国内、外市场，各项经济指标取得了历史最好水平。新增订货合同405 200万元、新增生效合同202 000万元、销售收入208 234万元、货币收入166 040万元、利润总额25 819万元。2006—2012年销售额情况见图1。

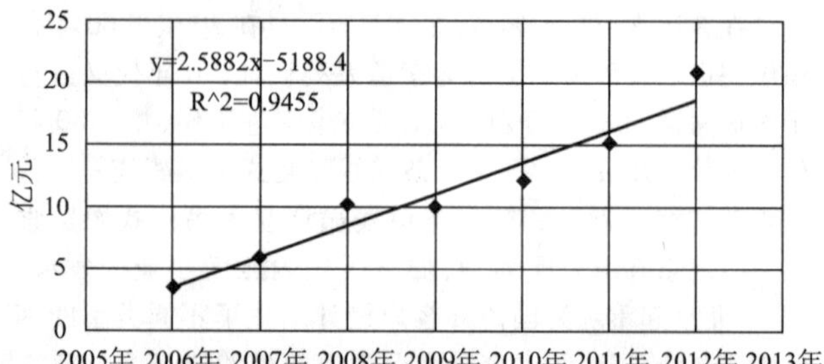

图1　2006—2012年销售额情况

二、市场经营与销售

2012 年,洛阳矿研院在成套工程营销方面取得了重大进展,多年来始终坚持成套化发展的战略,结合国家产业调整和循环经济、节能减排政策,努力开拓国内外新的成套市场,努力创新商业模式和营销模式,采取成套工程工艺研究、产品开发研究和制造工艺研究并重的并行措施。如中国平煤首山焦化干熄焦余热发电项目正式开工建设。该项目是目前国内最大的合同能源管理项目,也是河南首个采用合同能源管理模式实施的干熄焦项目。方城宛北 3 200t/d 水泥熟料生产线总承包项目开启了供货方、客户、金融服务合作的新方式,实现了金融资本和产业资本的有机结合。

在成套工程营销方面取得了较大成绩,体现在全年实施成套项目 60 个,包括余热发电 21 个,活性石灰 19 个,水泥(含粉磨站)6 个,矿渣微粉 11 个,垃圾处理、球团、干熄焦各 1 个;竣工验收项目 21 个,其中水泥成套 2 个,活性石灰项目 7 个,余热发电项目 7 个,矿渣微粉项目 5 个。山东彼那尼 6000TPD 水泥和余热发电项目于 2012 年 4 月 17 日竣工点火。新疆大唐水泥项目于 2012 年 10 月 3 日成功投料生产。这些成套项目的实施和竣工交付,标志着洛阳矿研院的工程成套能力迈上了新台阶。

三、科技成果和新产品

多年来,洛阳矿研院不断完善和巩固工程技术研发、产品技术研发和制造工艺技术研发“三位一体”研发体系,制定完善了技术工作考核办法,尝试技术有偿服务,通过按产品和项目组建专项攻关组,进行新产品、新技术、新工艺的研发,使企业从产品服务型向成套服务型转变发挥了积极作用。2013 年在科技成果和新产品方面取得了较大成绩。

1. 结合市场的定向开发成效显著

利用水泥回转窑协同处理城市生活垃圾技术研究。自主研制并总承包的河南省首条利用新型干法水泥生产线协同处置生活垃圾示范工程,在黄河同力投产试运行。与辽宁锦州市签订了 EPC 总包的国内首个综合处理废弃物新型复合水泥技术工程合作框架协议,并和天瑞正在洽谈万吨线垃圾处理项目,在水泥生产线协同处置生活垃圾技术推广应用上迈出重要一步。

干熄焦余热及低温余热发电技术研究。依托平煤干熄焦项目开发了干熄焦设计计算软件、首山焦化干熄焦余热发电项目建设全面推进、新型烧结机余热发电得到市场认可,正在洽谈南阳汉冶依托工程合同。

大型矿山用破碎站成套系统和关键破碎设备技术研究。完成缅甸破碎站设计,试制已进入装配和单机试车阶段,并得到用户认可;江铜 CC500 圆锥破碎机完成厂内试制,正在调试运行。国内最大的出口 MMX 公司的 PXZ1 750 液压旋回破碎机一次通过外方的试车检验。巴西 3 台液压旋回破碎机通过空载试车。高压辊磨机耐磨辊技术得到大力发展,辊面寿命从最初的 1 000h 提高到 5 000h,为市场推广奠定了坚实基础。

矿山破碎粉磨工艺和设备选型技术研究。完成了破碎机、高压辊磨机和磨机等产品技术数据库的建立,已存储 100 余组数据,建立了关于破碎机、HPGR、半自磨的计算模型,并应用工业数据对其进行校核和修正,逐步应用到新项目的选型过程中。完成破磨工艺流程及设备选型报告 60 多份,赢得 7 亿多元的产品合同。完成破碎粉磨实验 90 项,矿物实验服务合同额 1 100 万元。

褐煤提质和高压成型技术应用研究。上海电力年产 15 万 t 褐煤提质示范线项目投产;完成自主知识产权的干燥系统技术方案设计,将形成年产 100 万 t 褐煤提质生产线成套技术总包能力。

大型硬岩掘进机技术创新研究。开发完成 ϕ5m 开敞式、无轨运输硬岩掘进机,主要用于岩石抗压强度 200MPa 左右的高速铁路隧道、高速公路隧道以及饮水工程隧道的施工。首台大型硬岩掘进机已经全面投产,正在落实依托工程。

不锈钢渣处理及综合利用技术研究。完成不锈钢渣处理工艺技术开发,并成功应用于山西太钢哈斯科钢渣综合利用项目,年处理 100 万 t 不锈钢渣工程现已建成带料运行。

2. 科技成果与专利

全年取得专利授权 33 项;2012 年共获得市级以上科技成果奖 6 项,其中水泥窑纯低温余热发电成套工艺技术及装备获国家科技进步二等奖、高压辊磨机工艺技术与设备研究获河南省科学技术进步二等奖、煤化工水煤浆制备 ϕ4. 3m×6m 棒磨机获中国机械工业科学技术进步二等奖。

四、矿山机械行业工作

1. 矿山机械行业标准。组织完成《破碎设备 · 安全要求》等 2 项国家标准和《井下煤矿用可移动式硬体救生舱》等 32 项机械行业标准制修订工作;完成了《矿山机械产业年鉴》《矿山机械市场分析》和《矿山机械标准化年鉴》的编制工作。

2. 矿山机械行业技术监督与检测以及安全标志检验。国家矿山机械质量监督检测中心顺利通过实验室国家认可委员会的实验室监督和扩项评审以及国家安全生产监督管理总局组织的对国家安全生产洛阳矿山机械检测检验中心,对检验机构的监督检查。全年完成提升运输产品生产企业安全标志检验 52 家、在用提升系统安全性能检验 218 台、调度绞车生产许可证检验 27 台等,取得良好的经济和社会效益。另外积极争取并获得国家安全生产监督局批准了矿山提升设备安全准入分析验证实验室建在我院,有望获得国家 6 000 多万元资金支持。

3.《矿山机械》杂志。《矿山机械》是国家技术类一级刊物,完成了全年 12 期杂志的编辑出版,共处理投稿 2 600 余篇,编辑刊登 551 篇,论文采用率较上年同期降低了 8%,办刊质量得到进一步的提高,受到了作者、读者的广泛好评。成功举办了第五届矿井提升机使用与维护技术培训班,在提升机行业产生了较大影响。

4. 信息工作。全年完成翻译任务 139 项,翻译 670 余万字;完成《国外矿山机械》《重机信息》的编译工作;搜集整理各类资讯 600 余篇在内联网《行业动态》栏目上发布;为技术人员提供了高质量的国内外矿山机械发展动态和最新的技术信息。

五、企业发展的突出问题

随着企业的发展,专业技术人才,尤其是领军人才短缺仍是制约技术创新和持续发展的重要因素。今后,要着力推进技术队伍建设,进一步强化人才引进、培养,进一步加大高技术人才的激励机制。结合产品技术研发,有选择地招聘高层次、高水平的专家型技术人员;分层次地引进国内外高等院校硕士生、本科生,充实技术队伍,建立合理的人才结构;加强与专业设计院、高校的技术合作和交流,培养锻炼技术人才;加强员工业务培训,通过技术交流、专业技能培训,提高员工队伍的整体素质。

〔撰稿人:洛阳矿山机械工程设计研究院张荣宽　审稿人:洛阳矿山机械工程设计研究院刘正魁〕

纽科伦(新乡)起重机有限公司

纽科伦(新乡)起重机有限公司系中外合资企业,创建于2005年8月,位于有"中国起重机械之乡"美誉的长垣县河南起重工业园区,注册资本2.7亿元,总投资5亿元,占地面积32万m^2,现有员工1 700余人,其中,高、中级专业技术、管理人员近400人,拥有各种生产检测设备1 600多台(套),专业生产桥式、门式起重机及轻小型起重设备3大系列20多个品种。其中煤矿安全系列起重设备,ND、NH型欧式系列钢丝绳电动葫芦,HD型欧式电动单梁起重机均处于国内领先水平。

经过七年多的高速发展,公司凭借着资金、技术、人力资源方面的资源优势和卓越的资源整合和管理能力,以高于同行的发展速度,后来居上,逐步奠定了在起重行业的地位。

一、获得荣誉

2012年5月,获"质量信得过产品"及"国家诚信企业500家"荣誉证书;7月,获得"高新技术企业"称号;12月,获得"矿用产品安全标志证书"。2012年12月"NUCLEON"牌桥式、门式起重机及钢丝绳电动葫芦获得"河南省名牌产品"称号。

二、市场经营及销售情况

中国起重机械行业在经历了近十年井喷式的发展之后,进入产量收缩、营收下滑周期,行业增速进一步放缓。2012年,重型机械企业普遍合同订单大幅度下降,合同执行受到挑战,应收账款增幅较大,总体产销增速回落,利润率下滑。同时,高端制造领域研发投入不足,技术储备不够,跟不上国内外市场变化速度,影响了大型企业的产业结构调整和发展;行业内中小型企业人才紧缺问题突出,研发力量薄弱和缺少高技术工人队伍,已成为制约发展的"瓶颈"。

在大环境不利的条件下,纽科伦公司迎难而上,及时调整企业战略,实行产品差异化发展,提升自有品牌市场推广能力;引进了双枪龙门焊、开卷校平线、欧式单梁主梁隔板机器人自动焊机系统、ND葫芦试验台、集中供气系统等一批高、精、尖端设备;对生产系统内部优化重组,成立专业制作班组;全面开展"优质服务100天"活动,简化业务办理流程,推行"接待首问负责制",建立发车司机休息室。通过推出一系列的服务措施,实现订单较同期增长了11%。2012年产品销售情况见表1。

表1　2012年产品销售情况

序号	类别	产品名称	2012年1—12月销售数量(台/套)
1	双梁	桥双梁起重机	257
		葫芦双梁起重机	420
		欧式葫芦双梁起重机	288
		葫芦门式起重机	134
		葫芦半门机	442
		小车门式起重机	28
		悬臂吊	145
		过轨桥式起重机	19
		合计	1 733
2	单梁	单梁起重机	7 503
		欧式单梁起重机	75
		合计	7 878
3	葫芦	葫芦	19 353
		ND葫芦	450
		合计	19 803

在出口方面,产品远销36个国家和地区,销售额达到了3 413万元。2012年产品出口情况见表2。

表2　2012年产品出口情况

出口国家	销售额(万元)	出口国家	销售额(万元)	出口国家	销售额(万元)	出口国家	销售额(万元)
阿拉伯联合酋长国	36.0	缅甸	93.5	柬埔寨	79.3	文莱	55.0
埃及	23.1	南非	4.6	喀麦隆	15.7	乌兹别克斯坦	58.0
巴基斯坦	84.7	尼日利亚	100.7	肯尼亚	1.1	伊朗	139.9
巴西	34.0	瑞士	11.6	老挝	324.1	印度	278.4
玻利维亚	22.9	沙特阿拉伯	167.3	马来西亚	28.0	印度尼西亚	31.2
俄罗斯	11.7	泰国	5.6	美国	2.8	越南	510.6
厄瓜多尔	0.7	土耳其	368.6	孟加拉国	234.1	智利	9.0
坦桑尼亚	36.3	土库曼斯坦	52.3	韩国	7.4	危地马拉	5.2
哈萨克斯坦	276.0	蒙古	54.6	加蓬	233.1	委内瑞拉	1.0

三、科技成果及新产品

2012年，完成了矿用防爆电动葫芦及镀锌专用门式起重机、过轨桥式起重机及新型葫芦装配线工艺研究等29项公司级科技项目的研发；完成了新开发项目产品ND型电动葫芦的科技查新及科技成果鉴定；完成了新开发项目产品NL型环链电动葫芦的研发设计；与高校合作开发的船用甲板起重机，达到国际先进水平，且拥有完全自主知识产权，并进行了船级社的设计认证。此外，2012年全年各类产品获得专利达25项。

四、企业基本建设及技术改造

投资1.5亿元，完成年产8 000台新型电动葫芦、电动单梁起重机（技改）扩建项目，新建了综合车间、电器车间等工程，购置了U型槽自动化生产线、自动焊接机器人等设备。该项目的投产，提升了长垣县起重机械行业科技水平，对中原地区的经济腾飞起到积极作用。

五、产品质量

为了提高产品质量和增强顾客的满意度，公司有计划地开展质量管理工作，推动质量方针和质量目标的完成，促进质量管理和质量管理体系的持续改进。严格控制质检程序、把好质量关，在做好日常的质量检验、计量管理工作的前提下，积极开展以下工作：

1. 在年内组织对所有计量、检验器具送国家质监机关进行鉴定、校准工作；并对公司重要原材料的质量情况，进行供应商调查，必要时组织进行质量验证检验。

2. 在公司质检文件完善后，严格按照规范操作，利用考核机制等加强执行力；采用培训、实践、考核等多种方法提升检验人员的检验技能。

3. 为提高产品质量，发现产品质量方面存在的问题，组织对未出厂的产品送客户认可的国家质检部门，进行一次性型式试验，取得试验报告，以改进、提高产品质量。

4. 通过培训，在质检人员中大力普及QC七大工作方法，提升质检水平，大力弘扬敬业爱岗的企业文化，提高员工责任心。

公司根据GB/T 3811—2008起重机设计规范、GB 6067—1985起重机械安全规程、JB/T1306—2008电动单梁起重机、JB/T2603—2008电动单梁悬挂起重机、JB/T9008.1～9008.2—2004钢丝绳电动葫芦、GB/T14405—1993通用桥式起重机、GB/T14406—1993通用门式起重机、JB/T3695—2008电动葫芦桥式起重机等相关国家标准、行业标准及合同要求，设计、制作的起重机所有产品，均经当地特种设备检测检验所监督检验，100%符合相关法规、标准和合同要求。2012年产品质量监督抽查情况见表3。

表3　2012年产品质量监督抽查情况

时间	产品名称	检测机构	抽查结论
2012.1.12	MH5—6.8型电动葫芦门式起重机	新乡市特种设备检测检验所	合格
2012.2.16	QD20/5—22.5型通用桥式起重机	新乡市特种设备检测检验所	合格
2012.2.21	LH3—22.5型电动葫芦桥式起重机	新乡市特种设备检测检验所	合格
2012.3.9	QDY15—8.2型通用桥式起重机	新乡市特种设备检测检验所	合格
2012.3.31	QD20/5—16.5型通用桥式起重机	新乡市特种设备检测检验所	合格
2012.4.13	QD20/5—22.5型通用桥式起重机	新乡市特种设备检测检验所	合格
2012.4.26	BMG10—19.5型通用门式起重机	新乡市特种设备检测检验所	合格
2012.5.4	QZ10—21.93型通用桥式起重机	新乡市特种设备检测检验所	合格
2012.5.16	LH25/5—16.5型电动葫芦桥式起重机	新乡市特种设备检测检验所	合格
2012.5.24	LH20/5—28.5型电动葫芦桥式起重机	新乡市特种设备检测检验所	合格
2012.6.6	BMH3—9.5型电动葫芦门式起重机	新乡市特种设备检测检验所	合格
2012.6.14	QD10—28.8型通用桥式起重机	新乡市特种设备检测检验所	合格
2012.6.19	MDG16—25型通用门式起重机	新乡市特种设备检测检验所	合格
2012.7.10	LH20/5—22.5型电动葫芦桥式起重机	新乡市特种设备检测检验所	合格
2012.7.25	QZ20—28.5型通用桥式起重机	新乡市特种设备检测检验所	合格
2012.7.24	QD75/20—34型通用桥式起重机	新乡市特种设备检测检验所	合格
2012.8.1	LH16/5—22.5型电动葫芦桥式起重机	新乡市特种设备检测检验所	合格
2012.8.10	NLH80—19.5型电动葫芦桥式起重机	新乡市特种设备检测检验所	合格
2012.8.1	QD50/10—22.5型通用桥式起重机	新乡市特种设备检测检验所	合格
2012.8.7	QB50/10—25.5 dIIBT4型防爆桥式起重机	新乡市特种设备检测检验所	合格
2012.8.23	BMH3—12型电动葫芦门式起重机	新乡市特种设备检测检验所	合格
2012.9.18	MG10—18型通用门式起重机	新乡市特种设备检测检验所	合格
2012.10.19	YH10—25.5型冶金桥式起重机	新乡市特种设备检测检验所	合格
2012.10.30	QD10/3—16.5型通用桥式起重机	新乡市特种设备检测检验所	合格
2012.11.27	QD75/20—28.5型通用桥式起重机	新乡市特种设备检测检验所	合格
2012.11.30	QD25/5—19.5型通用桥式起重机	新乡市特种设备检测检验所	合格
2012.11.2	MH5—24型电动葫芦门式起重机	新乡市特种设备检测检验所	合格
2012.12.12	QD100/20—34型通用桥式起重机	新乡市特种设备检测检验所	合格
2012.12.18	LH5/5—28.5型电动葫芦桥式起重机	新乡市特种设备检测检验所	合格
2012.12.28	QC32—22.5型通用桥式起重机	新乡市特种设备检测检验所	合格

六、标准化建设

公司完成19项企业技术标准的制(修)订;参与《电动葫芦能效测试方法》等7项国家标准送审稿及《悬臂起重机》等11项国家标准意见征求稿的意见会签工作。

七、对外合作

公司引进并消化吸收国外先进技术,ND型钢丝绳电动葫芦和NL型环链电动葫芦的产品研发及关键零部件的自主开发、配套生产,国产化程度达80%。

〔供稿单位:纽科伦(新乡)起重机有限公司〕

奥力通起重机(北京)有限公司

奥力通起重机(北京)有限公司,位于北京市通州区,现有员工300多人,国家认定高新技术企业,欧式起重机专业厂家,主要从事世界最先进的桥式、门式起重机研发、生产、销售、安装及维保等。2013年销售起重机1 000多台(套),年销售额近4亿元。

奥力通奉行"为高端客户提供高端起重机"的理念,不断学习欧美先进管理经验,应用源自德国SAP集团的ERP管理系统,拥有美国焊接协会颁发的国际焊接认证、ISO9001质量体系认证、欧洲CE认证。奥力通是中国起重机行业第一家获得"国家安全生产一级企业"称号的企业。

奥力通培养自己的销售队伍,2013年底奥力通已拥有35家直销办事处、50多名专业直销精英。随着新产品研发和市场拓展,预计到2015年,奥力通将拥有一支具有100多名销售精英、在国内50家和境外8家办事机构的销售网络。

奥力通办事处全部为直销型机构,所有销售人员都是奥力通员工,这也奠定了奥力通销售体系的稳定性和务实性,避免了代理制带来的投机性。为奥力通市场的长期发展奠定了基础。

奥力通主要产品包括双梁桥式起重机、单梁桥式起重机、单梁悬挂起重机、双主梁龙门起重机、单主梁龙门起重机、半门起重机、旋臂起重机、轻轨起重机、过轨起重机、多支点起重机、电磁吊、抓斗吊、自动吊、冶金吊、淬火吊、锻造吊,以及飞机发动机上部运输系统、自动平面库等,另外,也兼营各类起重机吊具,如平衡梁、航空发动机吊梁、抓斗、电磁铁、旋转纸卷吊具等。

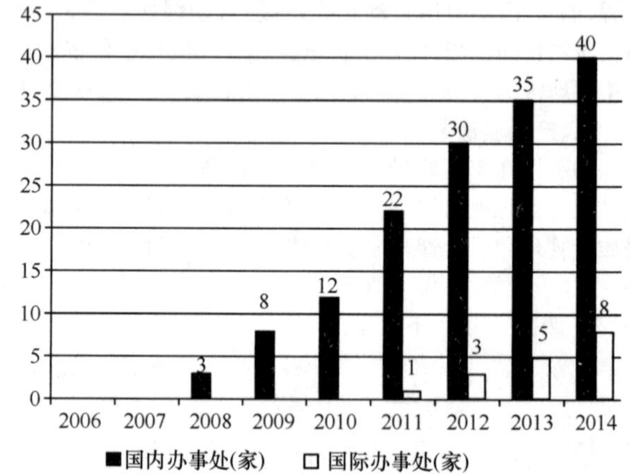

我国虽然有近2 000家起重机厂家,但绝大多数都基于前苏联的陈旧技术(行业称之为"苏式起重机"),"全国一张图"局面在中国大大小小起重机厂中六十年不变,20世纪50年代初的前苏联设计与现代欧式起重机相比,其笨重、粗大、高耗能、噪声大、漏油、天天修的矛盾越发突出,传统起重机已经远远落后欧美国家先进技术半个多世纪。

奥力通欧式起重机与苏式起重机的参数比较见表1。

表1 奥力通欧式起重机与苏式起重机的参数比较

序号	双梁桥式起重机		苏式	欧式	苏式	欧式	苏式	欧式	苏式	欧式
1	起重量×跨度		10t × 25.5m		20t × 25.5m		32t × 25.5m		50t × 25.5m	
2	轮压(kN)		137	46.5	255	75.2	315	108.2	435	156.9
3	自重(t)		27.8	14.39	36.3	17.69	44.5	20.33	57.5	25.15
4	轨道		P38	P30	P38	P30	P38	P30	QU70	P43
5	功率(kW)		27.4	11.7	42.6	30.6	70.9	36.8	75.3	43.7
6	节电(kW) (按10年2班40%使用率计算)		366 752		280 320		796 576		738 176	
7	高度(mm)	轨顶到小车顶	1 926	1 200	2 049	1 400	2 475	1 600	2 739	2 000
		吊钩到小车顶	2 420	842	2 550	1 748	3 046	1 748	3 646	1 820
		厂房降低高度	1 578		802		1 298		1 826	

奥力通自成立以来,坚持发展高端产品、坚持先进制造、坚持自主研发,通过与世界最知名的芬兰科尼起重机多年合作,培育自己的研发队伍,学习和积累了欧式起重机的技术资料和制造经验,并通过研发和创新不断扩大自己的产品领域。奥力通已经开发出欧式起重机的优化设计主梁、模块化端梁、三合一柔性直驱系统、太空舱驾驶室、电子防摇系统、远程控制和通信系统、短信即时发送系统及安全监控系统等。奥力通自主研发的欧式起重机凭借高度矮、自重轻、节能、免维护等优势已成为中国起重机行业新标杆。

奥力通欧式起重机的自重轻、高度矮、节能及免维护特点,给用户带来的综合节约是非常可观的。以一汽模具项目为例进行比较。一汽模具项目基本参数见表2,奥力通欧式起重机与国产起重机的参数比较见表3，奥力通欧式起重机与国产起重机的综合经济分析见表4。

表2　一汽模具项目基本参数

单位名称	一汽模具项目	说明
车间名称	模具装配	
起重机规格	25t 双梁半门式起重机	按同跨度最大起重量的起重机进行比较
车间尺寸	跨度 23m × 长度 100m	跨度为车间柱间距，即厂房跨度
梁式起重机数量	1台	同跨度起重机总台数

表3　奥力通欧式起重机与国产起重机的参数比较

比较项目	欧式起重机	国产起重机	比较结果
起重机高度	1.1m	2.7m	厂房高度下降1.6m
起重机自重	22.5t	50t	起重机自重减小27.5t
起重机轮压	90.4kN	315kN	轮压减小224.6kN
起重机功率	23.7kW	70.9kW	起重机整机功率减小47.2kW
起重机轨道	P30	P43	轨道材料减少2.6t

表4　奥力通欧式起重机与国产起重机的综合经济分析

比较项目	经济分析结果	节约合计(元)	说明
厂房节约	厂房降低，建筑成本节约	230 400.00	围板及钢材节约
地基节约	轮压减小，地基及牛腿节约	21 000.00	地基材料及牛腿钢材节约
起重机轨道	轨道小，自重轻，钢材节约	16 900.00	轨道及附件：6 500元/t
安装节约	安装方便，费用节约	10 000.00	按市场价格比较
节能	功率小，电费节约	1 812 480.00	1元/kW·h×20年×300天×16h×60%
免维护节约	维护保养费用节约	20 000.00	按市场价格比较
起重机价格	欧式起重机价格高于国产	-130 000.00	按市场价格比较
合计		1 980 780.00	

奥力通拥有30多人专业研发团队，研发投入年均超过销售额10%，引进尖端人才、出国调研、采购先进仪器和设备等，经过5年国际合作和国产化研发，奥力通已拥有十几项专利和大量的革新技术。

奥力通终于实现了欧式起重机“中国制造”，实现了中国人自主品牌、自主知识产权最先进起重机零的突破，为中国先进制造业填补了欧式起重机空白，改写了中国起重机自20世纪60年代以来傻大黑粗的落后面貌。

奥力通欧式起重机的低碳设计已成为行业发展的新亮点。

1. 奥力通欧式起重机材料节约带来的减排量是旧式机型的45%

我国每生产1t钢材，排放二氧化碳总量是325kg。以一台80t×31.5m双梁起重机为例，奥力通欧式起重机经过优化设计，自重为43.75t，钢材生产产生的排放量是14 220kg，而传统起重机还是60年以前的陈旧设计，自重达79.61t，钢材生产产生的排放量是25 870kg，奥力通起重机节约材料减排达11 650kg，降低至旧式机型二氧化碳排放量的45%。

2. 奥力通欧式起重机省电减排58%

我国每发电1kW·h，排放二氧化碳总量为0.87kg。奥力通起重机在驱动上采用柔性、直驱和变频技术，以及自重减轻，大大降低了驱动转矩，减少了不必要的无功损耗，最大限度节约了电能。因此，奥力通起重机的总功率明显低于传统起重机。

还以一台80t×31.5m起重机为例，奥力通起重机功率为62.4kW，每小时二氧化碳排放量是54.29kg，传统起重机功率为150kW，每小时二氧化碳排放量是130.1kg，奥力通起重机节电每小时减排75.8kg，降低至传统起重机的58%。整机功率对比见图1。

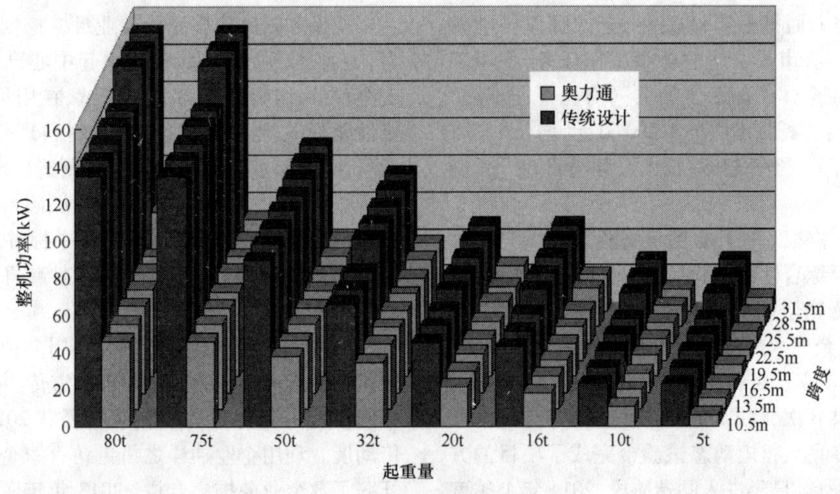

图1　整机功率对比

综上所述,代表世界最先进技术的奥力通起重机,得益于采用优化设计和先进工艺,创造出中国人自己的欧式起重机,与传统起重机相比,材料减排至原机型的45%,省电减排至传统机型的58%,提前10年实现了我国政府承诺的减排目标。

奥力通高端起重机的先进性从连年大幅增长的销售额中可以得到证实,销售额年均增长超过30%。预计到2020年达20亿元,我国欧式起重机市场占有率可达40%以上。

〔撰稿人:奥力通起重机(北京)有限公司郭琳　审稿人:奥力通起重机(北京)有限公司黄小伟〕

国家桥门式起重机械产品质量监督检验中心

国家桥门式起重机械产品质量监督检验中心(国起中心)暨江苏省特种设备安全监督检验研究院无锡分院,坐落在美丽的太湖之滨、全国宜居城市之首——江苏无锡,隶属江苏省特种设备安全监督检验研究院。国家桥门式起重机械产品质量监督检验中心2011年3月由国家质量监督检疫总局批准建成,占地面积35亩(1亩 $=666.6m^2$),净资产近2.5亿元,拥有先进检验仪器装备2 000多台(套),价值近6 000万元,其中60%以上为进口设备。中心科研办公及试验用房共30 000m^2,目前内设机械结构试验室、制动器试验室、电动葫芦试验室、制动电机试验室、电机能效试验室、超载限制器试验室、高度限位器试验室、材料理化及金相实验室、无损检测实验室、钢丝绳及吊具试验室、起重机安全监控试验室、新技术及标准开发研究室等多个专业技术科室。拥有职工近280人,其中研究员级高工4人、高级工程师53人、博士及博士后6人、硕士69人;高级检验师证5张、美国ASME检验师证4张(ASME主任检验师证1张)、检验师证162张、三级无损检测证12张、CWI证2张、国家特种设备评审员证32张,是中国特检院、法国BV、英国劳氏授权的合作检验机构。中心目前开展各类起重机及其部件、零件的型式试验、委托检验,开展起重运输与工程机械的深度检验检测及产品性能试验,开展新产品开发设计、体系认证咨询等业务,中心自投入运作以来,始终秉承科学严谨、扎实先进的技术发展理念、秉承规范诚信、热诚服务的市场发展理念,致力于建成国内领先的行业检测中心并迈向国际检验市场,建成享有能力强、诚信度高、口碑好的第三方检验机构。

2013年,中心及分院在省院、市局正确领导下,紧紧围绕省局"双提双创"工作要求和省院、市局的年度工作部署,以制度建设为载体,全面提升履职效能、全力服务科学发展,较好地完成了省院、市局下达的各项工作任务,各项工作取得明显成效。在全体干部职工的共同努力下,全年总收入增长10%;其中:委托技术服务1 200万元,增长15%;仪器设备投资800万元,增长33%;技术服务项目68个,服务企业565家。

一、加快装备载体建设,提升检验检测能力

新增安全制动器综合性能试验装置、原子吸收光谱仪,离子色谱仪、X荧光能谱仪等检验仪器设备共计108台(套),总价值800万余元。启动国起中心创新平台建设,集中配置资源,往中心汇聚。组织完成了力学性能、成分分析等方面的能力验证共6次,结果均获得"满意"评价。

1. 安全制动器专用大扭矩动态试验台完成了项目的方案调研、反复论证、设计,已经进入制造阶段,2014年1季度能完成安装并尽快投用,服务社会。

2. 安全制动器静态制动力矩测试台完成了研制并投入使用。

3. 六工位工业制动器可靠性试验台已经完成制造并投入使用。

4. 制动电机动态制动力矩测试台2014年年底调试到位。

5. 完成了电动机能效标识能效检测实验室的申请、评审工作,目前国起中心可以正式对外开展电机能效标识检测活动。

6. 购置了3台德国高精度转速传感器,提高了电机能效检测精度。

7. 完成了制动电机试验台的升级扩容工作。

8. 完成了以下设备的调研、采购工作:制动下滑量测试仪、起升(运行)速度测试仪、灼热丝测试仪、频谱分析仪、信号发生器、失真度仪、数显示波器、音频发生器等。在采购的同时,也按标准设计了一些小工装,如电动葫芦试验中要求的控制手柄跌落试验装置和冲击试验装置。

9. 完成了高空作业吊篮、擦窗机、起重机械安全监控系统等16个检测能力扩项准备,并在2014年1月通过评审,扩大了对外检测检验服务能力及资质范围。

二、积极开展市场推广,稳步开拓服务领域

积极组织开拓型式试验市场。针对部件型式试验市场存在的种种不利因素,经过一年努力,业务范围遍布河南、河北、山东、安徽、广东、浙江、重庆、四川等省近20多个城市,在行业内形成一定的品牌影响力。根据相关统计,全国部件型式试验市场总额不到350万元/年,2013年国起中心赢得了150万元的市场份额。

积极开拓各项委托检验业务。挖掘国起中心的服务能力,为地方产业深入服务。国起中心已形成了大型起重机安全评估、结构件应力应变测试、在用吊索具检测试验、电机性能测试、制动器性能测试、材料理化、无损检测等稳定业务,除了起重机械整机和部件制造厂之外,一些国内外大型企业用户如通用电气、卡特彼勒、阿特拉斯、沙洲钢厂、罗马重工等企业成为老客户,成功中标并完成黄河万家寨水电站两台350t桥机安全评估检测,赢得了大型水电站服务的业绩。

加强市场宣传推广工作。利用多种渠道抓住每一个机会积极进行业务能力和单位形象宣传。参与了2013第六届中国(上海)国际重型机械装备展和2013年亚洲国际动力传动展。利用企业抽样之机走访百家企业。在专业网站上开辟了数个业务推广专栏。2013年年底更新了国起中心网站，网站更具市场亲和力，并为客户提供会员增值服务。顺利完成《特色》杂志改版，扩大了对外宣传，分院科研创新、技术服务、人才建设等工作被《中国质量报》《无锡日报》《现代快报》《江南晚报》、新华网等媒体关注报道。

三、大力加强科研工作，扎实推进项目进程

加大科技项目申报力度，完成了3项国家自然科学基金项目、2项国家质检总局项目、3项国家安监总局项目、1项江苏省自然科学基金项目，10项江苏省质量技术监督局项目的申报工作。邀请东南大学、南京航空航天大学教授指导国家自然科学基金项目申报，联合上海九院、武汉理工、大连理工合作研发起重机，与上海电科所开展电机实验室间比对，与上海交通大学联合开展新材料检测技术合作。加强国际合作，同BV检测集团率先开展出口气瓶第三方检验，取得美国焊接学会的注册焊接检验师资格认证。

《安全制动器综合性能实验装置》获得发明专利证书，完成了《制动器静态制动力矩试验装置》和《制动器液压升降平台》两项实用新型专利的申报并获得证书。起重安全制动器综合性能试验装置可行性研究项目获得了中国特种设备检验协会科学技术奖三等奖。创新提高理化服务能力，创新完成壁厚0.50mm薄壁细铜管的高精度小载荷拉伸试验，创新完成工程塑料(ABS)管拉伸、挤压试验。

加快信息化建设、稳步推进“特种设备物联网”建设项目。按照信息化的应用趋势和发展展望，着眼改变管理方式、提高工作效率、扩大服务辐射面的目标设想，分院着手信息化工作的基础准备和技术储备。一是作为《特种设备物联网战略合作协议》指定单位，已与中电科、中国电信、江南大学等单位签订了物联网示范中心合作协议，准备总体验收。二是完成GPS坐标14 417个，采集比达98%，在工作手机全面安装智能软件，极大提高检验效率和信息传输速度。三是增设3台NAS服务器，异地备份数据库及服务器重要文件，保障数据的安全性，以及提供一个大型文件共享平台，提高资源共享率，降低移动式存储设备成本支出及传染病毒的几率。四是完成了隐患设备、焊工考试、业务信息、报检功能等软件、模块的开发工作，使得规范化、信息化管理更好地贯穿至总体工作中。

四、坚定实施人才储备与培养战略

继续实行人才储备战略。2013年录聘19人，研究生占50%以上；目前，分院队伍平均年龄仅36.2岁，硕士、博士占28%。加强青年人才培养，完善激励机制，鼓励高学历青年积极开展前沿科技研究；将部分业务、技能优秀的骨干人员调整至合理岗位，增强配置的科学性；在人才选拔、任用上，起用有创新意识的青年人才。通过理论实践培训提高人员素质，全年共组织25个专题的内部学习培训，培训人员1 593人次；组织检验人员标准宣贯、技术培训57人次；完成62批次取换证培训，共计270人。新增2个CWI注册焊接检验师证，1个ASME检验师证，在省院质量管理体系及安全知识竞赛中获得一等奖，在全市质量检验技能竞赛中获得两个三等奖和一个优秀奖。

大力提升中心科研人员能力，更多服务于社会。以几名博士为首的试验设计团队已经形成了试验台自我开发设计的能力，2013年年初与多家国内知名设计院校和大型整机及部件制造企业搭建了重机设计平台并运行良好，两个型号的新型桥机已经进入样机生产阶段，项目运行赢得了社会效应。

〔供稿单位：国家桥门式起重机械产品质量监督检验中心〕

江西耐普矿机新材料股份有限公司

江西耐普矿机新材料股份有限公司（以下简称耐普矿机）是一家集研发、制造、销售选矿设备及橡胶耐磨备件为一体的高新技术企业。公司拥有现代化的管理机制、完善的质量控制体系、国内一流的矿山机械设备设计能力和新材料、新产品研发能力，生产工艺先进、装备实力雄厚，通过了国际质量管理体系认证(ISO9001)、国际环境管理体系认证(ISO14001)及职业健康安全管理体系认证。

公司针对有色、黑色及非金属矿山选矿需求，开发多种产品，涵盖了整个选矿流程，主要有渣浆泵及耐磨橡胶过流件，水力旋流器，磨机橡胶及复合衬板，浮选机橡胶定子与转子，圆筒筛，橡胶、聚氨酯筛板筛网，钢橡复合管、橡胶软管及其他橡胶制品和工业衬里等。目前，公司产品已应用于国内多座大型有色金属、黑色金属矿山，并远销蒙古、俄罗斯、澳大利亚、赞比亚、巴基斯坦、新几内亚及智利等世界各地。

2012年是公司发展进程中极不寻常的一年，面对国内外严峻的经济形势，全体耐普人团结一致，奋力拼搏，超额完成了年初公司制定的各项科研、生产任务和经济指标。科研系统全体工程技术人员攻坚克难、拼搏进取，实施了诸多难度大、复杂程度高的课题项目，如复合衬板、重型渣浆泵、大型旋流器、预分级圆筒筛等，这些项目的实施对公司发展意义重大；生产系统利用有限资源，合理调度，精心安排，顶住生产任务重、交货期紧的压力，保证了产品顺利交付和全年生产任务的完成；营销系统圆满完成2012年度合同签订任务，招标项目管理、新客户开发取得成效；公司内部管理日益规范。2012年，公司实现销售收入2.04亿元，同比增长17.09%，全年共签订合同金额2.44亿元。

一、生产发展

2012年，公司生产系统在面临时间紧、任务重的情况下，圆满完成了各项生产任务，各项产量均创下历史新高，全年工业总产值2.1亿元。2012年生产完成情况见表1。

表1　2012年生产完成情况

生产项目	单位	2012年度完成指标
混炼胶	t	758
机修骨架	t	1 569
整机泵	台	370
整装圆筒筛	件	52
衬胶面积	m^2	4 800
外出施工面积	m^2	23 210

二、市场经营

为完成年初董事会确定的2亿元经营目标，营销系统将销售任务层层分解，落实到各销售片区和业务人员，并加以目标考核，在整个业务环节中，各销售区域业务人员奋力开拓，及时掌握各种市场信息，及时反馈市场需求，多举措应对市场竞争，在维稳老客户的基础上，积极开拓新客户和新市场。2012年，公司签订合同总额2.44亿元，同比增长2%；实现销售收入2.04亿元，同比增长17.09%；新增国内客户21家。2012年分产品销售收入情况见表2。2012年分地区销售收入情况见表3。

表2　2012年分产品销售收入情况

产品名称	销售收入(万元)
橡胶耐磨制品	8 905.8
选矿设备及备件	9 890.7
工业设备耐磨衬里	1 570.3

表3　2012年分地区销售收入情况

地区名称	销售收入(万元)
国内	13 312.2
国际	7 054.6
合计	20 366.8

三、产品质量和标准工作

为加强产品质量控制，2012年公司加强了原材料检验、半成品检测及成品检测，并相应制定了原材料检验标准、成品胶检测标准，全年质控中心对原材料、半成品、成品的检测率均为100%。2012年公司修订了《磨矿机橡胶衬板标准》《橡胶筛板标准》《橡胶渣浆泵过流件标准》，新制定《渣浆泵橡胶过流件胶种标准》，完成了企业质量标准备案。

四、科研和技改情况

2012年，公司投资按照“统筹规划、技术先进、效益优先”原则，统筹规划科研、生产能力建设，着力加强核心能力，带动企业整体水平的提高，为持续健康发展奠定基础条件，确保了2012年生产经营目标的实现。全年科研技改投资共计1 550余万元，其中，新开模具15付、新购设备20余台，累计870余万元；科研投入682.39万元。

2012年公司重点实施了5个新产品开发项目，分别为550NZJ橡胶渣浆泵、橡胶复合衬板、聚氨酯筛板、旋流器及振动筛。目前，550NZJ橡胶渣浆泵已在中国黄金集团内蒙古矿业乌努格吐山铜钼矿一期改造项目中试运行，整机已进入生产、组装阶段。中铁资源集团伊春鹿鸣矿业2台供货，已交货至客户；聚氨酯筛板正在江西铜业德兴铜矿ϕ5.03m×6.4m圆筒筛上试用，使用效果良好，各项性能指标达到设计要求，最终使用寿命待继续跟踪，并在巴西4.12m×13.7m洗矿机上得到推广使用；橡胶复合衬板计划在江西铜业德兴铜矿10.37m×5.19m半自磨机筒体衬板上试用，设计方案已完成，前期已安排在中型半自磨机和球磨机上试用(塔吉克斯坦5m×2.3m半自磨机上使用了整套复合衬板，使用了4个月，效果良好，最终寿命待继续跟踪)，武平紫金3254球磨机进出料端复合衬板，设计方案已完成，已投入生产。

2012年，公司完成了“公司产品目录”的编写，完成了“渣浆泵选型手册”的编写，完成了“水力旋流器选型及装配实务”的编写。全年公司共申报发明专利2项、实用新型专利11项，其中有3项实用新型专利已获授权，2项发明专利处于审查过程中，新产品鉴定申报等工作也在积极进行中。

五、企业改革与结构调整

2012年，公司在2011年股份制改造的基础上，进一步优化组织机构设置和职能，成立仓储物流部、炼胶中心，细化和明确了各组织机构的相关职能，梳理和完善了公司内控体系。公司制定的内部管理制度与控制制度以公司的基本管理制度为基础，涵盖了货币资金管理、销售与收款、采购与付款、存货控制程序、固定资产与工程项目、对外投资与筹资、财务管理、人事管理、费用报销等整个生产经营过程，确保各项工作都有章可循，形成了规范的管理体系。公司在内部控制建立过程中，充分考虑了行业的特点和公司多年管理经验，保证了内部控制符合公司生产经营的需要。2012年以来，各项制度均得到有效执行，对公司加强管理、规范运行、提高经济效益以及推进公司长远发展起到了积极有效的作用。

〔供稿单位：江西耐普矿机新材料股份有限公司〕

株洲天桥起重机股份有限公司

株洲天桥起重机股份有限公司成立于1999年，传承了株洲起重机厂(1956年成立)40余年的起重机制造经验，是我国南方地区最大的桥式、门式起重设备制造商。2010年，公司股票在深交所挂牌上市(证券简称：天桥起重；证券代码：002523)，成为我国第一家专业从事高端起重装备制造业务的上市企业。公司是中国重型机械工业协会常务理事单位、全国起重机械标准化技术委员会委员单位，公司商标被国家工商总局评定为中国驰名商标。

目前，公司注册资本为3.328亿元，总资产逾14亿元，净资产逾10亿元，年营业收入逾6亿元。公司下辖三家控股子公司，共拥有厂房面积约10.2万m^2，员工1 140名，技术人员140名。公司主要从事桥式、门式起重机的研发、设计、生产、销售业务，产品主要包括电解铝多功能机组、阳极焙烧炉用多功能机组、阳极炭块堆垛机组、铝电解槽集中大修转运系统、铸造起重机、夹钳起重机、电磁挂梁起重机、电解铜(铅、锌)多功能机组、核电数控起重机、欧式起重机、通用桥(门)式起重机、港口门座式起重机、450t×2提梁机、公路架桥设备等。产品销售网络覆盖全国30多个省、市、自治区，并出口德国、阿曼、俄罗斯、越南、赞比亚及委内瑞拉等诸多国家。

近年来，公司获得了31项国家专利技术，“中国机械工业科学技术进步奖”“中国有色金属工业科学技术奖”“湖南省科学技术进步奖”、历年省级创新指导项目，并获得了历年省市级“重合同守信用单位”“2011 年度中国投资者知情权保护表现优秀的上市公司”等一系列荣誉。在未来的发展道路上，公司将继续秉承“诚信、敬业、自强、卓越”的企业精神，奉行“天道酬勤”的核心价值观，立足起重行业，耕耘起重行业，为践行“服务社会和国家经济的和谐发展、致力客户和企业价值的稳定提升、立足员工和股东利益的持续实现”而不懈努力。

一、公司生产发展情况

2012 年，公司克服宏观经济环境的严峻困难，紧紧抓住国家高耗能产业西部大转移和大力发展高端装备制造业的重大历史机遇，努力提升质量和技术，加强成本和费用管理，并在经营管理、科研开发、市场拓展以及募投项目建设等方面开展了大量有效的工作，使公司综合实力得到进一步提高，抗风险能力显著加强。2012 年主要经济指标完成情况见表 1。

表 1　2012 年主要经济指标完成情况

指标名称	2012 年完成(万元)
总产值	54 495
订货	63 322
回款	63 837
营业收入	61 348
净利润	1 692

二、公司市场经营及销售情况

2012 年，公司市场拓展收效明显：

(1)首台铜电解专用起重机订单签订成功，进一步拓宽了有色冶炼市场。

(2)首台欧式起重机订单签订成功，在起重机轻型化道路上迈出了重要一步。

(3)首次实现电解铝多功能机组整机出口南美国际市场。

(4)首次签订 20m^3 底侧卸式矿车和卸载站设备试制合同，进一步丰富了产品结构。

三、公司科技成果及新产品情况

公司始终致力于坚持以市场需求为导向，逐步拓展主业起重机应用领域，加大健全技术研发体系的力度，积极完善科技管理工作，使公司的产品技术不断得到提升。

作为湖南省首批认定的高新技术企业，公司组建有省级企业技术中心、市级起重工程技术中心，拥有一批老中青相结合且具有技术特长的起重机械设计专家。近年来，公司均有项目被列入“湖南省创新指导计划”。公司生产的电解铝多功能机组已经完全实现了替代进口，国内首创的三梁电解铝多功能机组已经在节能环保上产生显著效益，电解槽集中大修转运系统不仅为国内首创，更达到了国际先进水平。

2012 年，公司在新产品方面完成了电解铜、铅、锌专用起重机样机的制造和技术完善，并根据铜、铅、锌电解工艺、工况及作业效率要求完成了阶段性技术总结；完成了 500kA 大型槽用多功能机组的设计制作，并投入两个项目的设备运行；完成了新型多功能机组设计制作并进行厂内试验；与贵阳铝镁设计研究院联合开发的第四代国产多功能机组完成新产品鉴定，并荣获有色行业部级科技成果奖二等奖。

四、公司产品质量及标准工作情况

公司是全国起重机械标准化技术委员会、湖南起重机特种设备设计、制造、安装、使用管理技术委员会委员单位。为加强质量管理，公司每年开展以改善工艺为主题的“质量月”活动，成立 12 个专项小组，有计划、有步骤、有深度、有广度，查找分析问题，提出改进措施并组织实施，使产品质量问题数量明显减少，特别是结构件制作、包装和发货质量有很大提高。

为加强产品质量及标准工作，公司重点加强设计、采购、制作、安装等过程质量控制；建立配套厂家产品质量、售后服务监管流程，加强配套件质保期内质量管理；完善车间技术工艺体系建设，落实工艺纪律检查，督促“三按”生产，鼓励全员工艺改进；完善售后管理，加快售后服务响应及处理速度；实现全年质量损失率低于 0.6%，顾客满意度高于95%。

五、公司基本建设情况

2012 年，公司科学规划募投项目建设，合理调度募集资金，较好地保障了年度募投项目建设的安全顺利实施。全年完成募投项目土建投资近 5 000 万元，新建厂房建筑面积 2 万余 m^2，完成设备购置约 3 000 万元。先后完成了核心零部件加工中心、总装车间(新建)1－2 跨及其他一般工程项目的建设，设备全部安装到位并投入使用。

经过两年的技术改造，大型成套物料搬运设备年产 120 台(套)建设项目、桥门式起重设备年产 1.5 万 t 改扩建项目、起重机核心零部件加工项目三大募投项目的主体工程基本完成，其中龙头铺厂区建设的重型结构车间和附件下料车间厂房及辅助设施、相关生产设备相继投入使用，田心厂区总装车间第 1—2 跨、电器装配车间、门吊车间、起重机核心零部件加工项目基建工程和设备安装调试已全部完成。随着三大募投项目的顺利实施，公司制造加工能力显著提升，员工工作环境明显改善，厂容厂貌焕然一新，公司硬件实力达到了国内一流水平。

六、公司对外合作情况

公司通过与北京起重运输机械研究院、北京钢铁设计研究院、武汉钢铁设计研究院、贵阳铝镁设计研究院、沈阳铝镁设计研究院、长沙有色设计研究院、中铁武汉工程机械研究设计院、中国恩菲工程技术有限公司、中南大学、湖南大学、中南林业科技大学、湖南工业大学等科研院所开展广泛合作，使得公司不仅在产品设计、技术研发和新技术运用等方面始终走在行业前列，同时也为公司的技术创新和人才培养奠定了良好基础。

〔供稿单位：株洲天桥起重机股份有限公司〕

太原通泽重工有限公司

太原通泽重工有限公司(以下简称通泽重工)位于国家级太原经济技术开发区。是开发研制无缝钢管热轧、挤压成套设备和军民结合特种工艺装备以及精密模具,具有工程总承包、系统集成、国际贸易业务的高新技术企业。公司技术中心于2011年被国家发改委等五部委认定为国家级企业技术中心。2012年通泽重工被工信部、财政部认定为国家技术创新示范企业。通泽重工是山西省民营企业中唯一拥有国家认定企业技术中心和享有国家技术创新示范企业殊荣的企业,是山西省百强潜力企业和太原市制造业50强,是中国机械工程学会理事单位、中国重型机械工业协会常务理事单位和中国冶金设备标准起草单位之一。

通泽重工成立于2001年8月,正是我国无缝钢管行业飞速发展、民营经济蓬勃兴起的时期。通泽重工以振兴民族工业为己任,以创建世界名企为目标。瞄准世界无缝钢管重大技术装备的核心技术和前沿技术,抢占行业科技发展的制高点。

2006年成立仅5年的通泽重工异军突起,依托无锡西姆莱斯石油专用管制造有限公司年产50万t的石油专用管重大工程项目,建成了我国第一条拥有自主知识产权的ϕ250mm五机架限动芯棒连轧管生产线。由中国工程院院士殷国茂担任主编的大型冶金文献史书《中国钢管飞速发展的10年》对此给予的高度评价是:“由太原通泽重工有限公司研发制造并实行工程总承包的我国第一条ϕ250mm二辊限动芯棒连轧管生产线,一举打破了国外厂商长期以来对连轧管技术的垄断,由此我国成为世界上第三个能够自主设计建造大型无缝钢管连轧生产线的国家。”该项目荣获山西省2009年科技进步奖一等奖。

2009年又研制成功世界上第一条中间无需再加热的ϕ114mm短流程连轧管生产线,经鉴定达到国际领先水平,荣获2012年中国机械工程学会第二届绿色制造科学技术进步三等奖和太原市优秀科技项目一等奖。

向印度出口了ϕ180mm连轧管机组,率先实现了国产无缝钢管重大技术装备出口“零”的突破。为了使我国从无缝钢管生产大国迈向无缝钢管强国,2010年又为巴州西姆莱斯石油专用管制造有限公司研制成功了我国第一条拥有自主知识产权、代表当代连轧管技术最高水平的ϕ366mm智能型三辊连轧管生产线,成功轧制出了新疆地区有史以来的第一根无缝钢管。该生产线的研制不仅填补了国内空白,而且实现了大直径三辊连轧管机组重大成套技术装备的国产化。ϕ366mm三辊连轧管生产线,经鉴定总体达到国际先进水平,多项核心技术达到国际领先水平。通泽牌穿孔机和定(减)径机组也成为山西省名牌产品。通泽重工研制的各类无缝钢管成套技术装备遍布全国20余省、市、自治区,还出口到印度等国家。国内十大无缝钢管企业都应用了通泽重工的产品。通泽重工主导产品的市场占有率达70%左右。

通泽重工率先研制成功了ϕ114mm、ϕ180mm、ϕ250mm二辊限动芯棒连轧管生产线和ϕ366mm三辊连轧管生产线,开发了ϕ140mm二辊和ϕ460mm三辊连轧管生产线,覆盖了连轧管技术装备的全部机型;率先建成了我国无缝钢管重大技术装备国产化和产业化基地。通泽重工研制的无缝钢管成套重大技术装备生产的产品几乎囊括了ϕ32～ϕ1 500mm、壁厚3.2～200mm的各种碳素钢、合金钢和特种合金高端无缝钢管,广泛应用于国民经济和国防建设各领域;制订了八项行业标准,拥有达200项专利。因此,通泽重工成为无缝钢管重大技术装备领域的领军型企业,成为名副其实的领跑者,而且也使我国成为世界上少数几个能够自主设计建造大型连轧管生产线的国家。

面对席卷全球的金融风暴,通泽重工以科技创新推动产品结构调整,为台资企业——常熟华新特殊钢有限公司研制了36MN热挤压生产线,填补了我国钢管卧式热挤压机组设备的空白,经山西省科技厅组织的科技成果鉴定,该项目达到了国际先进水平。其生产的不锈钢和高合金无缝钢管80%用于出口。在成功开发研制36MN热挤压生产线的基础上,通泽重工陆续开发了25MN、63MN等系列热挤压钢管机组和我国第一条45/20MN及50/30MN冲孔拔伸液压机组生产线。为了填补国内生产ϕ325～508 mm中大口径热挤压高端无缝钢管的空白,正在着手研发200MN多功能无缝钢管挤压机,成为特种钢管挤(冲)压成套设备的后起之秀。

通泽重工于2011年承担了“高挡数控机床与基础制造装备”科技重大专项《12 500kN/3 500kN组合式油压机特种筒形件精化生产线》课题。经过三年的联合攻关和协同创新,已取得重大进展。作为我国首台组合式高速油压机组,正在辽沈工业集团有限公司产业化示范基地进行全线安装调试,即将建成投产。通泽重工成为目前国内唯一研制成功组合式高速油压机特种筒形件精化生产线的企业。

当前,面对无缝钢管行业产能严重过剩、出口严重受阻、效益严重下滑和国内外经济下行压力增大的局面,通泽重工依然坚持创新驱动发展,用产品结构调整推进产业结构调整,前瞻谋化和系统部署,坚持一业为主、适度多元发展,进军战略性新兴产业,培育新的经济增长点。

(1)继续保持无缝钢管装备制造业中的领先优势,研发智能化、数字化小口径连轧管生产线,淘汰数以百计的小型落后管轧机组。建成生产弹体、精化毛坯的组合式高速油压机组产业化基地。

(2)研制高性能镁合金构件挤旋复合成形工艺及装备,为山西的镁合金基地建设和太原市打造世界“镁都”提供成套技术装备。

(3)进军节能环保产业,在消化吸收国外先进技术基础上,研制适合我国国情的垃圾处理成套设备;实现变废为宝、物尽其用,提高资源综合利用效率,保护环境。

(4)建设智能型高端电液成套装备产业化基地,实现液压高端基础件和设备、电气智能化控制设备的国产化和产业化。

(5)重组成立特殊钢精密铸锻公司,建成特殊用途高合金钢、高端工模具钢、不锈钢等高品质合金铸造、锻造件产业化基地。实现企业的产业转型和结构调整。

(6)在发展模式上,实现由传统制造业向制造服务业的转型。实行母子公司体制,把通泽重工建成投资和资本经营中心,子公司成为利润中心,子公司是自主经营、自负盈亏、独立承担民事责任的市场竞争主体。

通泽重工正在持续创新、二次创业,打造转型跨越发展的升级版。

〔供稿单位:太原通泽重工有限公司〕

唐山重型装备集团有限责任公司（唐山冶金矿山机械厂）

一、企业发展情况

唐山冶金矿山机械厂始建于1936年,经过70多年的积淀和发展,已成为集产品设计研发、生产制造、安装调试、物流运输为一体的国有大型装备制造企业,总资产10亿元,年产值15亿元以上,员工2 500余人,通过ISO9001质量体系认证,被国家确定为进出口贸易自营权企业和机电产品出口基地。“十一五”末,按照唐山市政府“退二进三”总体部署,工厂整体搬迁至曹妃甸装备制造工业园区,组建唐山重型装备集团有限责任公司,新厂区占地面积1 300亩(1亩$=666.6m^2$),总投资10亿元,一期工程已于2011年4月建成并投产,后期工程正在加紧建设,工程全部建成后预计产能将达到50亿元以上,产品覆盖节能环保、冶金、矿山、建材、煤炭和港口等诸多行业和领域。

企业秉承创新为先导的经营理念,近年来,技术创新和产品研发力度不断加大,创新成果不断涌现。与中国重型机械设备研究院联合成立了中国重型机械设备研究院唐重集团分院,公司将以此为依托进一步提升企业创新能力和核心竞争力,凭借曹妃甸良好的发展平台,做大做强装备制造业,大力拓展节能环保朝阳产业,推动企业实现转型升级。

二、市场经营及销售情况

面对竞争激烈的市场形势,企业坚持以销售为龙头,实施大客户、项目大包“双大”战略,进一步完善内部机制,整合资源,加大市场开拓力度,同时积极研发新产品,推广应用新技术,引导和创造市场需求,2012年订单总量达到18.1亿元。企业坚持用户至上,诚信经营,以满足用户需求作为企业之本,做到保质保量保交期。

三、科技成果及新产品

1.新型取热发电环冷机

全新的设计理念:把提取收集余热作为第一目标,烧结矿冷却为附带目标。即把烧结矿所含余热的60%取出,并变为高品质热气流,输往系统发电设备,使发电设备获得稳定连续的热源供应,吨烧结矿发电量稳定在30kW·h以上。同时附带完成烧结矿的冷却过程,使其卸矿温度降至90℃以下。设计理念的根本改变,使设备的整体结构、密封型式、传动装置、性能指标等方面,都比传统环冷机有了重大的技术进步和显著提高,获得多项国家专利,并填补了国内多项空白,通过了河北省工业和信息化厅组织的新产品鉴定,河北省发改委、财政厅将此环冷机上报为国家节能减排重点项目。

以$360m^2$取热发电环冷机为例,对指标及效益进行对比:

(1)比普通型环冷机风机耗电节约30%,即一年可以为企业节约用电750万kW·h,工业用电按1元/kW·h计算,减少费用支出折合人民币750万元。

(2)按实际吨矿发电30kW·h计算,一年可以为企业提供工业用电1.24亿kW·h,增加经济效益折合成人民币1.24亿元。

(3)每年可以减少CO2排放约11.6万t,粉尘排放量降低40%。

2.钢铁企业烧结系统节能减排整体解决方案

鉴于国家对环境保护、节能减排的总体要求,在对钢铁行业节能减排市场进行充分调研的基础上,公司联合国内除尘脱硫知名企业及有关金融机构,为钢铁企业实现节能减排量身打造了集余热发电、除尘脱硫、融资平台为一体的钢铁烧结系统节能减排整体解决方案。该方案以公司自主研发的取热发电环冷机为核心,包括余热发电系统、除尘系统、脱硫系统、融资平台支持系统,既适用于新上项目,又可用于已有设备的技术改造。方案的显著优势:

(1)有效解决烟尘及SO_2超标排放问题。采用当今日本先进的旋转电极式复合除尘技术,与镁法脱硫技术相结合,使最终烟尘排放指标达到$20mg/N\cdot m^3$左右,SO_2排放指标达到$100mg/N\cdot m^3$以下,均低于国家排放指标。

(2)有效解决因节能减排造成的成本上升、效益下降问题。采用唐重集团研制的拥有国内领先技术的新型取热发电环冷机,每吨烧结矿可以利用余热发电30kW·h,发电产生的效益用以有效弥补环保设备的投入和运营成本,增加钢铁企业效益。

(3)有效解决环保投入资金不足问题。我们与国内知名金融机构结成战略联盟,可以采取经营性租赁和融资性租赁等多种形式为钢铁企业提供最有力的融资支持、资金保障。

3.改进型环冷机

公司在研发生产取热发电环冷机的同时,还对传统环冷机进行技术改造。通过对鼓风系统、驱动装置、下部冷密封、上部热密封、回转体及全程密封烟罩等部件的结构性优化和改进,对取热发电环冷机特有技术的移植和应用,有效解决传统环冷机漏风严重的问题,可实现吨矿稳定发电25kW·h以上,降低运营成本25%。整个改造项目具有投资少、工期短、见效快、效益显著的特点。

4. 烧结机

采用全悬挂柔性传动，头尾轮齿板为数控加工而成，头尾密封装置采用新型的全金属仿形密封和全金属柔性仿形密封装置（专利技术），台车密封装置采用双护板多簧密封结构（专利技术），台车的上下拦板设计止口能有效减少漏风，润滑系统采用干油集中润滑系统或干油集中智能润滑系统，设计结构合理、制造工艺先进、设备性能优良、使用寿命长，可设计生产 75 ~ 600m^2 各种规格的烧结机，被国家确定为替代进口产品。

5. 带式输送机

唐山重装集团是我国第一条带式输送机的诞生地，企业在加强自主创新的基础上，不断引进、消化和吸收国际先进技术、先进工艺，特别是在研制生产大带宽、高带速、高带强、大运量和特殊用途带式输送机方面一直处于国内领先地位，设计生产转弯带式输送机、移置式带式输送机。企业配备了先进的滚筒焊接和托辊焊接并组成自动化生产线，滚筒包覆层橡胶硫化生产线，托辊表面及横梁油漆自动化生产线，滚筒表面喷丸处理，筒体进行超声波无损探伤，确保焊接质量，延长使用寿命，生产效率大为提高，产品质量稳定。企业生产的带式输送机获国家优等品称号和全国同类产品唯一最高奖——银质奖，通过国家煤矿安全标志认证。

四、荣誉

陈思董事长当选为河北省第十二届人民代表大会代表。

企业连续多年获得市文明单位等称号，生产的烧结机获得 2011 年“河北省名牌产品”称号。

五、产品质量及标准

企业全面落实 ISO9001 质量体系标准要求，严格执行产品生产及检验相关国家标准和行业标准，产品质量均达到或高于相关标准水平。

〔供稿单位：唐山重型装备集团有限责任公司〕

湖南长重机器股份有限公司

湖南长重机器股份有限公司是全国散装物料装卸设备设计制造的骨干企业之一，是集大型装备设计、制造、销售为一体的高新技术企业，注册资金 12 000 万元。

“长重机器”其前身是原大型国有企业长沙重型机器厂，2008 年 1 月 1 日改制后，由长沙重型机器制造有限责任公司全面承接其产业。2011 年 7 月公司完成股份制改造，正式更名为——湖南长重机器股份有限公司，现已列入长沙市拟上市公司。

公司为中国重型机械工业协会理事单位、中国重型机械工业协会散料装卸机械与搬运车辆分会副理事长单位、全国连续搬运机械专业标准化技术委员会委员单位、高新技术企业、长沙市创新型企业、长沙市工程学会副会长单位；企业技术中心为省级企业技术中心；2012 年经长沙市科技局批准组建长沙市散装物料装卸运输工程技术研究中心；商标“ ”先后被评定为湖南省著名商标、中国驰名商标。

公司主导产品为斗轮堆取料机、堆料机、取料机、混匀堆/取料机、圆形料场堆取料机；冶金设备——圆筒混合机、链篦机等；还有港口起重机、风电配套设备、辊式金属板材矫正机、球磨破碎机、内燃机车和电子设备等系列产品。公司拥有完整的企业管理体系、质量保证体系和环境保护体系，先后通过了 ISO9001：2000 质量保证体系认证、ISO14001:2004 环境管理体系认证、OHSAS18001:1999 职业健康安全管理体系认证。

公司始终注重产品质量的控制，充分利用新设备、新工艺及设计软件在技术和制造工艺上进行了多项创新并取得良好效果，在提升产品技术含量的同时也解决了产品部分关键工序的瓶颈问题，多项技术达到国内先进水平，现有国家授权专利 43 项，这些专利使产品保持了良好的市场竞争能力。近年来产品销量始终位于业内前列，继出口伊朗、格鲁吉亚、印度、印度尼西亚、土耳其、越南等多个国家和中国香港地区后，2010—2012 年又先后出口到巴基斯坦、菲律宾、斯里兰卡等国家。

长重机器主要产品：斗轮堆取料机、堆料机、台架式起重机、大型集装箱检查系统传送装置分系统、卸煤车、混匀取料机、城市固体垃圾发酵处理设备、圆形料场堆取料机、双臂式堆料机、刮板式取料机、冶金设备——圆筒混合机。

长重机器作为行业骨干企业，在重型设备的生产和研发方面具有较好的基础。公司不仅在生产方面具有丰富的经验，而且拥有一支学历层次高，年龄结构合理的高水平研发队伍，经过 50 多年市场经济风浪的历练，能设计和制造主业内的各种设备，并能为军工企业提供非标准设备，有较强的产品设计、制造、新产品研发能力。2012 年公司的《斗轮堆取料机》设计作品获得第三届“芙蓉杯”国际工业设计大赛企业组最高奖——企业创新奖；长重机器牌“堆取料机”被评为 2012 年度中国机械工业优质品牌；企业设备等配套设施完善，企业在全国各主要城市建立了营销机构，营销网络覆盖全国。

〔供稿单位：湖南长重机器股份有限公司〕

岳阳科德科技有限责任公司

岳阳科德科技有限责任公司致力于电磁和永磁技术的研发和工业应用，是起重电磁铁、磁选机、除铁器、有色金属分选机、电磁（永磁）搅拌器、磁力泵、磁分离器、电选机、永磁起重器、电控永磁吸盘等产品的领先供应商。公司为钢铁、冶金、资源再生、物流、新能源、工程机械、机床、电力、石油化工、矿山、环保、汽车、建材、食品等众多领域提供高质量的产品和全方位的服务。公司通过完善的国内销售网络、专业的国外代理商体系和良好的技术服务团队,为国内几千家和全球三十多个国家和地区的客户提供优质的售前和售后服务。

公司为中国重型机械工业协会会员、中国铸造协会会员、湖南省高新技术企业、湖南创新型试点企业、湖南省小巨人和创业型企业、岳阳市电磁制造行业商会监事会主任单位、岳阳市专家协会常务理事单位。公司技术中心聚集了一批包括教授、高级工程师在内的优秀技术人才,每年研发投入占公司销售收入5%以上。公司以企业技术中心为基础,在岳阳市科技局的领导下,建设了“岳阳市磁选工程技术研究中心”,承担行业平台责任。公司累计获得十几项国家专利。

公司坚持绿色发展的理念,支持“绿色湖南”建设,使用再生资源材料,不向环境中排放任何污染物,发动全体员工从节约一升水、一度电、一张纸、一桶油做起,形成节约资源的习惯。公司研发的“岳磁牌”系列产品为钢铁回收、有色金属回收、电子废弃物回收、城市垃圾回收、汽车拆解等领域作出了自己的贡献。

“岳磁牌”为公司注册商标。“岳磁牌”始创于1972年,至今有四十余年历史,中国磁力行业的缔造者。“岳磁牌”品牌愿景是“专注磁电、服务全球”,品牌价值观是“科技创新、厚德载物”,品牌精神是“团结、求实 、开拓 、腾飞”。随着“国家磁力设备质量监督检验中心”和“全国磁力材料及设备标准化委员会”两个国家级机构在岳阳的相继成功落户,“岳磁牌”迎来了发展的春天,正一步一步朝百年品牌的目标进发。

公司以国家宏观调控政策和市场需求为导向,重点围绕传统产品技术升级和新产品开发两大方面,积极开展技术创新工作,努力为公司产品结构调整和优化做好技术支撑。公司在新产品开发方面,坚持“生产一代、储备一代、研制一代”的开发思路,积极与国内高等院校、科研院所建立产学研合作平台,在关键技术和新产品、新工艺上都有突破。2011年,公司通过集聚、整合、优化企业技术资源,组建了“岳阳市磁选工程技术研究中心”,成为自主创新的平台,推动全市相关领域的高新技术产业发展。近两年来,通过中心立项、设计、开发的新产品有5项,获得国家专利11项。其中有色金属分选机、磁滞电缆卷筒、立车电磁吸盘和湿式立环高梯度磁选机成功实现产业化。

公司于2009年获批产学研结合创新示范企业;2011年获批国家创新型企业;2013年顺利通过国家高新技术企业复审。“用于资源回收的高效涡电流分选机技术开发”获国家创新型企业专项资助。

公司完善了科技创新奖励和技术中心绩效考核办法,激励技术人员快出成果、多出成果、出好成果,有效提高了技术人员工作的积极性和主动性。公司拥有一支20余人的专业化技术研发团队,每年投入5%的年销售额用于科技创新活动,为公司实现持续、快速、健康发展提供了坚实的支撑。

〔供稿单位:岳阳科德科技有限责任公司〕

客观反映2012年重型机械行业主要经济指标及产品进出口情况

It objectively reflects the main economic indicators and product import & export of the heavy machinery industry in 2012

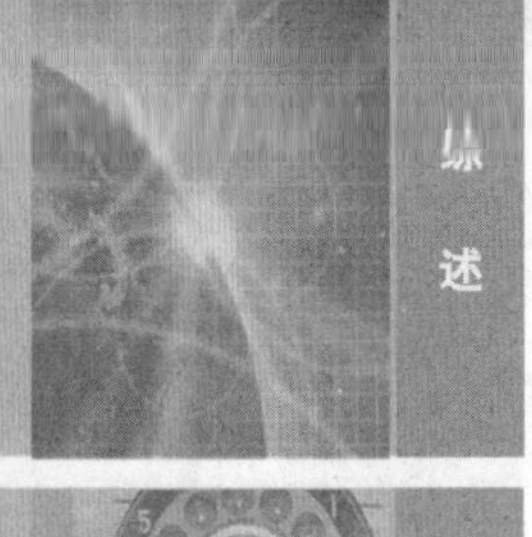
综述

行业篇
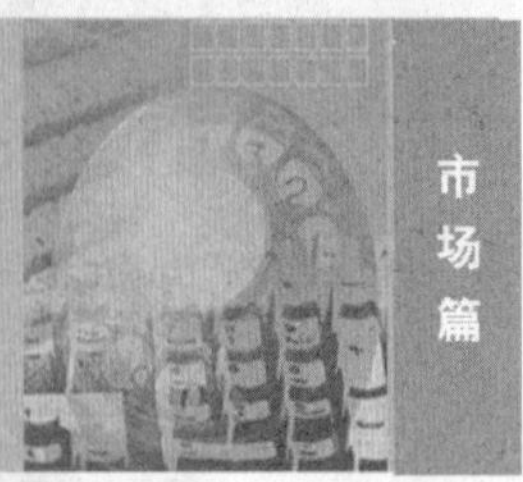
市场篇

企业篇

统计资料
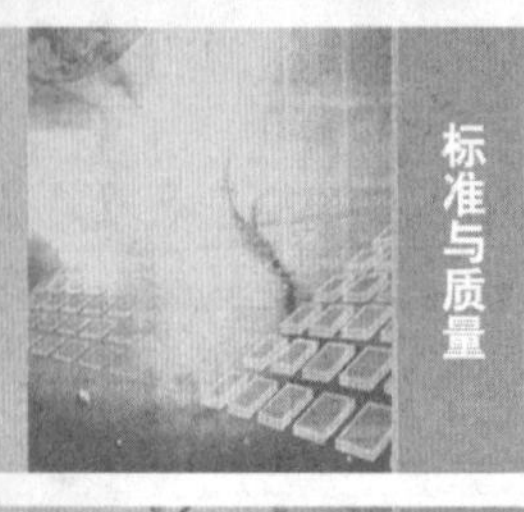
标准与质量
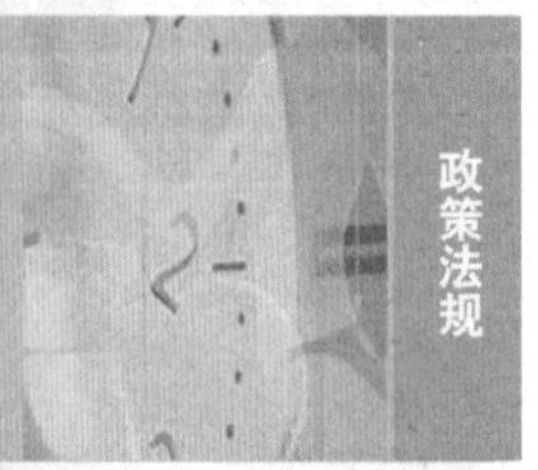
政策法规
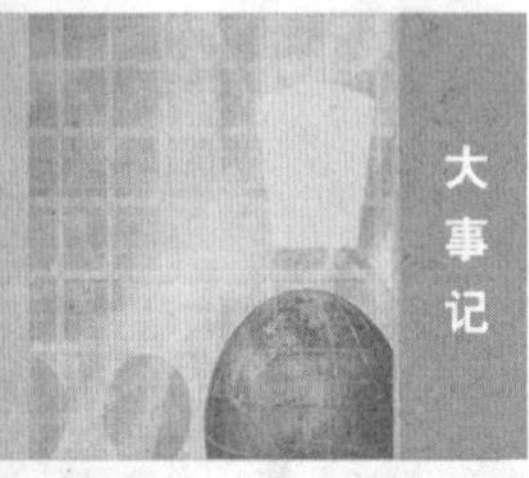
大事记

附录

2012 年重型机械行业主要经济指标

行业及企业分类	企业数（家）	工业销售产值（当年价）（亿元）	其中:出口交货值（亿元）	流动资产合计（亿元）	应收账款（亿元）	存货（亿元）	其中:产成品（亿元）
重型机械行业合计	4 117	10 035.97	764.83	6 461.61	2 125.68	1 690.82	533.46
一、冶金矿山机械行业	2 189	4 489.94	165.45	3 187.79	1 113.17	816.45	241.89
占重型机械行业比重(%)	53.17	44.74	21.63	49.33	52.37	48.29	45.34
1. 按企业规模分列							
大型企业	63	1 497.63	99.65	1 960.26	731.53	510.35	130.13
占行业比重(%)	2.88	33.36	60.23	61.49	65.72	62.51	53.80
中型企业	259	1 019.55	30.51	584.18	163.22	151.75	52.86
占行业比重(%)	11.83	22.71	18.44	18.33	14.66	18.59	21.85
小型企业	1 811	1 939.40	33.48	624.67	213.73	150.96	58.13
占行业比重(%)	82.73	43.19	20.24	19.60	19.20	18.49	24.03
微型企业	56	33.36	1.80	18.68	4.69	3.39	0.76
2. 按注册类型分列							
国有企业	73	584.29	47.04	861.72	294.80	248.56	65.42
占行业比重(%)	3.33	13.01	28.43	27.03	26.48	30.44	27.04
私营企业	1 267	1 835.39	12.77	536.72	171.05	106.99	46.40
占行业比重(%)	57.88	40.88	7.72	16.84	15.37	13.10	19.18
其他内资企业	738	1 744.55	52.53	1 468.60	526.90	372.90	107.92
占行业比重(%)	33.71	38.85	31.75	46.07	47.33	45.67	44.61
三资企业	111	325.71	53.11	320.75	120.42	88.00	22.16
占行业比重(%)	5.07	7.25	32.10	10.06	10.82	10.78	9.16
3. 按控股类型分列							
国有控股	166	1 429.57	93.69	1 998.10	719.81	539.40	139.80
占行业比重(%)	7.58	31.84	56.63	62.68	64.66	66.07	57.80
私人控股	1 748	2 546.90	20.75	779.31	247.42	168.07	72.24
占行业比重(%)	79.85	56.72	12.54	24.45	22.23	20.59	29.87
三资控股	89	243.12	47.24	269.79	100.41	74.57	18.96
占行业比重(%)	4.07	5.41	28.55	8.46	9.02	9.13	7.84
其他控股	186	270.35	3.76	140.59	45.52	34.41	10.88
占行业比重(%)	8.50	6.02	2.27	4.41	4.09	4.21	4.50
二、物料搬运设备行业	1 928	5 546.02	599.38	3 273.81	1 012.51	874.37	291.57
占重型机械行业比重(%)	46.83	55.26	78.37	50.67	47.63	51.71	54.66
1. 按企业规模分列							
大型企业	50	2 352.86	400.41	1 725.33	529.13	478.46	168.29
占行业比重(%)	2.59	42.42	66.80	52.70	52.26	54.72	57.72
中型企业	286	1 555.36	112.78	775.43	246.23	205.92	62.81
占行业比重(%)	14.83	28.04	18.82	23.69	24.32	23.55	21.54
小型企业	1 568	1 627.24	85.65	764.21	236.18	189.43	60.10
占行业比重(%)	81.33	29.34	14.29	23.34	23.33	21.66	20.61
微型企业	24	10.56	0.53	8.85	0.97	0.56	0.37
2. 按注册类型分列							
国有企业	46	678.26	61.88	641.61	269.13	149.27	66.50
占行业比重(%)	2.39	12.23	10.32	19.60	26.58	17.07	22.81
私营企业	1 042	1 482.38	52.41	578.26	176.71	133.51	45.24
占行业比重(%)	54.05	26.73	8.74	17.66	17.45	15.27	15.52
其他内资企业	531	1 504.36	119.94	750.06	208.19	200.49	64.05
占行业比重(%)	27.54	27.13	20.01	22.91	20.56	22.93	21.97
三资企业	309	1 881.02	365.15	1 303.89	358.47	391.10	115.78
占行业比重(%)	16.03	33.92	60.92	39.83	35.40	44.73	39.71
3. 按控股类型分列							
国有企业	77	1 010.75	79.90	911.35	316.55	227.92	109.13
占行业比重(%)	3.99	18.22	13.33	27.84	31.26	26.07	37.43
私人控股	1 471	2 610.77	144.39	1 169.19	333.95	277.98	88.02
占行业比重(%)	76.30	47.07	24.09	35.71	32.98	31.79	30.19
三资控股	228	1 500.86	336.09	989.65	305.70	320.19	78.15
占行业比重(%)	11.83	27.06	56.07	30.23	30.19	36.62	26.80
其他控股	152	423.65	39.00	203.63	56.31	48.28	16.27
占行业比重(%)	7.88	7.64	6.51	6.22	5.56	5.52	5.58

（续）

行业及企业分类	固定资产合计（亿元）	固定资产原价（亿元）	累计折旧（亿元）	其中:本年折旧（亿元）	资产总计（亿元）	流动负债合计（亿元）	其中:应付账款（亿元）
重型机械行业合计	2 237.36	3 281.24	1 288.76	241.77	9 832.94	5 060.10	1 612.45
一、冶金矿山机械行业	1 213.18	1 782.11	723.74	126.61	4 859.55	2 538.53	857.66
占重型机械行业比重(%)	54.22	54.31	56.16	52.37	49.42	50.17	53.19
1.按企业规模分列							
大型企业	612.76	786.45	276.98	48.68	2 808.06	1 505.37	539.94
占行业比重(%)	50.51	44.13	38.27	38.44	57.78	59.30	62.95
中型企业	264.49	400.04	153.96	30.92	946.12	537.93	169.02
占行业比重(%)	21.80	22.45	21.27	24.42	19.47	21.19	19.71
小型企业	333.73	592.60	291.64	46.86	1 080.09	485.03	145.33
占行业比重(%)	27.51	33.25	40.30	37.01	22.23	19.11	16.94
微型企业	2.20	3.02	1.15	0.15	25.28	10.21	3.37
2.按注册类型分列							
国有企业	289.37	316.23	109.53	21.58	1 259.92	758.03	256.99
占行业比重(%)	23.85	17.74	15.13	17.04	25.93	29.86	29.96
私营企业	299.83	560.10	281.20	46.71	938.33	403.86	101.99
占行业比重(%)	24.71	31.43	38.85	36.89	19.31	15.91	11.89
其他内资企业	536.77	791.16	300.00	51.04	2 216.26	1 132.14	422.15
占行业比重(%)	44.24	44.39	41.45	40.31	45.61	44.60	49.22
三资企业	87.22	114.62	33.02	7.29	445.03	244.50	76.53
占行业比重(%)	7.19	6.43	4.56	5.75	9.16	9.63	8.92
3.按控股类型分列							
国有控股	675.97	841.12	272.70	51.26	2 924.09	1 619.21	591.86
占行业比重(%)	55.72	47.20	37.68	40.48	60.17	63.79	69.01
私人控股	423.59	779.85	388.62	65.08	1 359.96	595.20	161.70
占行业比重(%)	34.92	43.76	53.70	51.40	27.99	23.45	18.85
三资控股	61.26	78.25	21.99	5.10	360.43	195.34	58.99
占行业比重(%)	5.05	4.39	3.04	4.03	7.42	7.70	6.88
其他控股	52.37	82.89	40.42	5.18	215.07	128.77	45.11
占行业比重(%)	4.32	4.65	5.58	4.09	4.43	5.07	5.26
二、物料搬运设备行业	1 024.18	1 499.12	565.02	115.16	4 973.39	2 521.57	754.79
占重型机械行业比重(%)	45.78	45.69	43.84	47.63	50.58	49.83	46.81
1.按企业规模分列							
大型企业	479.63	674.27	235.58	51.83	2 576.03	1 367.64	396.29
占行业比重(%)	46.83	44.98	41.69	45.00	51.80	54.24	52.50
中型企业	242.10	392.68	168.00	31.55	1 173.01	595.06	195.26
占行业比重(%)	23.64	26.19	29.73	27.40	23.59	23.60	25.87
小型企业	301.71	431.13	160.98	31.69	1 207.23	550.79	161.97
占行业比重(%)	29.46	28.76	28.49	27.52	24.27	21.84	21.46
微型企业	0.73	1.05	0.46	0.09	17.12	8.09	1.27
2.按注册类型分列							
国有企业	141.74	162.95	54.07	9.81	915.18	469.55	134.88
占行业比重(%)	13.84	10.87	9.57	8.52	18.40	18.62	17.87
私营企业	227.77	377.49	171.43	31.77	934.13	428.28	116.27
占行业比重(%)	22.24	25.18	30.34	27.59	18.78	16.98	15.40
其他内资企业	329.99	470.22	163.64	45.74	1 287.80	593.39	213.09
占行业比重(%)	32.22	31.37	28.96	39.71	25.89	23.53	28.23
三资企业	324.68	488.46	175.88	27.84	1 836.28	1 030.36	290.54
占行业比重(%)	31.70	32.58	31.13	24.17	36.92	40.86	38.49
3.按控股类型分列							
国有企业	209.77	278.27	102.63	18.57	1 349.00	750.55	237.46
占行业比重(%)	20.48	18.56	18.16	16.12	27.12	29.77	31.46
私人控股	472.48	716.46	287.60	67.44	1 886.35	840.53	228.24
占行业比重(%)	46.13	47.79	50.90	58.56	37.93	33.33	30.24
三资控股	285.22	429.34	153.03	24.13	1 446.19	796.46	243.51
占行业比重(%)	27.85	28.64	27.08	20.95	29.08	31.59	32.26
其他控股	56.71	75.04	21.75	5.03	291.85	134.03	45.58
占行业比重(%)	5.54	5.01	3.85	4.37	5.87	5.32	6.04

（续）

行业及企业分类	负债合计（亿元）	所有者权益合计（亿元）	其中：实收资本（亿元）	1. 国家资本（亿元）	2. 集体资本（亿元）	3. 法人资本（亿元）	4. 个人资本（亿元）
重型机械行业合计	6 005.27	3 807.18	1 602.06	216.86	18.05	616.49	484.08
一、冶金矿山机械行业	3 019.85	1 828.07	779.22	155.11	7.87	345.32	187.19
占重型机械行业比重（%）	50.29	48.02	48.64	71.52	43.58	56.01	38.67
1. 按企业规模分列							
大型企业	1 839.77	968.29	343.52	111.37	1.89	164.28	18.01
占行业比重（%）	60.92	52.97	44.09	71.81	24.05	47.57	9.62
中型企业	608.23	334.67	180.75	27.40	1.84	95.69	38.23
占行业比重（%）	20.14	18.31	23.20	17.66	23.37	27.71	20.42
小型企业	559.73	515.09	248.99	16.17	4.04	83.52	127.42
占行业比重（%）	18.54	28.18	31.95	10.42	51.40	24.19	68.07
微型企业	12.12	10.02	5.95	0.17	0.09	1.84	3.53
2. 按注册类型分列							
国有企业	935.49	323.84	172.47	103.34	1.05	67.98	0.10
占行业比重（%）	30.98	17.71	22.13	66.63	13.35	19.69	0.05
私营企业	480.45	451.22	179.92	1.28	0.78	63.33	113.62
占行业比重（%）	15.91	24.68	23.09	0.82	9.88	18.34	60.70
其他内资企业	1 345.53	866.73	325.55	47.25	5.95	200.89	69.86
占行业比重（%）	44.56	47.41	41.78	30.46	75.67	58.17	37.32
三资企业	258.38	186.27	101.27	3.24	0.09	13.12	3.61
占行业比重（%）	8.56	10.19	13.00	2.09	1.11	3.80	1.93
3. 按控股类型分列							
国有控股	1 964.40	958.62	397.36	149.64	1.66	226.56	15.26
占行业比重（%）	65.05	52.44	51.00	96.48	21.15	65.61	8.15
私人控股	709.21	642.14	263.39	2.13	2.31	96.91	160.63
占行业比重（%）	23.48	35.13	33.80	1.38	29.33	28.06	85.81
三资控股	205.30	155.06	82.82	0.00	0.00	5.82	1.82
占行业比重（%）	6.80	8.48	10.63	0.00	0.00	1.69	0.97
其他控股	140.95	72.24	35.64	3.33	3.90	16.03	9.47
占行业比重（%）	4.67	3.95	4.57	2.15	49.52	4.64	5.06
二、物料搬运设备行业	2 985.41	1 979.11	822.85	61.76	10.19	271.17	296.89
占重型机械行业比重（%）	49.71	51.98	51.36	28.48	56.42	43.99	61.33
1. 按企业规模分列							
大型企业	1 694.11	878.91	197.12	35.74	0.00	43.75	58.12
占行业比重（%）	56.75	44.41	23.96	57.87	0.00	16.13	19.58
中型企业	656.48	515.76	250.12	19.11	4.50	96.52	58.64
占行业比重（%）	21.99	26.06	30.40	30.95	44.21	35.59	19.75
小型企业	625.33	578.00	369.23	6.91	3.68	129.16	177.58
占行业比重（%）	20.95	29.21	44.87	11.19	36.16	47.63	59.81
微型企业	9.49	6.44	6.38	0.00	2.00	1.74	2.55
2. 按注册类型分列							
国有企业	648.11	267.05	54.84	36.73	0.00	15.49	2.32
占行业比重（%）	21.71	13.49	6.66	59.47	0.00	5.71	0.78
私营企业	475.52	455.21	240.50	1.58	0.88	87.82	147.27
占行业比重（%）	15.93	23.00	29.23	2.57	8.68	32.39	49.61
其他内资企业	707.18	576.06	228.23	16.72	7.20	90.81	112.07
占行业比重（%）	23.69	29.11	27.74	27.07	70.71	33.49	37.75
三资企业	1 154.60	680.79	299.27	6.73	2.10	77.04	35.23
占行业比重（%）	38.67	34.40	36.37	10.89	20.61	28.41	11.87
3. 按控股类型分列							
国有控股	942.59	406.39	113.56	53.83	0.26	43.04	9.33
占行业比重（%）	31.57	20.53	13.80	87.17	2.50	15.87	3.14
私人控股	988.76	890.10	401.04	2.17	7.18	148.20	232.52
占行业比重（%）	33.12	44.97	48.74	3.51	70.48	54.65	78.32
三资控股	909.26	536.32	239.21	5.73	1.04	45.19	26.48
占行业比重（%）	30.46	27.10	29.07	9.27	10.23	16.66	8.92
其他控股	144.81	146.30	69.04	0.03	1.71	34.74	28.56
占行业比重（%）	4.85	7.39	8.39	0.04	16.78	12.81	9.62

（续）

行业及企业分类	5.港澳台资本（亿元）	6.外商资本（亿元）	主营业务收入（亿元）	主营业务成本（亿元）	主营业务税金及附加（亿元）	其他业务利润（亿元）	销售费用（亿元）
重型机械行业合计	81.63	184.58	10 144.63	8 491.85	53.76	21.40	305.90
一、冶金矿山机械行业	34.57	48.97	4 597.55	3 875.43	26.97	10.72	121.70
占重型机械行业比重(%)	42.35	26.53	45.32	45.64	50.17	50.11	39.78
1.按企业规模分列							
大型企业	31.78	16.19	1 599.78	1 355.77	7.40	4.62	50.32
占行业比重(%)	91.93	33.05	34.80	34.98	27.45	43.04	41.35
中型企业	2.24	15.36	1 031.78	858.26	6.38	3.75	26.71
占行业比重(%)	6.47	31.35	22.44	22.15	23.64	35.01	21.95
小型企业	0.54	17.14	1 932.27	1 633.02	12.80	2.32	43.80
占行业比重(%)	1.56	34.99	42.03	42.14	47.44	21.59	35.99
微型企业	0.02	0.29	33.71	28.38	0.40	0.04	0.87
2.按注册类型分列							
国有企业	0.00	0.00	598.08	516.55	2.30	1.88	19.06
占行业比重(%)	0.00	0.00	13.01	13.33	8.52	17.50	15.66
私营企业	0.02	0.77	1 842.39	1 541.29	13.27	1.04	44.00
占行业比重(%)	0.06	1.57	40.07	39.77	49.19	9.71	36.15
其他内资企业	0.17	1.37	1 816.79	1 544.51	9.69	6.61	40.50
占行业比重(%)	0.48	2.79	39.52	39.85	35.91	61.62	33.28
三资企业	34.39	46.83	340.29	273.08	1.72	1.20	18.14
占行业比重(%)	99.46	95.63	7.40	7.05	6.39	11.17	14.91
3.按控股类型分列							
国有控股	0.00	4.23	1 532.29	1 299.37	7.02	5.72	41.43
占行业比重(%)	0.00	8.64	33.33	33.53	26.01	53.32	34.04
私人控股	0.23	0.99	2 539.57	2 142.08	17.07	3.26	58.16
占行业比重(%)	0.67	2.03	55.24	55.27	63.30	30.37	47.79
三资控股	32.57	42.60	257.86	205.99	1.38	1.05	15.42
占行业比重(%)	94.22	86.98	5.61	5.32	5.11	9.81	12.67
其他控股	1.77	1.15	267.82	227.99	1.51	0.70	6.69
占行业比重(%)	5.11	2.35	5.83	5.88	5.59	6.50	5.50
二、物料搬运设备行业	47.06	135.60	5 547.08	4 616.42	26.79	10.68	184.20
占重型机械行业比重(%)	57.65	73.47	54.68	54.36	49.83	49.89	60.22
1.按企业规模分列							
大型企业	16.39	43.12	2 394.01	1 984.39	10.84	4.00	84.10
占行业比重(%)	34.83	31.80	43.16	42.99	40.46	37.43	45.66
中型企业	13.29	58.05	1 529.58	1 272.53	7.59	3.54	48.18
占行业比重(%)	28.24	42.81	27.57	27.57	28.33	33.13	26.16
小型企业	17.38	34.33	1 616.72	1 353.45	8.33	3.12	51.75
占行业比重(%)	36.93	25.32	29.15	29.32	31.09	29.26	28.10
微型企业	0.00	0.10	6.77	6.04	0.03	0.02	0.16
2.按注册类型分列							
国有企业	0.00	0.30	686.57	575.72	2.48	0.44	23.53
占行业比重(%)	0.00	0.22	12.38	12.47	9.25	4.13	12.77
私营企业	2.69	0.07	1 447.60	1 212.12	7.21	2.11	40.68
占行业比重(%)	5.71	0.05	26.10	26.26	26.93	19.74	22.09
其他内资企业	0.27	1.16	1 522.20	1 280.25	7.42	2.16	44.06
占行业比重(%)	0.58	0.86	27.44	27.73	27.68	20.26	23.92
三资企业	44.10	134.07	1 890.71	1 548.33	9.68	5.97	75.92
占行业比重(%)	93.71	98.87	34.08	33.54	36.14	55.87	41.22
3.按控股类型分列							
国有企业	0.95	6.15	1 013.31	853.75	4.43	1.01	32.34
占行业比重(%)	2.02	4.53	18.27	18.49	16.55	9.43	17.56
私人控股	6.65	4.14	2 579.80	2 148.86	12.87	3.89	78.94
占行业比重(%)	14.14	3.05	46.51	46.55	48.05	36.39	42.85
三资控股	38.94	121.82	1 529.39	1 260.99	7.19	5.02	60.29
占行业比重(%)	82.75	89.84	27.57	27.32	26.84	46.99	32.73
其他控股	0.51	3.49	424.57	352.82	2.29	0.77	12.64
占行业比重(%)	1.09	2.57	7.65	7.64	8.56	7.18	6.86

（续）

行业及企业分类	管理费用（亿元）	其中：税金（亿元）	财务费用（亿元）	利息支出（亿元）	营业利润（亿元）	投资收益（亿元）	补贴收入（亿元）
重型机械行业合计	550.27	28.42	108.84	116.08	622.02	-13.17	14.78
一、冶金矿山机械行业	262.00	15.38	61.25	61.35	227.24	-12.35	9.24
占重型机械行业比重(%)	47.61	54.09	56.27	52.85	36.53	93.79	62.51
1.按企业规模分列							
大型企业	130.49	6.50	35.18	39.09	20.57	0.23	7.41
占行业比重(%)	49.81	42.25	57.43	63.71	9.05	-1.87	80.24
中型企业	52.59	2.50	9.66	9.34	73.41	-9.92	0.93
占行业比重(%)	20.07	16.29	15.77	15.23	32.31	80.34	10.07
小型企业	77.47	6.33	16.01	12.72	131.14	-2.66	0.76
占行业比重(%)	29.57	41.16	26.14	20.73	57.71	21.53	8.26
微型企业	1.43	0.05	0.40	0.20	2.11	0.00	0.13
2.按注册类型分列							
国有企业	51.87	2.46	19.62	20.14	-17.57	-0.25	2.03
占行业比重(%)	19.80	16.02	32.03	32.82	-7.73	2.03	22.01
私营企业	65.63	5.52	17.66	14.39	139.53	-6.94	0.62
占行业比重(%)	25.05	35.88	28.83	23.45	61.40	56.19	6.74
其他内资企业	112.92	6.26	20.99	22.62	86.74	-5.20	5.43
占行业比重(%)	43.10	40.73	34.27	36.88	38.17	42.12	58.78
三资企业	31.57	1.13	2.98	4.20	18.54	0.04	1.15
占行业比重(%)	12.05	7.38	4.86	6.85	8.16	-0.33	12.47
3.按控股类型分列							
国有控股	128.37	6.46	33.16	37.07	15.81	0.54	6.94
占行业比重(%)	49.00	42.04	54.15	60.42	6.96	-4.38	75.09
私人控股	92.07	7.07	23.34	19.34	183.58	-11.56	0.97
占行业比重(%)	35.14	45.97	38.10	31.53	80.79	93.60	10.45
三资控股	26.43	0.89	2.41	3.09	13.17	0.04	0.91
占行业比重(%)	10.09	5.76	3.93	5.04	5.80	-0.33	9.90
其他控股	15.12	0.96	2.34	1.85	14.67	-1.37	0.42
占行业比重(%)	5.77	6.23	3.82	3.01	6.46	11.11	4.56
二、物料搬运设备行业	288.28	13.05	47.59	54.73	394.78	-0.82	5.54
占重型机械行业比重(%)	52.39	45.91	43.73	47.15	63.47	6.21	37.49
1.按企业规模分列							
大型企业	126.11	3.62	19.11	28.03	181.63	1.66	2.79
占行业比重(%)	43.74	27.76	40.15	51.22	46.01	-203.17	50.44
中型企业	79.56	3.64	11.65	12.02	114.25	-1.00	1.54
占行业比重(%)	27.60	27.88	24.47	21.97	28.94	122.61	27.77
小型企业	82.32	5.78	16.68	14.51	98.64	-1.48	1.21
占行业比重(%)	28.56	44.31	35.05	26.51	24.99	180.56	21.79
微型企业	0.30	0.01	0.16	0.17	0.26	0.00	0.00
2.按注册类型分列							
国有企业	37.98	0.86	13.06	13.24	33.89	-0.19	2.09
占行业比重(%)	13.17	6.58	27.45	24.19	8.58	23.25	37.82
私营企业	62.67	4.78	14.98	13.12	104.59	-1.38	0.98
占行业比重(%)	21.74	36.66	31.47	23.97	26.49	168.27	17.70
其他内资企业	69.00	4.01	13.31	13.93	110.10	-0.40	1.32
占行业比重(%)	23.94	30.76	27.97	25.45	27.89	49.34	23.84
三资企业	118.63	3.39	6.24	14.44	146.21	1.15	1.14
占行业比重(%)	41.15	25.99	13.11	26.39	37.04	-140.86	20.65
3.按控股类型分列							
国有控股	57.57	1.60	11.89	14.42	55.19	-0.13	2.57
占行业比重(%)	19.97	12.23	24.98	26.35	13.98	15.32	46.34
私人控股	115.98	8.15	26.84	25.30	193.01	-2.45	2.32
占行业比重(%)	40.23	62.48	56.39	46.23	48.89	299.10	41.87
三资控股	94.83	2.61	6.58	12.14	114.48	2.15	0.49
占行业比重(%)	32.90	20.01	13.83	22.19	29.00	-263.37	8.79
其他控股	19.90	0.69	2.29	2.86	32.10	-0.40	0.17
占行业比重(%)	6.90	5.28	4.80	5.23	8.13	48.95	3.00

（续）

行业及企业分类	营业外收入（亿元）	利润总额（亿元）	应交所得税（亿元）	应付职工薪酬（亿元）	本年应交增值税（亿元）	本年进项税额（亿元）	本年销项税额（亿元）	亏损企业亏损数（家）
重型机械行业合计	37.18	632.17	102.90	530.09	284.32	1 181.36	1 335.56	430
一、冶金矿山机械行业	20.43	233.51	39.77	271.54	124.32	520.88	592.17	195
占重型机械行业比重(%)	54.96	36.94	38.65	51.23	43.72	44.09	44.34	45.35
1.按企业规模分列								
大型企业	15.22	32.34	12.93	136.99	42.82	255.84	270.49	10
占行业比重(%)	74.47	13.85	32.52	50.45	34.45	49.12	45.68	5.13
中型企业	3.65	70.85	11.04	64.09	31.45	96.32	119.11	39
占行业比重(%)	17.86	30.34	27.77	23.60	25.30	18.49	20.11	20.00
小型企业	1.41	128.39	15.63	69.46	49.19	166.97	200.52	140
占行业比重(%)	6.88	54.98	39.30	25.58	39.56	32.06	33.86	71.79
微型企业	0.16	1.93	0.16	1.00	0.86	1.75	2.05	6
2.按注册类型分列								
国有企业	5.31	-13.34	2.74	66.37	11.69	83.15	90.87	21
占行业比重(%)	25.99	-5.71	6.89	24.44	9.41	15.96	15.35	10.77
私营企业	2.68	138.36	15.69	59.98	54.74	162.18	200.53	84
占行业比重(%)	13.11	59.25	39.45	22.09	44.04	31.14	33.86	43.08
其他内资企业	10.55	89.23	16.56	117.71	47.40	238.27	259.29	63
占行业比重(%)	51.63	38.21	41.64	43.35	38.13	45.74	43.79	32.31
三资企业	1.89	19.26	4.78	27.47	10.48	37.29	41.47	27
占行业比重(%)	9.27	8.25	12.01	10.12	8.43	7.16	7.00	13.85
3.按控股类型分列								
国有控股	15.34	23.45	12.55	144.53	36.90	238.68	250.03	32
占行业比重(%)	75.07	10.04	31.56	53.22	29.68	45.82	42.22	16.41
私人控股	3.81	182.95	20.96	87.64	71.61	226.23	277.69	117
占行业比重(%)	18.63	78.35	52.70	32.27	57.61	43.43	46.89	60.00
三资控股	1.46	13.54	4.10	21.39	8.39	28.99	31.33	23
占行业比重(%)	7.14	5.80	10.31	7.88	6.75	5.57	5.29	11.79
其他控股	-0.17	13.57	2.15	17.98	7.41	26.98	33.12	23
占行业比重(%)	-0.83	5.81	5.42	6.62	5.96	5.18	5.59	11.79
二、物料搬运设备行业	16.74	398.66	63.12	258.55	160.00	660.48	743.39	235
占重型机械行业比重(%)	45.04	63.06	61.35	48.77	56.28	55.91	55.66	54.65
1.按企业规模分列								
大型企业	7.00	185.01	34.51	107.63	67.12	325.37	355.14	3
占行业比重(%)	41.80	46.41	54.67	41.63	41.95	49.26	47.77	1.28
中型企业	6.52	118.49	15.31	81.64	47.77	171.92	196.55	28
占行业比重(%)	38.92	29.72	24.26	31.57	29.85	26.03	26.44	11.91
小型企业	3.22	94.91	13.27	69.12	44.90	161.67	190.13	196
占行业比重(%)	19.26	23.81	21.02	26.73	28.06	24.48	25.58	83.40
微型企业	0.00	0.25	0.03	0.17	0.21	1.52	1.56	8
2.按注册类型分列								
国有企业	3.50	34.71	4.43	29.34	16.90	131.27	133.03	9
占行业比重(%)	20.89	8.71	7.02	11.35	10.56	19.88	17.90	3.83
私营企业	2.60	101.87	12.93	57.87	45.11	146.00	178.75	117
占行业比重(%)	15.50	25.55	20.49	22.38	28.19	22.11	24.05	49.79
其他内资企业	4.39	111.73	14.36	68.67	40.59	149.46	174.53	57
占行业比重(%)	26.24	28.03	22.75	26.56	25.37	22.63	23.48	24.26
三资企业	6.26	150.34	31.39	102.66	57.40	233.74	257.07	52
占行业比重(%)	37.37	37.71	49.74	39.71	35.87	35.39	34.58	22.13
3.按控股类型分列								
国有企业	5.64	57.47	8.05	45.66	28.92	174.97	189.04	14
占行业比重(%)	33.71	14.42	12.75	17.66	18.08	26.49	25.43	5.96
私人控股	4.99	190.13	23.39	105.28	76.97	248.12	297.27	162
占行业比重(%)	29.79	47.69	37.06	40.72	48.11	37.57	39.99	68.94
三资控股	4.28	117.41	26.47	85.21	42.32	191.22	202.16	45
占行业比重(%)	25.56	29.45	41.94	32.96	26.45	28.95	27.19	19.15
其他控股	1.83	33.65	5.21	22.41	11.78	46.17	54.92	14
占行业比重(%)	10.93	8.44	8.25	8.67	7.36	6.99	7.39	5.96

（续）

行业及企业分类	亏损企业亏损面（%）	总资产贡献率（%）	资本保值增值率（%）	流动资产周转率（次）	成本费用利润率（%）	资产负债率（%）	主营业务收入利润率（%）	主营业务收入利润总额率（%）
重型机械行业合计	10.44	11.05	116.33	1.57	6.68	61.07	15.76	6.23
一、冶金矿山机械行业	8.91	9.18	115.64	1.44	5.40	62.14	15.12	5.08
占重型机械行业比重（%）								
1.按企业规模分列								
大型企业	15.87	4.33	132.23	0.82	2.06	65.52	14.79	2.02
占行业比重（%）								
中型企业	15.06	12.47	109.20	1.77	7.48	64.29	16.20	6.87
占行业比重（%）								
小型企业	7.73	18.80	93.62	3.09	7.25	51.82	14.82	6.64
占行业比重（%）								
微型企业	10.71	13.42		1.80	6.21	47.93	14.63	5.72
2.按注册类型分列								
国有企业	28.77	1.65	109.33	0.69	-2.20	74.25	13.25	-2.23
占行业比重（%）								
私营企业	6.63	23.53	124.08	3.43	8.29	51.20	15.62	7.51
占行业比重（%）								
其他内资企业	8.54	7.62	122.50	1.24	5.19	60.71	14.45	4.91
占行业比重（%）								
三资企业	24.32	8.01	93.67	1.06	5.91	58.06	19.24	5.66
占行业比重（%）								
3.按控股类型分列								
国有控股	19.28	3.57	114.33	0.77	1.56	67.18	14.74	1.53
占行业比重（%）								
私人控股	6.69	21.40	133.52	3.26	7.90	52.15	14.98	7.20
占行业比重（%）								
三资控股	25.84	7.32	89.55	0.96	5.41	56.96	19.58	5.25
占行业比重（%）								
其他控股	12.37	11.31	100.66	1.91	5.38	65.54	14.31	5.07
占行业比重（%）								
二、物料搬运设备行业	12.19	12.87	116.98	1.69	7.76	60.03	16.29	7.19
占重型机械行业比重（%）								
1.按企业规模分列								
大型企业	6.00	11.30	144.31	1.39	8.36	65.76	16.66	7.73
占行业比重（%）								
中型企业	9.79	15.85	98.55	1.97	8.39	55.97	16.31	7.75
占行业比重（%）								
小型企业	12.50	13.47	98.75	2.12	6.31	51.80	15.77	5.87
占行业比重（%）								
微型企业	33.33	3.87		0.77	3.77	55.45	10.37	3.70
2.按注册类型分列								
国有企业	19.57	7.36	118.95	1.07	5.34	70.82	15.79	5.06
占行业比重（%）								
私营企业	11.23	17.91	111.88	2.50	7.66	50.91	15.77	7.04
占行业比重（%）								
其他内资企业	10.73	13.49	127.00	2.03	7.94	54.91	15.41	7.34
占行业比重（%）								
三资企业	16.83	12.63	112.80	1.45	8.60	62.88	17.60	7.95
占行业比重（%）								
3.按控股类型分列								
国有控股	18.18	7.80	117.31	1.11	6.01	69.87	15.31	5.67
占行业比重（%）								
私人控股	11.01	16.18	119.47	2.21	8.02	52.42	16.21	7.37
占行业比重（%）								
三资控股	19.74	12.38	114.00	1.55	8.25	62.87	17.08	7.68
占行业比重（%）								
其他控股	9.21	17.33	114.14	2.09	8.68	49.62	16.36	7.92
占行业比重（%）								

（续）

行业及企业分类	工业资金利润率（%）	工业资金利税率（%）	每百元固定资产创利润（元）	每百元固定资产创利税（元）	每百元流动资产创利润（元）	每百元流动资产创利税（元）	流动比率	速动比率
重型机械行业合计	7.27	11.15	28.26	43.37	9.78	15.02	1.28	0.94
一、冶金矿山机械行业	5.31	8.74	19.25	31.72	7.33	12.07	1.26	0.93
占重型机械行业比重（%）								
1.按企业规模分列								
大型企业	1.26	3.21	5.28	13.48	1.65	4.21	1.30	0.96
占行业比重（%）								
中型企业	8.35	12.81	26.79	41.09	12.13	18.60	1.09	0.80
占行业比重（%）								
小型企业	13.40	19.86	38.47	57.04	20.55	30.48	1.29	0.98
占行业比重（%）								
微型企业	9.24	15.27	87.84	145.10	10.33	17.06	1.83	1.50
2.按注册类型分列								
国有企业	-1.16	0.06	-4.61	0.23	-1.55	0.08	1.14	0.81
占行业比重（%）								
私营企业	16.54	24.67	46.15	68.83	25.78	38.45	1.33	1.06
占行业比重（%）								
其他内资企业	4.45	7.30	16.62	27.26	6.08	9.96	1.30	0.97
占行业比重（%）								
三资企业	4.72	7.71	22.09	36.08	6.01	9.81	1.31	0.95
占行业比重（%）								
3.按控股类型分列								
国有控股	0.88	2.52	3.47	9.97	1.17	3.37	1.23	0.90
占行业比重（%）								
私人控股	15.21	22.58	43.19	64.13	23.48	34.86	1.31	1.03
占行业比重（%）								
三资控股	4.09	7.04	22.09	38.05	5.02	8.64	1.38	1.00
占行业比重（%）								
其他控股	7.03	11.65	25.92	42.94	9.65	15.99	1.09	0.82
占行业比重（%）								
二、物料搬运设备行业	9.28	13.62	38.93	57.16	12.18	17.88	1.30	0.95
占重型机械行业比重（%）								
1.按企业规模分列								
大型企业	8.39	11.93	38.57	54.83	10.72	15.24	1.26	0.91
占行业比重（%）								
中型企业	11.64	17.09	48.94	71.81	15.28	22.42	1.30	0.96
占行业比重（%）								
小型企业	8.90	13.90	31.46	49.10	12.42	19.38	1.39	1.04
占行业比重（%）								
微型企业	2.62	5.19	34.21	67.86	2.83	5.62	1.09	1.02
2.按注册类型分列								
国有企业	4.43	6.91	24.49	38.16	5.41	8.43	1.37	1.05
占行业比重（%）								
私营企业	12.64	19.13	44.73	67.70	17.62	26.67	1.35	1.04
占行业比重（%）								
其他内资企业	10.35	14.79	33.86	48.41	14.90	21.30	1.26	0.93
占行业比重（%）								
三资企业	9.23	13.35	46.30	66.97	11.53	16.68	1.27	0.89
占行业比重（%）								
3.按控股类型分列								
国有控股	5.13	8.10	27.40	43.30	6.31	9.97	1.21	0.91
占行业比重（%）								
私人控股	11.58	17.05	40.24	59.26	16.26	23.95	1.39	1.06
占行业比重（%）								
三资控股	9.21	13.09	41.17	58.53	11.86	16.87	1.24	0.84
占行业比重（%）								
其他控股	12.92	18.33	59.33	84.15	16.52	23.44	1.52	1.16
占行业比重（%）								

〔供稿人：中国重型机械工业协会王文斯　审稿人：中国重型机械工业协会李镜〕

2012 年冶金矿山机械行业主要经济指标

行业及企业分类	企业数（家）	工业销售产值（当年价）（亿元）	其中：出口交货值（亿元）	流动资产合计（亿元）	应收账款（亿元）	存货（亿元）	其中：产成品（亿元）
冶金矿山机械行业	2 189	4 489.94	165.45	3 187.79	1 113.17	816.45	241.89
（一）冶金机械行业	514	1 185.27	59.32	1 292.77	450.85	352.68	90.87
占冶矿行业比重（%）	23.48	26.40	35.86	40.55	40.50	43.20	37.57
1. 按企业规模分列							
大型企业	23	420.29	42.13	833.07	314.44	241.15	53.30
占行业比重（%）	4.47	35.46	71.02	64.44	69.74	68.38	58.66
中型企业	69	352.39	5.07	244.30	65.94	54.13	17.77
占行业比重（%）	13.42	29.73	8.55	18.90	14.63	15.35	19.56
小型企业	409	406.36	12.10	208.05	68.23	56.05	19.50
占行业比重（%）	79.57	34.28	20.39	16.09	15.13	15.89	21.46
微型企业	13	6.23	0.03	7.35	2.25	1.35	0.29
2. 按注册类型分列							
国有企业	19	129.74	5.52	251.92	71.75	93.46	19.44
占行业比重（%）	3.70	10.95	9.31	19.49	15.92	26.50	21.39
私营企业	279	405.71	3.65	202.00	57.76	39.10	17.21
占行业比重（%）	54.28	34.23	6.15	15.63	12.81	11.09	18.94
其他内资企业	179	540.76	29.00	728.98	284.16	188.69	48.97
占行业比重（%）	34.82	45.62	48.88	56.39	63.03	53.50	53.89
三资企业	37	109.05	21.16	109.87	37.17	31.42	5.24
占行业比重（%）	7.20	9.20	35.66	8.50	8.24	8.91	5.77
3. 按控股类型分列							
国有控股	50	477.05	36.51	892.28	329.26	256.60	58.86
占行业比重（%）	9.73	40.25	61.55	69.02	73.03	72.76	64.77
私人控股	394	565.82	4.41	277.26	82.28	60.43	25.40
占行业比重（%）	76.65	47.74	7.44	21.45	18.25	17.13	27.96
三资控股	28	60.00	15.98	69.00	20.64	20.39	2.42
占行业比重（%）	5.45	5.06	26.94	5.34	4.58	5.78	2.66
其他控股	42	82.39	2.42	54.24	18.67	15.26	4.19
占行业比重（%）	8.17	6.95	4.07	4.20	4.14	4.33	4.61
（二）矿山机械行业	1 675	3 304.68	106.12	1 895.02	662.32	463.78	151.02
占冶矿行业比重（%）	76.52	73.60	64.14	59.45	59.50	56.80	62.43
1. 按企业规模分列							
大型企业	40	1 077.34	57.52	1 127.20	417.10	269.21	76.83
占行业比重（%）	2.39	32.60	54.20	59.48	62.97	58.05	50.87
中型企业	190	667.16	25.44	339.88	97.28	97.63	35.09
占行业比重（%）	11.34	20.19	23.98	17.94	14.69	21.05	23.24
小型企业	1 402	1 533.04	21.39	416.61	145.50	94.90	38.63
占行业比重（%）	83.70	46.39	20.15	21.98	21.97	20.46	25.58
微型企业	43	27.13	1.77	11.34	2.44	2.04	0.47
2. 按注册类型分列							
国有企业	54	454.55	41.51	609.80	223.05	155.10	45.98
占行业比重（%）	3.22	13.75	39.12	32.18	33.68	33.44	30.44
私营企业	988	1 429.68	9.12	334.72	113.29	67.89	29.19
占行业比重（%）	58.99	43.26	8.59	17.66	17.10	14.64	19.33
其他内资企业	559	1 203.79	23.53	739.62	242.74	184.21	58.94
占行业比重（%）	33.37	36.43	22.18	39.03	36.65	39.72	39.03
三资企业	74	216.66	31.95	210.88	83.25	56.58	16.92
占行业比重（%）	4.42	6.56	30.11	11.13	12.57	12.20	11.20
3. 按控股类型分列							
国有控股	116	952.52	57.18	1 105.82	390.55	282.80	80.95
占行业比重（%）	6.93	28.82	53.88	58.35	58.97	60.98	53.60
私人控股	1 354	1 981.08	16.34	502.06	165.14	107.65	46.84
占行业比重（%）	80.84	59.95	15.39	26.49	24.93	23.21	31.01
三资控股	61	183.12	31.26	200.79	79.77	54.19	16.55
占行业比重（%）	3.64	5.54	29.45	10.60	12.04	11.68	10.96
其他控股	144	187.96	1.35	86.35	26.85	19.14	6.69
占行业比重（%）	8.60	5.69	1.27	4.56	4.05	4.13	4.43

（续）

行业及企业分类	固定资产合计（亿元）	固定资产原价（亿元）	累计折旧（亿元）	其中：本年折旧（亿元）	资产总计（亿元）	流动负债合计（亿元）	其中：应付账款（亿元）
冶金矿山机械行业	1 213.18	1 782.11	723.74	126.61	4 859.55	2 538.53	857.66
（一）冶金机械行业	495.85	657.82	229.14	41.18	1 947.80	1 056.51	326.74
占冶矿行业比重（%）	40.87	36.91	31.66	32.53	40.08	41.62	38.10
1. 按企业规模分列							
大型企业	314.82	401.32	143.44	22.09	1 247.62	618.99	215.63
占行业比重（%）	63.49	61.01	62.60	53.63	64.05	58.59	66.00
中型企业	103.00	142.62	44.47	11.15	378.72	261.65	63.06
占行业比重（%）	20.77	21.68	19.41	27.07	19.44	24.77	19.30
小型企业	77.53	113.06	40.81	7.89	313.01	170.72	47.03
占行业比重（%）	15.64	17.19	17.81	19.15	16.07	16.16	14.39
微型企业	0.50	0.82	0.42	0.06	8.45	5.15	1.02
2. 按注册类型分列							
国有企业	150.25	160.34	58.98	9.82	441.10	225.37	64.89
占行业比重（%）	30.30	24.37	25.74	23.85	22.65	21.33	19.86
私营企业	62.36	87.34	28.31	6.51	285.51	185.71	37.06
占行业比重（%）	12.58	13.28	12.35	15.82	14.66	17.58	11.34
其他内资企业	251.14	364.20	126.36	21.84	1 070.32	542.55	196.62
占行业比重（%）	50.65	55.36	55.14	53.03	54.95	51.35	60.18
三资企业	32.10	45.95	15.49	3.01	150.87	102.88	28.17
占行业比重（%）	6.47	6.98	6.76	7.30	7.75	9.74	8.62
3. 按控股类型分列							
国有控股	361.08	462.33	158.34	26.88	1 369.75	695.11	237.26
占行业比重（%）	72.82	70.28	69.10	65.27	70.32	65.79	72.61
私人控股	93.62	136.95	51.00	10.57	400.83	240.65	55.31
占行业比重（%）	18.88	20.82	22.26	25.66	20.58	22.78	16.93
三资控股	22.77	28.66	7.57	1.70	94.86	68.95	17.04
占行业比重（%）	4.59	4.36	3.30	4.13	4.87	6.53	5.22
其他控股	18.38	29.88	12.23	2.03	82.36	51.80	17.13
占行业比重（%）	3.71	4.54	5.34	4.94	4.23	4.90	5.24
（二）矿山机械行业	717.33	1 124.29	494.59	85.43	2 911.74	1 482.01	530.92
占冶矿行业比重（%）	59.13	63.09	68.34	67.47	59.92	58.38	61.90
1. 按企业规模分列							
大型企业	297.94	385.13	133.54	26.59	1 560.43	886.38	324.30
占行业比重（%）	41.54	34.26	27.00	31.12	53.59	59.81	61.08
中型企业	161.49	257.42	109.50	19.78	567.40	276.28	105.96
占行业比重（%）	22.51	22.90	22.14	23.15	19.49	18.64	19.96
小型企业	256.20	479.54	250.84	38.97	767.08	314.30	98.30
占行业比重（%）	35.72	42.65	50.72	45.62	26.34	21.21	18.51
微型企业	1.70	2.20	0.72	0.09	16.83	5.05	2.36
2. 按注册类型分列							
国有企业	139.12	155.89	50.54	11.76	818.82	532.66	192.10
占行业比重（%）	19.39	13.87	10.22	13.76	28.12	35.94	36.18
私营企业	237.47	472.76	252.89	40.19	652.82	218.15	64.93
占行业比重（%）	33.11	42.05	51.13	47.05	22.42	14.72	12.23
其他内资企业	285.62	426.96	173.64	29.20	1 145.94	589.59	225.53
占行业比重（%）	39.82	37.98	35.11	34.18	39.36	39.78	42.48
三资企业	55.11	68.68	17.52	4.28	294.16	141.62	48.36
占行业比重（%）	7.68	6.11	3.54	5.01	10.10	9.56	9.11
3. 按控股类型分列							
国有控股	314.88	378.79	114.36	24.38	1 554.34	924.11	354.60
占行业比重（%）	43.90	33.69	23.12	28.53	53.38	62.35	66.79
私人控股	329.96	642.89	337.62	54.52	959.12	354.55	106.38
占行业比重（%）	46.00	57.18	68.26	63.82	32.94	23.92	20.04
三资控股	38.50	49.60	14.42	3.39	265.57	126.39	41.95
占行业比重（%）	5.37	4.41	2.92	3.97	9.12	8.53	7.90
其他控股	33.98	53.02	28.19	3.14	132.71	76.97	27.98
占行业比重（%）	4.74	4.72	5.70	3.68	4.56	5.19	5.27

（续）

行业及企业分类	负债合计（亿元）	所有者权益合计（亿元）	其中:实收资本（亿元）	1.国家资本（亿元）	2.集体资本（亿元）	3.法人资本（亿元）	4.个人资本（亿元）
冶金矿山机械行业	3 019.85	1 828.07	779.22	155.11	7.87	345.32	187.19
（一）冶金机械行业	1 309.86	637.16	276.28	49.63	1.19	157.42	47.16
占冶矿行业比重(%)	43.37	34.85	35.46	32.00	15.15	45.59	25.20
1.按企业规模分列							
大型企业	823.61	424.02	130.76	33.04	0.00	86.81	3.78
占行业比重(%)	62.88	66.55	47.33	66.57	0.00	55.15	8.02
中型企业	292.59	86.08	76.90	11.01	0.02	49.93	8.66
占行业比重(%)	22.34	13.51	27.84	22.18	1.26	31.72	18.36
小型企业	188.36	123.92	67.04	5.44	1.09	20.54	33.55
占行业比重(%)	14.38	19.45	24.27	10.96	91.28	13.05	71.13
微型企业	5.29	3.14	1.57	0.15	0.09	0.14	1.18
2.按注册类型分列							
国有企业	318.57	122.53	76.17	36.57	0.00	39.59	0.00
占行业比重(%)	24.32	19.23	27.57	73.69	0.00	25.15	0.00
私营企业	201.31	83.63	44.81	0.03	0.01	15.89	28.88
占行业比重(%)	15.37	13.13	16.22	0.06	0.84	10.10	61.23
其他内资企业	685.03	385.07	123.20	12.99	1.17	91.97	16.90
占行业比重(%)	52.30	60.44	44.59	26.17	97.90	58.43	35.83
三资企业	104.95	45.92	32.10	0.04	0.02	9.96	1.38
占行业比重(%)	8.01	7.21	11.62	0.07	1.26	6.33	2.93
3.按控股类型分列							
国有控股	918.42	451.30	174.39	47.87	0.12	121.04	2.60
占行业比重(%)	70.12	70.83	63.12	96.46	9.84	76.89	5.51
私人控股	267.19	132.89	68.90	0.53	0.36	25.46	42.47
占行业比重(%)	20.40	20.86	24.94	1.07	30.51	16.18	90.04
三资控股	70.09	24.77	18.84	0.00	0.00	3.12	0.22
占行业比重(%)	5.35	3.89	6.82	0.00	0.00	1.98	0.46
其他控股	54.16	28.19	14.15	1.23	0.71	7.80	1.88
占行业比重(%)	4.13	4.42	5.12	2.47	59.64	4.95	3.99
（二）矿山机械行业	1 709.99	1 190.91	502.94	105.47	6.68	187.90	140.03
占冶矿行业比重(%)	56.63	65.15	64.54	68.00	84.85	54.41	74.80
1.按企业规模分列							
大型企业	1 016.16	544.27	212.76	78.34	1.89	77.47	14.23
占行业比重(%)	59.42	45.70	42.30	74.27	28.35	41.23	10.16
中型企业	315.64	248.59	103.84	16.39	1.82	45.76	29.57
占行业比重(%)	18.46	20.87	20.65	15.54	27.31	24.36	21.12
小型企业	371.37	391.17	181.95	10.73	2.96	62.97	93.87
占行业比重(%)	21.72	32.85	36.18	10.17	44.27	33.51	67.04
微型企业	6.83	6.89	4.39	0.02	0.00	1.70	2.36
2.按注册类型分列							
国有企业	616.92	201.31	96.31	66.77	1.05	28.39	0.10
占行业比重(%)	36.08	16.90	19.15	63.30	15.73	15.11	0.07
私营企业	279.14	367.59	135.10	1.25	0.77	47.43	84.74
占行业比重(%)	16.32	30.87	26.86	1.18	11.49	25.24	60.52
其他内资企业	660.50	481.66	202.35	34.26	4.79	108.91	52.96
占行业比重(%)	38.63	40.44	40.23	32.48	71.70	57.96	37.82
三资企业	153.43	140.35	69.17	3.20	0.07	3.16	2.23
占行业比重(%)	8.97	11.79	13.75	3.03	1.09	1.68	1.59
3.按控股类型分列							
国有控股	1 045.97	507.32	222.97	101.77	1.55	105.52	12.66
占行业比重(%)	61.17	42.60	44.33	96.49	23.17	56.16	9.04
私人控股	442.02	509.25	194.49	1.60	1.94	71.45	118.16
占行业比重(%)	25.85	42.76	38.67	1.52	29.12	38.02	84.39
三资控股	135.20	130.29	63.98	0.00	0.00	2.70	1.61
占行业比重(%)	7.91	10.94	12.72	0.00	0.00	1.43	1.15
其他控股	86.80	44.05	21.49	2.10	3.19	8.23	7.59
占行业比重(%)	5.08	3.70	4.27	1.99	47.71	4.38	5.42

（续）

行业及企业分类	5.中国港澳台资本（亿元）	6.外商资本（亿元）	主营业务收入（亿元）	主营业务成本（亿元）	主营业务税金及附加（亿元）	其他业务利润（亿元）	销售费用（亿元）
冶金矿山机械行业	34.57	48.97	4 597.55	3 875.43	26.97	10.72	121.70
（一）冶金机械行业	2.09	18.78	1 202.39	1 030.19	5.95	5.79	27.01
占冶矿行业比重(%)	6.04	38.35	26.15	26.58	22.07	53.95	22.20
1.按企业规模分列							
大型企业	1.60	5.53	441.07	380.52	2.14	2.41	11.05
占行业比重(%)	76.68	29.46	36.68	36.94	36.00	41.63	40.92
中型企业	0.49	6.81	358.58	310.58	1.60	2.35	5.51
占行业比重(%)	23.29	36.26	29.82	30.15	26.90	40.60	20.40
小型企业	0.00	6.43	396.18	333.74	2.19	0.99	10.11
占行业比重(%)	0.03	34.22	32.95	32.40	36.73	17.15	37.42
微型企业	0.00	0.01	6.56	5.36	0.02	0.04	0.34
2.按注册类型分列							
国有企业	0.00	0.00	121.55	115.28	0.43	0.39	2.81
占行业比重(%)	0.00	0.00	10.11	11.19	7.26	6.81	10.40
私营企业	0.00	0.00	409.05	347.95	2.20	0.24	8.19
占行业比重(%)	0.03	0.00	34.02	33.78	36.99	4.09	30.32
其他内资企业	0.17	0.00	561.21	472.17	2.84	4.38	11.79
占行业比重(%)	7.91	0.00	46.67	45.83	47.68	75.77	43.63
三资企业	1.92	18.78	110.57	94.79	0.48	0.77	4.23
占行业比重(%)	92.06	100.00	9.20	9.20	8.07	13.33	15.65
3.按控股类型分列							
国有控股	0.00	2.76	496.31	432.59	2.38	2.98	10.68
占行业比重(%)	0.00	14.71	41.28	41.99	40.06	51.56	39.54
私人控股	0.00	0.07	565.37	476.82	3.06	2.05	11.79
占行业比重(%)	0.03	0.39	47.02	46.28	51.35	35.36	43.66
三资控股	0.32	15.18	63.42	56.39	0.20	0.63	2.26
占行业比重(%)	15.38	80.80	5.27	5.47	3.39	10.95	8.38
其他控股	1.77	0.77	77.28	64.39	0.31	0.12	2.28
占行业比重(%)	84.59	4.10	6.43	6.25	5.20	2.13	8.42
（二）矿山机械行业	32.49	30.19	3 395.16	2 845.24	21.02	4.94	94.69
占冶矿行业比重(%)	93.96	61.65	73.85	73.42	77.93	46.05	77.80
1.按企业规模分列							
大型企业	30.18	10.65	1 158.72	975.25	5.26	2.21	39.27
占行业比重(%)	92.91	35.29	34.13	34.28	25.02	44.69	41.47
中型企业	1.75	8.54	673.20	547.69	4.77	1.41	21.20
占行业比重(%)	5.39	28.30	19.83	19.25	22.71	28.46	22.39
小型企业	0.54	10.71	1 536.10	1 299.28	10.61	1.32	33.69
占行业比重(%)	1.65	35.48	45.24	45.66	50.47	26.78	35.58
微型企业	0.02	0.28	27.15	23.02	0.38	0.00	0.53
2.按注册类型分列							
国有企业	0.00	0.00	476.53	401.27	1.87	1.48	16.25
占行业比重(%)	0.00	0.00	14.04	14.10	8.87	30.02	17.16
私营企业	0.02	0.77	1 433.34	1 193.34	11.07	0.80	35.81
占行业比重(%)	0.06	2.55	42.22	41.94	52.64	16.30	37.82
其他内资企业	0.00	1.37	1 255.58	1 072.34	6.85	2.22	28.71
占行业比重(%)	0.00	4.53	36.98	37.69	32.57	45.04	30.32
三资企业	32.46	28.05	229.71	178.29	1.24	0.43	13.91
占行业比重(%)	99.94	92.91	6.77	6.27	5.92	8.64	14.69
3.按控股类型分列							
国有控股	0.00	1.47	1 035.98	866.77	4.63	2.73	30.75
占行业比重(%)	0.00	4.87	30.51	30.46	22.03	55.38	32.47
私人控股	0.23	0.92	1 974.21	1 665.26	14.02	1.21	46.37
占行业比重(%)	0.71	3.05	58.15	58.53	66.68	24.53	48.97
三资控股	32.25	27.42	194.44	149.60	1.18	0.42	13.16
占行业比重(%)	99.29	90.83	5.73	5.26	5.59	8.48	13.90
其他控股	0.00	0.38	190.54	163.60	1.20	0.57	4.41
占行业比重(%)	0.00	1.25	5.61	5.75	5.70	11.62	4.66

（续）

行业及企业分类	管理费用（亿元）	其中：税金（亿元）	财务费用（亿元）	利息支出（亿元）	营业利润（亿元）	投资收益（亿元）	补贴收入（亿元）
冶金矿山机械行业	262.00	15.38	61.25	61.35	227.24	-12.35	9.24
（一）冶金机械行业	89.38	5.09	25.31	25.29	11.29	-12.51	3.74
占冶矿行业比重（%）	34.11	33.08	41.32	41.23	4.97	101.30	40.54
1. 按企业规模分列							
大型企业	49.39	2.84	15.50	16.80	-23.52	-0.80	3.12
占行业比重（%）	55.26	55.82	61.25	66.40	-208.29	6.36	83.28
中型企业	18.08	0.76	5.01	4.73	11.11	-10.47	0.23
占行业比重（%）	20.23	14.97	19.80	18.69	98.40	83.71	6.15
小型企业	21.42	1.46	4.71	3.70	23.49	-1.24	0.26
占行业比重（%）	23.97	28.73	18.60	14.62	207.97	9.92	7.05
微型企业	0.49	0.02	0.09	0.07	0.22	0.00	0.13
2. 按注册类型分列							
国有企业	16.86	0.93	7.34	7.79	-25.39	-0.99	0.54
占行业比重（%）	18.86	18.23	29.01	30.78	-224.87	7.95	14.39
私营企业	15.60	1.16	5.17	3.84	23.99	-6.42	0.20
占行业比重（%）	17.45	22.76	20.42	15.18	212.41	51.30	5.47
其他内资企业	48.66	2.73	12.17	12.37	8.76	-5.12	2.71
占行业比重（%）	54.45	53.72	48.10	48.89	77.54	40.92	72.41
三资企业	8.26	0.27	0.62	1.30	3.94	0.02	0.29
占行业比重（%）	9.24	5.29	2.47	5.15	34.92	-0.18	7.72
3. 按控股类型分列							
国有控股	55.27	3.11	16.56	18.03	-26.47	-0.66	3.08
占行业比重（%）	61.84	61.12	65.43	71.27	-234.44	5.31	82.33
私人控股	24.02	1.61	7.39	5.79	33.90	-10.91	0.27
占行业比重（%）	26.87	31.63	29.20	22.91	300.18	87.19	7.14
三资控股	4.31	0.15	-0.11	0.36	1.53	0.02	0.07
占行业比重（%）	4.82	2.97	-0.44	1.42	13.53	-0.17	1.83
其他控股	5.78	0.22	1.47	1.11	2.34	-0.96	0.33
占行业比重（%）	6.47	4.28	5.81	4.40	20.73	7.67	8.70
（二）矿山机械行业	172.62	10.29	35.94	36.05	215.94	0.16	5.49
占冶矿行业比重（%）	65.89	66.92	58.68	58.77	95.03	-1.30	59.46
1. 按企业规模分列							
大型企业	81.11	3.66	19.67	22.29	44.10	1.03	4.29
占行业比重（%）	46.99	35.54	54.74	61.82	20.42	640.27	78.17
中型企业	34.51	1.74	4.65	4.62	62.30	0.55	0.70
占行业比重（%）	19.99	16.94	12.94	12.80	28.85	343.05	12.75
小型企业	56.05	4.87	11.30	9.02	107.65	-1.42	0.50
占行业比重（%）	32.47	47.30	31.45	25.01	49.85	-883.32	9.08
微型企业	0.95	0.02	0.31	0.13	1.90	0.00	0.00
2. 按注册类型分列							
国有企业	35.02	1.54	12.28	12.35	7.82	0.74	1.49
占行业比重（%）	20.29	14.92	34.16	34.25	3.62	464.13	27.21
私营企业	50.03	4.36	12.49	10.55	115.54	-0.52	0.42
占行业比重（%）	28.98	42.36	34.76	29.25	53.50	-324.57	7.61
其他内资企业	64.26	3.53	8.82	10.26	77.98	-0.08	2.72
占行业比重（%）	37.23	34.30	24.53	28.45	36.11	-51.45	49.48
三资企业	23.31	0.87	2.35	2.90	14.60	0.02	0.86
占行业比重（%）	13.51	8.42	6.55	8.04	6.76	11.89	15.71
3. 按控股类型分列							
国有控股	73.10	3.35	16.60	19.04	42.29	1.21	3.85
占行业比重（%）	42.35	32.60	46.20	52.81	19.58	751.18	70.15
私人控股	68.05	5.46	15.94	13.55	149.69	-0.65	0.70
占行业比重（%）	39.42	53.06	44.37	37.57	69.32	-405.97	12.71
三资控股	22.12	0.73	2.52	2.73	11.64	0.02	0.85
占行业比重（%）	12.82	7.14	7.01	7.58	5.39	11.82	15.40
其他控股	9.35	0.74	0.87	0.74	12.33	-0.41	0.10
占行业比重（%）	5.41	7.20	2.42	2.04	5.71	-257.03	1.74

（续）

行业及企业分类	营业外收入（亿元）	利润总额（亿元）	应交所得税（亿元）	应付职工薪酬（亿元）	本年应交增值税（亿元）	本年进项税额（亿元）	本年销项税额（亿元）	亏损企业亏损数（家）
冶金矿山机械行业	20.43	233.51	39.77	271.54	124.32	520.88	592.17	195
(一)冶金机械行业	10.27	14.37	8.69	94.55	30.28	170.40	176.47	79
占冶矿行业比重(%)	50.24	6.15	21.84	34.82	24.36	32.71	29.80	40.51
1.按企业规模分列								
大型企业	7.68	-17.13	2.79	55.22	10.32	101.84	93.29	5
占行业比重(%)	74.85	-119.26	32.17	58.41	34.10	59.76	52.87	6.33
中型企业	1.48	7.41	2.50	20.63	9.48	32.07	38.84	16
占行业比重(%)	14.40	51.61	28.74	21.81	31.32	18.82	22.01	20.25
小型企业	0.96	23.74	3.33	18.32	10.32	35.73	43.47	56
占行业比重(%)	9.37	165.26	38.36	19.37	34.07	20.97	24.63	70.89
微型企业	0.14	0.34	0.06	0.39	0.15	0.76	0.86	2
2.按注册类型分列								
国有企业	1.60	-24.07	0.64	23.49	1.59	24.75	24.40	7
占行业比重(%)	15.58	-167.54	7.42	24.85	5.24	14.52	13.83	8.86
私营企业	0.73	23.99	2.80	15.44	10.34	36.79	45.61	38
占行业比重(%)	7.09	167.00	32.28	16.33	34.15	21.59	25.85	48.10
其他内资企业	7.29	10.05	4.23	45.28	15.36	96.92	93.63	24
占行业比重(%)	70.99	69.95	48.67	47.89	50.72	56.88	53.06	30.38
三资企业	0.65	4.40	1.01	10.34	2.99	11.95	12.82	10
占行业比重(%)	6.33	30.60	11.64	10.93	9.88	7.01	7.27	12.66
3.按控股类型分列								
国有控股	7.99	-24.49	3.60	59.85	11.70	105.28	98.27	13
占行业比重(%)	77.83	-170.44	41.49	63.30	38.63	61.78	55.69	16.46
私人控股	1.29	34.26	4.09	23.40	15.09	50.75	62.73	50
占行业比重(%)	12.58	238.46	47.09	24.75	49.85	29.78	35.55	63.29
三资控股	0.24	1.61	0.51	5.32	1.55	6.18	5.77	7
占行业比重(%)	2.37	11.18	5.81	5.63	5.13	3.63	3.27	8.86
其他控股	0.74	2.99	0.49	5.97	1.94	8.19	9.69	9
占行业比重(%)	7.22	20.81	5.60	6.32	6.40	4.80	5.49	11.39
(二)矿山机械行业	10.17	219.14	31.09	176.99	94.03	350.48	415.70	116
占冶矿行业比重(%)	49.76	93.85	78.16	65.18	75.64	67.29	70.20	59.49
1.按企业规模分列								
大型企业	7.53	49.48	10.14	81.77	32.50	154.01	177.20	5
占行业比重(%)	74.09	22.58	32.61	46.20	34.56	43.94	42.63	4.31
中型企业	2.17	63.43	8.55	43.47	21.96	64.25	80.27	23
占行业比重(%)	21.35	28.95	27.49	24.56	23.36	18.33	19.31	19.83
小型企业	0.44	104.65	12.30	51.15	38.87	131.24	157.05	84
占行业比重(%)	4.37	47.75	39.57	28.90	41.33	37.45	37.78	72.41
微型企业	0.02	1.59	0.10	0.61	0.70	0.99	1.19	4
2.按注册类型分列								
国有企业	3.71	10.73	2.10	42.88	10.10	58.40	66.47	14
占行业比重(%)	36.50	4.90	6.74	24.23	10.75	16.66	15.99	12.07
私营企业	1.95	114.37	12.89	44.54	44.40	125.39	154.92	46
占行业比重(%)	19.19	52.19	41.46	25.17	47.22	35.78	37.27	39.66
其他内资企业	3.26	79.18	12.34	72.43	32.04	141.35	165.67	39
占行业比重(%)	32.07	36.13	39.68	40.92	34.07	40.33	39.85	33.62
三资企业	1.25	14.87	3.77	17.14	7.49	25.34	28.65	17
占行业比重(%)	12.25	6.78	12.12	9.68	7.96	7.23	6.89	14.66
3.按控股类型分列								
国有控股	7.35	47.94	8.95	84.68	25.21	133.40	151.76	19
占行业比重(%)	72.28	21.87	28.79	47.84	26.81	38.06	36.51	16.38
私人控股	2.51	148.70	16.87	64.24	56.52	175.47	214.96	67
占行业比重(%)	24.73	67.85	54.27	36.29	60.10	50.07	51.71	57.76
三资控股	1.22	11.93	3.60	16.07	6.84	22.81	25.56	16
占行业比重(%)	11.96	5.44	11.57	9.08	7.27	6.51	6.15	13.79
其他控股	-0.91	10.58	1.67	12.01	5.47	18.80	23.43	14
占行业比重(%)	-8.97	4.83	5.37	6.78	5.82	5.36	5.64	12.07

（续）

行业及企业分类	亏损企业亏损面（%）	总资产贡献率（%）	资本保值增值率（%）	流动资产周转率（次）	成本费用利润率（%）	资产负债率（%）	主营业务收入利润率（%）	主营业务收入利润总额率（%）
冶金矿山机械行业	8.91	9.18	116.33	1.44	5.40	62.14	15.12	5.08
（一）冶金机械行业	15.37	3.90	115.64	0.93	1.23	67.25	13.83	1.19
占冶矿行业比重（%）								
1. 按企业规模分列								
大型企业	21.74	0.97	132.23	0.53	-3.75	66.01	13.24	-3.88
占行业比重（%）								
中型企业	23.19	6.13	109.20	1.47	2.19	77.26	12.94	2.07
占行业比重（%）								
小型企业	13.69	12.76	93.62	1.90	6.42	60.18	15.21	5.99
占行业比重（%）								
微型企业	15.38	7.02		0.89	5.49	62.63	18.03	5.25
2. 按注册类型分列								
国有企业	36.84	-3.23	109.33	0.48	-16.92	72.22	4.81	-19.80
占行业比重（%）								
私营企业	13.62	14.14	124.08	2.03	6.37	70.51	14.40	5.87
占行业比重（%）								
其他内资企业	13.41	3.79	122.50	0.77	1.84	64.00	15.36	1.79
占行业比重（%）								
三资企业	27.03	6.08	93.67	1.01	4.07	69.56	13.84	3.98
占行业比重（%）								
3. 按控股类型分列								
国有控股	26.00	0.56	114.33	0.56	-4.75	67.05	12.36	-4.93
占行业比重（%）								
私人控股	12.69	14.52	133.52	2.04	6.59	66.66	15.12	6.06
占行业比重（%）								
三资控股	25.00	3.92	89.55	0.92	2.55	73.89	10.78	2.53
占行业比重（%）								
其他控股	21.43	7.71	100.66	1.42	4.04	65.75	16.28	3.87
占行业比重（%）								
（二）矿山机械行业	6.93	12.72	116.98	1.79	6.96	58.73	15.58	6.45
占冶矿行业比重（%）								
1. 按企业规模分列								
大型企业	12.50	7.02	144.31	1.03	4.44	65.12	15.38	4.27
占行业比重（%）								
中型企业	12.11	16.71	98.55	1.98	10.43	55.63	17.93	9.42
占行业比重（%）								
小型企业	5.99	21.27	98.75	3.69	7.47	48.41	14.73	6.81
占行业比重（%）								
微型企业	9.30	16.63		2.40	6.39	40.55	13.81	5.84
2. 按注册类型分列								
国有企业	25.93	4.28	118.95	0.78	2.31	75.34	15.40	2.25
占行业比重（%）								
私营企业	4.66	27.63	111.88	4.28	8.85	42.76	15.97	7.98
占行业比重（%）								
其他内资企业	6.98	11.20	127.00	1.70	6.74	57.64	14.05	6.31
占行业比重（%）								
三资企业	22.97	9.01	112.80	1.09	6.82	52.16	21.84	6.47
占行业比重（%）								
3. 按控股类型分列								
国有控股	16.38	6.23	117.31	0.94	4.86	67.29	15.89	4.63
占行业比重（%）								
私人控股	4.95	24.27	119.47	3.93	8.28	46.09	14.94	7.53
占行业比重（%）								
三资控股	26.23	8.54	114.00	0.97	6.37	50.91	22.45	6.14
占行业比重（%）								
其他控股	9.72	13.55	114.14	2.21	5.94	65.40	13.51	5.55
占行业比重（%）								

（续）

行业及企业分类	工业资金利润率（%）	工业资金利税率（%）	每百元固定资产创利润（元）	每百元固定资产创利税（元）	每百元流动资产创利润（元）	每百元流动资产创利税（元）	流动比率	速动比率
冶金矿山机械行业	5.31	8.74	19.25	31.72	7.33	12.07	1.26	0.93
（一）冶金机械行业	0.80	2.83	2.90	10.21	1.11	3.91	1.22	0.89
占冶矿行业比重（%）								
1.按企业规模分列								
大型企业	-1.49	-0.41	-5.44	-1.48	-2.06	-0.56	1.35	0.96
占行业比重（%）								
中型企业	2.13	5.33	7.20	17.96	3.03	7.57	0.93	0.73
占行业比重（%）								
小型企业	8.31	12.69	30.62	46.75	11.41	17.42	1.22	0.89
占行业比重（%）								
微型企业	4.39	6.64	68.74	103.89	4.69	7.09	1.43	1.16
2.按注册类型分列								
国有企业	-5.98	-5.48	-16.02	-14.67	-9.55	-8.75	1.12	0.70
占行业比重（%）								
私营企业	9.08	13.82	38.47	58.59	11.88	18.09	1.09	0.88
占行业比重（%）								
其他内资企业	1.03	2.88	4.00	11.25	1.38	3.88	1.34	1.00
占行业比重（%）								
三资企业	3.10	5.54	13.69	24.52	4.00	7.16	1.07	0.76
占行业比重（%）								
3.按控股类型分列								
国有控股	-1.95	-0.83	-6.78	-2.88	-2.74	-1.17	1.28	0.91
占行业比重（%）								
私人控股	9.24	14.13	36.59	55.98	12.36	18.90	1.15	0.90
占行业比重（%）								
三资控股	1.75	3.66	7.05	14.76	2.33	4.87	1.00	0.71
占行业比重（%）								
其他控股	4.12	7.21	16.26	28.48	5.51	9.65	1.05	0.75
占行业比重（%）								
（二）矿山机械行业	8.39	12.79	30.55	46.59	11.56	17.64	1.28	0.97
占冶矿行业比重（%）								
1.按企业规模分列								
大型企业	3.47	6.12	16.61	29.28	4.39	7.74	1.27	0.97
占行业比重（%）								
中型企业	12.65	17.99	39.28	55.84	18.66	26.53	1.23	0.88
占行业比重（%）								
小型企业	15.55	22.91	40.85	60.16	25.12	36.99	1.33	1.02
占行业比重（%）								
微型企业	12.17	20.47	93.49	157.29	13.99	23.53	2.24	1.84
2.按注册类型分列								
国有企业	1.43	3.03	7.71	16.32	1.76	3.72	1.14	0.85
占行业比重（%）								
私营企业	19.99	29.68	48.16	71.52	34.17	50.74	1.53	1.22
占行业比重（%）								
其他内资企业	7.72	11.52	27.72	41.34	10.71	15.96	1.25	0.94
占行业比重（%）								
三资企业	5.59	8.87	26.97	42.81	7.05	11.19	1.49	1.09
占行业比重（%）								
3.按控股类型分列								
国有控股	3.37	5.47	15.22	24.70	4.33	7.03	1.20	0.89
占行业比重（%）								
私人控股	17.87	26.35	45.06	66.44	29.62	43.67	1.42	1.11
占行业比重（%）								
三资控股	4.99	8.34	30.99	51.81	5.94	9.93	1.59	1.16
占行业比重（%）								
其他控股	8.80	14.34	31.14	50.76	12.26	19.98	1.12	0.87
占行业比重（%）								

〔供稿人：中国重型机械工业协会王文斯　审稿人：中国重型机械工业协会李镜〕

2012 年物料搬运(起重运输)机械行业主要经济指标

行业及企业分类	企业数（家）	工业销售产值（当年价）（亿元）	其中:出口交货值（亿元）	流动资产合计（亿元）	应收账款（亿元）	存货（亿元）	其中:产成品（亿元）
物料搬运(起重运输)机械行业	1 928	5 546.02	599.38	3 273.81	1 012.51	874.37	291.57
(一)轻小型起重设备行业	272	391.54	82.54	209.54	64.80	55.05	17.35
占物料搬运行业比重(%)	14.11	7.06	13.77	6.40	6.40	6.30	5.95
1.按企业规模分列							
大型企业	4	97.43	36.36	58.70	13.66	12.92	4.29
占行业比重(%)	1.47	24.88	44.05	28.01	21.07	23.46	24.72
中型企业	39	125.79	28.16	74.84	25.62	20.54	6.59
占行业比重(%)	14.34	32.13	34.11	35.72	39.54	37.32	38.00
小型企业	226	167.68	18.02	75.48	25.41	21.53	6.43
占行业比重(%)	83.09	42.83	21.84	36.02	39.21	39.12	37.07
微型企业	3	0.64	0.00	0.53	0.12	0.06	0.04
2.按注册类型分列							
国有企业	8	20.29	0.11	22.54	6.18	7.26	2.58
占行业比重(%)	2.94	5.18	0.13	10.76	9.54	13.19	14.88
私营企业	159	142.22	12.57	60.01	18.56	15.80	5.34
占行业比重(%)	58.46	36.32	15.23	28.64	28.64	28.70	30.77
其他内资企业	65	163.14	38.09	90.27	26.44	19.57	6.04
占行业比重(%)	23.90	41.67	46.15	43.08	40.80	35.55	34.83
三资企业	40	65.89	31.77	36.71	13.62	12.42	3.39
占行业比重(%)	14.71	16.83	38.49	17.52	21.01	22.55	19.53
3.按控股类型分列							
国有控股	10	25.84	0.31	29.57	9.83	9.61	3.25
占行业比重(%)	3.68	6.60	0.37	14.11	15.17	17.46	18.74
私人控股	213	286.36	43.18	137.30	38.73	33.45	10.43
占行业比重(%)	78.31	73.14	52.31	65.53	59.76	60.76	60.12
三资控股	27	46.27	25.37	25.60	9.87	8.14	1.78
占行业比重(%)	9.93	11.82	30.74	12.22	15.23	14.78	10.27
其他控股	22	33.07	13.68	17.07	6.37	3.85	1.89
占行业比重(%)	8.09	8.45	16.58	8.14	9.83	7.00	10.87
(二)起重机行业	755	2 505.32	267.37	1 508.44	485.32	458.45	113.03
占物料搬运行业比重(%)	39.16	45.17	44.61	46.08	47.93	52.43	38.77
1.按企业规模分列							
大型企业	23	1 158.47	216.39	932.15	306.50	300.76	70.13
占行业比重(%)	3.05	46.24	80.93	61.80	63.15	65.60	62.04
中型企业	120	645.05	38.26	282.58	93.33	79.45	17.24
占行业比重(%)	15.89	25.75	14.31	18.73	19.23	17.33	15.25
小型企业	605	699.00	12.66	287.53	85.42	77.91	25.44
占行业比重(%)	80.13	27.90	4.73	19.06	17.60	16.99	22.50
微型企业	7	2.80	0.06	6.18	0.08	0.34	0.23
2.按注册类型分列							
国有企业	24	612.46	61.24	581.99	247.40	133.37	59.11
占行业比重(%)	3.18	24.45	22.91	38.58	50.98	29.09	52.30
私营企业	414	754.67	19.68	245.35	76.80	59.77	18.04
占行业比重(%)	54.83	30.12	7.36	16.27	15.82	13.04	15.96
其他内资企业	256	770.06	20.05	329.27	96.32	93.32	25.91
占行业比重(%)	33.91	30.74	7.50	21.83	19.85	20.36	22.92
三资企业	61	368.13	166.40	351.84	64.80	171.99	9.96
占行业比重(%)	8.08	14.69	62.24	23.32	13.35	37.51	8.82
3.按控股类型分列							
国有控股	36	714.81	61.83	639.67	268.54	157.95	68.74
占行业比重(%)	4.77	28.53	23.13	42.41	55.33	34.45	60.81
私人控股	604	1 291.50	36.22	483.92	135.00	126.30	32.50
占行业比重(%)	80.00	51.55	13.55	32.08	27.82	27.55	28.75

（续）

行业及企业分类	企业数（家）	工业销售产值（当年价）（亿元）	其中:出口交货值（亿元）	流动资产合计（亿元）	应收账款（亿元）	存货（亿元）	其中:产成品（亿元）
三资控股	42	331.25	163.01	311.77	57.81	156.93	6.55
占行业比重(%)	5.56	13.22	60.97	20.67	11.91	34.23	5.80
其他控股	73	167.76	6.31	73.08	23.96	17.27	5.24
占行业比重(%)	9.67	6.70	2.36	4.85	4.94	3.77	4.64
(三)连续搬运设备行业	219	291.89	10.06	155.65	55.32	41.59	11.79
占物料搬运行业比重(%)	11.36	5.26	1.68	4.75	5.46	4.76	4.04
1.按企业规模分列							
中型企业	25	131.72	4.32	82.89	25.98	25.31	6.99
占行业比重(%)	11.42	45.13	42.96	53.25	46.96	60.84	59.24
小型企业	191	159.33	5.74	72.33	28.94	16.27	4.80
占行业比重(%)	87.21	54.58	57.04	46.47	52.31	39.13	40.72
微型企业	3	0.84	0.00	0.43	0.40	0.01	0.00
2.按注册类型分列							
国有企业	5	19.62	0.27	18.13	2.85	5.72	3.26
占行业比重(%)	2.28	6.72	2.67	11.65	5.16	13.76	27.61
私营企业	118	114.03	1.04	51.08	19.53	12.64	4.03
占行业比重(%)	53.88	39.06	10.34	32.82	35.29	30.40	34.14
其他内资企业	64	122.73	1.77	68.22	26.35	17.20	3.45
占行业比重(%)	29.22	42.04	17.60	43.83	47.64	41.35	29.29
三资企业	32	35.52	6.98	18.21	6.59	6.03	1.06
占行业比重(%)	14.61	12.17	69.39	11.70	11.91	14.50	8.96
3.按控股类型分列							
国有控股	7	26.90	0.27	23.52	5.00	6.70	3.37
占行业比重(%)	3.20	9.21	2.67	15.11	9.04	16.12	28.58
私人控股	174	219.80	2.95	103.09	39.30	26.21	7.33
占行业比重(%)	79.45	75.30	29.35	66.23	71.03	63.02	62.14
三资控股	28	33.71	6.84	17.23	6.45	5.64	0.98
占行业比重(%)	12.79	11.55	67.98	11.07	11.66	13.55	8.31
其他控股	10	11.49	0.00	11.81	4.58	3.04	0.11
占行业比重(%)	4.57	3.93	0.00	7.59	8.27	7.31	0.97
(四)工业车辆行业	109	337.82	66.37	165.03	45.94	57.97	20.49
占物料搬运行业比重(%)	5.65	6.09	11.07	5.04	4.54	6.63	7.03
其中:大型企业	4	119.19	33.84	54.03	13.51	21.16	7.12
占行业比重(%)	3.67	35.28	50.99	32.74	29.42	36.50	34.74
中型企业	17	111.15	10.92	56.72	16.29	18.30	8.36
占行业比重(%)	15.60	32.90	16.45	34.37	35.46	31.56	40.78
小型企业	87	106.98	21.61	54.08	16.02	18.50	5.02
占行业比重(%)	79.82	31.67	32.57	32.77	34.87	31.92	24.48
微型企业	1	0.51	0.00	0.20	0.11	0.01	0.00
(五)电梯、自动扶梯及升降机行业	461	1 863.99	161.81	1 145.15	330.64	234.34	121.30
占物料搬运行业比重(%)	23.91	33.61	27.00	34.98	32.66	26.80	41.60
其中:大型企业	18	970.03	113.83	668.72	192.16	141.10	86.48
占行业比重(%)	3.90	52.04	70.35	58.40	58.12	60.21	71.30
中型企业	71	497.82	28.12	249.26	75.51	52.53	20.03
占行业比重(%)	15.40	26.71	17.38	21.77	22.84	22.42	16.51
小型企业	362	390.37	19.39	225.67	62.71	40.57	14.69
占行业比重(%)	78.52	20.94	11.98	19.71	18.97	17.31	12.11
微型企业	10	5.77	0.47	1.51	0.27	0.14	0.10
(六)其他物料搬运设备行业	112	155.47	11.23	90.00	30.49	26.97	7.61
占物料搬运行业比重(%)	5.81	2.80	1.87	2.75	3.01	3.08	2.61
其中:大型企业	1	7.75	0.00	11.74	3.30	2.53	0.27
占行业比重(%)	0.89	4.99	0.00	13.04	10.81	9.39	3.58
中型企业	14	43.84	3.00	29.14	9.50	9.80	3.61
占行业比重(%)	12.50	28.20	26.73	32.38	31.16	36.33	47.48
小型企业	97	103.88	8.23	49.11	17.69	14.64	3.72
占行业比重(%)	86.61	66.82	73.27	54.57	58.03	54.28	48.95
建筑材料生产专用机械制造	577	1 016.18	32.36	460.05	132.46	114.40	35.32
其中:大型企业	8	155.30	14.48	104.35	27.07	15.46	3.77
中型企业	64	330.92	8.85	165.87	51.43	44.22	14.73
小型企业	491	522.75	9.02	186.38	52.50	54.09	16.72
微型企业	14	7.20	0.02	3.45	1.46	0.64	0.09

（续）

行业及企业分类	固定资产合计（亿元）	固定资产原价（亿元）	累计折旧（亿元）	其中：本年折旧（亿元）	资产总计（亿元）	流动负债合计（亿元）	其中：应付账款（亿元）
物料搬运（起重运输）机械行业	1 024.18	1 499.12	565.02	115.16	4 973.39	2 521.57	754.79
（一）轻小型起重设备行业	99.17	122.35	32.09	9.12	341.52	174.24	42.12
占物料搬运行业比重（%）	9.68	8.16	5.68	7.92	6.87	6.91	5.58
1. 按企业规模分列							
大型企业	48.47	52.14	9.24	4.84	116.34	48.48	6.76
占行业比重（%）	48.87	42.62	28.79	53.04	34.06	27.82	16.04
中型企业	20.19	30.32	11.35	1.97	106.05	61.37	18.47
占行业比重（%）	20.36	24.78	35.36	21.64	31.05	35.22	43.84
小型企业	30.37	39.73	11.50	2.31	117.63	63.99	16.78
占行业比重（%）	30.62	32.47	35.82	25.28	34.44	36.72	39.83
微型企业	0.15	0.16	0.01	0.00	1.51	0.41	0.12
2. 按注册类型分列							
国有企业	9.21	14.80	6.79	0.60	31.94	18.61	4.37
占行业比重（%）	9.29	12.10	21.16	6.63	9.35	10.68	10.39
私营企业	25.07	32.55	9.16	2.24	97.03	53.66	11.63
占行业比重（%）	25.28	26.61	28.55	24.57	28.41	30.80	27.61
其他内资企业	54.89	59.21	9.74	5.21	162.87	75.30	16.72
占行业比重（%）	55.35	48.39	30.36	57.10	47.69	43.21	39.68
三资企业	10.00	15.79	6.40	1.07	49.68	26.67	9.40
占行业比重（%）	10.08	12.90	19.93	11.71	14.55	15.31	22.32
3. 按控股类型分列							
国有控股	10.35	17.16	8.02	0.73	40.91	24.48	6.79
占行业比重（%）	10.44	14.02	24.98	7.98	11.98	14.05	16.13
私人控股	76.62	87.23	17.76	7.28	240.19	117.43	22.11
占行业比重（%）	77.26	71.30	55.35	79.83	70.33	67.39	52.48
三资控股	8.04	12.13	4.64	0.81	35.31	17.71	6.32
占行业比重（%）	8.11	9.91	14.45	8.90	10.34	10.16	15.01
其他控股	4.15	5.83	1.68	0.30	25.10	14.62	6.90
占行业比重（%）	4.19	4.77	5.22	3.29	7.35	8.39	16.38
（二）起重机行业	599.79	899.01	353.20	74.64	2 526.31	1 181.40	323.03
占物料搬运行业比重（%）	58.56	59.97	62.51	64.81	50.80	46.85	42.80
1. 按企业规模分列							
大型企业	337.33	464.08	159.34	38.06	1 554.92	761.08	210.27
占行业比重（%）	56.24	51.62	45.11	51.00	61.55	64.42	65.09
中型企业	119.43	216.70	103.79	18.97	459.17	206.77	57.09
占行业比重（%）	19.91	24.10	29.38	25.42	18.18	17.50	17.67
小型企业	142.77	217.87	89.84	17.57	499.37	207.02	54.87
占行业比重（%）	23.80	24.23	25.44	23.54	19.77	17.52	16.99
微型企业	0.27	0.36	0.23	0.03	12.84	6.53	0.80
2. 按注册类型分列							
国有企业	123.79	134.18	40.65	8.38	833.58	421.97	120.12
占行业比重（%）	20.64	14.92	11.51	11.23	33.00	35.72	37.18
私营企业	115.83	223.07	116.93	20.32	420.21	164.94	45.63
占行业比重（%）	19.31	24.81	33.11	27.22	16.63	13.96	14.12
其他内资企业	173.35	268.17	106.37	31.16	626.74	295.11	108.59
占行业比重（%）	28.90	29.83	30.12	41.75	24.81	24.98	33.62
三资企业	186.83	273.60	89.24	14.78	645.78	299.38	48.70
占行业比重（%）	31.15	30.43	25.27	19.80	25.56	25.34	15.07
3. 按控股类型分列							
国有控股	161.18	193.78	63.50	14.39	1 008.86	543.25	197.20
占行业比重（%）	26.87	21.55	17.98	19.28	39.93	45.98	61.05
私人控股	234.80	406.56	192.15	43.95	818.44	314.87	76.35
占行业比重（%）	39.15	45.22	54.40	58.88	32.40	26.65	23.64
三资控股	177.80	263.06	86.73	13.96	589.38	280.94	42.83
占行业比重（%）	29.64	29.26	24.55	18.70	23.33	23.78	13.26
其他控股	26.01	35.61	10.82	2.34	109.63	42.34	6.65
占行业比重（%）	4.34	3.96	3.06	3.13	4.34	3.58	2.06

（续）

行业及企业分类	固定资产合计（亿元）	固定资产原价（亿元）	累计折旧（亿元）	其中：本年折旧（亿元）	资产总计（亿元）	流动负债合计（亿元）	其中：应付账款（亿元）
（三）连续搬运设备行业	51.82	66.51	21.29	4.56	236.43	114.47	41.69
占物料搬运行业比重（%）	5.06	4.44	3.77	3.96	4.75	4.54	5.52
1. 按企业规模分列							
中型企业	23.86	32.59	11.72	2.10	125.68	66.04	27.18
占行业比重（%）	46.06	48.99	55.03	46.05	53.16	57.70	65.20
小型企业	27.94	33.91	9.57	2.46	110.30	48.30	14.40
占行业比重（%）	53.93	50.99	44.95	53.93	46.65	42.20	34.54
微型企业	0.01	0.01	0.00	0.00	0.44	0.12	0.11
2. 按注册类型分列							
国有企业	5.98	10.02	5.38	0.62	26.59	13.03	3.98
占行业比重（%）	11.54	15.07	25.26	13.50	11.24	11.39	9.54
私营企业	21.88	24.91	7.28	1.95	87.20	42.00	10.79
占行业比重（%）	42.22	37.45	34.19	42.83	36.88	36.69	25.88
其他内资企业	17.32	22.18	5.78	1.42	94.88	44.87	22.41
占行业比重（%）	33.42	33.34	27.13	31.13	40.13	39.20	53.75
三资企业	6.64	9.40	2.86	0.57	27.76	14.57	4.52
占行业比重（%）	12.82	14.14	13.42	12.53	11.74	12.73	10.83
3. 按控股类型分列							
国有控股	9.78	14.34	5.89	0.82	37.51	16.00	5.60
占行业比重（%）	18.88	21.55	27.68	17.89	15.86	13.98	13.43
私人控股	34.39	41.59	12.25	3.08	158.25	77.99	28.17
占行业比重（%）	66.38	62.54	57.54	67.56	66.93	68.13	67.57
三资控股	6.35	8.99	2.71	0.55	26.40	14.19	4.45
占行业比重（%）	12.26	13.52	12.74	12.08	11.16	12.39	10.68
其他控股	1.29	1.59	0.44	0.11	14.27	6.29	3.47
占行业比重（%）	2.49	2.39	2.04	2.47	6.04	5.50	8.32
（四）工业车辆行业	63.25	90.56	31.89	5.26	251.92	118.54	48.88
占物料搬运行业比重（%）	6.18	6.04	5.64	4.57	5.07	4.70	6.48
其中：大型企业	22.33	41.03	19.01	1.99	87.74	31.72	19.69
占行业比重（%）	35.30	45.30	59.63	37.82	34.83	26.76	40.29
中型企业	16.98	22.19	6.72	1.92	77.33	40.32	13.33
占行业比重（%）	26.84	24.50	21.06	36.44	30.70	34.02	27.26
小型企业	23.91	27.29	6.15	1.35	86.61	46.26	15.79
占行业比重（%）	37.79	30.13	19.28	25.63	34.38	39.02	32.30
微型企业	0.04	0.05	0.01	0.01	0.24	0.24	0.07
（五）电梯、自动扶梯及升降机行业	178.43	278.33	112.43	18.78	1 475.11	864.03	278.25
占物料搬运行业比重（%）	17.42	18.57	19.90	16.31	29.66	34.27	36.86
其中：大型企业	69.39	114.90	47.27	6.81	799.21	515.13	158.71
占行业比重（%）	38.89	41.28	42.04	36.27	54.18	59.62	57.04
中型企业	52.82	78.75	30.77	5.75	357.99	196.38	70.93
占行业比重（%）	29.60	28.29	27.36	30.61	24.27	22.73	25.49
小型企业	55.95	84.21	34.19	6.17	315.82	151.74	48.44
占行业比重（%）	31.36	30.25	30.41	32.84	21.41	17.56	17.41
微型企业	0.27	0.48	0.21	0.05	2.09	0.79	0.17
（六）其他物料搬运设备行业	31.72	42.35	14.11	2.79	142.10	68.90	20.81
占物料搬运行业比重（%）	3.10	2.82	2.50	2.43	2.86	2.73	2.76
其中：大型企业	2.12	2.12	0.72	0.12	17.83	11.23	0.87
占行业比重（%）	6.68	5.00	5.10	4.38	12.55	16.29	4.17
中型企业	8.83	12.12	3.66	0.83	46.79	24.18	8.25
占行业比重（%）	27.83	28.63	25.93	29.82	32.92	35.09	39.65
小型企业	20.78	28.11	9.73	1.84	77.49	33.49	11.69
占行业比重（%）	65.50	66.37	68.96	65.80	54.53	48.61	56.18
建筑材料生产专用机械制造	164.38	236.29	83.58	15.95	685.91	366.01	116.60
其中：大型企业	27.89	34.64	6.74	2.44	143.86	84.76	34.37
中型企业	62.11	100.02	44.24	7.49	248.59	140.60	39.58
小型企业	74.17	101.39	32.53	5.99	288.90	139.67	41.93
微型企业	0.21	0.25	0.07	0.03	4.56	0.97	0.72

（续）

行业及企业分类	负债合计（亿元）	所有者权益合计（亿元）	其中：实收资本（亿元）	1. 国家资本（亿元）	2. 集体资本（亿元）	3. 法人资本（亿元）	4. 个人资本（亿元）
物料搬运（起重运输）机械行业	2 985.41	1 979.11	822.85	61.76	10.19	271.17	296.89
（一）轻小型起重设备行业	200.24	139.83	61.42	5.40	0.59	21.52	22.86
占物料搬运行业比重（%）	6.71	7.07	7.46	8.75	5.83	7.94	7.70
1. 按企业规模分列							
大型企业	66.68	49.65	8.52	3.00	0.00	1.61	3.73
占行业比重（%）	33.30	35.51	13.88	55.54	0.00	7.48	16.30
中型企业	64.68	41.37	20.24	2.24	0.09	9.61	2.48
占行业比重（%）	32.30	29.58	32.96	41.40	14.34	44.67	10.83
小型企业	68.03	48.74	32.61	0.17	0.51	10.29	16.63
占行业比重（%）	33.98	34.85	53.10	3.06	85.66	47.80	72.73
微型企业	0.84	0.07	0.04	0.00	0.00	0.01	0.03
2. 按注册类型分列							
国有企业	20.42	11.52	7.49	4.61	0.00	2.88	0.00
占行业比重（%）	10.20	8.24	12.20	85.41	0.00	13.39	0.00
私营企业	56.46	39.33	21.75	0.06	0.09	7.18	14.38
占行业比重（%）	28.20	28.13	35.42	1.20	14.34	33.36	62.87
其他内资企业	96.19	66.47	17.97	0.01	0.51	9.46	7.79
占行业比重（%）	48.04	47.54	29.26	0.10	85.66	43.95	34.08
三资企业	27.17	22.51	14.20	0.72	0.00	2.00	0.70
占行业比重（%）	13.57	16.10	23.12	13.29	0.00	9.30	3.04
3. 按控股类型分列							
国有控股	26.55	14.36	9.70	5.33	0.00	3.88	0.19
占行业比重（%）	13.26	10.27	15.79	98.70	0.00	18.04	0.83
私人控股	140.43	98.34	35.27	0.06	0.24	12.46	22.03
占行业比重（%）	70.13	70.33	57.42	1.20	39.62	57.88	96.36
三资控股	17.85	17.46	11.34	0.00	0.00	1.23	0.22
占行业比重（%）	8.91	12.49	18.46	0.00	0.00	5.70	0.94
其他控股	15.41	9.66	5.11	0.01	0.36	3.96	0.43
占行业比重（%）	7.69	6.91	8.33	0.10	60.38	18.38	1.87
（二）起重机行业	1 552.41	967.22	377.80	48.56	6.86	120.13	160.25
占物料搬运行业比重（%）	52.00	48.87	45.91	78.63	67.33	44.30	53.98
1. 按企业规模分列							
大型企业	1 056.06	495.85	100.13	30.81	0.00	17.91	42.15
占行业比重（%）	68.03	51.27	26.50	63.44	0.00	14.91	26.30
中型企业	240.34	218.08	116.71	13.15	3.69	41.26	33.56
占行业比重（%）	15.48	22.55	30.89	27.09	53.82	34.35	20.95
小型企业	248.66	248.40	155.58	4.60	1.17	59.34	82.78
占行业比重（%）	16.02	25.68	41.18	9.47	17.02	49.39	51.65
微型企业	7.36	4.89	5.38	0.00	2.00	1.62	1.76
2. 按注册类型分列							
国有企业	594.24	239.34	39.84	29.51	0.00	8.02	2.31
占行业比重（%）	38.28	24.75	10.55	60.76	0.00	6.68	1.44
私营企业	195.84	222.53	117.57	1.52	0.47	43.58	70.56
占行业比重（%）	12.62	23.01	31.12	3.13	6.79	36.28	44.03
其他内资企业	361.08	261.68	118.74	11.81	5.89	38.30	62.43
占行业比重（%）	23.26	27.05	31.43	24.31	85.92	31.88	38.96
三资企业	401.25	243.67	101.65	5.73	0.50	30.23	24.95
占行业比重（%）	25.85	25.19	26.91	11.80	7.29	25.16	15.57
3. 按控股类型分列							
国有控股	719.41	289.45	66.71	40.75	0.26	20.48	4.00
占行业比重（%）	46.34	29.93	17.66	83.92	3.72	17.05	2.49
私人控股	407.24	405.81	194.55	2.06	5.35	67.54	114.37
占行业比重（%）	26.23	41.96	51.50	4.24	78.03	56.22	71.37
三资控股	376.92	211.85	84.92	5.73	0.70	19.80	23.85
占行业比重（%）	24.28	21.90	22.48	11.80	10.21	16.48	14.88
其他控股	48.85	60.10	31.62	0.02	0.55	12.31	18.03
占行业比重（%）	3.15	6.21	8.37	0.04	8.04	10.25	11.25

（续）

行业及企业分类	负债合计（亿元）	所有者权益合计（亿元）	其中：实收资本（亿元）	1. 国家资本（亿元）	2. 集体资本（亿元）	3. 法人资本（亿元）	4. 个人资本（亿元）
（三）连续搬运设备行业	132.75	103.64	54.44	0.35	0.12	19.54	25.59
占物料搬运行业比重（%）	4.45	5.24	6.62	0.56	1.21	7.21	8.62
1. 按企业规模分列							
中型企业	78.40	47.25	19.63	0.35	0.00	9.77	5.87
占行业比重（%）	59.06	45.59	36.05	100.00	0.00	50.01	22.95
小型企业	54.22	56.08	34.51	0.00	0.12	9.77	19.42
占行业比重（%）	40.84	54.11	63.39	0.00	100.00	49.98	75.87
微型企业	0.13	0.31	0.30	0.00	0.00	0.00	0.30
2. 按注册类型分列							
国有企业	16.41	10.14	3.54	0.35	0.00	3.19	0.01
占行业比重（%）	12.36	9.79	6.50	100.00	0.00	16.31	0.02
私营企业	45.56	41.81	23.10	0.00	0.00	7.95	14.97
占行业比重（%）	34.32	40.34	42.43	0.00	0.00	40.69	58.49
其他内资企业	55.75	38.96	17.47	0.00	0.12	8.02	9.33
占行业比重（%）	41.99	37.59	32.09	0.00	100.00	41.03	36.44
三资企业	15.03	12.73	10.33	0.00	0.00	0.38	1.29
占行业比重（%）	11.32	12.28	18.98	0.00	0.00	1.97	5.05
3. 按控股类型分列							
国有控股	24.34	13.14	5.76	0.35	0.00	5.41	0.00
占行业比重（%）	18.34	12.68	10.58	100.00	0.00	27.69	0.00
私人控股	86.84	71.42	37.49	0.00	0.00	13.86	23.34
占行业比重（%）	65.41	68.91	68.87	0.00	0.00	70.93	91.20
三资控股	14.65	11.75	9.57	0.00	0.00	0.24	0.87
占行业比重（%）	11.04	11.33	17.57	0.00	0.00	1.21	3.40
其他控股	6.93	7.34	1.62	0.00	0.12	0.03	1.38
占行业比重（%）	5.22	7.08	2.98	0.00	100.00	0.17	5.40
（四）工业车辆行业	134.67	117.25	57.72	4.66	0.01	15.70	16.41
占物料搬运行业比重（%）	4.51	5.92	7.01	7.55	0.15	5.79	5.53
其中：大型企业	34.87	52.86	17.39	1.93	0.00	3.19	3.14
占行业比重（%）	25.89	45.09	30.12	41.37	0.00	20.35	19.13
中型企业	43.67	33.66	17.51	2.13	0.00	5.70	3.17
占行业比重（%）	32.43	28.71	30.33	45.75	0.00	36.32	19.30
小型企业	55.89	30.72	22.82	0.60	0.01	6.80	10.10
占行业比重（%）	41.50	26.20	39.54	12.88	100.00	43.34	61.54
微型企业	0.24	0.00	0.01	0.00	0.00	0.00	0.01
（五）电梯、自动扶梯及升降机行业	885.65	589.05	237.92	1.38	1.78	81.51	62.09
占物料搬运行业比重（%）	29.67	29.76	28.91	2.24	17.48	30.06	20.91
其中：大型企业	524.23	274.99	68.87	0.00	0.00	21.03	6.89
占行业比重（%）	59.19	46.68	28.95	0.00	0.00	25.81	11.10
中型企业	199.41	158.58	66.75	0.04	0.16	24.33	12.07
占行业比重（%）	22.52	26.92	28.06	3.20	9.25	29.85	19.43
小型企业	161.10	154.32	101.63	1.34	1.62	36.03	42.68
占行业比重（%）	18.19	26.20	42.72	96.80	90.75	44.21	68.74
微型企业	0.92	1.17	0.65	0.00	0.00	0.11	0.45
（六）其他物料搬运设备行业	79.69	62.12	33.56	1.40	0.82	12.77	9.69
占物料搬运行业比重（%）	2.67	3.14	4.08	2.27	8.01	4.71	3.26
其中：大型企业	12.27	5.55	2.21	0.00	0.00	0.00	2.21
占行业比重（%）	15.40	8.94	6.59	0.00	0.00	0.00	22.82
中型企业	29.97	16.81	9.28	1.20	0.56	5.83	1.50
占行业比重（%）	37.61	27.07	27.65	85.47	68.93	45.68	15.44
小型企业	37.44	39.75	22.07	0.20	0.25	6.94	5.98
占行业比重（%）	46.99	63.99	65.76	14.53	31.07	54.32	61.74
建筑材料生产专用机械制造	406.54	277.35	267.73	15.59	0.80	191.52	47.10
其中：大型企业	88.28	55.58	15.88	2.80	0.00	1.42	11.67
中型企业	155.24	92.98	38.86	8.39	0.24	17.82	10.03
小型企业	160.93	126.93	212.32	3.92	0.56	172.23	25.28
微型企业	2.09	1.85	0.67	0.48	0.00	0.05	0.12

（续）

行业及企业分类	5. 中国港澳台资本（亿元）	6. 外商资本（亿元）	主营业务收入（亿元）	主营业务成本（亿元）	主营业务税金及附加（亿元）	其他业务利润（亿元）	销售费用（亿元）
物料搬运（起重运输）机械行业	47.06	135.60	5 547.08	4 616.42	26.79	10.68	184.20
（一）轻小型起重设备行业	2.67	8.37	390.86	323.70	2.26	0.65	11.68
占物料搬运行业比重（%）	5.67	6.17	7.05	7.01	8.44	6.07	6.34
1. 按企业规模分列							
大型企业	0.00	0.18	100.73	83.38	0.58	0.00	3.30
占行业比重（%）	0.00	2.19	25.77	25.76	25.47	0.28	28.22
中型企业	0.10	5.73	124.88	102.99	0.67	0.37	3.84
占行业比重（%）	3.67	68.49	31.95	31.82	29.64	57.19	32.93
小型企业	2.57	2.45	164.61	136.82	1.01	0.28	4.52
占行业比重（%）	96.33	29.32	42.12	42.27	44.79	42.53	38.73
微型企业	0.00	0.00	0.64	0.51	0.00	0.00	0.01
2. 按注册类型分列							
国有企业	0.00	0.00	20.28	16.10	0.14	0.08	0.83
占行业比重（%）	0.00	0.00	5.19	4.97	6.00	12.92	7.08
私营企业	0.00	0.05	139.68	115.31	0.75	0.13	4.07
占行业比重（%）	0.00	0.60	35.74	35.62	33.20	19.95	34.88
其他内资企业	0.00	0.21	165.90	137.16	1.14	0.14	4.76
占行业比重（%）	0.00	2.46	42.45	42.37	50.26	21.58	40.79
三资企业	2.67	8.11	65.00	55.13	0.24	0.30	2.01
占行业比重（%）	100.00	96.95	16.63	17.03	10.53	45.55	17.26
3. 按控股类型分列							
国有控股	0.00	0.29	25.67	20.92	0.16	0.09	0.98
占行业比重（%）	0.00	3.52	6.57	6.46	7.14	13.66	8.35
私人控股	0.30	0.18	283.44	232.81	1.71	0.22	8.13
占行业比重（%）	11.23	2.14	72.52	71.92	75.46	34.18	69.65
三资控股	2.36	7.54	45.92	39.02	0.17	0.27	1.46
占行业比重（%）	88.46	90.05	11.75	12.05	7.61	41.11	12.50
其他控股	0.01	0.36	35.82	30.96	0.22	0.07	1.11
占行业比重（%）	0.31	4.29	9.17	9.56	9.79	11.05	9.50
（二）起重机行业	8.47	33.53	2 487.62	2 111.94	10.96	2.65	66.28
占物料搬运行业比重（%）	17.99	24.73	44.85	45.75	40.89	24.80	35.98
1. 按企业规模分列							
大型企业	1.42	7.84	1 156.90	1 004.17	3.40	0.77	26.36
占行业比重（%）	16.79	23.37	46.51	47.55	31.02	29.02	39.77
中型企业	4.58	20.45	641.94	534.79	3.84	0.95	17.89
占行业比重（%）	54.13	61.00	25.81	25.32	35.04	35.77	26.99
小型企业	2.46	5.24	686.22	570.72	3.70	0.92	22.00
占行业比重（%）	29.08	15.63	27.59	27.02	33.78	34.89	33.19
微型企业	0.00	0.00	2.56	2.25	0.02	0.01	0.03
2. 按注册类型分列							
国有企业	0.00	0.00	616.49	520.83	2.08	0.08	21.38
占行业比重（%）	0.00	0.00	24.78	24.66	19.01	3.12	32.25
私营企业	1.42	0.02	730.23	609.43	3.99	0.80	18.49
占行业比重（%）	16.79	0.06	29.35	28.86	36.41	30.33	27.89
其他内资企业	0.12	0.20	786.89	664.64	3.44	0.72	20.91
占行业比重（%）	1.39	0.59	31.63	31.47	31.37	27.08	31.54
三资企业	6.93	33.32	354.01	317.03	1.45	1.05	5.51
占行业比重（%）	81.82	99.35	14.23	15.01	13.21	39.47	8.32
3. 按控股类型分列							
国有控股	0.00	1.22	723.62	619.04	2.32	0.21	22.18
占行业比重（%）	0.02	3.64	29.09	29.31	21.16	8.09	33.46
私人控股	4.12	1.11	1 276.15	1 064.92	6.28	1.46	35.25
占行业比重（%）	48.64	3.31	51.30	50.42	57.35	55.15	53.18
三资控股	4.35	30.50	320.81	291.59	1.27	0.73	4.29
占行业比重（%）	51.34	90.95	12.90	13.81	11.60	27.55	6.47
其他控股	0.00	0.70	167.05	136.39	1.08	0.24	4.57
占行业比重（%）	0.00	2.10	6.72	6.46	9.89	9.22	6.90

(续)

行业及企业分类	5.中国港澳台资本(亿元)	6.外商资本(亿元)	主营业务收入(亿元)	主营业务成本(亿元)	主营业务税金及附加(亿元)	其他业务利润(亿元)	销售费用(亿元)
(三)连续搬运设备行业	1.04	7.61	287.82	233.05	1.50	0.85	10.66
占物料搬运行业比重(%)	2.21	5.62	5.19	5.05	5.58	7.93	5.79
1.按企业规模分列							
中型企业	0.00	3.64	125.42	101.62	0.64	0.49	3.98
占行业比重(%)	0.00	47.74	43.58	43.60	42.94	57.73	37.35
小型企业	1.04	3.98	161.57	130.62	0.85	0.36	6.67
占行业比重(%)	100.00	52.26	56.13	56.05	56.80	42.27	62.59
微型企业	0.00	0.00	0.83	0.82	0.00	0.00	0.01
2.按注册类型分列							
国有企业	0.00	0.00	23.40	15.94	0.16	0.29	0.98
占行业比重(%)	0.00	0.00	8.13	6.84	10.56	34.13	9.20
私营企业	0.00	0.00	114.21	93.18	0.50	0.09	4.38
占行业比重(%)	0.00	0.00	39.68	39.98	33.13	10.97	41.05
其他内资企业	0.00	0.00	114.38	93.77	0.70	0.26	3.95
占行业比重(%)	0.00	0.00	39.74	40.23	47.03	31.04	37.02
三资企业	1.04	7.61	35.82	30.17	0.14	0.20	1.36
占行业比重(%)	100.00	100.00	12.45	12.95	9.28	23.86	12.73
3.按控股类型分列							
国有控股	0.00	0.00	30.20	21.41	0.19	0.51	1.06
占行业比重(%)	0.00	0.00	10.49	9.19	12.45	59.70	9.94
私人控股	0.00	0.11	212.72	174.46	1.10	0.14	7.88
占行业比重(%)	0.00	1.43	73.91	74.86	73.22	16.43	73.96
三资控股	0.95	7.51	34.03	28.61	0.13	0.19	1.31
占行业比重(%)	91.76	98.57	11.82	12.28	8.54	22.44	12.27
其他控股	0.09	0.00	10.87	8.58	0.09	0.01	0.41
占行业比重(%)	8.24	0.00	3.78	3.68	5.78	1.43	3.84
(四)工业车辆行业	0.77	20.17	352.14	302.37	1.24	1.02	12.11
占物料搬运行业比重(%)	1.63	14.88	6.35	6.55	4.64	9.56	6.58
其中:大型企业	0.00	9.13	135.83	114.42	0.48	0.27	5.88
占行业比重(%)	0.00	45.24	38.57	37.84	38.60	26.54	48.52
中型企业	0.00	6.51	107.76	93.55	0.44	0.43	3.13
占行业比重(%)	0.00	32.26	30.60	30.94	35.29	42.14	25.83
小型企业	0.77	4.54	108.03	93.93	0.32	0.32	3.08
占行业比重(%)	100.00	22.50	30.68	31.06	26.05	31.33	25.43
微型企业	0.00	0.00	0.51	0.47	0.00	0.00	0.03
(五)电梯、自动扶梯及升降机行业	32.60	58.55	1 871.26	1 515.89	9.83	5.48	77.98
占物料搬运行业比重(%)	69.27	43.18	33.73	32.84	36.70	51.28	42.33
其中:大型企业	14.97	25.97	992.18	775.98	6.30	2.94	48.51
占行业比重(%)	45.92	44.36	53.02	51.19	64.09	53.65	62.20
中型企业	8.61	21.54	485.41	404.41	1.71	1.28	16.93
占行业比重(%)	26.41	36.78	25.94	26.68	17.38	23.34	21.72
小型企业	9.02	10.95	391.42	333.52	1.81	1.25	12.46
占行业比重(%)	27.67	18.69	20.92	22.00	18.44	22.81	15.98
微型企业	0.00	0.10	2.24	1.99	0.01	0.01	0.08
(六)其他物料搬运设备行业	1.52	7.36	157.39	129.48	1.00	0.04	5.49
占物料搬运行业比重(%)	3.24	5.43	2.84	2.80	3.73	0.35	2.98
其中:大型企业	0.00	0.00	8.36	6.45	0.08	0.02	0.06
占行业比重(%)	0.00	0.00	5.31	4.98	8.25	46.26	1.16
中型企业	0.00	0.19	44.16	35.18	0.29	0.02	2.40
占行业比重(%)	0.00	2.55	28.06	27.17	28.95	59.19	43.82
小型企业	1.52	7.17	104.87	87.85	0.63	0.00	3.02
占行业比重(%)	100.00	97.45	66.63	67.85	62.80	-5.45	55.02
建筑材料生产专用机械制造	3.19	9.53	1 014.19	852.42	5.37	1.49	24.02
其中:大型企业	0.00	0.00	150.39	127.07	1.02	0.03	3.53
中型企业	0.49	1.89	332.75	279.86	1.56	0.92	7.32
小型企业	2.68	7.64	523.86	439.33	2.73	0.53	13.09
微型企业	0.02	0.00	7.18	6.16	0.07	0.00	0.08

（续）

行业及企业分类	管理费用（亿元）	其中：税金（亿元）	财务费用（亿元）	利息支出（亿元）	营业利润（亿元）	投资收益（亿元）	补贴收入（亿元）
物料搬运（起重运输）机械行业	288.28	13.05	47.59	54.73	394.78	-0.82	5.54
（一）轻小型起重设备行业	21.33	1.89	4.27	4.20	27.65	0.07	0.14
占物料搬运行业比重（%）	7.40	14.51	8.97	7.68	7.00	-8.44	2.44
1.按企业规模分列							
大型企业	3.34	0.38	1.52	1.54	8.80	0.00	0.02
占行业比重（%）	15.65	20.27	35.51	36.73	31.84	5.52	14.23
中型企业	8.29	0.36	1.00	1.15	9.50	-0.03	0.08
占行业比重（%）	38.87	18.97	23.38	27.33	34.36	-40.33	57.40
小型企业	9.69	1.15	1.75	1.51	9.30	0.09	0.04
占行业比重（%）	45.43	60.76	41.08	35.91	33.64	134.81	28.38
微型企业	0.01	0.00	0.00	0.00	0.04	0.00	0.00
2.按注册类型分列							
国有企业	3.76	0.07	0.15	0.23	-0.68	0.02	0.02
占行业比重（%）	17.63	3.49	3.45	5.40	-2.45	25.80	14.23
私营企业	7.91	1.12	1.56	1.43	9.24	0.11	0.04
占行业比重（%）	37.10	59.17	36.45	34.13	33.43	155.44	33.04
其他内资企业	5.73	0.50	1.87	1.91	15.67	-0.09	0.06
占行业比重（%）	26.89	26.55	43.85	45.56	56.67	-127.63	43.40
三资企业	3.92	0.20	0.69	0.63	3.42	0.03	0.01
占行业比重（%）	18.39	10.79	16.26	14.91	12.35	46.39	9.33
3.按控股类型分列							
国有控股	5.02	0.11	0.21	0.30	-1.54	0.02	0.02
占行业比重（%）	23.56	5.65	4.93	7.10	-5.56	24.16	14.23
私人控股	12.41	1.57	3.40	3.29	24.13	0.02	0.13
占行业比重（%）	58.18	83.00	79.67	78.25	87.26	27.81	94.61
三资控股	2.44	0.16	0.50	0.42	2.97	0.03	0.01
占行业比重（%）	11.46	8.28	11.72	10.02	10.73	48.02	6.17
其他控股	1.45	0.06	0.16	0.19	2.09	0.00	-0.02
占行业比重（%）	6.81	3.06	3.68	4.63	7.58	0.00	-15.00
（二）起重机行业	112.22	5.22	37.43	37.04	149.23	1.00	2.65
占物料搬运行业比重（%）	38.93	39.97	78.64	67.68	37.80	-122.15	47.93
1.按企业规模分列							
大型企业	51.48	1.55	23.25	25.00	52.22	1.99	1.98
占行业比重（%）	45.87	29.78	62.13	67.48	35.00	199.69	74.64
中型企业	29.90	1.82	6.52	6.08	51.55	0.31	0.32
占行业比重（%）	26.65	34.98	17.42	16.43	34.54	31.12	11.99
小型企业	30.70	1.84	7.54	5.84	45.39	-1.31	0.35
占行业比重（%）	27.36	35.20	20.15	15.77	30.42	-130.81	13.37
微型企业	0.14	0.00	0.11	0.12	0.07	0.00	0.00
2.按注册类型分列							
国有企业	30.95	0.71	12.77	12.77	31.27	-0.08	1.94
占行业比重（%）	27.58	13.71	34.11	34.47	20.95	-8.33	73.01
私营企业	25.95	2.41	7.61	6.14	60.03	-0.52	0.30
占行业比重（%）	23.12	46.21	20.34	16.57	40.22	-51.81	11.47
其他内资企业	31.58	1.22	7.78	7.67	57.06	-0.15	0.34
占行业比重（%）	28.14	23.44	20.80	20.70	38.24	-14.85	12.74
三资企业	23.73	0.87	9.26	10.47	0.88	1.75	0.07
占行业比重（%）	21.15	16.65	24.75	28.27	0.59	175.00	2.78
3.按控股类型分列							
国有控股	34.20	0.82	12.82	13.05	35.98	-0.02	2.05
占行业比重（%）	30.48	15.77	34.27	35.24	24.11	-1.83	77.32
私人控股	50.26	3.33	14.11	12.37	100.18	-0.73	0.54
占行业比重（%）	44.79	63.89	37.70	33.39	67.13	-72.69	20.49
三资控股	21.11	0.74	8.77	9.93	-2.32	1.75	0.04
占行业比重（%）	18.82	14.29	23.43	26.80	-1.55	174.92	1.63
其他控股	6.64	0.32	1.72	1.69	15.39	0.00	0.01
占行业比重（%）	5.91	6.05	4.61	4.57	10.31	-0.40	0.56

（续）

行业及企业分类	管理费用（亿元）	其中：税金（亿元）	财务费用（亿元）	利息支出（亿元）	营业利润（亿元）	投资收益（亿元）	补贴收入（亿元）
（三）连续搬运设备行业	16.70	0.88	3.08	3.00	21.22	0.19	0.43
占物料搬运行业比重（%）	5.79	6.71	6.47	5.47	5.38	-23.26	7.70
1.按企业规模分列							
中型企业	7.15	0.21	1.38	1.54	8.96	0.15	0.29
占行业比重（%）	42.83	23.44	44.91	51.42	42.24	76.52	68.69
小型企业	9.54	0.67	1.70	1.46	12.25	0.04	0.13
占行业比重（%）	57.15	76.45	55.10	48.58	57.73	23.48	31.31
微型企业	0.00	0.00	0.00	0.00	0.01	0.00	0.00
2.按注册类型分列							
国有企业	2.08	0.04	0.04	0.14	1.38	0.03	0.07
占行业比重（%）	12.48	4.86	1.40	4.51	6.52	16.91	17.22
私营企业	6.66	0.55	1.37	1.24	7.32	0.05	0.15
占行业比重（%）	39.90	62.51	44.50	41.35	34.47	25.32	34.38
其他内资企业	5.44	0.21	1.54	1.50	10.70	0.11	0.20
占行业比重（%）	32.60	24.36	49.95	49.97	50.40	55.83	45.99
三资企业	2.51	0.07	0.13	0.12	1.83	0.00	0.01
占行业比重（%）	15.03	8.27	4.15	4.17	8.61	1.95	2.40
3.按控股类型分列							
国有控股	2.91	0.06	0.26	0.36	1.76	0.03	0.17
占行业比重（%）	17.40	6.42	8.59	12.16	8.32	16.91	39.55
私人控股	10.67	0.75	2.66	2.46	16.86	0.15	0.20
占行业比重（%）	63.90	85.22	86.51	82.12	79.46	81.15	45.75
三资控股	2.43	0.07	0.12	0.11	1.75	0.00	0.01
占行业比重（%）	14.56	8.07	3.79	3.70	8.27	1.95	2.40
其他控股	0.69	0.00	0.03	0.06	0.84	0.00	0.05
占行业比重（%）	4.14	0.29	1.12	2.01	3.96	0.00	12.29
（四）工业车辆行业	17.57	1.02	2.53	2.20	20.01	0.39	0.38
占物料搬运行业比重（%）	6.09	7.81	5.31	4.02	5.07	-47.60	6.80
其中：大型企业	6.64	0.51	0.24	0.21	8.95	0.39	0.18
占行业比重（%）	37.79	49.89	9.50	9.69	44.72	99.79	47.21
中型企业	5.27	0.29	0.88	0.59	5.88	0.00	0.12
占行业比重（%）	29.99	28.13	34.83	27.05	29.39	0.00	32.32
小型企业	5.64	0.22	1.39	1.38	5.18	0.00	0.08
占行业比重（%）	32.09	21.97	55.06	62.55	25.91	0.21	20.43
微型企业	0.02	0.00	0.02	0.02	0.00	0.00	0.00
（五）电梯、自动扶梯及升降机行业	111.04	3.57	-1.45	6.53	165.67	-2.48	1.81
占物料搬运行业比重（%）	38.52	27.32	-3.06	11.93	41.97	303.83	32.67
其中：大型企业	64.11	1.15	-6.30	0.86	110.91	-0.72	0.57
占行业比重（%）	57.74	32.37	433.09	13.22	66.95	28.96	31.22
中型企业	25.56	0.76	1.49	2.24	35.56	-1.43	0.66
占行业比重（%）	23.01	21.36	-102.44	34.26	21.46	57.63	36.25
小型企业	21.25	1.65	3.32	3.40	19.06	-0.33	0.59
占行业比重（%）	19.14	46.18	-228.42	52.04	11.51	13.41	32.51
微型企业	0.12	0.00	0.03	0.03	0.14	0.00	0.00
（六）其他物料搬运设备行业	9.42	0.48	1.75	1.76	11.00	0.02	0.14
占物料搬运行业比重（%）	3.27	3.67	3.67	3.22	2.79	-2.39	2.47
其中：大型企业	0.54	0.02	0.40	0.41	0.75	-0.01	0.05
占行业比重（%）	5.71	4.70	22.70	23.51	6.81	-29.75	36.80
中型企业	3.39	0.20	0.37	0.42	2.80	0.00	0.07
占行业比重（%）	35.95	41.84	21.43	23.68	25.43	4.14	52.39
小型企业	5.50	0.26	0.98	0.93	7.45	0.02	0.01
占行业比重（%）	58.33	53.45	55.88	52.80	67.76	125.61	10.81
建筑材料生产专用机械制造	39.09	1.84	7.48	6.85	80.86	-1.48	0.76
其中：大型企业	6.96	0.22	0.60	0.91	11.08	0.00	0.10
中型企业	12.34	0.83	2.55	2.62	28.46	-1.12	0.29
小型企业	19.65	0.79	4.32	3.31	40.79	-0.36	0.36
微型企业	0.14	0.01	0.01	0.01	0.53	0.00	0.00

（续）

行业及企业分类	营业外收入（亿元）	利润总额（亿元）	应交所得税（亿元）	应付职工薪酬（亿元）	本年应交增值税（亿元）	本年进项税额（亿元）	本年销项税额（亿元）	亏损企业亏损数（家）
物料搬运(起重运输)机械行业	16.74	398.66	63.12	258.55	160.00	660.48	743.39	235
(一)轻小型起重设备行业	1.69	27.97	2.39	24.87	11.25	42.04	43.80	38
占物料搬运行业比重(%)	10.08	7.02	3.79	9.62	7.03	6.37	5.89	16.17
1.按企业规模分列								
大型企业	0.05	8.84	0.22	5.51	2.98	11.73	10.79	0
占行业比重(%)	3.05	31.61	9.31	22.15	26.50	27.91	24.63	0.00
中型企业	1.45	10.29	1.00	11.19	3.99	14.85	15.29	6
占行业比重(%)	86.17	36.79	41.90	45.02	35.50	35.31	34.92	15.79
小型企业	0.18	8.79	1.17	8.15	4.25	15.38	17.61	31
占行业比重(%)	10.77	31.43	48.78	32.77	37.76	36.57	40.22	81.58
微型企业	0.00	0.04	0.00	0.02	0.03	0.09	0.10	1
2.按注册类型分列								
国有企业	1.11	0.26	0.05	5.45	0.96	5.82	3.03	2
占行业比重(%)	65.71	0.94	2.27	21.90	8.53	13.83	6.91	5.26
私营企业	0.13	8.77	0.94	6.62	3.49	14.16	16.58	21
占行业比重(%)	7.91	31.35	39.40	26.64	31.02	33.67	37.86	55.26
其他内资企业	0.19	15.42	0.69	7.63	4.74	14.71	18.37	9
占行业比重(%)	11.31	55.13	28.72	30.68	42.12	35.00	41.96	23.68
三资企业	0.25	3.52	0.71	5.17	2.06	7.35	5.81	6
占行业比重(%)	15.07	12.58	29.61	20.78	18.33	17.49	13.27	15.79
3.按控股类型分列								
国有控股	1.25	-0.51	0.05	6.56	1.19	6.50	3.93	3
占行业比重(%)	74.04	-1.82	2.27	26.39	10.55	15.45	8.98	7.89
私人控股	0.28	23.39	1.45	12.66	8.05	27.21	32.84	26
占行业比重(%)	16.53	83.63	60.80	50.90	71.57	64.72	74.99	68.42
三资控股	0.10	2.98	0.59	3.28	1.72	5.07	4.04	4
占行业比重(%)	6.10	10.65	24.89	13.21	15.27	12.07	9.23	10.53
其他控股	0.06	2.11	0.29	2.36	0.29	3.26	2.98	5
占行业比重(%)	3.33	7.54	12.05	9.51	2.61	7.76	6.80	13.16
(二)起重机行业	5.16	148.44	20.21	104.57	66.68	308.74	337.70	97
占物料搬运行业比重(%)	30.81	37.23	32.01	40.45	41.67	46.75	45.43	41.28
1.按企业规模分列								
大型企业	3.47	52.94	8.61	45.53	24.97	176.30	179.58	1
占行业比重(%)	67.33	35.66	42.62	43.54	37.45	57.10	53.18	1.03
中型企业	0.77	51.48	6.12	33.99	20.65	67.24	79.59	13
占行业比重(%)	14.95	34.68	30.27	32.51	30.97	21.78	23.57	13.40
小型企业	0.91	43.95	5.47	25.00	20.98	64.68	78.01	81
占行业比重(%)	17.68	29.61	27.06	23.90	31.46	20.95	23.10	83.51
微型企业	0.00	0.07	0.01	0.05	0.08	0.52	0.52	2
2.按注册类型分列								
国有企业	2.03	30.81	4.03	20.73	14.45	119.92	123.11	6
占行业比重(%)	39.42	20.75	19.96	19.82	21.67	38.84	36.45	6.19
私营企业	0.70	58.70	6.96	26.09	23.94	67.22	85.38	54
占行业比重(%)	13.64	39.55	34.45	24.95	35.90	21.77	25.28	55.67
其他内资企业	0.63	56.77	7.87	33.66	20.71	70.07	82.71	26
占行业比重(%)	12.17	38.24	38.96	32.19	31.06	22.70	24.49	26.80
三资企业	1.79	2.16	1.34	24.09	7.58	51.53	46.51	11
占行业比重(%)	34.77	1.45	6.63	23.04	11.37	16.69	13.77	11.34
3.按控股类型分列								
国有控股	2.24	35.41	4.74	27.44	17.17	135.27	141.01	7
占行业比重(%)	43.48	23.86	23.48	26.24	25.75	43.81	41.76	7.22
私人控股	1.15	98.71	11.87	45.21	37.09	109.91	134.02	75
占行业比重(%)	22.37	66.50	58.75	43.24	55.63	35.60	39.69	77.32
三资控股	1.61	-1.14	0.75	21.19	6.00	47.34	41.24	11
占行业比重(%)	31.14	-0.77	3.72	20.26	9.00	15.33	12.21	11.34
其他控股	0.16	15.45	2.84	10.73	6.41	16.22	21.43	4
占行业比重(%)	3.02	10.41	14.05	10.26	9.61	5.25	6.34	4.12

（续）

行业及企业分类	营业外收入（亿元）	利润总额（亿元）	应交所得税（亿元）	应付职工薪酬（亿元）	本年应交增值税（亿元）	本年进项税额（亿元）	本年销项税额（亿元）	亏损企业亏损数（家）
（三）连续搬运设备行业	1.67	21.39	2.94	12.63	7.18	27.50	33.43	19
占物料搬运行业比重（%）	9.99	5.37	4.65	4.88	4.49	4.16	4.50	8.09
1.按企业规模分列								
中型企业	0.96	9.80	1.15	6.05	3.09	10.69	12.95	2
占行业比重（%）	57.46	45.80	39.30	47.93	43.11	38.88	38.76	10.53
小型企业	0.71	11.59	1.78	6.57	4.08	16.77	20.43	16
占行业比重（%）	42.54	54.18	60.65	52.01	56.84	60.97	61.12	84.21
微型企业	0.00	0.01	0.00	0.01	0.00	0.04	0.04	1
2.按注册类型分列								
国有企业	0.22	1.60	0.29	1.69	0.71	2.55	3.19	0
占行业比重（%）	13.06	7.47	9.88	13.35	9.96	9.27	9.56	0.00
私营企业	0.87	7.73	1.08	4.20	2.88	13.41	16.03	10
占行业比重（%）	51.92	36.15	36.91	33.23	40.07	48.74	47.95	52.63
其他内资企业	0.38	10.14	1.21	4.27	2.68	7.73	9.80	4
占行业比重（%）	22.99	47.40	41.35	33.83	37.29	28.12	29.33	21.05
三资企业	0.20	1.92	0.35	2.47	0.91	3.81	4.40	5
占行业比重（%）	12.04	8.98	11.86	19.59	12.68	13.87	13.17	26.32
3.按控股类型分列								
国有控股	0.32	2.07	0.43	2.32	0.89	3.38	4.20	0
占行业比重（%）	18.86	9.68	14.70	18.35	12.38	12.29	12.56	0.00
私人控股	1.09	16.57	2.07	7.41	5.02	19.62	23.93	13
占行业比重（%）	65.15	77.45	70.38	58.68	70.01	71.35	71.59	68.42
三资控股	0.20	1.85	0.33	2.34	0.86	3.64	4.20	5
占行业比重（%）	11.88	8.63	11.25	18.52	11.97	13.23	12.56	26.32
其他控股	0.07	0.91	0.11	0.56	0.40	0.86	1.10	1
占行业比重（%）	4.11	4.24	3.67	4.46	5.63	3.13	3.30	5.26
（四）工业车辆行业	1.22	18.95	2.36	15.19	8.09	43.98	48.76	25
占物料搬运行业比重（%）	7.31	4.75	3.74	5.88	5.06	6.66	6.56	10.64
其中：大型企业	0.47	9.30	1.22	5.68	2.86	21.96	24.29	0
占行业比重（%）	38.49	49.07	51.53	37.36	35.35	49.92	49.82	0.00
中型企业	0.38	6.06	0.59	4.87	3.06	11.35	13.61	1
占行业比重（%）	31.18	31.97	24.93	32.07	37.80	25.82	27.92	4.00
小型企业	0.37	3.59	0.55	4.64	2.14	10.62	10.77	23
占行业比重（%）	30.32	18.97	23.51	30.54	26.41	24.14	22.09	92.00
微型企业	0.00	0.00	0.00	0.00	0.04	0.05	0.09	1
（五）电梯、自动扶梯及升降机行业	6.28	170.33	33.37	92.12	61.55	219.73	258.10	41
占物料搬运行业比重（%）	37.51	42.73	52.86	35.63	38.47	33.27	34.72	17.45
其中：大型企业	2.91	113.10	24.30	50.32	35.94	114.46	139.30	2
占行业比重（%）	46.27	66.40	72.84	54.62	58.39	52.09	53.97	4.88
中型企业	2.39	37.55	5.96	22.43	15.34	61.83	68.74	4
占行业比重（%）	38.01	22.05	17.85	24.35	24.92	28.14	26.63	9.76
小型企业	0.99	19.54	3.09	19.27	10.20	42.62	49.24	32
占行业比重（%）	15.72	11.47	9.26	20.92	16.57	19.40	19.08	78.05
微型企业	0.00	0.13	0.02	0.09	0.07	0.82	0.82	3
（六）其他物料搬运设备行业	0.72	11.59	1.86	9.17	5.25	18.48	21.61	15
占物料搬运行业比重（%）	4.29	2.91	2.95	3.55	3.28	2.80	2.91	6.38
其中：大型企业	0.10	0.84	0.16	0.59	0.36	0.92	1.18	0
占行业比重（%）	13.39	7.24	8.47	6.45	6.88	4.97	5.46	0.00
中型企业	0.56	3.31	0.50	3.09	1.63	5.95	6.36	2
占行业比重（%）	78.24	28.60	26.57	33.69	31.07	32.21	29.44	13.33
小型企业	0.06	7.44	1.21	5.49	3.26	11.61	14.07	13
占行业比重（%）	8.37	64.16	64.96	59.86	62.05	62.82	65.10	86.67
建筑材料生产专用机械制造	1.87	80.61	10.42	40.23	30.89	96.43	119.36	59
其中：大型企业	0.20	11.26	1.19	7.67	6.21	15.14	19.96	0
中型企业	0.77	27.67	3.66	13.67	10.39	34.73	42.99	11
小型企业	0.89	41.15	5.50	18.56	13.88	46.20	55.89	47
微型企业	0.01	0.54	0.07	0.34	0.41	0.36	0.53	1

（续）

行业及企业分类	亏损企业亏损面（%）	总资产贡献率（%）	资本保值增值率（%）	流动资产周转率（次）	成本费用利润率（%）	资产负债率（%）	主营业务收入利润率（%）	主营业务收入利润总额率（%）
物料搬运（起重运输）机械行业	12.19	12.87	116.33	1.69	7.76	60.03	16.29	7.19
（一）轻小型起重设备行业	13.97	13.38	115.64	1.87	7.75	58.63	16.60	7.16
占物料搬运行业比重（%）								
1. 按企业规模分列								
大型企业	0.00	11.98	132.23	1.72	9.66	57.32	16.66	8.78
占行业比重（%）								
中型企业	15.38	15.18	109.20	1.67	8.86	60.99	16.99	8.24
占行业比重（%）								
小型企业	13.72	13.23	93.62	2.18	5.75	57.84	16.27	5.34
占行业比重（%）								
微型企业	33.33	5.01		1.20	8.31	55.91	19.78	6.99
2. 按注册类型分列								
国有企业	25.00	4.96	109.33	0.90	1.26	63.94	19.92	1.30
占行业比重（%）								
私营企业	13.21	14.89	124.08	2.33	6.81	58.19	16.91	6.28
占行业比重（%）								
其他内资企业	13.85	14.25	122.50	1.84	10.31	59.06	16.64	9.29
占行业比重（%）								
三资企业	15.00	12.97	93.67	1.77	5.70	54.69	14.83	5.41
占行业比重（%）								
3. 按控股类型分列								
国有控股	30.00	2.78	114.33	0.87	-1.88	64.89	17.90	-1.99
占行业比重（%）								
私人控股	12.21	15.17	133.52	2.06	9.11	58.46	17.26	8.25
占行业比重（%）								
三资控股	14.81	14.98	89.55	1.79	6.86	50.55	14.65	6.49
占行业比重（%）								
其他控股	22.73	11.23	100.66	2.10	6.26	61.39	12.97	5.89
占行业比重（%）								
（二）起重机行业	12.85	10.41	116.98	1.65	6.38	61.45	14.66	5.97
占物料搬运行业比重（%）								
1. 按企业规模分列								
大型企业	4.35	6.84	144.31	1.24	4.79	67.92	12.91	4.58
占行业比重（%）								
中型企业	10.83	17.87	98.55	2.27	8.74	52.34	16.09	8.02
占行业比重（%）								
小型企业	13.39	14.91	98.75	2.39	6.97	49.79	16.29	6.41
占行业比重（%）								
微型企业	28.57	2.20		0.41	2.73	57.28	11.18	2.71
2. 按注册类型分列								
国有企业	25.00	7.21	118.95	1.06	5.26	71.29	15.18	5.00
占行业比重（%）								
私营企业	13.04	22.08	111.88	2.98	8.87	46.61	16.00	8.04
占行业比重（%）								
其他内资企业	10.16	14.13	127.00	2.39	7.83	57.61	15.10	7.21
占行业比重（%）								
三资企业	18.03	3.35	112.80	1.01	0.61	62.13	10.04	0.61
占行业比重（%）								
3. 按控股类型分列								
国有控股	19.44	6.74	117.31	1.13	5.15	71.31	14.13	4.89
占行业比重（%）								
私人控股	12.42	18.87	119.47	2.64	8.48	49.76	16.06	7.73
占行业比重（%）								
三资控股	26.19	2.73	114.00	1.03	-0.35	63.95	8.71	-0.36
占行业比重（%）								
其他控股	5.48	22.47	114.14	2.29	10.35	44.56	17.70	9.25
占行业比重（%）								

(续)

行业及企业分类	亏损企业亏损面(%)	总资产贡献率(%)	资本保值增值率(%)	流动资产周转率(次)	成本费用利润率(%)	资产负债率(%)	主营业务收入利润率(%)	主营业务收入利润总额率(%)
(三)连续搬运设备行业	8.68	13.98	115.64	1.85	8.12	56.15	18.51	7.43
占物料搬运行业比重(%)								
1.按企业规模分列								
中型企业	8.00	11.99	109.20	1.51	8.58	62.38	18.46	7.81
占行业比重(%)								
小型企业	8.38	16.30	93.62	2.23	7.80	49.15	18.63	7.17
占行业比重(%)								
微型企业	33.33	2.88		1.94	0.64	30.33	1.54	0.63
2.按注册类型分列								
国有企业	0.00	9.80	109.33	1.29	8.39	61.74	31.23	6.83
占行业比重(%)								
私营企业	8.47	14.16	124.08	2.24	7.33	52.24	17.99	6.77
占行业比重(%)								
其他内资企业	6.25	15.83	122.50	1.68	9.69	58.76	17.41	8.87
占行业比重(%)								
三资企业	15.63	11.14	93.67	1.97	5.62	54.15	15.38	5.36
占行业比重(%)								
3.按控股类型分列								
国有控股	0.00	9.36	114.33	1.28	8.08	64.90	28.50	6.86
占行业比重(%)								
私人控股	7.47	15.89	133.52	2.06	8.47	54.87	17.47	7.79
占行业比重(%)								
三资控股	17.86	11.15	89.55	1.97	5.68	55.50	15.55	5.42
占行业比重(%)								
其他控股	10.00	10.22	100.66	0.92	9.34	48.52	20.33	8.34
占行业比重(%)								
(四)工业车辆行业	22.94	12.10	115.64	2.13	5.66	53.46	13.78	5.38
占物料搬运行业比重(%)								
其中:大型企业	0.00	14.65	109.20	2.51	7.31	39.75	15.41	6.84
占行业比重(%)								
中型企业	5.88	13.13	109.20	1.90	5.89	56.47	12.79	5.62
占行业比重(%)								
小型企业	26.44	8.58	93.62	2.00	3.45	64.52	12.76	3.33
占行业比重(%)								
微型企业	100.00	20.33		2.57	-0.58	99.21	6.73	-0.61
(五)电梯、自动扶梯及升降机行业	8.89	16.83	115.64	1.63	10.00	60.04	18.47	9.10
占物料搬运行业比重(%)								
其中:大型企业	11.11	19.55	109.20	1.48	12.82	65.59	21.16	11.40
占行业比重(%)								
中型企业	5.63	15.88	109.20	1.95	8.38	55.70	16.34	7.74
占行业比重(%)								
小型企业	8.84	11.07	93.62	1.73	5.27	51.01	14.33	4.99
占行业比重(%)								
微型企业	30.00	11.70		1.49	6.07	44.12	10.89	6.02
(六)其他物料搬运设备行业	13.39	13.79	115.64	1.75	7.93	56.08	17.10	7.36
占物料搬运行业比重(%)								
其中:大型企业	0.00	9.52	109.20	0.71	11.27	68.84	21.89	10.04
占行业比重(%)								
中型企业	14.29	12.08	109.20	1.52	8.02	64.06	19.67	7.51
占行业比重(%)								
小型企业	13.40	15.81	93.62	2.14	7.64	48.32	15.63	7.09
占行业比重(%)								
建筑材料生产专用机械制造	10.23	18.04	115.64	2.20	8.73	59.27	15.42	7.95
其中:大型企业	0.00	13.48	109.20	1.44	8.15	61.36	14.83	7.49
中型企业	17.19	17.00	109.20	2.01	9.16	62.45	15.43	8.32
小型企业	9.57	21.14	93.62	2.81	8.64	55.70	15.62	7.85
微型企业	7.14	22.66		2.08	8.37	45.88	13.20	7.46

（续）

行业及企业分类	工业资金利润率（%）	工业资金利税率（%）	每百元固定资产创利润（元）	每百元固定资产创利税（元）	每百元流动资产创利润（元）	每百元流动资产创利税（元）	流动比率	速动比率
物料搬运（起重运输）机械行业	9.28	13.62	38.93	57.16	12.18	17.88	1.30	0.95
（一）轻小型起重设备行业	9.06	13.44	28.20	41.83	13.35	19.79	1.20	0.89
占物料搬运行业比重（%）								
1. 按企业规模分列								
大型企业	8.25	11.57	18.24	25.58	15.06	21.12	1.21	0.94
占行业比重（%）								
中型企业	10.83	15.74	50.97	74.07	13.75	19.98	1.22	0.88
占行业比重（%）								
小型企业	8.31	13.28	28.95	46.28	11.65	18.62	1.18	0.84
占行业比重（%）								
微型企业	6.56	10.93	30.06	50.10	8.39	13.98	1.31	1.17
2. 按注册类型分列								
国有企业	0.83	4.28	2.85	14.75	1.17	6.02	1.21	0.82
占行业比重（%）								
私营企业	10.31	15.29	34.97	51.88	14.61	21.68	1.12	0.82
占行业比重（%）								
其他内资企业	10.62	14.67	28.09	38.79	17.08	23.59	1.20	0.94
占行业比重（%）								
三资企业	7.53	12.46	35.19	58.20	9.58	15.85	1.38	0.91
占行业比重（%）								
3. 按控股类型分列								
国有控股	-1.28	2.10	-4.93	8.09	-1.73	2.83	1.21	0.82
占行业比重（%）								
私人控股	10.93	15.49	30.52	43.26	17.03	24.14	1.17	0.88
占行业比重（%）								
三资控股	8.85	14.47	37.02	60.52	11.63	19.02	1.45	0.99
占行业比重（%）								
其他控股	9.94	12.37	50.82	63.24	12.36	15.38	1.17	0.90
占行业比重（%）								
（二）起重机行业	7.04	10.72	24.75	37.69	9.84	14.99	1.28	0.89
占物料搬运行业比重（%）								
1. 按企业规模分列								
大型企业	4.17	6.40	15.69	24.10	5.68	8.72	1.22	0.83
占行业比重（%）								
中型企业	12.80	18.90	43.10	63.61	18.22	26.88	1.37	0.98
占行业比重（%）								
小型企业	10.21	15.95	30.79	48.07	15.29	23.87	1.39	1.01
占行业比重（%）								
微型企业	1.07	2.55	25.83	61.38	1.12	2.66	0.95	0.89
2. 按注册类型分列								
国有企业	4.37	6.71	24.89	38.24	5.29	8.13	1.38	1.06
占行业比重（%）								
私营企业	16.25	23.98	50.68	74.79	23.93	35.31	1.49	1.13
占行业比重（%）								
其他内资企业	11.29	16.10	32.75	46.68	17.24	24.57	1.12	0.80
占行业比重（%）								
三资企业	0.40	2.08	1.16	5.99	0.61	3.18	1.18	0.60
占行业比重（%）								
3. 按控股类型分列								
国有控股	4.42	6.86	21.97	34.06	5.54	8.58	1.18	0.89
占行业比重（%）								
私人控股	13.73	19.77	42.04	60.51	20.40	29.36	1.54	1.14
占行业比重（%）								
三资控股	-0.23	1.25	-0.64	3.45	-0.37	1.97	1.11	0.55
占行业比重（%）								
其他控股	15.60	23.16	59.41	88.22	21.15	31.40	1.73	1.32
占行业比重（%）								

（续）

行业及企业分类	工业资金利润率（%）	工业资金利税率（%）	每百元固定资产创利润（元）	每百元固定资产创利税（元）	每百元流动资产创利润（元）	每百元流动资产创利税（元）	流动比率	速动比率
（三）连续搬运设备行业	10.31	14.49	41.29	58.03	13.74	19.32	1.36	1.00
占物料搬运行业比重（%）								
1.按企业规模分列								
中型企业	9.18	12.68	41.06	56.71	11.82	16.33	1.26	0.87
占行业比重（%）								
小型企业	11.56	16.47	41.48	59.12	16.02	22.84	1.50	1.16
占行业比重（%）								
微型企业	1.21	2.90	83.49	200.95	1.22	2.95	3.49	3.40
2.按注册类型分列								
国有企业	6.63	10.25	26.72	41.31	8.82	13.63	1.39	0.95
占行业比重（%）								
私营企业	10.60	15.22	35.36	50.77	15.14	21.74	1.22	0.92
占行业比重（%）								
其他内资企业	11.85	15.81	58.56	78.08	14.86	19.82	1.52	1.14
占行业比重（%）								
三资企业	7.73	11.95	28.91	44.71	10.54	16.30	1.25	0.84
占行业比重（%）								
3.按控股类型分列								
国有控股	6.22	9.45	21.18	32.16	8.81	13.38	1.47	1.05
占行业比重（%）								
私人控股	12.05	16.50	48.18	65.97	16.07	22.01	1.32	0.99
占行业比重（%）								
三资控股	7.83	12.01	29.05	44.59	10.71	16.44	1.21	0.82
占行业比重（%）								
其他控股	6.93	10.68	70.46	108.58	7.68	11.84	1.88	1.39
占行业比重（%）								
（四）工业车辆行业	8.30	12.39	29.95	44.71	11.48	17.14	1.39	0.90
占物料搬运行业比重（%）								
其中：大型企业	12.18	16.55	41.64	56.60	17.21	23.39	1.70	1.04
占行业比重（%）								
中型企业	8.22	12.97	35.68	56.29	10.68	16.85	1.41	0.95
占行业比重（%）								
小型企业	4.61	7.76	15.03	25.33	6.65	11.20	1.17	0.77
占行业比重（%）								
微型企业	-1.29	13.78	-7.19	76.79	-1.57	16.80	0.83	0.77
（五）电梯、自动扶梯及升降机行业	12.87	18.26	95.46	135.47	14.87	21.11	1.33	1.05
占物料搬运行业比重（%）								
其中：大型企业	15.32	21.05	162.99	223.87	16.91	23.23	1.30	1.02
占行业比重（%）								
中型企业	12.43	18.08	71.10	103.38	15.07	21.91	1.27	1.00
占行业比重（%）								
小型企业	6.94	11.20	34.93	56.40	8.66	13.98	1.49	1.22
占行业比重（%）								
微型企业	7.61	12.01	50.42	79.62	8.96	14.14	1.91	1.73
（六）其他物料搬运设备行业	9.52	14.65	36.54	56.24	12.88	19.82	1.31	0.91
占物料搬运行业比重（%）								
其中：大型企业	6.06	9.26	39.64	60.59	7.15	10.93	1.05	0.82
占行业比重（%）								
中型企业	8.73	13.78	37.55	59.30	11.37	17.96	1.21	0.80
占行业比重（%）								
小型企业	10.64	16.20	35.80	54.49	15.14	23.05	1.47	1.03
占行业比重（%）								
建筑材料生产专用机械制造	12.91	18.72	49.04	71.10	17.52	25.41	1.26	0.94
其中：大型企业	8.51	13.97	40.36	66.25	10.79	17.71	1.23	1.05
中型企业	12.14	17.38	44.56	63.80	16.68	23.89	1.18	0.87
小型企业	15.79	22.17	55.47	77.86	22.08	30.99	1.33	0.95
微型企业	14.66	27.88	257.70	490.16	15.54	29.56	3.54	2.88

〔供稿人：中国重型机械工业协会王文斯　审稿人：中国重型机械工业协会李镜〕

2012 年冶金机械行业主要经济指标及按省、自治区、直辖市分布

序号	地区名称	企业数（家）	工业销售产值（当年价）（亿元）	其中：出口交货值（亿元）	流动资产合计（亿元）	其中：应收账款（亿元）	固定资产合计（亿元）	资产总计（亿元）	负债合计（亿元）	所有者权益合计（亿元）
	冶金机械行业	514	1 185.27	59.32	1 292.77	450.85	495.85	1 947.80	1 309.86	637.16
1	北京市	16	16.73	1.63	48.84	11.75	5.30	58.39	47.62	10.77
	占行业比重(%)	3.11	1.41	2.74	3.78	2.61	1.07	3.00	3.64	1.69
2	天津市	12	19.02	3.57	16.79	7.21	4.93	24.63	14.58	10.05
	占行业比重(%)	2.33	1.60	6.01	1.30	1.60	0.99	1.26	1.11	1.58
3	河北省	84	194.87	5.83	117.59	36.41	55.14	191.15	136.99	53.96
	占行业比重(%)	16.34	16.44	9.82	9.10	8.08	11.12	9.81	10.46	8.47
4	山西省	9	8.88	0.00	9.73	2.71	4.05	14.02	11.37	2.65
	占行业比重(%)	1.75	0.75	0.00	0.75	0.60	0.82	0.72	0.87	0.42
5	内蒙古自治区	5	5.16	0.00	5.31	1.25	0.26	5.69	4.79	0.90
	占行业比重(%)	0.97	0.44	0.00	0.41	0.28	0.05	0.29	0.37	0.14
6	辽宁省	48	181.49	14.68	246.34	92.75	105.60	380.72	257.17	123.26
	占行业比重(%)	9.34	15.31	24.74	19.06	20.57	21.30	19.55	19.63	19.34
7	吉林省	8	13.18	0.00	4.87	1.97	3.99	11.20	4.71	6.48
	占行业比重(%)	1.56	1.11	0.00	0.38	0.44	0.80	0.57	0.36	1.02
8	黑龙江省	6	89.72	6.65	276.84	115.81	76.70	383.68	205.18	178.50
	占行业比重(%)	1.17	7.57	11.21	21.41	25.69	15.47	19.70	15.66	28.02
9	上海市	12	12.80	4.69	12.01	5.07	3.49	15.87	10.66	5.21
	占行业比重(%)	2.33	1.08	7.91	0.93	1.12	0.70	0.81	0.81	0.82
10	江苏省	125	177.36	14.21	154.00	55.45	42.65	213.54	143.52	70.02
	占行业比重(%)	24.32	14.96	23.95	11.91	12.30	8.60	10.96	10.96	10.99
11	浙江省	12	7.98	0.09	6.46	3.17	2.55	9.71	5.27	4.44
	占行业比重(%)	2.33	0.67	0.15	0.50	0.70	0.51	0.50	0.40	0.70
12	安徽省	14	19.19	0.00	4.93	2.51	2.64	7.99	4.39	3.58
	占行业比重(%)	2.72	1.62	0.00	0.38	0.56	0.53	0.41	0.34	0.56
13	福建省	9	10.96	0.00	3.78	1.43	1.60	6.68	3.21	3.47
	占行业比重(%)	1.75	0.92	0.00	0.29	0.32	0.32	0.34	0.24	0.54
14	江西省	6	10.53	0.00	1.86	0.60	1.43	3.49	1.68	1.81
	占行业比重(%)	1.17	0.89	0.00	0.14	0.13	0.29	0.18	0.13	0.28
15	山东省	19	52.28	0.14	8.82	1.98	5.10	14.93	10.31	4.49
	占行业比重(%)	3.70	4.41	0.24	0.68	0.44	1.03	0.77	0.79	0.71
16	河南省	29	45.23	0.27	21.67	5.07	7.08	32.88	20.84	12.03
	占行业比重(%)	5.64	3.82	0.45	1.68	1.12	1.43	1.69	1.59	1.89
17	湖北省	31	79.57	0.55	83.50	18.67	11.87	102.84	87.89	14.91
	占行业比重(%)	6.03	6.71	0.93	6.46	4.14	2.39	5.28	6.71	2.34
18	湖南省	30	93.55	1.10	27.05	9.11	17.80	60.62	37.85	22.77
	占行业比重(%)	5.84	7.89	1.86	2.09	2.02	3.59	3.11	2.89	3.57
19	广东省	2	6.25	0.58	2.95	2.13	0.96	3.92	3.31	0.61
	占行业比重(%)	0.39	0.53	0.99	0.23	0.47	0.19	0.20	0.25	0.10
20	广西壮族自治区	3	11.08	0.00	7.55	3.06	0.72	8.30	6.92	1.37
	占行业比重(%)	0.58	0.93	0.00	0.58	0.68	0.15	0.43	0.53	0.21
21	重庆市	1	9.21	0.00	6.84	2.31	2.61	11.54	10.72	0.82
	占行业比重(%)	0.19	0.78	0.00	0.53	0.51	0.53	0.59	0.82	0.13
22	四川省	12	64.51	3.49	146.81	41.56	109.23	265.11	209.75	55.34
	占行业比重(%)	2.33	5.44	5.88	11.36	9.22	22.03	13.61	16.01	8.68
23	贵州省	5	4.39	0.18	5.32	1.65	1.28	8.80	4.78	3.96
	占行业比重(%)	0.97	0.37	0.30	0.41	0.37	0.26	0.45	0.36	0.62
24	云南省	1	0.36	0.00	0.10	0.03	0.00	0.24	0.12	0.12
	占行业比重(%)	0.19	0.03	0.00	0.01	0.01	0.00	0.01	0.01	0.02
25	陕西省	11	36.62	1.67	56.27	18.98	24.13	88.17	54.36	33.81
	占行业比重(%)	2.14	3.09	2.82	4.35	4.21	4.87	4.53	4.15	5.31
26	甘肃省	3	9.05	0.00	11.99	6.03	2.83	15.78	8.02	7.77
	占行业比重(%)	0.58	0.76	0.00	0.93	1.34	0.57	0.81	0.61	1.22
27	宁夏回族自治区	1	5.29	0.00	4.53	2.18	1.88	7.92	3.87	4.06
	占行业比重(%)	0.19	0.45	0.00	0.35	0.48	0.38	0.41	0.30	0.64

（续）

序号	地区名称	主营业务收入（亿元）	主营业务成本（亿元）	利润总额（亿元）	利税总额（亿元）	主营业务收入利润率（%）	主营业务收入利润总额率（%）	资产负债率（%）	亏损企业亏损数（家）	亏损企业亏损面（%）
	冶金机械行业	1 202.39	1 030.19	14.37	55.69	13.83	1.19	67.25	79	15.37
1	北京市	23.06	18.89	0.97	2.00	17.65	4.20	81.55	1	6.25
	占行业比重(%)	1.92	1.83	6.74	3.59				1.27	
2	天津市	18.72	16.23	1.29	1.98	12.94	6.88	59.19	3	25.00
	占行业比重(%)	1.56	1.58	8.97	3.55				3.80	
3	河北省	203.96	172.65	11.04	16.21	15.07	5.41	71.67	14	16.67
	占行业比重(%)	16.96	16.76	76.86	29.11				17.72	
4	山西省	6.89	5.83	-0.08	0.34	14.52	-1.14	81.12	2	22.22
	占行业比重(%)	0.57	0.57	-0.55	0.61				2.53	
5	内蒙古自治区	3.67	3.28	0.01	0.05	10.34	0.37	84.16	1	20.00
	占行业比重(%)	0.31	0.32	0.09	0.10				1.27	
6	辽宁省	185.89	156.98	-1.51	6.87	15.01	-0.81	67.55	14	29.17
	占行业比重(%)	15.46	15.24	-10.51	12.33				17.72	
7	吉林省	11.99	10.24	0.62	0.85	14.30	5.16	42.11	1	12.50
	占行业比重(%)	1.00	0.99	4.31	1.52				1.27	
8	黑龙江省	91.06	75.10	0.83	2.99	17.18	0.91	53.48	0	0.00
	占行业比重(%)	7.57	7.29	5.79	5.38				0.00	
9	上海市	12.66	10.64	0.75	1.21	15.56	5.96	67.18	0	0.00
	占行业比重(%)	1.05	1.03	5.25	2.18				0.00	
10	江苏省	174.99	148.65	8.38	15.15	14.52	4.79	67.21	22	17.60
	占行业比重(%)	14.55	14.43	58.33	27.21				27.85	
11	浙江省	7.70	5.97	0.56	0.95	21.89	7.31	54.29	1	8.33
	占行业比重(%)	0.64	0.58	3.92	1.70				1.27	
12	安徽省	19.15	16.05	1.59	2.11	15.36	8.30	54.98	0	0.00
	占行业比重(%)	1.59	1.56	11.06	3.80				0.00	
13	福建省	10.80	9.02	0.93	1.68	15.96	8.61	48.05	1	11.11
	占行业比重(%)	0.90	0.88	6.47	3.02				1.27	
14	江西省	10.53	7.23	1.33	1.84	30.52	12.61	48.24	0	0.00
	占行业比重(%)	0.88	0.70	9.24	3.30				0.00	
15	山东省	53.41	46.09	1.40	2.20	13.32	2.62	69.05	2	10.53
	占行业比重(%)	4.44	4.47	9.75	3.94				2.53	
16	河南省	46.73	37.68	4.34	5.91	18.64	9.29	63.40	2	6.90
	占行业比重(%)	3.89	3.66	30.21	10.60				2.53	
17	湖北省	84.31	77.11	1.11	3.09	8.00	1.31	85.46	2	6.45
	占行业比重(%)	7.01	7.48	7.70	5.54				2.53	
18	湖南省	90.10	72.20	6.17	11.10	19.08	6.85	62.44	1	3.33
	占行业比重(%)	7.49	7.01	42.97	19.92				1.27	
19	广东省	6.26	5.58	0.34	0.44	10.57	5.43	84.40	0	0.00
	占行业比重(%)	0.52	0.54	2.37	0.80				0.00	
20	广西壮族自治区	13.26	12.69	0.16	0.35	3.23	1.22	83.28	0	0.00
	占行业比重(%)	1.10	1.23	1.12	0.62				0.00	
21	重庆市	10.00	7.70	1.89	2.35	22.61	18.91	92.88	0	0.00
	占行业比重(%)	0.83	0.75	13.16	4.22				0.00	
22	四川省	60.65	66.93	-27.92	-26.58	-10.82	-46.04	79.12	4	33.33
	占行业比重(%)	5.04	6.50	-194.37	-47.73				5.06	
23	贵州省	3.72	2.75	0.18	0.33	25.73	4.96	54.25	2	40.00
	占行业比重(%)	0.31	0.27	1.28	0.60				2.53	
24	云南省	0.36	0.32	0.02	0.06	9.47	5.95	48.35	0	0.00
	占行业比重(%)	0.03	0.03	0.15	0.11				0.00	
25	陕西省	38.23	32.87	-0.84	0.56	13.66	-2.19	61.65	4	36.36
	占行业比重(%)	3.18	3.19	-5.84	1.01				5.06	
26	甘肃省	8.91	7.67	0.35	0.88	13.13	3.89	50.78	2	66.67
	占行业比重(%)	0.74	0.74	2.41	1.58				2.53	
27	宁夏回族自治区	5.38	3.83	0.45	0.78	28.08	8.30	48.80	0	0.00
	占行业比重(%)	0.45	0.37	3.11	1.40				0.00	

〔供稿人:中国重型机械工业协会王文斯　审稿人:中国重型机械工业协会李镜〕

2012 年矿山机械行业主要经济指标及按省、自治区、直辖市分布

序号	地区名称	企业数（家）	工业销售产值（当年价）（亿元）	其中:出口交货值（亿元）	流动资产合计（亿元）	其中:应收账款（亿元）	固定资产合计（亿元）	资产总计（亿元）	负债合计（亿元）	所有者权益合计（亿元）
	矿山机械行业	1 675	3 304.68	106.12	1 895.02	662.32	717.33	2 911.74	1 709.99	1 190.91
1	北京市	17	39.19	0.18	42.93	17.53	7.38	53.65	34.77	18.87
	占行业比重（%）	1.01	1.19	0.17	2.27	2.65	1.03	1.84	2.03	1.58
2	天津市	30	53.04	7.08	36.48	8.79	12.32	55.26	32.06	22.90
	占行业比重（%）	1.79	1.60	6.67	1.93	1.33	1.72	1.90	1.87	1.92
3	河北省	106	173.42	2.47	105.62	38.43	48.26	168.41	79.35	88.90
	占行业比重（%）	6.33	5.25	2.33	5.57	5.80	6.73	5.78	4.64	7.46
4	山西省	85	317.78	19.83	395.09	171.33	67.31	520.88	388.71	132.08
	占行业比重（%）	5.07	9.62	18.68	20.85	25.87	9.38	17.89	22.73	11.09
5	内蒙古自治区	13	26.71	0.00	16.17	6.47	3.07	22.68	15.01	7.67
	占行业比重（%）	0.78	0.81	0.00	0.85	0.98	0.43	0.78	0.88	0.64
6	辽宁省	163	463.23	21.53	261.65	73.86	102.60	408.47	242.70	164.72
	占行业比重（%）	9.73	14.02	20.29	13.81	11.15	14.30	14.03	14.19	13.83
7	吉林省	29	83.28	0.00	22.51	3.12	13.78	37.59	23.79	13.28
	占行业比重（%）	1.73	2.52	0.00	1.19	0.47	1.92	1.29	1.39	1.12
8	黑龙江省	22	28.86	0.13	35.06	18.79	8.56	47.81	29.46	18.27
	占行业比重（%）	1.31	0.87	0.13	1.85	2.84	1.19	1.64	1.72	1.53
9	上海市	30	85.26	24.60	115.68	50.75	31.16	158.65	116.46	42.18
	占行业比重（%）	1.79	2.58	23.18	6.10	7.66	4.34	5.45	6.81	3.54
10	江苏省	112	144.09	7.29	66.62	21.89	37.40	116.28	67.53	48.68
	占行业比重（%）	6.69	4.36	6.87	3.52	3.30	5.21	3.99	3.95	4.09
11	浙江省	39	28.62	1.26	23.99	9.40	7.63	36.82	21.96	14.78
	占行业比重（%）	2.33	0.87	1.19	1.27	1.42	1.06	1.26	1.28	1.24
12	安徽省	160	170.22	0.38	61.31	24.44	29.70	100.56	51.86	47.49
	占行业比重（%）	9.55	5.15	0.36	3.24	3.69	4.14	3.45	3.03	3.99
13	福建省	18	14.00	0.59	4.66	1.07	3.43	9.93	6.19	3.74
	占行业比重（%）	1.07	0.42	0.56	0.25	0.16	0.48	0.34	0.36	0.31
14	江西省	38	75.49	1.31	11.16	3.42	13.94	27.25	10.57	16.44
	占行业比重（%）	2.27	2.28	1.24	0.59	0.52	1.94	0.94	0.62	1.38
15	山东省	267	405.36	4.53	95.28	27.13	56.56	177.11	82.83	92.37
	占行业比重（%）	15.94	12.27	4.27	5.03	4.10	7.88	6.08	4.84	7.76
16	河南省	271	747.16	11.64	390.84	120.82	177.57	623.09	306.11	312.91
	占行业比重（%）	16.18	22.61	10.97	20.62	18.24	24.75	21.40	17.90	26.27
17	湖北省	41	34.60	0.02	7.22	2.38	6.60	15.15	7.56	7.52
	占行业比重（%）	2.45	1.05	0.02	0.38	0.36	0.92	0.52	0.44	0.63
18	湖南省	77	103.19	1.22	27.17	9.29	14.78	48.17	25.81	22.35
	占行业比重（%）	4.60	3.12	1.15	1.43	1.40	2.06	1.65	1.51	1.88
19	广东省	16	13.67	0.18	7.88	2.63	3.25	13.23	8.06	5.17
	占行业比重（%）	0.96	0.41	0.17	0.42	0.40	0.45	0.45	0.47	0.43
20	广西壮族自治区	14	35.27	0.44	18.54	3.98	6.01	28.51	18.50	9.98
	占行业比重（%）	0.84	1.07	0.41	0.98	0.60	0.84	0.98	1.08	0.84
21	重庆市	27	33.08	0.00	30.34	11.00	5.15	39.12	16.79	22.24
	占行业比重（%）	1.61	1.00	0.00	1.60	1.66	0.72	1.34	0.98	1.87
22	四川省	55	131.02	0.93	34.23	8.16	18.60	57.97	30.87	26.43
	占行业比重（%）	3.28	3.96	0.87	1.81	1.23	2.59	1.99	1.81	2.22
23	贵州省	11	10.58	0.20	6.11	2.32	6.18	15.28	8.12	7.14
	占行业比重（%）	0.66	0.32	0.19	0.32	0.35	0.86	0.52	0.48	0.60
24	云南省	5	5.06	0.04	9.27	0.84	5.01	16.71	12.85	3.85
	占行业比重（%）	0.30	0.15	0.03	0.49	0.13	0.70	0.57	0.75	0.32
25	陕西省	11	37.41	0.25	30.33	11.78	21.20	61.16	44.64	16.52
	占行业比重（%）	0.66	1.13	0.23	1.60	1.78	2.96	2.10	2.61	1.39
26	甘肃省	4	3.32	0.03	3.47	0.98	1.77	5.26	1.90	3.36
	占行业比重（%）	0.24	0.10	0.03	0.18	0.15	0.25	0.18	0.11	0.28
27	宁夏回族自治区	9	37.10	0.00	31.34	10.58	6.11	40.02	21.91	17.95
	占行业比重（%）	0.54	1.12	0.00	1.65	1.60	0.85	1.37	1.28	1.51
28	新疆维吾尔自治区	5	4.68	0.00	4.07	1.15	1.98	6.72	3.62	3.10
	占行业比重（%）	0.30	0.14	0.00	0.21	0.17	0.28	0.23	0.21	0.26

（续）

序号	地区名称	主营业务收入（亿元）	主营业务成本（亿元）	利润总额（亿元）	利税总额（亿元）	主营业务收入利润率（%）	主营业务收入利润总额率（%）	资产负债率（%）	亏损企业亏损数（家）	亏损企业亏损面（%）
	矿山机械行业	3 395.16	2 845.24	219.14	344.49	15.58	6.45	58.73	116	6.93
1	北京市	43.69	35.75	2.84	4.71	17.75	6.49	64.82	2	11.76
	占行业比重(%)	1.29	1.26	1.29	1.37				1.72	
2	天津市	53.38	42.54	6.65	8.71	19.33	12.47	58.01	5	16.67
	占行业比重(%)	1.57	1.50	3.04	2.53				4.31	
3	河北省	174.91	137.81	18.38	28.66	20.04	10.51	47.12	10	9.43
	占行业比重(%)	5.15	4.84	8.39	8.32				8.62	
4	山西省	331.87	287.98	6.34	14.04	12.89	1.91	74.63	11	12.94
	占行业比重(%)	9.77	10.12	2.89	4.08				9.48	
5	内蒙古自治区	25.74	22.01	1.18	1.66	14.14	4.57	66.17	5	38.46
	占行业比重(%)	0.76	0.77	0.54	0.48				4.31	
6	辽宁省	476.89	399.73	33.61	48.48	15.59	7.05	59.42	9	5.52
	占行业比重(%)	14.05	14.05	15.34	14.07				7.76	
7	吉林省	80.43	71.31	2.11	4.14	10.97	2.62	63.27	3	10.34
	占行业比重(%)	2.37	2.51	0.96	1.20				2.59	
8	黑龙江省	29.00	21.09	2.43	4.35	26.52	8.39	61.63	3	13.64
	占行业比重(%)	0.85	0.74	1.11	1.26				2.59	
9	上海市	88.39	77.04	-4.22	-2.33	12.62	-4.77	73.41	11	36.67
	占行业比重(%)	2.60	2.71	-1.93	-0.68				9.48	
10	江苏省	139.70	113.94	12.77	19.42	17.82	9.14	58.07	12	10.71
	占行业比重(%)	4.11	4.00	5.83	5.64				10.34	
11	浙江省	28.57	22.94	1.71	2.76	19.26	6.00	59.64	2	5.13
	占行业比重(%)	0.84	0.81	0.78	0.80				1.72	
12	安徽省	169.49	147.93	7.76	13.77	11.81	4.58	51.57	6	3.75
	占行业比重(%)	4.99	5.20	3.54	4.00				5.17	
13	福建省	13.90	12.47	0.37	0.66	9.77	2.64	62.33	0	0.00
	占行业比重(%)	0.41	0.44	0.17	0.19				0.00	
14	江西省	76.35	61.62	6.95	10.17	18.44	9.10	38.80	0	0.00
	占行业比重(%)	2.25	2.17	3.17	2.95				0.00	
15	山东省	404.12	335.60	31.82	50.25	16.29	7.87	46.77	6	2.25
	占行业比重(%)	11.90	11.80	14.52	14.59				5.17	
16	河南省	806.70	686.87	54.14	79.79	14.41	6.71	49.13	9	3.32
	占行业比重(%)	23.76	24.14	24.70	23.16				7.76	
17	湖北省	34.44	29.91	1.46	2.72	12.30	4.23	49.91	2	4.88
	占行业比重(%)	1.01	1.05	0.67	0.79				1.72	
18	湖南省	101.86	84.97	7.50	11.75	15.32	7.36	53.58	4	5.19
	占行业比重(%)	3.00	2.99	3.42	3.41				3.45	
19	广东省	13.45	11.69	0.46	0.79	12.85	3.40	60.91	3	18.75
	占行业比重(%)	0.40	0.41	0.21	0.23				2.59	
20	广西壮族自治区	35.33	28.42	3.69	5.42	18.52	10.44	64.89	2	14.29
	占行业比重(%)	1.04	1.00	1.68	1.57				1.72	
21	重庆市	39.67	26.05	5.45	7.97	33.34	13.74	42.92	3	11.11
	占行业比重(%)	1.17	0.92	2.49	2.31				2.59	
22	四川省	129.76	110.01	7.71	14.67	14.43	5.94	53.26	2	3.64
	占行业比重(%)	3.82	3.87	3.52	4.26				1.72	
23	贵州省	9.98	8.44	0.48	0.61	14.72	4.77	53.16	0	0.00
	占行业比重(%)	0.29	0.30	0.22	0.18				0.00	
24	云南省	4.87	4.44	-0.10	0.06	8.29	-2.06	76.95	2	40.00
	占行业比重(%)	0.14	0.16	-0.05	0.02				1.72	
25	陕西省	37.42	29.89	2.08	3.47	19.21	5.57	72.98	3	27.27
	占行业比重(%)	1.10	1.05	0.95	1.01				2.59	
26	甘肃省	3.19	2.30	0.24	0.33	27.57	7.63	36.20	0	0.00
	占行业比重(%)	0.09	0.08	0.11	0.10				0.00	
27	宁夏回族自治区	37.46	28.86	4.65	6.70	22.46	12.42	54.75	1	11.11
	占行业比重(%)	1.10	1.01	2.12	1.94				0.86	
28	新疆维吾尔自治区	4.62	3.63	0.69	0.77	21.27	14.94	53.92	0	0.00
	占行业比重(%)	0.14	0.13	0.31	0.22				0.00	

〔供稿人:中国重型机械工业协会王文斯　审稿人:中国重型机械工业协会李镜〕

2012 年轻小型起重设备行业主要经济指标及按省、自治区、直辖市分布

序号	地区名称	企业数（家）	工业销售产值（当年价）（亿元）	其中：出口交货值（亿元）	流动资产合计（亿元）	其中：应收账款（亿元）	固定资产合计（亿元）	资产总计（亿元）	负债合计（亿元）	所有者权益合计（亿元）
	轻小型起重设备行业	272	391.54	82.54	209.54	64.80	99.17	341.52	200.24	139.83
1	北京市	1	0.22	0.00	0.23	0.18	0.07	0.30	0.17	0.13
	占行业比重（%）	0.37	0.06	0.00	0.11	0.27	0.07	0.09	0.08	0.09
2	天津市	3	4.75	0.00	3.00	0.79	0.42	4.72	2.30	2.42
	占行业比重（%）	1.10	1.21	0.00	1.43	1.23	0.43	1.38	1.15	1.73
3	河北省	14	81.64	23.23	46.78	8.73	43.24	97.72	54.90	42.23
	占行业比重（%）	5.15	20.85	28.14	22.32	13.48	43.60	28.61	27.42	30.20
4	山西省	1	2.99	0.00	3.25	0.60	0.69	3.99	3.49	0.50
	占行业比重（%）	0.37	0.76	0.00	1.55	0.93	0.70	1.17	1.74	0.36
5	辽宁省	14	15.23	0.62	5.13	0.72	2.84	9.33	7.06	2.27
	占行业比重（%）	5.15	3.89	0.75	2.45	1.11	2.86	2.73	3.53	1.62
6	吉林省	3	5.45	0.00	6.63	2.30	0.23	6.94	6.83	0.11
	占行业比重（%）	1.10	1.39	0.00	3.16	3.55	0.23	2.03	3.41	0.08
7	黑龙江省	1	0.65	0.00	0.57	0.33	0.12	0.69	0.60	0.09
	占行业比重（%）	0.37	0.17	0.00	0.27	0.52	0.12	0.20	0.30	0.06
8	上海市	16	30.96	10.93	20.37	10.00	3.54	24.53	14.84	9.69
	占行业比重（%）	5.88	7.91	13.25	9.72	15.43	3.57	7.18	7.41	6.93
9	江苏省	46	59.85	19.48	30.75	10.91	11.70	47.18	25.47	21.71
	占行业比重（%）	16.91	15.29	23.61	14.68	16.84	11.80	13.81	12.72	15.53
10	浙江省	61	46.71	23.08	28.90	9.70	9.81	44.65	26.27	18.34
	占行业比重（%）	22.43	11.93	27.96	13.79	14.97	9.89	13.07	13.12	13.12
11	安徽省	10	12.04	0.00	5.69	1.12	2.88	9.86	6.46	3.40
	占行业比重（%）	3.68	3.08	0.00	2.72	1.73	2.90	2.89	3.23	2.43
12	福建省	4	3.77	0.14	3.85	1.09	2.15	6.30	4.92	1.38
	占行业比重（%）	1.47	0.96	0.17	1.84	1.68	2.17	1.84	2.46	0.98
13	江西省	2	4.29	0.00	3.36	0.77	0.58	4.80	2.10	2.11
	占行业比重（%）	0.74	1.09	0.00	1.61	1.19	0.58	1.40	1.05	1.51
14	山东省	16	19.17	2.37	3.66	0.66	2.89	7.27	4.20	3.05
	占行业比重（%）	5.88	4.90	2.87	1.75	1.01	2.92	2.13	2.10	2.18
15	河南省	15	14.54	0.02	6.34	2.21	3.66	10.59	3.91	6.68
	占行业比重（%）	5.51	3.71	0.03	3.03	3.41	3.69	3.10	1.95	4.78
16	湖北省	14	29.22	0.02	6.95	2.58	2.43	12.09	6.08	5.82
	占行业比重（%）	5.15	7.46	0.02	3.31	3.98	2.46	3.54	3.03	4.16
17	湖南省	10	16.26	0.09	5.92	2.12	6.65	12.75	6.48	6.27
	占行业比重（%）	3.68	4.15	0.11	2.83	3.27	6.70	3.73	3.24	4.49
18	广东省	22	30.64	2.36	18.78	7.39	2.76	24.51	15.53	8.99
	占行业比重（%）	8.09	7.82	2.86	8.96	11.41	2.78	7.18	7.75	6.43
19	重庆市	1	0.34	0.00	0.13	0.00	0.02	0.15	0.06	0.09
	占行业比重（%）	0.37	0.09	0.00	0.06	0.01	0.02	0.04	0.03	0.07
20	四川省	14	10.50	0.20	7.55	2.00	1.81	10.59	7.07	3.50
	占行业比重（%）	5.15	2.68	0.24	3.61	3.09	1.82	3.10	3.53	2.50
21	贵州省	1	0.59	0.00	0.48	0.08	0.17	0.64	0.56	0.08
	占行业比重（%）	0.37	0.15	0.00	0.23	0.13	0.17	0.19	0.28	0.06
22	云南省	2	1.05	0.00	0.53	0.21	0.21	0.89	0.31	0.59
	占行业比重（%）	0.74	0.27	0.00	0.25	0.33	0.21	0.26	0.15	0.42
23	甘肃省	1	0.67	0.00	0.71	0.28	0.33	1.04	0.65	0.39
	占行业比重（%）	0.37	0.17	0.00	0.34	0.44	0.33	0.30	0.33	0.28

（续）

序号	地区名称	主营业务收入（亿元）	主营业务成本（亿元）	利润总额（亿元）	利税总额（亿元）	主营业务收入利润率（%）	主营业务收入利润总额率（%）	资产负债率（%）	亏损企业亏损数（家）	亏损企业亏损面（%）
	轻小型起重设备行业	390.86	323.70	27.97	43.37	16.60	7.16	58.63	38	13.97
1	北京市	0.21	0.21	0.00	0.01	0.02	2.00	56.59	0	0.00
	占行业比重(%)	0.05	0.07	0.02	0.03				0.00	
2	天津市	5.26	4.39	0.57		16.32	10.91	48.75	0	0.00
	占行业比重(%)	1.35	1.36	2.05	0.00				0.00	
3	河北省	81.13	66.75	7.99		16.90	9.85	56.18	2	14.29
	占行业比重(%)	20.76	20.62	28.56	0.00				5.26	
4	山西省	2.95	2.42	0.03		17.24	1.05	87.43	0	0.00
	占行业比重(%)	0.76	0.75	0.11	0.00				0.00	
5	辽宁省	14.21	11.62	0.55		18.05	3.89	75.70	5	35.71
	占行业比重(%)	3.64	3.59	1.97	0.00				13.16	
6	吉林省	5.10	4.63	0.09		8.91	1.76	98.38	0	0.00
	占行业比重(%)	1.30	1.43	0.32	0.00				0.00	
7	黑龙江省	0.62	0.53	-0.01		15.06	-1.02	86.91	1	100.00
	占行业比重(%)	0.16	0.16	-0.02	0.00				2.63	
8	上海市	30.08	25.76	1.52		14.20	5.05	60.50	1	6.25
	占行业比重(%)	7.70	7.96	5.44	0.00				2.63	
9	江苏省	62.02	52.39	4.15		14.96	6.68	53.98	7	15.22
	占行业比重(%)	15.87	16.19	14.82	0.00				18.42	
10	浙江省	46.27	37.89	1.78		17.70	3.84	58.83	12	19.67
	占行业比重(%)	11.84	11.71	6.35	0.00				31.58	
11	安徽省	11.37	9.21	1.20		18.41	10.53	65.55	1	10.00
	占行业比重(%)	2.91	2.85	4.28	0.00				2.63	
12	福建省	3.70	3.28	0.05		10.95	1.25	78.15	0	0.00
	占行业比重(%)	0.95	1.01	0.17	0.00				0.00	
13	江西省	5.23	4.09	0.71		21.56	13.52	43.73	0	0.00
	占行业比重(%)	1.34	1.26	2.53	0.00				0.00	
14	山东省	18.68	16.44	0.95		11.19	5.10	57.73	1	6.25
	占行业比重(%)	4.78	5.08	3.41	0.00				2.63	
15	河南省	14.76	12.75	1.20		12.75	8.16	36.93	1	6.67
	占行业比重(%)	3.78	3.94	4.31	0.00				2.63	
16	湖北省	28.62	22.92	3.74		19.33	13.08	50.26	1	7.14
	占行业比重(%)	7.32	7.08	13.39	0.00				2.63	
17	湖南省	16.82	12.34	0.71		25.98	4.22	50.81	1	10.00
	占行业比重(%)	4.30	3.81	2.54	0.00				2.63	
18	广东省	29.78	24.31	2.65		17.79	8.91	63.36	3	13.64
	占行业比重(%)	7.62	7.51	9.49	0.00				7.89	
19	重庆市	0.34	0.31	0.00		9.37	1.10	39.41	0	0.00
	占行业比重(%)	0.09	0.09	0.01	0.00				0.00	
20	四川省	11.57	9.75	-0.07		14.89	-0.60	66.72	2	14.29
	占行业比重(%)	2.96	3.01	-0.25	0.00				5.26	
21	贵州省	0.40	0.32	0.00		20.59	0.12	87.07	0	0.00
	占行业比重(%)	0.10	0.10	0.00	0.00				0.00	
22	云南省	1.06	0.83	0.13		20.26	12.63	34.49	0	0.00
	占行业比重(%)	0.27	0.26	0.48	0.00				0.00	
23	甘肃省	0.68	0.56	0.01		17.13	0.76	62.83	0	0.00
	占行业比重(%)	0.17	0.17	0.02	0.00				0.00	

〔供稿人:中国重型机械工业协会王文斯　审稿人:中国重型机械工业协会李镜〕

2012 年起重机行业主要经济指标及按省、自治区、直辖市分布

序号	地区名称	企业数（家）	工业销售产值（当年价）（亿元）	其中:出口交货值（亿元）	流动资产合计（亿元）	其中:应收账款（亿元）	固定资产合计（亿元）	资产总计（亿元）	负债合计（亿元）	所有者权益合计（亿元）
	起重机行业	755	2 505.32	267.37	1 508.44	485.32	599.79	2 526.31	1 552.41	967.22
1	北京市	8	10.39	0.51	15.33	5.68	5.48	27.36	16.27	11.09
	占行业比重(%)	1.06	0.41	0.19	1.02	1.17	0.91	1.08	1.05	1.15
2	天津市	15	27.57	0.54	8.37	2.15	5.57	25.22	9.34	15.88
	占行业比重(%)	1.99	1.10	0.20	0.55	0.44	0.93	1.00	0.60	1.64
3	河北省	17	24.46	1.36	5.79	1.44	3.16	9.75	4.71	5.03
	占行业比重(%)	2.25	0.98	0.51	0.38	0.30	0.53	0.39	0.30	0.52
4	山西省	2	0.84	0.00	1.00	0.27	0.17	1.17	0.97	0.20
	占行业比重(%)	0.26	0.03	0.00	0.07	0.06	0.03	0.05	0.06	0.02
5	内蒙古自治区	1	0.76	0.00	0.04	0.02	0.02	0.08	0.08	-0.01
	占行业比重(%)	0.13	0.03	0.00	0.00	0.00	0.00	0.00	0.01	0.00
6	辽宁省	96	229.43	7.11	58.61	15.97	42.28	114.45	52.25	61.07
	占行业比重(%)	12.72	9.16	2.66	3.89	3.29	7.05	4.53	3.37	6.31
7	吉林省	12	30.75	0.00	5.78	1.59	6.44	12.29	6.96	5.21
	占行业比重(%)	1.59	1.23	0.00	0.38	0.33	1.07	0.49	0.45	0.54
8	黑龙江省	6	3.43	0.00	5.28	1.68	3.55	9.89	6.49	3.40
	占行业比重(%)	0.79	0.14	0.00	0.35	0.35	0.59	0.39	0.42	0.35
9	上海市	30	253.55	143.54	284.25	48.37	147.35	521.18	359.03	162.14
	占行业比重(%)	3.97	10.12	53.69	18.84	9.97	24.57	20.63	23.13	16.76
10	江苏省	122	826.47	81.66	683.77	277.46	189.33	1 090.77	732.54	358.21
	占行业比重(%)	16.16	32.99	30.54	45.33	57.17	31.57	43.18	47.19	37.03
11	浙江省	44	60.96	13.25	44.22	11.58	10.88	67.30	43.37	23.92
	占行业比重(%)	5.83	2.43	4.96	2.93	2.39	1.81	2.66	2.79	2.47
12	安徽省	37	120.45	0.42	33.92	10.34	29.15	66.37	34.95	30.71
	占行业比重(%)	4.90	4.81	0.16	2.25	2.13	4.86	2.63	2.25	3.17
13	福建省	15	20.12	13.66	14.63	3.95	9.87	28.35	16.46	11.80
	占行业比重(%)	1.99	0.80	5.11	0.97	0.81	1.65	1.12	1.06	1.22
14	江西省	7	26.92	0.00	8.22	2.50	3.05	14.15	4.44	9.71
	占行业比重(%)	0.93	1.07	0.00	0.54	0.51	0.51	0.56	0.29	1.00
15	山东省	108	303.57	0.36	69.65	17.66	50.89	141.58	52.05	89.05
	占行业比重(%)	14.30	12.12	0.14	4.62	3.64	8.48	5.60	3.35	9.21
16	河南省	135	382.87	1.95	159.78	45.08	60.24	238.65	108.41	126.19
	占行业比重(%)	17.88	15.28	0.73	10.59	9.29	10.04	9.45	6.98	13.05
17	湖北省	20	24.90	0.00	16.90	4.97	5.80	24.37	17.79	6.57
	占行业比重(%)	2.65	0.99	0.00	1.12	1.02	0.97	0.96	1.15	0.68
18	湖南省	15	84.09	2.71	43.42	19.10	12.98	62.96	37.91	25.05
	占行业比重(%)	1.99	3.36	1.02	2.88	3.94	2.16	2.49	2.44	2.59
19	广东省	22	25.88	0.00	15.73	5.53	3.73	21.63	14.65	6.95
	占行业比重(%)	2.91	1.03	0.00	1.04	1.14	0.62	0.86	0.94	0.72
20	广西壮族自治区	4	15.19	0.26	9.12	1.93	0.78	10.38	9.32	1.06
	占行业比重(%)	0.53	0.61	0.10	0.60	0.40	0.13	0.41	0.60	0.11
21	重庆市	10	6.53	0.00	3.41	0.85	0.82	4.55	2.65	1.90
	占行业比重(%)	1.32	0.26	0.00	0.23	0.18	0.14	0.18	0.17	0.20
22	四川省	13	13.17	0.00	6.78	1.95	2.62	10.07	5.98	4.08
	占行业比重(%)	1.72	0.53	0.00	0.45	0.40	0.44	0.40	0.39	0.42
23	云南省	2	0.63	0.00	0.57	0.11	0.18	0.75	0.42	0.33
	占行业比重(%)	0.26	0.03	0.00	0.04	0.02	0.03	0.03	0.03	0.03
24	陕西省	3	2.53	0.00	3.74	1.26	1.60	6.32	3.51	2.81
	占行业比重(%)	0.40	0.10	0.00	0.25	0.26	0.27	0.25	0.23	0.29
25	甘肃省	2	1.95	0.00	1.90	0.21	0.99	4.87	4.21	0.66
	占行业比重(%)	0.26	0.08	0.00	0.13	0.04	0.17	0.19	0.27	0.07
26	宁夏回族自治区	4	3.40	0.00	5.56	2.98	1.98	8.05	5.37	2.68
	占行业比重(%)	0.53	0.14	0.00	0.37	0.61	0.33	0.32	0.35	0.28
27	新疆维吾尔自治区	5	4.50	0.03	2.69	0.68	0.88	3.79	2.26	1.53
	占行业比重(%)	0.66	0.18	0.01	0.18	0.14	0.15	0.15	0.15	0.16

（续）

序号	地区名称	主营业务收入（亿元）	主营业务成本（亿元）	利润总额（亿元）	利税总额（亿元）	主营业务收入利润率（%）	主营业务收入利润总额率（%）	资产负债率（%）	亏损企业亏损数（家）	亏损企业亏损面（%）
	起重机行业	2 487.62	2 111.94	148.44	231.28	14.66	5.97	61.45	97	12.85
1	北京市	12.14	9.54	-0.17	0.21	20.60	-1.36	59.48	1	12.50
	占行业比重（%）	0.49	0.45	-0.11	0.09				1.03	
2	天津市	27.75	23.39	2.17	3.51	14.79	7.82	37.05	5	33.33
	占行业比重（%）	1.12	1.11	1.46	1.52				5.15	
3	河北省	24.06	21.30	1.47	2.30	11.24	6.09	48.31	4	23.53
	占行业比重（%）	0.97	1.01	0.99	1.00				4.12	
4	山西省	0.77	0.72	-0.04	-0.02	5.82	-4.97	82.77	2	100.00
	占行业比重（%）	0.03	0.03	-0.03	-0.01				2.06	
5	内蒙古自治区	0.73	0.73	0.00	0.00	0.19	-0.03	108.77	1	100.00
	占行业比重（%）	0.03	0.03	0.00	0.00				1.03	
6	辽宁省	229.81	192.73	10.21	18.37	15.55	4.44	45.65	10	10.42
	占行业比重（%）	9.24	9.13	6.88	7.94				10.31	
7	吉林省	30.63	27.18	0.96	1.67	10.93	3.13	56.63	0	0.00
	占行业比重（%）	1.23	1.29	0.65	0.72				0.00	
8	黑龙江省	3.35	2.64	0.10	0.26	20.55	3.06	65.64	1	16.67
	占行业比重（%）	0.13	0.13	0.07	0.11				1.03	
9	上海市	240.15	225.33	-9.44	-4.17	5.93	-3.93	68.89	4	13.33
	占行业比重（%）	9.65	10.67	-6.36	-1.80				4.12	
10	江苏省	830.68	702.10	53.88	80.24	15.16	6.49	67.16	28	22.95
	占行业比重（%）	33.39	33.24	36.30	34.69				28.87	
11	浙江省	59.66	49.00	3.21	5.47	17.46	5.38	64.44	8	18.18
	占行业比重（%）	2.40	2.32	2.16	2.36				8.25	
12	安徽省	121.43	101.78	14.99	19.51	15.46	12.35	52.66	0	0.00
	占行业比重（%）	4.88	4.82	10.10	8.43				0.00	
13	福建省	21.96	19.33	0.50	1.37	11.18	2.30	58.07	5	33.33
	占行业比重（%）	0.88	0.92	0.34	0.59				5.15	
14	江西省	26.15	19.89	2.01	3.06	23.57	7.69	31.41	1	14.29
	占行业比重（%）	1.05	0.94	1.35	1.32				1.03	
15	山东省	276.52	227.06	21.39	37.01	17.17	7.74	36.77	5	4.63
	占行业比重（%）	11.12	10.75	14.41	16.00				5.15	
16	河南省	400.54	334.49	38.90	49.22	16.04	9.71	45.43	2	1.48
	占行业比重（%）	16.10	15.84	26.21	21.28				2.06	
17	湖北省	26.62	22.70	1.22	1.84	14.04	4.58	72.99	3	15.00
	占行业比重（%）	1.07	1.07	0.82	0.80				3.09	
18	湖南省	82.13	72.17	3.56	5.14	11.91	4.33	60.21	1	6.67
	占行业比重（%）	3.30	3.42	2.40	2.22				1.03	
19	广东省	25.03	21.39	1.25	2.10	14.11	4.98	67.72	4	18.18
	占行业比重（%）	1.01	1.01	0.84	0.91				4.12	
20	广西壮族自治区	15.05	12.74	0.24	0.73	15.00	1.60	89.83	1	25.00
	占行业比重（%）	0.61	0.60	0.16	0.32				1.03	
21	重庆市	6.34	4.91	0.48	0.78	22.03	7.60	58.25	4	40.00
	占行业比重（%）	0.25	0.23	0.32	0.34				4.12	
22	四川省	13.30	10.42	0.82	1.49	21.20	6.19	59.34	2	15.38
	占行业比重（%）	0.53	0.49	0.55	0.65				2.06	
23	云南省	0.67	0.57	0.05	0.07	14.56	7.36	55.92	0	0.00
	占行业比重（%）	0.03	0.03	0.03	0.03				0.00	
24	陕西省	2.50	2.14	0.07	0.18	14.07	2.62	55.54	1	33.33
	占行业比重（%）	0.10	0.10	0.04	0.08				1.03	
25	甘肃省	1.94	1.56	0.01	0.13	19.41	0.53	86.38	0	0.00
	占行业比重（%）	0.08	0.07	0.01	0.06				0.00	
26	宁夏回族自治区	3.22	2.75	-0.09	0.04	14.26	-2.69	66.70	3	75.00
	占行业比重（%）	0.13	0.13	-0.06	0.02				3.09	
27	新疆维吾尔自治区	4.52	3.38	0.67	0.77	24.99	14.92	59.59	1	20.00
	占行业比重（%）	0.18	0.16	0.45	0.33				1.03	

〔供稿人：中国重型机械工业协会王文斯　审稿人：中国重型机械工业协会李镜〕

2012年连续搬运设备行业主要经济指标及按省、自治区、直辖市分布

序号	地区名称	企业数（家）	工业销售产值（当年价）（亿元）	其中：出口交货值（亿元）	流动资产合计（亿元）	其中：应收账款（亿元）	固定资产合计（亿元）	资产总计（亿元）	负债合计（亿元）	所有者权益合计（亿元）
	连续搬运设备行业	219	291.89	10.06	155.65	55.32	51.82	236.43	132.75	103.64
1	北京市	4	5.14	0.20	9.10	4.69	0.68	10.76	7.36	3.40
	占行业比重（%）	1.83	1.76	1.98	5.85	8.47	1.31	4.55	5.55	3.28
2	天津市	2	1.83	0.00	2.31	0.01	0.26	3.00	2.23	0.77
	占行业比重（%）	0.91	0.63	0.00	1.49	0.02	0.50	1.27	1.68	0.74
3	河北省	26	27.87	0.14	15.44	6.28	8.30	28.55	15.53	13.02
	占行业比重（%）	11.87	9.55	1.37	9.92	11.35	16.02	12.07	11.70	12.56
4	山西省	3	3.20	0.00	2.91	1.11	0.58	3.54	2.38	1.14
	占行业比重（%）	1.37	1.09	0.00	1.87	2.00	1.12	1.50	1.80	1.10
5	辽宁省	2	0.45	0.00	0.02	0.01	0.05	0.08	0.03	0.03
	占行业比重（%）	0.91	0.16	0.00	0.02	0.01	0.09	0.03	0.03	0.03
6	吉林省	3	2.42	0.00	1.67	0.89	0.68	2.45	0.98	1.47
	占行业比重（%）	1.37	0.83	0.00	1.07	1.61	1.31	1.04	0.74	1.42
7	黑龙江省	4	2.33	0.00	0.83	0.65	0.25	1.07	0.36	0.72
	占行业比重（%）	1.83	0.80	0.00	0.53	1.17	0.48	0.45	0.27	0.69
8	上海市	11	22.25	2.53	19.68	8.03	5.95	29.32	15.14	14.18
	占行业比重（%）	5.02	7.62	25.16	12.65	14.51	11.48	12.40	11.41	13.68
9	江苏省	51	47.22	4.20	24.07	9.39	10.56	37.53	18.57	18.95
	占行业比重（%）	23.29	16.18	41.70	15.47	16.97	20.37	15.87	13.99	18.29
10	浙江省	24	18.10	0.86	11.91	2.93	2.95	22.35	15.43	6.92
	占行业比重（%）	10.96	6.20	8.56	7.65	5.30	5.70	9.45	11.62	6.68
11	安徽省	34	46.90	0.87	13.82	5.91	6.43	22.12	10.08	12.02
	占行业比重（%）	15.53	16.07	8.65	8.88	10.68	12.40	9.35	7.60	11.60
12	福建省	2	1.87	0.00	0.73	0.41	0.45	1.20	0.62	0.58
	占行业比重（%）	0.91	0.64	0.00	0.47	0.74	0.87	0.51	0.47	0.56
13	江西省	2	3.39	0.00	2.07	0.43	0.20	2.67	2.10	0.57
	占行业比重（%）	0.91	1.16	0.00	1.33	0.78	0.38	1.13	1.58	0.55
14	山东省	8	18.94	0.00	5.23	0.37	5.24	10.77	6.10	4.68
	占行业比重（%）	3.65	6.49	0.00	3.36	0.67	10.11	4.56	4.59	4.51
15	河南省	11	14.12	0.00	6.11	2.82	1.15	7.05	4.62	2.62
	占行业比重（%）	5.02	4.84	0.00	3.93	5.09	2.21	2.98	3.48	2.52
16	湖北省	12	13.47	0.00	8.35	2.61	1.22	10.88	3.72	7.01
	占行业比重（%）	5.48	4.61	0.00	5.37	4.72	2.35	4.60	2.80	6.76
17	湖南省	6	8.73	0.00	0.95	0.36	0.96	2.50	1.31	1.20
	占行业比重（%）	2.74	2.99	0.00	0.61	0.65	1.86	1.06	0.99	1.15
18	广东省	6	8.43	1.00	5.06	1.16	0.44	6.65	4.60	2.04
	占行业比重（%）	2.74	2.89	9.91	3.25	2.10	0.85	2.81	3.47	1.97
19	广西壮族自治区	2	3.97	0.27	6.59	1.03	2.96	10.60	7.39	3.18
	占行业比重（%）	0.91	1.36	2.67	4.24	1.86	5.71	4.48	5.57	3.07
20	四川省	3	26.80	0.00	14.02	5.11	1.67	16.29	11.95	4.34
	占行业比重（%）	1.37	9.18	0.00	9.01	9.24	3.21	6.89	9.00	4.19
21	贵州省	1	0.14	0.00	0.00	0.00	0.00	0.00	0.00	0.00
	占行业比重（%）	0.46	0.05	0.00	0.00	0.00	0.00	0.00	0.00	0.00
22	陕西省	2	14.31	0.00	4.76	1.12	0.86	7.05	2.23	4.81
	占行业比重（%）	0.91	4.90	0.00	3.06	2.03	1.66	2.98	1.68	4.64

（续）

序号	地区名称	主营业务收入（亿元）	主营业务成本（亿元）	利润总额（亿元）	利税总额（亿元）	主营业务收入利润率（%）	主营业务收入利润总额率（%）	资产负债率（%）	亏损企业亏损数（家）	亏损企业亏损面（%）
	连续搬运设备行业	287.82	233.05	21.39	30.94	18.51	7.43	56.15	19	8.68
1	北京市	5.11	3.53	0.72	0.85	30.36	14.12	68.42	0	0.00
	占行业比重（%）	1.78	1.51	3.37	2.76				0.00	
2	天津市	1.83	1.70	-0.01	0.00	6.73	-0.78	74.37	1	50.00
	占行业比重（%）	0.64	0.73	-0.07	0.00				5.26	
3	河北省	28.26	20.94	2.08	3.14	25.65	7.35	54.41	2	7.69
	占行业比重（%）	9.82	8.99	9.71	10.14				10.53	
4	山西省	2.94	2.69	0.05	0.11	8.29	1.78	67.41	0	0.00
	占行业比重（%）	1.02	1.15	0.25	0.35				0.00	
5	辽宁省	0.44	0.41	0.01	0.03	7.08	2.39	42.27	0	0.00
	占行业比重（%）	0.15	0.17	0.05	0.08				0.00	
6	吉林省	2.25	1.54	0.23	0.42	30.04	10.11	39.98	0	0.00
	占行业比重（%）	0.78	0.66	1.06	1.35				0.00	
7	黑龙江省	2.33	1.96	0.10	0.22	15.53	4.18	33.04	1	25.00
	占行业比重（%）	0.81	0.84	0.46	0.70				5.26	
8	上海市	23.96	19.20	1.93	2.65	19.55	8.06	51.65	0	0.00
	占行业比重（%）	8.32	8.24	9.03	8.56				0.00	
9	江苏省	48.09	40.89	2.62	4.46	14.45	5.45	49.49	9	17.65
	占行业比重（%）	16.71	17.55	12.26	14.41				47.37	
10	浙江省	18.05	15.57	1.23	1.74	13.31	6.84	69.03	2	8.33
	占行业比重（%）	6.27	6.68	5.77	5.62				10.53	
11	安徽省	44.89	35.68	5.29	6.39	20.06	11.78	45.60	1	2.94
	占行业比重（%）	15.60	15.31	24.72	20.65				5.26	
12	福建省	1.87	1.45	0.08	0.12	22.18	4.20	51.91	0	0.00
	占行业比重（%）	0.65	0.62	0.37	0.38				0.00	
13	江西省	3.39	2.83	0.35	0.52	15.99	10.39	78.61	0	0.00
	占行业比重（%）	1.18	1.22	1.65	1.69				0.00	
14	山东省	20.68	14.37	1.54	2.52	29.76	7.43	56.59	3	37.50
	占行业比重（%）	7.19	6.17	7.18	8.13				15.79	
15	河南省	13.79	11.47	0.77	1.25	16.14	5.56	65.57	0	0.00
	占行业比重（%）	4.79	4.92	3.58	4.04				0.00	
16	湖北省	14.57	11.39	1.07	1.59	20.69	7.33	34.17	0	0.00
	占行业比重（%）	5.06	4.89	4.99	5.13				0.00	
17	湖南省	7.47	6.51	0.34	0.82	12.35	4.55	52.27	0	0.00
	占行业比重（%）	2.60	2.79	1.59	2.65				0.00	
18	广东省	8.67	7.34	0.41	0.70	14.41	4.68	69.28	0	0.00
	占行业比重（%）	3.01	3.15	1.90	2.28				0.00	
19	广西壮族自治区	3.85	2.81	0.26	0.50	26.27	6.83	69.72	0	0.00
	占行业比重（%）	1.34	1.21	1.23	1.62				0.00	
20	四川省	25.67	23.45	1.02	1.24	8.28	3.99	73.35	0	0.00
	占行业比重（%）	8.92	10.06	4.78	4.01				0.00	
21	贵州省	0.62	0.62	0.00	0.00	0.59	0.07	7.57	0	0.00
	占行业比重（%）	0.22	0.26	0.00	0.00				0.00	
22	陕西省	9.07	6.70	1.31	1.68	25.71	14.41	31.70	0	0.00
	占行业比重（%）	3.15	2.87	6.11	5.44				0.00	

〔供稿人：中国重型机械工业协会王文斯　审稿人：中国重型机械工业协会李镜〕

2012 年冶金矿山机械进出口按产品分类统计

税　　号	货品名称	数量单位	出口量	出口额（万美元）	进口量	进口额（万美元）	进出口总额（万美元）	进出口差额（万美元）
	冶金矿山机械总计			342 170		180 588	522 757	161 582
	占重型机械行业总计比重(%)			21.22		27.85	23.12	16.76
	(一)冶金机械合计			181 570		97 723	279 292	83 847
	占冶金矿山机械总计比重(%)			53.06		54.11	53.43	51.89
	1. 金属冶炼设备	台	832	5 197	47	3 514	8 711	1 683
84178010	炼焦炉	台	58	33	2	37	70	-3
84541000	转炉	台	503	2 714	20	1 244	3 958	1 469
84542010	炉外精炼设备	台	271	2 450	25	2 233	4 683	217
	2. 连续铸钢设备	台	398	3 199	6	1 347	4 546	1 853
84543021	方坯连铸机	台	302	2 104	1	9	2 114	2 095
84543022	板坯连铸机	台	2	0	4	1 191	1 191	-1 190
84543029	其他钢坯连铸机	台	94	1 095	1	147	1 241	948
	3. 金属轧制设备	台	11 955	46 141	1 434	40 597	86 739	5 544
	(1)板材轧机	台	3 473	16 105	16	12 190	28 296	3 915
84552110	板材热轧机	台	43	6 704	2	8 512	15 216	-1 808
84552210	板材冷轧机	台	3 430	9 401	14	3 679	13 080	5 723
	(2)管轧机	台	935	7 567	30	6 391	13 958	1 175
84551010	热轧管机	台	94	4 327	9	3 812	8 139	514
84551020	冷轧管机	台	535	2 070	2	1 047	3 117	1 023
84551030	定、减径轧管机	台	130	195	17	1 488	1 683	-1 293
84551090	其他金属管轧机	台	176	975	2	44	1 019	931
84552120	(3)型材轧机	台	234	1 889	1	623	2 512	1 267
84552130	(4)线材轧机	台	547	3 198	28	3 606	6 803	-408
	(5)其他金属轧机	台	3 781	10 208	90	7 093	17 301	3 115
84552190	其他金属热轧机或冷热联轧机	台	304	2 298	9	1 507	3 805	791
84552290	其他金属冷轧机	台	3 477	7 910	81	5 586	13 496	2 325
	(6)拉拔机	台	2 985	7 174	1 269	10 694	17 869	-3 520
84631011	300t 及以下的冷拔管机	台	81	471	28	960	1 431	-489
84631019	其他冷拔管机	台	5	152	1	6	158	146
84631020	拔丝机	台	2 212	5 472	498	4 662	10 133	810
84631090	金属杆、管、型材、异型材等的拉拔机	台	687	1 080	742	5 067	6 147	-3 987
	4. 冶金设备零件			127 032		52 265	179 297	74 768
	(1)金属冶炼设备零件			42 741		6 993	49 734	35 748
84179010	海绵铁回转窑的零件	t	1 737	472	1	9	481	463
84179020	焦炉零件	t	20 510	5 850	6	27	5 878	5 823

（续）

税号	货品名称	数量单位	出口量	出口额（万美元）	进口量	进口额（万美元）	进出口总额（万美元）	进出口差额（万美元）
84542090	锭模及浇包	台	9 222	4 479	426	1 879	6 358	2 600
84549010	炉外精炼设备的零件	t	9 271	4 528	99	380	4 908	4 148
84549090	其他金属冶炼设备及铸造机的零件	t	75 768	27 411	1 496	4 698	32 109	22 714
	(2)连铸机零件	t	18 932	12 099	1 173	4 720	16 820	7 379
84549021	钢坯连铸机用结晶器	t	1 843	2 582	415	1 429	4 011	1 153
84549022	钢坯连铸机用振动装置	t	393	352	249	918	1 270	-566
84549029	其他钢坯连铸机用零件	t	16 696	9 165	509	2 374	11 538	6 791
	(3)金属轧制设备零件			72 192		40 551	112 743	31 641
84553000	金属轧机用轧辊	个	121 585	26 963	15 070	18 638	45 601	8 325
84559000	其他金属轧机零件	t	104 620	45 229	8 290	21 913	67 142	23 317
	(二)矿山机械合计			160 600		82 865	243 465	77 736
	占冶金矿山机械总计比重(%)			46.94		45.89	46.57	48.11
	1.采掘、凿岩设备及钻机	台	51 204	42 185	309	37 954	80 139	4 230
	(1)采煤、凿岩机及隧道掘进机	台	29 225	25 196	197	30 550	55 746	-5 353
84303100	自推进的采煤、凿岩机及隧道掘进机	台	1 248	23 412	119	22 488	45 900	924
84303900	非自推进的采煤、凿岩机及隧道掘进机	台	27 977	1 784	78	8 061	9 846	-6 277
84305020	(2)矿用电铲	台	19	9 749	5	5 212	14 961	4 536
	(3)采矿钻机	台	222	1 860	47	1 547	3 407	313
84305031	牙轮直径在380mm及以上的采矿钻机	台	28	264	5	241	506	23
84305039	其他采矿钻机	台	194	1 595	42	1 305	2 901	290
	(4)工程钻机	台	21 738	5 380	60	646	6 025	4 734
84306911	钻筒直径在3m以上的非自推进工程钻机	台	32	60	1	2	61	58
84306919	其他非自推进工程钻机	台	21 706	5 320	59	644	5 964	4 676
	2.破碎、粉磨设备	台	57 357	77 609	1 051	26 170	103 779	51 440
84742010	(1)齿辊式破碎设备	台	6 116	9 654	149	5 177	14 831	4 477
84742020	(2)球磨式粉磨设备	台	5 860	18 378	153	1 013	19 391	17 364
84742090	(3)其他破碎或粉磨设备	台	45 381	49 578	749	19 979	69 557	29 599
	3.筛分、洗选设备	台	30 163	35 564	2 140	13 846	49 410	21 718
84741000	筛分、洗选设备	台	30 163	35 564	2 140	13 846	49 410	21 718
	4.矿山提升设备	台	2 626	778	36	255	1 033	523
84253110	(1)电动矿山提升设备	台	1 378	653	24	174	827	479
84253910	(2)非电动矿山提升设备	台	1 248	124	12	81	205	43
	5.矿山机械零件	t	11 403	4 464	1 857	4 639	9 104	-175
84314910	矿用电铲用零件	t	11 403	4 464	1 857	4 639	9 104	-175

注:1.表中原始数据来源于海关2012年12月月报资料,进出口差额为负数表示逆差。编者按照《GB/T 4754—2011 国民经济行业分类》新标准和2010年国统局《统计用产品分类目录》对货品名称及归类作了适当调整(以下表同)。

2.因矿山机械零件的进出口,均混在税号843140和847490零件中无法区分,仅列了矿用电铲用零件1个税号。

〔供稿人:中国重型机械工业协会王文斯　审稿人:中国重型机械工业协会李镜〕

2012 年冶金矿山机械进出口额按国家（地区）统计

序号	国家（地区）	出口额（万美元）	占出口总额的比重（%）	序号	国家（地区）	进口额（万美元）	占进口总额的比重（%）
	冶金矿山机械总计	342 170	100.00		冶金矿山机械总计	180 588	100.00
1	印度	44 095	12.89	1	德国	56 321	31.19
2	印度尼西亚	21 344	6.24	2	美国	37 295	20.65
3	巴西	18 447	5.39	3	日本	19 088	10.57
4	美国	15 584	4.55	4	意大利	14 606	8.09
5	越南	15 097	4.41	5	奥地利	11 247	6.23
6	韩国	12 974	3.79	6	英国	8 261	4.57
7	俄罗斯联邦	12 940	3.78	7	法国	7 111	3.94
8	日本	12 497	3.65	8	瑞典	6 671	3.69
9	马来西亚	10 325	3.02	9	韩国	4 210	2.33
10	泰国	8 921	2.61	10	中国台湾	3 313	1.83
11	土耳其	8 347	2.44	11	澳大利亚	2 861	1.58
12	沙特阿拉伯	8 269	2.42	12	土耳其	1 643	0.91
13	新加坡	8 238	2.41	13	芬兰	1 266	0.70
14	南非	8 137	2.38	14	瑞士	1 079	0.60
15	伊朗	8 128	2.38	15	加拿大	984	0.54
16	德国	7 528	2.20	16	巴西	961	0.53
17	墨西哥	6 880	2.01	17	中华人民共和国	619	0.34
18	中国台湾	5 597	1.64	18	波兰	618	0.34
19	智利	5 301	1.55	19	南非	517	0.29
20	澳大利亚	5 024	1.47	20	新西兰	227	0.13
21	缅甸	4 509	1.32	21	比利时	213	0.12
22	秘鲁	3 860	1.13	22	斯洛文尼亚	185	0.10
23	哈萨克斯坦	3 763	1.10	23	印度	152	0.08
24	菲律宾	3 449	1.01	24	俄罗斯联邦	130	0.07
25	乌克兰	3 304	0.97	25	新加坡	118	0.07
26	蒙古	3 166	0.93	26	乌克兰	116	0.06
27	尼日利亚	3 120	0.91	27	马来西亚	104	0.06
28	加拿大	2 899	0.85	28	荷兰	103	0.06
29	吉布提	2 640	0.77	29	中国香港	67	0.04
30	埃塞俄比亚	2 587	0.76	30	丹麦	67	0.04
31	朝鲜	2 353	0.69	31	卢森堡	66	0.04
32	塔吉克斯坦	2 349	0.69	32	西班牙	62	0.03
33	中国香港	2 336	0.68	33	捷克	51	0.03
34	乌兹别克斯坦	2 092	0.61	34	保加利亚	47	0.03

（续）

序号	国家（地区）	出口额（万美元）	占出口总额的比重（%）	序号	国家（地区）	进口额（万美元）	占进口总额的比重（%）
35	加纳	2 066	0.60	35	泰国	47	0.03
36	意大利	2 053	0.60	36	阿拉伯联合酋长国	44	0.02
37	荷兰	1 946	0.57	37	墨西哥	30	0.02
38	阿塞拜疆	1 808	0.53	38	哈萨克斯坦	30	0.02
39	巴基斯坦	1 757	0.51	39	挪威	24	0.01
40	老挝	1 688	0.49	40	匈牙利	15	0.01
41	英国	1 454	0.42	41	克罗地亚	9	0.00
42	哥伦比亚	1 434	0.42	42	越南	6	0.00
43	埃及	1 340	0.39	43	葡萄牙	2	0.00
44	莫桑比克	1 325	0.39	44	约旦	0.68	0.00
45	利比里亚	1 314	0.38	45	沙特阿拉伯	0.67	0.00
46	巴林	1 290	0.38	46	罗马尼亚	0.31	0.00
47	阿拉伯联合酋长国	1 262	0.37	47	智利	0.19	0.00
48	阿根廷	1 232	0.36	48	印度尼西亚	0.17	0.00
49	委内瑞拉	1 212	0.35	49	菲律宾	0.10	0.00
50	斯里兰卡	1 159	0.34	50	巴基斯坦	0.04	0.00

注：2012年冶金矿山机械共出口181个国家（地区），从51个国家（地区）进口，表中仅列出前50位国家（地区）。

〔供稿人：中国重型机械工业协会王文斯　审稿人：中国重型机械工业协会李镜〕

2012年冶金机械进出口额按国家（地区）统计

序号	国家（地区）	出口额（万美元）	占出口总额的比重（%）	序号	国家（地区）	进口额（万美元）	占进口总额的比重（%）
	冶金机械合计	181 570	100.00		冶金机械合计	97 723	100.00
1	印度	26 585	14.64	1	德国	35 622	36.45
2	韩国	12 599	6.94	2	日本	16 216	16.59
3	巴西	12 190	6.71	3	美国	14 504	14.84
4	日本	11 539	6.36	4	意大利	14 322	14.66
5	美国	9 863	5.43	5	韩国	3 785	3.87
6	印度尼西亚	9 185	5.06	6	瑞典	2 479	2.54
7	越南	9 065	4.99	7	法国	2 377	2.43
8	泰国	5 967	3.29	8	奥地利	2 045	2.09
9	土耳其	5 917	3.26	9	英国	1 769	1.81
10	德国	5 872	3.23	10	中国台湾	1 295	1.33
11	墨西哥	5 853	3.22	11	瑞士	853	0.87
12	伊朗	5 444	3.00	12	巴西	703	0.72

（续）

序号	国家（地区）	出口额（万美元）	占出口总额的比重（%）	序号	国家（地区）	进口额（万美元）	占进口总额的比重（%）
13	中国台湾	5 192	2.86	13	芬兰	225	0.23
14	俄罗斯联邦	4 580	2.52	14	加拿大	222	0.23
15	马来西亚	4 067	2.24	15	斯洛文尼亚	185	0.19
16	沙特阿拉伯	3 442	1.90	16	比利时	174	0.18
17	缅甸	2 188	1.20	17	土耳其	124	0.13
18	意大利	1 901	1.05	18	俄罗斯联邦	122	0.12
19	南非	1 758	0.97	19	乌克兰	116	0.12
20	哈萨克斯坦	1 718	0.95	20	荷兰	71	0.07
21	荷兰	1 618	0.89	21	中国香港	67	0.07
22	加拿大	1 618	0.89	22	卢森堡	66	0.07
23	阿塞拜疆	1 556	0.86	23	西班牙	61	0.06
24	尼日利亚	1 333	0.73	24	保加利亚	47	0.05
25	巴林	1 277	0.70	25	马来西亚	43	0.04
26	乌克兰	1 252	0.69	26	印度	41	0.04
27	澳大利亚	1 237	0.68	27	波兰	35	0.04
28	乌兹别克斯坦	1 202	0.66	28	捷克	35	0.04
29	比利时	1 019	0.56	29	丹麦	25	0.03
30	埃塞俄比亚	1 004	0.55	30	挪威	24	0.02
31	菲律宾	947	0.52	31	澳大利亚	20	0.02
32	英国	934	0.51	32	泰国	17	0.02
33	阿根廷	905	0.50	33	匈牙利	15	0.02
34	阿拉伯联合酋长国	823	0.45	34	中华人民共和国	7	0.01
35	智利	822	0.45	35	墨西哥	7	0.01
36	西班牙	799	0.44	36	约旦	1	0.00
37	埃及	770	0.42	37	葡萄牙	0.5	0.00
38	哥伦比亚	714	0.39	38	新加坡	0.3	0.00
39	奥地利	692	0.38	39	罗马尼亚	0.3	0.00
40	委内瑞拉	675	0.37	40	印度尼西亚	0.2	0.00
41	秘鲁	674	0.37	41	菲律宾	0.1	0.00
42	阿曼	630	0.35	42	巴基斯坦	0.04	0.00
43	瑞士	618	0.34	43	越南	0.03	0.00
44	巴基斯坦	595	0.33	44	斯洛伐克	0.03	0.00
45	孟加拉国	513	0.28				
46	吉布提	503	0.28				
47	赞比亚	497	0.27				
48	苏丹	497	0.27				
49	伊拉克	478	0.26				
50	卡塔尔	475	0.26				

注:2012 年冶金机械共出口 164 个国家(地区),表中仅列出前 50 位国家(地区)。

〔供稿人:中国重型机械工业协会王文斯　审稿人:中国重型机械工业协会李镜〕

2012年矿山机械进出口额按国家(地区)统计

序号	国家(地区)	出口额(万美元)	占出口总额的比重(%)	序号	国家(地区)	进口额(万美元)	占进口总额的比重(%)
	矿山机械合计	160 600	100.00		矿山机械合计	82 865	100.00
1	印度	17 510	10.90	1	美国	22 791	27.50
2	印度尼西亚	12 159	7.57	2	德国	20 699	24.98
3	俄罗斯联邦	8 359	5.21	3	奥地利	9 202	11.11
4	新加坡	7 768	4.84	4	英国	6 491	7.83
5	南非	6 379	3.97	5	法国	4 733	5.71
6	马来西亚	6 258	3.90	6	瑞典	4 192	5.06
7	巴西	6 257	3.90	7	日本	2 872	3.47
8	越南	6 032	3.76	8	澳大利亚	2 841	3.43
9	美国	5 721	3.56	9	中国台湾	2 018	2.44
10	沙特阿拉伯	4 827	3.01	10	土耳其	1 519	1.83
11	智利	4 478	2.79	11	芬兰	1 040	1.26
12	澳大利亚	3 786	2.36	12	加拿大	761	0.92
13	秘鲁	3 186	1.98	13	中华人民共和国	611	0.74
14	蒙古	3 097	1.93	14	波兰	582	0.70
15	泰国	2 954	1.84	15	南非	517	0.62
16	伊朗	2 684	1.67	16	韩国	425	0.51
17	菲律宾	2 501	1.56	17	意大利	284	0.34
18	土耳其	2 430	1.51	18	巴西	258	0.31
19	缅甸	2 322	1.45	19	新西兰	227	0.27
20	塔吉克斯坦	2 233	1.39	20	瑞士	226	0.27
21	吉布提	2 137	1.33	21	新加坡	118	0.14
22	朝鲜	2 068	1.29	22	印度	111	0.13
23	乌克兰	2 052	1.28	23	马来西亚	61	0.07
24	哈萨克斯坦	2 045	1.27	24	阿拉伯联合酋长国	44	0.05
25	中国香港	2 036	1.27	25	丹麦	42	0.05
26	尼日利亚	1 787	1.11	26	比利时	40	0.05
27	加纳	1 678	1.04	27	荷兰	32	0.04
28	德国	1 656	1.03	28	泰国	30	0.04
29	埃塞俄比亚	1 583	0.99	29	哈萨克斯坦	30	0.04
30	老挝	1 573	0.98	30	墨西哥	23	0.03
31	利比里亚	1 313	0.82	31	捷克	16	0.02
32	加拿大	1 281	0.80	32	克罗地亚	9	0.01
33	巴基斯坦	1 163	0.72	33	俄罗斯联邦	9	0.01
34	莫桑比克	1 142	0.71	34	越南	6	0.01

（续）

序号	国家(地区)	出口额（万美元）	占出口总额的比重（%）	序号	国家(地区)	进口额（万美元）	占进口总额的比重（%）
35	墨西哥	1 027	0.64	35	葡萄牙	1	0.00
36	斯里兰卡	1 002	0.62	36	西班牙	1	0.00
37	日本	958	0.60	37	沙特阿拉伯	1	0.00
38	乌兹别克斯坦	890	0.55	38	智利	0.2	0.00
39	民主刚果	828	0.52				
40	哥伦比亚	720	0.45				
41	喀麦隆	714	0.44				
42	卢旺达	643	0.40				
43	肯尼亚	637	0.40				
44	苏丹	628	0.39				
45	厄瓜多尔	618	0.38				
46	塞拉利昂	614	0.38				
47	埃及	570	0.35				
48	赞比亚	538	0.33				
49	委内瑞拉	536	0.33				
50	坦桑尼亚	522	0.32				

注:2012 年矿山机械共出口 174 个国家(地区),表中仅列出前 50 位国家(地区)。

〔供稿人:中国重型机械工业协会王文斯　审稿人:中国重型机械工业协会李镜〕

2012 年物料搬运(起重运输)机械进出口按产品分类统计

税　号	货品名称	数量单位	出口量	出口额（万美元）	进口量	进口额（万美元）	进出口总额（万美元）	进出口差额（万美元）
	物料搬运(起重运输)机械总计			1 270 557		467 862	1 738 419	802 695
	占重型机械行业总计比重(%)			78.78		72.16	76.88	83.24
	(一)轻小型起重设备合计			179 739		69 080	248 819	110 658
	占物料搬运机械总计比重(%)			14.15		14.77	14.31	13.79
84251100	1. 电动葫芦	台	647 920	11 040	13 008	6 277	17 317	4 763
84251900	2. 滑车及手动葫芦	台	2 798 914	13 062	23 954	3 164	16 226	9 898
	3. 卷扬机及绞盘	台	7 412 478	51 254	49 744	44 674	95 928	6 579
84253190	(1)电动的卷扬机及绞盘	台	1 330 277	38 094	32 402	33 234	71 327	4 860
84253990	(2)非电动卷扬机及绞盘	台	6 082 201	13 160	17 342	11 441	24 601	1 719
	4. 千斤顶	台	33 472 222	58 059	823 541	5 035	63 094	53 024
84254100	(1)车库中使用的固定千斤顶系统	台	3 266	48	117	172	221	-124
84254210	(2)其他液压千斤顶	台	19 040 514	41 353	35 899	3 493	44 847	37 860
84254910	(3)其他千斤顶	台	14 428 442	16 657	787 525	1 369	18 026	15 288
	5. 车辆举升机	台	2 828 275	31 434	6 451	2 960	34 394	28 474

（续）

税　　号	货品名称	数量单位	出口量	出口额（万美元）	进口量	进口额（万美元）	进出口总额（万美元）	进出口差额（万美元）
84254290	(1)液压举升机	台	396 104	25 688	5 069	2 535	28 223	23 154
84254990	(2)其他举升机	台	2 432 171	5 746	1 382	425	6 171	5 320
	6. 轻小型起重设备零件	t	57 382	14 890	3 024	6 970	21 860	7 920
84311000	税号8425轻小型起重设备零件	t	57 382	14 890	3 024	6 970	21 860	7 920
	(二)起重机合计			394 299		52 196	446 495	342 103
	占物料搬运机械总计比重(%)			31.03		11.16	25.68	42.62
	1. 桥式起重机	台	3 495	31 421	762	4 710	36 131	26 711
84261120	(1)通用桥式起重机	台	2 526	24 177	481	1 721	25 898	22 456
84261190	(2)其他桥式起重机	台	969	7 244	281	2 989	10 233	4 255
84261930	2. 门式起重机	台	1 484	43 574	10	298	43 872	43 276
	3. 装卸桥及其他桥架类起重机	台	2 247	97 490	280	4 440	101 930	93 050
	(1)装卸桥	台	537	90 985	139	3 358	94 343	87 627
84261921	①抓斗式卸船机	台	20	2 533	72	522	3 055	2 012
84261941	②通用装卸桥	台	10	13	8	162	175	-149
84261942	③集装箱装卸桥	台	134	87 863	5	2 633	90 496	85 230
84261943	④其他动臂式装卸桥	台	368	6	54	41	47	-35
84261949	⑤其他装卸桥	台	5	569	0	0	569	569
	(2)其他桥架类起重机	台	1 710	6 505	141	1 082	7 587	5 423
84261200	①胶轮移动式吊运架及跨运车	台	1 210	5 392	31	133	5 525	5 259
84261990	②未列名桥架类起重机和移动式吊运架及跨运车	台	500	1 113	110	949	2 062	164
84262000	4. 塔式起重机	台	2 375	33 858	35	4 653	38 511	29 206
84263000	5. 门座起重机	台	917	30 432	360	18 797	49 229	11 635
	6. 流动式起重机	台	7 018	140 512	405	7 323	147 835	133 189
	(1)轮式起重机	台	5 844	108 348	69	4 278	112 626	104 070
	①汽车起重机	台	4 215	78 929	0	0	78 929	78 929
87051091	最大起重量不超过50t汽车起重机	辆	3 069	37 404	0	0	37 404	37 404
87051092	最大起重量超过50t,但不超过100t汽车起重机	辆	880	21 760	0	0	21 760	21 760
87051093	最大起重量超过100t汽车起重机	辆	266	19 765	0	0	19 765	19 765
	②全路面起重机	辆	1 111	15 382	9	2 959	18 342	12 423
87051021	最大起重量不超过50t全路面起重机	辆	993	10 809	0	0	10 809	10 809
87051022	最大起重量超过50t,但不超过100t全路面起重机	辆	88	1 995	1	109	2 104	1 886
87051023	最大起重量超过100t全路面起重机	辆	30	2 579	8	2 850	5 428	-271
	③轮胎起重机	台	518	14 036	60	1 319	15 355	12 718
84264110	通用轮胎起重机	台	83	1 815	22	685	2 499	1 130
84264190	其他轮胎式起重机	台	435	12 221	38	634	12 855	11 587
84264910	(2)履带式起重机	台	853	31 435	7	2 229	33 664	29 206
84264990	(3)其他流动式起重机	台	28	345	7	141	485	204
84269100	(4)公路车辆的随车起重机	台	293	385	322	676	1 060	-291
84269900	7. 未列名起重机	台	5 485	6 159	521	7 683	13 842	-1 524

（续）

税　　号	货品名称	数量单位	出口量	出口额（万美元）	进口量	进口额（万美元）	进出口总额（万美元）	进出口差额（万美元）
	8. 起重机零件	kg、个	404 481	10 852	4 926	4 292	15 144	6 560
84314100	税号 8 426 戽斗、铲斗、抓斗及夹斗	kg、个	404 481	10 852	4 926	4 292	15 144	6 560
	（三）工业车辆合计	台		211 841		47 486	259 328	164 355
	占物料搬运机械总计比重（%）			16. 67		10. 15	14. 92	20. 48
	1. 电动车辆（叉车）	台	43 215	30 677	6 550	13 011	43 688	17 665
84271020	（1）乘驾式高起升堆垛叉车	台	730	705	201	369	1 074	336
84271090	（2）其他电动车辆（叉车）	台	42 485	29 971	6 349	12 642	42 614	17 329
	2. 内燃叉车	台	54 557	94 382	1 738	12 682	107 064	81 700
84272010	（1）集装箱叉车	台	229	4 246	34	352	4 598	3 895
84272090	（2）其他内燃叉车	台	54 328	90 136	1 704	12 330	102 466	77 805
	3. 短距离牵引车	辆	1 298	1 074	1 495	1 950	3 024	-876
87091110	（1）电动牵引车	辆	955	261	1 117	1 412	1 672	-1 151
87091910	（2）其他机动牵引车	辆	343	813	378	539	1 352	275
	4. 固定平台搬运车	辆	24 513	2 230	631	1 290	3 520	940
87091190	（1）电动固定平台搬运车	辆	11 395	1 067	295	638	1 705	429
87091990	（2）其他固定平台搬运车	辆	13 118	1 162	336	652	1 814	511
84279000	5. 手动起升搬运车辆	台	1 686 161	31 766	4 572	3 293	35 059	28 473
	6. 工业车辆零件	t	357 593	51 713	16 031	15 260	66 973	36 453
84312000	（1）税号 8 427 起升车辆的零件	t	356 455	51 216	15 594	14 458	65 674	36 758
87099000	（2）税号 8 709 搬运车牵引车零件	t	1 138	497	437	802	1 299	-305
	（四）电梯、自动梯及升降机合计	台		225 231		32 377	257 608	192 854
	占物料搬运机械总计比重（%）			17. 73		6. 92	14. 82	24. 03
84281010	1. 载客电梯	台	37 920	97 753	1 929	15 874	113 627	81 879
84281090	2. 其他升降机及倒卸式起重机	台	7 958	5 912	340	2 487	8 399	3 425
84284000	3. 自动梯及自动人行道	台	16 997	53 889	21	122	54 011	53 768
84313100	4. 电梯、自动梯及升降机零件	t	325 584	67 676	10 236	13 894	81 570	53 782
	（五）连续搬运设备合计	台	141 904	156 702	209 334	134 436	291 138	22 267
	占物料搬运机械总计比重（%）			12. 33		28. 73	16. 75	2. 77
	1. 输送机械（输送机及提升机）	台	140 860	134 579	208 920	130 453	265 032	4 126
84282000	（1）气力输送机	台	8 410	4 484	1 883	9 220	13 704	-4 736
84283100	（2）地下专用的输送机	台	555	4 122	68	2 685	6 808	1 437
84283200	（3）斗式提升输送机	台	4 375	14 901	3 347	4 956	19 856	9 945
84283300	（4）带式输送机	台	26 430	48 208	12 541	26 902	75 111	21 306
84283910	（5）链式输送机	台	9 004	11 948	5 219	21 935	33 883	-9 987
84283920	（6）辊式输送机	台	14 393	10 801	2 661	20 530	31 330	-9 729
84283990	（7）其他输送机及提升机	台	66 773	39 503	182 880	42 359	81 863	-2 856
	（8）架空索道	台	10 920	611	321	1 866	2 477	-1 255
84286010	①货运架空索道	台	15	66	20	232	297	-166
	②客运架空索道	台	6	28	3	1 284	1 313	-1 256
84286021	循环式客运架空索道	台	2	28	3	1 284	1 312	-1 257
84286029	其他客运架空索道	台	4	0	0	0	0	0
84286090	③其他缆车、架空索道	台	10 899	518	298	350	868	168
	2. 装卸机械	台	1 044	22 123	414	3 983	26 106	18 140

（续）

税　　号	货品名称	数量单位	出口量	出口额（万美元）	进口量	进口额（万美元）	进出口总额（万美元）	进出口差额（万美元）
84261910	(1)装船机	台	427	6 043	1	1	6 044	6 041
84261929	(2)卸船机	台	26	9 180	2	736	9 917	8 444
84289031	(3)堆取料机械	台	202	6 423	296	2 249	8 672	4 174
84289039	(4)其他装卸机械	台	389	478	115	996	1 474	-519
	(六)其他物料搬运设备合计			102 745		132 286	235 032	-29 541
	占物料搬运机械总计比重(%)			8.09		28.27	13.52	-3.68
	1. 立体仓库设备	台	14	117	110	3 141	3 258	-3 023
84798992	(1)自动化立体仓储设备	台	0	0	0	0	0	0
84271010	(2)有轨巷道堆跺机	台	14	117	110	3 141	3 258	-3 023
84289020	2. 机械停车设备	台	3 902	2 152	98	365	2 518	1 787
	3. 机场专用搬运设备	台	159	3 852	6	18	3 870	3 834
84797100	(1)机场用旅客登机桥	台	134	3 809	0	0	3 809	3 809
84797900	(2)其他旅客登机(船)桥	台	25	43	6	18	61	25
84289010	4. 矿车推进机、转车台、货车倾卸	台	296	733	9	79	812	654
84289090	5. 未列名提升、搬运、装卸机械	台	1 659 732	48 639	155 753	104 986	153 626	-56 347
84313900	6. 税号84.28所列其他机械零件	t	150 749	47 252	10 684	23 697	70 948	23 555

注：1. 表中原始数据来源于海关总署2012年1—12月月报统计资料，进出口差额为负数表示逆差。

2. 表中物料搬运（起重运输）机械产品名称及分类与2010年以前有所不同，编者按照GB/T4754—2011《国民经济行业分类》新标准和2010年国统局《统计用产品分类目录》，对海关原始数据中不规范的产品名称及分类作了新的调整。

〔供稿人：中国重型机械工业协会王文斯　审稿人：中国重型机械工业协会李镜〕

2012年物料搬运（起重运输）机械进出口额按国家（地区）统计

序号	国家(地区)	出口额（万美元）	占出口总额比重（%）	序号	国家(地区)	进口额（万美元）	占进口总额比重（%）
	物料搬运(起重运输)机械总计	1 270 557	100.00		物料搬运(起重运输)机械总计	467 862	100.00
1	美国	134 823	10.61	1	德国	134 171	28.68
2	印度	82 762	6.51	2	日本	84 212	18.00
3	巴西	61 701	4.86	3	韩国	46 917	10.03
4	澳大利亚	55 551	4.37	4	美国	36 841	7.87
5	韩国	51 380	4.04	5	中国台湾	23 156	4.95
6	俄罗斯联邦	48 168	3.79	6	意大利	20 678	4.42
7	印度尼西亚	46 108	3.63	7	法国	12 307	2.63
8	新加坡	41 448	3.26	8	荷兰	11 139	2.38
9	日本	41 405	3.26	9	奥地利	10 355	2.21
10	马来西亚	35 736	2.81	10	中华人民共和国	7 690	1.64
11	泰国	32 795	2.58	11	挪威	7 621	1.63

（续）

序号	国家（地区）	出口额（万美元）	占出口总额比重（%）	序号	国家（地区）	进口额（万美元）	占进口总额比重（%）
12	德国	30 944	2.44	12	瑞士	7 333	1.57
13	沙特阿拉伯	30 317	2.39	13	新加坡	7 265	1.55
14	中国香港	29 841	2.35	14	西班牙	6 473	1.38
15	越南	29 460	2.32	15	瑞典	6 328	1.35
16	委内瑞拉	29 018	2.28	16	澳大利亚	6 139	1.31
17	土耳其	27 074	2.13	17	芬兰	5 983	1.28
18	阿拉伯联合酋长国	24 150	1.90	18	英国	5 981	1.28
19	南非	18 385	1.45	19	马来西亚	5 062	1.08
20	墨西哥	15 714	1.24	20	加拿大	4 891	1.05
21	菲律宾	15 417	1.21	21	比利时	3 891	0.83
22	英国	15 099	1.19	22	捷克	2 461	0.53
23	西班牙	13 876	1.09	23	泰国	1 413	0.30
24	伊朗	13 838	1.09	24	丹麦	1 399	0.30
25	中国台湾	13 450	1.06	25	越南	1 040	0.22
26	荷兰	12 725	1.00	26	波兰	1 019	0.22
27	哈萨克斯坦	12 201	0.96	27	匈牙利	947	0.20
28	加拿大	12 170	0.96	28	卢森堡	487	0.10
29	巴拿马	12 103	0.95	29	印度	431	0.09
30	法国	10 902	0.86	30	中国香港	426	0.09
31	安哥拉	10 413	0.82	31	斯洛文尼亚	401	0.09
32	意大利	10 323	0.81	32	爱尔兰	375	0.08
33	阿尔及利亚	10 105	0.80	33	南非	362	0.08
34	智利	9 964	0.78	34	罗马尼亚	353	0.08
35	哥伦比亚	8 857	0.70	35	新西兰	329	0.07
36	缅甸	8 765	0.69	36	冰岛	326	0.07
37	阿根廷	8 110	0.64	37	土耳其	320	0.07
38	比利时	7 910	0.62	38	以色列	236	0.05
39	埃及	7 861	0.62	39	阿根廷	228	0.05
40	孟加拉国	7 361	0.58	40	巴西	151	0.03
41	瑞典	7 178	0.56	41	斯洛伐克	136	0.03
42	蒙古	7 082	0.56	42	立陶宛	125	0.03
43	巴基斯坦	5 643	0.44	43	爱沙尼亚	125	0.03
44	厄瓜多尔	5 467	0.43	44	俄罗斯联邦	115	0.02
45	尼日利亚	5 353	0.42	45	白俄罗斯	51	0.01
46	乌克兰	5 336	0.42	46	葡萄牙	41	0.01
47	波兰	5 318	0.42	47	印度尼西亚	40	0.01
48	秘鲁	4 912	0.39	48	墨西哥	28	0.01
49	乌兹别克斯坦	4 639	0.37	49	拉脱维亚	15	0.00
50	芬兰	4 190	0.33	50	菲律宾	14	0.00

注:2012 年物料搬运(起重运输)机械共出口 202 个国家(地区),从 70 个国家(地区)进口,表中仅列出前 50 位国家(地区)。

〔供稿人:中国重型机械工业协会王文斯　审稿人:中国重型机械工业协会李镜〕

2012 年轻小型起重设备进出口额按国家(地区)统计

序号	国家(地区)	出口额(万美元)	占出口总额比重(%)	序号	国家(地区)	进口额(万美元)	占进口总额比重(%)
	轻小型起重设备合计	179 739	100.00		轻小型起重设备合计	69 080	100.00
1	美国	57 140	31.79	1	德国	20 603	29.83
2	日本	9 179	5.11	2	日本	9 992	14.46
3	韩国	8 397	4.67	3	美国	9 625	13.93
4	德国	7 266	4.04	4	韩国	2 873	4.16
5	俄罗斯联邦	7 112	3.96	5	新加坡	2 852	4.13
6	澳大利亚	5 537	3.08	6	挪威	2 819	4.08
7	新加坡	4 982	2.77	7	西班牙	2 784	4.03
8	印度	4 908	2.73	8	法国	2 492	3.61
9	加拿大	4 497	2.50	9	芬兰	2 365	3.42
10	泰国	4 072	2.27	10	意大利	2 125	3.08
11	英国	3 817	2.12	11	加拿大	1 806	2.61
12	荷兰	3 536	1.97	12	瑞士	1 343	1.94
13	巴西	3 507	1.95	13	荷兰	1 154	1.67
14	印度尼西亚	3 107	1.73	14	马来西亚	1 031	1.49
15	法国	3 061	1.70	15	瑞典	922	1.33
16	越南	3 023	1.68	16	中国台湾	911	1.32
17	阿拉伯联合酋长国	2 864	1.59	17	越南	830	1.20
18	马来西亚	2 808	1.56	18	波兰	501	0.72
19	墨西哥	2 028	1.13	19	英国	462	0.67
20	南非	2 015	1.12	20	南非	338	0.49
21	中国台湾	1 927	1.07	21	丹麦	235	0.34
22	比利时	1 915	1.07	22	澳大利亚	219	0.32
23	土耳其	1 694	0.94	23	中华人民共和国	213	0.31
24	芬兰	1 466	0.82	24	罗马尼亚	119	0.17
25	瑞典	1 432	0.80	25	爱沙尼亚	101	0.15
26	西班牙	1 378	0.77	26	匈牙利	67	0.10
27	沙特阿拉伯	1 220	0.68	27	土耳其	60	0.09
28	丹麦	1 202	0.67	28	奥地利	54	0.08
29	波兰	1 200	0.67	29	白俄罗斯	50	0.07
30	伊朗	1 149	0.64	30	捷克	40	0.06
31	意大利	1 113	0.62	31	新西兰	19	0.03
32	智利	1 069	0.59	32	巴西	19	0.03
33	阿根廷	1 007	0.56	33	俄罗斯联邦	13	0.02
34	乌克兰	932	0.52	34	比利时	11	0.02

（续）

序号	国家（地区）	出口额（万美元）	占出口总额比重（%）	序号	国家（地区）	进口额（万美元）	占进口总额比重（%）
35	孟加拉国	885	0.49	35	印度尼西亚	7	0.01
36	中国香港	880	0.49	36	加纳	6	0.01
37	缅甸	789	0.44	37	香港	5	0.01
38	委内瑞拉	746	0.42	38	泰国	3	0.00
39	哥伦比亚	690	0.38	39	爱尔兰	3	0.00
40	菲律宾	625	0.35	40	印度	2	0.00
41	新西兰	564	0.31	41	卢森堡	1	0.00
42	尼日利亚	507	0.28	42	厄瓜多尔	1	0.00
43	埃及	502	0.28	43	斯洛伐克	1	0.00
44	巴基斯坦	491	0.27	44	墨西哥	1	0.00
45	挪威	470	0.26	45	安道尔	1	0.00
46	秘鲁	459	0.26	46	葡萄牙	0.3	0.00
47	哈萨克斯坦	458	0.26	47	菲律宾	0.2	0.00
48	奥地利	439	0.24	48	朝鲜	0.2	0.00
49	捷克	388	0.22	49	以色列	0.1	0.00
50	立陶宛	372	0.21	50	阿拉伯联合酋长国	0.1	0.00

注:2012 年轻小型起重设备共出口 190 个国家(地区),表中仅列出前 50 位国家(地区)。

〔供稿人:中国重型机械工业协会王文斯　审稿人:中国重型机械工业协会李镜〕

2012 年起重机进出口额按国家（地区）统计

序号	国家（地区）	出口额（万美元）	占出口总额比重（%）	序号	国家（地区）	进口额（万美元）	占进口总额比重（%）
	起重机合计	394 299	100.00		起重机合计	52 196	100.00
1	巴西	29 296	7.43	1	德国	17 101	32.76
2	印度	27 969	7.09	2	奥地利	5 026	9.63
3	委内瑞拉	20 637	5.23	3	挪威	4 124	7.90
4	美国	19 163	4.86	4	中华人民共和国	2 981	5.71
5	印度尼西亚	18 656	4.73	5	韩国	2 895	5.55
6	韩国	17 088	4.33	6	比利时	2 729	5.23
7	新加坡	14 963	3.79	7	日本	2 691	5.16
8	俄罗斯联邦	14 048	3.56	8	马来西亚	2 639	5.06
9	阿拉伯联合酋长国	12 983	3.29	9	意大利	2 042	3.91
10	马来西亚	12 130	3.08	10	美国	1 877	3.60
11	沙特阿拉伯	11 940	3.03	11	法国	1 559	2.99
12	越南	11 443	2.90	12	新加坡	1 490	2.85
13	澳大利亚	10 778	2.73	13	荷兰	1 356	2.60

（续）

序号	国家(地区)	出口额（万美元）	占出口总额比重（%）	序号	国家(地区)	进口额（万美元）	占进口总额比重（%）
14	中国香港	10 650	2.70	14	中国台湾	764	1.46
15	巴拿马	9 757	2.47	15	英国	706	1.35
16	泰国	9 352	2.37	16	芬兰	394	0.75
17	哈萨克斯坦	7 928	2.01	17	捷克	385	0.74
18	西班牙	7 549	1.91	18	斯洛文尼亚	309	0.59
19	土耳其	7 365	1.87	19	丹麦	212	0.41
20	菲律宾	6 694	1.70	20	瑞典	209	0.40
21	南非	6 572	1.67	21	土耳其	136	0.26
22	墨西哥	6 315	1.60	22	澳大利亚	112	0.22
23	德国	6 228	1.58	23	越南	104	0.20
24	安哥拉	5 790	1.47	24	俄罗斯联邦	102	0.20
25	阿尔及利亚	5 640	1.43	25	波兰	79	0.15
26	埃及	4 860	1.23	26	卢森堡	63	0.12
27	缅甸	4 344	1.10	27	加拿大	34	0.07
28	厄瓜多尔	3 428	0.87	28	西班牙	26	0.05
29	蒙古	3 413	0.87	29	新西兰	18	0.03
30	巴基斯坦	2 838	0.72	30	爱尔兰	15	0.03
31	伊朗	2 789	0.71	31	爱沙尼亚	3	0.01
32	土库曼斯坦	2 485	0.63	32	中国香港	3	0.01
33	中国台湾	2 398	0.61	33	巴拿马	3	0.01
34	日本	2 383	0.60	34	乌克兰	3	0.01
35	孟加拉国	2 369	0.60	35	克罗地亚	2	0.00
36	老挝	2 166	0.55	36	以色列	1	0.00
37	伊拉克	2 030	0.51	37	瑞士	1	0.00
38	斯里兰卡	1 925	0.49	38	墨西哥	0.3	0.00
39	尼日利亚	1 854	0.47	39	泰国	0.04	0.00
40	埃塞俄比亚	1 851	0.47				
41	白俄罗斯	1 804	0.46				
42	乌兹别克斯坦	1 681	0.43				
43	肯尼亚	1 647	0.42				
44	希腊	1 582	0.40				
45	刚果	1 565	0.40				
46	意大利	1 471	0.37				
47	柬埔寨	1 425	0.36				
48	智利	1 322	0.34				
49	贝宁	1 207	0.31				
50	多米尼加共和国	1 172	0.30				

注:2012 年起重机共出口 169 个国家(地区),表中仅列出前 50 位国家(地区)。

〔供稿人:中国重型机械工业协会王文斯　审稿人:中国重型机械工业协会李镜〕

2012年工业车辆进出口额按国家(地区)统计

序号	国家(地区)	出口额(万美元)	占出口总额比重(%)	序号	国家(地区)	进口额(万美元)	占进口总额比重(%)
	工业车辆合计	211 841	100.00		工业车辆合计	47 486	100.00
1	美国	33 744	15.93	1	德国	11 395	24.00
2	澳大利亚	11 003	5.19	2	日本	7 825	16.48
3	俄罗斯联邦	10 345	4.88	3	美国	7 752	16.32
4	德国	10 198	4.81	4	澳大利亚	5 197	10.94
5	巴西	10 058	4.75	5	韩国	3 872	8.15
6	日本	8 924	4.21	6	意大利	2 181	4.59
7	韩国	8 038	3.79	7	瑞典	2 066	4.35
8	泰国	6 058	2.86	8	法国	1 768	3.72
9	沙特阿拉伯	5 364	2.53	9	英国	707	1.49
10	土耳其	5 240	2.47	10	芬兰	637	1.34
11	印度尼西亚	5 178	2.44	11	捷克	440	0.93
12	南非	5 120	2.42	12	中国台湾	437	0.92
13	法国	4 816	2.27	13	加拿大	405	0.85
14	比利时	4 771	2.25	14	卢森堡	370	0.78
15	英国	4 402	2.08	15	爱尔兰	356	0.75
16	阿根廷	4 265	2.01	16	荷兰	341	0.72
17	委内瑞拉	3 186	1.50	17	马来西亚	335	0.71
18	新加坡	3 082	1.45	18	丹麦	239	0.50
19	阿尔及利亚	3 020	1.43	19	新西兰	233	0.49
20	荷兰	2 916	1.38	20	中华人民共和国	173	0.37
21	意大利	2 914	1.38	21	罗马尼亚	155	0.33
22	印度	2 872	1.36	22	比利时	123	0.26
23	瑞典	2 699	1.27	23	越南	94	0.20
24	波兰	2 480	1.17	24	西班牙	80	0.17
25	智利	2 453	1.16	25	印度	75	0.16
26	马来西亚	2 417	1.14	26	斯洛伐克	54	0.11
27	中国香港	2 001	0.94	27	奥地利	34	0.07
28	阿拉伯联合酋长国	1 943	0.92	28	印度尼西亚	28	0.06
29	中国台湾	1 744	0.82	29	泰国	26	0.06
30	菲律宾	1 719	0.81	30	挪威	25	0.05
31	加拿大	1 615	0.76	31	波兰	19	0.04
32	墨西哥	1 550	0.73	32	土耳其	13	0.03
33	越南	1 301	0.61	33	瑞士	9	0.02
34	爱尔兰	1 191	0.56	34	斯洛文尼亚	5	0.01

（续）

序号	国家（地区）	出口额（万美元）	占出口总额比重（%）	序号	国家（地区）	进口额（万美元）	占进口总额比重（%）
35	安哥拉	1 150	0.54	35	中国香港	5	0.01
36	伊朗	1 147	0.54	36	匈牙利	4	0.01
37	尼日利亚	1 031	0.49	37	墨西哥	2	0.00
38	突尼斯	1 015	0.48	38	斯里兰卡	2	0.00
39	乌克兰	988	0.47	39	爱沙尼亚	1	0.00
40	巴拿马	954	0.45	40	新加坡	0.3	0.00
41	丹麦	950	0.45	41	巴西	0.2	0.00
42	哈萨克斯坦	947	0.45	42	卡塔尔	0.1	0.00
43	西班牙	917	0.43	43	葡萄牙	0.1	0.00
44	巴布亚新几内亚	908	0.43	44	俄罗斯联邦	0.02	0.00
45	乌拉圭	878	0.41	45	乌克兰	0.01	0.00
46	以色列	855	0.40	46	萨尔瓦多	0.00	0.00
47	芬兰	813	0.38				
48	秘鲁	786	0.37				
49	瑞士	783	0.37				
50	新西兰	759	0.36				

注:2012 年工业车辆共出口 186 个国家（地区），表中仅列出前 50 位国家（地区）。

〔供稿人:中国重型机械工业协会王文斯　审稿人:中国重型机械工业协会李镜〕

2012 年电梯、自动扶梯及升降机进出口额按国家（地区）统计

序号	国家（地区）	出口额（万美元）	占出口总额比重（%）	序号	国家（地区）	进口额（万美元）	占进口总额比重（%）
	电梯、自动扶梯及升降机合计	225 231	100.00		电梯、自动扶梯及升降机合计	32 377	100.00
1	印度	13 344	5.92	1	日本	14 900	46.02
2	新加坡	11 278	5.01	2	德国	3 613	11.16
3	韩国	10 894	4.84	3	韩国	2 238	6.91
4	马来西亚	9 924	4.41	4	中华人民共和国	1 685	5.21
5	俄罗斯联邦	9 628	4.27	5	荷兰	1 667	5.15
6	美国	8 390	3.73	6	奥地利	1 248	3.85
7	土耳其	8 377	3.72	7	瑞士	1 129	3.49
8	日本	7 844	3.48	8	瑞典	1 024	3.16
9	澳大利亚	7 382	3.28	9	意大利	850	2.62
10	印度尼西亚	7 370	3.27	10	西班牙	788	2.43
11	巴西	7 367	3.27	11	泰国	689	2.13
12	中国香港	7 076	3.14	12	美国	519	1.60

（续）

序号	国家(地区)	出口额（万美元）	占出口总额比重（%）	序号	国家(地区)	进口额（万美元）	占进口总额比重（%）
13	沙特阿拉伯	6 659	2.96	13	芬兰	492	1.52
14	泰国	6 046	2.68	14	加拿大	487	1.51
15	越南	5 099	2.26	15	中国台湾	450	1.39
16	中国台湾	4 952	2.20	16	英国	265	0.82
17	伊朗	4 680	2.08	17	法国	135	0.42
18	阿拉伯联合酋长国	4 434	1.97	18	中国香港	63	0.19
19	菲律宾	4 266	1.89	19	捷克	25	0.08
20	墨西哥	4 188	1.86	20	澳大利亚	25	0.08
21	智利	3 719	1.65	21	土耳其	15	0.05
22	德国	3 562	1.58	22	丹麦	14	0.04
23	哥伦比亚	3 553	1.58	23	印度	9	0.03
24	委内瑞拉	3 422	1.52	24	匈牙利	9	0.03
25	意大利	2 923	1.30	25	卢森堡	8	0.03
26	西班牙	2 794	1.24	26	比利时	5	0.02
27	南非	2 682	1.19	27	斯洛伐克	5	0.01
28	秘鲁	2 393	1.06	28	马来西亚	4	0.01
29	荷兰	2 324	1.03	29	阿根廷	4	0.01
30	孟加拉国	2 294	1.02	30	新加坡	3	0.01
31	科威特	1 990	0.88	31	墨西哥	2	0.01
32	加拿大	1 974	0.88	32	巴西	2	0.00
33	英国	1 924	0.85	33	越南	1	0.00
34	哈萨克斯坦	1 725	0.77	34	菲律宾	1	0.00
35	卡塔尔	1 655	0.73	35	阿拉伯联合酋长国	1	0.00
36	以色列	1 566	0.70	36	爱沙尼亚	1	0.00
37	捷克	1 476	0.66	37	波兰	0.4	0.00
38	阿曼	1 474	0.65	38	印度尼西亚	0.4	0.00
39	奥地利	1 421	0.63	39	秘鲁	0.3	0.00
40	巴基斯坦	1 282	0.57	40	以色列	0.2	0.00
41	芬兰	1 274	0.57	41	新西兰	0.2	0.00
42	蒙古	1 274	0.57	42	厄瓜多尔	0.2	0.00
43	埃及	1 177	0.52	43	挪威	0.2	0.00
44	中国澳门	1 000	0.44	44	巴林	0.1	0.00
45	肯尼亚	990	0.44	45	葡萄牙	0.1	0.00
46	安哥拉	950	0.42	46	南非	0.02	0.00
47	瑞典	907	0.40	47	爱尔兰	0.01	0.00
48	巴拿马	880	0.39				
49	约旦	822	0.36				
50	乌克兰	793	0.35				

注:2012年电梯自动扶梯及升降机共出口176个国家(地区),从51个国家(地区)进口,表中仅列出前50位国家(地区)。

〔供稿人:中国重型机械工业协会王文斯　审稿人:中国重型机械工业协会李镜〕

2012年连续搬运设备进出口额按国家（地区）统计

序号	国家（地区）	出口额（万美元）	占出口总额比重（%）	序号	国家（地区）	进口额（万美元）	占进口总额比重（%）
	连续搬运设备合计	156 702	100.00		连续搬运设备合计	134 436	100.00
1	印度	29 342	18.72	1	德国	43 433	32.31
2	澳大利亚	11 826	7.55	2	日本	20 316	15.11
3	巴西	9 244	5.90	3	韩国	16 919	12.59
4	印度尼西亚	9 084	5.80	4	中国台湾	11 500	8.55
5	越南	6 954	4.44	5	美国	10 878	8.09
6	马来西亚	6 053	3.86	6	意大利	6 326	4.71
7	美国	5 709	3.64	7	荷兰	3 428	2.55
8	泰国	5 167	3.30	8	奥地利	2 438	1.81
9	俄罗斯联邦	4 794	3.06	9	英国	2 186	1.63
10	日本	4 479	2.86	10	新加坡	2 149	1.60
11	韩国	4 248	2.71	11	捷克	1 383	1.03
12	中国香港	3 704	2.36	12	瑞典	1 378	1.02
13	土耳其	3 384	2.16	13	中华人民共和国	1 368	1.02
14	沙特阿拉伯	3 383	2.16	14	西班牙	1 268	0.94
15	哥伦比亚	2 486	1.59	15	瑞士	1 193	0.89
16	缅甸	2 250	1.44	16	芬兰	1 182	0.88
17	伊朗	2 180	1.39	17	比利时	920	0.68
18	乌兹别克斯坦	2 158	1.38	18	法国	901	0.67
19	乌克兰	1 958	1.25	19	马来西亚	786	0.58
20	塞拉利昂	1 782	1.14	20	匈牙利	691	0.51
21	加拿大	1 757	1.12	21	泰国	633	0.47
22	新加坡	1 753	1.12	22	丹麦	547	0.41
23	安哥拉	1 745	1.11	23	加拿大	394	0.29
24	菲律宾	1 480	0.94	24	挪威	361	0.27
25	摩洛哥	1 399	0.89	25	冰岛	316	0.23
26	蒙古	1 381	0.88	26	阿根廷	223	0.17
27	南非	1 354	0.86	27	印度	222	0.17
28	孟加拉国	1 168	0.75	28	澳大利亚	198	0.15
29	中国台湾	1 159	0.74	29	中国香港	167	0.12
30	冰岛	1 044	0.67	30	立陶宛	125	0.09
31	哈萨克斯坦	879	0.56	31	土耳其	89	0.07
32	老挝	853	0.54	32	罗马尼亚	76	0.06
33	尼日利亚	791	0.50	33	斯洛文尼亚	76	0.06
34	阿塞拜疆	744	0.47	34	斯洛伐克	70	0.05

（续）

序号	国家(地区)	出口额（万美元）	占出口总额比重（%）	序号	国家(地区)	进口额（万美元）	占进口总额比重（%）
35	墨西哥	742	0.47	35	巴西	57	0.04
36	德国	738	0.47	36	新西兰	54	0.04
37	意大利	717	0.46	37	以色列	52	0.04
38	阿根廷	670	0.43	38	波兰	51	0.04
39	荷兰	663	0.42	39	葡萄牙	32	0.02
40	埃及	651	0.42	40	拉脱维亚	15	0.01
41	阿尔及利亚	580	0.37	41	菲律宾	13	0.01
42	斯里兰卡	577	0.37	42	越南	9	0.01
43	塔吉克斯坦	566	0.36	43	印度尼西亚	4	0.00
44	丹麦	562	0.36	44	希腊	2	0.00
45	阿拉伯联合酋长国	543	0.35	45	卢森堡	2	0.00
46	厄瓜多尔	505	0.32	46	阿拉伯联合酋长国	1	0.00
47	巴基斯坦	497	0.32	47	塞尔维亚	1	0.00
48	委内瑞拉	476	0.30	48	南非	1	0.00
49	叙利亚	439	0.28	49	克罗地亚	0.5	0.00
50	几内亚	429	0.27	50	加纳	0.3	0.00

注:2012 年连续搬运设备共出口 175 个国家(地区),从 52 个国家(地区)进口,表中仅列出前 50 位国家(地区)。

〔供稿人:中国重型机械工业协会王文斯　审稿人:中国重型机械工业协会李镜〕

2012 年其他装卸机械进出口按国家(地区)统计

序号	国家(地区)	出口量（台）	出口额（万美元）	占出口总额比重（%）	出口平均单价（万美元/台）	序号	国家(地区)	进口量（台）	进口额（万美元）	占进口总额比重（%）	进口平均单价（万美元/台）
	其他装卸机械	389	478	100.00	1.23		其他装卸机械	115	996	100.00	8.66
1	蒙古	4	154	32.23	38	1	中国台湾	11	260	26.09	23.63
2	俄罗斯联邦	32	82	17.12	2.55	2	德国	25	252	25.30	10.08
3	越南	4	68	14.24	17.00	3	日本	18	245	24.55	13.59
4	马来西亚	32	44	9.13	1.36	4	意大利	9	94	9.41	10.41
5	土库曼斯坦	12	30	6.36	2.53	5	美国	9	48	4.81	5.32
6	日本	6	11	2.40	1.91	6	韩国	24	47	4.72	1.96
7	土耳其	8	11	2.40	1.43	7	西班牙	7	27	2.66	3.79

（续）

序号	国家（地区）	出口量（台）	出口额（万美元）	占出口总额比重（%）	出口平均单价（万美元/台）	序号	国家（地区）	进口量（台）	进口额（万美元）	占进口总额比重（%）	进口平均单价（万美元/台）
8	印度	1	11	2.36	11.26	8	法国	3	12	1.16	3.85
9	泰国	15	10	2.18	0.69	9	中华人民共和国	4	10	0.96	2.40
10	波兰	2	10	2.09	4.99	10	加拿大	1	2	0.25	2.47
11	哈萨克斯坦	4	8	1.74	2.08	11	奥地利	3	1	0.09	0.31
12	印度尼西亚	21	6	1.28	0.29	12	丹麦	1	0	0.01	0.09
13	沙特阿拉伯	7	6	1.22	0.83						
14	莫桑比克	3	5	1.15	1.83						
15	尼日尔	6	4	0.80	0.64						
19	巴西	4	3	0.55	0.66						
16	缅甸	10	3	0.53	0.25						
17	老挝	2	2	0.44	1.05						
18	瑞典	4	2	0.37	0.44						
20	澳大利亚	1	2	0.35	1.69						
21	新加坡	1	1	0.23	1.08						
22	中国台湾	2	1	0.21	0.49						
23	圣卢西亚	1	1	0.20	0.96						
24	中国香港	4	1	0.15	0.18						
25	赞比亚	1	1	0.13	0.64						
26	比利时	1	0	0.07	0.33						
27	安哥拉	1	0	0.03	0.12						
28	乌拉圭	3	0	0.02	0.03						
29	马拉维	70	0	0.01	0.00						
30	南苏丹共和国	2	0	0.01	0.02						
31	巴基斯坦	1	0	0.01	0.03						
32	多米尼加共和国	124	0	0.00	0.00						

〔供稿人：中国重型机械工业协会王文斯　审稿人：中国重型机械工业协会李镜〕

中国重型机械工业年鉴2013

标准与质量

介绍重型机械行业标准化及质量工作情况

It publishes the progress made in standardization and quality inspection by the heavy machinery industry

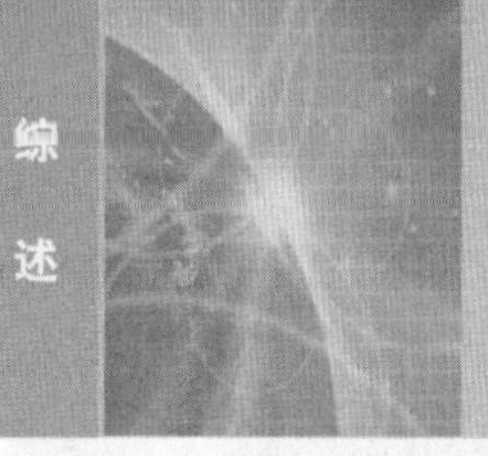

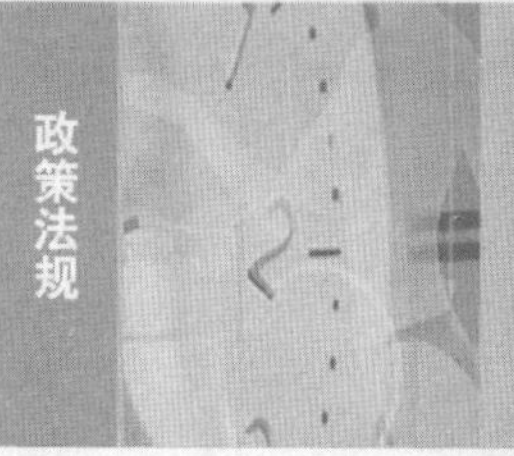

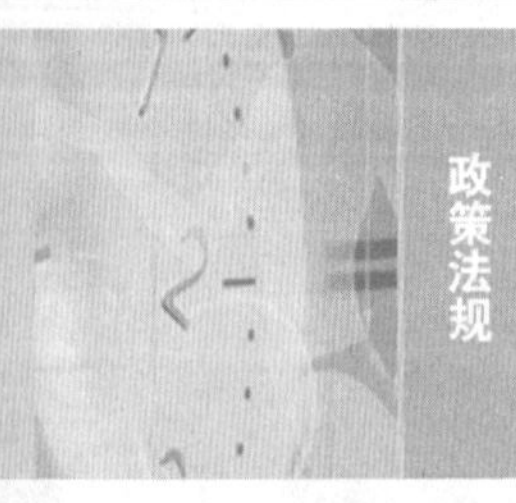

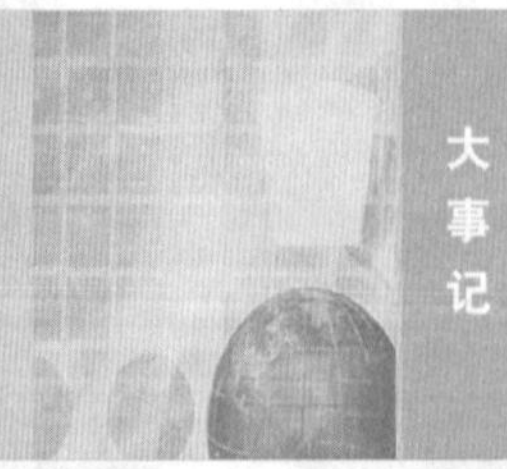

标准与质量

狠抓标准编写质量，提升标准先进性

——冶金设备标准化工作

2012年是贯彻落实《工业转型升级规划(2011—2015年)》《"十二五"机械工业发展总体规划》的关键之年。根据上级主管部门对标准化工作的部署，全国冶金设备标准化技术委员会(以下简称"冶标委")加强重点领域的关键设备标准计划申请立项，狠抓标准编写质量，提升标准的先进性、适用性和有效性，继续完善标准体系，积极推进标准贯彻实施，为行业发展服务。

1. 完善标准体系，突出重点项目

依据《工业转型升级规划(2012—2015年)》和《机械工业"十二五"标准化规划》，修改完善冶金设备领域标准体系，完成了体系框图和标准体系表。体系表共包括冶炼设备、连铸设备、轧制设备、重型锻压和金属挤压设备以及专用基础零部件等专业的国家标准、行业标准近400项。同时针对有关安全卫生、人身健康和环境保护的技术要求以及冶金成套设备的调试验收的要求，提出了在"十二五"期间需要重点加强的标准项目。2012年申报行业标准计划共64项。由工信部划定其中12项为重点领域标准；同时批复制定6项标准。

2. 强化标准制修订管理，提高标准质量

2012年冶标委加强了对标准编写过程的监督和检查，实行全过程跟踪，保证标准起草进度，提高完成率。同时严把标准质量关，对标准编写人员进行培训，召开标准技术讨论评审会，邀请专家学者对标准技术内容进行评审，从而提高标准的技术水平。2012年共审查标准34项，复核后共报批了18项。

3. 加强组织建设，提升标委会管理工作

2012年，在板带轧制设备、钢管轧制设备、润滑设备和冶金专用联轴器等专业的标准制定过程中，成立了标准技术评审工作组，对标准中的关键指标及技术要求等内容进行了反复研讨，得以确定，完成了标准的技术评审工作。

〔撰稿人：中国重型机械研究院股份公司胡觉凡　审稿人：中国重型机械研究院股份公司晁春雷〕

我国矿山机械行业标准化工作情况

第四届全国矿山机械标准化技术委员会(简称全国矿机标委会)于2009年7月由国家标准化管理委员会批复成立，将于2014年到期换届。该届标委会目前下设电气设备(23名分委会委员)、液压传动与控制设备(19名分委会委员)两个分技术委员会和筒式磨机(5名技术专家)、石材矿山开采机械(12名技术专家)两个标准化工作组。

一、2012年矿山机械行业标准化工作概况

1. 标准制修订工作完成情况

2011—2012年度，矿山机械行业共列入国家标准计划项目7项，行业标准计划项目68项，其中2012年年底完成国标计划项目2项、行业标准计划项目31项，并已上报待批。其余项目接转到2013年完成审查报批工作。

为落实2012年国家标准和行业标准制修订项目计划，协调标准起草工作中的有关问题，全国矿机标委会于2012年4月在陕西省西安市召开了矿山机械行业2012年度国家标准和行业标准起草协调工作会议，逐项对2012年度标准计划项目进行了协调落实，明确了标准项目的负责起草单位、参加起草单位和标准主要技术内容及总体要求、分工和进度安排，为2012年标准项目计划的正常实施和顺利完成奠定了基础。通过2012年8月的宁夏区银川市和11月江苏省扬州市的两次标准审查会，完成了对《破碎设备　安全要求》和《电磁立筒式重力磁选机》等33项国家标准和行业标准的审查，具体标准项目见表1。受近年来工信部正式的行业标准年度计划下达时间较晚等原因的影响，一些标准需跨年度完成。

表 1　矿山机械行业 2012 年完成的标准制修订项目

序号	标准项目名称	标准级别	标准属性	备注
1	电磁立筒式重力磁选机	行业标准	推荐	上报待批阶段
2	高梯度磁过滤器	行业标准	推荐	上报待批阶段
3	中磁场永磁滚筒	行业标准	推荐	上报待批阶段
4	水力旋流器	行业标准	推荐	上报待批阶段
5	立轴锤式破碎机	行业标准	推荐	上报待批阶段
6	破碎筛分联合设备	行业标准	推荐	上报待批阶段
7	煤用浮选机	行业标准	推荐	上报待批阶段
8	无极绳绞车	行业标准	推荐	上报待批阶段
9	回柱绞车	行业标准	推荐	上报待批阶段
10	矿用往复式给煤机	行业标准	推荐	上报待批阶段
11	地下矿用架空乘人装置安装与调试技术规范	行业标准	推荐	上报待批阶段
12	筒式磨机铸造磨段	国家标准	强制	上报待批阶段
13	破碎设备安全要求	国家标准	推荐	上报待批阶段
14	井下煤矿用可移动式硬体救生舱	行业标准	推荐	上报待批阶段
15	矿用蒸汽加热干燥机	行业标准	推荐	上报待批阶段
16	双齿辊废弃矿物破碎机	行业标准	推荐	上报待批阶段
17	球团用链篦机	行业标准	推荐	上报待批阶段
18	盘式尾矿回收机	行业标准	推荐	上报待批阶段
19	天然石开采设备砂岩石锯切机	行业标准	推荐	上报待批阶段
20	单段锤式破碎机	行业标准	推荐	上报待批阶段
21	矿用隔膜式跳汰机	行业标准	推荐	上报待批阶段
22	砂石洗选机	行业标准	推荐	上报待批阶段
23	香蕉形直线振动筛	行业标准	推荐	上报待批阶段
24	振动筛制造通用技术条件	行业标准	推荐	上报待批阶段
25	搅拌槽	行业标准	推荐	上报待批阶段
26	焊接条缝筛板	行业标准	推荐	上报待批阶段
27	弧形筛网	行业标准	推荐	上报待批阶段
28	过坝卷扬机	行业标准	推荐	上报待批阶段
29	耙矿绞车	行业标准	推荐	上报待批阶段
30	行星传动耙斗装岩机	行业标准	推荐	上报待批阶段
31	气动绞车	行业标准	推荐	上报待批阶段
32	矿用磨机液体电阻转子起动器	行业标准	推荐	上报待批阶段
33	矿用磨机智能静止式转子进相机	行业标准	推荐	上报待批阶段

2. 编制矿山机械专业领域标准体系，组织行业专家评审

根据工信部行业标准制定工作的规定，为保证行业标准立项和报批工作的顺利进行，中国机械工业联合会要求各专业领域组织编制标准体系框图和体系表。全国矿机标委会秘书处组织有关人员，按照文件明确的标准体系编制原则，在广泛了解矿山机械行业产品和技术发展状况的基础上，结合前几年组织完成的矿山机械标准体系研究、国家标准体系建设工程、“十二五”行业发展规划等相关工作成果，完成了矿山机械专业领域标准体系框图和标准体系明细表的初步草案。为保证标准体系框图与标准体系明细表的科学性、合理性和可行性，使其能全面反映近年来矿山机械行业产品的发展水平，特别为了确定“十二五”期间拟制定的标准项目，全国矿机标委会秘书处于 2012 年 6 月 27—29 日在山东省青岛市召开矿山机械标准体系研讨会议，对草案进行了认真的审查、研究，经多方协调确定了矿山机械行业标准体系框图和标准体系明细表（现行标准、现有标准计划和近期将要制修订标准规划）。在新标准体系中将矿山机械专业领域分为 11 个大类、57 个小类、574 个品种型式，大类主要包括井巷掘进设备、采掘设备、提升设备、矿用运输设备、破碎粉磨设备、矿用筛分设备、洗选设备、焙烧设备、矿物深加工设备、矿山安全装备和通用矿山设备。

在新制定完善的矿山机械标准体系表中明确，到“十二五”末期，矿山机械行业标准需求总数达 490 余项（其中现

有标准296项,正在制定50多项、申报30项,待制定120多项)。

3. 重点组织《井下煤矿用可移动式硬体救生舱》行业标准的起草工作

根据工信部工信厅科[2011]165号文下达的行业标准制修订计划,项目编号为2011—1867T—JB的《井下煤矿用可移动式硬体救生舱》机械行业标准的制订计划项目,由全国矿机标委会归口管理和具体组织制订,计划要求2012年完成该标准的制定工作。为此,全国矿机标委会秘书处于2012年3月14—15日在河南省洛阳市召开了《井下煤矿用可移动式硬体救生舱》行业标准项目起草工作会议。井下煤矿用可移动式硬体救生舱是一种在非正常状态下工作的设备,其性能直接关系人身安全。根据我国目前安全生产管理制度,该标准的主要技术内容应与现行的法规性文件协调一致,会议成立了标准制定工作组。该标准项目已经全国矿机标委会年会审查通过并上报待批。

4. 加大行业技术服务力度,引导企业积极参与标准制修订工作

全国矿机标委会继续组织编辑《矿山机械标准化》和《标准出版快讯》等内部刊物,标委会门户网站为行业发展提供了交流平台,通过标委会门户网站可全面了解标委会工作动态、国家的标准化政策、行业技术发展等多方面信息,企业可以快速查阅、购买所需的标准资料。

行业标准化工作只有与市场经济紧密结合,与企业发展需求紧密结合,才能充满新的活力,具有大的发展。多年以来,全国矿机标委会十分重视依靠企业的力量促进行业标准化工作的开展,标委会通过公开征集标准项目,吸引了大量关心标准化工作的单位和个人加入到矿山机械行业标准化工作中,使企业真正成为标准化工作的主体,调动了企业参与标准化工作的积极性,同时也使标准密切结合了工作实际,实用性更强。

5. 创造条件,积极参与国际标准化活动

根据国家标准化管理委员会有关我国实质性参与国际标准化活动,为产品出口提供强有力技术支持的要求,全国矿机标委会秘书处2010年通过与ISO/TC 127主席专项交流,代表中国参与ISO/TC 127/WG 14(第14工作组,简称为“UGM”)联合工作组活动,继2011年10月份组织行业单位参加了在北京建国饭店召开的起草工作组会议后,通过电子邮件方式联系和参与UGM的有关事项。目前UGM已召开六次会议,第六次会议已于2012年9月27和28日在美国圣地亚哥召开,该标准的名称修改为:采矿与工程机械—地下作业用移动式机械/车辆—安全要求。

6. 2012年国家公布的矿山机械标准

2012年5月24日,工信部第20号公告批准了464项行业标准,其中由全国矿山机械标准化技术委员会归口的有19项,由机械工业出版社出版,2012年国家公布的矿山机械标准见表2。

表2　2012年国家公布的矿山机械标准

序号	标准编号	标准名称	代替标准	实施日期
1	JB/T 942—2012	煤用跳汰机	JB/T 942—2000 JB/T 6115—2004	2012-11-1
2	JB/T 2478—2012	装药器	JB/T 2478—1999	2012-11-1
3	JB/T 3651—2012	离心选矿机	JB/T 3651—1999	2012-11-1
4	JB/T 3687.1—2012	矿用座式振动筛　第1部分:系列型谱	JB/T 3687.1—1999	2012-11-1
5	JB/T 3687.2—2012	矿用座式振动筛　第2部分:技术条件	JB/T 3687.2—1999	2012-11-1
6	JB/T 4246—2012	旋转概率筛	JB/T 4246—1999	2012-11-1
7	JB/T 7689—2012	悬挂式电磁除铁器	JB/T 7689—2004	2012-11-1
8	JB/T 9022—2012	振动筛设计规范	JB/T 9022—1999	2012-11-1
9	JB/T 9028—2012	运输绞车	JB/T 9028—1999	2012-11-1
10	JB/T 10171—2012	弛张筛	JB/T 10171—2000	2012-11-1
11	JB/T 11290—2012	矿用非谐振式输送机		2012-11-1
12	JB/T 11291—2012	矿用高压辊磨机		2012-11-1
13	JB/T 11292—2012	圆筒混合机		2012-11-1
14	JB/T 11293—2012	立环脉动高梯度磁选机		2012-11-1
15	JB/T 11294—2012	强力旋回破碎机		2012-11-1
16	JB/T 11295—2012	强力圆锥破碎机		2012-11-1
17	JB/T 11296-2012	石材矿山叉装车		2012-11-1
18	JB/T 11297—2012	筒式洗矿机		2012-11-1
19	JB/T 11298—2012	周边传动中心自动提耙浓缩机		2012-11-1

二、截至2012年年底矿山机械行业标准数据统计

SAC/TC 88归口的标准综合数据见表3及表4。标龄占比情况见图1。

表3 2012年SAC/TC 88归口的标准综合数据表

（单位:项）

标准分类	国家标准			行业标准			合计
	强制性标准	推荐性标准	指导性技术文件	强制性标准	推荐性标准	指导性技术文件	
基础通用标准	2	7	0	0	2	0	11
产品标准	19	26	0	0	219	0	264
方法标准	0	3	0	0	8	0	11
管理标准	0	0	0	0	0	0	0
资源节约与综合利用标准	0	0	0	0	10	0	10
合计	21	36	0	0	239	0	296

表4 2012年SAC/TC 88归口按产品大类分的标准综合数据表

（单位:项）

产品分类 \ 标准级别		国家标准	机械行业标准	合计	总计
D90 综合	强制性	2	0	2	10
	推荐性	8	0	8	
D91 建井	强制性	1	0	1	9
	推荐性	1	7	8	
D92 采掘	强制性	6	0	6	32
	推荐性	7	19	26	
D93 提升运输	强制性	7	0	7	54
	推荐性	14	33	47	
D94 破磨焙烧	强制性	2	0	2	65
	推荐性	10	53	63	
D95 筛分	强制性	1	0	1	42
	推荐性	2	39	41	
D96 洗选	强制性	2	0	2	70
	推荐性	4	64	68	
D99 其他	强制性	0	0	0	14
	推荐性	0	14	14	
合计	强制性	21	0	21	296
	推荐性	46	229	275	
总计		67	229	296	
产品分等标准			84	84	84

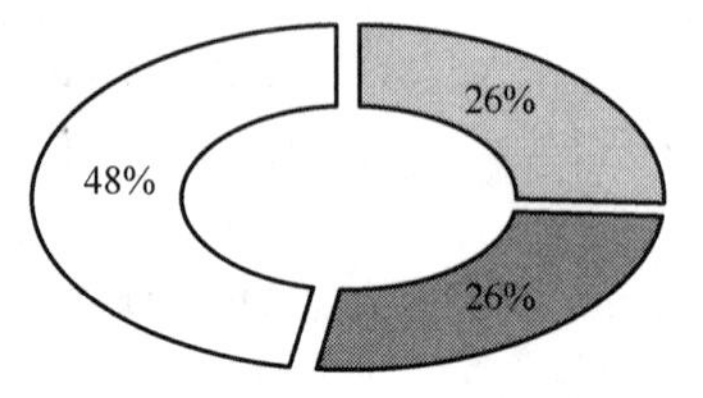

图1 标龄占比情况

国家标准与行业标准的比例关系。按表3计算为:(21+36):239=1:4.02

〔撰稿人:洛阳矿山机械工程设计研究院有限责任公司杨现利　审稿人:洛阳矿山机械工程设计研究院有限责任公司邹声勇〕

我国起重运输机械行业标准化工作情况

一、2012 年起重运输机械国内标准化工作情况

1. 起重机械标准化工作情况

全国起重机械标准化技术委员会(SAC/TC 227)负责我国起重机械国家标准和相关的机械行业标准的归口管理工作。截至 2012 年 12 月 31 日,我国起重机械行业共有现行有效标准 259 项,其中国家标准 177 项(包括 10 项强制性标准和 167 项推荐性标准),机械行业标准 82 项(包括 1 项强制性行业标准和 81 项推荐性行业标准)。

2012 年,全国起重机械标准化技术委员会(以下简称起重机标委会)共组织完成 19 项国家标准和 13 项机械行业标准的制修订工作(详见表 1)。

表 1　2012 年已完成的起重机械标准计划项目汇总表

序号	标准项目名称	标准级别	标准性质	制定或修订	代替标准
1	港口固定式起重机	国标	推荐	制定	
2	门座起重机	国标	推荐	制定	
3	起重机　刚性　桥式和门式起重机	国标	推荐	制定	
4	起重机　金属结构承载能力验证	国标	推荐	制定	
5	起重机械安全规程　第 2 部分:流动式起重机	国标	强制	制定	
6	起重机械安全规程　第 5 部分:桥式和门式起重机	国标	强制	制定	
7	起重用短环链　TH 级手动葫芦用高精度链	国标	推荐	制定	
8	起重用短环链　VH 级手动葫芦用高精度链	国标	推荐	制定	
9	电动葫芦能效测试方法	国标	推荐	制定	
10	工业制动器能效测试方法	国标	推荐	制定	
11	起重机械用电力驱动起升机构能效测试方法	国标	推荐	制定	
12	起重机械用电力驱动运行机构能效测试方法	国标	推荐	制定	
13	起重机械用电动机能效测试方法　第 1 部分:YZP 系列变频调速三相异步电动机	国标	推荐	制定	
14	起重机械用电动机能效测试方法　第 2 部分:YZR/YZ 系列三相异步电动机	国标	推荐	制定	
15	起重机械用电动机能效测试方法　第 3 部分:锥形转子三相异步电动机	国标	推荐	制定	
16	起重机　对机构的要求　第 2 部分:流动式起重机	国标	推荐	制定	
17	起重机　可用性　术语	国标	推荐	制定	
18	起重机　起重机及其部件质量的测量	国标	推荐	制定	
19	起重机　基本型的最大起重量系列	国标	推荐	制定	
20	旋臂起重机	行标	推荐	修订	JB/T8907—1999
21	长期堵转力矩电动机式电缆卷筒	行标	推荐	修订	JG/T 5111—1999
22	简易升降类　机械式停车设备	行标	推荐	修订	JB/T 8909—1999
23	起重机　卷筒	行标	推荐	修订	JB/T 9006.1—1999 JB/T 9006.2—1999 JB/T 9006.3—1999

（续）

序号	标准项目名称	标准级别	标准性质	制定或修订	代替标准
24	气动葫芦	行标	推荐	制定	
25	升降横移类　机械式停车设备	行标	推荐	修订	JB/T 8910—1999
26	塔式起重机车轮技术条件	行标	推荐	修订	JG/T 53—1999
27	塔式起重机用限矩型液力偶合器	行标	推荐	修订	JG/T 72—1999
28	起重用夹钳	行标	推荐	修订	JB/T 7333—1994
29	防爆桥式起重机	行标	推荐	修订	JB/T 5897—2006
30	钢丝绳电动葫芦　第1部分:型式与基本参数、技术条件	行标	推荐	修订	JB/T 9008.1—2004
31	钢丝绳电动葫芦　第2部分:试验方法	行标	推荐	修订	JB/T 9008.2—2004
32	汽车专用升降机	行标	推荐	修订	JB/T 10546—2006

（1）国家标准和机械行业标准的重点制修订工作。

1）制定国家标准《门座起重机》和《港口固定式起重机》。我国生产门座起重机和港口固定式起重机已有几十年的历史，但目前只制定了港口门座起重机的国家标准GB/T 17495—2009《港口门座起重机》，而船厂门座起重机、建筑门座起重机、集装箱门座起重机、多用途门座起重机和电站门座起重机一直未制定统一的标准。另外，原交通部制定的JT/T 5036—1993《内河港口固定式起重机》已于2007年废止。随着我国经济建设的高速发展，门座起重机和港口固定式起重机的需求量逐年递增，为了提高门座起重机和港口固定式起重机的产品质量和技术水平，进一步规范市场，并为特种设备检验和管理提供依据，制定《门座起重机》和《港口固定式起重机》国家标准已迫在眉睫。

2）制定强制性国家标准《起重机械安全规程 第2部分：流动式起重机》和《起重机械安全规程 第5部分：桥式和门式起重机》。GB 6067.1—2010《起重机械安全规程　第1部分：总则》已于2011年6月1日正式实施，但GB 6067.1—2010中未包含对桥式和门式起重机、流动式起重机的特殊安全要求。为完善标准体系，配合特种设备做好桥式和门式起重机、流动式起重机的监督管理，进一步规范市场秩序，尽快制定国家标准《起重机械安全规程　第2部分：流动式起重机》和《起重机械安全规程　第5部分：桥式和门式起重机》具有重要意义。

3）制定《电动葫芦能效测试方法》《工业制动器能效测试方法》等7项能效测试方法国家标准。2009年，北京起重运输机械设计研究院承担了质检公益科研专项项目"起重机械能效测试方法标准研究"，项目主要研究内容是通过分析起重机械主要零部件及整机主要耗能因素，确定能效测试方法，并开发相应的专用测试仪器、试验装置，完成测试方法的验证和主要产品能效指标收集统计工作，并完成8项起重机械能效测试方法标准草案的起草，该项目已于2011年年底完成验收。为将其成果尽快转化为标准，2011年起重机标委会组织申报了8项起重机械能效测试方法国家标准项目计划，2012年年底已完成7项能效测试方法国家标准的制定。

4）制定机械行业标准《气动葫芦》。气动葫芦是以气体作为动力源的轻小型起重设备，年产量约4 000余台，广泛应用于化工、石油及船舶等行业，国内一直以来未制定相关标准。该标准在制定时，参考了ASME HST-5-1999《环链气动葫芦　技术要求》、ASME HST-6-1999《钢丝绳气动葫芦　技术要求》等国外先进标准，以及GB/T 3811—2008《起重机设计规范》、GB/T 6067.1—2010《起重机械安全规程　第1部分：总则》等国内标准，并结合我国生产气动葫芦多年来生产实践制定的。该标准的制定，改变了我国无气动葫芦标准的现状，为提高气动葫芦产品质量和技术水平，配合特种设备的监督管理，进一步规范市场秩序，打下了良好的基础。

5）修订JB/T 9008.1—2004《钢丝绳电动葫芦 第1部分：型式与基本参数、技术条件》和JB/T 9008.2—2004《钢丝绳电动葫芦　第2部分：试验方法》。机械行业标准JB/T 9008—2004《钢丝绳电动葫芦》自2005年4月1日实施至今已有7年，随着钢丝绳电动葫芦制造技术的不断进步，以及GB/T 3811—2008《起重机设计规范》、GB 6067.1—2010《起重机械安全规程　第1部分：总则》等重要标准的发布实施，原标准内容已不能满足当前产品技术发展的要求。2012年，由江阴凯澄起重机械有限公司作为起草单位，修订JB/T 9008—2004《钢丝绳电动葫芦》。修订的标准，增加了"不适用的环境"内容；修改了基本参数中的额定起重量、起升速度和运行速度；增加了对吊运熔融金属的电动葫芦的相关要求；删除了原标准质量保证期等内容。

（2）起重机械国家标准和行业标准的复审。根据中国机械工业联合会的要求，按时完成了对起重机械24项机械行业标准的复审，其中13项为继续有效，1项为修订，10项为废止。2012年起重运输机械行业标准复审为废止的标准见表2。

表 2　2012 年起重运输机械行业标准复审为废止的标准

序号	标准编号	标准名称	废止理由
1	JB/T 9005.1—1999	起重机用铸造滑轮　绳槽断面	目前国家标准 GB/T 27546—2011《起重机械滑轮》已批准发布,其内容已涵盖这 10 项行业标准的内容
2	JB/T 9005.2—1999	起重机用铸造滑轮　直径的选用系列与匹配	
3	JB/T 9005.3—1999	起重机用铸造滑轮　型式、轮毂和轴承尺寸	
4	JB/T 9005.4—1999	起重机用铸造滑轮　A 型	
5	JB/T 9005.5—1999	起重机用铸造滑轮　B 型	
6	JB/T 9005.6—1999	起重机用铸造滑轮　C 型	
7	JB/T 9005.7—1999	起重机用铸造滑轮　D 型	
8	JB/T 9005.8—1999	起重机用铸造滑轮　E 型	
9	JB/T 9005.9—1999	起重机用铸造滑轮　F 型	
10	JB/T 9005.10—1999	起重机用铸造滑轮　技术条件	

(3) 配合特种设备开展的工作。

1)为配合国家质检总局特种设备安全监察局开展的大型起重机械安装安全监控管理系统前期示范试点工作,在上海、郑州、成都和大连组织召开共 4 期 GB/T 28264—2012《起重机械　安全监控管理系统》宣贯会。

2)为降低起重机械的安全事故,加强在用起重机械的检查与维护保养工作,受国家质检总局特种设备安全监察局的委托,起重机标委会于 2012 年 7 月 5 日上午在北京市组织召开了“起重机械检查与维护保养标准体系研讨会”,参加研讨会的有国家质检总局特种设备安全监察局的尚洪处长、起重机标委会王福绵副主任委员、起重机标委会秘书长及下属 4 个分技术委员会的秘书长共计 8 名代表。会议确定了起重机械检查与维护保养标准的具体项目、名称、立项时间、具体分工等,并于 2012 年 8 月中旬完成 12 项国家标准计划项目的申报,起重机械检查与维护保养规程系列国家标准计划项目见表 3。

表 3　起重机械检查与维护保养规程系列国家标准计划项目

序号	标准项目名称
1	第 1 部分:总则
2	第 2 部分:流动式起重机
3	第 3 部分:塔式起重机
4	第 4 部分:臂架起重机
5	第 5 部分:桥式和门式起重机
6	第 6 部分:缆索起重机
7	第 7 部分:桅杆起重机
8	第 8 部分:铁路起重机
9	第 9 部分:升降机
10	第 10 部分:轻小型起重设备
11	第 11 部分:机械式停车设备
12	第 12 部分:浮式起重机

3)随着科学技术的不断发展,新产品不断涌现,受国家质检总局或相关企业的委托,组织行业专家先后对功率式起重量限制器的安全性、QE140t 桥式起重机的设计合理性等十几种产品的相关问题进行了论证和答复,为起重机械行业新产品和新技术的推广应用,为配合特种设备的管理打下了基础。

4)受中国机械工业联合会的委托,承办了“大型履带起重机试验方法研讨会”,会议确定了 3 000 吨级履带起重机的试验方案,并一致通过尽快修订 GB/T 14560—2011《履带起重机》的建议。此次会议的召开,为中联重科股份有限公司和上海三一科技有限公司为三代核电建设施工所设计制造的 3 000 吨级履带起重机的试验方法提供了依据,也为今后修订 GB/T 14560—2011《履带起重机》打下了基础。

(4) 物料搬运机械标准体系建设。根据中国机械工业联合会秘书处文件“关于报送机械工业领域国际标准情况的通知”(机联秘标[2012]56 号)和“关于编制机械工业领域标准体系的通知”(机联秘标[2012]57 号)的要求,按时完成起重机械专业领域的《标准体系框图》《标准体系表》《采用国际标准情况一览表》和《实质性参与国际标准化组织情况一览表》的编制及上报工作。

(5)“十二五”技术标准体系建设。根据中国机械工业联合会秘书处文件“关于做好机械工业‘十二五’技术标准体系建设工作的通知”(机联秘标[2012]168 号)的要求,按时完成起重机械专业领域的《“十二五”技术标准体系建设方案》。

(6) GB/T 3811—2008《起重机设计规范》(英文版)的编译工作。为进一步满足我国起重机械国际贸易的需要,扩大我国起重机械的出口量,并为我国起重机械产品占领国际市场打下基础,组织起重机械行业的有关专家编译 GB/T 3811—2008《起重机设计规范》(英文版),该项工作也得到了国家标准化管理委员会的高度重视,并下发“关于下达 2012 年国家标准英文版翻译出版计划的通知”(标委综合函[2012]40 号),同意由起重机标委会负责组织完成 GB/T 3811—2008《起重机设计规范》(英文版)的编译工作。2012 年 8 月 29 日在北京市组织召开了“GB/T 3811—2008《起重机设计规范》(英文版)编译工作启动会议”,确定了翻译该标准的原则、具体分工及进度安排。

2. 连续搬运机械标准化工作情况

全国连续搬运机械标准化技术委员会(SAC/TC 331)负责连续搬运机械(包括输送机械、给料机械、装卸机械和液力偶合器等液力转动机械)国家标准和行业标准的归口管理工作。截至 2011 年 12 月 31 日,我国连续搬运机械行业共有现行有效标准 102 项,其中国家标准 20 项(包括 2 项强制性标准和 18 项推荐性标准),机械行业标准 82 项。

(1) 物料搬运机械标准体系建设。根据中国机械工业联合会秘书处文件“关于报送机械工业领域国际标准情况的通知”(机联秘标[2012]56 号)和“关于编制机械工业领域标准体系的通知”(机联秘标[2012]57 号)的要求,按时完成连续搬运机械专业领域的《标准体系框图》《标准体系表》《采用国际标准情况一览表》和《实质性参与国际标准化组织情况一览表》的编制及上报工作。

(2)"十二五"技术标准体系建设。根据中国机械工业联合会秘书处文件"关于做好机械工业'十二五'技术标准体系建设工作的通知"(机联秘标[2012]168号)的要求,按时完成连续搬运机械专业领域的《"十二五"技术标准体系建设方案》。

(3)连续搬运机械行业正在制修订的标准项目。根据2011年和2012年国家标准制修订计划的安排及2010年、2011年、2012年和2013年行业标准制修订计划的安排,连续搬运机械行业正在制修订的标准项目见表4。

表4 连续搬运机械行业正在制修订的标准项目

(续)

序号	标准项目名称	标准级别	标准性质	制定或修订
1	连续搬运机械术语	国标	推荐	修订
2	埋刮板输送机安全规范	国标	强制	制定
3	散料连续装船机　型式和基本参数	国标	推荐	制定
4	液力传动油	行标	推荐	制定
5	限矩型液力偶合器　试验方法	行标	推荐	修订
6	吊式圆盘给料机	行标	推荐	修订
7	双轨小车悬挂输送机	行标	推荐	制定
8	座式圆盘给料机	行标	推荐	修订
9	液力偶合器　通用技术条件	行标	推荐	修订
10	普通型、限矩型液力偶合器 易熔塞	行标	推荐	修订
11	液力元件 系列型谱	行标	推荐	修订

3.工业车辆标准化工作情况

全国工业车辆标准化技术委员会(SAC/TC 332)负责工业车辆国家标准和机械行业标准的归口管理工作。截至2011年12月31日,我国工业车辆行业共有现行有效标准49项,其中国家标准36项(包括1项强制性标准和35项推荐性标准),机械行业标准13项。

2012年,全国工业车辆标准化技术委员会(以下简称工业车辆标委会)组织工业车辆行业共完成了5项国家标准和1项机械行业标准的制修订工作(见表5)。

表5 2012年已完成的工业车辆标准项目

序号	标准项目名称	标准级别	标准性质	制定或修订	代替标准
1	工业车辆　安全要求和验证　第1部分:除无人驾驶、伸缩臂式车辆和载运车外的自行式工业车辆	国标	强制	修订	GB 10827—1999
2	工业车辆　安全要求和验证　第5部分:步行式车辆	国标	强制	制定	
3	工业车辆　稳定性验证　第2部分:带门架的平衡重式车辆	国标	推荐	修订	GB/T 5141—2005
4	工业车辆　稳定性的验证　第3部分:前移式和插腿式叉车	国标	推荐	修订	GB/T 5142—2005
5	工业车辆　电磁兼容	国标	推荐	制定	
6	叉车　侧移器	行标	推荐	制定	

(1)完成强制性国家标准的制修订。在工业车辆安全要求和验证方面,国际标准化组织早在1980年就颁布实施了ISO 3691:1980标准,1998年,我国等效采用ISO 3691:1980标准,制定了GB 10827—1999《机动工业车辆安全规范》,该标准已经实施十余年,是工业车辆行业的一项重要的强制性安全标准。但随着近几年我国工业车辆行业的高速发展,社会对工业车辆相关产品的设计、制造及检验等方面的安全性提出了更高的要求。国际标准化组织也修订ISO 3691:1980形成了ISO 3691-1:2011~ISO 3691—8:2012共8个部分标准。此次修订GB 10827—1999为《工业车辆　安全要求和验证　第1部分:除无人驾驶、伸缩臂式车辆和载运车外的自行式工业车辆》,等同采用了ISO 3691-1:2011《工业车辆——安全要求和验证——第1部分:自行式工业车辆(除无人驾驶、伸缩臂式车辆和载运车)》标准内容,标准中规定了工业车辆中自行式工业车辆的安全要求及其验证方法。该标准的修订,将为我国工业车辆的安全要求和验证与国际接轨,提升我国工业车辆行业整体技术水平,并为向特种设备管理提供技术依据打下坚实的基础。另外,等同采用ISO 3691-5:2009制定了国家标准《工业车辆　安全要求和验证　第5部分:步行式车辆》,标准中规定了工业车辆中步行式车辆的安全要求及其验证方法。新标准在保证步行式车辆的作业安全、保护驾驶员及相关人员的人身安全上将起到重要的作用,该标准的制定,进一步完善了我国工业车辆标准体系,对减少技术性贸易壁垒、适应国际贸易的需求具有非常重要的作用。

(2)工业车辆机械行业标准的复审。根据中国机械工业联合会的要求,按时完成2012年对工业车辆11项机械行业标准的复审,其中5项为继续有效,2项为修订,4项为废止,2012年工业车辆行业标准复审为废止的标准见表6。

表6　2012年工业车辆行业标准复审为废止的标准

序号	标准编号	标准名称	废止理由
1	JB/T 3298—1996	手动液压托盘搬运车	标准内容已被 GB/T 26947—2011《手动托盘搬运车》涵盖，该国家标准已于2011年9月29日发布，2012年2月1日正式实施
2	JB/T 3773.1—1999	托盘搬运车　基本参数	标准内容已被 GB/T27542—2011《蓄电池托盘搬运车》涵盖，该国家标准已于2011年11月21日发布，2012年5月1日正式实施
3	JB/T 3773.2—1999	托盘搬运车　整机试验方法	
4	JB/T 3773.3—1999	托盘搬运车　技术条件	

(3) 物料搬运机械标准体系建设。根据中国机械工业联合会秘书处文件"关于报送机械工业领域国际标准情况的通知"机联秘标[2012]56号和"关于编制机械工业领域标准体系的通知"(机联秘标[2012]57号)的要求，按时完成工业车辆专业领域的《标准体系框图》、《标准体系表》《采用国际标准情况一览表》和《实质性参与国际标准化组织情况一览表》的编制及上报工作。

(4) "十二五"技术标准体系建设。根据中国机械工业联合会秘书处文件"关于做好机械工业'十二五'技术标准体系建设工作的通知"(机联秘标[2012]168号)的要求，按时完成工业车辆专业领域的《"十二五"技术标准体系建设方案》。

(5) 工业车辆行业正在制修订的标准项目。根据2011年和2012年国家标准制修订计划及2010年和2011年行业标准制修订计划的安排，2012年正在制修订的国家标准和机械行业标准为：①制定国标《防爆工业车辆通用要求　第2部分：内燃工业车辆》；② 制定行标《内燃平衡重式叉车　能效测试方法》；③ 制定行标《内燃平衡重式叉车　能效限额》；④ 制定行标《平板搬运车》。

4. 物流仓储设备标准化工作情况

全国物流仓储设备标准化技术委员会(SAC/TC 499)负责物流仓储设备国家标准和机械行业标准的归口管理工作。截至2012年12月31日，物流仓储设备行业共有现行有效标准15项，均为机械行业标准。

2012年，全国物流仓储设备标准化技术委员会(以下简称物流仓储设备标委会)组织物流仓储设备行业完成了2项国家标准《自动导引运输车　设计通则》和《自动导引运输车　术语》的制定。

(1) 物流仓储设备机械行业标准的复审。根据中国机械工业联合会的要求，按时完成对物流仓储设备3项机械行业标准的复审，均为继续有效。

(2) 物料搬运机械标准体系建设。根据中国机械工业联合会秘书处文件"关于报送机械工业领域国际标准情况的通知"(机联秘标[2012]56号)和"关于编制机械工业领域标准体系的通知"(机联秘标[2012]57号)的要求，按时完成物流仓储设备专业领域的《标准体系框图》《标准体系表》《采用国际标准情况一览表》和《实质性参与国际标准化组织情况一览表》的编制及上报工作。

(3) "十二五"技术标准体系建设。根据中国机械工业联合会秘书处文件"关于做好机械工业'十二五'技术标准体系建设工作的通知"(机联秘标[2012]168号)的要求，按时完成物流仓储设备专业领域的《"十二五"技术标准体系建设方案》。

(4) 物流仓储设备行业正在制修订的标准项目。根据2011年国家标准制修订计划及2011年行业标准制修订计划的安排，2012年正在制修订4项国家标准和2项机械行业标准：①制定国家标准《物流仓储配送中心导轮式分拣机技术规范》；②制定国家标准《物流仓储配送中心螺旋箱式输送机技术规范》；③制定国家标准《物流仓储配送中心输送、分拣系统及周边设备分类和术语》；④制定国家标准《物流仓储配送中心箱式多层连续升降机技术规范》；⑤修订JB/T 5323—1991《立体仓库焊接式钢结构货架技术条件》；⑥整合修订 JB/T 2960—1999《巷道堆垛起重机　型式与基本参数》和 JB/T 7016—1993《有轨巷道堆垛起重机　技术条件》，制定机械行业标准《有轨巷道堆垛起重机》。

二、国际标准化工作情况

自2002年以来，北京起重运输机械设计研究院(以下简称北起院)作为国际标准化组织的四个技术委员 ISO/TC 96(起重机技术委员会)、TC 101(连续机械搬运设备技术委员会)、TC 110(工业车辆技术委员会)、TC 111(钢制圆环连、吊链、部件及附件技术委员会)的国内技术对口单位，加大了参与国际标准化活动的力度。近10年来国际标准的投票率均为100%；自2003年以来，北起院10次组团代表中国参加了ISO/TC 96(起重机技术委员会)系列会议、7次组团参加了ISO/TC 110(工业车辆技术委员会系列)会议、2次组团参加了ISO/TC 111(钢制圆环链、吊链、部件及附件技术委员会)系列会议，积极参与国际标准化活动，并在北京成功承办了"2007年ISO/TC 96系列会议"和"2011年ISO/TC 111系列会议"。此外，作为起草工作组成员参与了5项国际标准的起草，尤其在制定ISO 5053-1《工业车辆　术语和分类　第1部分：工业车辆类型》时，不仅使我国成为标准制定工作组成员，而且争取到把中文作为除官方语言(英语和法语)外的另一种文字增加到新制定的标准中。总之，我国经过10年来积极参与国际标准化组织的活动，不仅在国际标准化组织ISO/TC 96、ISO/TC 101、ISO/TC 110和ISO/TC 111中的成员身份由2007年4月的O成员(观察成员)全部变为P成员(积极成员)，并于2012年4月成功成为国际标准化组织ISO/TC 96的主席国和秘书国，北起院张喜军总工程师担任了ISO/TC 96新一届主席，这是对北起院近10年所承担的国际标准化工作的充分肯定，也是中国起重机械行业实质性参与国际标准化工作取得的重大成果。

（1）2011年国际标准文件管理及投票情况。北起院日常负责国际标准化组织的ISO/TC 96（起重机技术委员会）、ISO/TC 101（连续机械搬运设备技术委员会）、ISO/T C 110（工业车辆技术委员会）和ISO/TC 111（钢制圆环链、吊链、部件及附件技术委员会）四个技术委员会的国内对口标准化技术业务工作，包括国际标准文件的登记、存档工作，并负责对国际标准文件的投票。2012年共收到ISO/TC 96文件93个，其中投票文件25个，实际投票19个（其余6个未到截止日期），正式国际标准7个，其他文件61个。收到ISO/TC 110文件60个，其中投票文件20个，实际投票15个（其余5个未到截止日期），正式国际标准5个，其他文件35个。收到ISO/TC 111文件12个，其中投票文件11个，实际投票11个，正式国际标准1个。未收到ISO/TC 101文件。

（2）积极争取担任ISO/TC 96主席国和国际秘书处工作。2011年10月14日，我国接到ISO/TC 96秘书处[由英国标准学会（BSI）承担]所颁发的关于重新任命ISO/TC 96（起重机技术委员会）秘书处的工作文件后，积极努力准备承担ISO/TC 96秘书处工作，完成了相关文件的申报及协调工作，在其他成员国参与竞争的情况下，2012年4月，国际标准化组织技术管理局（ISO/TMB）2012年第34号决议，正式批准由我国担任国际标准化组织/起重机技术委员会（ISO/TC 96）的主席国和秘书处工作，北起院的张喜军总工程师任ISO/TC 96首届主席。

（3）2012年参加国际会议情况。

1）组团参加ISO/TC 96（起重机技术委员会）系列会议。2012年6月3—9日，我国组成16人代表团代表国家标准化管理委员会（SAC）参加了在德国柏林召开的“2012年ISO/TC 96（起重机技术委员会）系列会议”，此次会议共有14个国家的代表出席了会议。此次系列会议包括各个分技术委员会SC2～SC10的会议及ISO/TC 96大会，中国代表团参加了所有的会议，包括：SC2（术语分技术委员会）、SC3（钢丝绳的选择分技术委员会）、SC4（试验方法分技术委员会）、SC5（使用、操作和维护分技术委员会）、SC6（流动式起重机分技术委员会）、SC7（塔式起重机分技术委员会）、SC7/WG2（流动式自行架设塔式起重机工作组）、SC8（臂架起重机分技术委员会）、SC9（桥式和门式起重机分技术委员会）、SC10（设计原则和要求分技术委员会）会议及ISO/TC 96大会。

在此次会议上，ISO/TC 96成员国对我国国家标准化管理委员会的主席提名——北京起重运输机械设计研究院张喜军总工程师，进行了投票表决，取得一致通过。在2012年6月9日召开的ISO/TC 96大会上，现任主席、英国的Jack Wray先生正式向各参会国家代表介绍了新任主席——中国的张喜军先生，他希望ISO/TC 96各成员国在新任主席的领导下继续努力工作。我国于2013年1月1日正式接任ISO/TC 96主席及秘书处工作。

2）组团参加ISO/TC 110（工业车辆技术委员会）系列会议。2012年9月3—6日组成4人代表团代表国家标准化管理委员会（SAC）参加了在瑞典斯德哥尔摩召开的2012年ISO/TC 110（工业车辆技术委员会）系列会议，此次会议共有8个国家的代表出席了会议。此次系列会议包括ISO/TC 110/SC1/WG1“工业车辆整机术语”工作组会议、SC2（机动工业车辆安全）分技术委员会会议、ISO/TC 110/SC2/WG5“视野”工作组会议和ISO/TC 110/SC2/WG11“稳定性”工作组会议。我国代表参加了其中的SC1/WG1会议、SC2/WG5会议和SC2会议。

在ISO/TC110/SC1/WG1“工业车辆整机术语”工作组会议上，与会专家重点对ISO 5053－1《工业车辆——术语和分类——第1部分：工业车辆类型》的CD草案及新工作项目提案的意见汇总进行了逐条讨论，包括修改该草案的范围、补充示意图、修改术语的定义、修改技术性意见和编辑性错误等，其中26条意见中，有21条意见是我国提出的。为此，ISO中央秘书处的Stephen Kennedy先生对我国的出色工作给予了高度的评价，他说：待ISO 5053－1完成DIS投票后递交至中央秘书处注册时还将对中国的工作做正式评价。值得一提的是，早在2010年，在法国巴黎召开的ISO/TC 110系列会议上，我国代表经过努力，不仅成为ISO 5053－1《工业车辆——术语和分类——第1部分：工业车辆类型》标准制定工作组成员之一，而且争取到把中文作为除官方语言（英语和法语）外的另一种文字增加到新制定的标准中，这是我国工业车辆行业首次参与国际标准的制定，体现了我国工业车辆标准化工作在国际标准制定过程中地位的提升。

另外，在ISO/TC 110/SC2会议上，北起院赵春晖代表我国作了题为“中国工业车辆标准的总体情况和近两年制修订标准情况”的报告，介绍了中国工业车辆标准的总体情况、2011年批准发布标准情况及2012年标准制修订情况，受到了与会代表的好评。

三、2013年起重运输机械标准化工作的重点任务

2013年起重运输机械行业将完成共计27项国家标准和30项机械行业标准的制修订任务。同时，为减少起重机械的安全事故，加强在用起重机械的检查与维护保养工作，受国家质检总局特种设备安全监察局的委托，2013年将启动《起重机械　检查与维护保养规程　第1部分：总则》共计12项国家标准的制定工作，12项国家标准项目将于2014年年底前完成。配合国家质检总局特种设备安全监察局完成相关的工作，受企业委托鉴别产品类别，并起草相应的管理办法。

组织工业车辆行业的主要企业重点开展对内燃平衡重式叉车能耗测试方法的研究工作，在试验验证的基础上尽快完成机械行业标准《内燃平衡重式叉车 能耗测试方法》和《内燃平衡重式叉车 能耗限额》的制定工作。

根据国家标准化管理委员会“关于下达2012年国家标准英文版翻译出版计划的通知”(部函标委综合函[2012]40号)的要求，2013年年底前完成GB/T 3811—2008《起重机设计规范》英文版、GB 6067.1—2010《起重机械安全规程 第1部分：总则》英文版、GB/T 10595—2009《带式输送机》英文版的翻译工作。另外，组织专家启动GB/T 14405—2011《通用桥式起重机》和GB/T 14406—2011《通用门式起重机》英文版的翻译工作，并争取在国家标准化管理委员会正式立项。

组织召开“全国起重机械标准化技术委员会三届五次会议”，开展第三届全国起重机械标准化技术委员会先进个人的评选工作。组织召开“全国物流仓储设备标准化技术委员会一届二次会议”，组织物流仓储设备行业有关专家开展物流仓储设备标准体系研究，召开专题研讨会。做好全国工业车辆标准化技术委员会、全国连续搬运机械标准化技术委员会、全国起重机械标准化技术委员会桥式和门式起重机分技术委员会的换届工作，并组织召开“全国工业车辆标准化技术委员会换届大会暨二届一次会议”“全国连续搬运机械标准化技术委员会换届大会暨二届一次会议”“全国起重机械标准化技术委员会桥式和门式起重机分技术委员会换届大会暨二届一次会议”。

继续加强对重要标准的宣贯工作，使标准能够更好地贯彻实施，计划在全国范围内召开如下标准宣贯会：GB 26469—2011《架桥机安全规程》、GB/T 26470—2011《架桥机通用技术条件》、国家标准《门座起重机》、国家标准《港口固定式起重机》等。另外，为提高我国起重机械电气技术水平，针对起重机械行业电气技术相对薄弱的现状，组织在起重机械行业对《实用起重机电气技术手册》进行宣贯活动。

继续参与国际标准化组织的活动，积极参与对国际标准文件的投票；组团参加于2013年6月在波兰华沙召开的ISO/TC 96(起重机技术委员会)系列会议和2013年11月在日本东京召开的ISO/TC 110(工业车辆技术委员会)系列会议。利用我国作为ISO/TC 96的主席国和秘书国这个平台，争取将我国更多的起重机械标准提案上升为国际标准，把我国具有优势的技术推广到国际上，从而使我国有更多的起重机械产品进入和占领国际市场。

〔撰稿人：北京起重运输机械设计研究院赵春晖 审稿人：中国重型机械工业协会徐善继〕

2012年全国特种设备安全状况

一、特种设备基本情况

1. 特种设备使用情况

截至2012年年底，全国特种设备总量达821.67万台，比2011年上升12.7%；其中：锅炉63.53万台，压力容器271.82万台，电梯245.33万台，起重机械190.94万台，场(厂)内专用机动车辆48.29万辆，客运索道845条，大型游乐设施1.67万台(套)。另有气瓶13 880.84万只，压力管道85.13万km。2012年特种设备数量分类比例见图1。

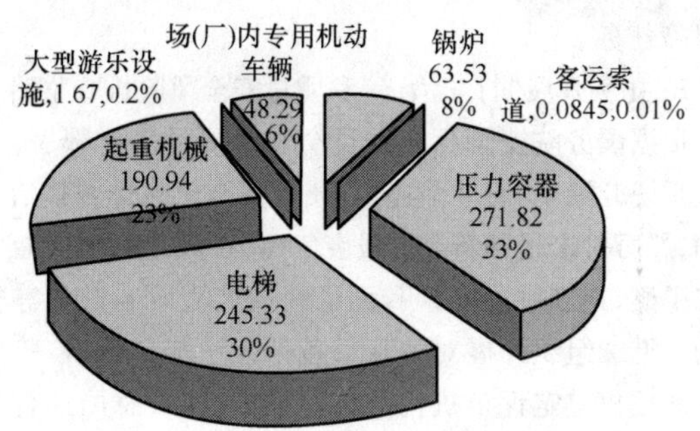

图1 2012年特种设备数量分类比例

2. 特种设备生产情况

截至2012年年底，全国共有特种设备生产(含设计、制造、安装、改造、维修、气体充装)单位56 464家，持有特种设备许可证58 368张。2012年特种设备生产单位数量分布见图2。

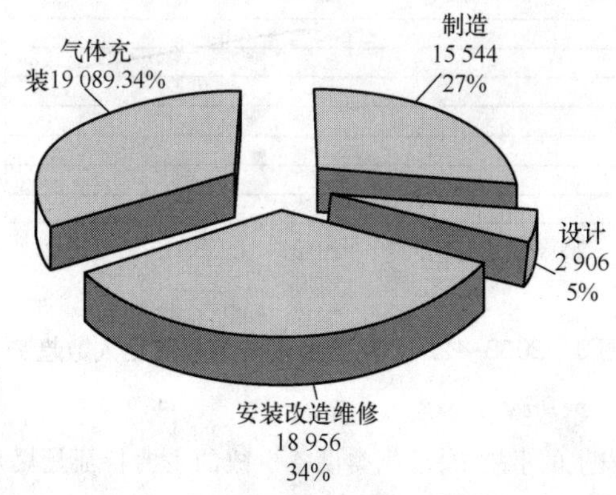

图2 2012年特种设备生产单位数量分布

全国现有持证的特种设备作业人员706.09万人，比2011年上升7.4%，其中2012年考核发证167万人。

3. 特种设备安全监察和检验检测情况

截至2012年年底，全国质检系统共设置特种设备安全监察机构3 189个，其中国家级1个、省级32个、市级477个、县级2 679个。全国特种设备安全监察人员共11 936人。

截至2012年年底，全国共有特种设备综合性检验机构530个，其中质检部门所属检验机构333个，行业检验机构及企业自检机构197个。另外还有型式试验机构32个，无损检测机构304个，气瓶检验机构1 818个。各类检验机构共有人员67 185人。

2012年全国各级质检部门开展特种设备执法监督检查115.28万次，发出安全监察指令书14.22万份。特种设备检验机构对470.94万台特种设备及元部件的制造过程进行了监督检验，发现并督促企业处理质量安全问题7.44万个；对172.49万台特种设备安装、改造、维修过程进行了监督检验，发现并督促企业处理质量安全问题29.14万个；对408.98万台在用特种设备进行了定期检验，发现并督促企业处理质量安全问题90.13万个。

二、特种设备安全状况

1. 事故总体情况

2012年全国共发生各类特种设备事故228起，死亡292人，受伤354人，与2011年相比，事故总起数减少47起，下降17.1%；死亡人数减少8人，下降2.7%；受伤人数增加22人，上升6.6%。全年228起特种设备事故中，锅炉事故29起，压力容器事故26起，气瓶事故26起，压力管道事故8起，电梯事故42起，起重机械事故76起，场(厂)内专用机动车辆事故17起，客运索道事故2起，大型游乐设施事故2起。2012年万台设备死亡率为0.517，比上年下降13.11%，实现了国务院安全生产委员会下达的特种设备事故死亡率低于0.56的工作目标，事故总体呈稳中有降态势。2008—2012年万台设备事故死亡人数趋势见图3。

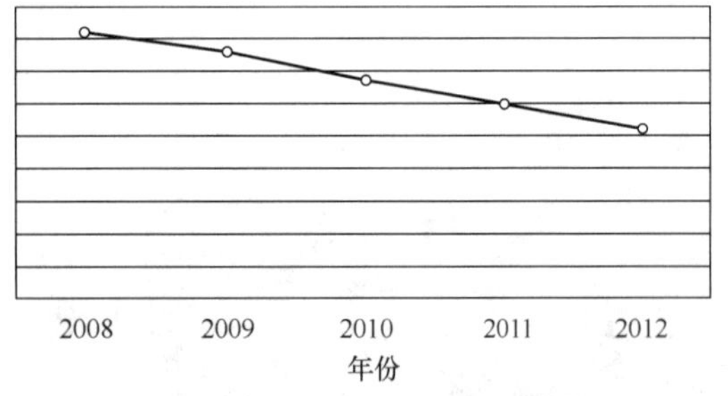

图3 2008—2012年万台设备事故死亡人数趋势

2. 事故特点

发生的事故中，承压类设备事故的主要特征是爆炸或泄漏着火，机电类设备事故的主要特征是倒塌、坠落、撞击和剪切等。

228起特种设备事故中，按设备类别划分，起重机械和电梯事故起数较多，分别占33.3%、18.4%；起重机械事故死亡人数较多，占总死亡人数的44.2%。按发生环节划分，发生在使用环节179起，占78.5%；安装拆卸环节12起，占5.3%；维修检验环节19起，占8.3%；充装运输环节14起，占6.1%；其他4起，占1.8%。按涉及行业划分，制造业105起，占46.1%；建设工地和建筑业47起，占20.6%；交通运输与物流业事故9起，占3.9%；社会及公共服务业事故67起，占29.4%。

3. 事故原因

违规、违章仍是导致事故发生的主要原因。从技术层面来看，各类设备事故主要原因集中度最高的分别为：锅炉事故原因主要是违章作业和操作不当以及设备缺陷和安全附件失效，其中，9起为小锅炉缺水事故，5起为安全附件或保护装置失灵事故；压力容器事故原因主要是违章作业或设备缺陷和安全附件失效，其中，4起为快开门式压力容器事故，2起为烫平机不锈钢烘筒爆炸事故；气瓶事故原因主要是违章作业或操作不当，其中，3起为氧气瓶混入可燃介质的事故，2起为非法改装气瓶和非法倒装事故，2起为野蛮装卸事故；压力管道事故原因主要是设备隐患，其中，2起为设备爆炸事故，2起为设备泄漏事故；电梯事故原因主要是管理不善和安全附件或保护装置失灵，其中，15起为作业人员违章作业，9起为乘客违章或家长监护不当，4起与三角钥匙保管不善有关联，3起为救援逃生方法不当，2起为安全保护装置失灵；起重机械事故原因主要是违章作业或操作不当以及设备隐患，其中，4起为吊具坠落，2起与钢丝绳有关联，2起为设备部件断裂；场(厂)内专用机动车辆事故原因主要是违章作业或操作不当，全部是叉车事故；客运索道和大型游乐设施是设备隐患和非法使用。

三、2012年特种设备安全监察工作实施情况

1. 圆满完成“十八大”等重点时段安全保障任务

全国质检系统组织开展了“十八大”、春节、国庆等重点时段的特种设备安全保障工作。针对“十八大”安全保障，质检总局研究制定保障工作方案和应急预案，多次派出督查组对全国特种设备安全工作进行督查；北京质监部门联合周边省市建立联动机制，“十八大”期间，华北五省(市)质监部门实行专人值守及“每日一报”制度，出动执法人员14 233人次，共检查使用单位10 527家、特种设备31 229台(套)，及时发现并消除安全隐患1 180个，实现了北京及周边地区特种设备零事故的目标，圆满完成了安全保障任务。

2. 扎实开展“打非治违”和质量安全风险排查整治工作

根据国务院安全生产委员会和总局的工作部署，全国质检系统开展了“打非治违”和质量安全风险排查整治专项行动，严厉打击了翻新改造报废气瓶、在液化石油气瓶中掺混二甲醚、违规拼装电梯和无证制造大型游乐设施等非法活动。继续组织开展对特种设备持证生产单位、检验检测机构和授权鉴定评审机构的监督抽查，质检总局还直接组织了对国家重点工程的特种设备安装无损检测工作质量的监督抽查。2012年，全国质检系统共出动特种设备执法监督检查115.3万人次，检查生产、使用等单位52.6万家，出具安全监察指令书14.2万份，吊销许可证221张，暂停许可证942张，消除了一批安全隐患。

3. 逐步构建多元共治的工作格局

通过构建多元共治工作格局，地方政府、有关部门、行业组织、相关企业的责任进一步厘清。国务院安全生产委员会继续向地方分解下达了特种设备事故相对控制指标，监察部将质量安全纳入政府绩效管理工作要点，部分省已将特种设备安全与节能工作纳入地市政府的绩效考核指标。国家质检总局联合教育部印发了《关于加强中小学校特种设备安全工作的意见》（国质检特联〔2012〕213号），各地不断加强与安监、公安、工信、铁道、住建、交通、教育及旅游等相关部门的协作，共同制定特种设备监管制度，联合开展执法检查、隐患排查、应急救援，特种设备安全"一岗双责"制度稳步推进。全系统注重发挥行业组织的管理作用，行业自律和监督机制进一步健全。各地采取有效措施，督促生产、使用单位落实安全主体责任，并扎实开展"三进""质量月""电梯安全周"等活动，畅通信访、12365、公众留言等投诉举报渠道，社会监督的效果进一步显现。通过以上措施，齐抓共管、多元共治的工作格局初步形成。

4. 探索推进和实施风险管理

全国质检系统树立风险管理理念，制定风险管理制度，开展风险分析，形成风险分析报告；加强应急救援工作，完善特种设备应急预案，组织开展应急演练，提高了应急处置能力。及时应对和妥善处置了"1·29"北京西单自动扶梯事故、"5·26"广西桂林尧山客运索道乘客滞留事故、"11·23"山西寿阳火锅店液化石油气泄漏燃烧爆炸等突发事件，严厉打击了河南荥阳无证制造大型游乐设施行为，有效防控系统性、区域性风险。另外，全国质检系统开展了工作风险和队伍风险警示教育活动，查找风险项目，确定防范措施，落实防范制度。

5. 不断提升监管措施针对性

全国质检系统稳步推进使用单位分类监管制度，全国20个省600多家企业开展了特种设备使用环节分类监管和使用安全标准化试点，18个省制定了特种设备使用管理规范及地方标准；继续开展按设备按区域分类监管试点，完成大型起重机械安装安全监控管理系统前期示范试点和试验验证工作，在公共交通领域推行电梯维保制度改革和安全责任保险体系建议，推动地方政府建立老旧电梯更新改造机制，推进电梯维保整治、应急救援、制造企业负责维保等工作，探索将故障远程监测、电子标签、条码管理等物联网技术应用于电梯、气瓶安全监管，提升了监管措施的针对性与效能。

6. 持续夯实安全监察工作基础

继续完善了特种设备法规标准体系、动态监管体系、安全责任体系、风险管理体系、绩效评价体系和科技支撑体系6个工作体系建设；《特种设备安全法（草案）》已通过全国人大常委会第一次审议，国家质检总局公布了《锅炉安全技术监察规程》等9个安全技术规范，地方不断推进地方法规规章及标准的制修订工作，建立健全安全监察工作制度。全系统注重队伍能力建设，大力开展安全监察和检验检测人员业务培训；组织开展了检验机构报检窗口"为民服务，创先争优"考核评议活动，评选出81个"优秀服务窗口单位"和120名"服务标兵"。

四、2013年特种设备安全监察工作要点

1. 深入贯彻落实《质量发展纲要》，提升特种设备安全水平

（1）推动落实特种设备安全责任。以贯彻《质量发展纲要》及2013年行动计划为契机，督促企业落实质量安全主体责任。推动将特种设备安全质量指标纳入地方政府质量安全绩效考核，建立地方政府负总责和有关部门各负其责的责任机制。

（2）提升特种设备安全质量监管水平。完善特种设备安全质量统计和分析工作，加强特种设备安全质量诚信建设。进一步减少、下放特种设备行政许可，提高对获证单位和鉴定评审机构监督抽查的比例，严格准入、退出和鉴定评审追责机制。开展检验检测工作质量专项监督检查；继续开展压力管道元件、电梯等产业聚集区的安全质量提升活动。

2. 突出风险管理，创新监管措施，守住安全底线

（1）强化风险管理。完善特种设备风险分析、风险管理制度，提高风险管理事故处置科学化水平。充分利用监督抽查、现场监察、举报投诉等手段，加大风险分析和重大隐患研判力度，开展事故易发设备、存在严重缺陷设备的风险监测和风险预警通报。推动建立健全事故处置工作机构和专家队伍，总结并推广事故处置工作经验。做好"两会"及重大活动、重要节假日期间重点领域、重点场所、重点部位特种设备的安全保障工作。继续做好西气东输三线等国家重大建设项目特种设备安全监察工作。

（2）强化监管创新。继续推进特种设备安全"一岗双责"制度，继续推进特种设备使用单位标准化创建活动和分类监管工作，构建基于风险的使用单位分类监管工作机制。联合相关部门开展特种设备联合监管，推进特种设备责任保险等制度创新。强化监管手段创新，推动物联网技术在电梯、起重机械等特种设备监管工作中的应用。以电梯首负责任制为重点，完善特种设备使用管理（首负）主体责任制度，逐步建立以电梯制造企业为主体的电梯维保体系。

（3）强化专项整治。以涉及公共安全的特种设备为重点，开展专项整治工作。联合商务部门加强商业场所电梯安全监管，联合旅游部门加强大型游乐设施、客运索道安全监管，配合安监、公安、住建等部门开展餐饮场所燃气气瓶及车用气瓶安全专项治理检查。继续开展小锅炉和快开门压力容器专项整治。加大对企业违法违规生产、使用和作业人员无证上岗、违章作业行为的依法惩治力度，严厉打击违规充装、检验和翻新改造气瓶、拼装电梯等违法行为。加强查处后的跟踪检查，督促整改措施落实到位。

3. 加强基础能力建设，完善特种设备安全体系和工作机制

（1）进一步完善工作机制。做好《特种设备安全法》出台实施的前期准备工作，继续开展法规和安全技术规范的清理和整合优化，积极推进地方特种设备立法和标准制修订工作。制订特种设备监管信息化建设总体方案，开展事故系统、综合统计系统、检验案例填报系统等应用情况专项检查。研究特种设备事故与安全生产事故协调衔接的指导意见，进一步完善各类应急预案。以全国特种设备科技协作平台为纽带，以"十二五"国家科技支撑计划项目为重点，组织全系统科技人员开展科研攻关，推动科技成果的转化应用。

（2）深化特种设备行政许可和检验工作改革。出台特种设备行政许可程序和许可项目改革实施方案，修订涉及行政许可的特种设备安全技术规范。进一步减少、合并、下放许可项目；推进检验人员考试换证向审核换证转变。积极稳妥推进检验工作改革。总结推广广东电梯检验改革工作经验，推进特种设备定期检验工作社会化改革试点。鼓励扶持有能力的使用单位承担自有设备的定期检验。

（3）加强基层监察能力和人员队伍建设。以实现监管设备为主向监督企业为主转变为目标，修订现场安全监督检查等规定，建立省、市、县三级安全监察工作规范；推广层级监管机制，推进基层能力达标工作；坚持和完善安全监察人员培训制度，不断提高各级监察人员业务能力。全面贯彻《国务院安全生产委员会关于进一步加强安全培训工作的决定》（安委〔2012〕10号），实施新修订的特种设备检验检测人员、作业人员考核安全技术规范；开展作业人员发证管理专项检查；建立检验人员实际检验能力训练示范基地；搭建特种设备鉴定评审人员注册和查询平台；继续开展对新疆、西藏等地质监系统监察人员、检验人员援助培训工作。

4. 加强舆论宣传工作

（1）加强特种设备安全和节能宣传。采取多种形式，大力开展特种设备安全和节能法制知识宣传，继续开展特种设备安全与节能"进企业、进校园、进社区"活动。

（2）做好特种设备突发事件应对工作。建立统一的新闻发布渠道，加强与新闻媒体的经常性沟通，积极争取媒体支持，妥善处置突发事件。

〔撰稿人：国家起重运输机械质量监督检验中心王顺亭　审稿人：中国重型机械工业协会李镜〕

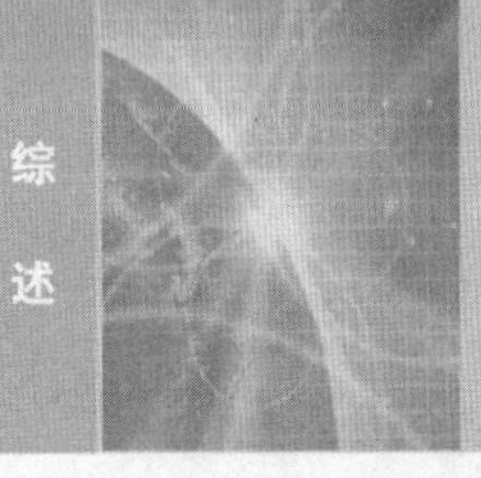

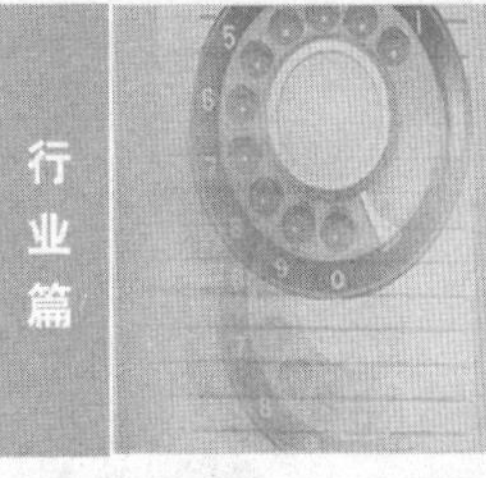

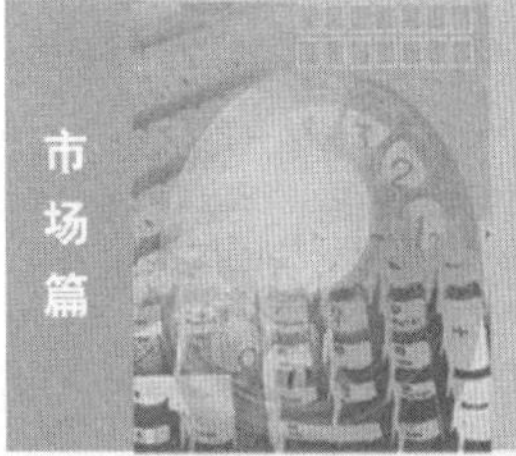

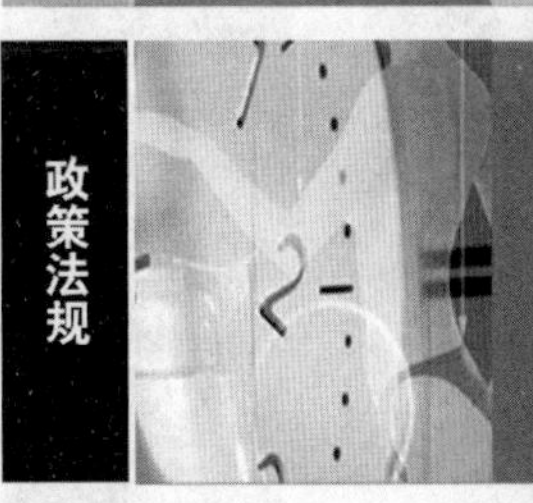

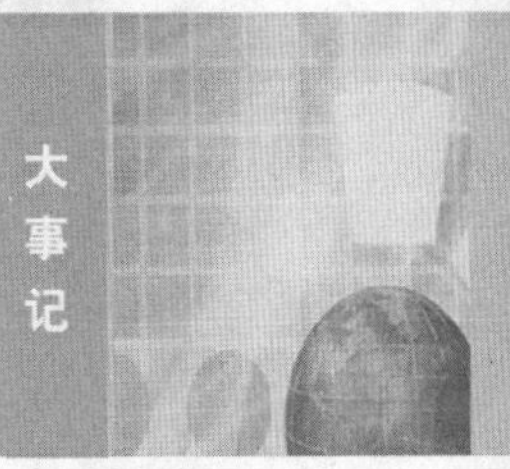

介绍与重型机械行业有关的政策法规

It carries the policies, laws and regulations related to the heavy machinery industry

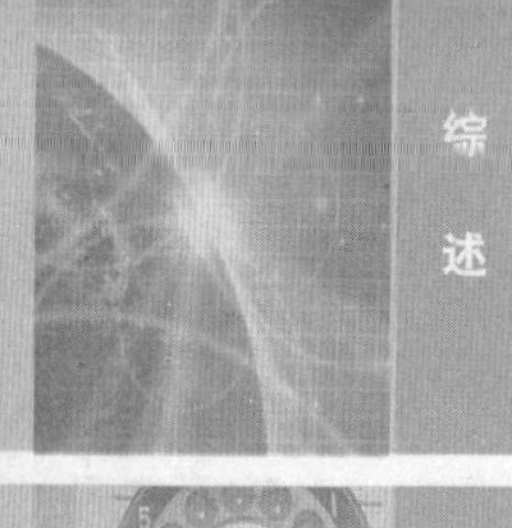
综述
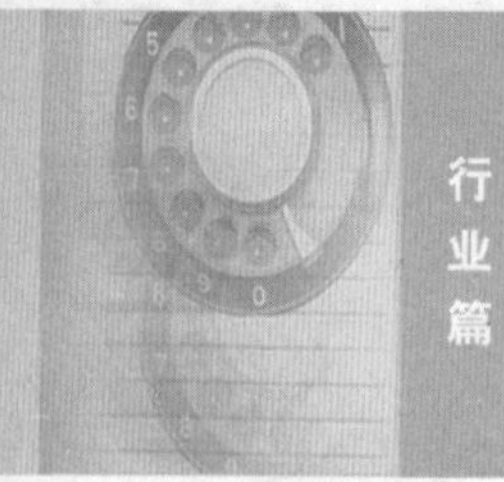
行业篇

市场篇

企业篇

统计资料

标准与质量
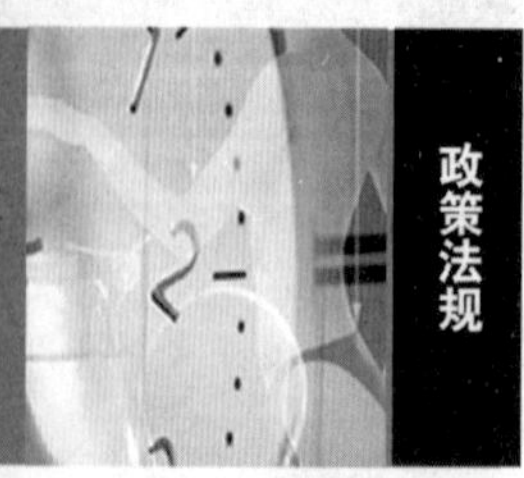
政策法规
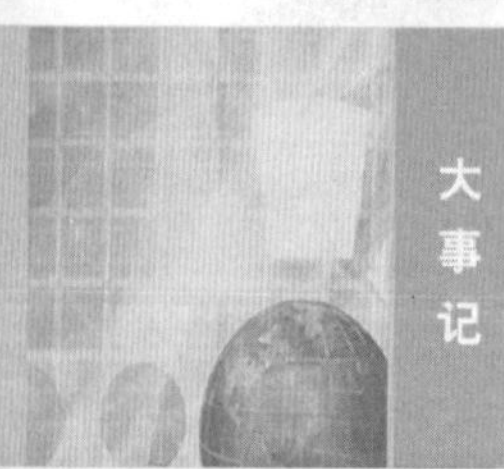
大事记
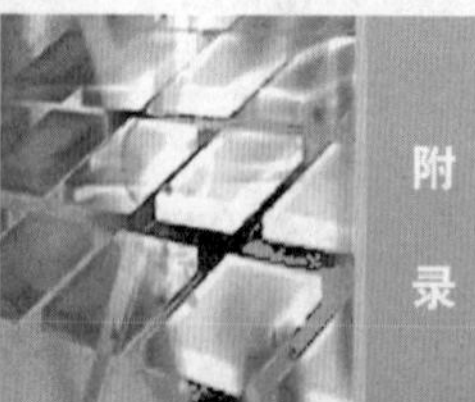
附录

“十二五”节能环保产业发展规划

国发〔2012〕19 号

中华人民共和国国务院

二〇一二年六月十六日

节能环保产业是指为节约能源资源、发展循环经济、保护生态环境提供物质基础和技术保障的产业，是国家加快培育和发展的 7 个战略性新兴产业之一。节能环保产业涉及节能环保技术装备、产品和服务等，产业链长，关联度大，吸纳就业能力强，对经济增长拉动作用明显。加快发展节能环保产业，是调整经济结构、转变经济发展方式的内在要求，是推动节能减排，发展绿色经济和循环经济，建设资源节约型环境友好型社会，积极应对气候变化，抢占未来竞争制高点的战略选择。

根据《国务院关于加快培育和发展战略性新兴产业的决定》（国发〔2010〕32 号）和《国务院关于印发“十二五”节能减排综合性工作方案的通知》（国发〔2011〕26 号）有关要求，为推动节能环保产业快速健康发展，特制定本规划。

一、节能环保产业发展现状及面临的形势

（一）发展现状

“十一五”以来，我国大力推进节能减排，发展循环经济，建设资源节约型环境友好型社会，为节能环保产业发展创造了巨大需求，节能环保产业得到较快发展，目前已初具规模。据测算，2010 年，我国节能环保产业总产值达 2 万亿元，从业人数 2 800 万人。产业领域不断扩大，技术装备迅速升级，产品种类日益丰富，服务水平显著提高，初步形成了门类较为齐全的产业体系。在节能领域，干法熄焦、纯低温余热发电、高炉煤气发电、炉顶压差发电、等离子点火、变频调速等一批重大节能技术装备得到推广普及；高效节能产品推广取得较大突破，市场占有率大幅提高；节能服务产业快速发展，到 2010 年，采用合同能源管理机制的节能服务产业产值达 830 亿元。在资源循环利用领域，“三废”（废水、废气、固体废弃物）综合利用技术装备广泛应用，再制造表面工程技术装备达到国际先进水平，再生铝蓄热式熔炼技术、废弃电器电子产品和包装物资源化利用技术装备等取得一定突破，无机改性利废复合材料在高速铁路上得到应用。在环保领域，已具备自行设计、建设大型城市污水处理厂、垃圾焚烧发电厂及大型火电厂烟气脱硫设施的能力，关键设备可自主生产，电除尘、袋式除尘技术和装备等达到国际先进水平；环保服务市场化程度不断提高，大部分烟气脱硫设施和污水处理厂采取市场化模式建设运营。

我国节能环保产业虽然有了较快发展，但总体上看，发展水平还比较低，与需求相比还有较大差距。主要存在以下问题：

一是创新能力不强。以企业为主体的节能环保技术创新体系不完善，产学研结合不够紧密，技术开发投入不足。一些核心技术尚未完全掌握，部分关键设备仍需要进口，一些已能自主生产的节能环保设备性能和效率有待提高。

二是结构不合理。企业规模普遍偏小，产业集中度低，龙头骨干企业带动作用有待进一步提高。节能环保设备成套化、系列化、标准化水平低，产品技术含量和附加值不高，国际品牌产品少。

三是市场不规范。地方保护、行业垄断、低价低质恶性竞争现象严重；污染治理设施重建设、轻管理，运行效率低；市场监管不到位，一些国家明令淘汰的高耗能、高污染设备仍在使用。

四是政策机制不完善。节能环保法规和标准体系不健全，资源性产品价格改革和环保收费政策尚未到位，财税和金融政策有待进一步完善，企业融资困难，生产者责任延伸制尚未建立。

五是服务体系不健全。合同能源管理、环保基础设施和火电厂烟气脱硫特许经营等市场化服务模式有待完善；再生资源和垃圾分类回收体系不健全；节能环保产业公共服务平台尚待建立和完善。

（二）面临的形势

从国际看，在应对国际金融危机和全球气候变化的挑战中，世界主要经济体都把实施绿色新政、发展绿色经济作为刺激经济增长和转型的重要内容。一些发达国家利用节能环保方面的技术优势，在国际贸易中制造绿色壁垒。为使我国在新一轮经济竞争中占据有利地位，必须大力发展节能环保产业。

从国内看，面对日趋强化的资源环境约束，加快转变经济发展方式，实现“十二五”规划纲要确定的节能减排约束性指标，必须加快提升我国节能环保技术装备和服务水平。我国节能环保产业发展前景广阔。据测算，到 2015 年，我国技术可行、经济合理的节能潜力超过 4 亿 t 标准煤，可带动上万亿元投资；节能服务总产值可突破 3 000 亿元；产业废物循环利用市场空间巨大；城镇污水垃圾、脱硫脱硝设施建设投资超过 8 000 亿元，环境服务总产值将达 5 000 亿元。

“十二五”时期是我国节能环保产业发展难得的历史机遇期，必须紧紧抓住国内国际环境的新变化、新特点，顺应世界经济发展和产业转型升级的大趋势，着眼于满足我国节能减排、发展循环经济和建设资源节约型环境友好型社会的需要，加快培育发展节能环保产业，使之成为新一轮经济发展的增长点和新兴支柱产业。

二、指导思想、基本原则和总体目标

(一)指导思想

以邓小平理论和“三个代表”重要思想为指导，深入贯彻落实科学发展观，坚持以市场为导向，以企业为主体，以重点工程为依托，以提高技术装备、产品、服务水平为重点，加强宏观指导，完善政策机制，加大资金投入，突出自主创新，培育规范市场，增强竞争能力，促进节能环保产业成为新兴支柱产业，推动资源节约型环境友好型社会建设，满足人民群众对改善生态环境的迫切需求。

(二)基本原则

(1)政策机制驱动。健全节能环保法规和标准，完善价格、财税、金融、土地等政策，形成有效的激励和约束机制，引导和鼓励社会资本投向节能环保产业，拉动节能环保产业市场的有效需求。

(2)技术创新引领。完善以企业为主体的技术创新体系，立足原始创新、集成创新和引进消化吸收再创新，形成更多拥有自主知识产权的核心技术和具有国际品牌的产品，提升装备制造能力和水平，促进产业升级，形成节能环保产业发展新优势。

(3)重点工程带动。围绕实现节能减排约束性目标，加快实施节能、循环经济和环境保护重点工程，形成对节能环保产业最直接、最有效的需求拉动，带动节能环保产业快速发展。

(4)市场秩序规范。打破地方保护，加强行业自律，强化执法监督，建立统一开放、公平竞争、规范有序的市场环境，促进节能环保产业健康发展。

(5)服务模式创新。大力推行合同能源管理、特许经营等节能环保服务新机制，推动节能环保设施建设和运营社会化、市场化、专业化服务体系建设。

(三)总体目标

(1)产业规模快速增长。节能环保产业产值年均增长15%以上，到2015年，节能环保产业总产值达到4.5万亿元，增加值占国内生产总值的比重为2%左右，培育一批具有国际竞争力的节能环保大型企业集团，吸纳就业能力显著增强。

(2)技术装备水平大幅提升。到2015年，节能环保装备和产品质量、性能大幅度提高，形成一批拥有自主知识产权和国际品牌，具有核心竞争力的节能环保装备和产品，部分关键共性技术达到国际先进水平。

(3)节能环保产品市场份额逐步扩大。到2015年，高效节能产品市场占有率由目前的10%左右提高到30%以上，资源循环利用产品和环保产品市场占有率大幅提高。

(4)节能环保服务得到快速发展。采用合同能源管理机制的节能服务业销售额年均增速保持30%，到2015年，分别形成20个和50个左右年产值在10亿元以上的专业化合同能源管理公司和环保服务公司。城镇污水、垃圾和脱硫、脱硝处理设施运营基本实现专业化、市场化。

三、重点领域

(一)节能产业重点领域

1.节能技术和装备

锅炉窑炉。加快开发工业锅炉燃烧自动调节控制技术装备；推进燃油、燃气工业锅炉、窑炉蓄热式燃烧技术装备产业化；加快推广等离子点火、富氧/全氧燃烧等高效煤粉燃烧技术和装备，以及大型流化床等高效节能锅炉。大力推广多喷嘴对置式水煤浆气化、粉煤加压气化、非熔渣－熔渣水煤浆分级气化等先进煤气化技术和装备，推动煤炭的高效清洁利用。

电机及拖动设备。示范推广稀土永磁无铁芯电机、电动机用铸铜转子技术等高效节能电机技术和设备；大力推广能效等级为一级和二级的中小型三相异步电动机、通风机、水泵、空压机以及变频调速等技术和设备，提高电机系统整体运行效率。

余热余压利用设备。完善推广余热发电关键技术和设备；示范推广低热值煤气燃气轮机、烧结及炼钢烟气干法余热回收利用、乏汽与凝结水闭式回收、螺杆膨胀动力驱动、基于吸收式换热的集中供热等技术和设备；大力推广高效换热器、蓄能器、冷凝器、干法熄焦等设备。

节能仪器设备。加快研发和应用快速准确的便携或车载式能效检测设备，大力推广在线能源计量、检测技术和设备。

2.节能产品

家用电器与办公设备。加快研发空调、冰箱等高效压缩机及驱动控制器、高效换热及相变储能装置，各类家电智能控制节能技术和待机能耗技术；重点攻克空调制冷剂替代技术、二氧化碳热泵技术；推广能效等级为一级和二级的节能家用电器、办公和商用设备。

高效照明产品。加快半导体照明(LED、OLED)研发，重点是金属有机源化学气相沉积设备(MOCVD)、高纯金属有机化合物(MO源)、大尺寸衬底及外延、大功率芯片与器件、LED背光及智能化控制等关键设备、核心材料和共性关键技术，示范应用半导体通用照明产品，加快推广低汞型高效照明产品。

节能汽车。加快研发和示范具有自主知识产权的汽油直喷、涡轮增压等先进发动机节能技术，以及双离合式自动变速器(DCT)等多档化高效自动变速器等节能减排技术，新型车辆动力蓄电池和新型混合动力汽车机电耦合动力系统、车用动力系统和发电设备等技术装备；推广采用各类节能技术实现的节能汽车；大力推广节能型牵引车和挂车。

新型节能建材。重点发展适用于不同气候条件的新型高效节能墙体材料以及保温隔热防火材料、复合保温砌块、轻质复合保温板材、光伏一体化建筑用玻璃幕墙等新型墙体材料；大力推广节能建筑门窗、隔热和安全性能高的节能膜和屋面防水保温系统、预拌混凝土和预拌砂浆。

3.节能服务

大力发展以合同能源管理为主要模式的节能服务业，不断提升节能服务公司的技术集成和融资能力。鼓励大型重点用能单位利用自身技术优势和管理经验，组建专业化节能服务公司；推动节能服务公司通过兼并、联合、重组等方式，实行规模化、品牌化、网络化经营。鼓励节能服务公司加强技术研发、服务创新和人才培养，不断提高综合实力和市场竞争力。

专栏1　节能产业关键技术

高压变频调速技术。用于大功率风机、水泵、压缩机等电机拖动系统。节电潜力约1 000亿kW·h。研发重点是关键部件绝缘栅极型功率管(IGBT)以及特大功率高压变频调速技术

稀土永磁无铁芯电机技术。用于风机、水泵、压缩机等领域，可提高电机系统能效30%以上，大幅度节约硅钢片、铜材等。重点是中小功率电机产业化

蓄热式高温空气燃烧技术。用于工业窑炉及煤粉锅炉，提高热效率。重点是钢铁行业蓄热式加热技术、有色行业蓄热式熔炼技术等，以及固体燃料工业窑炉适用的蓄热式燃烧技术

螺杆膨胀动力驱动技术。用于工业锅炉(窑炉)余热发电或直接驱动机械设备，高效回收利用中低品位热能。研发重点是千瓦级到兆瓦级系列设备、精密机械加工和轴承生产

基于吸收式换热的集中供热技术。用于凝汽式火力发电厂、热电厂余热利用，循环水余热充分回收，提高热电厂供热能力30%以上，降低热电联产综合供热能耗40%，并可提高既有管网输送能力。研发重点是小型化、大温差吸收式热泵装备

汽油直喷技术。用于汽车节能领域，汽车平均油耗比常规电喷汽油车降低10%～20%。研发重点是系统精确控制

启动—停车混合动力汽车技术。降低汽车怠速时所需的能量和减少废气排放，回收制动能量，重点是BSG(皮带传动启动机和发电机系统)混合动力轿车技术和ISG(集成的启动机和发电机系统)混合动力轿车技术

二氧化碳热泵技术。用于热泵热水系统等，相对普通热水器节能75%，研发重点是压缩机和热泵系统的设计和优化，解决系统和部件的耐压和强度问题

半导体照明系统集成及可靠性技术。用于通用照明、液晶背光和景观装饰等领域。研发重点是大功率外延芯片器件、关键原材料制备、系统可靠性、智能化控制及检测技术

(二)资源循环利用产业重点领域

1. 矿产资源综合利用

重点开发加压浸出、生物冶金、矿浆电解技术，提高从复杂难处理金属共生矿和有色金属尾矿中提取铜、镍等国家紧缺矿产资源的综合利用水平；加强中低品位铁矿、高磷铁矿、硼镁铁矿、锡铁矿等复杂共伴生黑色矿产资源开发利用和高效采选；推进煤系油母页岩等资源开发利用，提高页岩气和煤层气综合开发利用水平，发展油母页岩、油砂综合利用及高岭土、铝矾土等共伴生非金属矿产资源的综合利用和深加工。

2. 固体废物综合利用

加强煤矸石、粉煤灰、脱硫石膏、磷石膏、化工废渣、冶炼废渣等大宗工业固体废物的综合利用，研究完善高铝粉煤灰提取氧化铝技术，推广大掺量工业固体废物生产建材产品。研发和推广废旧沥青混合料、建筑废物混杂料再生利用技术装备。推广建筑废物分类设备及生产道路结构层材料、人行道透水材料、市政设施复合材料等技术。

3. 再制造

重点推进汽车零部件、工程机械、机床等机电产品再制造，研发旧件无损检测与寿命评估技术、高效环保清洗设备，推广纳米颗粒复合电刷镀、高速电弧喷涂、等离子熔覆等关键技术和装备。

4. 再生资源利用

废金属资源再生利用。开发易拉罐有效组分分离及去除表面涂层技术与装备，推广废铅蓄电池铅膏脱硫、废杂铜直接制杆、失效钴镍材料循环利用等技术，提升从废旧机电、电线电缆、易拉罐等产品中回收重金属及稀有金属水平。

废旧电器电子产品资源化利用。示范推广废旧电器电子产品和电路板自动拆解、破碎、分选技术与装备，推广封闭式箱体机械破碎、电视电脑锥屏机械分离等技术。研发废电器电子稀有金属提纯还原技术。

报废汽车资源化利用。完善报废汽车车身机械自动化粉碎分选技术及钢铁、塑料、橡胶等组分的分类富集回收技术，研发报废汽车主要零部件精细化无损拆解处理平台技术，提升报废汽车拆解回收利用的自动化、专业化水平。

废橡胶、废塑料资源再生利用。推广应用常温粉碎及低硫高附加值再生橡胶成套设备；研发各种废塑料混杂物分类技术或直接利用技术，推广应用深层清洗、再生造粒和改性技术。

5. 餐厨废弃物资源化利用

建设餐厨废弃物密闭化、专业化收集运输体系；研发餐厨废弃物低能耗高效灭菌和废油高效回收利用技术装备；鼓励餐厨废油生产生物柴油、化工制品，餐厨废弃物厌氧发酵生产沼气及高效有机肥。

6. 农林废物资源化利用

推广农作物秸秆还田、代木、制作生物培养基、生物质燃料等技术与装备，秸秆固化成型等能源化利用技术及装备；推进林业剩余物、次小薪材、蔗渣等综合利用技术和装备的应用；推动规模化畜禽养殖废物资源化利用，加快发酵制饲料、沼气、高效有机肥等技术集成应用。

7. 水资源节约与利用

推进工业废水、生活污水和雨水资源化利用，扩大再生水的应用。大力推进矿井水资源化利用、海水循环利用技术与装备。示范推广膜法、热法和耦合法海水淡化技术以及电水联产海水淡化模式。

专栏2 资源循环利用产业关键技术

复杂铜铅锌金属矿高效分选技术。用于有色金属矿开采。研发重点是高效浮选药剂和大型高效破碎、浮选设备

再制造表面工程技术。用于汽车零部件、工程机械等机电产品再制造。研发重点是旧件寿命评估技术、环保拆解清洗技术及激光熔覆喷涂技术

含钴镍废弃物的循环再生和微粉化技术。用于废弃电池、含钴镍废渣资源化利用。重点是电池破壳分离、钴镍元素提纯、原生化超细粉末再制备和钴镍资源的深度资源化技术

废旧家电和废印制电路板自动拆解和物料分离技术。用于废旧家电和废印制电路板资源化利用。重点是高效粉碎与旋风分离一体化技术，风选、电选组合提纯工艺和多种塑料混杂物直接综合利用技术

材料分离、改性及合成技术。用于建材、包装废弃物、废塑料处理等领域。研发重点是纸塑铝分离技术、橡塑分离及合成技术、无机改性聚合物再生循环利用技术等

建筑废物分选及资源化技术。用于建筑废物资源化利用。研发重点是建筑废物分选技术及装备，废旧砂灰粉的活化和综合利用技术，专用添加剂制备，轻质物料分选、除尘、降噪等设施

餐厨废弃物制生物柴油、沼气等技术。用于餐厨废弃物资源化利用领域。重点是应用酸碱催化法及化学法制生物柴油和工业油脂技术，制肥和沼气化技术与装备以及酶法、超临界法制油技术

膜法和热法海水淡化技术。用于海水淡化、苦咸水等非传统水资源处理。膜法重点完善膜组件、高压泵、能量回收装置等关键部件及系统集成技术。热法重点完善大型海水淡化装备制造技术、提升高真空状态下仪表控制元器件可靠性及压缩机性能等

（三）环保产业重点领域

1. 环保技术和装备

污水处理。重点攻克膜处理、新型生物脱氮、重金属废水污染防治、高浓度难降解有机工业废水深度处理技术；重点示范污泥生物法消减、移动式应急水处理设备、水生态修复技术与装备。推广污水处理厂高效节能曝气、升级改造，农村面源污染治理，污泥处理处置等技术与装备。

垃圾处理。研发渗滤液处理技术与装备，示范推广大型焚烧发电及烟气净化系统、中小型焚烧炉高效处理技术、大型填埋场沼气回收及发电技术和装备，大力推广生活垃圾预处理技术装备。

大气污染控制。研发推广重点行业烟气脱硝、汽车尾气高效催化转化及工业有机废气治理等技术与装备，示范推广非电行业烟气脱硫技术与装备，改造提升现有燃煤电厂、大中型工业锅炉窑炉烟气脱硫技术与装备，加快先进袋式除尘器、电袋复合式除尘技术及细微粉尘控制技术的示范应用。

危险废物与土壤污染治理。加快研发重金属、危险化学品、持久性有机污染物、放射源等污染土壤的治理技术与装备。推广安全有效的危险废物和医疗废物处理处置技术和装置。

监测设备。加快大型实验室通用分析、快速准确的便携或车载式应急环境监测、污染源烟气、工业有机污染物和重金属污染在线连续监测技术设备的开发和应用。

2. 环保产品

环保材料。重点研发和示范膜材料和膜组件、高性能防渗材料、布袋除尘器高端纤维滤料和配件等；推广离子交换树脂、生物滤料及填料、高效活性炭等。

环保药剂。重点研发和示范有机合成高分子絮凝剂、微生物絮凝剂、脱硝催化剂及其载体、高性能脱硫剂等；推广循环冷却水处理药剂、杀菌灭藻剂、水处理消毒剂、固废处理固化剂和稳定剂等。

3. 环保服务

以城镇污水垃圾处理、火电厂烟气脱硫脱硝、危险废物及医疗废物处理处置为重点，推进环境保护设施建设和运营的专业化、市场化、社会化进程。大力发展环境投融资、清洁生产审核、认证评估、环境保险、环境法律诉讼和教育培训等环保服务体系，探索新兴服务模式。

专栏3 环保产业关键技术

膜处理技术。用于污水资源化、高浓度有机废水处理、垃圾渗滤液处理等。研发重点是高性能膜材料及膜组件，降低成本、提升膜通量、延长膜材料使用寿命、提高抗污染性

污泥处理处置技术。用于生活污水处理厂污泥处理处置。重点是污泥厌氧消化或好氧发酵后用于农田、焚烧及生产建材产品等处理处置技术，研发适用于中小污水处理厂的生物消减等污泥减量工艺

脱硫脱硝技术。用于电力、钢铁、有色等行业及工业锅炉窑炉烟气治理。研发重点是脱硝催化剂的制备及资源化脱硫技术装备

布袋及电袋复合除尘技术。用于火电、钢铁、有色、建材等行业。重点是耐高温、耐腐蚀纤维及滤料的国产化，研发高效电袋复合除尘器、优质滤袋和设备配件

挥发性有机污染物控制技术。用于各工业行业挥发性有机污染物排放源污染控制及回收利用。研发重点是新型功

能性吸附材料及吸附回收工艺技术，新型催化材料，优化催化燃烧及热回收技术

柴油机(车)排气净化技术。用于国Ⅳ以上排放标准的重型柴油机和轻型柴油车。研发重点是选择性催化还原技术(SCR)及其装备、SCR催化器及相应的尿素喷射系统，以及高效率、高容量、低阻力微粒过滤器

固体废物焚烧处理技术。用于城市生活垃圾、危险废物、医疗废物处理。研发重点是大型垃圾焚烧设施炉排及其传动系统、循环流化床预处理工艺技术、焚烧烟气净化技术、二噁英控制技术、飞灰处置技术等

水生态修复技术。用于受污染自然水体。重点研发赤潮、水华预报、预防和治理技术，生物控制技术和回收藻类、水生植物厌氧产沼气、发电及制肥的资源化技术，溢油污染水体修复技术等

污染场地土壤修复技术。用于污染土壤修复。重点是受污染土壤原位解毒剂、异位稳定剂、用于路基材料的土壤固化剂以及受污染土壤固化体资源化技术及生物治理技术

污染源在线监测技术。用于环境监测。研发重点是有机污染物自动监测系统、新型烟气连续自动检测技术、重金属在线监测系统、危险品运输载体实时监测系统等

四、重点工程

(一)重大节能技术与装备产业化工程

围绕应用面广、节能潜力大的锅炉窑炉、电机系统、余热余压利用等重点领域，通过重大技术和装备产业化示范、规模化应用等，形成10～15个大型流化床锅炉、粉煤气化、蓄热式燃烧、高效换热器等以高效燃烧和换热技术为特色的制造基地；15～20个稀土永磁无铁芯电机、高压变频控制、无功补偿等高效电机及其控制系统产业化基地；5～10个低品位余热发电、中低浓度煤层气利用等余热余能利用装备制造基地。到2015年，高效节能技术与装备市场占有率由目前不足5%提高到30%左右，产值达到5 000亿元。

(二)半导体照明产业化及应用工程

整合现有资源，提高产业集中度，实现半导体照明技术与装备产业化。培育10～15家掌握核心技术、拥有较多自主知识产权和知名品牌的龙头企业；关键生产装备、重要原材料实现国产化，高端应用产品达到世界先进水平，建立具有国际先进水平的检测平台，建成一批产业链完善、创新能力强、特色鲜明的半导体照明新兴产业集聚区。逐步推广半导体照明产品。到2015年，通用照明产品市场占有率达到20%左右，液晶背光源达到70%以上，景观装饰产品达到80%以上，半导体照明产业产值达到4 500亿元，年节电600亿kW·h，形成具有国际竞争力的半导体照明产业。

(三)“城市矿产”示范工程

建设50个国家“城市矿产”示范基地，支持回收体系、资源再生利用产业化、污染治理设施和服务平台建设，推动废弃机电设备、电线电缆、家电、汽车、手机、铅酸电池、塑料、橡胶等再生资源的循环利用、规模利用和高值利用。到2015年，形成资源再生利用能力2 500万t，其中再生铜200万t、再生铝250万t、废钢1 000多万t、黄金10t，实现产值4 300亿元。

(四)再制造产业化工程

支持汽车零部件、工程机械、机床等再制造，完善可再制造旧件回收体系，重点支持建立5～10个国家级再制造产业集聚区和一批重大示范项目。到2015年，实现再制造发动机80万台，变速箱、起动机、发电机等800万件，工程机械、矿山机械、农用机械等20万台(套)，再制造产业产值达到500亿元。

(五)产业废物资源化利用工程

以共伴生矿产资源回收利用、尾矿稀有金属分选和回收、大宗固体废物大掺量高附加值利用为重点，推动资源综合利用基地建设，鼓励产业集聚，形成以示范基地和龙头企业为依托的发展格局。以铁矿、铜矿、金矿、钒矿、铅锌矿、钨矿为重点，推进共伴生矿产资源和尾矿综合利用；推进建筑废物和道路沥青再生利用。到2015年，新增固体废物综合利用能力约4亿t，产值达1 500亿元。

(六)重大环保技术装备及产品产业化示范工程

推动重金属污染防治、污泥处理处置、挥发性有机物治理、畜禽养殖清洁生产等核心技术产业化；重点示范膜生物反应器(MBR)、垃圾焚烧及烟气处理、烟气脱硫脱硝等先进技术装备及能源、农业等行业清洁生产重大技术装备；推广城镇生活污水脱氮除磷深度处理设备、300MW及以上燃煤电厂烟气脱硝技术装备、600MW及以上燃煤电厂烟气脱硫及布袋或电袋复合除尘设备和高效垃圾焚烧炉等重大装备。拥有高性能膜、脱硝催化剂纳米级二氧化钛载体、高效滤料等污染控制材料生产的相关知识产权。到2015年，环保装备产值超过5 000亿元，环保材料产值超过1 000亿元，环保关键材料基本实现产业化，形成5～10个环保产业集聚区、10～15个环保技术及装备产业化基地。

(七)海水淡化产业基地建设工程

培育由工程设计和装备制造企业、研究单位、大学、相关原材料生产企业等共同参与，集研发、孵化、生产、集成、检验检测和工程技术服务于一体的海水淡化产业基地。到2015年，建成2～3个国家级海水淡化产业化基地，关键技术与装备、相关材料研发和制造能力达到国际先进水平，海水淡化产能达到220万－260万t/d，海水淡化及相关产业产值500亿元。

(八)节能环保服务业培育工程

大力推行合同能源管理，到2015年，力争专业化节能服务公司发展到2 000多家，其中年产值超过10亿元的节能服务公司约20家，节能服务业总产值突破3 000亿元，累计实现节能能力6 000万t标准煤。建立全方位环保服务体系。积极培育具有系统设计、设备成套、工程施工、调试运

行和维护管理一条龙服务能力的总承包公司，大力推进环保设施专业化、社会化运营，扶持环境咨询服务企业。到2015年，环保服务业产值超过5 000亿元，其中年产值超过10亿元的企业超过50家，城镇污水垃圾处理及电力行业烟气脱硫脱硝等领域专业化、社会化服务占全行业的比例大幅提高。

五、政策措施

（一）完善价格、收费和土地政策

加快推进资源性产品价格改革。研究制定鼓励余热余压发电及背压热电的上网和价格政策。完善电力峰谷分时电价政策。对能源消耗超过国家和地区规定的单位产品能耗（电耗）限额标准的企业和产品，实行惩罚性电价。严格落实脱硫电价，研究制定燃煤电厂脱硝电价政策。深化市政公用事业市场化改革，进一步完善污水处理费政策，研究将污泥处理费用逐步纳入污水处理成本，研究完善对自备水源用户征收污水处理费制度。改进垃圾处理收费方式，合理确定收费载体和标准，降低收取成本，提高收缴率。对于城镇污水垃圾处理设施、“城市矿产”示范基地、集中资源化处理中心等国家支持的项目用地，在土地利用年度计划安排中给予重点保障。

（二）加大财税政策支持力度

各级政府要安排财政资金支持和引导节能环保产业发展。安排中央财政节能减排和循环经济发展专项资金，采取补助、贴息、奖励等方式，支持节能减排重点工程和节能环保产业发展重点工程，加快推行合同能源管理。中央预算内投资和其他中央财政专项资金，要加大对节能环保产业的支持力度。国有资本经营预算优先安排企业实施节能环保项目。严格落实并不断完善现有节能、节水、环境保护、资源综合利用税收优惠政策。全面改革资源税。积极推进环境税费改革。落实节能服务公司实施合同能源管理项目税收优惠政策。

（三）拓宽投融资渠道

鼓励银行业金融机构在满足监管要求的前提下，积极开展金融创新，加大对节能环保产业的支持力度。按照政策规定，探索将特许经营权、收费权等纳入贷款抵押担保物范围。建立银行绿色评级制度，将绿色信贷成效作为对银行机构进行监管和绩效评价的要素。鼓励信用担保机构加大对资质好、管理规范的节能环保企业的融资担保支持力度。支持符合条件的节能环保企业发行企业债券、中小企业集合债券、短期融资券、中期票据等，重点用于环保设施和再生资源回收利用设施建设。选择若干资质条件较好的节能环保企业，开展非公开发行企业债券试点。支持符合条件的节能环保企业上市融资。研究设立节能环保产业投资基金。推动落实支持循环经济发展的投融资政策措施。鼓励和引导民间投资和外资进入节能环保产业领域，支持民间资本进入污水、垃圾处理等市政公用事业建设。

（四）完善进出口政策

通过完善出口卖方信贷和买方信贷政策，鼓励节能环保设备由以单机出口为主向以成套供货为主的设备总承包和工程总承包转变；安排对外援助时，根据对外工作需要和受援国要求，积极安排公共环境基础设施、工业污染防治设施建设等节能环保项目。建立进口再生资源加工区，强化联合监管，积极完善与国际规则、惯例相适应，且有利于我国获取国际再生资源、促进国内节能环保产业健康发展的进口管理体制机制。对用于制造大型节能环保设备确有必要进口的关键零部件及原材料，研究免征进口关税和进口增值税。

（五）强化技术支撑

发布国家鼓励的节能环保产业技术目录。在充分整合现有科技资源的基础上，在节能环保领域设立若干国家工程研究中心、国家工程实验室和国家产品质量监督检验中心，组建一批由骨干企业牵头组织、科研院所共同参与的节能环保产业技术创新平台，建立一批节能环保产业化科技创新示范园区，支持成套装备及配套设备研发、关键共性技术和先进制造技术研究。推进国产首台（套）重大节能环保装备的应用。

（六）完善法规标准

完善以环境保护法律、节约能源法、循环经济促进法、清洁生产促进法等为核心，配套法规相协调的节能环保法律法规体系。研究建立生产者责任延伸制度，逐步建立相关废弃产品回收处理基金，研究制定强制回收产品目录和包装物管理办法。通过制（修）订节能环保标准，充分发挥标准对产业发展的催生促进作用。逐步提高重点用能产品能效标准，修订提高重点行业能耗限额强制性标准，建立能效“领跑者”标准制度，强化总量控制和有毒有害污染物排放控制要求，完善污染物排放标准体系。

（七）强化监督管理

严格节能环保执法监督检查，严肃查处各类违法违规行为，加大惩处力度。落实节能减排目标责任，开展专项检查和督察行动。加强对重点耗能单位和污染源的日常监督检查，对污染治理设施实行在线自动监控。加强市场监督、产品质量监督，强化标准标识监督管理。落实招投标各项规定，充分发挥行业协会作用，加强行业自律。整顿和规范节能环保市场秩序，打破地方保护和行业垄断，打击低价竞争、恶性竞争等不正当竞争行为，促进公平竞争、有序竞争，为节能环保产业发展创造良好的市场环境。

六、组织实施

国务院有关部门要按照职能分工，制定完善相关政策措施，形成合力，确保本规划顺利实施。各地区要按照规划确定的目标、任务和政策措施，结合当地实际抓紧制定具体落实方案，确保取得实效。

发展改革委、环境保护部要加强对规划实施情况的跟踪分析和监督检查，及时开展后评估，针对规划实施中出现的新情况、新问题，适时提出解决办法，重大问题及时向国务院报告。

国务院关于促进企业技术改造的指导意见

国发〔2012〕44号

中华人民共和国国务院

二〇一二年九月一日

各省、自治区、直辖市人民政府,国务院各部委、各直属机构:

技术改造是企业采用新技术、新工艺、新设备、新材料对现有设施、工艺条件及生产服务等进行改造提升,淘汰落后产能,实现内涵式发展的投资活动,是实现技术进步、提高生产效率、推进节能减排、促进安全生产的重要途径。促进企业技术改造,对优化投资结构、培育消费需求、推动自主创新、加快结构调整、促进产业升级具有重要意义,是推进工业转变发展方式,实现科学发展的重要举措。长期以来,各地区、各部门、广大企业积极贯彻落实党中央、国务院决策部署,大力实施企业技术改造,取得明显成效,行业技术水平得到大幅提升,企业综合竞争能力大大增强,技术改造对推动我国工业持续健康发展发挥了重要作用。当前,我国经济发展内外部环境正在发生深刻变化,新时期、新形势对技术改造提出了更高的要求,企业技术改造工作尚存在认识有待深化、长效机制亟待建立、投资方向缺乏有效引导、管理体制需要进一步理顺等问题,必须采取切实措施,抓紧研究解决。现就进一步加快促进企业技术改造提出如下指导意见:

一、总体要求

以邓小平理论和"三个代表"重要思想为指导,深入贯彻落实科学发展观,以加快转变经济发展方式为主线,以促进工业转型升级、提升产业竞争力为主攻方向,以企业为主体、市场为导向、创新为动力,完善政策,加强管理,增强企业技术创新能力,加快创新成果产业化,加速改造提升传统产业,培育发展新兴产业,全面提升工业发展的质量和效益。

新时期企业技术改造工作要紧紧围绕工业发展的新要求,更加注重促进技术创新能力的增强和创新成果的产业化,提升产业核心竞争力;更加注重节能降耗减排治污,促进绿色发展;更加注重信息技术的集成应用,推进信息化与工业化深度融合;更加注重产业公共服务能力建设,夯实产业基础;更加注重产业转移和集聚发展,优化产业布局。

促进企业技术改造,要坚持市场主导与政府引导相结合,技术创新与技术改造相结合,改造传统产业与发展新兴产业相结合,突出重点与全面提升相结合。到2015年,技术改造投资占工业投资的比重明显提高,企业自主创新能力明显提升,工业新产品产值率明显提高,先进产能比重、资源能源利用效率、清洁生产和企业安全水平显著提高,推动企业技术改造的政策环境和体制机制更加健全,重点行业和骨干企业信息化应用达到国际先进水平。

二、重点任务

(一)推进技术创新和科技成果产业化。针对关键领域和薄弱环节,突破一批共性关键技术,加快先进技术的产业化应用,提高基础原材料和基础零部件、重大装备和核心技术的国内保障能力,提高技术标准研究制定水平,促进技术创新能力提升。鼓励和支持企业技术中心、工程实验室、科技重大基础设施等创新载体的改造提升,培育一批研发基础好、知识产权多、行业带动性强的技术创新示范企业,加强开放合作,增强企业创新能力。推动建立以企业为主体,产学研用相结合的协同创新体系,积极探索以技术标准引领产业发展、围绕创新成果进行创业等模式,促进科研与生产紧密结合,充分发挥市场主体的创造性和积极性,加快科技成果产业化。

(二)提高装备水平。加快淘汰落后工艺技术和设备,推广应用自动化、数字化、网络化、智能化等先进制造系统、智能制造设备及大型成套技术装备。支持重点企业瞄准世界前沿技术,加快装备升级改造,推动关键领域的技术装备达到国际先进水平。实施装备创新工程,不断提高装备制造业技术水平。

(三)促进绿色发展。实施提升工业能效、清洁生产、资源综合利用等技术改造。加快推广国内外先进节能、节水、节材技术和工艺,推广工业产品绿色设计研发系统,提高能源资源利用效率。提高成熟适用清洁生产技术普及率。加强重金属和危险化学品污染防治。支持工业废物、废旧产品和材料回收利用以及低品位、共伴生矿产资源综合利用,积极发展循环经济和再制造产业。培育一批资源节约型、环境友好型示范企业。

(四)优化产品结构。加快产品升级换代,提高产品技术含量和附加值。推进精益制造,改进工艺流程,加强过程控制,提高制造水平。完善检验检测手段,推行先进质量管理,提高产品质量。发展先进产能,增加产品品种,提高新产品贡献率。加强品牌建设,培育一批国际知名品牌。

(五)推进信息化与工业化融合。深化信息技术在研发设计、生产制造、营销管理、回收再利用等产品生命周期各环节的应用,加快推广应用现代生产管理系统等关键共性技术,支持企业普及制造执行、资源计划、客户关系等管理信息系统的应用和综合集成。推进信息技术在工业产品上的嵌入式应用,提高工业产品的智能化水平。支持面向企业、区域和行业的信息服务平台建设。

(六)深化军民结合。提升总体设计、总装测试和系统集成等核心能力,推动核能、船舶、飞机、电子信息、民爆器材等军民结合型产业发展。发挥军工技术优势,引导与军工技术同源或工艺相近的节能环保、新材料、新能源、安防反恐装备等新兴产业发展。支持军民两用技术产业化和相互转化，鼓励在国防科技工业领域应用先进成熟的民用技术装备。

（七）促进安全生产。实施高风险工业产品、生产工艺和装备的技术改造，加强工业控制系统安全保障。加快安全生产管理与监测预警系统、应急处理系统、危险品生产储运设备设施等技术装备的升级换代，提高工业企业本质安全水平。

（八）提升产业集聚水平。鼓励产业集聚发展，引导企业、项目、要素向现有园区和基地集中，推动龙头企业及配套企业的协同改造，支持研发设计、生产制造、营销服务等环节的全产业链技术改造，促进工业布局向产业配套、专业化协作、要素集约高效、生态环保的方向发展。

（九）加强公共服务平台建设。支持重点工业园区的研发设计、质量认证、试验检测、信息服务、资源综合利用等公共服务平台的升级改造。整合相关资源，面向重点行业建设一批产业技术创新和服务平台、质量安全技术示范平台、企业诚信信息管理平台、综合信息服务平台等。加大对中小企业实施技术改造的支持力度，建立和完善一批中小企业公共服务平台和生产力促进中心。

三、保障措施

（一）强化政策规划引导。科学制定重点行业和领域发展规划，完善重点行业产业政策，加强规划和产业政策对技术改造工作的引导。研究制定技术改造投资指南，发布年度重点项目导向计划。完善工业技术标准体系，在重点行业、重点领域开展工业产品安全、能效、环保、卫生和可靠性达标等改造行动，健全对技术改造的激励和约束机制。

（二）加大财政支持力度。发挥政府投资对社会投资的引导作用，中央及地方财政进一步加大支持力度，增加技改投入，重点支持工业转型升级重点领域、关键环节的技术改造。不断创新和优化资金管理方式，灵活运用多种支持形式，提高财政资金的使用效益。

（三）完善税收优惠政策。用好现行有关税收优惠政策支持企业技术改造，包括增值税一般纳税人购进或者自制机器设备发生的增值税进项税额可按规定从销项税额中抵扣；企业所得税法规定的固定资产加速折旧，购置用于环境保护、节能节水、安全生产等专用设备的投资额可按一定比例实行税额抵免，研发费用加计扣除所得税，技术转让减免企业所得税，被认定为高新技术企业的享受企业所得税优惠；对从事国家鼓励发展的项目所需、国内不能生产的先进设备，在规定范围内免征进口关税；对国内企业为生产国家支持发展的重大技术装备而确有必要进口的关键零部件及原材料，享受进口税收优惠等。稳步推进营业税改征增值税改革，逐步将转让技术专利、商标、品牌等无形资产纳入增值税征收范围，支持企业技术改造。

（四）拓宽融资渠道。加强信贷政策与产业政策的协调配合，引导金融机构加大对企业技术改造的融资支持力度。大力推动金融产品和服务方式创新，发展适合企业技术改造资金需求特点的金融产品和服务模式。鼓励金融机构提高项目筛选、评估、定价、风险控制等综合服务能力，对技术改造项目提供多元化融资便利，通过财政贴息、知识产权质押等方式加大对技术改造项目的信贷投入，有针对性地支持国家重点和符合产业升级方向的技术改造项目。支持企业采用融资租赁等方式开展技术改造，积极引导和支持企业通过上市融资、发行公司债券、企业债券和中期票据等方式，扩大企业技术改造直接融资规模。规范发展产业投资基金、股权投资基金，引导民间资金支持企业技术改造。

（五）健全管理机制。建立职责明确、科学高效的企业技术改造工作管理机制，优化工作流程，提高技术改造工作管理水平。建立健全全国统一的工业技术改造投资统计体系，加强企业技术改造投资的监测、分析和信息发布工作。着眼企业的发展需要，强化职业教育，为企业技术改造和产业升级培养高素质的技能型人才。完善技术改造项目管理制度，建立投资效果考核机制，加强投资效益分析评价和政府投资项目的监督检查。

各地区、各部门要进一步统一思想，深刻认识促进企业技术改造的重要性和紧迫性，进一步加强组织领导，切实加大工作力度。各省（区、市）人民政府要把促进企业技术改造纳入政府重要议事日程，结合实际加快出台具体措施办法，并抓好落实。国务院有关部门要加强协调配合，强化工作指导和督促检查，保证各项政策措施落到实处。要进一步发挥行业协会的桥梁纽带作用，充分调动广大企业的积极性和主动性，形成合力，共同开创企业技术改造工作的新局面。

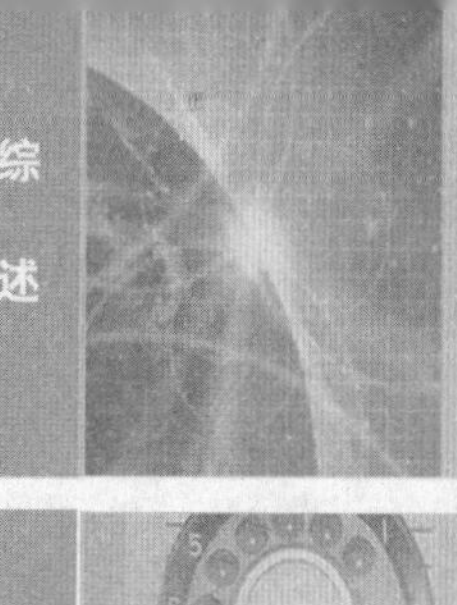

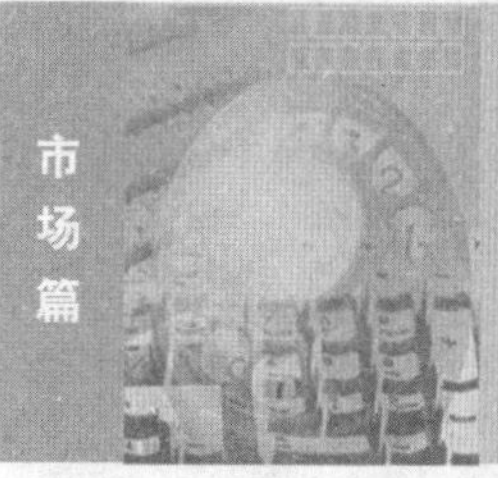

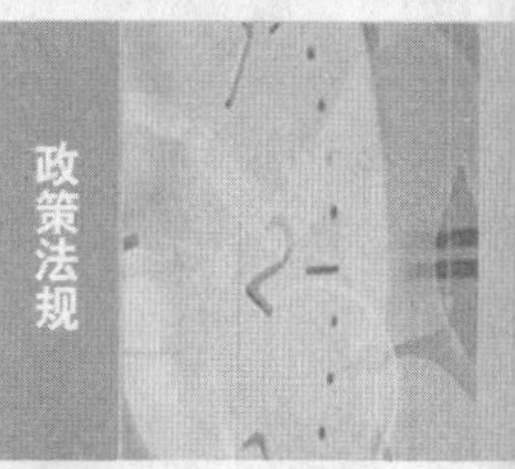

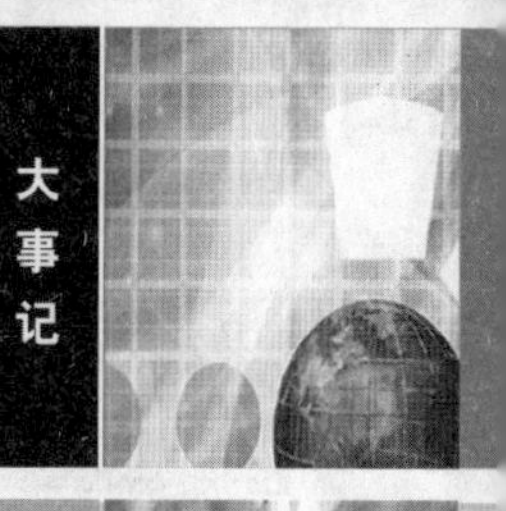

记载2012年重型机械行业发生的重大事件

It records the important events happening to the heavy machinery industry in 2012

2012年重型机械行业大事记

2012 年重型机械行业大事记

1 月

15 日 太原重工股份有限公司(太重)为大唐华创生产的3.6 MW风电增速器正式发运。此外,太重于2011年12月和大唐华创签订了出口美国17台3.6 MW风电增速齿轮箱的订货合同,实现了太重增速齿轮箱的首次批量出口。

21 日 中国重型机械有限公司和南苏丹国家电力及大坝部就“埃塞俄比亚西部边境至尼罗河的输变电线路工程”项目的一期“乔考-马拉卡勒400 kV输电工程”签订了商务合同。工程包括280 km 400 kV输变电线路和2个400 kV的变电站,是包括“工程设计、设备采购、土建、安装及调试”等几个阶段的EPC总承包项目。该项目是该公司继埃塞钢铁项目后在非洲市场上结出的又一硕果。

25 日 中钢集团衡阳重机有限公司(中钢衡重)的“新型干式除尘牙轮钻机”成功试车。牙轮钻机是大型露天矿用于钻孔爆破的重大装备,具有钻孔孔径大、穿孔效率高等优点。中钢衡重早于20世纪80年代就成功研发出了湿式除尘牙轮钻机,并获得国家科技进步奖金奖等荣誉。这次推出的干式除尘牙轮钻机,主要是对空气进行加压,以风代水实现吹渣除尘。这种除尘方式对远离水源的矿山可节省大量的取水成本,对于冬天用水易结冰的我国北方及俄罗斯等国的高寒矿区、矿物比重较轻的非金属矿,都能广泛适应。

月内 依托大连重工·起重集团有限公司(大连重工)申请组建的“国家风电传动及控制工程技术研究中心”获得国家科技部正式批复,列入国家工程技术研究中心组建项目计划。该中心建成后,将成为我国风电传动及控制工程技术的创新与集成基地,先进技术的集散地和科技成果的转化基地,通过新技术的研究、开发、集成以及技术成果和产品的推广、培训与服务,将全面促进我国风电传动技术的进步和产业的整体发展。

★ 国内首次生产的甲烷化反应器在太重集团煤化工分公司制造成功,首批7台产品已发运到用户手中。该设备的技术、性能等各项指标均已达到了同类产品的国际先进水平,是太重为内蒙古大唐国际克什克腾旗煤制天然气有限公司生产制造的。该甲烷化装置采用了3个固定床反应器,可在生产气化煤气过程中,脱除二氧化碳和硫化氢,然后将一氧化碳和氢合成为甲烷。我国能源结构不断调整,煤变油等洁净煤生产技术得到迅速发展,甲烷化反应器是煤化工产业装置中的关键设备。

★ 中国机电产品进出口商会发布2011年中国机电进出口和境外成套工程企业信用等级评价结果,中钢设备有限公司被评定为境外成套工程AAA信用企业。这是该公司继2008年被评定为我国首批对外承包工程AAA级信用企业后,再次获得AAA级信用评级,将为中钢设备进一步开拓对外工程承包市场,实现打造中国一流、国际知名工程承包商创造更加良好的条件。

2 月

14 日 国家科学技术奖励大会在北京隆重举行。大连重工自主研制的世界首台最大的20 000 t×125 m多吊点桥式起重机,荣获国家科学技术进步奖二等奖。该机的成功研制,革新了传统海洋平台建造工艺,可缩短建造周期30%,单次吊装可节省工时约200万个。

16 日 正在美国访问的国家副主席习近平参观考察了由中国海运(集团)总公司、上海振华重工(集团)股份有限公司(振华重工)提供全套港机设备的洛杉矶码头。振华重工总裁康学增向习副主席汇报了为洛杉矶中海运码头提供的港机设备情况。中海运洛杉矶码头自建成以来,港口经济飞速发展,年均集装箱吞吐量达到150万标箱,占整个洛杉矶港集装箱吞吐量的1/10。由振华重工提供的品质优良的港机产品推动了该港口向环保高效方向发展,推动了中美经贸发展,获得习近平副主席高度评价。

17 日 中国第一重型机械集团公司(中国一重)“万吨水压机电液控制技术成果转化”通过了由财政部投资评审中心组成的专家组核查。专家组一致认为:中国一重将自主研发的15 000 t自由锻造水压机电液控制技术成果应用于世界首台筒节锻造整形机和12 500 t水压机技术改造升级,投资所用资金使用合理,项目全部达到了任务书要求,结果令人满意,对民族工业做出了重大贡献。

20 日 哈尔滨海关举行“大客户协调员制度启动暨关企合作备忘录签字仪式”,中国一重等企业与哈尔滨海关签订关企合作备忘录,启动“大客户协调员制度”。这标志着中国一重将获得哈尔滨海关提供的专业化服务和个性化管理,真正搭建便捷通关的高速路,进一步提升与哈尔滨海关的合作层次和质量,为推动国家振兴东北老工业基地战略的实施、推动地方经济建设做出应有的贡献。

月内 太重签订了2台35 m^3 大型矿用挖掘机出口南非的合同。太重挖掘机自2010年进入俄罗斯和秘鲁市场以后,2011年再度加快了国际化步伐,先后有2台4 m^3 挖掘机出口哈萨克斯坦,2台10 m^3 挖掘机出口印度,又与俄罗斯签订了4台35 m^3 大型挖掘机的出口合同。挖掘机出口订货额达3.4亿元。2012年挖掘机出口依旧保持了强劲势头。太重挖掘机产品从质量、性能到服务普遍被外商看好,该公司在实现“世界太重”的目标上正在迈着坚实的步伐。

3 月

2 日 随着 80 MN 快锻压机砧锤反复压向火红的试件并成功成型时,中国第二重型机械集团公司(中国二重)压机热负荷试车取得圆满成功,在压机制造安装领域又一次实现了超越,也为做强做优中国二重奠定了坚实基础。

6 日 振华重工(集团)股份有限公司制造的世界最大岸桥首批4台运抵德国深水大港威廉港。目前世界最大承载15 550个集装箱的集装箱巨轮为22排,而该批岸桥可装卸尚未问世的25排集装箱,成为目前世界前身距最大的岸桥。该项目共8台岸桥。威廉港用户表示,威廉港码头将致力于打造成最先进的码头,需要配备最先进的设备,振华重工是全球领先的码头设备生产商,拥有先进的技术,因此决定采购其设备。

★ 西班牙巴塞罗那和记黄埔 TERCAT 新码头举行盛大的庆典仪式,庆祝由上海振华重工(集团)股份有限公司制造的8台超大鹅颈式大梁岸桥顺利抵港。该批岸桥是目前世界上规格最大、难度最高的超大鹅颈式大梁岸桥。岸桥大梁折臂长度达53 m,属超大折臂,折臂与大梁总长之比达0.7,在国际上史无前例,曾被认为几乎是不可行的。大梁折臂原理新颖,折臂系统设计近似平行四边形,既满足航空限制对大梁仰起高度的要求,又保证大梁俯仰状态的让船要求,属世界首创的设计。庆典现场播放了该岸桥在振华重工长兴基地生产调试及发运过程的照片,给来宾留下了"中国制造"的深刻印象。

12 日 中国重型机械有限公司与南非 MABELE 燃料有限公司在北京签订日产46.5万L燃料酒精的建厂项目EPC合同。该项目包括燃料酒精工艺设施、自备电站、污水处理厂及配套辅助设施等多个系统。本项目将与奥地利VOGELBUSCH公司合作,采用全球最先进的酒精工艺技术,并与国内专业的生物能源项目配套设计及技术管理单位合作,以确保达到国际一流水平。

13 日 陕西省科技厅组织专家对中国重型机械研究院有限公司环保所完成的"转炉炼钢烟气干法除尘与能量回收一体化系统"项目进行了技术成果鉴定。鉴定委员会专家一致认为,该项目的成功开发填补了国内空白,取得了显著的经济效益、社会效益和环境效益,满足了我国钢铁行业中转炉炼钢烟气处理的减排和能量回收的要求,达到了国际先进水平。

23 日 中国一重大连研发大楼开工仪式在大连金州新区隆重举行。该研发大楼是中国一重致力于向新兴产业进军,建设国内领先、国际一流的重型成套装备工程化研究及海洋工程装备研发基地的重要举措。研发大楼建成后可容纳2 000人,将作为世界一流的重型技术装备研究基地和企业平台。该基地和平台将以其强大的研发能力和专业综合配套试验设施,推动我国能源装备、工业装备、环保装备、装备基础材料等重大技术装备的研发、设计、制造技术能力的提高,不断提升重型技术装备的自主创新与核心竞争力,实现企业向创新效益型发展转变,巩固和提升中国一重在行业技术进步中的引领作用。

26 日 沈阳隆基电磁科技股份有限公司(沈阳隆基)与鞍山钢铁集团公司(鞍钢)矿渣开发公司签署了战略合作协议,双方在冶金渣回收处理领域结成战略伙伴关系。鞍钢集团在钢渣处理方面具有自主研发的专利技术和丰富的现场运行经验,可提高冶金渣中含铁物料的提取率,使生产过程中出现的钢渣可全部被利用,实现了钢渣的"零排放",达到了国际先进水平。沈阳隆基与鞍钢的合作是一次行业龙头企业的强强联合、优势互补,提高了双方的竞争力,对钢渣磁选技术的进步、废钢渣回收利用技术的发展具有重大的推动作用。

4 月

2 日 大连重工与台湾国际造船股份有限公司举行合作协议签字仪式,开启了两岸企业合作的新篇章。台湾国际造船股份有限公司是中国台湾岛内最大的造船企业,以制造集装箱货船为主,年造船在16艘左右。

★ 振华重工为中交上海航道局有限公司建造的10 000方耙吸式挖泥船的船体结构合拢工作圆满结束。该船技术难度大,疏浚效率高,市场需求大,建成后将使振华重工成为国内唯一一家集抓斗式、绞吸式和耙吸式三种主流挖泥船制造为一体的企业。该船遵循环保设计理念,采用主机带动螺旋桨和发电机的"一拖二"变频技术,可节约能耗和提高效率,环保技术达到了世界领先水平。

6 日 江苏三马起重机械制造有限公司(三马)与科尼集团合资后生产的第10万台欧式电动机成功下线,不仅标志着公司的生产力水平达到了一个新高度,也展示了三马与科尼合资后发展的强力后劲。环链葫芦、电动机、侧板、端梁、标准起重机生产线先后上线,更标志着三马已成为科尼集团的全球第二大生产基地。

8 日 振华重工力拓 CLB 码头项目第一船八个系船柱的发运仪式在振华重工长兴分公司6号码头隆重举行。此项目第一船的顺利发运及澳大利亚方监造对项目质量的最终认可,标志着力拓 CLB 码头一期项目取得了阶段性进展,同时也表明振华重工已全面进入澳大利亚海工码头市场,成为世界上最有竞争力的海工钢结构制造商之一。总包方SKM 还将力拓 CLB 二期码头项目的系船柱部分的合同授予了振华重工。

10 日 华锐风电科技(集团)股份有限公司(华锐风电)与土耳其 Agaoglu 公司在北京签署了600 MW风机项目框架性战略协议。华锐风电作为项目供应商,主要供应1.5 MW、3 MW和3.6 MW三种陆地风电机组设备,机组将全部安装在陆上风场。现在土耳其对新能源的需求倍增,到2020年土耳其将达到2万MW的风电装机量。

13—15 日 "第十四届全国大型起重运输设备安全技术研讨会"在长沙召开,来自全国起重机使用单位、制造单位、相关院校和科研所的50多个单位的120多名代表参加了会议。本届研讨会以行业生产管理与设备安全、起重运输设备节能与环保、起重机械制动装置新技术为主题,代表们分别作了"绿色与环保——起重机发展的重要方向"、"港口起重机回转支承失效分析及设计选型"等有关设备安全技术方面的报告。

15 日 中信重工机械股份有限公司(中信重工)承制

的宝钢集团有限公司梅钢公司二期炼钢连铸项目成功热试，标志着该公司生产的两台国产最大规格的250 t转炉成功投产。独立制造如此大规格的转炉，在国内同行业中是一个重大创举。梅钢公司表示中信重工是优秀的供应商，对其产品质量、设备服务都很满意，将推动中信重工与宝钢集团实现更深入、更广泛的合作。

16日 中国二重为中国广核集团提供的二代加核级锻件——上封头和顶盖法兰顺利通过中国广核集团核级设备鉴定与评定中心评定并取得评定证书，标志着其已具备CPR1000反应堆压力容器上封头和顶盖法兰的制造资质和制造能力。

20日 江阴凯澄起重机械有限公司(凯澄)与北京起重运输机械设计研究院(北京起重院)签订战略合作协议，正式结为战略合作伙伴。合作方法:以项目为单元，就起重机及相关产品的开发、制造和销售，建立双方定期会晤交流机制，共同推进合作项目有效开展。凯澄公司在起重机、钢丝绳电动葫芦制造业务方面有着悠久的历史，钢丝绳电动葫芦产销量在行业中一直名列前茅，是国内知名起重机械产品生产厂家之一。北京起重院在技术方面有着国内领先优势，还拥有广泛的信息渠道和人脉资源。这次战略合作协议签订，是本着双方发挥各自优势，互惠互利的原则，从而形成强大合力，共同应对市场挑战，实现共赢。

21—23日 全国起重机械标委会臂架分委会一届二次会议暨振华重工主持编写的《门座起重机》《港口固定式起重机》两项国家标准审查会在上海临港新城举行，上海振华重工集团股份有限公司报批的两项国家标准通过审查。

25日 中钢衡重收到了国家知识产权局颁发的一项国家发明专利证书，专利名称是“大直径柔性销齿传动装置”。这是中钢衡重成立以来首次获得的国家发明专利，是工厂有史以来获得的第二项国家发明专利。本发明公开了一种大直径柔性销齿传动装置，包括齿轮和与之啮合的大直径销轮、一个摆杆、一个作用于摆杆的推杆机构、一个固定所述齿轮的齿轮座。其中摆杆的一端与齿轮座连接，另一端与摆杆座铰接，所述推杆机构由推杆和施力构件组成，推杆的一端与摆杆连接，另一端与施力构件连接，使摆杆受到的力始终能保持齿轮与大直径销轮良好啮合。本发明能保证齿轮随着大直径销轮在径向做“随动”运动，保持啮合中心距不变。在一些低速重载传动中，采用大销轮和齿轮传动比用大齿轮和齿轮传动更经济。

27日 中信重工总包并自主研制、在洛阳黄河同力水泥有限责任公司建设的、河南省首条利用新型干法水泥生产线协同处置生活垃圾示范工程成功投产。该工程综合利用水泥窑高温、碱性环境、停留时间长的特点，集成采用多功能齿辊式垃圾破碎机、L型垃圾焚烧炉等关键装备，开发出包括垃圾存储、破碎、协同处置等工艺系统，为实现生活垃圾的“减量化、无害化、资源化”处置提供了一条重要的技术途径，对我国混合生活垃圾的处置具有独特的技术优势，有很大的市场潜力，具备产业化的技术条件。这项技术对解决城市生活垃圾、保护生态环境具有良好的示范推广价值和重要社会意义。

★ 中国工商管理总局商标局网站公布了新一批的驰名商标，其中中国重型机械工业协会的5家会员单位的商标被评为新一批的中国驰名商标，它们分别是:山东华特磁电科技股份有限公司的“华特磁电”及图、安徽攀登重工股份有限公司的“攀登 PanDeng”、株洲天桥起重机股份有限公司的“天桥起重 TIANQIAO”及图、河南豫中起重集团有限公司的“豫中”及图、重庆齿轮箱有限责任公司的“重齿 CQ. GEARBOX”及图。

月内 太重先后与韩国和印度各签订了一条无缝管轧机组生产线的出口合同，标志着该类产品不仅完全替代了进口设备，而且已正式走出国门，开始迈向更广阔的国际市场。太重生产的φ180 mm三辊连轧管机组，打破了国外公司长达半个世纪的技术垄断，标志着太重已经成为能够生产全系列、高品质无缝钢管轧机的国内龙头企业。

★ 中国二重为江南造船厂生产的**6**套特大型船用锻件在万吨水压机上锻造成功，标志着中国二重在大型船用锻件制造上已具有国内先进水平。船用锻件的制造是中国二重的传统优势。该批锻件与以往的同类产品相比，无论截面还是长度都比以往大很多，其中长度最长的达到16 m左右，不仅外形尺寸大，而且锻件技术要求严格，锻造操作难度大。

★ 南通润邦重机有限公司为马来西亚客户倾力打造的两台岸用卸船机顺利装船发运。该卸船机的总起重量达20 t，抓斗外伸距达26.5 m，轨上起升高度达21.68 m，卸货能力达500 t/h。该卸船机整体性能良好，卸船便捷，在环保抗噪、自动化程度以及卸货能力等方面比传统卸船机更具优势。

★ 卫华集团为中国一重承制的两台800 t双梁桥式起重机成功下线。这是该集团建厂以来自行研制的起重量最大的桥式起重机，创造了河南省桥式起重机研制之最，标志着卫华集团一举迈进了高端重型起重机制造领域。该产品结构复杂，技术含量高，一是采用世界领先水平的整体加工技术，对桥架、小车架进行焊后整体加工，确保起重机的安装精度和运行更加平稳可靠;二是为确保两台起重机联合抬吊1 600t重物时各机构的同步运行精度，该机采用了PID同步控制技术和西门子工业无线以太网、PROFIBUS有线通信技术，使两台起重机的四套起升机构、四台小车运行机构和八套大车运行机构达到了同步运行;三是采用了三维仿真设计，通过三维实体分析对起重机进行虚拟装配检测，使起重机的设计装配在生产制作之前就进行了验证。这一成果的取得，为卫华集团今后开拓进军更高端、更广阔、更大吨位的起重机市场积累了经验。

★ 振华重工历时**4**天、安装全部桩腿的港珠澳抛石整平船项目插桩工作圆满结束，该项目总装工作全部完成。该船是为港珠澳大桥岛隧工程量身定做的特种专用设备，主要用于隧道沉管的碎石垫层铺设，作业水深10~40 m，桩腿总长90 m，是目前国内最大、最先进、整平精度最高的特种作业船舶。

5月

2日 振华重工与斯里兰卡科伦坡国际集装箱码头有限公司(CICT)在科伦坡举行港机设备签约仪式。该项目包括12台岸桥和40台轮胎吊,合同总金额达1.75亿美元,是该公司近年来单笔最大的港机订单。CICT是招商局集团在海外首个投资并控股(85%股权)的集装箱码头。该项目为中央企业在海外共同开拓市场、实现资源共享和抱团发展树立了典范。振华重工近年来已为斯里兰卡科伦坡的各个码头提供了数十台集装箱起重机。此次中标全套设备并提供外伸距达70m的集装箱岸桥,满足了装卸目前世界最大型集装箱运输船的要求。

4日 中国重型机械研究院有限公司金属挤压与锻造装备技术国家重点实验室通过了国家科技部专家组的验收。专家组也提出了进一步加强企业国家重点实验室运行机制探索与创新的意见及建议。该项目围绕国家重大装备技术的需求,凝练形成了挤压装备技术、自由锻造装备技术、电液锤装备技术以及特种成型装备技术四个研究方向。在科研任务、条件建设、团队建设、开放交流、科技成果等方面,均达到或超过了建设任务书的要求。该实验室将以金属挤压与锻造装备技术及其相关领域的新理论、新方法、新技术、新装置为研究重点,将实验室建设成为重型装备行业共性、基础、关键技术的研究基地,面向产业集群和行业联盟的技术创新基地,国家重大工程任务的开发基地以及重型装备行业科技创新工程人才的培养基地。

10—12日 中国机械工业联合会和中国重型机械工业协会主办的2012中国(北京)国际重型机械装备展览会在北京中国国际展览中心举行。近300家企业参展,展会展出面积约10 000m^2,分为重型机械科技成果展区、矿山机械及配件展区、起重机及配件展区和散料装卸输送机械展区。展会还举办了“2012中国起重运输机械发展论坛”,举办了“2012中国重型机械行业科技创新成果展览”,集中展示了2009—2011年重型机械行业所获得的国家科技进步奖、中国机械工业科学技术奖的主要项目。参展展品有炼钢、轧钢等冶金设备,挖掘机、破碎机、采煤机、矿用提升机等矿山机械设备,集装箱装卸桥、斗轮堆取料机、桥式起重机、门式起重机、千斤顶等起重运输机械设备,减速器、制动器、偶合器、电动滚筒、输送带、精密轴承等矿山、起重运输机械配套件,工业控制和自动化领域与驱动领域、低压电器领域的系统产品。展会对企业展示实力、介绍产品、突出形象、了解市场、寻求商机提供了良好的平台,成为具有相当知名度和品牌的行业展会。

22日 中信重工与工银金融租赁有限公司(工银租赁)签订“租赁业务合作协议”。中信重工核心竞争力强、市场影响力广、品牌效应好,在为客户提供工业解决方案的同时,致力于为客户提供融资解决方案。双方签订合作协议,为实现金融资本与产业资本的有机结合、进一步拓展银企合作空间、进一步适应市场满足客户需求提供了新的有效途径。工银租赁中的新设备融资租赁,就是工银租赁根据承租企业的选择,向设备制造商购买设备,并将其出租给承租企业使用。租赁期满,设备归承租企业所有。其优点是受承租企业以往资信状况影响较小,承租企业能获得最高100%的融资。

25日 中国机械工业联合会发布了中国机械工业百强榜。重机行业企业上榜名单及排名见下表。

序号	企业名称	主营业务收入(万元)
19	太原重型机械集团有限公司	1 616 168
21	中信重工机械股份有限公司	1 552 333
25	北方重工集团有限公司	1 350 000
29	大连重工·起重集团有限公司	1 268 660
48	中国第一重型机械集团公司	862 225
53	中国第二重型机械集团公司	700 614
68	卫华集团有限公司	484 317
79	江苏通润机电集团有限公司	387 176

31日 湘电重型装备股份公司自主研发的4台SF33901型电动轮自卸车交付给澳大利亚力拓公司。SF33901型电动轮自卸车是我国大型电动轮自卸车领域拥有自主知识产权的矿山装备产品,其充分融合了澳大利亚力拓公司丰富的矿山使用经验和个性化需求,具有世界先进水平。

月内 由振华重工自主研发的国内第一台全电动双集装箱吊具在天津东方海陆港正式使用,已累计吊装8 000多箱无故障。该双箱电动吊具首次采用行星差动减速系统,能迅速实现轻载快速单箱伸缩工况与重载慢速双箱平移工况的自由切换,具有精度高、定位准、同步好等优点,是一种新型高效、环保节能、符合现代社会发展需求的集装箱吊具。

★ 上海建设路桥机械设备有限公司山宝PE-900×1200Ⅱ新型颚式破碎机正式上市。该机采用整体焊接结构机架,具有刚性好、重量轻、材耗少、安装方便等优点,可以破碎抗压强度不超过320 MPa的各种物料,最大进料粒度可达到750 mm。产品广泛适用于矿山、冶金、建材、公路、铁路、水利和化学工业等领域各种矿石与岩石的初级破碎。

6月

2日 中国重型机械有限公司与塔吉克斯坦铝业集团公司签订了建设塔铝化工工业园项目的框架协议。框架协议规定中国重型机械有限公司作为项目的总承包商,负责塔铝化工工业园项目的设计、土建施工、供货、安装、调试及质量保证工作,以交钥匙的方式实施项目。塔铝化工工业园项目包括建设1座冰晶石工厂和氟化铝工厂(已签约,正在执行中)和新建1座硫酸工厂。

5日 世界首台规格最大、技术性能最先进、生产能力最高的WK-75型矿用挖掘机,在太原重型机械集团有限公司研发成功并下线,即将交付内蒙古大唐国际锡林浩特矿业有限公司使用。该机总长37.5 m,宽17.3 m,占地面积超过一个篮球场;从履带到顶部,高23.5 m,相当于8层楼的高度;总重量近2 000 t,拆分后需要40多辆载货汽车才能一次运走;既可与326~400 t以上的矿用自卸车配套使用,也可以与9 000 t/h及以上自移式破碎站系统配套使用。一斗可以挖掘135 t的物料,最大生产效率达到12 000 t/h。WK-75是我国独立设计制造、具有自主知识产权的创新产品。该产品采用了世界先进的智能化控制技术,运行状态自动检测,具有故障诊断、能量回馈等功能,可满足国内外现代化大型露天矿山高效、低耗、智能化和绿色开采的需要。电气系统采用整流/回馈公用直流母线变频调速系统，控制系统以PLC为核心，采用上位监控、现场总线、S120变频调速的三级控制，具有对电网无干扰、允许电压波动范围宽、功率因数高等特点；机械系统采用了自主创新的重型低速重载传动机构和重载结构件设计及制造技术。WK－75的成功研制，标志着我国矿用挖掘机的技术水平实现了质的飞跃。

6日 太重与太原钢铁（集团）有限公司（太钢）签署合资合作协议，双方旗下全资子公司太重集团贸易有限公司和太钢工程技术有限公司强强联合，共同投资成立山西冶金焦化工程成套有限公司。该公司将充分发挥双方各自的优势，整合双方材料优势、技术优势与制造优势，既输出技术又输出设备，把太钢节能减排、循环经济等方面先进理念和技术以装备为载体输出去，占领新的市场，开辟新的经济增长点。

7日 中信重工研制的首台合金钢35万kW汽轮机低压转子成功下线，该汽轮机低压转子重95 t。经试验对比，较以往产品在强度、硬度、均匀性、最大低温环境下脆度性能及截面热处理调质等各项参数均已达到国内领先水平。

9日 重庆齿轮箱有限责任公司（重齿公司）自主研发生产的5 MW海上风力发电增速齿轮箱成功下线，填补了国内空白，代表了我国大功率风力发电增速齿轮箱制造技术的最高水平。齿轮箱设计按照GL－2010规范，吸收了重齿公司10多年风电齿轮箱的设计、制造、运行经验。行星传动采用了多分流技术，使齿轮箱具备了结构紧凑、体积小及重量轻等优势。同时，该齿轮箱配备了电驱动慢速盘车装置，提高了齿轮箱的可维护性和可操作性。

14日 大连华锐重工集团股份有限公司（华锐重工）与世界最大铁矿石供应商巴西淡水河谷公司签订供货合同，将为其提供价值6亿多元、共5种9台大型高端港口和散料装卸重大设备。标志着华锐重工的产品已成功进入大型港口和散料机械的国际市场，并创下我国散料机械设备单笔出口合同金额的最高纪录。此项合同是华锐重工首次签订的海外总承包项目，是技术水平高、装卸能力强、执行难度大、完全自主设计制造的码头散料交钥匙总包工程。其中，10 000/8 000（t/h）堆取料机是目前国内出产能力最大的联合式堆取料机，采用国际一流水平的欧洲通用设计标准，由华锐重工首次自主设计。华锐重工是目前国内唯一成功实现自主设计制造万吨级超大型堆取料机的企业，成为国内最大的装卸机械研发和制造基地。

20日 中国重型机械研究院股份公司成立大会隆重举行。该公司已有56年历史，由中国重型机械研究院改制而成，前身为西安重型机械研究所、中国重型机械研究院有限公司。公司的成立，再一次为转制院所深化改革、加快建立现代企业制度走出了一条成功的路子。

22日 在数艘拖轮的拖动下，一艘蓝白色的起重船缓缓离开振华重工长兴分公司0号舾装码头，标志着振华重工为利比里亚用户建造的1 600 t起重船顺利交付。

★ 由郑州新大方重工科技有限公司设计研发的新产品“DCY管片运输胶轮车”技术设计评审会顺利召开。评审小组认为产品的设计方案满足各项指标，通过评审。

25日 国家核安全局正式下发中国一重百万千瓦级核岛主设备蒸汽发生器的制造资格许可证，这是中国一重近年来继取得不锈钢铸造泵壳、不锈钢锻造主管道、主设备重型支撑等核岛设备制造资质后的又一重要成果，使其核岛主设备成套制造范围进一步扩大。这标志着中国一重对核岛关键设备核心制造技术的掌握又进了一步，核岛主设备的制造实力和核心竞争力大为提升，为其进一步开拓核电市场奠定了坚实的基础。

26日 振华重工建造的4 500 t浮式起重船圆满交付。该船是振华重工为江苏华西村海洋工程服务有限公司量身打造的，长178 m、型深17 m、型宽48 m，臂架固定尾吊时主钩最大起重量4 500 t，单钩起重量亚洲第一。该船的交付也打破了振华重工曾经建造的“华天龙”号4 000 t单钩起重量的纪录。

28日 中国重型机械工业协会在内蒙古乌海市召开鉴定会，对北京约基同力机械制造有限公司研制的、使用在蒙西物流集团乌海分公司的B1200×3 534.1 m大型U型带式输送机进行了鉴定。鉴定委员们一致认为，该机的研制是成功的，是具有自主知识产权的世界上首台大型长距离空间曲线U型带式输送机，达到了国际先进水平。

月内 中国二重首个海外机电液总包项目——JSL1600二辊可逆不锈钢平整机组在印度安装完毕，顺利进入调试阶段。该机组是中国二重与印度JSL不锈钢公司签订的首个海外机电液总包项目，也是中国二重自主设计的第一条不锈钢冷轧带钢平整机组，总包工程周期为16个月。

★ 大连重工与印度ABG公司签订3台1 800 t/h卸船机合同。这是积极采取“走出去”营销策略所取得的又一成果。该项目是大连重工与印度ABG公司的首次合作。

7月

5日 大连重工与宝山钢铁股份有限公司（宝钢）举行堆取料机战略采购协议签字仪式。多年以来，大连重工先后向宝钢提供了包括焦炉机械在内的冶金机械、港口机械、堆取料机及起重机等重大装备，受到宝钢的赞誉，双方结下了深厚的友谊。此次签订为宝钢原料厂设备的更新改造提供的16台堆取料机，是宝钢今后3年的采购计划。

6日 中国科学院国家天文台和华锐重工举行世界最大的500 m单口径球面射电望远镜工程馈源支撑系统索驱动项目合同签字仪式。500 m单口径球面射电望远镜（简称FAST），是目前世界第一大单口径射电望远镜，列为国家重大科技基础设施工程，建设地点在中国贵州，建成后将在探寻宇宙起源、月球环境研究、寻找地外文明、加强国防建设和国家安全等方面发挥重要作用，并将在未来20～30年保持世界一流地位。索驱动项目在整个FAST系统中起着极其关键的作用，有着巨大的技术难度和风险。索驱动项目签字仪式，是FAST工程建设中的一个重要里程碑。

★ 西门子公司爱励鼎胜4.1M铝板轧机机架在中国二重重机厂启运发往用户现场。西门子中国有限公司代表表示，此次合作标志着西门子公司与二重在铝板轧机方面的合作将更进一步地向技术纵深领域发展。

7日 在2012年中国矿业科技大会在济南召开之际，山东华特磁电科技股份有限公司4项新产品顺利通过省部级鉴定，分别是1.3 T油水复合冷却立环高梯度磁选机、1.8 m大筒径高效磁选机、中场强半磁自卸式尾矿回收机及脱泥浓缩精选机。其中1.3 T油水复合冷却立环高梯度磁选机为国内第四代立环磁选机，1.8 m大筒径高效磁选机为国内直径最大筒式磁选机。这些产品可实现对金属矿、非金属矿和尾矿中弱磁性矿物和铁磁性杂质的分选和提纯，能有效提高资源综合利用率和矿产资源加工的效率和质量。

8日 缅甸KUN水电站在现场举行了竣工典礼，标志着中国重型机械有限公司承建的KUN水电站机电设备及金属结构总承包工作全部结束。电站三台机组均满负荷运行，设备运行状况良好。KUN水电站三台机组自投运以来，始终保持50 MW以上出力运行，是目前缅甸投产电站中带负荷运行最稳定的电站之一，对满足缅甸的电力需求发挥着重要的作用，也为中国重型机械有限公司在缅甸的水电市场开发提供了良好的业绩。

9日 国内第一条全自动化4 000 t多向模锻液压机生产线，在中国二十二冶集团精密锻造产业基地正式投入使用。大型模锻件和重型设备是目前我国装备制造业调整和振兴规划中重点支持发展的产品，也是目前我国最为紧缺的配套产品和技术装备。2010年，中国冶金科工集团有限公司(中冶集团)及中国二十二冶集团与清华大学、燕山大学合作，在国内首创了以预应力钢丝缠绕技术制造大吨位高压大流量液压机。在此基础上，成功研制出国内首台40 MN多向模锻液压机，并且在短时间内攻克了一大批技术工艺难题，成功压制出国内首批精密锻件。

11日 重达41 t、直径4.2 m，服务于"国家大飞机项目"铝板带热轧生产线关键设备4 300 mm铝板轧机专用的KRC4000减速器部件——大齿轮在中信重工研制成功，并进入精加工。该减速器采用欧洲标准加工制造及检验，用于国家生产各种规格的铝合金厚板。

12日 德国汉德技术监督服务有限公司(汉德公司)宣布将为华锐风电6 MW海上机组进行型式认证。认证成功后，将是第一台获得国际公认型式认证的中国海上风电机组。6 MW机组为华锐风电2011年出产的亚洲单机容量最大的机组，可以广泛应用于陆地、海上、潮间带各种环境和不同风资源条件的风场。该机组叶轮直径达128 m，增加了扫风面积，提升了捕风能力，大大提高了风资源的有效利用率；可适应-45℃的极限温度，并通过了62.5 m/s的极限风速测试。汉德公司是世界上最大的技术服务供应商之一。型式认证包括设计认证、型式试验、生产监控等。汉德公司将从设计、样机检测、生产过程及零部件供应等方面对华锐风电6 MW海上风电机组进行认证，以保证该产品符合设计和质量要求。

20—22日 中国重型机械工业协会第六届会员代表大会在北京召开。大会选举中国二重总经理石柯为第六届理事会理事长，国家发改委经济运行调节局原副巡视员李镜为常务副理事长、中国重型机械有限公司副总经理岳建忠为秘书长，张维新、张艳君为副秘书长。推举第五届常务副理事长徐善继为第六届理事会名誉理事长，聘请第五届理事会名誉理事长汪建业为第六届理事会高级顾问。

徐善继同志代表五届理事会作了题为《强化科技创新、推动转型升级，促进重型机械行业平稳较快发展》的工作报告。回顾了第五届理事会坚持服务企业和政府所作的卓有成效的工作，总结了五届理事会着力推进协会改革和规范化服务所做的工作，分析了2011年重机行业经济运行状况及2012年形势，提出了2012年协会工作建议。

中国二重副总经理曾祥东代表理事长石柯同志讲话，表示要正确定位，提供精品服务，在"协"字上下工夫，着重对热点问题进行深入调研，为会员和政府提供双向服务，并重点规划了六届理事会计划开展的几项工作。常务副理事长李镜同志讲话，表示要在中国机械工业联合会和重机协会理事会的领导下，做好协会工作，不辜负会员单位的期望。

中国机械工业联合会执行副会长兼秘书长赵驰同志致辞，代表中国机械工业联合会对五届理事会担当起专业协会应负的职责、做了大量卓有成效的工作表示敬意，对六届理事会提出了殷切的希望。

原机械工业部孙昌基副部长、国家能源局黄鹂副司长、工信部运行监测协调局景晓波副局长、国家质检总局特种设备局高继轩副局长等分别作了重要讲话，对五届理事会所做的工作表示肯定，对六届理事会提出了希望和要求，并分别介绍了我国能源发展现状和有关政策信息、特种设备等相关政策措施。

会议邀请中国机械工业联合会执行副会长蔡惟慈分析了当前我国机械工业形势。中信重工、太重分别就本单位高端制造、产业升级的成功经验进行了交流发言。天津市临港经济区管委会张立国局长、芜湖市政府单向前副市长介绍了天津、芜湖工业发展的基本规划情况。

26日 中信重工申报的河南省重大科技专项——水泥窑协同处置生活垃圾技术及装备研究开发通过河南省重大科技专项专家评审。专家组一致认为，该项目符合国家"十二五"城镇生活垃圾无害化处理设施建设规划，研究目标明确、技术路线可行，项目产业化前景良好，预期经济社会效益显著，同意列入河南省重大科技专项。

28日 大连重工自主研发的6MW风电齿轮箱顺利通过了德国劳氏船级社GL认证，这是迄今为止国内首台获得大兆瓦级别风电齿轮箱的权威认证。大连重工成为全球唯一获得功率分流型大兆瓦级别风电齿轮箱认证的企业，也是目前全球通过6MW风电齿轮箱认证的3家企业之一。

月内 中国一重在中石化九江分公司油品质量升级改造工程"年处理170万t渣油加氢装置"项目招标中一举中标，确定由其承制4台渣油加氢反应器。这是中国一重今年以来承接金额最大的石化容器项目。加氢技术是提高油品质量、改变油品结构的二次深加工的先进工艺，也是衡量一个国家石油提炼技术发展水平的标志。热壁加氢反应器因其高温高压和临氢环境的工况条件，对材料和制造技术要求十分严格，也是炼厂压力容器中质量要求最高、制造技术最复杂、制造工期最长的设备。

★ 在大连召开的由中国机械工业联合会和国家标准

化管理委员会主办的“国家起重机标准评审会”上，大连重工承担制、修订的关于强制性国家标准《起重机械安全规程 第5部分：桥式和门式起重机》与机械行业标准《防爆桥式起重机》两项重大标准，通过了与会领导和专家审核，并受到了很高的评价与赞誉。

★ 中信重工接到的国家核安全局许可复函，同意取消中信重工原有民用核安全设备制造范围的限制条件，中信重工“大型核级锻件制造许可”获得通过。该公司首次生产的两件超大型管板锻件已在18 500 t油压机上锻造完成。该锻件单重73.35 t，直径达6.19 m，采用105 t钢锭生产，锻件技术难点是超薄，是中信重工首次承接的超大型管板类外售锻件。

★ 北方重工集团有限公司（北方重工）旗下法国NFM公司近日斩获莫斯科地铁盾构机项目，设备将用于莫斯科地铁2号线主体工程隧道工程。这条地铁线是莫斯科市启动的一条长70 km地铁项目的一个部分，用以缓解交通压力。NFM是法国知名的盾构机设计与制造商，2007年被北方重工收购。该公司已经为俄罗斯市场提供了两台盾构机。

★ 振华重工中标上海交通大学拖车与轨道设备项目，该项目系上海交通大学海洋工程国家重点实验室重要试验装备。先前用于上海交通大学老校区实验室的相同装备均从国外进口，这是第一次采用“中国制造”的装备，总体技术性能要求达到国际先进水平。振华重工将负责该项目的设计、生产、安装、调试和维护，并于2013年9月底前交货。

振华重工与美国客户就美国加州长滩自动化码头项目签订集装箱起重机设备销售合同，该项目包括6台岸桥和32台自动化轨道起重机，定于2013—2014年分批交货，这是振华重工继西班牙、韩国、荷兰之后，首次将港机设备销往美国的自动化码头。

振华重工连续中标力拓Cape Lambert B码头二期工程四个钢结构项目，分别是码头模块、系船柱模块、桩帽、隧道支撑钢结构项目。此前，振华重工已向力拓Cape Lambert A码头提供模块钢结构。

★ 太原矿山机器集团有限公司与危地马拉科马干姆公司签订了一条型钢生产线设备购销合同。此次合作是国内装备制造业首次打入中美洲地区，实现了冶金产品在中美洲市场零的突破。生产线总长294 m，设备总重量1 600 t多，年产60万t型钢，包括H钢、工字钢、三角钢及槽钢等，改变了中美洲地区没有型钢生产的历史，科马干姆公司亦可一年收回投资。

8月

1日 振华重工承建的挪威哈当厄尔（Hardanger）钢桥主体钢结构项目竣工发运仪式在长兴分公司举行，这标志着中国制造、符合欧盟标准的钢结构桥梁首次进入北欧市场。该桥是悬索钢结构桥梁，位于挪威西南部，距卑尔根西海岸100 km。项目建成后将成为挪威第一长度悬索桥，世界第9长度悬索桥，也是挪威西南角的标志性建筑。大桥开通后将大大缩短奥斯陆和卑尔根之间的通行时间，有效提升当地交通运输能力。

4日 中国二重承制的世界首台第四代核电技术高温气冷堆示范工程——石岛湾核电站蒸汽发生器锻件项目的上筒体及风机壳支撑筒体上、下法兰顺利发运。模块式高温气冷堆是第四代核电技术堆型，具备优良的固有安全性。其系统简单、发电效率高、用途广泛、建设周期短，属于国际核能领域第四代核能系统六种备选堆型之一，适应未来能源市场需求，代表了世界核电技术发展的方向，在国际上受到广泛重视。石岛湾核电站是世界上首先采用模块式高温气冷堆技术并将用于商业运营的核电站示范工程。该工程由清华大学核研院设计，中国二重作为设备锻件提供商负责2台（套）蒸发器主要锻件的供货。

8—10日 根据中国机械工业科学技术奖励工作办公室的计划安排，中国重型机械工业协会在山东省济宁市召开2012年中国重型机械科学技术奖评审会议。30名行业知名专家对全行业申报的70项科技项目进行评审，共评选出39项优秀成果。其中一等奖4项（冷轧带钢酸洗-联轧机组成套设备自主研发与工业应用、矿井提升智能恒减速电液制动系统、一种新型宽厚板滚动剪切方法与装备技术、中国实验快堆核岛关键主设备研制）、二等奖18项（480/100 t－21.4 m铸造起重机研制、转炉炼钢烟气干法除尘与能量回收一体化系统、集装箱空箱堆高机研究开发与应用、TZφ180三辊连轧管机组研制等）、三等奖17项（1050四辊平整机的研制、SKGD管状带式输送机、HMDS系列高强磁煤用重介质磁选机、ND型低净空单轨运行式电动葫芦等）。2012年度科技成果奖项将推荐参加2012年中国机械工业科学技术奖项目评选。

9—11日 沈阳隆基LJG－JF港口输送物料洁净用高梯度除铁器通过省部级鉴定。鉴定会议由中国机械工业联合会主办，邀请全国港口方面知名专家参与组织鉴定和推广。会议邀请了神华集团有限公司、黄骅港等国内港口重要客户。该产品各项技术指标均达到设计要求，达到国际领先水平，填补了国内外空白，具有良好的经济效益和社会效益。

15日 中国一重与中广核工程有限公司签署ACPR1000＋核电堆型大型锻件联合研发协议。中国一重核电铸锻件的制造能力已达到世界第一的水平，产量也位居世界前列。中国一重已全面掌握了“二代加”和“第三代”核电大型铸锻件制造技术，取得了压力容器、蒸发器、稳压器、主设备重型支撑等核岛设备制造资质，形成了年产5台（套）百万千瓦级核岛一回路主设备、10套核岛一回路设备及5套常规岛设备所需大型铸锻件的能力。日本福岛核事故后，中国一重进一步完善了核质量保证体系、技术体系和生产体系，细化了生产过程控制，实现了核电锻件质量的稳步提高，为我国核电事业发展以及新一代自主核电研制工作奠定了坚实基础。

17日 卫华集团“桥门式起重机轻量化关键技术攻关”项目以其领先的技术水平被列入2012年度国家火炬计划。该项目是卫华集团的重点研发项目，符合世界节能降耗、低碳环保的发展战略，是国际上起重机技术发展趋势。这是继GLQ40双驱动交流变频港口轮胎起重机被列为2008

年度国家火炬计划之后,卫华集团第二次有项目入围。

18 日 中钢衡重一款专为矿山用户设计,具有撬岩、推土两用功能,型号为 QMC－70 的新型地下无轨设备成功下线。此款 QMC－70 地下液压撬锚车是在原有铲运机基础上延伸开发的新产品,它充分利用了铲运机的液压、电气及机械工作原理。该机具有采臂长、转动灵活、作业半径大,可有效避开矿石坠落区域,同时还加装了多起防矿石坠落伤人装置,保证了作业人员人身安全。该机不仅可以对顶部大块矿石进行安全撬采,还可直接将撬落下来的大块矿石推至溜井口。由于其机动灵活性强,还可以在多个工作面移动展开工作,大大提高了设备的使用效率。

23 日 自贡运输机械集团股份有限公司(自贡运机)承担的四川省重大技术装备创新研制项目"长距离曲线带式输送机研制"通过了四川省和自贡市组织的有关专家的检查验收。自贡运机以尼日利亚 Dangote 水泥公司日产 6 000 t熟料的水泥生产线项目为依托,研制了长距离曲线带式输送机。该产品带宽 1 300 mm,带速 5 m/s,输送量 3 500 t/h,输送长度 7 750 m,具有结构设计先进、输送距离长、输送量大等特点。采用了超低滚动摩擦阻力胶带,采用了大跨距、大直径托辊,研制了专用三角形桁架结构和电动检修车,实现了车式巡检维护,技术指标达到国内先进水平。

25 日 太重大型铸锻件国产化研制项目(万吨压机项目)炼铸钢系统正式投产。该项目 2010 年启动,总投资 15 亿元,包括炼铸钢系统和锻造热处理系统。项目投产后,年新增钢水 12.5 万 t,年生产大型铸钢件 2.5 万 t,年产大型锻件 4 万 t;可提供的最大铸钢件 500 t,最大钢锭 400 t,一次最大出钢量 800 t,能够满足太重产品配套所需,填补了华北、西北地区万吨压机的空白,将全面提升山西省装备制造业的质量和水平。

26 日 由大连重工总承包、设计研究院自主研发、具有自主知识产权的国内首套不锈钢板坯连铸成套工程——云南天高镍业有限公司单流 200 mm×1600 mm 板坯连铸机,在用户现场一次性热试成功,顺利拉出规格为 180 mm×1 238 mm的优质铸坯。该项目的顺利投产,对进一步开辟不锈钢板坯连铸市场具有重要意义。

★ 人民日报《环球时报》社、国家发改委中国经贸导刊杂志社联合主办的第九届中国经济高峰论坛暨中国经济人物颁奖盛典在北京钓鱼台国宾馆隆重举行。中信重工董事长任沁新及其他九位为中国经济领域做出突出贡献者当选为"中国经济十大新闻人物",中信重工被同时授予"中国经济十大创新案例"。

27 日 卫华集团与中钢集团吉林机电设备有限公司签订战略合作伙伴协议,同时签订了福建宁德项目 4 台 QD60t 自动加料起重设备采购合同。双方将以此为契机,拓展合作领域,发挥各自优势,为今后进一步合作奠定坚实基础。

月内 华锐重工凭借独有专利技术成功签订某公司曹妃甸一套"C"型两用三车翻车机合同,实现了翻车机市场又一重大突破,巩固了华锐重工翻车机设计领域的领先地位,标志着世界首套折返式"C"型两用三车翻车机卸车系统即将在华锐重工诞生。

★ 中国二重重点项目——港陆新型立磨磨盘体顺利完成"三点称重压力传感器静平衡"试验,填补了中国二重超大零件静平衡测量的空白。港陆新型立磨其中的磨盘体是中国二重截至目前需做静平衡试验的最大工件,现有的常规静平衡方法无法适用于该工件。为了突破这一技术难题,中国二重相关技术部门经过多次交流探讨,最终确定了将工件放置在三组传感器组成的水平面上,利用传感器传出电压信号,经模－数转换测量工件重量,通过理论力学计算出偏重重量及角度的三点称重压力传感器静平衡方法,填补了此项技术的空白。

★ 太重自主研发的 6.25 m 捣固型焦炉成套设备制造完毕,成为目前世界上配套炭化室容积最大、自动化要求最高的捣固型焦炉设备。该套设备不仅是太重焦炉设备产品高端化、大型化的代表之作,也是山西省首套采用捣固、装煤、推焦一体化技术的大型捣固焦炉设备,技术水平达到了世界前列。

★ 中国自主研制的首台 400 MN(4 万 t)大型航空模锻液压机在西安阎良国家航空高技术产业基地建成投产,中国成为继美国、俄罗斯、法国之后第四个拥有大型航空模锻液压机的国家。该机是中国自主设计和制造大飞机所急需的关键重型装备。它可根据计算机预设计的数值提供巨大压力,并对施压速度进行精确控制。这在以克为单位计算航空零部件重量的飞机设计中,具有极其重要的意义。此前,全球仅有 5 台 4 万 t 以上的大型液压机。该机采用清华大学"钢丝预应力—剖分坎合"技术设计,由西安三角航空科技有限责任公司建设。这台液压机本体结构拥有完全自主知识产权,生产的主要产品包括:大型运输机、大型民用客机各类框(梁)等整体结构件,航空发动机整体盘件以及其他民用大型精密模锻件。

9 月

1 日 天地科技股份有限公司(天地科技)与榆林市千树塔矿业投资有限公司签订"千树塔煤矿矿井设计、工作面设备采购、生产运营"合作协议。合同约定,千树塔矿业投资有限公司下属煤矿建设生产过程中的矿井设计、成套装备供应、生产运营将由天地科技承担,目的是将千树塔煤矿建设成为具有高技术含量、现代化装备水平的安全高效矿,一期合作期限为 6 年。该项目是天地科技发挥整体优势,实现成套技术与装备一体化营销成功的战略实施,该项目不仅为陕蒙地区乃至全国新建矿井提供了建设新思路,同时也为天地科技在煤机市场的白热化竞争中走出了一条差异化的道路。

2 日 第二届中国—亚欧博览会在新疆国际会展中心隆重开幕。宇通重工参展设备为 YT3621 矿用自卸车、YTQH350A 强夯机、SQ12SA3 随车起重机及 931A 装载机,均为宇通重工战略性产品,同时也是近几年在新疆及我国周边各国区域市场的热销产品,其中自主研发的具有自主知识产权的宽体 YT3621 矿用自卸车是刚刚闭幕的"2012 年中国矿用车机手争霸赛"的比赛用车。YT3621 舒适安全的驾驶室、稳定的性能、较高的出勤率使其在新疆煤矿发挥作用。此次展出的宇通 SQ12SA3 随车起重机采用三维软件设计及应力分析，安全方便、作业效率高，广泛应用于交通运输、土木建筑、电力、石油、石材业和码头等货物装卸、抢险救援及远距离转移货物，备受新疆及我国周边各国区域客户的信赖。

3日 山东重工集团有限公司（山东重工）下属的中国潍柴动力股份有限公司与德国凯傲集团签署战略合作协议。凯傲集团将下属的林德液压剥离，成立独立的法人实体“林德液压公司”，潍柴动力收购新公司70%的控股权和凯傲集团25%的少数股权。这是迄今为止中国企业在德国最大一起投资案例。液压控制系统是山东重工集团有限公司未来重点发展的核心关键技术，也是制约中国装备制造业发展最突出的瓶颈。林德液压公司是一家重型液压传动、传动技术和移动电力传动设备的领先制造商，中德企业强强联手，将有助于改变中国高端液压产品长期依赖进口的局面。

19日 河北同力滑车有限公司的“同字牌”矿业滑车、船用滑车、HY系列滚动轴承起重滑车及热轧钢轮滑车在“中国国际五金展”精品区特别推出，并获得“中国精品五金”称号。

20日 陕西省科技创新大会在西安隆重举行。中国重型机械研究院股份有限公司谢东钢董事长荣获2012年度陕西省科学技术最高成就奖，受到陕西省委、省政府的表彰。该奖是陕西省奖励科学技术工作者的最高奖项，每年授予人数不超过2人，可空缺，自2002年设立至今，仅有7人获此殊荣。

21日 中国重型机械有限公司与南苏丹水资源与灌溉部就“Aweil Town城镇供水和城市管网系统”项目，正式签订了商务合同。项目内容包括36口水井、水净化处理系统和200km城市管网建设。中国重机承担该项目的工程设计、设备采购、土建施工和设备安装等EPC总承包，工期36个月。

23日 山西太重煤机煤矿装备成套有限公司（太重煤机）旗下的威利朗沃集团在美国盐湖城以1 250万美元（7 907万元人民币）控股美国REI钻机公司60%的股份。至此，太重煤机已成为在国外成功并购两家外资企业的公司。REI钻机公司掌握着钻机定向系统的世界第六代先进技术，为煤矿定向钻机成套工程服务及生产和销售钻机产品（包括导向系统）。太重煤机2011年4月并购威利朗沃后，运营成绩喜人，达到并购预期目标。威利朗沃集团控股美国这家公司后，太重煤机、威利朗沃、REI公司将以产品为纽带，资产为基础，形成市场、技术、产品、服务、资金的协同效益。并购后太重煤机的主要产品千米定向钻机的孔底马达和导向控制系统在世界处于领先地位，同时还拥有矿业打钻工程服务公司，在中国拥有长期固定的煤矿市场。

24日 上海建设路桥机械设备有限公司新型山宝DY系列单缸液压圆锥破碎机发布。该系列破碎机通过采用先进的层压破碎技术，使破碎力度均匀，可以根据客户的特殊要求进行给料破碎，有效可靠地破碎出指定粒度，维修方便，操作简便，可进行高产量生产。具有高性能、高效益、可靠性强及性价比高等特点，广泛用于建筑、矿山、建材、冶金及水利等领域，如铁矿石、铜矿石、石灰石及花岗岩等物料的破碎。

26日 中国重型机械有限公司与埃塞俄比亚金属工程公司签订了2×20 MW蔗渣电站合同。整个项目工期为24个月，项目范围包括：设计、设备供货、安装、调试和试运行。该合同的签订标志着中国重型机械有限公司在埃塞俄比亚市场实现了突破性进展，为后续项目的开发打下了坚实的基础。

月内 中国一重承担的国家“863”计划先进制造领域课题——“巨型重载锻造操作装备”通过了国家科技部高技术中心验收，结束了大型锻造操作机技术长期被国外垄断的局面，为我国大型锻件高效高精度制造提供了高水平技术装备。研制成功的国内首台4000KNM锻造操作机，具有完全自主知识产权，获发明专利授权4项、发明专利公开2项，已一次热试成功并投入大型锻件生产，与重型锻压机配合完成了11类30余种锻件的精准锻造。“巨型重载锻造操作装备”已成为大型锻造能力技术进步的重要标志，有利于大幅提高大型锻件的制造质量和生产效率，降低生产成本和能耗，更好地为核电、火电、化工、造船、航空航天及军工等领域提供高质量高精度的大型锻件产品。

★ 中国二重与中国石油天然气集团公司（中国石油）签订了战略采购协议，实现了两大中央企业的强强联手。中国二重是国家重大技术装备国产化和新能源装备制造企业集团，具有雄厚的物质技术基础和强大的产品研发、设计和制造能力；中国石油是国内最大的石油生产和炼油企业，承担着保障国家能源安全供应的艰巨任务。此次战略采购协议的签订，标志着中国二重和中国石油将形成“紧密合作、优势互补、互惠互利、共同发展”的双赢局面。

★ 振华重工与迪拜港务集团就“阿联酋迪拜Jeble Ali港”项目签订起重机设备销售合同，该项目包括9台岸桥和25台自动化轨道吊。

★ 郑州新大方重工科技有限公司获得了由中国产品质量协会授予的“中国21315质量信用AAA级”荣誉称号。该称号可应用于质量检测、质量体系认证、质量评估及质量控制等方面，可作为金融机构对企业信贷风险的外部评级参考。

★ 华东地区首台3万t模锻液压机在江苏永钢集团有限公司昆仑重型装备制造有限公司热调试成功，并成功生产重1.5 t的SH110万向节十字轴，使此产品首次模锻成型。这台液压机使用了世界领先的机器人智能垂直缠绕技术和重型增压增速系统，智能垂直缠绕机器人技术是国内首创。该液压机通过优化工艺等，大大减小了制造的困难和风险，降低了成本，提高了产品质量。该台液压机最大能生产2 t的模锻件，主要产品有万向节十字轴，飞机发动机上的涡轮盘，大型船只上的连杆、曲轴、缸盖，以及石油行业使用的防喷器等部件，将为我国航空、船机、石油和核电等行业的发展提供服务。

10月

11—12日 原国家机械工业部部长何光远、副部长陆燕荪参观了卫华集团。何光远一行先后参观了卫华集团实验室和生产车间，并与集团高层领导进行了座谈。何光远谈到:目前国内经济受到世界金融危机的影响面临着严峻的形势,整个国民经济都在转型升级,起重机行业也要转型升级。这既是挑战,也是一个机遇。我们可以利用这段调整期练好内功,努力提高产品的质量和技术含量,在工艺管理、定制管理等方面弥补不足。另外也要抓好市场调研,紧盯诸如应急装备等新的领域,培育新的经济增长点。陆燕荪说:卫华集团现在有着较大的规模和良好的基础,在经济调整时期要看到未来的发展趋势,并为此做好准备。要继续做好主业,加强内部管理,追求质的提高,走质量效益型的发展道路。何光远为卫华集团题词:“工艺出精品、精品创品牌、品牌增效益、效益促发展”,勉励卫华集团干部员工继续拼搏进取,再创佳绩。

22 日 在越南公青电厂招标中,北方重工成为项目“交钥匙工程”总承包方。两期项目金额分别为 6.59 亿美元和 9.03 亿美元,折合人民币近 100 亿元,是迄今为止沈阳市也是辽宁省获得的单项最大海外订单。越南公青电厂两个 66 万 kW 机组燃煤电站工程 EPC 项目(工程“设计、采购、施工”总承包),包括两期电厂及输煤码头建设。北方重工将负责整个电厂及码头从设计、设备供应、土建安装、设备调试运行、人员培训,到将电厂整体移交给业主的所有工作。北方重工由单纯制造商向工程承包商身份的转变在国际市场获得了丰厚的回报,2012 年先后中标乌兹别克斯坦欧洲水泥集团日产 6 000 t 水泥生产线 EPC 项目和印度钢铁管理局有限公司波卡罗钢铁厂 2 号烧结生产线及原料处理系统项目;与非洲矿业公司签署了采购意向书,获得塞拉利昂铁矿一期改造项目合同;获得中东地铁项目的采购意向书。前三季度北方重工实现自营出口 1.81 亿美元,走在沈阳机电行业前列。

23 日 卫华集团获批设立“河南省起重机械数字化与智能技术院士工作站”。这是卫华集团在科研创新平台建设方面取得的又一项重大成果,标志着卫华集团研发战略的实施迈上了新的台阶。卫华集团将紧紧抓住建站契机,以院士工作站为基础,从企业实际需求出发,以项目为依托,以实效为根本,建立桥门式起重机产业技术创新联盟,力争打造成为世界范围最具影响力的大型起重机制造集团之一。

★ 大连重工与必和必拓公司在大连举行锰矿堆料机交付仪式。该设备系大连重工历时 21 个月自主设计研制、自有品牌出口澳大利亚市场第一单。至此,公司具备了满足全球最复杂、设备效能及安全等方面要求最高标准的能力,从而成为世界仅有的四家同类设备供应商之一。

27 日 中远太平洋有限公司、振华重工与厦门海沧投资集团有限公司在北京人民大会堂举行“中远厦门远海集装箱码头第四代全自动化码头”项目签约仪式。厦门远海自动化码头长约 538 m,纵深约 308 m,位于厦门海沧保税港区 14 号泊位及部分 15 号泊位,设计吞吐量为 78 ~91 万标箱/年,相当于在原设计能力的基础上增加 20% ~40% 的吞吐能力。该项目建成后,将实现堆场无人化作业,成为技术领先、零排放和智能化的码头,是中国企业自主研发的全球首个第四代自动化码头装卸系统。

★ 徐工集团和迁安市正式签约矿山机械设备制造生产基地及配套项目。项目总投资 30 亿元,分两期建设,包括大型矿山机械制造基地、配套零部件生产基地、矿山机械研究分院、工程机械商贸城以及配套的人才公寓等,投产后将实现销售收入 50 亿元,利税 7.5 亿元。作为徐工集团在华北地区最大的投资项目,迁安将成为辐射整个华北地区和东北地区核心区域的产业基地和全国最大的矿山机械制造基地。近年来,迁安市依托优越的区位优势、良好的发展环境和产业基础,大力发展现代装备制造业,先后吸引徐州重工、柳州重工、首钢重汽等多家行业领军企业落户,目前拥有装备制造企业 52 家,在建项目 11 个,实现了从无到有、群雄并进的跨越,一个以矿山、工程机械研发制造和冶金设备生产为主的先进制造业基地脱颖而出。

11 月

8 日 中国二重承担的国家重大技术专项之压水堆重大专项《锻造主管道制造技术研究》课题的 AP1000 主管道真空冶炼技术研究子课题通过专家组预验收。此次预验收工作主要采用现场考察样机、核对和查阅资料、回答专家提问等方式进行。通过评审,专家认为中国二重课题任务书预定目标、内容、技术指标符合要求,同意通过验收。该技术研究成果已经在产品上得到应用。

12 日 中国重型机械有限公司与尼日利亚联邦农业部签订在尼日利亚建设 18 个高品质木薯粉厂项目合同。该项目为包括设计、供货、土建、安装、调试、性能测试在内的 EPC 总承包工程。同日,中国重型机械有限公司与几内亚共和国政府国家能源部签订几内亚首都科纳克里饮用水供应系统强化工程项目合同。该项目是几内亚共和国新一届民选政府高度重视的民生工程,是包括新建规模为 340 000 m^3/d净水处理厂、原水及净水输水管线及蓄水池等的设计、设备材料采购、安装施工、调试等全部工作的 EPC 总承包工程,总工期为 36 个月。

20 日 中国一重签订了首个以自主品牌出口至美国的合同。合同供货范围包括两支锻制 Cr3 支承辊,总重 43.8 t。该项目用户是美国最大钢铁集团公司之一,对美国钢铁市场具有风向标的主导地位。执行好该项目,对后续开拓美国市场乃至美洲市场具有重要的推动作用。

27—30 日 2012 中国国际工程机械、建材机械、工程车辆及设备博览会在上海新国际博览中心拉开帷幕。上海山美重型矿山机械有限公司(中德合资)有多项主打产品参展。如 MP - PH10 履带式反击移动破碎站,是由德国 HAZEMAG 公司设计的多用途、紧凑型和模块化的反击式破碎站,用于采石场和回收行业。参展的 SMH550 液压圆锥破碎机是高性能圆锥破碎机,在设计中将转速、冲程以及破碎腔型进行了优化组合,使其实现了粒间层压破碎,显著提高了产能,产品形状也大为改善。参展的 SMG300S 单缸液压圆锥破碎机具有可靠性高、破碎效率高、运行成本低及产品粒形好等优点,广泛应用于矿山和砂石骨料行业,适合破碎坚硬、中等硬度以上的各种矿物和岩石,可以应用于物料的中碎和细碎。参展的 SMS 全液压圆锥破碎机是高性能圆锥破碎机,具备优越性能的全新系列圆锥破碎机,适合破碎坚硬、中等硬度以上的各种矿石和岩石。

月内 由中信重工总承包的国内首个"综合处理废弃物新型复合水泥技术工程"合作框架协议在锦州签订。中信重工将以目前国内领先技术,建设一条日产6 000 t熟料新型干法水泥生产线,同步建设一套12 MW纯低温余热发电生产线,并依托水泥窑消纳城市生活垃圾技术,建设一条日处理400 t和一条日处理200 t的城市生活垃圾处理线,同时为中信锦州金属股份有限公司配套建设一条年产60万t矿渣微粉生产线。中信重工将依托先进的成套工艺技术装备,集中优势资源,努力将锦州项目建成示范工程、样板工程,为解决锦州城市生活垃圾问题,建设环境友好型城市作出应有贡献,促进锦州经济社会和谐快速发展。

★ 经过大半年时间的研制,中国二重终于攻克国内首件管轧机回转螺母制造难关,从而替代了进口。回转螺母是钢管轧机喂料器中的关键零件之一,属铜合金铸件,外形尺寸不大,但内孔的螺纹非常特殊,制造难度很大。此前国内钢管厂使用的回转螺母都是外国公司生产的。

★ 中国二重核电石化事业部核电容器厂250 t自动翻转工装完成安装工作,并投入使用,大幅提高了产品翻转效率,更能确保安全生产。该翻转装置由C型翻转架与支承传动机构两大部分组成。通过该装置的使用,筒节90°单侧翻转仅需10~15 min。整个翻转过程中无需占用梁式起重机,不影响同跨区内的梁式起重机作业,实现了自动化,大大提高了核电锻件及重型容器筒节的生产效率,还有利于降低成本增加效益。

★ 中国二重新建圆形炉在铸锻钢事业部热处理车间成功投产。试车时,重达40 t多的炉罩起升,圆形台车面平稳开出,筒节平稳起吊、快速入水,整个淬火过程紧张而有序。淬火成功标志着此台设备正式形成生产能力。该设备能对筒形件内外两面同时进行加热,既提高了加热速率、控温精度,又使炉温、件温均匀性均得到显著提升。能对外径小于6.1 m、内径大于3.1 m、高度小于5.9 m的筒形件进行处理,该设备的成功投产,既为业已启动的核电项目做好了充足准备,也为中国二重大型筒节的质量提供强有力的热处理保障。

★ 2012年度陕西省科学技术奖评选结果揭晓,中国重型机械研究院完成的"中厚有色金属板表面处理、堆垛包装生产线"荣获科技进步奖二等奖,"转炉炼钢烟气干法除尘与能量回收一体化系统"和"外制动回转差动行星齿轮箱"两项成果荣获三等奖。

★ 冀中能源机械装备集团有限公司石家庄煤机公司研制成功一种可全方位作业,采用单绳吊重的新型旋转式井架作业车,并被国家知识产权局授予实用新型专利。该新型井架作业车有助于提高油田开采作业效率,为我国地质勘探、油田开采提供了一种安全高效的新式辅助装备。该车采用前支腿为H型,后支腿为A型,两支腿均可单独调平。增加支撑面积的同时,保证整车稳定性,最大限度地节省作业空间。采用单绳吊重,保证安全的同时,提高了作业效率,保证了钻杆转动的可靠性。

★ 淮北矿山机械装备高新技术产业基地获安徽省科技厅批准,成为该市首家省级高新技术产业基地。淮北市紧紧围绕打造非煤产业"千亿板块",依靠科技创新引领,聚焦核心技术,大力推动煤矿机械装备产业向高端发展,已初步形成行业规模较大、产业链完整、技术含量较高、增长性较强的矿山机械装备产业基地。高新技术产业基地规划,力争到2015年产值突破300亿元,培育超10亿元企业5~8家,1亿元以上企业30家,国家级高新技术企业30家,打造国内有影响和竞争力拳头产品20个以上,主要产品采煤机、掘进机、刮板机、皮带输送机产量突破1万台(套),为淮北市下一步打造国家级高新技术产业基地奠定基础。

★ 中国兵器工业集团内蒙古北方重工业集团有限公司北方股份公司自主研制的拥有完全自主知识产权的载重220 t NTE240电动轮矿用车顺利下线,并获得9项国家专利,打破了国外企业的技术垄断,取得了自主创新的重大突破。该车是北方股份继260吨级和150吨级电动轮矿用车后,又成功研制的第三种自主品牌产品。不仅具有突出的总成本领先优势,而且在技术性能上更加注重了细节部分的人性化设计,增加了坡道启动防溜功能、重载下坡恒速控制功能、低温启动保护及暖机功能,优化了驾驶室设计,提高了燃油经济性。电动轮矿用车广泛应用在千万吨级大型露天煤矿以及大型金属矿山。

12月

2日 中国兵器工业集团内蒙古北方重工业集团有限公司自主研制的SZL2600/6000型液压支架试验台一次调试成功。该设备历时3年设计制造,全高12 m,总重量近200 t,额定试验载荷2 600 t,额定试验最大高度6 m,试验载荷参数及性能在行业内居于领先水平。液压支架在出厂前必须对整机性能、受力状况、强度和耐久性进行严格测试,从而保证设计和制造质量,以降低实际使用中出现严重问题的概率。液压支架试验台就是检测液压支架内外在质量的重要设备。该试验台是矩形四柱框架式多级试验台,液压全自动操作。在总结国内各类试验设备的基础上,该试验台设计理念作了较大调整,结构和受力方式有了较大变化,大试验空间、大承载能力及高稳定性的设计,顺应了目前大采高、大工作阻力支架的发展趋势。试验台的研制成功,为公司大工作阻力高端液压支架研制提供了试验条件,对进一步提高液压支架生产的技术水平,保证支架的整体质量提供了技术支撑。

14日 中国重型机械有限公司与南苏丹东赤道州房建与公共事业部签订东赤道州供水项目合同。项目包括一个取水泵站和一个日处理能力为5 000 t的水质净化工厂,是工程设计、设备采购、土建施工和设备安装的EPC总承包工程,工期24个月。

16日 河北宏润重工股份有限公司研制的5万t无缝钢管垂直热挤压机通过了新产品鉴定。中国重型机械工业协会受国家工信部装备司委托,在该公司主持召开了鉴定会议。与会专家听取了研制工作报告、技术工作总结、经济效益分析报告,审阅了用户使用意见、设备和制品的检测报告、科技查新报告等资料,经过质询和生产现场实地考察后,一致通过了鉴定。鉴定委员会认为500 MN垂直热挤压机、160 MN制坯液压机组为自主设计、制造,采用框板叠加结构、100 Mpa超高压技术及油泵—蓄势器传动技术,其结构先进合理，在国内外同类装备中均为首创，结构独特、吨位最大。该机组生产的钢管外形尺寸偏差小、金相组织致密、晶粒细化、综合性能优良，适用于不锈钢、高合金钢、高温合金等难变形材质及特殊质量要求的高品质无缝钢管的挤压成型。产品可广泛用于核电、水电、石油化工及军工等领域，可替代进口。该项目成果处于国内领先，达到国际先进水平。该机组的研制成功，是大口径厚壁无缝钢管制造技术与装备的又一重大突破，打破了国外技术和产品的双重垄断，实现了我国重型挤压装备及技术的自主创新和高端装备的完全国产化，对促进我国高性能材料和加工技术的进步意义重大。

17日 大连重工冶电事业部与总装备部工程设计研究总院，成功签订了辽阳河东新城文化中心舞台机械工程、胜利油田会议中心舞台机械工程项目2项合同。这是在2010年10月营口开发区舞台机械项目首次合作后双方的再次合作，也吹响了大连重工正式进入舞台机械工程领域的号角。

★ 中国重型机械有限公司与马来西亚帕塔玛铁合金有限公司签订锰矿烧结厂合同。该项目是包括新建锰矿烧结厂设计、设备材料采购、安装、调试的EPC总承包工程，工期18个月。

19日 中国重型机械工业协会常务副理事长李镜在秘书处会见了到访的美国凯特龙国际集团总裁Jim Robertson先生及中国区总裁陈礼云先生。展览部梁锐副主任、起重葫芦分会张敏副秘书长参加了座谈。李镜常务副理事长介绍了协会概况，回顾了协会与凯特龙国际集团的交流与合作情况。Jim Robertson总裁介绍了凯特龙国际集团的发展史及无线控制器在工业领域的应用、在华业务开展情况，表达了加强双方交流与合作的愿望。双方还就技术引进、人才引进、美国投资政策、知识产权及国际交流等议题进行了坦诚的交流。双方表示将进一步加强信息沟通，巩固友好合作关系。

20日 中国一重“大型先进压水堆核电核岛主设备超大型锻件”项目通过了行业专家鉴定。中国机械工业联合会在大连主持召开了鉴定会议。11位行业专家组成的专家委员会听取了中国一重项目汇报，经认真质询、讨论，认为该项目成功地解决了制约我国核电发展的超大型锻件制造瓶颈问题，制造技术拥有自主知识产权，达到国际领先水平，有效保证了我国核电安全和经济安全，具有十分显著的经济和社会效益。

22日 四川川润股份有限公司为重齿配套应用于中广核防城港项目的首台高低压核电润滑系统顺利通过中广核及业主验收。该系统是川润研发制造的第一台实际用于核电项目的高低压润滑系统，完全实现了国产化，已达到进口产品的水平。

28日 中国重型机械有限公司与柬埔寨国家电力公司签订了“柬埔寨金边－巴威115 kV输变电EPC工程”合同。项目范围包括约155 km输电线路、两座新建变电站及一座变电站进出线间隔扩建改造。该项目是继柬埔寨金边环网输变电EPC工程项目、柬埔寨农网扩建一期及变电站EPC工程项目后，在柬埔寨市场的第三个输变电项目，也是该公司第一次承接国家对外援助项目，真正实现了在柬埔寨市场的区域滚动发展。

月内 中国二重承接的河南宇天化工有限公司年产30万t煤焦油加氢精制加工工程加氢项目生产全面铺开。该项目是2012年中国二重核电石化事业部签订的第一个自主设计制造的产品，9台产品的设计和制造全部由该部独立完成，被列为重点生产项目之一。

〔供稿人：中国重型机械工业协会李广孝　审稿人：中国重型机械工业协会徐善继〕

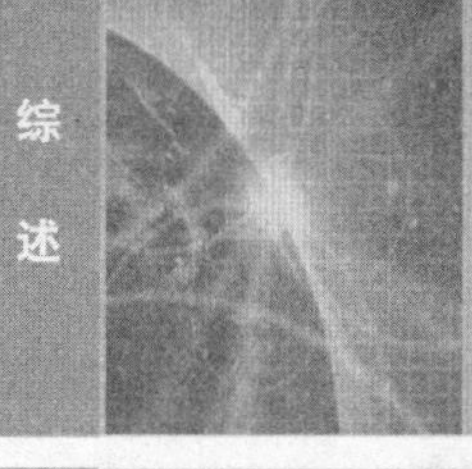

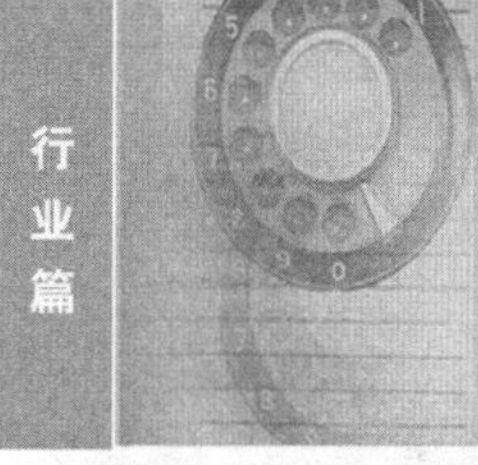

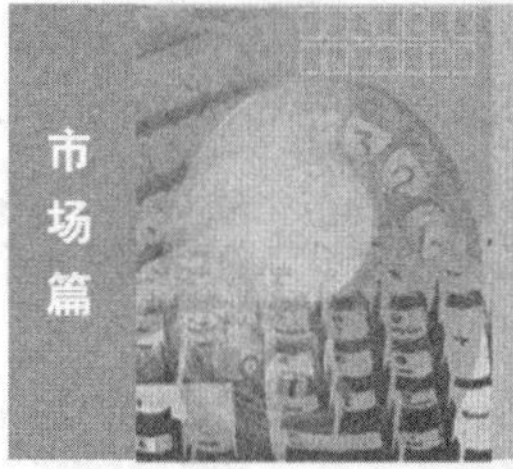

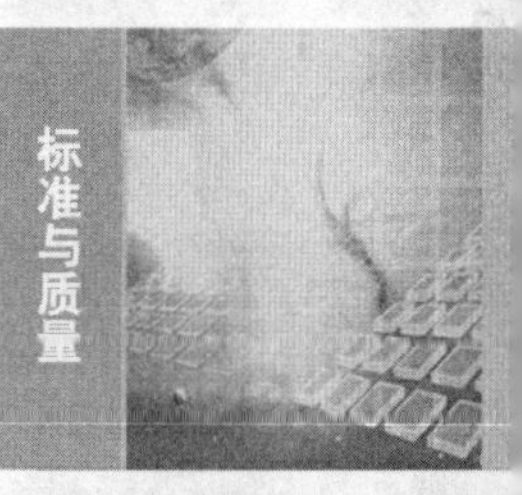

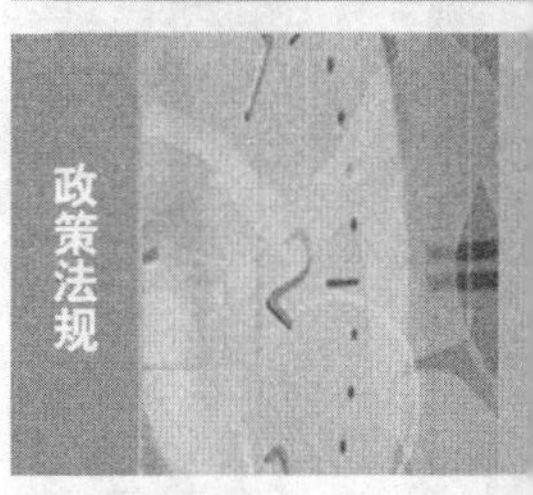

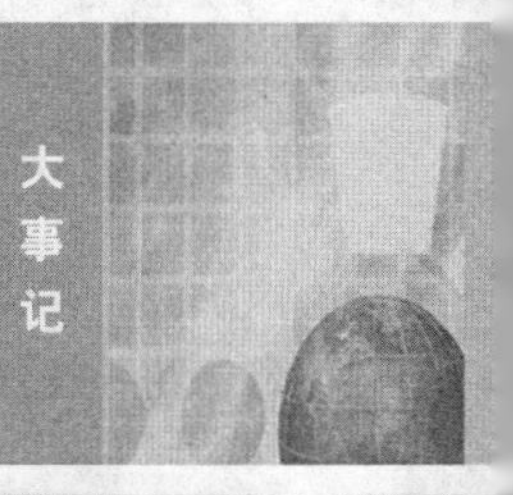

发布中国重型机械工业协会第六届理事会名单，组织机构，分会会员名录

Lists of directors, organizational frameworks, lists of members of sub-associations of the sixth boards of directors of CHMIA

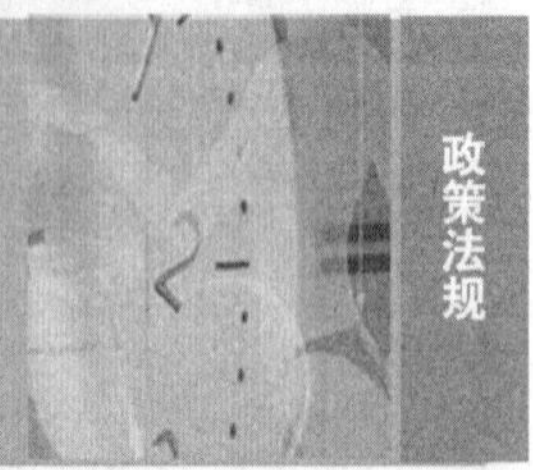

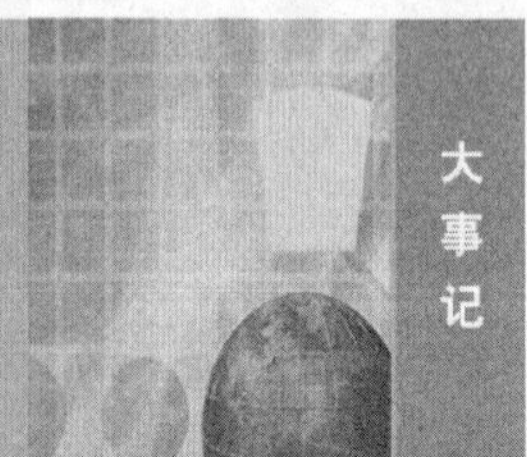

中国重型机械工业协会组织机构

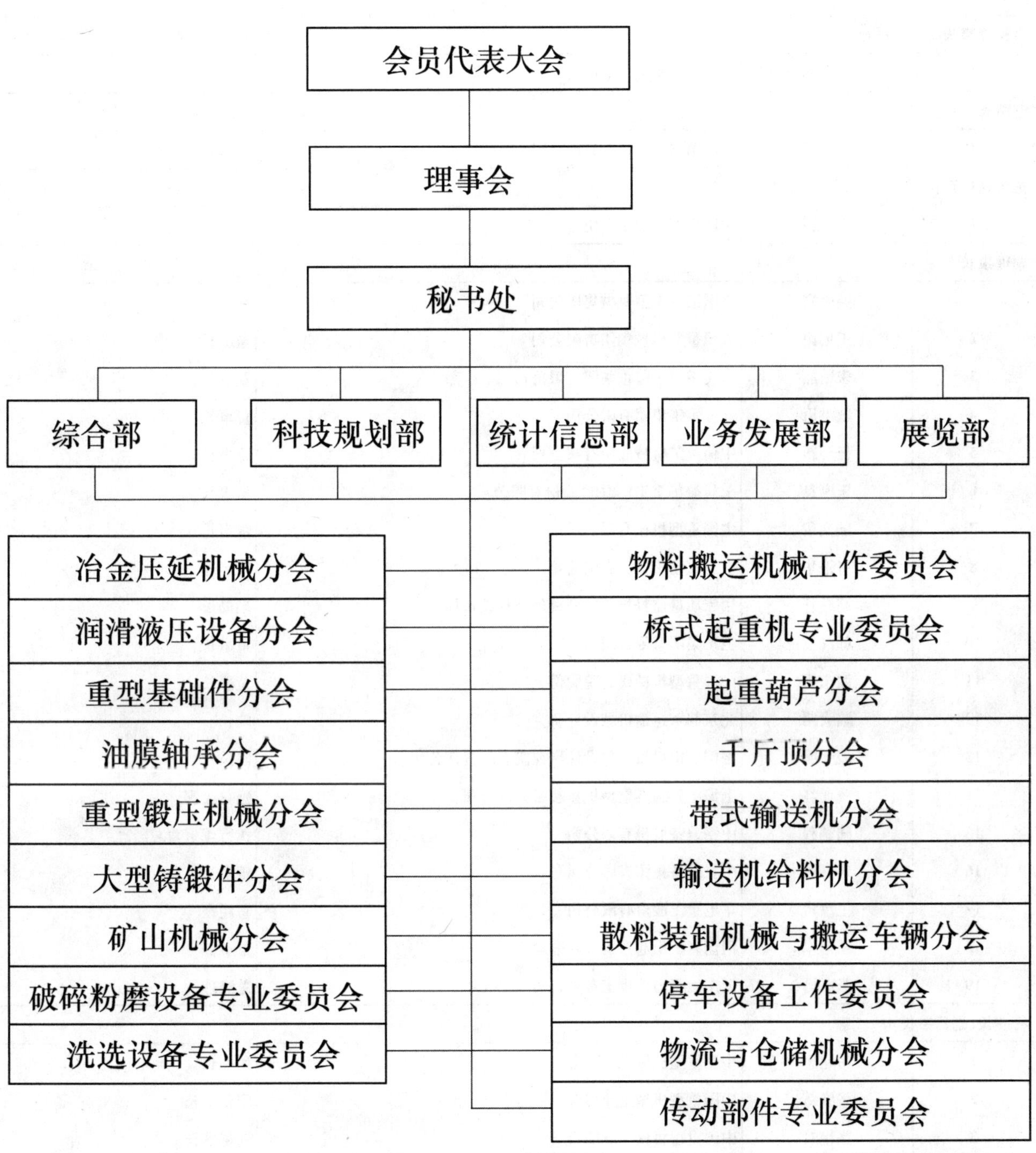

〔供稿人:中国重型机械工业协会张艳君〕

中国重型机械工业协会第六届理事会正副理事长、正副秘书长

序　号	姓　名	单位名称	职　务
名誉理事长			
1	徐善继	中国重型机械工业协会	
理事长			
1	石　柯	中国第二重型机械集团公司	董事长
常务副理事长			
1	李　镜	中国重型机械工业协会	
副理事长			
1	吴生富	中国第一重型机械集团公司	总经理
2	王创民	太原重型机械集团有限公司	董事长
3	宋甲晶	大连重工·起重集团有限公司	董事长
4	耿洪臣	北方重工集团有限公司	董事长
5	任沁新	中信重工机械股份有限公司	董事长
6	宋海良	上海振华重工(集团)股份有限公司	董事长
7	陆文俊	中国重型机械有限公司	董事长
8	肖卫华	上海重型机器厂有限公司	总经理
9	高继轩	国家质量监督检验检疫总局特种设备局	副局长
10	韩红安	卫华集团有限公司	董事长
11	谢东钢	中国重型机械研究院股份公司	董事长
12	陆大明	北京起重运输机械设计研究院	院长
13	戚天明	洛阳矿山机械工程设计研究院有限责任公司	院长
14	张亚红	上海电气临港重型机械装备有限公司	副总经理
15	陆鹏程	中钢设备股份有限公司	执行董事兼总经理
16	宋寿顺	中材装备集团有限公司	董事长
17	王汝贵	华电重工股份有限公司	总经理
18	崔培军	河南省矿山起重机有限公司	董事长
19	彭　勇	云南冶金力神重工有限公司	总经理
秘书长、副秘书长			
1	岳建忠	中国重型机械工业协会	秘书长
2	张维新	中国重型机械工业协会	副秘书长
3	张艳君	中国重型机械工业协会	副秘书长

〔供稿人:中国重型机械工业协会张艳君〕

中国重型机械工业协会第六届理事会常务理事、理事

序号	姓名	单位名称	职务
常务理事			
1	尚　洪	国家质量监督检验检疫总局特种设备局	调研员
2	智西巍	宝山钢铁股份有限公司工程设备部	总经理助理
3	王玉敏	中国建材机械工业协会	秘书长
4	张　勇	中国煤炭机械工业协会	理事长
5	刘宏民	燕山大学	校长
6	王国强	吉林大学机械科学与工程学院	党委书记
7	徐格宁	太原科技大学	副校长
8	朱　庆	江苏通润机电集团有限公司	副总裁
9	张耀明	中钢集团衡阳重机有限公司	总经理
10	黄乐亭	天地科技股份有限公司	副总经理
11	梁敏志	上海起重运输机械厂有限公司	总经理
12	黄珑琳	江阴凯澄起重机械有限公司	总经理
13	鲍生旭	北京首钢机电有限公司	总经理
14	王顺亭	国家起重运输机械质量监督检验中心	常务副主任
15	刘劲波	中色科技股份有限公司	董事长
16	马昭喜	山东山矿机械有限公司	董事长
17	杨　军	四川矿山机器(集团)有限责任公司	董事长、总经理、党委书记
18	廖纯德	衡阳运输机械有限公司	董事长
19	宾　浩	中联重科物料输送设备有限公司	副总经理
20	高　度	巨力索具股份有限公司	总裁助理
21	严　毅	上海建设路桥机械设备有限公司	首席执行官
22	成固平	株洲天桥起重机股份有限公司	董事长
23	徐新民	山起重型机械股份公司	董事长
24	李　静	芜湖起重运输机器有限公司	董事长
25	黄庆学	重型机械教育部工程研究中心	副校长
26	陈　思	唐山冶金矿山机械厂	厂长
27	彭国成	三一集团有限公司	副总经理
28	张观华	张家港长力机械有限公司	董事长、总经理
29	夏治中	河南长垣起重工业园区管理委员会	管委会主任
30	明艳华	中国重型机械工业协会停车设备工作委员会	理事长
31	周水妹	杭州西子石川岛停车设备有限公司	总经理
32	张战波	北京中冶设备研究设计总院有限公司	院长
33	彭　兵	广州机械科学研究院有限公司	常务副总经理
34	李　平	上海科大重工集团有限公司	董事长
35	龚欣荣	四川省自贡运输机械集团股份有限公司	副总经理、总工程师
36	郭章先	豫飞重工集团有限公司	董事长、总裁

（续）

序　号	姓　名	单位名称	职　务
37	辜宁生	江苏三马起重机械制造有限公司	总经理
38	段京丽	焦作制动器股份有限公司	董事长
39	杨永柱	鞍山重型矿山机器股份有限公司	董事长
40	齐景光	中原圣起有限公司	董事长
41	黄海珊	广州起重机械有限公司	董事长
42	张志华	郑州新大方重工科技有限公司	总裁
43	张国林	泰星减速机股份有限公司	董事长
44	殷永庆	江苏泰隆减速机股份有限公司	副董事长
45	宋济隆	宁波东力传动设备股份有限公司	董事长
46	张文忠	浙江双鸟机械有限公司	董事长
47	翁耀根	无锡华东重型机械股份有限公司	董事长
48	王玉珏	机械工业第一设计研究院	副院长
49	宋文学	机械工业第三设计研究院	院长
50	聂仲毅	中钢集团西安重机有限公司	董事长、总经理、党委书记
51	姚光辉	焦作市科瑞森机械制造有限公司	董事长、总经理
52	林　均	四川川润股份有限公司	副总经理
53	张承臣	沈阳隆基电磁科技股份有限公司	董事长
54	承洪宇	常州市华立液压润滑设备有限公司	董事长
55	王兆连	山东华特磁电科技股份有限公司	总经理
56	葛　明	象王重工股份有限公司	董事长
57	黄金荣	河南太行振动机械股份有限公司	董事长
58	汪碧远	SEW－传动设备（天津）有限公司	总经理助理
59	马立民	北京约基工业股份有限公司	董事长、总经理
60	韩红静	北京斯诺堡轴承有限公司	总经理
61	吴　建	南通润邦重机有限公司	执行董事、总经理
62	杨　泽	太原通泽重工有限公司	董事长
理事			
1	王伯芝	济南重工股份有限公司	董事长
2	张义民	东北大学机械工程与自动化学院	院长
3	朱真才	中国矿业大学	院长
4	程诗彬	湖北宜都机电工程股份有限公司	董事长
5	肖　熳	湖南长重机器股份有限公司	副总经理、总工程师
6	秦春林	南宁广发重工集团有限公司	董事长
7	任金昌	杭州武林机器有限公司	董事长
8	白荟民	北京起重工具厂	厂长
9	陈海涛	南京起重机械总厂有限公司	董事长、总经理
10	王金发	哈尔滨重型机器有限责任公司	董事长、总经理
11	俞铮庆	上海冶金矿山机械厂	厂长
12	段春红	河北金马矿山机械集团公司	总经理
13	胡善宏	淮北矿山机器制造有限公司	董事长
14	金国性	南昌凯马有限公司	总经理
15	喻连生	江西起重机械总厂	董事长

（续）

序　号	姓　名	单位名称	职　务
16	黄国富	广西百色矿山机械厂有限公司	董事长
17	马卫国	新疆通用机械有限公司	总经理
18	汪国春	铜陵天奇蓝天机械设备有限公司	董事长
19	周光海	重庆起重机厂有限责任公司	执行董事、总经理、党委书记
20	宋彦东	河南省郑起起重设备有限公司	总经理
21	任会江	河南省新乡市矿山起重机有限公司	董事长
22	胡国和	河南重工起重机集团有限公司	董事长
23	郝兆庆	新乡市中原起重机械总厂有限公司	董事长
24	韩永章	河南华东起重机集团有限公司	董事长
25	韩宜增	河南豫中起重集团有限公司	董事长
26	阮曙峰	浙江众擎起重机械制造有限公司	董事长
27	陈树义	宁夏天地奔牛银起设备有限公司	董事长
28	马首山	辽宁恒泰重机有限公司	董事长
29	王孙同	浙江东海减速机有限公司	总经理
30	龚友良	南昌矿山机械有限公司	总经理
31	孙文田	鞍钢重型机械有限责任公司	总经理
32	张志玲	柳州起重机器有限公司	董事长
33	郑世静	天水长城控制电器有限责任公司	董事长
34	蒋林苏	长春发电设备总厂	厂长
35	原建洲	洛阳起重机厂	总经理
36	黄建华	上海电力环保设备总厂有限公司	副总经理
37	张清明	光明起重集团有限公司	董事长
38	项建忠	浙江通力重型齿轮股份有限公司	董事长、总经理
39	杨忠良	江阴齿轮箱制造有限公司	副总经理
40	冯　勇	湖州双力自动化科技装备有限公司	总经理
41	徐　敏	无锡新大力电机有限公司	董事长
42	杜　勇	武汉电力设备厂	副厂长
43	刘鼎越	辽源重型实业集团有限公司	总经理
44	侯向保	河南焦矿机器有限公司	董事长、总经理
45	李荣华	通化市起重运输机械制造有限责任公司	董事长、总经理
46	吴建一	湖北银轮起重机械股份有限公司	总经理
47	李　坤	天津重钢机械装备股份有限公司	董事长、总经理
48	李祥启	潍坊大洋自动泊车设备有限公司	总经理
49	郭守锦	山东莱钢泰达车库有限公司	董事长
50	江　鹏	湖北鄂重重型机械有限公司	董事长
51	张彦五	上海嘉庆轴承制造有限公司	董事长
52	李伟敏	河南省东风起重机械有限公司	董事长
53	何国胜	八达机电有限公司	董事长
54	张瑞庆	无锡宏达重工股份有限公司	董事长、总经理
55	操文章	安徽攀登重工股份有限公司	董事长、总经理
56	王自远	马鞍山钢铁股份有限公司重型机械设备制造公司	经理
57	张先锋	北京锋必达矿山机械有限公司	董事长、总经理

（续）

序　号	姓　名	单位名称	职　务
58	孙振田	机科发展科技股份有限公司	部长
59	聂春喜	山西新富升机器制造有限公司	董事长
60	纪　清	河北同力滑车有限公司	董事长
61	李　兵	江苏佳力起重机械制造有限公司	销售总监
62	孙宝才	常熟市电动平车厂	厂长
63	王东升	北京中冶华润科技发展有限公司	董事长
64	程清丰	河南天隆输送装备有限公司	董事长
65	冯会有	天津起重设备有限公司	党委书记、总经理
66	谢徐洲	江西华伍制动器股份有限公司	总经理
67	单激文	大丰市重型装备产业园管理委员会	常务副主任
68	王业训	新泰市羊流起重机械协会	会长
69	陈　红	马鞍山马钢表面工程技术有限公司	总经理
70	崔天雄	济南永固重型机械制造有限公司	副总经理
71	李汝勤	四平维克斯换热设备有限公司	董事长
72	万名炎	湖北省咸宁三合机电制业有限责任公司	董事长、总经理
73	聂晓霖	南京科润工业介质有限公司	董事长、总经理
74	陈敏兆	温州合力建设机械有限公司	总经理
75	冯就景	广东日丰电缆股份有限公司	董事长
76	曲　凯	沈阳北方交通重工集团有限公司	董事长、总裁
77	董久赤	河北天择重型机械有限公司	董事长
78	叶胜康	浙江恒丰泰减速机制造有限公司	董事长、总经理
79	付小邗	浙江矿山机械有限公司	董事长
80	胡祖尧	浙江双金机械集团股份有限公司	董事长
81	开晓胜	安徽盛运机械股份有限公司	董事长
82	孙　超	哈尔滨国海星轮传动有限公司	总经理
83	韩国瑞	中冶京诚（湘潭）重工设备有限公司	董事长
84	赵文明	奔宇机电集团有限公司	总裁
85	韩景轩	河南华北起重吊钩有限公司	董事长
86	范锡生	安徽铜冠机械股份有限公司	总经理
87	金红萍	法兰泰克重工股份有限公司	董事长
88	王建新	新乡县振动机械设备行业协会	理事长
89	刘存德	《重型机械》杂志社	总编
90	周　航	《矿山机械》杂志社	主编
91	黄　平	《起重运输机械》编辑部	主编
92	陈海堤	《大型铸锻件》杂志	副总裁、所长
特邀理事			
1	赵　兵	中国机械工业集团有限公司	总裁助理、教授级高工
2	须　雷	德马格起重机械（上海）有限公司	高级经理、教授级高工
3	王　鹰	带式输送机分会	高级顾问、教授
4	李国杰	三一集团珠海三一港口机械有限公司	院长、副总经理、授级高工

〔供稿人：中国重型机械工业协会张艳君〕

中国重型机械工业协会会员名录

矿山机械

企业名称:中信重工机械股份有限公司
地　　址:河南省洛阳市涧西区建设路206号
邮　　编:471039
电　　话:0379－64088001
传　　真:0379－64214680

企业名称:矿山重型装备国家重点实验室
地　　址:河南省洛阳市涧西区建设路206号
邮　　编:471039
电　　话:0379－64088003
传　　真:0379－64214680

企业名称:洛阳矿山机械工程设计研究院有限责任公司
地　　址:河南省洛阳市涧西区建设路206号
邮　　编:471039
电　　话:0379－64087722
传　　真:0379－64221800

企业名称:太原重型机械集团有限公司
地　　址:山西省太原市万柏林区玉河街53号
邮　　编:030024
电　　话:0351－6365768
传　　真:0351－6361133

企业名称:太重煤机有限公司
地　　址:山西省太原市经济技术开发区电子街25号
邮　　编:030009
电　　话:0351－3040108
传　　真:0351－3041942

企业名称:上海建设路桥机械设备有限公司
地　　址:上海市奉贤区金汇镇工业路188号
邮　　编:201404
电　　话:021－51393838
传　　真:021－51393800

企业名称:山东山矿机械有限公司
地　　址:山东省济宁市济安桥北路11号
邮　　编:272041
电　　话:0537－2226931
传　　真:0537－2228529

企业名称:上海冶金矿山机械厂
地　　址:上海市闸北区万荣路1053号
邮　　编:200072
电　　话:021－56652175
传　　真:021－56639508

企业名称:南昌凯马有限公司
地　　址:江西省南昌市国家经济技术开发区丁香路凯马机电工业园
邮　　编:330101
电　　话:0791－3951398
传　　真:0791－3951350

企业名称:中国矿业大学科学技术研究院
地　　址:江苏省徐州市三环南路
邮　　编:221116
电　　话:0516－83590758
传　　真:0516－83590289

企业名称:山西新富升机器制造有限公司
地　　址:山西省太原市小东门街新开南巷27号
邮　　编:030013
电　　话:0351－3075217
传　　真:0351－2664710

企业名称:济南重工股份有限公司
地　　址:山东省济南市东郊机场路
邮　　编:250109
电　　话:0531－86139298
传　　真:0531－88287286

企业名称:中钢集团衡阳重机有限公司
地　　址:湖南省衡阳市珠晖区东风路
邮　　编:421002
电　　话:0734－8352311
传　　真:0734－8332398

企业名称:淄博大力矿山机械有限公司
地　　址:山东省淄博市周村区恒通路887号
邮　　编:255300

电　　话:0533－6181501
传　　真:0533－6181392

企业名称:浙江矿山机械有限公司
地　　址:浙江省义乌市义亭镇矿机一路96号
邮　　编:322005
电　　话:0579－85817891
传　　真:0579－85815387

企业名称:鞍山重型矿山机器股份有限公司
地　　址:辽宁省鞍山市立山区胜利北路900号
邮　　编:114042
电　　话:0412－6215364
传　　真:0412－6216900

企业名称:山东省淄博生建机械厂
地　　址:山东省淄博市淄川区昆仑路1号
邮　　编:255129
电　　话:0533－5787201
传　　真:0533－5780070

企业名称:吉林大学机械科学与工程学院
地　　址:吉林省长春市人民大街5988号
邮　　编:130025
电　　话:0431－85094404
传　　真:0431－85095288

企业名称:太原科技大学材料学院
地　　址:山西省太原市万柏林区窊流路66号
邮　　编:030024
电　　话:0351－6998056
传　　真:0351－6863369

企业名称:山东泰山天盾矿山机械有限公司
地　　址:山东省新泰市开发区新兴路
邮　　编:271200
电　　话:0538－7069810－8603
传　　真:0538－7069332

企业名称:湘电重型装备股份有限公司
地　　址:湖南省湘潭市下摄司街302号
邮　　编:411101
电　　话:0731－58595267
传　　真:0731－58595267

企业名称:徐州矿山设备制造有限公司
地　　址:江苏省徐州市九里区时代大道南
邮　　编:221140
电　　话:0516－87836917－8088
传　　真:0516－87836922

企业名称:四川矿山机器(集团)有限责任公司
地　　址:四川省江油市建设北路888号
邮　　编:621701
电　　话:0816－3696018
传　　真:0816－3698888

企业名称:重庆泰丰矿山机器有限公司
地　　址:重庆市九龙坡区石坪桥横街66号
邮　　编:400051
电　　话:023－68822731
传　　真:023－68822731

企业名称:韶关市韶瑞重工有限公司
地　　址:广东省韶关市西郊武江科技工业园
邮　　编:512026
电　　话:0751－8136683
传　　真:0751－8136193

企业名称:安徽盛运机械股份有限公司
地　　址:安徽省桐城市同安路265号
邮　　编:231400
电　　话:0556－6213999
传　　真:0556－6205280

企业名称:郑州鸿源重型机械有限公司
地　　址:河南省郑州市郑上路石砦
邮　　编:450100
电　　话:0371－64629998
传　　真:0371－64602334

企业名称:江苏昌昇集团南通市矿山机械有限公司
地　　址:江苏省如皋市如城镇光华村9组
邮　　编:226553
电　　话:0513－87283901
传　　真:0513－87283901

企业名称:洛阳百克特摩擦材料有限公司
地　　址:河南省洛阳市高新开发区孙辛辅路4号
邮　　编:471003
电　　话:0379－65112136
传　　真:0379－64183328

企业名称:无锡贝特尔机器制造有限公司
地　　址:江苏省无锡市蠡园开发区隐秀路B2楼
邮　　编:214072
电　　话:0510－85168022
传　　真:0510－85165400

企业名称:洛阳大华重型机械有限公司
地　　址:河南省洛阳市洛龙区关林路280号

邮　　编:471023
电　　话:0379 – 65520221
传　　真:0379 – 65511602

企业名称:河北金马矿山机械集团公司
地　　址:河北省遵化市东新庄镇
邮　　编:064209
电　　话:0315 – 6999117
传　　真:0315 – 6998918

企业名称:株洲力达液压机械有限责任公司
地　　址:湖南省株洲市新华东路 115 号
邮　　编:412000
电　　话:0731 – 22493253
传　　真:0731 – 28780421

企业名称:浙江武精机器制造有限公司
地　　址:浙江省金华市武义县城青年路 106 号
邮　　编:321200
电　　话:0579 – 87641326
传　　真:0579 – 87647558

企业名称:广东省韶铸企业集团
地　　址:广东省韶关市北郊十里亭
邮　　编:512031
电　　话:0751 – 8832578
传　　真:0751 – 8853784

企业名称:平顶山煤矿机械有限责任公司(规划发展部)
地　　址:河南省平顶山市湛河区南环路西段 2 号
邮　　编:467001
电　　话:0375 – 4978682
传　　真:0375 – 4943795

企业名称:湖州新天翔橡胶厂
地　　址:浙江省湖州市杨家埠经济开发区九九桥
邮　　编:313000
电　　话:0572 – 2361336
传　　真:0572 – 2361386

企业名称:湖州恒通机械设备有限公司
地　　址:浙江省湖州市滨河路 288 号爱都花园 2 号楼 1 单元 15FA
邮　　编:313000
电　　话:0572 – 2367341、2367342
传　　真:0572 – 2367343

企业名称:安徽铜陵学院机械工程系
地　　址:安徽省铜陵市铜陵学院新区
邮　　编:244000
电　　话:0562 – 5881015
传　　真:0562 – 2837940

企业名称:浙江鑫隆机械制造有限公司
地　　址:浙江省瑞安市塘下镇海安城西南路 92 号
邮　　编:325204
电　　话:0577 – 65279838
传　　真:0577 – 65279868

企业名称:鹤壁市豫兴煤机有限公司
地　　址:河南省鹤壁市山城区豫兴工业园
邮　　编:458000
电　　话:0392 – 2560169
传　　真:0392 – 2566177

企业名称:鹤壁市万丰矿山机械制造有限公司
地　　址:河南省鹤壁市山城区石林乡东石林村
邮　　编:458000
电　　话:0392 – 2566777
传　　真:0392 – 2560777

企业名称:鹤壁市四达矿山设备有限公司
地　　址:河南省鹤壁市山城区汤鹤路中段
邮　　编:458000
电　　话:0392 – 2560391
传　　真:0392 – 2560800

企业名称:鹤壁市通达矿山设备有限公司
地　　址:河南省鹤壁市山城区汤鹤路中段山城工业区
邮　　编:458000
电　　话:0392 – 2560354
传　　真:0392 – 2568096

企业名称:鹤壁市星光矿山机械制造有限公司
地　　址:河南省鹤壁市山城区石林乡东石林村
邮　　编:458000
电　　话:0392 – 2563669
传　　真:0392 – 2566433

企业名称:鹤壁市双信矿山机械有限公司
地　　址:河南省鹤壁市山城区汤鹤路中段路北
邮　　编:458000
电　　话:0392 – 2560366
传　　真:0392 – 2568366

企业名称:重庆四丰矿山建筑机械有限公司
地　　址:重庆市大渡口区八桥镇互助工业园
邮　　编:400084
电　　话:023 – 68953208
传　　真:023 – 68953258

企业名称:广州富通光科技术有限公司
地　　址:广东省广州市科学城光谱中路广州科技创新基地 E 区 203 室
邮　　编:510663
电　　话:020－32290991
传　　真:020－32290977

企业名称:河南太行振动机械股份有限公司
地　　址:河南省新乡市经济开发区西区中央大道北段 66 号
邮　　编:453731
电　　话:0373－5590168
传　　真:0373－5586881

企业名称:郑州一帆机械设备有限公司
地　　址:河南省郑州市荥阳开发区演武路东段
邮　　编:450100
电　　话:0371－64606406
传　　真:0371－64606468

企业名称:山东升金矿山机械有限公司
地　　址:山东省新泰市翟镇工业聚集区
邮　　编:271200
电　　话:13805487285
传　　真:0538－7506899

企业名称:宁夏天地西北煤机有限公司
地　　址:宁夏石嘴山市大武口工业园区
邮　　编:753001
电　　话:0952－2175328
传　　真:0952－2175329

企业名称:上海驿德桥轴承有限公司
地　　址:上海市共和新路 425 号凯鹏国际大厦 9 层 G 座
邮　　编:200070
电　　话:021－61486717
传　　真:021－61486718

企业名称:山东东平开元机械制造有限公司
地　　址:山东省泰安市东平县工业园区
邮　　编:271500
电　　话:0538－2821052
传　　真:0538－6356808

企业名称:浙江镇南精工机械有限公司
地　　址:浙江省诸暨市店口镇解放路 259 号
邮　　编:311835
电　　话:0575－87655388
传　　真:0575－87655618

企业名称:南昌矿山机械研究所
地　　址:江西省南昌市下罗枫林东大街 168 号
邮　　编:330001
电　　话:0791－3806998
传　　真:0791－3805987

企业名称:南昌矿山机械有限公司
地　　址:江西省南昌市湾里区盘龙路 23 号
邮　　编:330004
电　　话:0791－3798611
传　　真:0791－3761006

企业名称:山东华特磁电科技股份有限公司
地　　址:山东省潍坊市临朐县经济开发区华特路 5777 号
邮　　编:262600
电　　话:0536－3158808
传　　真:0536－3158801

企业名称:沈阳隆基电磁科技股份有限公司
地　　址:辽宁省抚顺市经济开发区文华路 6 号
邮　　编:113122
电　　话:024－56700045
传　　真:024－56605768

企业名称:浙江东海减速机有限公司
地　　址:浙江省温州市平阳县经济开发区(敖江镇)
邮　　编:325401
电　　话:0577－63675933
传　　真:0577－63635393

企业名称:石家庄油漆厂
地　　址:河北省石家庄市中山西路 433 号
邮　　编:050000
电　　话:0311－85233768
传　　真:0311－83013681

企业名称:洛阳兴达重工设备有限公司
地　　址:河北省洛阳市孟津县麻屯镇水泉村
邮　　编:471132
电　　话:0379－62232199
传　　真:0379－62231178

企业名称:鸡西永益煤矿机械制造有限公司
地　　址:黑龙江省鸡西市鸡冠区南星街 47 号
邮　　编:158100
电　　话:0467－2725068
传　　真:0467－2725068

企业名称:大连思沃特液力传动设备有限公司
地　　址:辽宁省大连市甘井子区营城子街道对门沟

邮　　编:116036
电　　话:0411－84444529
传　　真:0411－84444509

企业名称:遵化市君盛同合矿山机械厂
地　　址:河北省遵化市黎河桥西
邮　　编:064200
电　　话:0315－6601508
传　　真:0315－6603668

企业名称:遵化市禹铭矿山机械厂
地　　址:河北省遵化市黎河桥西
邮　　编:064200
电　　话:0315－6883926
传　　真:0315－6603658

企业名称:河北宣化工程机械股份有限公司
地　　址:河北省张家口市宣化区东升路21号
邮　　编:075105
电　　话:0313－3186001
传　　真:0313－3186026

企业名称:哈尔滨国海星轮传动有限公司
地　　址:黑龙江省哈尔滨市哈平路工业区烟台三路8号
邮　　编:150060
电　　话:0451－86522278
传　　真:0451－86530858

企业名称:洛阳百力克矿山机械有限公司
地　　址:河南省洛阳市洛新工业园双湘路12号
邮　　编:471822
电　　话:0379－65190660
传　　真:0379－67312866

企业名称:江苏三羊开泰煤矿电机制造有限公司
地　　址:江苏省丹阳市开发区胡桥大贡
邮　　编:212313
电　　话:0511－86981555
传　　真:0511－86967626

企业名称:贵阳高原矿山机械有限公司
地　　址:贵州省贵阳市花溪区养牛村
邮　　编:550025
电　　话:0851－8200111
传　　真:0851－8200108

企业名称:杭州山虎集团
地　　址:浙江省杭州市余杭区仁和镇工业区
邮　　编:311107
电　　话:0571－86390375
传　　真:0571－86390372

企业名称:浙江双金机械集团股份有限公司
地　　址:浙江省杭州市温州路71号南北商务港A座701室
邮　　编:310015
电　　话:0571－28057991
传　　真:0571－28828840

企业名称:青岛胶六橡特胶带有限公司
地　　址:山东省青岛市市北区市场二路36号
邮　　编:266011
电　　话:0532－82825527
传　　真:0532－83809013

企业名称:山西电机制造有限公司
地　　址:山西省太原市并州南路68号
邮　　编:030012
电　　话:0351－7081088
传　　真:0351－7043811

企业名称:广州机械科学研究院
地　　址:广东省广州市黄埔区茅岗路828号
邮　　编:510700
电　　话:020－32389630
传　　真:020－32389566

企业名称:芜湖众发中运机械有限公司
地　　址:安徽省芜湖市鸠江经济开发区二期永昌路67号
邮　　编:241100
电　　话:0553－5716423
传　　真:0553－5716423

企业名称:湖南山拓机械制造有限公司
地　　址:湖南省岳阳市华容县工业园
邮　　编:414200
电　　话:0730－4108893
传　　真:0730－4108893

企业名称:山东中川重工股份有限公司
地　　址:山东省临沂市临沭县常林西大街112号
邮　　编:276715
电　　话:0539－7193111
传　　真:0539－7194222

企业名称:中实洛阳重型机械有限公司
地　　址:河南省洛阳市涧西区衡山路99号
邮　　编:471039
电　　话:0379－64088063
传　　真:0379－64086466

企业名称:四川川润液压润滑设备有限公司
地　　址:四川省成都市郫县现代工业港港北六路85号
邮　　编:611743
电　　话:028－61836518
传　　真:028－65028874

企业名称:上海辛格林纳新时达电机有限公司
地　　址:上海市嘉定区思义路1560号
邮　　编:201801
电　　话:021－69896275
传　　真:021－69926011

企业名称:长兴县长虹路桥矿山机械设备有限公司
地　　址:浙江省湖州市长兴县和平镇回车岭
邮　　编:313103
电　　话:0572－6955888
传　　真:0572－6094268

企业名称:洛阳超拓实业有限公司
地　　址:河南省洛阳市宜阳县西庄产业集聚区
邮　　编:471900
电　　话:013938895858
传　　真:0379－68902777

企业名称:江苏太兴隆减速机有限公司
地　　址:江苏省泰兴市城区科技工业园
邮　　编:225400
电　　话:0523－87996888
传　　真:0523－87996999

企业名称:河南黎明重工科技股份有限公司
地　　址:河南省郑州市高新区科学大道169号
邮　　编:450001
电　　话:0371－67988906
传　　真:0371－67988906

企业名称:河南省荥阳矿山机械制造厂
地　　址:河南省郑州市荥阳市荥密路三里庄
邮　　编:450100
电　　话:0371－64696896
传　　真:0371－64696386

企业名称:荆州市康海传动机械制造有限公司
地　　址:湖北省荆州市沙市区锣场工业园二号路20号
邮　　编:434000
电　　话:0716－8377491
传　　真:0716－8377493

企业名称:重庆忠惠机械有限责任公司
地　　址:重庆市九龙坡区西彭镇长安村
邮　　编:401326
电　　话:013808300938
传　　真:023－65805411

企业名称:《矿山机械》杂志社
地　　址:河南省洛阳市建设路206号
邮　　编:471039
电　　话:0379－64087786
传　　真:0379－64087868

企业名称:全国矿山机械标准化技术委员会
地　　址:河南省洛阳市建设路206号
邮　　编:471039
电　　话:0379－64087746
传　　真:0379－64087746

企业名称:国家矿山机械质量监督检测中心
地　　址:河南省洛阳市建设路206号
邮　　编:471039
电　　话:0379－64087838
传　　真:0379－64215427

破碎粉磨设备

企业名称:四川矿山机器(集团)有限责任公司
地　　址:四川省江油市建设北路888号
邮　　编:621701
电　　话:0816－3695388
传　　真:0816－3698888

企业名称:山东山矿机械有限公司
地　　址:山东省济宁市济安桥北路11号
邮　　编:272041
电　　话:0537－2225292
传　　真:0537－2228529

企业名称:北方重工集团有限公司矿山冶金设备分公司
地　　址:辽宁省沈阳市经济技术开发区开发大路16号
邮　　编:110860
电　　话:024－25802282
传　　真:024－25802858

企业名称:河南焦矿机器有限公司
地　　址:河南省焦作市焦东中路28号
邮　　编:454002
电　　话:0391－3976001
传　　真:0391－3929939

企业名称:南昌矿山机械有限公司
地　　址:江西省南昌市湾里区盘龙路23号

邮　　编:330004
电　　话:0791 – 3782882
传　　真:0791 – 3961006

企业名称:北京锋必达矿山机械有限公司
地　　址:北京市门头沟区中门寺街 69 号
邮　　编:102300
电　　话:010 – 61890942
传　　真:010 – 61891117

企业名称:浙江矿山机械有限公司
地　　址:浙江省义乌市义亭镇矿机一路 96 号
邮　　编:322005
电　　话:0579 – 85815385
传　　真:0579 – 85815387

企业名称:上海建设路桥机械设备有限公司
地　　址:上海市奉贤区金汇镇工业路 188 号
邮　　编:201404
电　　话:021 – 51393838
传　　真:021 – 51393800

企业名称:上海重型机器厂有限公司
地　　址:上海市闵行区江川路 1800 号
邮　　编:200245
电　　话:021 – 67287017
传　　真:021 – 54721753

企业名称:云南冶金昆明重工有限公司
地　　址:云南省昆明市龙泉路 871 号
邮　　编:650203
电　　话:0871 – 6085302
传　　真:0871 – 6085303

企业名称:河北金马矿山机械集团公司
地　　址:河北省遵化市东新庄镇
邮　　编:064209
电　　话:0315 – 6999117
传　　真:0315 – 6999117

企业名称:河南省群英机械制造有限责任公司
地　　址:河南省焦作市解放中路 397 号
邮　　编:454002
电　　话:0391 – 3906898
传　　真:0391 – 3933430

企业名称:上海嘉庆轴承制造有限公司
地　　址:上海市民德路 158 号 1802 室
邮　　编:200071
电　　话:021 – 56559515
传　　真:021 – 56639899

企业名称:常熟中材装备重型机械有限公司
地　　址:江苏省常熟市北三环 276 号
邮　　编:215500
电　　话:0512 – 52858639
传　　真:0512 – 52850414

企业名称:江苏鹏胜重工股份有限公司
地　　址:江苏省淮安市盱眙县经济开发区玉兰大道
邮　　编:211700
电　　话:0517 – 88293993
传　　真:0517 – 88293883

企业名称:松滋市金津矿山机械有限责任公司
地　　址:湖北省松滋市城东工业园区永兴路 3 号
邮　　编:434200
电　　话:0716 – 6210381
传　　真:0716 – 6222339

企业名称:广西壮族自治区桂林矿山机械厂
地　　址:广西桂林市灵川县桂矿路 1 号
邮　　编:541200
电　　话:0773 – 6825032
传　　真:0773 – 6812096

企业名称:哈尔滨国海星轮传动有限公司
地　　址:黑龙江省哈尔滨市哈平路工业园区烟台三路 8 号
邮　　编:150060
电　　话:0451 – 86530858
传　　真:0451 – 86523288

企业名称:广西南宁金宇破碎设备有限责任公司
地　　址:广西南宁市秀安路 15 号
邮　　编:530001
电　　话:0771 – 3130687
传　　真:0771 – 3123361

企业名称:山东大通机械科技有限公司
地　　址:山东省淄博市博山区东良庄北首
邮　　编:255200
电　　话:0533 – 4200699
传　　真:0533 – 4200699

企业名称:上海龙阳机械厂
地　　址:上海市浦东新区龙东支路 98 号
邮　　编:201201
电　　话:021 – 68915989
传　　真:021 – 58970007

企业名称:湖北枝江峡江矿山机械有限责任公司
地　　址:湖北省枝江市白洋镇沿江街1号
邮　　编:443208
电　　话:0717－4400029
传　　真:0717－4402299

企业名称:洛阳矿山机械工程设计研究院有限责任公司
地　　址:河南省洛阳市涧西区建设路206号
邮　　编:471039
电　　话:0379－64087722
传　　真:0379－64221800

企业名称:成都大宏立机器制造有限公司
地　　址:四川省成都市大邑县工业大道128号
邮　　编:611330
电　　话:028－88201030
传　　真:028－88201030

企业名称:溧阳中材重型机器有限公司
地　　址:江苏省溧阳市天目湖工业园区滨河路11号
邮　　编:213332
电　　话:0519－80895001
传　　真:0519－80895018

企业名称:上海冶金矿山机械厂
地　　址:上海市闸北区万荣路1053号
邮　　编:200072
电　　话:021－56650499
传　　真:021－56639508

企业名称:郑州一帆机械设备有限公司
地　　址:河南省郑州市荥阳开发区郑源路中段
邮　　编:450100
电　　话:0371－64962323
传　　真:0371－64606468

企业名称:遵化市宏宇矿山机械有限公司
地　　址:河北省遵化市西留村乡学汉坨村
邮　　编:064200
电　　话:0315－6601688
传　　真:0315－6603666

企业名称:上海多灵沃森机械设备有限公司
地　　址:上海市石龙路555号
邮　　编:200237
电　　话:021－54083495
传　　真:021－54083494

企业名称:山东益杰重工机械有限公司
地　　址:山东省淄博市博山经济开发区(高速路口)
邮　　编:255200
电　　话:0533－4658626
传　　真:0533－4658727

企业名称:河北万矿机械厂
地　　址:河北省张家口市西山产业集聚区(万全县)矿机路6号
邮　　编:076250
电　　话:0313－4881100
传　　真:0313－4811166

企业名称:包头冶金矿山机械制造有限公司
地　　址:内蒙古包头市铝业产业园区长征路2号
邮　　编:014040
电　　话:0472－4111538
传　　真:0472－4172310

企业名称:遵化新保益达重型机械制造有限公司
地　　址:河北省遵化市黎河桥西行4公里路南
邮　　编:064200
电　　话:0315－6989111
传　　真:0315－6989222

企业名称:海门市重型矿山机械厂
地　　址:江苏省海门市三厂镇厂洪路10号
邮　　编:226121
电　　话:0513－82602392
传　　真:0513－82608081

企业名称:成都市双流金石机械制造有限公司
地　　址:四川省成都市双流县金桥镇永和村三组
邮　　编:610200
电　　话:028－85851618
传　　真:028－85851618

企业名称:河北百盛重型机械有限公司
地　　址:河北省邢台市中兴西大街体育馆东侧天添宾馆401室
邮　　编:054000
电　　话:0319－2679180
传　　真:0319－2679180

企业名称:山东华力电机集团股份有限公司
地　　址:山东省荣成市明珠路89号
邮　　编:264300
电　　话:0631－7551153
传　　真:0631－7553744

企业名称:中南大学机电工程学院
地　　址:湖南省长沙市岳麓山南路105号

邮　　编:454002
电　　话:0731－88877025
传　　真:0731－88851136

企业名称:荆州市巨鲸传动机械有限公司
地　　址:湖北省荆州市沙市区东方大道 58 号
邮　　编:434000
电　　话:0716－8303999
传　　真:0716－8303886

企业名称:河北省邯郸市邯山冶金机械备件厂
地　　址:河北省邯郸市马庄收费站东 200 米
邮　　编:056001
电　　话:0310－5503398
传　　真:0310－5276955

企业名称:山东华特磁电科技股份有限公司
地　　址:山东省潍坊市临朐县经济开发区华特路 5777 号
邮　　编:262600
电　　话:0536－3158808
传　　真:0536－3158801

企业名称:北京斯诺堡轴承有限公司
地　　址:北京市西城区广安门外三义东里 20 号
邮　　编:100055
电　　话:010－63427566
传　　真:010－63479753

企业名称:启东市南方润滑液压设备有限公司
地　　址:江苏省启东市惠萍镇工业园区
邮　　编:226255
电　　话:0513－83792888
传　　真:0513－83795028

企业名称:上海山姆卡特机械工业有限公司
地　　址:上海市奉贤区南奉公路 4818 号
邮　　编:201406
电　　话:021－51695510
传　　真:021－60911384

企业名称:浙江镇南精工机械有限公司
地　　址:浙江省诸暨市店口镇解放路 259 号
邮　　编:311835
电　　话:0575－87655388
传　　真:0575－87655618

企业名称:朝阳华亿重工机械制造有限责任公司
地　　址:辽宁省朝阳市中山大街一段 35 号
邮　　编:122000
电　　话:0421－3724900
传　　真:0421－3724900

企业名称:章丘市东风水泥机械有限公司
地　　址:山东省章丘市相公庄镇四村
邮　　编:250203
电　　话:0531－83831130
传　　真:0531－83821626

企业名称:洛阳市豫跃矿业设备有限公司
地　　址:河南省洛阳市建设路 133 号
邮　　编:471039
电　　话:0379－64250589
传　　真:0379－64250589

企业名称:定襄县佳敏机械锻造有限公司
地　　址:山西省忻州市定襄县九龙湾工业区
邮　　编:035400
电　　话:0350－3329586
传　　真:0350－6090911

企业名称:山东黑山路桥机械科技有限公司
地　　址:山东省淄博市博山区八陡镇黑山前 165 号
邮　　编:255203
电　　话:0533－4518240
传　　真:0533－4518147

企业名称:浙江鑫隆机械制造有限公司
地　　址:浙江省瑞安市塘下镇海安城西南路 92 号
邮　　编:325205
电　　话:0577－65279838
传　　真:0577－65279868

企业名称:宁波市实立矿山机械制造有限公司
地　　址:浙江省宁波市象山县石浦镇兴港路 100 号
邮　　编:315731
电　　话:0574－65912665
传　　真:0574－65912665

企业名称:北京华诺维科技发展有限责任公司
地　　址:北京市南四环西路 188 号总部基地 18 区 23 号楼 304 室
邮　　编:100044
电　　话:010－88399333
传　　真:010－68364270

企业名称:邯郸四达电机股份有限公司
地　　址:河北省邯郸市中华北大街 680 号
邮　　编:056004
电　　话:0310－3178286
传　　真:0310－3178506

企业名称：宁波市江东昊伦联轴器机械制造有限公司
地　　址：浙江省宁波市江东北路403号
邮　　编：315051
电　　话：0574－87772470
传　　真：0574－87761632

企业名称：上海山美重型矿山机械有限公司
地　　址：上海市奉贤区青村镇奉村路258号
邮　　编：201414
电　　话：021－57591188
传　　真：021－57566188

企业名称：陕西蒲城秦星建设机械有限公司
地　　址：陕西省渭南市蒲城县苏坊镇东大街
邮　　编：715514
电　　话：0913－7325552
传　　真：0913－7325552

企业名称：唐山鑫虎重型矿山机械有限公司
地　　址：河北省遵化市团瓢庄乡山里各庄村
邮　　编：064209
电　　话：0315－9686988
传　　真：0315－6986868

企业名称：遵化市宏盛大诚矿山机械厂
地　　址：河北省遵化市城南黎河桥西1公里
邮　　编：064200
电　　话：0315－6601589
传　　真：0315－6601489

企业名称：遵化市大明矿山机械有限公司
地　　址：河北省遵化市团瓢庄乡兴隆店村
邮　　编：064200
电　　话：0315－6991888
传　　真：0315－6991788

企业名称：山东省东平县开元机械制造有限公司
地　　址：山东省泰安市东平县工业园
邮　　编：271500
电　　话：0538－2821052
传　　真：0538－6356808

洗选设备

企业名称：北方重工集团(沈阳)工程设计研究院有限公司
地　　址：辽宁省沈阳市经济技术开发区开发大路16号
邮　　编：110860
电　　话：024－25197497
传　　真：024－25197493

企业名称：中信重工机械股份有限公司矿山机器厂
地　　址：河南省洛阳市涧西区建设路206号
邮　　编：471039
电　　话：15690660259
传　　真：0379－64088626

企业名称：淮北矿山机器制造有限公司
地　　址：安徽省淮北市濉溪经济开发区工业园白杨路15号
邮　　编：235005
电　　话：13965876158
传　　真：0561－6063318

企业名称：河南太行振动机械股份有限公司
地　　址：河南省新乡市经济开发区中央大道66号
邮　　编：453731
电　　话：13803738509
传　　真：0373－5586811

企业名称：鞍山重型矿山机器股份有限公司
地　　址：辽宁省鞍山市鞍千路294号
邮　　编：114051
电　　话：13904120312
传　　真：0412－5239900

企业名称：沈阳隆基电磁科技有限公司
地　　址：辽宁省抚顺市经济开发区文华路6号
邮　　编：113122
电　　话：13904930842
传　　真：024－56605768

企业名称：山东华特磁电科技股份有限公司
地　　址：山东省潍坊市临朐县经济开发区华特路5777号
邮　　编：262600
电　　话：13791661888
传　　真：0536－3158801

企业名称：镇江电磁设备厂有限责任公司
地　　址：江苏省镇江市丹徒新城谷阳大道东延99号
邮　　编：212004
电　　话：13805282608
传　　真：0511－85622591

企业名称：海安县万力振动机械有限公司
地　　址：江苏省南通市海安县城江海西路168号
邮　　编：226600
电　　话：13706277726
传　　真：0513－88814780

企业名称:北京矿冶研究总院机械研究所
地　　址:北京市丰台区南四环西路188号总部基地18区23号楼
邮　　编:100044
电　　话:13701325849
传　　真:010－68336186

企业名称:煤炭科学研究总院唐山设计研究院
地　　址:河北省唐山市新华西道21号
邮　　编:063012
电　　话:13703348985
传　　真:0315－2829275

企业名称:中煤国际工程集团南京设计研究院
地　　址:江苏省南京市浦口区浦东路20号
邮　　编:210031
电　　话:025－85046362
传　　真:025－85046441

企业名称:洛阳矿山机械工程设计研究院有限责任公司
地　　址:河南省洛阳市涧西区建设路206号
邮　　编:471039
电　　话:0379－64087804
传　　真:0379－64221800

企业名称:东北大学资源与土木工程学院
地　　址:辽宁省沈阳市东北大学265信箱
邮　　编:110006
电　　话:15904051956
传　　真:024－23890448

企业名称:南昌矿山机械有限公司
地　　址:江西省南昌市湾里区盘龙路23号
邮　　编:330004
电　　话:13807085540
传　　真:0791－3761006

企业名称:柳州中特高压电器有限公司
地　　址:广西柳州市柳东路222号
邮　　编:545006
电　　话:13707726048
传　　真:0772－2615882

企业名称:新乡市瑞丰机械设备有限公司
地　　址:河南省新乡市技术经济开发区青龙路519号
邮　　编:453731
电　　话:13903734527
传　　真:0373－5595133

企业名称:钟祥市新宇机电制造有限公司
地　　址:湖北省钟祥市经济开发区西环二路8号
邮　　编:431900
电　　话:13707264888
传　　真:0724－4223279

企业名称:沈阳鸿翔复合弹性设备有限公司
地　　址:辽宁省沈阳市大东区大什字街80－1号23－4
邮　　编:110014
电　　话:13604904882
传　　真:024－88472546

企业名称:上海嘉庆轴承制造有限公司
地　　址:上海市民德路158号铭德国际广场1802室
邮　　编:200070
电　　话:13701723177
传　　真:021－56559515

企业名称:辽源通工机械有限公司
地　　址:吉林省辽源市工业开发区向阳工业园福兴路1号
邮　　编:136200
电　　话:13604375653
传　　真:0437－3170955

企业名称:上海盾牌筛网滤器有限公司
地　　址:上海市闸北区天目中路383号海文大楼1503室
邮　　编:200070
电　　话:18930850700
传　　真:021－23010291

企业名称:郑州一帆机械设备有限公司
地　　址:河南省郑州市荣阳开发区郑源路中段
邮　　编:450131
电　　话:13849040105
传　　真:0371－88380880

企业名称:辽源市重型实业集团有限公司
地　　址:吉林省辽源市龙山区西宁大路273号
邮　　编:136200
电　　话:1394374442
传　　真:0437－3180988

企业名称:河南师大振动机械有限公司
地　　址:河南省新乡市建设东路46号
邮　　编:543007
电　　话:13603737789
传　　真:0373－3326999

企业名称:唐山汇力科技有限公司
地　　址:河北省唐山市路南区唐古街3号

邮　　编:063001
电　　话:13503152229
传　　真:0315－2876709

企业名称:江苏保龙机电制造有限公司
地　　址:江苏省溧阳市昆仑开发区昆仑北路75号
邮　　编:213300
电　　话:13906143181
传　　真:0519－87301886

企业名称:江苏省姜堰市橡胶制品厂
地　　址:江苏省姜堰市民营经济产业中心
邮　　编:225500
电　　话:13705268229
传　　真:0523－88286079

企业名称:河南省群英机械制造有限责任公司
地　　址:河南省焦作市解放中路397号
邮　　编:454002
电　　话:13782713789
传　　真:0391－3911397

企业名称:辽阳市望水橡胶制品厂
地　　址:辽宁省辽阳市振兴路下王家256号
邮　　编:111004
电　　话:13704196882
传　　真:0419－3306825

企业名称:江都市金马矿机配件有限公司
地　　址:江苏省扬州市江都区通江路43号
邮　　编:225200
电　　话:13705250833
传　　真:0514－86893833

企业名称:淮北市协力重型机器有限责任公司
地　　址:安徽省淮北市濉溪经济开发区工业园金桂西路2号
邮　　编:235000
电　　话:13905612169
传　　真:0561－4080808

企业名称:淮北市一环矿山机械有限公司
地　　址:安徽省淮北市南黎路西段
邮　　编:235000
电　　话:13909615455
传　　真:0561－3015222

企业名称:淮北科源矿山机器有限公司
地　　址:安徽省淮北市杜集经济开发区滂汪工业园
邮　　编:235037
电　　话:13905610939
传　　真:0561－3038516

企业名称:北京有色冶金设计研究总院选矿室
地　　址:北京市海淀区复兴路戊12号
邮　　编:100038
电　　话:13641233600
传　　真:010－63963662

企业名称:沈阳永翔科技有限公司
地　　址:辽宁省沈阳市和平区十三纬路39号(1－21－10)
邮　　编:110002
电　　话:13804077264
传　　真:024－22722669

企业名称:新乡市博恒机械有限公司
地　　址:河南省新乡市经济开发区高新西区中央大道
邮　　编:453731
电　　话:15936569111
传　　真:0373－5586895

企业名称:镇江市鸿兴磁选设备有限公司
地　　址:江苏省镇江市润州区润兴路33号
邮　　编:212002
电　　话:13705283961
传　　真:0511－85287677

企业名称:松滋市金津矿山机械有限责任公司
地　　址:湖北省松滋市城东工业园永兴路3号
邮　　编:434200
电　　话:13972364370
传　　真:0716－5951166

企业名称:抚顺沃尔普机电设备有限公司
地　　址:辽宁省抚顺市望花区铁岭街12－1号
邮　　编:113001
电　　话:13904934942
传　　真:024－56380540

企业名称:辽宁志远筛子王制造有限公司
地　　址:辽宁省鞍山市达到湾工业园区C05－6
邮　　编:114044
电　　话:13204233336
传　　真:0412－5210599

企业名称:镇江市江南矿山机电设备有限公司
地　　址:江苏省镇江市丁卯开发区南纬四路10号
邮　　编:212009
电　　话:13906104105
传　　真:0511－88893966

企业名称:淮北中芬矿山机器有限公司
地　　址:安徽省淮北市杜集区孙谢庄工业园腾飞路1号
邮　　编:235000
电　　话:13905610503
传　　真:0561－3091224

企业名称:河南省平原矿山机械有限公司
地　　址:河南省新乡市黄河大道289号
邮　　编:453700
电　　话:13803802825
传　　真:0373－5071699

企业名称:河北金马矿山机械集团公司
地　　址:河北省遵化市新东庄镇
邮　　编:064209
电　　话:13933336380
传　　真:0315－6998918

企业名称:河南威猛振动设备股份有限公司
地　　址:河南省新乡市新乡县工业路1号
邮　　编:453700
电　　话:13837359259
传　　真:0373－5590098

企业名称:唐山陆凯科技有限公司
地　　址:河北省唐山市高新技术产业园区火炬路208号
邮　　编:063020
电　　话:13931545906
传　　真:0315－3852866

企业名称:江都市亚业筛网厂
地　　址:江苏省江都市城南工业园刘桥路
邮　　编:225200
电　　话:13905258171
传　　真:0514－86545138

企业名称:柳州市远健磁力设备制造有限责任公司
地　　址:广西柳州市柳江县新兴工业园兴福路12号
邮　　编:545112
电　　话:13807722327
传　　真:0772－3269178

企业名称:马鞍山矿山研究院网络信息中心
地　　址:安徽省马鞍山市花山区湖北路9号
邮　　编:243004
电　　话:13956220721
传　　真:0555－2475796

企业名称:沈阳卓创科技开发有限公司
地　　址:辽宁省沈阳市沈河区西滨河路40号
邮　　编:110014
电　　话:13804905287
传　　真:024－62530971

企业名称:河南省金特振动机械有限公司
地　　址:河南省新乡市经济开发区太行北路西段
邮　　编:453731
电　　话:13803734948
传　　真:0373－5597320

企业名称:江苏科行环境工程技术有限公司
地　　址:江苏省盐城市新洋经济区新洋路9号
邮　　编:224003
电　　话:13705103032
传　　真:0515－88566200

企业名称:黑旋风工程机械开发有限公司
地　　址:湖北省宜昌市大连路8号
邮　　编:443005
电　　话:13997721910
传　　真:0717－6467192

企业名称:浙江镇南精工机械有限公司
地　　址:浙江省诸暨市店口镇解放路259号
邮　　编:311835
电　　话:13395758888
传　　真:0575－87655618

企业名称:淄博九州润滑科技有限公司
地　　址:山东省淄博市高新区万杰路108号1208室
邮　　编:255086
电　　话:13355281819
传　　真:0533－3588387

企业名称:太重煤机有限公司
地　　址:山西省太原市经济技术开发区电子街25号
邮　　编:030032
电　　话:18935128282
传　　真:0351－3035236

企业名称:江苏金基特钢有限公司
地　　址:江苏省句容市宝华镇和平村汤龙公路旁
邮　　编:212415
电　　话:13705183558
传　　真:025－85818226

企业名称:济南中燃科技发展有限公司
地　　址:山东省济南市高新开发区开拓路1251号
邮　　编:250101
电　　话:13869121112

传　　真:0531－81212387

企业名称:赣州金环磁选设备有限公司
地　　址:江西省赣州市章贡区沙河工业园
邮　　编:325000
电　　话:13388585789
传　　真:0797－8325798

企业名称:威海市润泽矿山洗选设备有限公司
地　　址:山东省威海市环翠区桥头镇临港科技创业园
邮　　编:264212
电　　话:13863138508
传　　真:0631－5800797

企业名称:新乡市高科机械设备有限公司
地　　址:河南省新乡市新乡县小冀镇 21 号桥西 800 米路北
邮　　编:453731
电　　话:13903734412
传　　真:0373－5593617

企业名称:上海山美重型矿山机械有限公司
地　　址:上海市奉贤区青村镇奉村路 258 号
邮　　编:453731
电　　话:13661607722
传　　真:021－58200089

企业名称:山东科力华电磁设备有限公司
地　　址:山东省潍坊市临朐县城南工业园
邮　　编:262600
电　　话:13953602126
传　　真:0536－3181099

企业名称:岳阳科德科技有限责任公司
地　　址:湖南省岳阳市经济开发区科德工业园
邮　　编:414000
电　　话:13332509188
传　　真:0730－8729288

企业名称:辽宁翔宇压滤机有限公司
地　　址:辽宁省沈阳市于洪区太湖街 1－3－1 号
邮　　编:110141
电　　话:024－25835556
传　　真:024－25300270

企业名称:东阳市天力磁电有限公司
地　　址:浙江省金华市东阳市开发八华南路 18 号
邮　　编:322100
电　　话:13605727760
传　　真:0579－86816587

企业名称:上海恒源冶金设备有限公司
地　　址:上海市浦东新区东胜路 1001 号
邮　　编:201201
电　　话:13701688151
传　　真:021－58975926

企业名称:凤城市矿冶齿轮有限责任公司
地　　址:辽宁省凤城市边门镇边门街
邮　　编:118119
电　　话:13941542271
传　　真:0415－8072666

企业名称:西安船舶工程研究院有限公司
地　　址:陕西省西安市雁塔区团结南路 35 号航海科技园三层
邮　　编:710077
电　　话:15991797102
传　　真:029－88891530

企业名称:江阴齿轮箱制造有限公司
地　　址:江苏省江阴市工业园区澄山路 601 号
邮　　编:214437
电　　话:13656165722
传　　真:0510－86993196

企业名称:沈阳博众重型机械制造有限公司
地　　址:辽宁省沈阳市皇姑区三台子经济开发区方溪湖村
邮　　编:110034
电　　话:13940235508
传　　真:024－89340303

企业名称:四川高德特科技有限公司
地　　址:四川省攀枝花市攀枝花大道南段 234 号
邮　　编:617000
电　　话:13508236601
传　　真:0812－2512388

企业名称:昆明华扬机械制造有限公司
地　　址:云南省昆明市晋宁县晋宁工业园区上蒜片区
邮　　编:620215
电　　话:13312589333
传　　真:0871－7822912

物料搬运机械

企业名称:上海国际港务(集团)有限公司
地　　址:上海市杨浦区杨树浦路 18 号
邮　　编:200082
电　　话:021－65858328

传　　真:021－65858328

企业名称:北京起重运输机械设计研究院
地　　址:北京市东城区雍和宫大街52号
邮　　编:100007
电　　话:010－64031452
传　　真:010－64052584

企业名称:大连重工·起重集团有限公司
地　　址:辽宁省大连市西岗区八一路169号
邮　　编:116013
电　　话:0411－86852166
传　　真:0411－86852222

企业名称:太原重型机械集团有限公司
地　　址:山西省太原市万柏林区玉河街53号
邮　　编:030024
电　　话:0351－6361948
传　　真:0351－6362554

企业名称:华电重工股份有限公司
地　　址:北京市东城区永定门西滨河路8号院7号楼中海地产广场东塔15层
邮　　编:100077
电　　话:010－51966621
传　　真:010－68710552

企业名称:承德输送机集团有限责任公司
地　　址:河北省承德市双塔山
邮　　编:067001
电　　话:0314－4320286
传　　真:0314－4044530

企业名称:卫华集团有限公司
地　　址:河南省新乡市长垣县文明西路工业园区
邮　　编:453400
电　　话:0373－8887699
传　　真:0373－8887646

企业名称:江阴凯澄起重机械有限公司
地　　址:江苏省江阴市澄江东路18号
邮　　编:214429
电　　话:0510－86199700
传　　真:0510－86196633

企业名称:衡阳运输机械有限公司
地　　址:湖南省衡阳市珠晖区狮山路1号
邮　　编:421002
电　　话:0734－3172001
传　　真:0734－8377929

企业名称:株洲天桥起重机股份有限公司
地　　址:湖南省株洲市田心北门
邮　　编:412001
电　　话:0731－28462032
传　　真:0731－28462033

企业名称:浙江双鸟机械有限公司
地　　址:浙江省嵊州市黄泽镇
邮　　编:312455
电　　话:0575－83055888
传　　真:0575－83051765

企业名称:太原重型机械集团有限公司技术中心
地　　址:山西省太原市万柏林区玉河街53号
邮　　编:030024
电　　话:0351－6366048
传　　真:0351－6361133

企业名称:大连重工·起重集团有限公司研究院
地　　址:辽宁省大连市西岗区八一路169号
邮　　编:116013
电　　话:0411－86852061
传　　真:0411－86852099

企业名称:三一集团有限公司港机公司
地　　址:上海市浦东新区川沙经济园区川大路319号
邮　　编:201206
电　　话:021－58599583
传　　真:0731－84031999

企业名称:国家起重运输机械质量监督检测中心
地　　址:北京市东城区雍和宫大街52号
邮　　编:100007
电　　话:010－64018780
传　　真:010－64052252

企业名称:全国起重机械标准化技术委员会
地　　址:北京市东城区雍和宫大街52号
邮　　编:100007
电　　话:010－64053038
传　　真:010－64052252

企业名称:吉林水工机械有限公司
地　　址:吉林省吉林市吉丰东路86号
邮　　编:132013
电　　话:0432－4626703
传　　真:0432－4626703

企业名称:交通部水运科学研究院
地　　址:北京市海淀区西土城路8号
邮　　编:100088
电　　话:010－62079449
传　　真:010－62079447

企业名称:中联重科物料输送设备有限公司
地　　址:湖南省长沙市芙蓉中路二段279号金源大酒店
邮　　编:410007
电　　话:0731－85169170
传　　真:0731－85169169

企业名称:广州起重运输机械有限公司
地　　址:广东省广州市花都区北兴镇花都大道北28号
邮　　编:510897
电　　话:020－86790991
传　　真:020－86796828

企业名称:长春发电设备有限责任公司
地　　址:吉林省长春市经济技术开展区金川街588号
邮　　编:130031
电　　话:0431－84603800
传　　真:0431－84603811

企业名称:北京清源发机电设备监理有限公司
地　　址:北京市东城区雍和宫大街52号
邮　　编:100007
电　　话:010－84044057
传　　真:010－84052584

企业名称:大连港集团公司技术设备处
地　　址:辽宁省大连市中山区港湾街1号
邮　　编:116004
电　　话:0411－82626760
传　　真:0411－82624790

企业名称:秦皇岛港务集团有限公司技术中心
地　　址:河北省秦皇岛市海滨路35号
邮　　编:066002
电　　话:0335－3092223
传　　真:0335－3094331

企业名称:国家核电工程有限公司
地　　址:浙江省三门市核电站办公楼(国核技)
邮　　编:317111
电　　话:0576－81326991

企业名称:太原科技大学
地　　址:山西省太原市万柏林区瓦流路138号
邮　　编:030024
电　　话:0351－6221994
传　　真:0351－6220233

企业名称:大连理工大学机械工程学院
地　　址:辽宁省大连市甘井子区凌工路2号
邮　　编:116023
电　　话:0411－84708409－8019
传　　真:0411－84708425

企业名称:上海交大机械工程与自动化研究所
地　　址:上海市徐汇区华山路1954号
邮　　编:200436
电　　话:021－62932641－807
传　　真:021－62932641－807

企业名称:东北大学机械工程与自动化学院
地　　址:辽宁省沈阳市和平区文化路3号巷11号
邮　　编:110004
电　　话:024－83680540

企业名称:西南交通大学机械工程研究所
地　　址:四川省成都市二环北路111号
邮　　编:610031
电　　话:028－87601625
传　　真:028－87601625

企业名称:吉林大学机械工程学院
地　　址:吉林省长春市西民主大街6号南岭校区
邮　　编:130026
电　　话:0431－5095428
传　　真:0431－5095288

企业名称:北京起重运输机械设计研究院起重机械工程部
地　　址:北京市东城区雍和宫大街52号
邮　　编:100007
电　　话:010－64053039
传　　真:010－64052584

企业名称:北京起重运输机械设计研究院物流仓储工程部
地　　址:北京市东城区雍和宫大街52号
邮　　编:100007
电　　话:010－84039035
传　　真:010－64052584

企业名称:北京起重运输机械设计研究院物流运输工程部
地　　址:北京市东城区雍和宫大街52号
邮　　编:100007
电　　话:010－64052585
传　　真:010－64052584

企业名称:洛阳起重机厂
地　　址:河南省洛阳市唐宫东路 10 号
邮　　编:471009
电　　话:0379－63453638
传　　真:0379－63415999

企业名称:山东省淄博生建机械厂
地　　址:山东省淄博市淄川区昆仑镇昆仑路 1 号
邮　　编:255129
电　　话:0533－5787353
传　　真:0533－5780070

企业名称:武汉港机重工有限公司
地　　址:湖北省武汉市汉阳区鹦鹉大道 373 号
邮　　编:430052
电　　话:027－84525462
传　　真:027－84524517

企业名称:江西起重机械总厂
地　　址:江西省樟树市共和东路 82 号
邮　　编:331200
电　　话:0795－7333174
传　　真:0795－7364566

企业名称:上海电力环保设备总厂有限公司
地　　址:上海市虹口区广中路 1001 号
邮　　编:200072
电　　话:021－56655880
传　　真:021－56657888

企业名称:北京佳苏鸿源物流技术研究所
地　　址:北京市东城区方家胡同 46 号松梅宾馆 210 室
邮　　编:100007
电　　话:010－84026658
传　　真:010－84026658

企业名称:武汉港迪机械工程设计有限公司
地　　址:湖北省武汉市武昌区和平大道 1040 号 87 信箱
邮　　编:430063
电　　话:027－68862958
传　　真:027－68862904

企业名称:河南重工起重机集团有限公司
地　　址:河南省新乡市长垣县位庄工业区 6 号
邮　　编:453424
电　　话:0373－8927999
传　　真:0373－8712958

企业名称:广西百色矿山机械厂
地　　址:广西百色市工业园区(六塘内)
邮　　编:533000
电　　话:0776－2770806
传　　真:0776－2770488

企业名称:河南天隆输送装备有限公司
地　　址:河南省新乡市高新技术开发区科隆工业园内
邮　　编:453000
电　　话:0373－5066522
传　　真:0373－5066226

企业名称:合肥迈特机械制造有限责任公司
地　　址:安徽省合肥市望江西路 188 号
邮　　编:230022
电　　话:0551－5584450
传　　真:0551－5584453

企业名称:赤壁俊雕起重机电有限责任公司
地　　址:广东省东莞市黄江镇华城小区中区 604B
邮　　编:523750
电　　话:0755－26463893
传　　真:0755－26464562

企业名称:佛山市南海迪华输送设备有限公司
地　　址:广东省佛山市南海区大沥镇谢边
邮　　编:528231
电　　话:0757－85555554
传　　真:0757－85552145

企业名称:贵阳黔劲运输机械有限责任公司
地　　址:贵州省贵阳市乌当区新添寨新庄
邮　　编:550018
电　　话:0851－6461333
传　　真:0851－6461333

企业名称:秦皇岛市山海关北方博大起重机械有限公司
地　　址:河北省秦皇岛市山海关区关城南路东段
邮　　编:066200
电　　话:0335－5071178
传　　真:0335－5059288

企业名称:唐山矿山设备厂
地　　址:河北省唐山市开平区开平东环路 13 号
邮　　编:063021
电　　话:0315－3363158
传　　真:0315－3361264

企业名称:郑州天力起重设备有限公司
地　　址:河南省郑州市京广北路 84 号附 1 号
邮　　编:450052
电　　话:0371－66961464

传　　真:0371－66988649

企业名称:郑州市华中建筑机械有限公司
地　　址:河南省郑州市上街区工业路 114 号
邮　　编:450041
电　　话:0371－668934862
传　　真:0371－668942180

企业名称:新乡市中原起重电器厂有限公司
地　　址:河南省新乡市长垣县东关工业路
邮　　编:453400
电　　话:0373－8810889
传　　真:0373－8812882

企业名称:武汉市志伟输送机械制造有限公司
地　　址:湖北省武汉市黄陂区泡桐开发区护林岗
邮　　编:430347
电　　话:027－61660613
传　　真:027－61669074

企业名称:武汉丰凡科技开发有限责任公司
地　　址:湖北省武汉市青山区工业一路 6 号
邮　　编:430080
电　　话:027－86879863
传　　真:027－86879863

企业名称:南京科瑞起重输送机械有限责任公司
地　　址:江苏省南京市浦口经济开发区万寿路 1 号
邮　　编:211800
电　　话:025－58194652
传　　真:025－58194651

企业名称:湖北省宜昌市三峡输送机械制造公司
地　　址:湖北省宜昌市西陵区窑湾乡东山村
邮　　编:443000
电　　话:0717－6445067
传　　真:0717－6445067

企业名称:深圳市格蓝德工业自动化设备有限公司
地　　址:广东省深圳市南山区南海大道 2005 号海王大厦
邮　　编:518054
电　　话:0755－26434006
传　　真:0755－27434106

企业名称:长沙中圆重工机械有限公司
地　　址:湖南省长沙市宁乡县新城工业发展园
邮　　编:410600
电　　话:0731－87821958
传　　真:0731－87823499

企业名称:湖州电动滚筒有限公司
地　　址:浙江省湖州市环城西路 605 号
邮　　编:313000
电　　话:0572－2031173
传　　真:0572－2053013

企业名称:阳泉电工机械有限责任公司
地　　址:山西省阳泉市南外路义井段
邮　　编:045000
电　　话:0353－2033451
传　　真:0353－2034938

企业名称:吴江市麒麟起重机械有限公司
地　　址:江苏省苏州市吴江区铜罗镇人民街 20 号
邮　　编:215237
电　　话:0512－63881419
传　　真:0512－63881774

企业名称:河南省东风起重机械有限公司
地　　址:河南省新乡市长垣县工业路 96 号
邮　　编:453400
电　　话:0373－8810220
传　　真:0373－8810386

企业名称:上海锋馥输送机械有限公司
地　　址:上海市奉贤区浦卫公路 8208 号
邮　　编:201417
电　　话:021－57451879
传　　真:021－57452792

企业名称:西安神力起重运输机械有限公司
地　　址:陕西省西安市新四路高科广场 D 座 1 号楼 18 层
邮　　编:710075
电　　话:029－84288254
传　　真:029－84204345

企业名称:无锡石油化工起重机有限公司
地　　址:江苏省无锡市惠山新区长安张村路 9 号
邮　　编:214178
电　　话:0510－83592637
传　　真:0510－83591226

企业名称:成都三江起重机制造有限公司
地　　址:四川省成都市金堂县三中园区工业新区西一横路
邮　　编:610400
电　　话:028－84998583
传　　真:028－84998582

企业名称:鞍山市起重机械厂

地　　址:辽宁省鞍山市立山区奖工街1号
邮　　编:114033
电　　话:0412 – 6619166
传　　真:0412 – 6600118

企业名称:开封起重机有限公司
地　　址:河南省开封市周天路西段6号
邮　　编:475004
电　　话:0378 – 2536388
传　　真:0378 – 2536387

企业名称:威信自动化设备有限公司
地　　址:江苏省昆山市周市镇新镇金龙路170号
邮　　编:215337
电　　话:0512 – 57666666
传　　真:0512 – 57666777

企业名称:上海大力神悬挂输送机械有限公司
地　　址:上海市北新区江场西路200号甲
邮　　编:200436
电　　话:021 – 56652356
传　　真:021 – 56652356

企业名称:上海海希工业通讯设备有限公司
地　　址:上海市徐汇区田林路388号新业大楼1026 – 1033室
邮　　编:200233
电　　话:021 – 54902525
传　　真:021 – 54902626

企业名称:上海港能机电技术有限公司
地　　址:上海市浦东新区世纪大道1500号东方大厦820室
邮　　编:200122
电　　话:021 – 58357411
传　　真:021 – 58357456 – 24

企业名称:常州市潞城常东塑料五金厂
地　　址:江苏省常州市潞城镇李唐村
邮　　编:213025
电　　话:0519 – 88402188
传　　真:0519 – 88400668

企业名称:江苏省泰州鑫光机械制造有限公司
地　　址:江苏省泰州市凤凰西路79号
邮　　编:225300
电　　话:0523 – 86848779
传　　真:0523 – 86845688

企业名称:韩国高丽制钢株式会社北京代表处
地　　址:北京市朝阳区建国门外大街19号国际大厦19 – 5A室
邮　　编:100004
电　　话:010 – 65931833
传　　真:010 – 65931876

企业名称:长沙第三机床厂
地　　址:湖南省长沙市韶山中路376号
邮　　编:410007
电　　话:0731 – 85531529
传　　真:0731 – 85538196

企业名称:岳阳强力电磁设备有限公司
地　　址:湖南省岳阳市花板桥137号信箱
邮　　编:414000
电　　话:0730 – 8638729
传　　真:0730 – 8636523

企业名称:霸州市格林电器有限公司
地　　址:河北省霸州市经济技术开发区迎宾道1号
邮　　编:065700
电　　话:0316 – 7950521
传　　真:0316 – 7950522

企业名称:大连众益电气工程有限公司
地　　址:辽宁省大连市沙河口区民政街417号B座10 – 3号
邮　　编:116021
电　　话:0411 – 84519311
传　　真:0411 – 84518435

企业名称:平凉市荣康实业有限责任公司
地　　址:甘肃省平凉市崆峒区西郊本义经济开发区312国道南
邮　　编:744000
电　　话:0933 – 8711841
传　　真:0933 – 8718305

企业名称:宁波莱斯特传动设备制造有限公司
地　　址:浙江省宁波市江北区庄桥车站对面
邮　　编:315032
电　　话:0574 – 87560766
传　　真:0574 – 87560966

企业名称:河南奔宇电机有限公司
地　　址:河南省新乡市长垣县南关工业区
邮　　编:453400
电　　话:0373 – 8898200
传　　真:0373 – 8856125

企业名称:天津市顺捷机械有限公司
地　　址:天津市河西区解放南路459号增18号
邮　　编:300120
电　　话:022－28237255
传　　真:022－23976330

企业名称:深圳市测力佳控测技术有限公司
地　　址:广东省深圳市南山区雨油天安工业区5座8A
邮　　编:518054
电　　话:0755－26416796
传　　真:0755－26052242

企业名称:陕西宝鸡第二发电有限责任公司
地　　址:陕西省宝鸡市凤翔县长青镇石头坡
邮　　编:721405
电　　话:0917－3815051
传　　真:0917－3815051

企业名称:华能国际电力开发公司北京分公司
地　　址:北京市朝阳区高碑店路
邮　　编:100023
电　　话:010－87737817
传　　真:010－87737817

企业名称:南京瑞昌物流有限公司
地　　址:江苏省南京市白下区苜蓿园大街66号15－204
邮　　编:210007
电　　话:025－84381490
传　　真:025－84381490

企业名称:深圳赤湾港航股份有限公司港务本部
地　　址:广东省深圳市南山区赤湾二路5号
邮　　编:518068
电　　话:0755－26817658
传　　真:0755－26684567

企业名称:中国石化集团上海工程有限公司
地　　址:上海市浦东新区张杨路769号
邮　　编:200120
电　　话:021－58366600
传　　真:021－58354176

企业名称:南京港惠宁码头有限责任公司
地　　址:江苏省南京市新生圩1号
邮　　编:210038
电　　话:025－58584313
传　　真:025－58584313

桥式起重机

企业名称:上海起重运输机械厂有限公司
地　　址:上海市嘉定区安亭镇昌吉路28号
邮　　编:201805
电　　话:021－65564735
传　　真:021－56639864

企业名称:大连重工·起重集团有限公司
地　　址:辽宁省大连市西岗区八一路169号
邮　　编:116013
电　　话:0411－86852166
传　　真:0411－86852222

企业名称:卫华集团有限公司
地　　址:河南省新乡市长垣县文明西路工业园区
邮　　编:453400
电　　话:0373－8887699
传　　真:0373－8887646

企业名称:太原重工股份有限公司
地　　址:山西省太原市万柏林区玉河街53号
邮　　编:030024
电　　话:0351－6362824
传　　真:0351－6362554

企业名称:北京起重运输机械设计研究院起重机械工程部
地　　址:北京市东城区雍和宫大街52号
邮　　编:100007
电　　话:010－64053039
传　　真:010－84037436

企业名称:株洲天桥起重机股份有限公司
地　　址:湖南省株洲市田心北门
邮　　编:412001
电　　话:0731－28462032
传　　真:0731－28462033

企业名称:山起重型机械股份公司
地　　址:山东省青州市昭德北路2198号
邮　　编:262515
电　　话:0536－3203038
传　　真:0536－3203037

企业名称:广州起重机械有限公司
地　　址:广东省广州市花都区花东镇花都大道北28号
邮　　编:510405
电　　话:020－86798891
传　　真:020－86796828

企业名称:河南省矿山起重机有限公司
地　　址:河南省新乡市长垣县长恼工业区
邮　　编:453400

电　　话:0373－8735555
传　　真:0373－8735555

企业名称:江苏象王起重机有限公司
地　　址:江苏省盐城市建湖开发区明珠东路1号
邮　　编:224700
电　　话:0515－86317221
传　　真:0515－86317221

企业名称:宁夏天地奔牛银起设备有限公司
地　　址:宁夏银川市西夏区金波南街160号
邮　　编:750021
电　　话:0951－5615026
传　　真:0951－3067126

企业名称:武汉钢铁重工集团冶金重工有限公司
地　　址:湖北省武汉市青山区厂前街青王路9号
邮　　编:430083
电　　话:027－86303703
传　　真:027－86865751

企业名称:重庆起重机厂有限公司
地　　址:重庆市九龙坡区中梁山人和场
邮　　编:400052
电　　话:023－65269394
传　　真:023－65258916

企业名称:南京起重机械总厂有限公司
地　　址:江苏省南京市浦口区泰冯路62号
邮　　编:210011
电　　话:025－58842388
传　　真:025－58841693

企业名称:洛阳起重机厂
地　　址:河南省洛阳市老城区唐宫东路10号
邮　　编:471009
电　　话:0379－63415918
传　　真:0379－63415999

企业名称:常州市常欣电子衡器有限公司
地　　址:江苏省常州市中凉亭
邮　　编:213001
电　　话:0519－86643942
传　　真:0519－86640473

企业名称:杭州起重机有限公司
地　　址:浙江省杭州市滨江区滨安路1181号
邮　　编:311112
电　　话:0571－88747563
传　　真:0571－88747388

企业名称:黑龙江富锦富华起重机有限公司
地　　址:黑龙江省富锦市富福路西段
邮　　编:156101
电　　话:0454－2350200
传　　真:0454－2349210

企业名称:柳州起重机器有限公司
地　　址:广西柳州市荣军路226号
邮　　编:545005
电　　话:0772－3117615
传　　真:0772－3117615

企业名称:德马格起重机械(上海)有限公司
地　　址:上海市奉贤区叶庄公路125号
邮　　编:201415
电　　话:021－37182205
传　　真:021－57464558

企业名称:河南豫飞重工集团有限公司
地　　址:河南省新乡市新飞大道北段81号
邮　　编:453002
电　　话:0373－3321000
传　　真:0373－3321906

企业名称:辽宁清原第一缓冲器制造有限公司
地　　址:辽宁省抚顺市146信箱
邮　　编:113103
电　　话:024－53022438
传　　真:024－53020828

企业名称:云南冶金昆明重工有限公司
地　　址:云南省昆明市茨坝路31号
邮　　编:650203
电　　话:0871－6085085
传　　真:0871－6085285

企业名称:江苏泰隆减速机股份有限公司
地　　址:江苏省泰兴市大庆东路88号
邮　　编:225400
电　　话:0523－87668088
传　　真:0523－87665426

企业名称:湖北银轮起重机械股份有限公司
地　　址:湖北省赤壁市河北大道170号
邮　　编:437300
电　　话:0715－5337928
传　　真:0715－5337966

企业名称:辽宁恒泰重机有限公司
地　　址:辽宁省本溪市明山区文化路14号

邮　　编:117022
电　　话:0414－4845903
传　　真:0414－4829202

企业名称:河南省郑起起重设备有限公司
地　　址:河南省郑州市化工路158号
邮　　编:450066
电　　话:0371－67848168
传　　真:0371－67848299

企业名称:新乡市中原起重电器厂有限公司
地　　址:河南省新乡市长垣县东关工业区工业路
邮　　编:453400
电　　话:0373－8810889
传　　真:0373－8812882

企业名称:河南省东风起重机械有限公司
地　　址:河南省新乡市长垣县工业路96号
邮　　编:453400
电　　话:0373－8814223
传　　真:0373－8814996

企业名称:广东永通起重机械实业有限公司
地　　址:广东省顺德市陈村镇潭村工业区三路
邮　　编:528313
电　　话:0757－23329912
传　　真:0757－23833832

企业名称:石家庄市动力机械厂
地　　址:河北省石家庄市良村经济开发区三峡路23号
邮　　编:052165
电　　话:0311－86087072
传　　真:0311－88080711

企业名称:河南重工起重机集团有限公司
地　　址:河南省新乡市长垣县魏庄工业园区6号
邮　　编:453424
电　　话:0373－8927999
传　　真:0373－8927999

企业名称:河南华东起重机集团有限公司
地　　址:河南省新乡市长垣县魏庄工业区
邮　　编:453424
电　　话:0373－8619880
传　　真:0373－8619880

企业名称:江西起重机械总厂
地　　址:江西省樟树市共和东路82号
邮　　编:331200
电　　话:0795－7364266
传　　真:0795－7364566

企业名称:浙江众擎起重机械制造有限公司
地　　址:浙江省诸暨市城西工业区
邮　　编:311800
电　　话:0575－87385688
传　　真:0575－87387610

企业名称:无锡新大力电机有限公司
地　　址:江苏省无锡市长安镇
邮　　编:214177
电　　话:0510－83761037
传　　真:0510－83621022

企业名称:丹东振安建工机械有限公司
地　　址:辽宁省丹东市振安区鸭绿江村89号
邮　　编:118003
电　　话:0415－3147945
传　　真:0415－4188606

企业名称:四川川起起重设备有限公司
地　　址:四川省成都市金堂县赵镇赵杨路西段666号
邮　　编:610400
电　　话:028－84932244
传　　真:028－84932244

企业名称:通化市起重运输机械制造有限责任公司
地　　址:吉林省通化市保安路2369号
邮　　编:134000
电　　话:0435－3617315
传　　真:0435－3617752

企业名称:山东安信起重设备有限公司
地　　址:山东省新泰市羊流工业区
邮　　编:271208
电　　话:0538－7440328
传　　真:0538－7444617

企业名称:江苏三马起重机械制造有限公司
地　　址:江苏省靖江市城南园区江防西路3号
邮　　编:214500
电　　话:0523－84866933
传　　真:0523－856778610

企业名称:新乡市起重设备厂有限责任公司
地　　址:河南省新乡市红旗区南干道111号
邮　　编:453003
电　　话:0373－3054082
传　　真:0373－3058094

企业名称:中原圣起有限公司
地　　址:河南省新乡市长垣县魏庄工业园区 1 号
邮　　编:453424
电　　话:0373 - 8710562
传　　真:0373 - 8711808

企业名称:芜湖起重运输机器有限公司
地　　址:安徽省芜湖市长江路 132 号
邮　　编:241001
电　　话:0553 - 5855088
传　　真:0553 - 5852711

企业名称:河南豫中起重集团有限公司
地　　址:河南省新乡市长垣县城南工业区
邮　　编:453424
电　　话:0373 - 8791368
传　　真:0373 - 8791898

企业名称:新乡市中原起重机械总厂有限公司
地　　址:河南省新乡市长垣县东关工业区
邮　　编:453400
电　　话:0373 - 8814682
传　　真:0373 - 8810258

企业名称:新疆通用机械有限公司
地　　址:新疆乌鲁木齐市米东区振兴南路 469 号
邮　　编:831400
电　　话:0991 - 6868164
传　　真:0991 - 6868968

企业名称:河南省新乡市矿山起重机有限公司
地　　址:河南省新乡市长恼工业区
邮　　编:453423
电　　话:0373 - 8732008
传　　真:0373 - 8732014

企业名称:浙江通力重型齿轮股份有限公司
地　　址:浙江省瑞安市林垟工业区
邮　　编:325207
电　　话:0577 - 65599838
传　　真:0577 - 65598888

企业名称:上海豪力起重机械有限公司
地　　址:上海市浦东新区凌白公路 1128 号
邮　　编:201201
电　　话:021 - 58971138
传　　真:021 - 58971159

企业名称:温州合力建设机械有限公司
地　　址:浙江省温州市平阳县鳌江镇鳌江大道 390 号
邮　　编:325401
电　　话:0577 - 63196610
传　　真:0577 - 63196610

企业名称:宁波市凹凸重工有限公司
地　　址:浙江省宁波市鄞县大道与机场路交汇处
邮　　编:315176
电　　话:0574 - 88008778
传　　真:0574 - 88008779

企业名称:焦作制动器股份有限公司
地　　址:河南省焦作市博爱县发展大道 1688 号
邮　　编:454000
电　　话:0391 - 2931288
传　　真:0391 - 2924446

企业名称:宁波东力传动设备股份有限公司
地　　址:浙江省宁波市江北区国有园区 C 区苏湖路 1 号
邮　　编:315033
电　　话:0574 - 87587777
传　　真:0574 - 88388889

企业名称:河南华北起重吊钩有限公司
地　　址:河南省新乡市长垣县位庄工业区
邮　　编:453424
电　　话:0373 - 8791377
传　　真:0373 - 8710583

企业名称:奔宇电机集团有限公司
地　　址:河南省新乡市长垣县起重工业园纬二路西段
邮　　编:453400
电　　话:0373 - 8622311
传　　真:0373 - 8622313

企业名称:郑州凯澄起重设备有限公司
地　　址:河南省郑州市新郑双湖开发区磨河桥南
邮　　编:451191
电　　话:0371 - 62579688
传　　真:0371 - 62575699

企业名称:甘肃省定西起重机厂有限责任公司
地　　址:甘肃省定西市安定区焦家坡新村 3 号
邮　　编:743000
电　　话:0932 - 8216532
传　　真:0932 - 8221013

企业名称:青岛立邦达工控技术有限公司
地　　址:山东省青岛市城阳区高新科技园锦业路 1 号 A4 栋
邮　　编:266033

电　　话:0532 - 58717660
传　　真:0532 - 58717670

企业名称:泰星减速机股份有限公司
地　　址:江苏省泰兴市姚王镇
邮　　编:225402
电　　话:0523 - 87635681
传　　真:0523 - 87635683

企业名称:武汉力威起重机制造有限公司
地　　址:湖北省武汉市武昌区张家湾
邮　　编:430065
电　　话:027 - 88117256
传　　真:027 - 88117256

企业名称:常州常矿起重机械有限公司
地　　址:江苏省常州市武进高新区凤鸣路 18 - 2 号
邮　　编:213119
电　　话:0519 - 88609206
传　　真:0519 - 88609203

企业名称:常州市潞城常东塑料五金厂
地　　址:江苏省常州市潞城镇潞横路中段
邮　　编:213025
电　　话:0519 - 88402188
传　　真:0519 - 88400668

企业名称:上海市黄渡起重机械厂
地　　址:上海市嘉定区黄渡镇曹安路 21 号桥东首
邮　　编:201804
电　　话:021 - 59596451
传　　真:021 - 59595138

企业名称:山东省生建重工有限责任公司
地　　址:山东省淄博市淄川区昆仑镇昆仑路 1 号
邮　　编:255129
电　　话:0533 - 5787381
传　　真:0533 - 5780070

企业名称:西安起重机械厂
地　　址:陕西省西安市西郊红光路 72 号
邮　　编:710077
电　　话:029 - 84241596
传　　真:029 - 84251072

企业名称:大连起重矿山机械有限公司
地　　址:辽宁省大连市甘井子区营口路 10 号
邮　　编:116036
电　　话:0411 - 86704818
传　　真:0411 - 86704184

企业名称:上海伯瑞制动器有限公司
地　　址:上海市奉贤区奉城镇东街 98 号
邮　　编:201411
电　　话:021 - 57522358
传　　真:021 - 57522350

企业名称:江西特种电机股份有限公司
地　　址:江西省宜春市东风大街 10 号
邮　　编:336000
电　　话:0795 - 3285285
传　　真:0795 - 3263554

企业名称:上海雄风起重设备厂有限公司
地　　址:上海市松江区佘北公路 2199 号
邮　　编:201602
电　　话:021 - 57796242
传　　真:021 - 57792656

企业名称:宝鼎重工股份有限公司
地　　址:浙江省杭州市郊塘栖镇一号桥南
邮　　编:311106
电　　话:0571 - 86380888
传　　真:0571 - 86380688

企业名称:常州市海之杰港口起重机设备有限公司
地　　址:江苏省常州市新区汤庄叶汤公路
邮　　编:213133
电　　话:0519 - 83205268
传　　真:0519 - 83205568

企业名称:天津津起起重设备有限公司
地　　址:天津市津南区葛沽镇
邮　　编:300352
电　　话:022 - 28682369
传　　真:022 - 28682369

企业名称:浙江阳弋电器有限公司
地　　址:浙江省台州市三门县海游镇沙田洋经济开发区
邮　　编:317100
电　　话:0576 - 83337758
传　　真:0576 - 83373755

企业名称:浙江立新起重开关厂
地　　址:浙江乐清市柳市镇柳黄路 1658 号西仁宕工业区
邮　　编:325604
电　　话:0577 - 62718111
传　　真:0577 - 62718999

企业名称:大连辽南起重机器厂
地　　址:辽宁省大连市旅顺口区水师营镇

邮　　编:116065
电　　话:0411－86233046
传　　真:0411－86233046

企业名称:中外合资无锡天宝电机有限公司
地　　址:江苏省无锡市玉祁镇锡玉路38号
邮　　编:214183
电　　话:0510－83880261
传　　真:0510－83889752

企业名称:河南省中原起重机械总厂
地　　址:河南省新乡市长垣县文明路402号
邮　　编:453400
电　　话:0373－8810848
传　　真:0373－8813875

企业名称:常州武进起重电器有限公司
地　　址:江苏省常州市武进区横林镇莲蓉村
邮　　编:213103
电　　话:0519－88501043
传　　真:0519－88501298

企业名称:河南省飞马起重机械有限公司
地　　址:河南省新乡市长垣县魏庄工业园区纬五东路
邮　　编:453400
电　　话:0373－8712222
传　　真:0373－8711976

企业名称:江阴真良机械有限公司
地　　址:江苏省江阴市利港镇
邮　　编:214444
电　　话:0510－86636637
传　　真:0510－86636637

企业名称:郑州市大林机械有限公司
地　　址:河南省郑州市荥阳市京城北路7号
邮　　编:450100
电　　话:0371－64601631
传　　真:0371－64607555

企业名称:昌乐县东田聚氨酯厂
地　　址:山东省潍坊市昌乐县红河镇大宅科
邮　　编:262413
电　　话:0536－6973111
传　　真:0536－6972555

企业名称:天水长城控制电器厂起重电气设备厂
地　　址:甘肃省天水市秦城区南廓路11号
邮　　编:741018
电　　话:0938－8383411
传　　真:0938－8383411

企业名称:新乡克瑞重型机械科技股份有限公司
地　　址:河南省新乡市长垣县华垣路西段
邮　　编:453400
电　　话:0373－8887988
传　　真:0373－8887999

企业名称:新乡市广增起重设备有限公司
地　　址:河南省新乡市长垣县长恼工业区
邮　　编:453423
电　　话:0373－8639183
传　　真:0373－8639488

企业名称:山东烟起起重设备有限公司
地　　址:山东省烟台市福山区福海路141号
邮　　编:265500
电　　话:0535－6362473
传　　真:0535－6367663

企业名称:上海神安起重运输机械制造有限公司
地　　址:上海市青浦区西岑莲西路4398号
邮　　编:201721
电　　话:0391－59294306
传　　真:0391－59295355

企业名称:焦作市长江制动器有限公司
地　　址:河南省焦作市武陟县大司马工业区888号
邮　　编:454981
电　　话:0391－7517888
传　　真:0391－7515658

企业名称:焦作市制动器开发有限公司
地　　址:河南省焦作市武陟工业园
邮　　编:454950
电　　话:0391－7268818
传　　真:0391－7268019

企业名称:南京开关厂有限公司
地　　址:江苏省南京市江宁区滨江开发区绣秀王路2号
邮　　编:210078
电　　话:025－86106952
传　　真:025－86106515

企业名称:泰兴市华东减速机制造有限公司
地　　址:江苏省泰兴市鑫泰路318号
邮　　编:225400
电　　话:0523－87694282
传　　真:0523－87694337

企业名称:无锡市宏泰起重电机有限公司
地　　址:江苏省无锡市惠山区前州镇园区万寿路17号
邮　　编:214181
电　　话:0510－83392288
传　　真:0510－83395888

企业名称:新乡市鹏升起重设备有限公司
地　　址:河南省新乡市长垣县位梁工业区
邮　　编:453424
电　　话:0373－8719619
传　　真:0373－8719398

企业名称:施耐德电气(中国)投资有限公司
地　　址:上海市宜山路1009号创新大厦15楼
邮　　编:200233
电　　话:021－62848800
传　　真:021－62848800

企业名称:江苏太兴隆减速机有限公司
地　　址:江苏省泰兴市城区科技工业园
邮　　编:225400
电　　话:0523－87996888
传　　真:0523－87996999

企业名称:开封起重机有限公司
地　　址:河南省开封市经济技术开发区周天路西段6号
邮　　编:475004
电　　话:0378－2521555
传　　真:0378－2536387

企业名称:泰兴市泰宏减速机制造有限公司
地　　址:江苏省泰兴市姚王镇大庆东路999号
邮　　编:225400
电　　话:0523－87548779
传　　真:0523－87540655

企业名称:无锡石油化工起重机有限公司
地　　址:江苏省无锡市惠山区长安张村路9号
邮　　编:214178
电　　话:0510－83592637
传　　真:0510－83591226

企业名称:中国长江航运集团电机厂
地　　址:湖北省武汉市江夏区藏龙岛科技园九凤街5号
邮　　编:430205
电　　话:027－81977307
传　　真:027－87801309

企业名称:焦作市虹桥制动器有限公司
地　　址:河南省焦作市武陟县虹桥工业区18号
邮　　编:454981
电　　话:0391－7541888
传　　真:0391－7541666

企业名称:中国有色(沈阳)冶金机械有限公司
地　　址:辽宁省沈阳市经济技术开发区沈辽路2号
邮　　编:110141
电　　话:024－25285707
传　　真:024－25378205

企业名称:上海嘉庆轴承制造有限公司
地　　址:上海市闸北区普善路239弄19号101室
邮　　编:200070
电　　话:021－56559515
传　　真:021－56559517

企业名称:河南省远征起重机械有限公司
地　　址:河南省新乡市长垣县位庄工业区南
邮　　编:453400
电　　话:0373－8611999
传　　真:0373－8611997

企业名称:河南省盛达起重机械有限公司
地　　址:河南省新乡市长垣县长恼工业区
邮　　编:453423
电　　话:0373－8731356
传　　真:0373－8731355

企业名称:河南省力源重型起重机公司
地　　址:河南省新乡市长垣县位庄工业园区
邮　　编:453424
电　　话:0373－8710919
传　　真:0373－8710919

企业名称:江苏锦友减速机制造有限公司
地　　址:江苏省泰兴市鑫泰路316号
邮　　编:225400
电　　话:0523－87692335
传　　真:0523－87694775

企业名称:上海宝松重型机械工程有限公司
地　　址:上海市宝山区盘古路732号
邮　　编:201900
电　　话:021－56698880
传　　真:021－56690455

企业名称:无锡大力起重机械有限公司
地　　址:江苏省无锡市华清路148号
邮　　编:214124
电　　话:0510－85628988

传　　真:0510－85627005

企业名称:淄博九州润滑科技有限公司
地　　址:山东省淄博市高新区万杰路 121 号
邮　　编:255086
电　　话:0533－4548567
传　　真:0533－4546336

企业名称:淄博博山益杰机械有限公司
地　　址:山东省淄博市经济开发区南邻
邮　　编:255213
电　　话:0533－4658626
传　　真:0533－4658727

企业名称:江西飞达电器设备有限公司
地　　址:江西省宜春市工业园区长青大道
邮　　编:336000
电　　话:0795－2192198
传　　真:0795－3245060

企业名称:山东泰峰起重设备制造有限公司
地　　址:山东省新泰市羊流工业区
邮　　编:271208
电　　话:0538－7442272
传　　真:0538－7442858

企业名称:山东光明起重机械有限公司
地　　址:山东省新泰市羊流工业区
邮　　编:271208
电　　话:0538－7442429
传　　真:0538－7442118

企业名称:山东泰山起重机械有限公司
地　　址:山东省新泰市羊流工业区
邮　　编:271208
电　　话:0538－7442312
传　　真:0538－7442366

企业名称:江苏格雷特起重机械有限公司
地　　址:江苏省通州市平潮镇沿江工业园华能路 58 号
邮　　编:226361
电　　话:0513－86725777
传　　真:0513－86725777

企业名称:山东柳杭减速机有限公司
地　　址:山东省淄博市博山区水河路中段
邮　　编:255200
电　　话:0533－4266859
传　　真:0533－4182198

企业名称:淄博市博山起重机器厂
地　　址:山东省淄博市博山区白塔镇小庄村 17 号
邮　　编:255202
电　　话:0533－4680509
传　　真:0533－4680509

企业名称:南京特种电机厂有限公司
地　　址:江苏省南京市六合区雄州东路 289 号
邮　　编:211500
电　　话:025－57512565
传　　真:025－57512565

企业名称:湖北鄂南起重运输机械有限公司
地　　址:湖北省赤壁市经济开发区起重工业园
邮　　编:437300
电　　话:0715－5250777
传　　真:0715－5250326

企业名称:江苏宏达起重电机有限公司
地　　址:江苏省无锡市惠山区前州镇开发区惠和路 3 号
邮　　编:214181
电　　话:0510－83396666
传　　真:0510－83396666

企业名称:山东华通机械有限公司
地　　址:山东省新泰市羊流工业区
邮　　编:271208
电　　话:0538－7442393
传　　真:0538－7442393

企业名称:山东开元重型机械有限公司
地　　址:山东省新泰市羊流工业区
邮　　编:271208
电　　话:0538－7443936
传　　真:0538－7443936

企业名称:云南劲力重型机器有限公司
地　　址:云南省安宁市昆钢金泰物流园区
邮　　编:650238
电　　话:0871－8712750
传　　真:0871－8712749

企业名称:河南省中威金属制品有限公司
地　　址:河南省新乡市长垣县长城大道 199 号
邮　　编:453400
电　　话:0373－8885868
传　　真:0373－8885868

企业名称:上海海希工业通讯设备有限公司
地　　址:上海市田林路 388 号 1026－1033 室

邮　　编:200233
电　　话:021－54902525
传　　真:021－54902525

企业名称:河北金马矿山机械集团公司
地　　址:河北省遵化市东新庄镇
邮　　编:064209
电　　话:0315－6999117
传　　真:0315－6999117

企业名称:常州达卡重工机械制造有限公司
地　　址:江苏省常州市新北区薛冶路20号
邮　　编:213000
电　　话:0519－85135677
传　　真:0519－85135627

企业名称:无锡市安特防爆机电制造有限公司
地　　址:江苏省无锡市惠山区长安新乐园
邮　　编:214177
电　　话:0510－83620477
传　　真:0510－83622120

企业名称:湖北蒲圻起重机械有限公司
地　　址:湖北省赤壁市经济开发区起重机械工业园区
邮　　编:437300
电　　话:0715－5250377
传　　真:0715－5250489

企业名称:咸宁起重机械有限公司
地　　址:湖北省咸宁市巨宁大道56号
邮　　编:437000
电　　话:0715－8343666
传　　真:0715－8343666

企业名称:河南省宏业起重设备有限公司
地　　址:河南省新乡市长垣县长恼工业区
邮　　编:453423
电　　话:0373－8639350
传　　真:0373－8639350

企业名称:重庆金象起重设备制造有限公司
地　　址:重庆市江津区德感工业园18号
邮　　编:402284
电　　话:023－87063693
传　　真:023－87063693

企业名称:焦作市长控液压制动器有限公司
地　　址:河南省新乡市武陟县文化路东段08号
邮　　编:454950
电　　话:0391－7260558
传　　真:0391－7260558

企业名称:湖北省咸宁三合机电制造有限责任公司
地　　址:湖北省咸宁市咸安区同心路138号
邮　　编:437000
电　　话:0715－8322725
传　　真:0715－8322725

企业名称:无锡市安能滑触电器有限公司
地　　址:江苏省无锡市锡山区东北塘镇农坝村
邮　　编:214191
电　　话:0510－83776272
传　　真:0510－83776272

企业名称:江阴市兴科起重机械有限公司
地　　址:江苏省江阴市申港镇申港村工业园
邮　　编:214443
电　　话:0510－86621891
传　　真:0510－86621891

企业名称:河南华豫起重集团有限公司
地　　址:河南省新乡市长垣县起重工业园区华豫大道
邮　　编:453400
电　　话:0373－8717666
传　　真:0373－8717555

企业名称:四平市海格起重机器制造有限公司
地　　址:吉林省四平市红嘴开发区兴红路1515号
邮　　编:136000
电　　话:0434－5016806
传　　真:0434－5016816

企业名称:河南振强起重机械有限公司
地　　址:河南省新乡市长垣县恼里镇碱场工业区
邮　　编:453400
电　　话:0373－8639293
传　　真:0373－8639293

企业名称:河南诚信起重设备有限公司
地　　址:河南省新乡市长垣县起重机工业园区
邮　　编:453400
电　　话:0373－8927066
传　　真:0373－8928878

企业名称:江苏沃得起重机有限公司
地　　址:江苏省镇江市丹徒新区勤政南路
邮　　编:212143
电　　话:0511－85935166
传　　真:0511－85935226

企业名称:武汉正通传动器材有限责任公司
地　　址:湖北省武汉市黄陂区厂横店正通大道 99 号
邮　　编:430301
电　　话:027－84674487
传　　真:027－84631790

企业名称:上海共久电气有限公司
地　　址:上海市松江区石湖荡镇育新路 128 号－8
邮　　编:201617
电　　话:0577－88411459
传　　真:0577－88411817

企业名称:上海美绿起重设备有限公司
地　　址:上海市崇明县港沿镇富强路 807 号
邮　　编:202158
电　　话:021－59465126
传　　真:021－66206651

企业名称:无锡市新宏达电机有限公司
地　　址:江苏省无锡市惠山区玉祁民主新桥
邮　　编:214183
电　　话:0510－80226838
传　　真:0510－80226818

企业名称:河南省新科起重机有限公司
地　　址:河南省新乡市长垣县起重机工业园区纬七路
邮　　编:453400
电　　话:0373－8622113
传　　真:0373－8622113

企业名称:江西冠华重工机械有限公司
地　　址:江西省宜春市环城南路 599 号
邮　　编:336000
电　　话:0795－3248111
传　　真:0795－3241888

企业名称:江西省宜春市建达安全装置设备有限公司
地　　址:江西省宜春市明月南路 267 号
邮　　编:336000
电　　话:0795－7040312
传　　真:0795－7040312

企业名称:南通力威机械有限公司
地　　址:江苏省如皋市如城镇
邮　　编:226522
电　　话:0513－87268999
传　　真:0513－87268999

企业名称:江苏省泰宇减速机有限公司
地　　址:江苏省泰兴市姚王镇石桥村工业园
邮　　编:225402
电　　话:0523－87540099
传　　真:0523－87540099

企业名称:上海申江锻造有限公司
地　　址:上海市嘉定区曹安公路 16 号桥南
邮　　编:201812
电　　话:021－69134181
传　　真:021－69134181

企业名称:天津重钢机械装备股份有限公司
地　　址:天津市塘沽区厦门路 139 号
邮　　编:300459
电　　话:022－25211535
传　　真:022－25211535

企业名称:烟台天府起重设备制造有限公司
地　　址:山东省烟台市福山区上庄路 81 号
邮　　编:265500
电　　话:0535－6331648
传　　真:0535－6331648

企业名称:南京一嘉起重机械制造有限公司
地　　址:江苏省南京市栖霞区靖安街道飞花工园
邮　　编:210059
电　　话:025－85738622
传　　真:025－85738622

企业名称:诸暨劼力起重吊索具有限公司
地　　址:浙江省诸暨市人民中路 75 号
邮　　编:311800
电　　话:0575－88791616
传　　真:0575－88791616

企业名称:杭州浙起机械有限公司
地　　址:浙江省杭州市拱墅工业园区康惠路 1 号
邮　　编:310015
电　　话:0571－86331468
传　　真:0571－86331468

企业名称:河南省发达起重机有限公司
地　　址:河南省新乡市长垣县起重机工业园区
邮　　编:453400
电　　话:0373－8791378
传　　真:0373－8791378

企业名称:象山万邦电器有限公司
地　　址:浙江省宁波市象山县城东工业园望海路 5 号
邮　　编:315700
电　　话:0574－65626626

传　　真:0574－65626626

企业名称:河南省盛华起重机有限公司
地　　址:河南省新乡市长垣县起重机工业园区
邮　　编:453400
电　　话:0373－8712503
传　　真:0373－8712503

企业名称:新乡市志远起重配件厂
地　　址:河南省新乡市长垣县起重机工业园区
邮　　编:453400
电　　话:0373－8615167
传　　真:0373－8615167

企业名称:河南新起腾升起重设备有限公司
地　　址:河南省新乡市榆东产业聚集区
邮　　编:453000
电　　话:0373－7722088
传　　真:0373－7722088

企业名称:河南恒达机电设备有限公司
地　　址:河南省新乡市长垣县起重机工业园区纬四路
邮　　编:453424
电　　话:0373－8615219
传　　真:0373－8615319

企业名称:绍兴起重机总厂
地　　址:浙江省绍兴市袍江新区洋江东路 38 号
邮　　编:312000
电　　话:0575－88265977
传　　真:0575－88265977

企业名称:江阴市起重运输机械有限公司
地　　址:江苏省江阴市申港街道申新路 33 号
邮　　编:214443
电　　话:0510－86621524
传　　真:0510－86621524

企业名称:四川合起起重设备有限公司
地　　址:四川省成都市金堂县清江镇双江社区 4 组
邮　　编:610400
电　　话:028－84901618
传　　真:028－84903300

企业名称:成都三江起重机制造有限公司
地　　址:四川省成都市金堂县三中园区钢城路西段
邮　　编:610400
电　　话:028－84934393
传　　真:028－84934393

企业名称:江西华伍制动器股份有限公司
地　　址:江西省丰城市工业园区新梅路 7 号
邮　　编:331100
电　　话:0795－6203200
传　　真:0795－6203200

企业名称:郑州市华中路桥设备有限公司
地　　址:河南省郑州市上街区洛宁路 88 号
邮　　编:450041
电　　话:0371－68117266
传　　真:0371－68117258

企业名称:唐山沧达电缆有限公司
地　　址:河北省唐山市复兴路 54 号
邮　　编:063000
电　　话:0315－2863232
传　　真:0315－5933210

企业名称:长沙起重机厂有限公司
地　　址:湖南省长沙市韶山南路 123 号
邮　　编:410004
电　　话:0731－885590525
传　　真:0731－87807779

企业名称:天津市百业机械制造有限公司
地　　址:天津市东丽区民族路 2 号
邮　　编:300300
电　　话:022－84893995
传　　真:022－84893985

企业名称:江苏金长城减速机有限公司
地　　址:江苏省泰兴市经济开发区城东工业园
邮　　编:225400
电　　话:0523－87700018
传　　真:0523－87552788

企业名称:成都起重机械厂
地　　址:四川省成都市金牛区天回镇
邮　　编:610083
电　　话:028－82572910
传　　真:028－82572910

企业名称:湖北创新电气有限公司
地　　址:湖北省宜昌市伍家岗临江坪科技园
邮　　编:443000
电　　话:0717－6572252
传　　真:0717－6572252

企业名称:浙江欧迈特减速机械有限公司
地　　址:浙江省温州市平阳县宋桥镇工业园

邮　　编:325409
电　　话:0577 – 63770881
传　　真:0577 – 63775678

企业名称:新乡市起重机厂有限公司
地　　址:河南省新乡市南环路东 1 号
邮　　编:453003
电　　话:0373 – 5797669
传　　真:0373 – 5797669

企业名称:无锡文鼎线缆有限公司
地　　址:江苏省宜兴市官司林镇江工业区张来路
邮　　编:214251
电　　话:0510 – 87206210
传　　真:0510 – 87209409

企业名称:江阴市正盛机械制造有限公司
地　　址:江苏省江阴市申港镇于门工业园 68 号
邮　　编:214443
电　　话:0510 – 86688868
传　　真:0510 – 86623128

企业名称:银川银重(集团)起重机有限公司
地　　址:宁夏银川市金凤区贺兰山中路 533 号
邮　　编:750011
电　　话:0951 – 3073729
传　　真:0951 – 3072981

企业名称:伟肯(苏州)电气传动有限公司北京分公司
地　　址:北京市朝阳区光华路甲 8 号
邮　　编:100026
电　　话:010 – 51280006
传　　真:010 – 51280006

企业名称:宁波市鄞州中久电子有限公司
地　　址:浙江省宁波市鄞州横溪镇上畈村
邮　　编:315000
电　　话:0574 – 88136553
传　　真:0574 – 88136553

企业名称:宜昌市微特电子设备有限责任公司
地　　址:湖北省宜昌市发展大道 28 号
邮　　编:443005
电　　话:0717 – 6922999
传　　真:0717 – 6922999

企业名称:无锡宏达特种电机厂
地　　址:江苏省无锡市前州镇工业区兴州路 23 号
邮　　编:214181
电　　话:0510 – 83393888
传　　真:0510 – 83393888

企业名称:南京高锐特起重机械有限公司
地　　址:江苏省南京市六合区东沟镇前街
邮　　编:211514
电　　话:025 – 68902298
传　　真:025 – 68902298

企业名称:深圳市汇川技术股份有限公司
地　　址:广东省深圳市宝安区宝城 70 区留仙二路鸿威工业区 E 栋
邮　　编:518101
电　　话:0755 – 29799595
传　　真:0755 – 29799595

企业名称:云南昆钢重型装备制造集团有限公司
地　　址:云南省昆明市安宁市昆钢
邮　　编:650302
电　　话:0871 – 8602490
传　　真:0871 – 8602490

企业名称:上海君睿起重设备安装工程有限公司
地　　址:上海市闸北区永和路 398 号 315 室
邮　　编:200072
电　　话:021 – 56652336
传　　真:021 – 56652336

企业名称:河南省恒远起重机械集团有限公司
地　　址:河南省新乡市长垣县起重工业园区
邮　　编:453400
电　　话:0373 – 8622265
传　　真:0373 – 8622265

企业名称:岳阳科德科技有限责任公司
地　　址:湖南省岳阳市经济开发区 188 号
邮　　编:414000
电　　话:0730 – 8729888
传　　真:0730 – 8729288

企业名称:浙江三港起重电器有限公司
地　　址:浙江省台州市三门县上叶西区开发区
邮　　编:317100
电　　话:0576 – 83351555
传　　真:0576 – 83351555

企业名称:南京神天起重机械设备有限公司
地　　址:江苏省南京市江宁区禄口街道石埝社区
邮　　编:211156
电　　话:025 – 87191633
传　　真:025 – 87191633

企业名称:宜昌三思科技有限公司
地　　址:湖北省宜昌市发展大道 30 号
邮　　编:443000
电　　话:0717－6341110
传　　真:0717－6342020

企业名称:无锡市西塘宏达机电有限公司
地　　址:江苏省无锡市惠山区前洲镇西塘村
邮　　编:214181
电　　话:0510－83396588
传　　真:0510－83396588

企业名称:法兰泰克起重机械(苏州)有限公司
地　　址:江苏省苏州市汾湖经济开发区汾越路北侧
邮　　编:215211
电　　话:0512－82072999
传　　真:0512－82072999

企业名称:上海乐派特机电科技有限公司
地　　址:上海市闸北区中山北路 2130 号万千大厦 23 层
邮　　编:200063
电　　话:021－52911319
传　　真:021－52911319

企业名称:新起起重机有限公司
地　　址:河南省新乡市长垣县魏庄起重工业区
邮　　编:453424
电　　话:0373－8672222
传　　真:0373－8672222

企业名称:意凯希通信设备(北京)有限公司
地　　址:北京市望京阜通东大街方恒国际中心 C 座 902 室
邮　　编:100102
电　　话:010－84674921
传　　真:010－84674921

企业名称:定襄县佳敏机械锻造有限公司
地　　址:山西省忻州市定襄县九龙湾工业区
邮　　编:035400
电　　话:0350－6090911
传　　真:0350－6090911

企业名称:索肯和平(上海)电气有限公司
地　　址:上海市宝山区沪太路 8017 号
邮　　编:201908
电　　话:021－36659997
传　　真:021－36659997

企业名称:上海辛格林纳新时达电机有限公司
地　　址:上海市嘉定区思义路 1560 号
邮　　编:201801
电　　话:021－69926036
传　　真:021－69926011

企业名称:辽宁铭鹏防爆起重机有限公司
地　　址:辽宁省铁岭市清河区工业园区
邮　　编:112003
电　　话:024－72131180
传　　真:024－72131180

企业名称:浙江众磊起重设备制造有限公司
地　　址:浙江省诸暨市江龙工业开发区
邮　　编:311800
电　　话:0575－87398028
传　　真:0575－87398028

企业名称:常熟市江南锻造有限公司
地　　址:江苏省常熟市海虞镇海虹路 6 号
邮　　编:215519
电　　话:0512－52561250
传　　真:0512－52561250

企业名称:宁波新大通电机有限公司
地　　址:浙江省宁波市象山产业区城东工业园万隆路 587 号
邮　　编:315706
电　　话:0574－65626009
传　　真:0574－65626009

企业名称:象山亿佳电器有限公司
地　　址:浙江省宁波市象山滨海工业园金开路 80 号
邮　　编:315712
电　　话:0574－65626626
传　　真:0574－65626626

起重葫芦

企业名称:江阴凯澄起重机械有限公司
地　　址:江苏省江阴市澄江东路 18 号
邮　　编:214429
电　　话:0510－86199688
传　　真:0510－86196633

企业名称:纽科伦(新乡)起重机有限公司
地　　址:河南省新乡市长垣县河南起重机械工业园区
邮　　编:453424
电　　话:0373－8622060
传　　真:0373－8622001

企业名称:北京起重运输机械设计研究院
地　　址:北京市东城区雍和宫大街 52 号

邮　　编:100007
电　　话:010－84037438
传　　真:010－64079406

企业名称:天津起重设备有限公司
地　　址:天津市经济开发区西区中南一街29号
邮　　编:300462
电　　话:022－65382330
传　　真:022－65382332

企业名称:南京起重机械总厂有限公司
地　　址:江苏省南京市浦口区泰冯路62号
邮　　编:210032
电　　话:025－58749786
传　　真:025－58841693

企业名称:北京起重工具厂
地　　址:北京市朝阳区红庙首都经贸大学内
邮　　编:100026
电　　话:010－65976750
传　　真:010－65067014

企业名称:杭州武林机器有限公司
地　　址:浙江省杭州市余杭区临平镇邱山大街1号
邮　　编:311100
电　　话:0571－86249998
传　　真:0571－86224369

企业名称:浙江五一机械有限公司
地　　址:浙江省衢州市东港开发区(闹桥)
邮　　编:324000
电　　话:0570－3836005
传　　真:0570－3830188

企业名称:浙江双鸟机械有限公司
地　　址:浙江省嵊州市黄泽镇工业功能区玉龙路16号
邮　　编:312455
电　　话:0575－83055888
传　　真:0575－83503801

企业名称:江苏三马起重机械制造有限公司
地　　址:江苏省靖江市开发区城南园区江防西路3号
邮　　编:214500
电　　话:0523－84866933
传　　真:0523－84866284

企业名称:上海雄风起重设备厂有限公司
地　　址:上海市松江区佘北公路2199号
邮　　编:201602
电　　话:021－57796432
传　　真:021－57796450

企业名称:江西起重机械总厂
地　　址:江西省樟树市共和东路82号
邮　　编:331200
电　　话:0795－7364266
传　　真:0795－7364566

企业名称:新乡市起重设备厂有限责任公司
地　　址:河南省新乡市红旗区南干道111号
邮　　编:453003
电　　话:0373－3838082
传　　真:0373－3058094

企业名称:浙江众擎起重机械制造有限公司
地　　址:浙江省诸暨市城西工业区千禧路1号
邮　　编:311800
电　　话:0575－87385688
传　　真:0575－87387610

企业名称:德马格起重机械(上海)有限公司
地　　址:上海市奉贤区庄行欧洲工业园区叶庄公路125号
邮　　编:201415
电　　话:021－37182205
传　　真:021－57464558

企业名称:八达机电有限公司
地　　址:浙江省瑞安市经济开发区毓蒙路8号
邮　　编:325200
电　　话:0577－65156661
传　　真:0577－65156699

企业名称:南阳起重机械厂有限公司
地　　址:河南省南阳市光武中路1615号
邮　　编:473000
电　　话:0377－63382500
传　　真:0377－63380410

企业名称:湖北银轮起重机械股份有限公司
地　　址:湖北省赤壁市河北大道170号
邮　　编:437300
电　　话:0715－5337928
传　　真:0715－5337966

企业名称:洛阳起重机厂
地　　址:河南省洛阳市老城区唐宫东路10号
邮　　编:471000
电　　话:0379－63953638
传　　真:0379－63415999

企业名称:甘肃省定西起重机厂有限责任公司
地　　址:甘肃省定西市安定区焦家坡新村 3 号
邮　　编:743000
电　　话:0932－8212961
传　　真:0932－8227125

企业名称:西安起重机械总厂
地　　址:陕西省西安市莲湖区红光路 72 号
邮　　编:710077
电　　话:029－84241163
传　　真:029－84236974

企业名称:江阴市鼎力起重机械有限公司
地　　址:江苏省江阴市金山路 303 号
邮　　编:214437
电　　话:0510－86996868
传　　真:0510－86996666

企业名称:上海浦东明昌起重机械制造有限公司
地　　址:上海市浦东新区川沙镇川六公路 1851 号
邮　　编:201202
电　　话:021－58590038
传　　真:021－58590038

企业名称:广东超宇起重设备有限公司
地　　址:广东省梅州市梅江区城北新田福瑞岗
邮　　编:514089
电　　话:0753－2382083
传　　真:0753－2382063

企业名称:聊城五环机械有限公司
地　　址:山东省聊城市经济开发区嫩江路 55 号
邮　　编:252000
电　　话:0635－8880688
传　　真:0635－8321152

企业名称:聊城市东昌府区森达机械有限公司
地　　址:山东省聊城市东昌府区凤凰工业园
邮　　编:252000
电　　话:0635－8578888
传　　真:0635－8579988

企业名称:重庆凯荣机械有限责任公司
地　　址:重庆市九龙坡区九龙工业园区华龙大道 9 号
邮　　编:400052
电　　话:023－68466289
传　　真:023－68466279

企业名称:山西省潞城公建机械厂
地　　址:山西省潞城市公建路 1 号
邮　　编:047500
电　　话:0355－5688718
传　　真:0355－5688760

企业名称:慈溪市华表机械有限公司
地　　址:浙江省慈溪市庵东镇沿江路 258 号
邮　　编:315327
电　　话:0574－63479928
传　　真:0574－63479899

企业名称:慈溪市勤丰机械有限公司
地　　址:浙江省慈溪市庵东镇七二三大街 11 弄 3 号
邮　　编:315327
电　　话:0574－63477188
传　　真:0574－63479188

企业名称:广州广鸽起重设备有限公司
地　　址:广东省广州市荔湾区芳村白鹤洞罗冲岗 1 号之十三
邮　　编:510380
电　　话:020－81502431
传　　真:020－81515587

企业名称:南京宝龙起重机械有限公司
地　　址:江苏省南京市浦口区顶山街道姚洼 58 号
邮　　编:210031
电　　话:025－58802630
传　　真:025－58806417

企业名称:《起重运输机械》杂志社
地　　址:北京市东城区雍和宫大街 52 号
邮　　编:100007
电　　话:010－64031987
传　　真:010－64031987

企业名称:南京起重电机总厂
地　　址:江苏省南京市江宁区东山科宁路 268 号
邮　　编:211100
电　　话:025－51191919
传　　真:025－52282496

企业名称:南京特种电机厂有限公司
地　　址:江苏省南京市六合区雄州东路 289 号
邮　　编:211500
电　　话:025－57759990
传　　真:025－57752314

企业名称:杭州电机有限公司
地　　址:浙江省杭州市西湖区文三路上宁巷 1 号
邮　　编:310012

电　　话:0571－88833358
传　　真:0571－88077935

企业名称:南京开关厂有限公司
地　　址:江苏省南京市江宁区滨江开发区绣玉路2号
邮　　编:211178
电　　话:025－86106515
传　　真:025－86106518

企业名称:常州市常欣电子衡器有限公司
地　　址:江苏省常州市中凉亭夏雷路68号
邮　　编:213001
电　　话:0519－86643943
传　　真:0519－86640473

企业名称:浙江立新起重开关厂
地　　址:浙江省乐清市柳市镇西仁宕工业区
邮　　编:325604
电　　话:0577－62711333
传　　真:0577－62718999

企业名称:河南恒达机电设备有限公司
地　　址:河南省新乡市长垣起重工业园区纬四路东侧
邮　　编:453424
电　　话:0373－2156199－8008
传　　真:0373－2156189

企业名称:江苏象王起重机有限公司
地　　址:江苏省盐城市建湖县经济开发区明珠东路1号
邮　　编:224700
电　　话:0515－82068988
传　　真:0515－86312253

企业名称:杭州浙起机械有限公司
地　　址:浙江省杭州市富阳市东洲工业园区7号路9号
邮　　编:311401
电　　话:0571－87191600－808
传　　真:0571－87191609

企业名称:北京起重设备厂
地　　址:北京市大兴工业园金苑路19号
邮　　编:102628
电　　话:010－60213510
传　　真:010－60215147

企业名称:河南省飞马起重机械有限公司
地　　址:河南省新乡市长垣县起重工业园区纬五路11号
邮　　编:453400
电　　话:0373－8712222
传　　真:0373－8711976

企业名称:重庆市飞鹰起重设备有限责任公司
地　　址:重庆市九龙坡区中梁山起重新村1号
邮　　编:400052
电　　话:023－61771787
传　　真:023－65263571

企业名称:南京禄口起重机械有限公司
地　　址:江苏省南京市江宁区禄口街道燕湖路
邮　　编:211113
电　　话:025－52771222
传　　真:025－52775660

企业名称:北京双泰气动设备有限公司
地　　址:北京市通州区张家湾枣林庄工业大院
邮　　编:101113
电　　话:010－61569873
传　　真:010－61569872

企业名称:浙江凯勋机电有限公司
地　　址:浙江省瑞安市飞云镇林垟工业区林郑路2－6号
邮　　编:325207
电　　话:0577－65592888
传　　真:0577－65590198

企业名称:上海劲雕起重设备厂有限公司
地　　址:上海市嘉定区金园六路396号
邮　　编:201812
电　　话:021－56655086
传　　真:021－56650541

企业名称:宁波市凹凸重工有限公司
地　　址:浙江省宁波市鄞州区机场路3998号
邮　　编:315176
电　　话:0574－88008778
传　　真:0574－88008779

企业名称:科美(杭州)机械有限公司
地　　址:上海市浦东新区张江高科技园区毕升路289弄6号501室
邮　　编:201204
电　　话:021－38820620
传　　真:021－38820619

企业名称:高博(天津)起重设备有限公司
地　　址:天津市经济技术开发区第十三大街58号
邮　　编:300457
电　　话:022－59822285
传　　真:022－59822286

企业名称:吴江市麒麟起重机械有限公司

地　　址:江苏省苏州市吴江区铜锣镇人民街 20 号
邮　　编:215237
电　　话:0512－63881419
传　　真:0512－63881774

企业名称:湖北三六重工有限公司
地　　址:湖北省咸宁市巨宁大道 56 号
邮　　编:437000
电　　话:0715－8343111
传　　真:0715－8312668

企业名称:慈溪市金鑫机械有限公司
地　　址:浙江省慈溪市庵东镇工业园区南侧
邮　　编:315327
电　　话:0574－63471402
传　　真:0574－63475858

企业名称:湖北蒲圻起重机械有限公司
地　　址:湖北省赤壁市经济开发区起重机械工业园
邮　　编:437300
电　　话:0715－5250377
传　　真:0715－5250489

企业名称:赤壁市蒲圻起重运输机械有限责任公司
地　　址:湖北省赤壁市经济开发区凤凰山路
邮　　编:437300
电　　话:0715－5250823
传　　真:0715－5250823

企业名称:江苏佳力起重机械制造有限公司
地　　址:江苏省淮安市盱眙工业园区工六路
邮　　编:211700
电　　话:0517－88299039
传　　真:0517－88298123

企业名称:安徽九华机械有限公司
地　　址:安徽省池州市经济技术开发区金科东路
邮　　编:247000
电　　话:0566－2220792
传　　真:0566－2222099

企业名称:常州市沪力起重机械有限公司
地　　址:江苏省常州市天宁区青龙街道华严村 15 号
邮　　编:213028
电　　话:0519－85509090
传　　真:0519－85503356

企业名称:南京江陵机电制造有限责任公司
地　　址:江苏省南京市江宁区上坊镇魏村
邮　　编:211103
电　　话:025－52702818
传　　真:025－52703285

企业名称:四川合能起重设备有限公司
地　　址:四川省成都市金堂县清江镇双江社区 4 组
邮　　编:610400
电　　话:028－84903622
传　　真:028－84903300

企业名称:浙江扬戈电器有限公司
地　　址:浙江省台州市三门县海游镇沙田洋经济开发区
邮　　编:317100
电　　话:0576－83373758
传　　真:0576－83373755

企业名称:杭州四达机械电子有限公司
地　　址:浙江省杭州市余杭区瓶窑镇凤都工业园区
邮　　编:311115
电　　话:0571－88531361
传　　真:0571－88531629

企业名称:江阴市兴科起重机械有限公司
地　　址:江苏省江阴市申港镇东徐路 9 号
邮　　编:214443
电　　话:0510－86685317
传　　真:0510－86621770

企业名称:常州市武进起重电器有限公司
地　　址:江苏省常州市武进区横林镇莲蓉村
邮　　编:213103
电　　话:0519－88501043
传　　真:0519－88501298

企业名称:江苏宇泰电器有限公司
地　　址:江苏省泰兴市分界工业一区
邮　　编:225416
电　　话:0523－87261026
传　　真:0523－87261085

企业名称:无锡市永昌起重机械厂
地　　址:江苏省无锡市锡山区东港镇
邮　　编:214199
电　　话:0510－88761429
传　　真:0510－88760121

企业名称:陕西友联机械有限公司
地　　址:陕西省西安市幸福南路等驾坡工业园 3 号
邮　　编:710043
电　　话:029－82357380
传　　真:029－82357380

企业名称:杭州勤裕昌机械设备制造有限公司
地　　址:浙江省杭州市余杭区瓶窑镇工业园区
邮　　编:311115
电　　话:0571－88545633
传　　真:0571－88545611

企业名称:上海冠威工具有限公司
地　　址:上海市宝山区共康路726号
邮　　编:200443
电　　话:021－56405418
传　　真:021－56405418

企业名称:郑州起重设备厂
地　　址:河南省郑州市黄河路43号
邮　　编:450000
电　　话:0371－63932982
传　　真:0371－63931030

企业名称:天津永恒泰科技有限公司
地　　址:天津市西青经济技术开发区津淄公路天祥工业园祥瑞路7号
邮　　编:300385
电　　话:022－23789800
传　　真:022－23786763

企业名称:泰安金龙起重配件有限公司
地　　址:山东省泰安市泰山区省庄镇东羊楼工业区
邮　　编:271039
电　　话:0538－6512088
传　　真:0538－6512798

企业名称:乐清市东方胶塑电器开关有限公司
地　　址:浙江省乐清市柳市镇苏吕村苏太路418号
邮　　编:325604
电　　话:0577－62790993
传　　真:0577－62790780

企业名称:江西飞达电器设备有限公司
地　　址:江西省宜春市工业园区长青大道
邮　　编:336000
电　　话:0795－3245168
传　　真:0795－3245060

企业名称:江西省宜春市建达安全装置设备有限公司
地　　址:江西省宜春市明月南路267号
邮　　编:336000
电　　话:0795－7040312
传　　真:0795－7040312

企业名称:山东省聊城市隆达实业有限公司
地　　址:山东省聊城市开发区东城工业园九洲路7号
邮　　编:252000
电　　话:0635－6976982
传　　真:0635－8346011

企业名称:山东昌乐县东田聚氨酯厂
地　　址:山东省潍坊市昌乐县红河镇原大宅科镇政府
邮　　编:262413
电　　话:0536－6973111
传　　真:0536－6972555

企业名称:衡水起重机械配件厂
地　　址:河北省衡水市和平西路肖屯新区60号
邮　　编:053000
电　　话:0318－2328038
传　　真:0318－2328038

企业名称:慈溪市锦华机械实业有限公司
地　　址:浙江省慈溪市古塘街道新潮塘368号
邮　　编:315303
电　　话:0574－63272222
传　　真:0574－63272727

企业名称:慈溪市平浪实业有限公司
地　　址:浙江省慈溪市古塘街道新潮村
邮　　编:315300
电　　话:0574－63286888
传　　真:0574－63286888

企业名称:慈溪市华表五金厂
地　　址:浙江省慈溪市庵东镇北路515号
邮　　编:315327
电　　话:0574－63474222
传　　真:0574－63471848

企业名称:慈溪市腾达滚子有限公司
地　　址:浙江省慈溪市庵东镇工业园区纬三西路
邮　　编:315327
电　　话:0574－63472021
传　　真:0574－63472822

企业名称:慈溪市通发机械有限公司
地　　址:浙江省慈溪市坎墩工业开发区A区
邮　　编:315303
电　　话:0574－63288185
传　　真:0574－63282185

企业名称:慈溪市坎墩兴镇齿轮厂
地　　址:浙江省慈溪市坎墩街道坎中路75号
邮　　编:315303

电　　话:0574－63288255
传　　真:0574－63289280

企业名称:慈溪市威宁机械有限公司
地　　址:浙江省慈溪市坎墩街道五房弄 11 号
邮　　编:315303
电　　话:0574－63273238
传　　真:0574－63273237

企业名称:慈溪市庵东镇勤丰机械厂
地　　址:浙江省慈溪市庵东镇宏兴路 449 弄 6 号
邮　　编:315327
电　　话:0574－63471095
传　　真:0574－63476158

企业名称:慈溪市神州机电实业有限公司
地　　址:浙江省慈溪市坎墩街道兴安路 250 号
邮　　编:315303
电　　话:0574－63286681
传　　真:0574－63288238

企业名称:慈溪市朝阳机械有限公司
地　　址:浙江省慈溪市庵东镇府北路 34 号
邮　　编:315327
电　　话:0574－63471257
传　　真:0574－63472257

企业名称:慈溪市庵东镇红光滚柱厂
地　　址:浙江省慈溪市庵东镇南七二三大街
邮　　编:315327
电　　话:13906745562

企业名称:慈溪市文祥机械实业有限公司
地　　址:浙江省慈溪市坎墩街道坎中路 1 号
邮　　编:315303
电　　话:0574－63288232
传　　真:0574－63283488

企业名称:慈溪市金祥机械配件有限公司
地　　址:浙江省慈溪市坎墩街道坎墩大道 606 号
邮　　编:315303
电　　话:0574－63288363
传　　真:0574－63288011

企业名称:宁波博今机械有限公司
地　　址:浙江省慈溪市长河镇大牌头路 7 号
邮　　编:315326
电　　话:0574－63418700
传　　真:0574－63419928

企业名称:慈溪市慈春机械有限公司
地　　址:浙江省慈溪市坎墩街道坎中村郑家甲北路
邮　　编:315303
电　　话:0574－63273105
传　　真:0574－63273105

企业名称:慈溪市启力机械厂
地　　址:浙江省慈溪市坎墩镇中路 302 号
邮　　编:315303
电　　话:0574－56337822
传　　真:0574－56338380

企业名称:慈溪市动力机械配件厂
地　　址:浙江省慈溪市坎墩街道长白路 9 号
邮　　编:315303
电　　话:0574－63273010
传　　真:0574－63273010

企业名称:慈溪市通发汽车配件有限公司
地　　址:浙江省慈溪市坎墩街道沈家甲北路 96 号
邮　　编:315303
电　　话:0574－63275628
传　　真:0574－63275628

企业名称:慈溪市航林机械配件厂
地　　址:浙江省慈溪市坎墩镇九甲弄
邮　　编:315303
电　　话:0574－63289316
传　　真:0574－56337602

企业名称:慈溪市兴迪机械配件有限公司
地　　址:浙江省慈溪市坎墩镇街 42 号
邮　　编:315303
电　　话:0574－63288032
传　　真:0574－63288297

企业名称:慈溪市庵东镇建兴机械配件厂
地　　址:浙江省慈溪市庵东镇元祥村
邮　　编:315327
电　　话:0574－63475790
传　　真:0574－63475790

企业名称:慈溪市海锐机械配件厂
地　　址:浙江省慈溪市坎墩街道坎中村坎中路 118 号
邮　　编:315303
电　　话:0574－63282081
传　　真:0574－63289281

企业名称:南京神天起重机械设备有限公司
地　　址:江苏省南京市江宁区禄口街道石埝社区

邮　　编:211156
电　　话:025－87191633
传　　真:025－87191633

企业名称:法兰泰克重工股份有限公司
地　　址:江苏省苏州市汾湖经济开发区汾越路北侧
邮　　编:215211
电　　话:0512－82072666
传　　真:0512－82072999

企业名称:常州深兰工程材料有限公司
地　　址:江苏省常州市关河东路66号九州环宇商务广场1318室
邮　　编:213004
电　　话:0519－89890325
传　　真:0519－89890326

企业名称:慈溪益通机械有限公司
地　　址:浙江省慈溪市坎墩街道坎中村严家路1号
邮　　编:315303
电　　话:0574－63273202
传　　真:0574－63273223

企业名称:沈阳星都机电产品有限公司
地　　址:辽宁省沈阳市辉山开发区佳阳路18号
邮　　编:110164
电　　话:024－88087557
传　　真:024－88087007

企业名称:常熟海鸥起重机械有限公司
地　　址:江苏省常熟市碧溪镇留下村
邮　　编:215512
电　　话:0512－52631785
传　　真:0512－52637785

企业名称:眉山莱斯特机械有限公司
地　　址:四川省眉山市丹棱县关帝路69号
邮　　编:620200
电　　话:028－37263360
传　　真:028－37263222

企业名称:上海万铂起重机械有限公司
地　　址:上海市嘉定区丰功路628号
邮　　编:201801
电　　话:021－59158828
传　　真:021－69151468

企业名称:广东日丰电缆股份有限公司
地　　址:广东省中山市西区广丰工业园
邮　　编:528401
电　　话:0760－88166388
传　　真:0760－88166383

企业名称:浙江中富电气有限公司
地　　址:浙江省乐清市北白象镇万南工业区
邮　　编:325603
电　　话:0577－62998000
传　　真:0577－62998111

企业名称:上海鑫斌机械有限公司
地　　址:上海市嘉定区安亭镇漳翔路1189号
邮　　编:201814
电　　话:021－59508789
传　　真:021－59505086

企业名称:宁波吉业机电有限公司
地　　址:浙江省慈溪市古塘街道天和家园5号楼501室
邮　　编:315300
电　　话:0574－63887357
传　　真:0574－63887357

企业名称:辽宁国远科技有限公司
地　　址:辽宁省鞍山市千山区通海大道427号
邮　　编:114000
电　　话:0412－5644681
传　　真:0412－5644684

传动部件

企业名称:贵阳天龙摩擦材料有限公司
地　　址:贵州省贵阳市宝山北路372号16楼
邮　　编:550001
电　　话:0851－6612735
传　　真:0851－6612763

企业名称:大连华锐重工集团股份有限公司
地　　址:辽宁省大连市甘井子区新水泥路78号减速机厂
邮　　编:116035
电　　话:0411－86426007
传　　真:0411－86426190－801

企业名称:焦作市制动器股份有限公司
地　　址:河南省焦作市博爱县发展大道1688号
邮　　编:454450
电　　话:0391－2086000
传　　真:0391－2080000

企业名称:北京起重运输机械设计研究院
地　　址:北京市东城区雍和宫大街52号
邮　　编:100007

电　　话:010－64053039
传　　真:010－64052584

企业名称:太原重工股份有限公司齿轮传动分公司
地　　址:山西省太原市万柏林区玉河街53号
邮　　编:030024
电　　话:0351－6360835
传　　真:0351－6360835

企业名称:大连重工·起重集团有限公司
地　　址:辽宁省大连市甘井子区新水泥路78号
邮　　编:116035
电　　话:0411－86427590
传　　真:0411－86426190

企业名称:上海冶金矿山机械厂
地　　址:上海市闸北区汶水路210号
邮　　编:200072
电　　话:021－56650499
传　　真:021－56639508

企业名称:嘉兴嘉冶机械制造有限公司
地　　址:浙江省嘉兴市角里街112号
邮　　编:314000
电　　话:0573－82820184
传　　真:0573－82818650

企业名称:广州劲草减速机机械有限公司
地　　址:广东省广州市白云区爱国11路1－1号
邮　　编:510450
电　　话:020－86601532
传　　真:020－86601532

企业名称:荆州市巨鲸传动机械有限公司
地　　址:湖北省荆州市沙市区北京东路157号
邮　　编:434000
电　　话:0716－8303888
传　　真:0716－8303905

企业名称:沈阳市起重电器厂
地　　址:辽宁省沈阳市铁西区路官街29－1号
邮　　编:110023
电　　话:024－25922592
传　　真:024－25922582

企业名称:昆明重工集团有限责任公司减速机公司
地　　址:云南省昆明市茨坝路31号
邮　　编:650203
电　　话:0871－5150091
传　　真:0871－5150151

企业名称:上海起重运输机械厂有限公司
地　　址:上海市嘉定区安亭镇昌吉路28号
邮　　编:201805
电　　话:021－65561388
传　　真:021－56639864

企业名称:太原科技大学机械工程学院
地　　址:山西省太原市万柏林区瓦流路66号
邮　　编:030024
电　　话:0351－6963399
传　　真:0351－6998027

企业名称:天水长城控制电器有限责任公司制动器分公司
地　　址:甘肃省天水市秦州区南廓路11号
邮　　编:741018
电　　话:0938－8371651
传　　真:0938－8385894

企业名称:南京起重电器厂
地　　址:江苏省南京市江宁区淳化镇七里岗12号
邮　　编:211123
电　　话:025－52262856
传　　真:025－52252014

企业名称:江西华伍制动器股份有限公司
地　　址:江西省丰城市工业园区新梅路7号
邮　　编:331100
电　　话:0795－6203200
传　　真:0795－6242146

企业名称:焦作市长江制动器有限公司
地　　址:河南省焦作市武陟县大司马工业区888号
邮　　编:454981
电　　话:0391－7515618
传　　真:0391－7515658

企业名称:宁夏天地奔牛银起设备有限公司
地　　址:宁夏银川市西夏区金波南街160号
邮　　编:750021
电　　话:0951－5615026
传　　真:0951－3067126

企业名称:西安环力传动机械股份有限公司
地　　址:陕西省西安市经济技术开发区凤城11路91号
邮　　编:710018
电　　话:029－86171905
传　　真:029－85251911

企业名称:唐冶减速机制造有限公司
地　　址:河北省唐山市路北区缸窑路4号

邮　　编:063027
电　　话:0315－3202616
传　　真:0315－3202214

企业名称:包头市起重机械有限公司
地　　址:内蒙古包头市东河区西脑乡135号
邮　　编:014040
电　　话:0472－4874100
传　　真:0472－4862406

企业名称:内蒙兴华机械制造厂
地　　址:内蒙古呼和浩特市南郊小黑河
邮　　编:010070
电　　话:0471－5686313
传　　真:0471－5686313

企业名称:天津理工传动机械厂
地　　址:天津市北辰区引河桥北
邮　　编:300400
电　　话:022－26972199
传　　真:022－26972199

企业名称:石家庄科一重工有限公司
地　　址:河北省石家庄市和平西路595号
邮　　编:050071
电　　话:0311－87796242
传　　真:0311－87756244

企业名称:山西新富生机器制造有限公司
地　　址:山西省太原市小东门新开南巷27号
邮　　编:030013
电　　话:0351－3074892
传　　真:0351－3074892

企业名称:山西平遥减速机厂
地　　址:山西省平遥市古城南路138号
邮　　编:031100
电　　话:0354－5622828
传　　真:0354－5622828

企业名称:沈阳金龟减速机厂有限公司
地　　址:辽宁省沈阳市辽中县商业街15号
邮　　编:110200
电　　话:024－87880508
传　　真:024－87881361

企业名称:青岛减速机厂
地　　址:山东省胶州市铺集镇铺集二村
邮　　编:266326
电　　话:0532－87737569
传　　真:0532－86250253

企业名称:龙口市减速机有限公司
地　　址:山东省龙口市黄城区西市场1号
邮　　编:265701
电　　话:0535－8519156
传　　真:0535－8517471

企业名称:重庆减速机有限责任公司
地　　址:重庆市璧山县牛角湾
邮　　编:402760
电　　话:023－41432059
传　　真:023－41436677

企业名称:张家口市宣化区减速机厂
地　　址:河北省张家口市宣化区按院街11号
邮　　编:075100
电　　话:0313－3014659
传　　真:0313－3013870

企业名称:衡阳起重运输机械有限公司
地　　址:湖南省衡阳市珠晖区狮山路1号
邮　　编:421005
电　　话:0734－3172069
传　　真:0734－8290779

企业名称:宁波誉力冶金矿山机械有限公司
地　　址:浙江省宁波市鄞州区鄞州镇经济工业园
邮　　编:315151
电　　话:0574－88431146
传　　真:0574－88432207

企业名称:瑞慈马鞍山传动机械有限公司
地　　址:安徽省马鞍山市经济技术开发区湖西南路159号
邮　　编:243041
电　　话:0555－8323651
传　　真:0555－8323656

企业名称:浙江东海减速机有限公司
地　　址:浙江省温州市平阳经济开发区(敖江镇)
邮　　编:325401
电　　话:0577－63631862
传　　真:0577－63635393

企业名称:焦作市起重控制电器厂
地　　址:河南省孟州市黄河大道东段
邮　　编:454750
电　　话:0391－8190687
传　　真:0391－8198930

企业名称:焦作神箍重工机械有限公司
地　　址:河南省焦作市东二环路气象局南200米
邮　　编:454100
电　　话:0391－3933681
传　　真:0391－3933052

企业名称:焦作市虹桥重工科技发展有限公司
地　　址:河南省焦作市武陟县小徐岗高速路口向北1000米
邮　　编:454981
电　　话:0391－7543555
传　　真:0391－7541666

企业名称:焦作市虹发制动器有限公司
地　　址:河南省焦作市武陟县大虹桥乡南虹桥
邮　　编:454981
电　　话:0391－7541838
传　　真:0391－7542897

企业名称:重庆起重电器厂
地　　址:重庆市九龙坡区石坪桥横街66号3－6
邮　　编:400051
电　　话:023－68825728
传　　真:023－68855478

企业名称:宁波名泰天力机械制造有限公司
地　　址:浙江省宁波市象山县丹城镇西丹路18号
邮　　编:315700
电　　话:0574－65723430
传　　真:0574－65723165

企业名称:宁波凯元电器有限公司
地　　址:浙江省象山县经济开发区白鹤路198号
邮　　编:315700
电　　话:0574－65758595
传　　真:0574－65713876

企业名称:上海伯瑞制动器有限公司
地　　址:上海市奉贤区奉城镇东街108号
邮　　编:201411
电　　话:021－57522358
传　　真:021－57522350

企业名称:青岛星轮实业公司
地　　址:山东省青岛市城阳区流亭建材工业园春雨西路8号
邮　　编:266108
电　　话:0532－84909136
传　　真:0532－84909909

企业名称:焦作市制动器开发有限公司
地　　址:河南省焦作市武陟工业园工业南路202号
邮　　编:454950
电　　话:0391－7268199
传　　真:0391－7268019

企业名称:焦作科佳制动器有限公司
地　　址:河南省焦作市武陟县虹桥工业区
邮　　编:451981
电　　话:0391－7541288
传　　真:0391－7545568

企业名称:焦作市银星制动器有限公司
地　　址:河南省孟州市东韩工业区
邮　　编:454762
电　　话:0391－8169889
传　　真:0391－8169385

企业名称:潍坊利达起重电器有限公司
地　　址:山东省潍坊市经济开发区民主西街2088号
邮　　编:261021
电　　话:0536－8321809
传　　真:0536－8323208

企业名称:石家庄三元机电有限公司
地　　址:河北省石家庄市桥东区清水街西南头
邮　　编:050091
电　　话:0311－86814291
传　　真:0311－86814291

企业名称:焦作市江河制动器有限公司
地　　址:河南省焦作市武陟县大虹桥
邮　　编:454981
电　　话:0391－7541060
传　　真:0391－7541132

企业名称:焦作市宏升实业有限公司
地　　址:河南省焦作市武陟县前牛工业区
邮　　编:454950
电　　话:0391－7618960
传　　真:0391－7619888

企业名称:浙江金安电气有限公司
地　　址:浙江省乐清市柳市镇新光工业区新光大道151号
邮　　编:325604
电　　话:0577－62799299
传　　真:0577－62799218

企业名称:晋城江淮工贸有限公司
地　　址:山西省晋城市凤台东街2755号

邮　　编:048026
电　　话:0356－2191906
传　　真:0356－2190689

企业名称:焦作市制动器有限公司
地　　址:河南省焦作市武陟工业集聚区朝阳三路999号
邮　　编:454981
电　　话:0391－7202511
传　　真:0391－7202555

企业名称:焦作市虹羽制动器有限公司
地　　址:河南省焦作市武陟县虹桥工业区
邮　　编:454981
电　　话:0391－7548258
传　　真:0391－7549898

企业名称:焦作市金牛机械制造有限公司
地　　址:河南省焦作市武陟县前牛村工业区
邮　　编:454981
电　　话:0391－7618368
传　　真:0391－7618368

企业名称:河南省电力液压制动器有限公司
地　　址:河南省新乡市长垣县魏庄工业区
邮　　编:453424
电　　话:0373－8618333
传　　真:0373－8619222

企业名称:大连世源机电设备有限公司
地　　址:辽宁省大连市甘井子区棠梨工业园
邮　　编:116033
电　　话:0411－84288606
传　　真:0411－84288616

企业名称:江门市起重电器厂有限公司
地　　址:广东省江门市江海区五邑路滘头联星工业区1号
邮　　编:529040
电　　话:0750－3893637
传　　真:0750－3823995

企业名称:长沙市起重机械配件厂
地　　址:湖南省长沙市马栏山开福区工业基地
邮　　编:410003
电　　话:0731－84257534
传　　真:0731－84257534

企业名称:大连冶金起重电器厂
地　　址:辽宁省大连市沙河口区西南路433号－17南
邮　　编:116021
电　　话:0411－84337181
传　　真:0411－84337181

企业名称:河南省大众通用起重机械有限公司
地　　址:河南省新乡市封丘县起重工业园区
邮　　编:453322
电　　话:0373－8413198
传　　真:0373－8411555

企业名称:象山万邦电器有限公司
地　　址:浙江省宁波市象山县产业区域工业园望海路5号
邮　　编:315706
电　　话:0574－65622778
传　　真:0574－65622768

企业名称:象山亚伦电器有限公司
地　　址:浙江省宁波市象山县城镇建设路一营门路口
邮　　编:315700
电　　话:0574－65717717
传　　真:0574－65758877

企业名称:象山跃华电器设备厂
地　　址:浙江省宁波市象山县蓬莱路54弄3号
邮　　编:315700
电　　话:0574－65725597
传　　真:0574－65718621

企业名称:焦作市重工制动器制造有限公司
地　　址:河南省焦作市武陟县虹桥工业区
邮　　编:454981
电　　话:0391－7544555
传　　真:0391－7544077

企业名称:宁波华阳起重电器有限公司
地　　址:浙江省宁波市象山县大徐新凉亭工业园
邮　　编:315700
电　　话:0574－65625818
传　　真:0574－65765355

企业名称:焦作液压制动器股份有限公司
地　　址:河南省焦作市武陟县大虹桥工业区
邮　　编:454981
电　　话:0391－7545666
传　　真:0391－7541058

企业名称:焦作市虹起制动器有限公司
地　　址:河南省焦作市武陟县大虹桥乡东温村
邮　　编:454950
电　　话:0391－7541080
传　　真:0391－7541088

企业名称:焦作市研发制动器有限公司
地　　址:河南省焦作市武陟县司马岗
邮　　编:454981
电　　话:0391－7515111
传　　真:0391－7515333

企业名称:瑞安同创制动器厂
地　　址:浙江省温州市瑞安市汀田镇邮电中路134号
邮　　编:325206
电　　话:0577－65500797
传　　真:0577－65500797

千斤顶

企业名称:江苏通润集团常熟市千斤顶厂
地　　址:江苏省常熟市虞山工业园联丰路58－1号
邮　　编:215500
电　　话:0512－52820788
传　　真:0512－52822288

企业名称:北京起重运输机械设计研究院
地　　址:北京市东城区雍和宫大街52号
邮　　编:100007
电　　话:010－64032277
传　　真:010－64052584

企业名称:一汽四环随车工具总厂
地　　址:吉林省长春市吉林大路3473号
邮　　编:130031
电　　话:0431－84842054
传　　真:0431－84842054

企业名称:嘉兴金腾机械实业有限公司
地　　址:浙江省嘉兴市海盐县西塘桥中乐路6号
邮　　编:314305
电　　话:0573－86811167
传　　真:0573－86811167

企业名称:上海宝山液压工具有限公司
地　　址:上海市宝山区宝杨路3055号
邮　　编:201901
电　　话:021－56801448
传　　真:021－56801448

企业名称:上海千斤顶厂
地　　址:上海市虹口区周家嘴路500号
邮　　编:200080
电　　话:021－65455036
传　　真:021－65415171

企业名称:承德胜利千斤顶有限公司
地　　址:河北省承德市承德县孟家院街6号
邮　　编:067411
电　　话:0314－3056478
传　　真:0314－3056478

企业名称:兖州金顶机械制造有限公司
地　　址:山东省兖州市中山东路243—2号
邮　　编:272100
电　　话:0537－3412567
传　　真:0537－3415225

企业名称:成都飞机公司(机电产品工程所)
地　　址:四川省成都市黄田坝660分箱
邮　　编:610092
电　　话:028－87401435
传　　真:028－87401435

企业名称:上海宝山千斤顶总厂有限公司
地　　址:上海市宝山区江杨南路1085号
邮　　编:200434
电　　话:021－56881711
传　　真:021－56881711

企业名称:承德润韩千斤顶有限公司
地　　址:河北省承德市西大街142号
邮　　编:067000
电　　话:0314－2185487
传　　真:0314－2185589

企业名称:安徽黄山密封件厂
地　　址:安徽省黄山市屯溪区黎阳街261号
邮　　编:245000
电　　话:0559－2512084
传　　真:0559－2519614

企业名称:安徽黄山市鑫佳橡塑有限责任公司
地　　址:安徽省黄山市屯溪区新潭东源口8号
邮　　编:245000
电　　话:0559－2557850
传　　真:0559－2557850

企业名称:国家起重运输机械质量监督检验中心
地　　址:北京市东城区雍和宫大街52号
邮　　编:100007
电　　话:010－64018780
传　　真:010－64052252

企业名称:抚顺市南山城螺旋千斤顶厂
地　　址:辽宁省抚顺市清原县南山城镇中街

邮　　编:113308
电　　话:024 - 53555035
传　　真:024 - 53555605

企业名称:海宁鼎立机械有限公司
地　　址:浙江省海宁市硖石镇大寨桥
邮　　编:314400
电　　话:0573 - 87022158
传　　真:0573 - 87021265

企业名称:杭州临安市橡胶有限公司
地　　址:浙江省临安市昌化工业园区 1 号
邮　　编:311321
电　　话:13906815862
传　　真:0571 - 63668866

企业名称:湖北 3611 工厂
地　　址:湖北省丹江口市浪河镇 105 信箱
邮　　编:441912
电　　话:0719 - 5619393
传　　真:0719 - 5619392

企业名称:嘉兴市大通机械厂
地　　址:浙江省嘉兴市余新镇
邮　　编:314009
电　　话:0573 - 83166238
传　　真:0573 - 83165918

企业名称:嘉兴市千斤顶厂
地　　址:浙江省嘉兴市海盐县城北西路 388 号
邮　　编:314300
电　　话:0573 - 86195128
传　　真:0573 - 86195128

企业名称:嘉兴市正发机械厂
地　　址:浙江省嘉兴市南湖区凤桥镇
邮　　编:314008
电　　话:0573 - 83131171
传　　真:0573 - 83131171

企业名称:江苏跃进常随汽车零部件有限公司
地　　址:江苏省常州市天宁区常焦路 4 号
邮　　编:213021
电　　话:0519 - 85311724
传　　真:0519 - 85311783

企业名称:绵阳市金象机械有限公司
地　　址:四川省绵阳市涪城区塘汛镇群丰东街 154 号
邮　　编:621000
电　　话:0816 - 2212022
传　　真:0816 - 2213008

企业名称:宁国宏达塑料厂
地　　址:安徽省宁国市工业西路 83 号
邮　　编:242300
电　　话:0563 - 4029234
传　　真:0563 - 4028305

企业名称:山东临沂启阳工具有限公司
地　　址:山东省临沂市河东区双桥街东段
邮　　编:276000
电　　话:0539 - 8082188
传　　真:0539 - 8082929

企业名称:上海沪南千斤顶厂
地　　址:上海市浦东新区六灶镇东首
邮　　编:201322
电　　话:021 - 58162999
传　　真:021 - 58162126

企业名称:上海金星机械实业有限公司
地　　址:上海市奉贤区庄行镇丁宁路 28 号
邮　　编:201415
电　　话:021 - 57469550
传　　真:021 - 57469550

企业名称:上海起重工具厂
地　　址:上海市杨浦区隆昌路 40 弄 8 号
邮　　编:200009
电　　话:021 - 65431919
传　　真:021 - 65431919

企业名称:上海震达液压工具厂
地　　址:上海市杨浦区隆昌路 40 弄 8 号
邮　　编:200090
电　　话:021 - 38923397
传　　真:021 - 58564465

企业名称:余江县千斤顶厂
地　　址:江西省鹰潭市余江县邓埠镇四青路冠英巷 1 号
邮　　编:335200
电　　话:0701 - 5881142
传　　真:0701 - 5881142

企业名称:重庆千斤顶厂
地　　址:重庆市北涪区静宁路 44 号
邮　　编:400700
电　　话:023 - 68862096
传　　真:023 - 68206405

企业名称:奉化南方机械制造有限公司
地　　址:浙江省宁波市奉化市尚田镇
邮　　编:315511
电　　话:13105588888
传　　真:0574－88637997

企业名称:杭州三星机械有限公司
地　　址:浙江省杭州市丁桥镇
邮　　编:310021
电　　话:0571－88111937
传　　真:0571－88111040

企业名称:上海江南千斤顶厂
地　　址:上海市奉贤区庄行镇邬桥安东路25号
邮　　编:201402
电　　话:13801704932
传　　真:021－57401566

企业名称:长春一汽技术中心
地　　址:吉林省长春市创业大街35号
邮　　编:130011
电　　话:13596499516

企业名称:杭州天恒机械有限公司
地　　址:浙江省杭州市临安板桥乡下板桥113号
邮　　编:311301
电　　话:0571－63780362
传　　真:0571－63780362

企业名称:海盐金鑫机械有限公司
地　　址:浙江省嘉兴市海盐县西塘桥镇曙光村
邮　　编:314305
电　　话:0573－86819668
传　　真:0573－86819668

企业名称:嘉兴大隆机械有限公司
地　　址:浙江省嘉兴市海盐县大桥新区西场路58号
邮　　编:314305
电　　话:0573－86811151
传　　真:0573－86811151

企业名称:山西太谷县永星铸造有限公司
地　　址:山西省晋中市太古县胡村镇墩坊村
邮　　编:030800
电　　话:13903446563

企业名称:上海鑫栋钢球轴承有限公司
地　　址:上海市浦东新区川周公路3239号
邮　　编:201319
电　　话:021－58116922

企业名称:承德相一机械有限公司
地　　址:河北省承德市平泉县红山嘴开发区
邮　　编:067500
电　　话:13663142639

物流与仓储机械

企业名称:北京起重运输机械设计研究院
地　　址:北京市东城区雍和宫大街52号
邮　　编:100007
电　　话:010－64031452
传　　真:010－64052584

企业名称:上海精星仓储设备工程有限公司
地　　址:上海市闵行区莘庄工业区申南路505号
邮　　编:201108
电　　话:021－64897202
传　　真:021－64892100

企业名称:德马泰克物流系统苏州有限公司
地　　址:江苏省苏州市越湖路横泾工业园尧南小区
邮　　编:215103
电　　话:0512－66302031
传　　真:0512－66209538

企业名称:山西太原索斯沃斯升降台有限公司
地　　址:山西省太原市东岗路310号
邮　　编:030012
电　　话:0351－7074493
传　　真:0351－7040699

企业名称:昆明昆船物流信息产业有限公司
地　　址:云南省昆明市人民中路6号昆船大厦
邮　　编:650051
电　　话:0871－3172279
传　　真:0871－3173600

企业名称:北京机械工业自动化研究所
地　　址:北京市西城区德胜门外教场口1号
邮　　编:100011
电　　话:010－82285588
传　　真:010－62050838

企业名称:辽宁国能集团铁岭精工机械有限公司
地　　址:辽宁省铁岭市银州区汇工街98号
邮　　编:112002
电　　话:0410－74501502
传　　真:0410－74562484

企业名称:湖州德马物流系统工程有限公司

地　　址:浙江省湖州市埭溪上强工业园区
邮　　编:313023
电　　话:0572－2686000
传　　真:0572－2686028

企业名称:北京科技大学物流研究所
地　　址:北京市海淀区学院路30号方兴大厦716室
邮　　编:100083
电　　话:010－82384142
传　　真:010－82384140

企业名称:太原刚玉物流工程有限公司
地　　址:山西省太原市东岗路310号
邮　　编:030012
电　　话:0351－7683088
传　　真:0351－7683072

企业名称:国家邮政局上海研究院
地　　址:上海市中山北路3185号
邮　　编:200062
电　　话:021－62970498
传　　真:021－62437035

企业名称:上海高惠物流技术工程有限公司
地　　址:上海市真南路500号(同济大学西区综合楼)
邮　　编:200331
电　　话:021－62504239
传　　真:021－62504239

企业名称:北方交大物流研究院
地　　址:北京市海淀区西直门外上园村3号
邮　　编:100044
电　　话:010－51683854
传　　真:010－51688649

企业名称:山东济阳机械厂
地　　址:山东省济南市济阳县经二路45号
邮　　编:251400
电　　话:0531－84211081
传　　真:0531－84211081

企业名称:南通安泰机械有限公司
地　　址:江苏省如皋市袁桥工业园
邮　　编:226575
电　　话:0513－87512997
传　　真:0513－87385886

企业名称:机械工业部第四设计研究院
地　　址:河南省洛阳市西苑路
邮　　编:471039
电　　话:0379－64818295
传　　真:0379－64818201

企业名称:常州常矿起重机械有限公司
地　　址:江苏省常州市横山桥镇
邮　　编:213119
电　　话:0519－88609202
传　　真:0519－88609203

企业名称:苏州市苏立液压升降机有限公司
地　　址:江苏省苏州市相城区望亭镇问渡路54号
邮　　编:215155
电　　话:0512－65388851
传　　真:0512－65384732

企业名称:常州市东方仓储设备厂
地　　址:江苏省常州市横山桥镇
邮　　编:213119
电　　话:0519－88604129
传　　真:0519－88601654

企业名称:北京百利铭泰仓储设备有限公司
地　　址:北京市海淀区首体南路20号国兴家园5号楼
邮　　编:100044
电　　话:010－88355058
传　　真:010－88355056

企业名称:苏州康博特液压升降机械有限公司
地　　址:江苏省苏州市相城区望亭镇问渡路50号
邮　　编:215155
电　　话:0512－66700119
传　　真:0512－65381996

企业名称:南京新众亚货架有限责任公司
地　　址:江苏省南京市江东北路200号7楼
邮　　编:210029
电　　话:025－86668857
传　　真:025－86538483

企业名称:吴江市九天升降机厂
地　　址:江苏省苏州市吴江区金家坝工业区
邮　　编:215215
电　　话:0512－63202711
传　　真:0512－63201405

企业名称:北京兰龙物流仓储设备厂
地　　址:北京市门头沟区滨河路37号
邮　　编:102300
电　　话:010－69845984
传　　真:010－69843791

企业名称:北京博瑞智德技术有限公司
地　　址:北京市朝阳区南新园西路 6 号
邮　　编:100021
电　　话:010－87326925
传　　真:010－87680485

企业名称:苏州市南方升降机厂
地　　址:江苏省苏州市相城区望亭镇宅基村
邮　　编:215155
电　　话:0512－65389379
传　　真:0512－65387786

企业名称:镇江东联仓储设备有限公司
地　　址:江苏省镇江市丁卯开发区纬三路
邮　　编:212009
电　　话:0511－88886548
传　　真:0511－88883008

企业名称:上海鸿安展升物流系统技术有限公司
地　　址:上海市长宁区仙霞路 322 号 1803 室
邮　　编:200336
电　　话:021－62085257
传　　真:021－52570087

企业名称:苏州市同创液压升降机械有限公司
地　　址:江苏省苏州市相城区望亭镇问渡路 47 号
邮　　编:215155
电　　话:0512－66702088
传　　真:0512－65382537

输送机给料机

企业名称:芜湖起重运输机器有限公司
地　　址:安徽省芜湖市三山经济开发区官河路与浮山路交叉口
邮　　编:241080
电　　话:0553－3916777
传　　真:0553－5852711

企业名称:北京起重运输机械设计研究院
地　　址:北京市东城区雍和宫大街 52 号
邮　　编:100007
电　　话:010－64032296
传　　真:010－64032442

企业名称:太原科技大学机电学院
地　　址:山西省太原市万柏林区瓦流路 66 号
邮　　编:030024
电　　话:0351－6998039
传　　真:0351－6998027

企业名称:广西百色矿山机械厂有限公司
地　　址:广西百色市工业园区银海路(六塘)
邮　　编:533000
电　　话:0776－2770802
传　　真:0776－2770488

企业名称:湖北宜都机电工程股份有限公司
地　　址:湖北省宜昌市珍珠路 69 号盈嘉酒店 23 楼
邮　　编:443300
电　　话:0717－8868868
传　　真:0717－8868877

企业名称:上海科大重工集团有限公司
地　　址:上海市青浦工业园区华青路 815 号
邮　　编:201707
电　　话:021－69213885
传　　真:021－69211138

企业名称:四川省自贡运输机械有限公司
地　　址:四川省自贡市自井区大岩洞 1 号
邮　　编:643000
电　　话:0813－8236964
传　　真:0813－8236016

企业名称:甘肃兰州二通机械有限公司
地　　址:甘肃省兰州市安宁区安宁中路 148 号
邮　　编:730070
电　　话:0931－7752255
传　　真:0931－4938106

企业名称:江阴齿轮箱制造有限公司
地　　址:江苏省江阴市山观工业园澄山路 601 号
邮　　编:214437
电　　话:0510－86993222
传　　真:0510－86993196

企业名称:诸暨链条总厂
地　　址:浙江省诸暨市牌头镇五一路 1 号
邮　　编:311825
电　　话:0575－87051296
传　　真:0575－87051296

企业名称:芜湖市爱德运输机械有限公司
地　　址:安徽省芜湖市高新技术开发区珩琅山路 8 号
邮　　编:241001
电　　话:0553－5682728
传　　真:0553－5687666

企业名称:浙江恒丰泰减速机制造有限公司
地　　址:浙江省温州市瓯海梅屿工业区 2－5 号

邮　　编:325016
电　　话:0577 – 86119899
传　　真:0577 – 86111989

企业名称:天津减速机股份有限公司
地　　址:天津市河东区程林庄路 8 号
邮　　编:300160
电　　话:022 – 24328922
传　　真:022 – 24326558

企业名称:石家庄科一重工有限公司减速机分公司
地　　址:河北省石家庄市和平西路 595 号
邮　　编:050071
电　　话:0311 – 87731909
传　　真:0311 – 87772060

企业名称:邯郸市红星机械制造有限公司
地　　址:河北省邯郸市峰峰矿区太行东路 25 号
邮　　编:056200
电　　话:0310 – 5167699
传　　真:0310 – 5167188

企业名称:大连理工大学
地　　址:辽宁省大连市甘井子区凌工路 2 号
邮　　编:116024
电　　话:0411 – 84708409
传　　真:0411 – 84707507

企业名称:鹤壁链条有限责任公司
地　　址:河南省鹤壁市红旗街 150 号
邮　　编:458000
电　　话:0329 – 2912392
传　　真:0329 – 2891112

企业名称:焦作市新链条输送设备制造有限公司
地　　址:河南省焦作市解放西路中段 54 号
邮　　编:454191
电　　话:0391 – 2947975
传　　真:0391 – 2947487

企业名称:昆明市输送机械有限公司
地　　址:云南省昆明市五华区人民西路 684 号
邮　　编:650106
电　　话:0871 – 8184910
传　　真:0871 – 8184910

企业名称:福州提升机厂
地　　址:福建省福州市仓山公园路 5 号
邮　　编:050007
电　　话:0591 – 83471735
传　　真:0591 – 83441278

企业名称:荆州市巨鲸传动机械有限公司
地　　址:湖北省荆州市开发区东方大道 58 号
邮　　编:434000
电　　话:0716 – 8303900
传　　真:0716 – 8303809

企业名称:宜昌三峡输送机械制造总公司
地　　址:湖北省宜昌市西陵区窑湾乡东山村
邮　　编:443000
电　　话:0717 – 6445067
传　　真:0717 – 6445067

企业名称:启东天地机械制造有限公司
地　　址:江苏省启东市和平南路 105 号
邮　　编:226200
电　　话:0513 – 83312668
传　　真:0513 – 83312649

企业名称:芜湖迪禄普胶带有限公司
地　　址:安徽省芜湖市高新开发区火炬 2 路 15 号
邮　　编:241000
电　　话:0553 – 2245918
传　　真:0553 – 2245919

企业名称:安徽省工力机械设备有限公司
地　　址:安徽省巢湖市居巢区
邮　　编:238000
电　　话:0551 – 88531058
传　　真:0551 – 88531246

企业名称:江苏双菱链传动有限公司
地　　址:江苏省常州市武进区湟里镇卜东路 1 号
邮　　编:213151
电　　话:0519 – 83341135
传　　真:0519 – 83341270

企业名称:扬州市精固链传动机械制造有限公司
地　　址:江苏省扬州市朴席工业规划区
邮　　编:211426
电　　话:0514 – 83617988
传　　真:0514 – 83615003

企业名称:通化市起重运输机械制造有限责任公司
地　　址:吉林省通化市保安路 2369 号
邮　　编:13400
电　　话:0435 – 3652137
传　　真:0435 – 3617752

企业名称:宏兴机械制造有限公司
地　　址:黑龙江省鹤岗市红旗路 69 号
邮　　编:154101
电　　话:0468－3342098
传　　真:0468－3342098

企业名称:沈阳市通用电器研究所
地　　址:辽宁省沈阳市沈河区乐郊路 35 甲 4 号
邮　　编:110011
电　　话:024－24804947
传　　真:024－24804947

企业名称:江阴华东机械有限公司
地　　址:江苏省江阴市澄张公路 518 号
邮　　编:214429
电　　话:0510－86195578
传　　真:0510－86190678

企业名称:江苏泰兴隆减速机有限公司
地　　址:江苏省泰兴市城区科技工业园
邮　　编:225400
电　　话:0523－87996888
传　　真:0523－87996999

企业名称:国茂减速机集团有限公司
地　　址:江苏省常州市武进高新区西湖路 111 号
邮　　编:213164
电　　话:0519－86552810
传　　真:0519－86578002

企业名称:朝阳东大运输机械有限公司
地　　址:辽宁省朝阳市中山大街二段 38 号
邮　　编:122000
电　　话:0421－3853370
传　　真:0421－3853370

企业名称:长沙起重运输机械厂
地　　址:湖南省长沙市临乡县华夏工业园新康路 9 号
邮　　编:410005
电　　话:0731－85555999
传　　真:0731－85010292

企业名称:常州东吴链传动制造有限公司
地　　址:江苏省常州市遥观镇东开发区洪庄路
邮　　编:213102
电　　话:0519－88700518
传　　真:0519－88700526

企业名称:湖南中特液力传动机械有限公司
地　　址:湖南省益阳市泉交河镇万利工业园
邮　　编:413000
电　　话:0737－6181876
传　　真:0737－6181199

企业名称:铜陵三佳科技股份有限公司
地　　址:安徽省铜陵市石城路电子工业区
邮　　编:244000
电　　话:0562－2627641
传　　真:0562－2627501

企业名称:芜湖市康德机械制造有限公司
地　　址:安徽省芜湖市经济技术开发区桥北工业园
邮　　编:241008
电　　话:0553－5313315
传　　真:0553－5316579

企业名称:安徽省无为神力运输机器制造有限公司
地　　址:安徽省巢湖市无为县赫店镇苏塘
邮　　编:238366
电　　话:0553－6285091
传　　真:0553－6285008

企业名称:安徽省无为煤矿机械制造有限公司
地　　址:安徽省巢湖市无为县赫店镇工业区
邮　　编:238300
电　　话:0553－6600038
传　　真:0553－6602198

企业名称:上虞华运输送设备有限公司
地　　址:浙江省上虞市五夫工业园区
邮　　编:312353
电　　话:0575－82415828
传　　真:0575－82415626

企业名称:杭州临安输送机械链条厂
地　　址:浙江省临安市青山工业园区
邮　　编:311300
电　　话:0571－63783450
传　　真:0571－63783450

企业名称:湖州电动滚筒有限公司
地　　址:浙江省湖州市西凤路 888 号
邮　　编:313000
电　　话:0572－2111325
传　　真:0572－2174376

企业名称:芜湖市通达成套输送设备有限公司
地　　址:安徽省芜湖市清水工业园区
邮　　编:241060
电　　话:0553－8294780

传　　真:0553－8292361

企业名称:芜湖众发中运机械有限公司
地　　址:安徽省芜湖市鸠江经济开发区
邮　　编:241001
电　　话:0553－5716410
传　　真:0553－5716423

企业名称:安徽省黄山市轴承有限责任公司
地　　址:安徽省黄山市黟县马道路9号
邮　　编:242700
电　　话:0559－5522179
传　　真:0559－5522926

企业名称:佐敦涂料(张家港)有限公司
地　　址:上海市中山南路28号久事大厦20层
邮　　编:200010
电　　话:021－63330800
传　　真:021－63373384

企业名称:芜湖中南轴承实业有限公司
地　　址:安徽省芜湖市五一广场南侧
邮　　编:241002
电　　话:0553－4110362
传　　真:0553－4110363

企业名称:南京起重电器厂
地　　址:江苏省南京市江宁区淳化七里岗12号
邮　　编:211123
电　　话:025－52262925
传　　真:025－52252014

企业名称:焦作市华武制动器厂
地　　址:河南省焦作市虹桥工业区
邮　　编:454981
电　　话:0391－7543668
传　　真:0391－7543168

企业名称:盐城康威特橡塑有限公司
地　　址:江苏省大丰市大桥镇潘街39号
邮　　编:224000
电　　话:0515－3384848
传　　真:0515－3382398

企业名称:上海交华液力机械有限公司
地　　址:上海市崇明县绿华镇新建路575号
邮　　编:202151
电　　话:021－59353159
传　　真:021－59351202

企业名称:天津重钢机械装备股份有限公司
地　　址:天津市塘沽海洋高新技术开发区厦门路139号
邮　　编:300459
电　　话:022－25214993
传　　真:022－25211535

企业名称:安徽盛运机械股份有限公司
地　　址:安徽省桐城市经济开发区东环路1号
邮　　编:231400
电　　话:0556－6206966
传　　真:0556－6205280

企业名称:中德(扬州)输送工程技术有限公司
地　　址:江苏省扬州市开发区鸿扬路66号
邮　　编:225009
电　　话:0514－85881696
传　　真:0514－85881690

企业名称:湖北宜都天宜机械有限公司
地　　址:湖北省宜都市陆城十里铺工业园区
邮　　编:443000
电　　话:0717－4826889
传　　真:0717－4828111

企业名称:安徽大山通用机械有限公司
地　　址:安徽省马鞍山市当涂县年陡工业园
邮　　编:243194
电　　话:0555－6473926
传　　真:0555－6473916

带式输送机

企业名称:北方重工集团有限公司输送设备分公司
地　　址:辽宁省沈阳经济技术开发区开发大路16号
邮　　编:110141
电　　话:024－25802099
传　　真:024－24835186

企业名称:北京起重运输机械研究设计院
地　　址:北京市东城区雍和宫大街52号
邮　　编:100007
电　　话:010－64032598
传　　真:010－64032570

企业名称:山东山矿机械有限公司
地　　址:山东省济宁市济安桥北路11号
邮　　编:272041
电　　话:0537－2783800
传　　真:0537－2228529

企业名称:衡阳运输机械有限公司
地　　址:湖南省衡阳市珠晖区狮山路1号
邮　　编:421002
电　　话:0734－3172006
传　　真:0734－3172066

企业名称:四川省自贡运输机械集团股份有限公司
地　　址:四川省自贡市自流井区大岩洞
邮　　编:643000
电　　话:0813－5500889
传　　真:0813－5500456

企业名称:上海科大重工集团有限公司
地　　址:上海市青浦区工业园华清路815号
邮　　编:201707
电　　话:021－69211558
传　　真:021－69210321

企业名称:太原科技大学机械工程学院
地　　址:山西省太原市万柏林区瓦流路66号
邮　　编:030024
电　　话:0351－6998032
传　　真:0351－6998032

企业名称:焦作市科瑞森机械制造有限公司
地　　址:河南省焦作市高新区神州路2878号
邮　　编:454000
电　　话:0391－3663601
传　　真:0391－3683672

企业名称:铜陵天奇蓝天机械设备有限公司
地　　址:安徽省铜陵市经济技术开发区翠湖三路1355号
邮　　编:244061
电　　话:0562－2686189
传　　真:0562－2686187

企业名称:北京约基工业股份有限公司
地　　址:北京市通州区次渠嘉创路10号C4座
邮　　编:101111
电　　话:010－57601188－1111
传　　真:010－57601100

企业名称:集安佳信通用机械有限公司
地　　址:吉林省集安市工业园区创业路3号
邮　　编:134200
电　　话:0435－6225696
传　　真:0435－6225918

企业名称:东北大学机械工程学院
地　　址:辽宁省沈阳市和平区文化路3号巷11号
邮　　编:110819
电　　话:024－83670898
传　　真:024－83679731

企业名称:大连液力机械有限公司
地　　址:辽宁省大连市甘井子区营城子工业园营辉路5号
邮　　编:116036
电　　话:0411－85993888
传　　真:0411－86642765

企业名称:通化市起重运输机械制造有限责任公司
地　　址:吉林省通化市保安路2369号
邮　　编:134000
电　　话:0435－3617315
传　　真:0435－3591168

企业名称:葫芦岛首钢东华机械有限公司
地　　址:辽宁省兴城市102信箱
邮　　编:125100
电　　话:0429－5697951
传　　真:0429－5697951

企业名称:天津市凯劲运输机械有限公司
地　　址:天津市宁河县卢台镇卢汉路26号
邮　　编:301500
电　　话:022－69592695
传　　真:022－69592698

企业名称:SEW－传动设备(天津)有限公司
地　　址:天津市经济技术开发区第七大街46号
邮　　编:300457
电　　话:022－25322612
传　　真:022－25348795

企业名称:包头市万里机械有限责任公司
地　　址:内蒙古包头市东河区南二里半
邮　　编:014040
电　　话:0472－4604508
传　　真:0472－4604234

企业名称:青岛华夏橡胶工业有限公司
地　　址:山东省青岛市即墨通济区城马路146号
邮　　编:266228
电　　话:0532－82519338
传　　真:0532－82518381

企业名称:唐山冶金矿山机械厂
地　　址:河北省唐山市缸窑路4号
邮　　编:063027

电　　话:0315－3100796
传　　真:0315－3202236

企业名称:唐山开元自动焊接装备有限公司
地　　址:河北省唐山市高新区火炬路189号
邮　　编:063000
电　　话:0315－3855257
传　　真:0315－3859644

企业名称:华电重工股份有限公司
地　　址:北京市东城区永定门西滨河路8号院7号楼中海地产广场东塔15层
邮　　编:100077
电　　话:010－51966621
传　　真:010－68710552

企业名称:芜湖起重运输机器有限公司
地　　址:安徽省芜湖市三山经济开发区官河路5号
邮　　编:241080
电　　话:0553－5859945
传　　真:0553－5852711

企业名称:中发电气(铜陵)海德精密工业有限公司
地　　址:安徽省铜陵市经济技术开发区翠湖四路
邮　　编:244000
电　　话:0562－2627644
传　　真:0562－2627501

企业名称:徐州光环钢管(集团)有限公司
地　　址:江苏省徐州市三环东路19号
邮　　编:221004
电　　话:0516－87773770
传　　真:0516－87773393

企业名称:江阴齿轮箱制造有限公司
地　　址:江苏省江阴市澄山路601号
邮　　编:214437
电　　话:0510－86991225
传　　真:0510－86993196

企业名称:安徽盛运机械股份有限公司
地　　址:安徽省桐城市经济开发区东环路1号
邮　　编:231400
电　　话:0556－6191666
传　　真:0556－6205898

企业名称:安徽攀登重工股份有限公司
地　　址:安徽省桐城市南岛日华广场
邮　　编:231400
电　　话:0556－6131226
传　　真:0556－6127222

企业名称:江阴市鹏锦机械制造有限公司
地　　址:江苏省江阴市南闸观山东盟科技园10号
邮　　编:214405
电　　话:0510－86271858
传　　真:0510－86271878

企业名称:马钢股份公司输送机械设备制造公司
地　　址:安徽省马鞍山市经济开发区阳湖路499号
邮　　编:243000
电　　话:0555－2109762
传　　真:0555－2109765

企业名称:浙江双箭橡胶股份有限公司
地　　址:浙江省桐乡市洲泉镇工业园区
邮　　编:314513
电　　话:0573－88531999
传　　真:0573－88531023

企业名称:东莞市奥能实业有限公司
地　　址:广东省东莞市望牛墩镇洲涡工业区
邮　　编:523206
电　　话:0769－88560099
传　　真:0769－88563508

企业名称:东莞市隆泰实业有限公司
地　　址:广东省东莞市石碣镇民丰路421号
邮　　编:523291
电　　话:0769－86347218
传　　真:0769－86623390

企业名称:佳信通用机械泰州有限公司
地　　址:江苏省泰州市海陵工业园区泰安路46号
邮　　编:225300
电　　话:0523－86650182
传　　真:0523－86558037

企业名称:湖州电动滚筒有限公司
地　　址:浙江省湖州市西凤路888号
邮　　编:313000
电　　话:0572－2031191
传　　真:0572－2111316

企业名称:桐乡机械厂有限公司
地　　址:浙江省桐乡市崇福镇南沙滩2号
邮　　编:314511
电　　话:0573－88385728
传　　真:0573－88381709

企业名称:宝鸡杭叉工程机械有限责任公司
地　　址:陕西省宝鸡市十里铺纺西村111号
邮　　编:721004
电　　话:0917－3423592
传　　真:0917－3415180

企业名称:太原向明科工贸有限公司
地　　址:山西省太原市小店区经济区唐槐路2号
邮　　编:030006
电　　话:0351－7024358
传　　真:0351－7022727

企业名称:河南天隆输送装备有限公司
地　　址:河南省新乡市高薪技术开发区科技工业园
邮　　编:453000
电　　话:0373－5066226
传　　真:0373－5066522

企业名称:中平能化集团机械制造有限公司
地　　址:河南省平顶山市矿山东路11号
邮　　编:467021
电　　话:0375－2743012
传　　真:0375－2743020

企业名称:国家起重运输机械质量监督检验中心
地　　址:北京市东城区雍和宫大街52号
邮　　编:100007
电　　话:010－64004968
传　　真:010－64052252

企业名称:本溪市运输机械配件厂
地　　址:辽宁省本溪市平山区生源街7号
邮　　编:117021
电　　话:0414－2372156
传　　真:0414－2372594

企业名称:本溪华隆清扫器制造有限公司
地　　址:辽宁省本溪市明山区大峪
邮　　编:117022
电　　话:0414－4592675
传　　真:0414－4592676

企业名称:鞍钢附企机电安装工程公司
地　　址:辽宁省鞍山市铁东区团结街29号
邮　　编:114003
电　　话:0412－6723622
传　　真:0412－6318878

企业名称:鞍钢附属企业公司烧结安装公司
地　　址:辽宁省鞍山市鞍钢南门内100米
邮　　编:114021
电　　话:0412－6724579
传　　真:0412－6728698

企业名称:鞍钢矿建建设工业公司
地　　址:辽宁省鞍山市立山区鞍干路143号
邮　　编:114031
电　　话:13050038165
传　　真:0412－6961145

企业名称:沈阳市煤机配件厂
地　　址:辽宁省沈阳市于洪区长江北街58号
邮　　编:110034
电　　话:024－86808449
传　　真:024－86808506

企业名称:沈阳市通用电器研究所
地　　址:辽宁省沈阳市沈河区乐郊路35甲4号
邮　　编:110011
电　　话:024－24804947
传　　真:024－62465178

企业名称:沈阳万捷重工机械有限公司
地　　址:辽宁省沈阳市浑南新区沈营路15－8号49门
邮　　编:110168
电　　话:024－23814646
传　　真:024－23814545

企业名称:沈阳泰丰胶带制造有限公司
地　　址:辽宁省新民市大河沟村88号
邮　　编:110000
电　　话:024－24363002
传　　真:024－24363002

企业名称:沈阳泰华伟业电力设备有限公司
地　　址:辽宁省沈阳市东陵区榆林大街28－5号
邮　　编:110045
电　　话:024－88260201
传　　真:024－88260069

企业名称:沈阳沈起技术工程有限责任公司
地　　址:辽宁省沈阳市于洪区造化镇永强工业园206－600号
邮　　编:110036
电　　话:024－86000177
传　　真:024－86000155

企业名称:沈阳制动电磁铁厂(有限公司)
地　　址:辽宁省沈阳市铁西区路官一街31号
邮　　编:110023

电　　话:024－25369240
传　　真:024－25295198

企业名称:沈阳市胶带输送机厂
地　　址:辽宁省沈阳市经济技术开发区开发南26号路7号
邮　　编:110027
电　　话:024－84053389
传　　真:024－89255589

企业名称:沈阳市三原电器研究所
地　　址:辽宁省沈阳市大东区珠林路71号
邮　　编:110042
电　　话:024－88738001
传　　真:024－88738002

企业名称:沈阳液力偶合器有限公司
地　　址:辽宁省沈阳市皇姑区塔湾40号238栋1门
邮　　编:110035
电　　话:024－86361982
传　　真:024－86362952

企业名称:辽宁起重机械有限公司
地　　址:辽宁省沈阳市和平区十三纬路格林大厦2302室
邮　　编:110000
电　　话:024－62669688
传　　真:024－23253200

企业名称:朝阳宏达机械有限公司
地　　址:辽宁省朝阳市龙城区工业园区文化路5段108号
邮　　编:122005
电　　话:0421－3931700
传　　真:0421－3931590

企业名称:大连营城液力偶合器厂
地　　址:辽宁省大连市甘井子区营城子工业园区
邮　　编:116036
电　　话:13909858073
传　　真:0411－86690273

企业名称:大连骅洋液力偶合器有限公司
地　　址:辽宁省大连市甘井子区营城子街道对门沟
邮　　编:116036
电　　话:0411－84444529
传　　真:0411－84444509

企业名称:黑龙江鹤岗斯达机电公司
地　　址:黑龙江省鹤岗市南山区跃进路87号
邮　　编:154103
电　　话:0468－3731415
传　　真:0468－3382480

企业名称:青岛银龙特种胶带有限公司
地　　址:山东省青岛市胶州市胶东纺织工业园
邮　　编:266317
电　　话:0532－88268288
传　　真:0532－88268288

企业名称:青岛港(集团)公司机械维修中心
地　　址:山东省青岛市黄岛区黄河东路114号
邮　　编:266500
电　　话:0532－82988639
传　　真:0532－82988190

企业名称:山东省生建重工有限责任公司
地　　址:山东省淄博市淄川区昆仑路1号
邮　　编:255129
电　　话:15315331133
传　　真:0533－7910977

企业名称:山东益杰重工机械有限公司
地　　址:山东省淄博市博山区博莱高速路口南邻
邮　　编:255200
电　　话:0533－4658626
传　　真:0533－4658727

企业名称:北京新兴超越离合器有限公司
地　　址:北京市昌平区沙河镇北大桥西沙河原毛加工厂北侧
邮　　编:102206
电　　话:010－80712591
传　　真:010－80712591

企业名称:天津减速机股份有限公司
地　　址:天津市河东区程林庄路8号
邮　　编:300160
电　　话:022－24327886
传　　真:022－24326558

企业名称:石家庄科一重工有限公司
地　　址:河北省石家庄市和平西路595号
邮　　编:050071
电　　话:0311－87715966
传　　真:0311－87725249

企业名称:河北港口集团港口机械有限公司
地　　址:河北省秦皇岛市开滦路5号
邮　　编:066000
电　　话:0335－3093143
传　　真:0335－3094743

企业名称:唐山市协力胶带输送设备公司
地　　址:河北省唐山市路南工业园区北小街2号
邮　　编:063000
电　　话:0315－2867507
传　　真:0315－3187508

企业名称:保定华月胶带有限公司
地　　址:河北省保定市博野县大齐橡胶工业区
邮　　编:071300
电　　话:0312－8349877
传　　真:0312－8349877

企业名称:河北万隆机械制造有限公司
地　　址:河北省沧州市盐山县北环西路
邮　　编:061300
电　　话:0317－6393175
传　　真:0317－6221546

企业名称:玉田县金利冷拔钢有限责任公司
地　　址:河北省唐山市玉田县城东大街
邮　　编:064100
电　　话:0315－5052666
传　　真:0315－6114075

企业名称:包头钢建新科机械设备制造有限公司
地　　址:内蒙古包头市昆区包钢厂区北门外三角地
邮　　编:010070
电　　话:0472－2186528
传　　真:0472－2188139

企业名称:呼和浩特市强力煤矿机械有限责任公司
地　　址:内蒙古呼和浩特市回民区攸攸板镇西侧
邮　　编:010070
电　　话:0471－3682479
传　　真:0471－3682146

企业名称:天津宝来工贸有限公司
地　　址:天津市静海县大邱庄
邮　　编:301606
电　　话:022－68588001
传　　真:022－68587681

企业名称:河北鑫山输送机械有限公司
地　　址:河北省衡水市枣强县裕华东街20号
邮　　编:053100
电　　话:13403189363
传　　真:0318－8227488

企业名称:天津成科传动机电技术股份有限公司
地　　址:天津市华苑产业区(环外)海泰发展一路6号
邮　　编:300384
电　　话:022－83711199
传　　真:022－83711200

企业名称:山东华特磁电科技股份有限公司
地　　址:山东省潍坊市临朐县经济开发区中段
邮　　编:262600
电　　话:0536－3158808
传　　真:0536－3158801

企业名称:天津三岛输送机械有限公司
地　　址:天津市塘沽区北街3－269号
邮　　编:300451
电　　话:022－25213625
传　　真:022－25213279

企业名称:内蒙古神华皮带机有限公司
地　　址:内蒙古鄂尔多斯伊金霍洛旗
邮　　编:017209
电　　话:0477－8284692
传　　真:0477－8284692

企业名称:兖矿集团大陆机械有限公司
地　　址:山东省兖州市经济技术开发区
邮　　编:272109
电　　话:0537－3472966
传　　真:0537－3472482

企业名称:海汇集团有限公司
地　　址:山东省日照市莒县工业园
邮　　编:276500
电　　话:0633－6269999
传　　真:0633－6269777

企业名称:安徽扬帆机电设备制造有限公司
地　　址:安徽省桐城市西环线西南工业园
邮　　编:231404
电　　话:0556－6138888
传　　真:0556－6127788

企业名称:安徽永生机械股份有限公司
地　　址:安徽省桐城市快活岭
邮　　编:231400
电　　话:0556－6210779
传　　真:0556－6205888

企业名称:凯盛重工有限公司
地　　址:安徽省淮南市谢家集区蔡新路
邮　　编:232058
电　　话:0554－5727529

传　　真:0554－5717376

企业名称:铜陵飞特运输机械厂
地　　址:安徽省铜陵市西湖经济开发区
邮　　编:244000
电　　话:0562－6865379
传　　真:0562－6866021

企业名称:滁州市宏伟橡胶制品有限公司
地　　址:安徽省滁州市担子理想创业园北区一号
邮　　编:239000
电　　话:0550－3023965
传　　真:0550－3034157

企业名称:安徽省无为神力运输机器制造有限公司
地　　址:安徽省巢湖市无为县赫店镇苏塘
邮　　编:238366
电　　话:0551－86285091
传　　真:0551－86285008

企业名称:安徽省无为煤矿机械制造有限公司
地　　址:安徽省巢湖市无为县赫店镇
邮　　编:238367
电　　话:0551－86200038
传　　真:0551－86202198

企业名称:芜湖市爱德运输机械有限公司
地　　址:安徽省芜湖市高新技术开发区纬十路
邮　　编:241002
电　　话:0553－5682700
传　　真:0553－5687666

企业名称:黄山市轴承有限责任公司
地　　址:安徽省黄山市黟具马道路009号
邮　　编:245500
电　　话:0559－5522179
传　　真:0559－5522926

企业名称:浙江上虞华运输送设备有限公司
地　　址:浙江省上虞市五夫工业园区驿五东路55号
邮　　编:312353
电　　话:0575－82415818
传　　真:0575－82415626

企业名称:宁波华达起重运输设备有限公司
地　　址:浙江省宁波市鄞州区潘火街道王家弄村
邮　　编:315105
电　　话:0574－88235492
传　　真:0574－88237781

企业名称:浙江象山光明输送机有限公司
地　　址:浙江省宁波市象山县石浦光明路
邮　　编:315731
电　　话:0574－65983991
传　　真:0574－65977491

企业名称:宁波华臣输送设备制造有限公司
地　　址:浙江省宁波市象山县经济开发区大目涂滨海工业园
邮　　编:315712
电　　话:0574－65728116
传　　真:0574－65803687

企业名称:杭州雄鹰机械有限公司
地　　址:浙江省杭州市萧山区南阳街道南兴路
邮　　编:311227
电　　话:0571－82186828
传　　真:0571－82180111

企业名称:浙江宇龙机械有限公司
地　　址:浙江省瑞安市塘下鲍四工业区
邮　　编:325204
电　　话:0577－65205101
传　　真:0577－65211889

企业名称:浙江通力重型齿轮股份有限公司
地　　址:浙江省瑞安市林垟工业区
邮　　编:325207
电　　话:0577－65590088
传　　真:0577－6559888

企业名称:浙江鑫隆机械制造有限公司
地　　址:浙江省瑞安市塘下镇前进工业区
邮　　编:325205
电　　话:0577－65275038
传　　真:0577－65279868

企业名称:湖州新天翔橡胶厂
地　　址:浙江省湖州市杨家埠镇九九桥北
邮　　编:313000
电　　话:0572－2351969
传　　真:0572－2361386

企业名称:上海一钢南翔传动设备厂
地　　址:上海市嘉定区于湾路469号
邮　　编:201808
电　　话:021－59123997
传　　真:021－59129910

企业名称:上海嘉庆轴承制造有限公司

地　　址:上海市闸北区民德路158号铭德国际广场1802室
邮　　编:200072
电　　话:021－56559515
传　　真:021－56639899

企业名称:上海起重运输机械厂有限公司
地　　址:上海市嘉定区安亭镇昌吉路28号
邮　　编:200433
电　　话:021－65575563
传　　真:021－56639864

企业名称:上海富运运输机械有限公司
地　　址:上海市虹口区保定路437号
邮　　编:200082
电　　话:021－65590898
传　　真:021－65418294

企业名称:江西省萍乡市永固冶金矿山机械有限公司
地　　址:江西省萍乡市高坑镇铁桥背
邮　　编:337042
电　　话:0799－6378096
传　　真:0799－6378096

企业名称:江西铜业集团(贵溪)冶金机械厂
地　　址:江西省贵溪市320国道1号江铜高级技校院内
邮　　编:335421
电　　话:0701－3331905
传　　真:0701－3331861

企业名称:江西华伍制动器股份有限公司
地　　址:江西省丰城市工业园区新梅路7号
邮　　编:331000
电　　话:0791－3770652
传　　真:0791－3770710

企业名称:南京梅山工程技术新产业开发有限公司
地　　址:江苏省南京市雨花台区梅山街道中兴路
邮　　编:210039
电　　话:025－86707834
传　　真:025－86707834

企业名称:南京三户机械制造有限公司
地　　址:江苏省南京市沿江工业开发区六街区31－103号
邮　　编:210044
电　　话:025－57791473
传　　真:025－57058515

企业名称:南京夏元机械设备制造有限公司
地　　址:江苏省南京市六合区冶山镇
邮　　编:211523
电　　话:025－57571755
传　　真:025－57570570

企业名称:南京飞达机械有限公司
地　　址:江苏省南京市沿江工业开发区中山科技园汇鑫路16号
邮　　编:210048
电　　话:025－58399016
传　　真:025－58395616

企业名称:无锡迪达钢管有限公司
地　　址:江苏省无锡市锡山区羊尖镇龙凤巷工业区
邮　　编:214101
电　　话:0510－88738228
传　　真:0510－88738218

企业名称:无锡华嘉精密钢管有限公司
地　　址:江苏省无锡市新区坊前工业集中区锡义路88号
邮　　编:214111
电　　话:0510－88272545
传　　真:0510－88272545

企业名称:无锡宝通带业股份有限公司
地　　址:江苏省无锡市新区张公路19号
邮　　编:214112
电　　话:0510－88155778
传　　真:0510－88157553

企业名称:江阴市特种运输机械有限公司
地　　址:江苏省江阴市云亭松文头路8号
邮　　编:214422
电　　话:0510－88610318
传　　真:0510－88615990

企业名称:江苏牧羊集团输送设备分公司
地　　址:江苏省扬州市邗江工业园牧羊路1号
邮　　编:225127
电　　话:0514－87848801
传　　真:0514－87848802

企业名称:国茂减速机集团有限公司
地　　址:江苏省常州市武进高新区西湖路111号
邮　　编:213164
电　　话:0519－86588878
传　　真:0519－86583315

企业名称:江苏环宇起重运输机械有限责任公司
地　　址:江苏省扬州市宝应县运西工业园区
邮　　编:225825

电　　话:0514－88356868
传　　真:0514－88351351

企业名称:徐州光环皮带机托辊有限公司
地　　址:江苏省徐州市解放南路矿大南都国际公寓4号楼房002室
邮　　编:221004
电　　话:0516－83876198
传　　真:0516－83876098

企业名称:江苏上齿集团有限公司
地　　址:江苏省溧阳市天目湖工业园区溪缘路6号
邮　　编:213333
电　　话:0519－83101153
传　　真:0519－88301184

企业名称:响水县寇龙轴承座制造有限公司
地　　址:江苏省盐城市响水县张集工业园区
邮　　编:224600
电　　话:0515－86616568
传　　真:0515－86616586

企业名称:江苏山鑫重工有限公司
地　　址:江苏省靖江市生祠镇江平路21号
邮　　编:214531
电　　话:0523－81386620
传　　真:0523－81389188

企业名称:常州市传动输送机械有限公司
地　　址:江苏省常州市武进区国家高新技术产业开发区龙惠路27号
邮　　编:213166
电　　话:0519－86485188
传　　真:0519－86480737

企业名称:台州千里马汽车零部件制造有限公司
地　　址:浙江省临海市沿江工业区
邮　　编:317022
电　　话:0576－85695777
传　　真:0576－85695600

企业名称:江阴市金达传动机械有限公司
地　　址:江苏省江阴市青山路111号
邮　　编:214440
电　　话:0510－86022317
传　　真:0510－86022092

企业名称:江阴华峰特种运输机械有限公司
地　　址:江苏省江阴市临港新城璜土工业园区蓝湫路13号
邮　　编:214440
电　　话:0510－86273273
传　　真:0510－86272216

企业名称:江苏泰隆减速机股份有限公司
地　　址:江苏省泰兴市大庆东路88号
邮　　编:225400
电　　话:0523－87762233
传　　真:0523－87668163

企业名称:张家港市力源输送机械有限公司
地　　址:江苏省张家港市全港镇南河工业集中区
邮　　编:215632
电　　话:0521－58376600
传　　真:0521－58376611

企业名称:广西百色矿山机械厂有限公司
地　　址:广西百色市右江区(六塘)工业园区
邮　　编:533000
电　　话:0776－2770802
传　　真:0776－2770802

企业名称:南宁市德钢联重工机械有限责任公司
地　　址:广西南宁市秀安路13－11号
邮　　编:530001
电　　话:0771－3905535
传　　真:0771－3905589

企业名称:长沙第三机床厂
地　　址:湖南省长沙市岳麓区杜鹃路
邮　　编:410208
电　　话:0731－88539158
传　　真:0731－88539151

企业名称:昆明运输机械有限公司
地　　址:云南省昆明市人民西路684号
邮　　编:650106
电　　话:0871－8184208
传　　真:0871－8184910

企业名称:武汉北湖武钢机械制造有限公司
地　　址:湖北省武汉市青山区武钢北湖农场39号
邮　　编:430085
电　　话:027－86461933
传　　真:027－86469165

企业名称:武汉泛达机电有限公司
地　　址:湖北省武汉市青山区前龚家岭
邮　　编:430083
电　　话:027－86465086

传　　真:027－86465872

企业名称:武汉洪源机械制造有限公司
地　　址:湖北省武汉市武昌区南湖汽校
邮　　编:430064
电　　话:027－88035451
传　　真:027－88035451

企业名称:武汉丰凡科技开发有限责任公司
地　　址:湖北省武汉市青山区冶金大道12号
邮　　编:430080
电　　话:027－86879863
传　　真:027－86866860

企业名称:福州鑫广盛机电有限公司
地　　址:福建省福州市五一南路186号和平大厦
邮　　编:350009
电　　话:0591－83284295
传　　真:0591－83284295

企业名称:江门市南方输送机械工程有限公司
地　　址:广东省江门市港口路中远大厦远景阁14楼B
邮　　编:529030
电　　话:0750－3161908
传　　真:0750－3161878

企业名称:江门市振达机械制造有限公司
地　　址:广东省江门市东升路187号
邮　　编:529000
电　　话:0750－3065012
传　　真:0750－3065012

企业名称:广东中兴液力传动有限公司
地　　址:广东省云浮市郁南县都城镇河堤路45号
邮　　编:527100
电　　话:0766－7592180
传　　真:0766－7596216

企业名称:广州液力传动设备有限公司
地　　址:广东省广州市花都区炭步镇茶塘工业区
邮　　编:510820
电　　话:020－86735308
传　　真:020－86735228

企业名称:四川东林矿山运输机械有限公司
地　　址:四川省内江市工业集中发展区乐贤大道398号
邮　　编:641005
电　　话:0832－2112515
传　　真:0832－2112500

企业名称:中联重科物料输送设备有限公司
地　　址:湖南省长沙市芙蓉中路三段613号
邮　　编:410007
电　　话:0731－88998380
传　　真:0731－88998333

企业名称:四川德恩机械有限责任公司
地　　址:四川省眉山市青神县工业集中区
邮　　编:620460
电　　话:028－38811166
传　　真:028－38263508

企业名称:许昌煤机制造有限公司
地　　址:河南省许昌市五一路17号
邮　　编:461000
电　　话:0374－3328666
传　　真:0374－3314613

企业名称:河南鹤壁市起重运输机械厂
地　　址:河南省鹤壁市长风路北段
邮　　编:458020
电　　话:0392－2897069
传　　真:0392－2897342

企业名称:郑州同力重型机械有限公司
地　　址:河南省郑州市高新区瑞达路华夏村18号
邮　　编:450001
电　　话:0371－63657050
传　　真:0371－63657050

企业名称:焦作李封工业有限责任公司
地　　址:河南省焦作市中站区跃进路113号
邮　　编:454191
电　　话:0391－2947049
传　　真:0391－2947049

企业名称:焦作市正洁机械制造有限公司
地　　址:河南省焦作市高新区中纬路
邮　　编:454003
电　　话:0391－8865566
传　　真:0391－8865511

企业名称:焦作市中和通用机械有限责任公司
地　　址:河南省焦作市焦西矿西200米铁路北
邮　　编:454000
电　　话:0391－2933380
传　　真:0391－2916939

企业名称:鑫恒重工机械有限公司
地　　址:河南省焦作市解放东路827号

邮　　编:454003
电　　话:0391－3955009
传　　真:0391－3958123

企业名称:焦作市虹发制动器有限公司
地　　址:河南省焦作市武陟县大虹桥乡
邮　　编:454981
电　　话:0391－7541838
传　　真:0391－7542897

企业名称:焦作制动器股份有限公司
地　　址:河南省焦作市博爱县发展大道1688号
邮　　编:454450
电　　话:0391－2086210
传　　真:0391－2086210

企业名称:洛阳豫新工程技术有限公司
地　　址:河南省洛阳市文新科技开发区
邮　　编:471000
电　　话:13526902740
传　　真:0379－64122126

企业名称:河南锐达机械有限公司
地　　址:河南省焦作市太行东路张河路东
邮　　编:454100
电　　话:0391－3211368
传　　真:0391－3211399

企业名称:新乡中新环保输送设备有限责任公司
地　　址:河南省新乡市辖区4281信箱
邮　　编:453000
电　　话:0373－2682193
传　　真:0373－5466125

企业名称:开封市达昌起重运输设备有限公司
地　　址:河南省开封市宋城路西段40号
邮　　编:475004
电　　话:0378－3860009
传　　真:0378－3862188

企业名称:鹤壁煤业机械设备制造有限责任公司
地　　址:河南省鹤壁市车站路3号
邮　　编:458000
电　　话:0392－2911832
传　　真:0392－2911690

企业名称:长治市潞安合力机械有限责任公司
地　　址:山西省长治市城区外环工业园区
邮　　编:046000
电　　话:0355－3137324
传　　真:0355－3137324

企业名称:原平凯世达机械制造有限公司
地　　址:山西省原平市大牛店镇中神山村
邮　　编:034100
电　　话:0350－8352588
传　　真:0350－8352580

企业名称:原平市宝丰机械制造有限公司
地　　址:山西省原平市城西大运路
邮　　编:034100
电　　话:0350－8273788
传　　真:0350－8373360

企业名称:原平市丰峰起重运输机械有限公司
地　　址:山西省原平市永康南路42号
邮　　编:034100
电　　话:0350－8234366
传　　真:0350－8277010

企业名称:原平市宇峰起重运输机械有限公司
地　　址:山西省原平市原五路南(东营)
邮　　编:034100
电　　话:13994122683
传　　真:0350－8341112

企业名称:原平市兴胜机械制造有限公司
地　　址:山西省原平市东原南路538号
邮　　编:034100
电　　话:0350－8258123
传　　真:0350－8258123

企业名称:原平维达机械制造有限公司
地　　址:山西省原平市城南大运路西东泥河
邮　　编:034100
电　　话:0350－8256588
传　　真:0350－8586588

企业名称:甘肃升业物质有限责任公司钢构分公司
地　　址:甘肃省兰州市西津西路955号
邮　　编:730000
电　　话:0931－2567072
传　　真:0931－2563656

企业名称:长治市潞安飞虹煤机有限公司
地　　址:山西省长治市郊区
邮　　编:046011
电　　话:0355－2131119
传　　真:0355－2130560

企业名称:山西省繁盛昇煤机设备有限责任公司
地　　址:山西省朔州市城区阳街西沿线北
邮　　编:036002
电　　话:0349－2266040
传　　真:0349－2073716

企业名称:焦作宏德重型机器制造有限公司
地　　址:河南省焦作市太行街北侧61号
邮　　编:454000
电　　话:0391－2858229
传　　真:0391－3519129

企业名称:焦作三岛输送机械有限公司
地　　址:河南省焦作市高新区神州路东段
邮　　编:454003
电　　话:0391－3683692
传　　真:0391－3683690

企业名称:义马永兴矿山机械设备修造有限公司
地　　址:河南省义马市毛沟开发区
邮　　编:472300
电　　话:0398－5637112
传　　真:0398－5637112

企业名称:山东淄博电动滚筒厂有限公司
地　　址:山东省淄博市博山岭西
邮　　编:255213
电　　话:0533－4140168
传　　真:0533－4140088

企业名称:天津中外建输送机械有限公司
地　　址:天津市津南区新双鑫工业园发港南路27号
邮　　编:300350
电　　话:022－88822043
传　　真:022－88822043

企业名称:天津市电动滚筒厂
地　　址:天津市东丽区津塘公路7号桥
邮　　编:300300
电　　话:022－24991119
传　　真:022－24995599

企业名称:泰州市运达电动滚筒制造有限公司
地　　址:江苏省泰州市东花园路11号(钢厂大院内)
邮　　编:225300
电　　话:0523－86231268
传　　真:0523－86214599

企业名称:福伊特驱动技术系统(上海)有限公司北京销售分公司
地　　址:北京市朝阳区曙光西里甲5号凤凰置地写字楼F座18层
邮　　编:100025
电　　话:010－56653315
传　　真:010－56653333

企业名称:南宁市劲源电机有限责任公司
地　　址:广西南宁市北湖南路30号
邮　　编:530001
电　　话:0771－3320808
传　　真:0771－3323089

企业名称:桐乡市梧桐东方齿轮厂
地　　址:浙江省桐乡市梧桐街道文华路519号
邮　　编:314500
电　　话:0573－88107291
传　　真:0573－88112774

企业名称:阜阳轴承有限公司
地　　址:安徽省阜阳市阜埠路58号
邮　　编:236023
电　　话:0558－2323393
传　　真:0558－2323368

企业名称:泰州市三星通用机械制造有限公司
地　　址:江苏省泰州市江州南路105号
邮　　编:225300
电　　话:0523－86311345
传　　真:0523－86341503

企业名称:山西凤凰胶带有限公司
地　　址:山西省长治市太行西街168号
邮　　编:046011
电　　话:0355－2085924
传　　真:0355－2085924

企业名称:武汉市志伟运输机械有限公司
地　　址:湖北省武汉市黄陂区泡桐开发区
邮　　编:430347
电　　话:027－61669115
传　　真:027－61662283

企业名称:中交第三航务工程勘察设计院有限公司
地　　址:上海市徐汇市区肇嘉浜路831号
邮　　编:200032
电　　话:021－64381730
传　　真:021－64335958

企业名称:安徽巢湖市宝丰输送机械有限公司
地　　址:安徽省巢湖市无为县无城工业园

邮　　编:238300
电　　话:0553－6316855
传　　真:0553－6316728

企业名称:孚乐率传输设备制造(上海)有限公司
地　　址:上海市松江区锦昔路180弄3号C7
邮　　编:201613
电　　话:021－33528388
传　　真:021－33528058

企业名称:山东华城中德传动设备有限公司
地　　址:山东淄博市博山经济开发区
邮　　编:255200
电　　话:0533－4662478
传　　真:0533－4661009

企业名称:首钢总公司机械工具厂
地　　址:河北省唐山市迁安市滨河村
邮　　编:064404
电　　话:0315－7710171
传　　真:0315－7710171

企业名称:通化市建新冶金设备有限公司
地　　址:吉林省通化市二道江路2326号
邮　　编:134002
电　　话:0435－3942228
传　　真:0435－3942661

企业名称:安徽省巢湖运输机械制造有限公司
地　　址:安徽省巢湖市无为县无城无开路9号
邮　　编:238300
电　　话:0553－6311696
传　　真:0553－6311616

企业名称:湖南鸿韵传送科技发展有限公司
地　　址:湖南省长沙市雨花区人民中路568号融圣国际公寓3栋1703房
邮　　编:421001
电　　话:0731－89787996
传　　真:0731－89787559

企业名称:比塞洛斯(淮南)机械有限公司
地　　址:安徽省淮南市经济技术开发区
邮　　编:232008
电　　话:0554－3609708
传　　真:0554－3660921

企业名称:山东祥通橡塑集团有限公司
地　　址:山东省济宁市高新区凯旋路1号
邮　　编:272100
电　　话:0537－2930111
传　　真:0537－2935111

企业名称:萧爱矿山设备(天津)有限公司
地　　址:天津市西青开发区赛达汇亚工业园13A
邮　　编:300385
电　　话:022－23889075
传　　真:022－23889071

企业名称:瑞安市泰康机械制造有限公司
地　　址:浙江省瑞安市塘下镇海安海阳路40号
邮　　编:325205
电　　话:0577－65272511
传　　真:0577－65273956

企业名称:浙江宝科机械有限公司
地　　址:浙江省台州市天台县洪畴洪三工业园区
邮　　编:317200
电　　话:0576－83018858
传　　真:0576－83018898

企业名称:沧州国峰精密钢管有限公司
地　　址:河北省沧州市南皮县冯家口开发区(南冯路西)
邮　　编:061504
电　　话:0317－8781199
传　　真:0317－8783155

企业名称:山西晋煤集团金鼎公司皮带机分公司
地　　址:山西省晋城市城区北石店镇
邮　　编:048006
电　　话:0356－3667597
传　　真:0356－3667597

企业名称:北京雨润华科技开发有限公司
地　　址:北京市东城区草园胡同76号聚才大厦A－308室
邮　　编:100007
电　　话:010－84001165
传　　真:010－64063037

企业名称:四川自贡起重输送机械制造有限公司
地　　址:四川省自贡市高新工业园区金川路33号
邮　　编:643000
电　　话:0813－2409666
传　　真:0813－2703183

企业名称:铜陵百瑞豪科技公司
地　　址:安徽省铜陵市私营工业园
邮　　编:244000
电　　话:0562－5859007
传　　真:0562－5859009

企业名称:自贡市倍特逆止器制造有限公司
地　　址:四川省成都市新都区工业园
邮　　编:616500
电　　话:13908215856
传　　真:028－83939059

企业名称:力博重工科技股份有限公司
地　　址:山东省泰安市宁阳经济开发区
邮　　编:271044
电　　话:0538－2133993
传　　真:0538－6962086

企业名称:唐山市东亚橡胶制品有限公司
地　　址:河北省唐山市玉田县西环路亚泰工业区
邮　　编:64100
电　　话:0315－5053344
传　　真:0315－6136126

企业名称:广州飞旋橡胶有限公司
地　　址:广东省广州市花都区赤坭镇
邮　　编:510828
电　　话:020－86748413
传　　真:020－86748418

散料装卸机械与搬运车辆

企业名称:大连重工·起重集团有限公司
地　　址:辽宁省大连市西岗区八一路169号
邮　　编:116013
电　　话:0411－86852166
传　　真:0411－86852222

企业名称:哈尔滨重型机器有限责任公司
地　　址:黑龙江省哈尔滨市经济技术开发区(哈平路集中区)大连北路15号
邮　　编:150060
电　　话:0451－87091666
传　　真:0451－87091617

企业名称:湖南长重机器股份有限公司
地　　址:湖南省长沙市东二环一段56号
邮　　编:410014
电　　话:0731－85318082
传　　真:0731－85318081

企业名称:北京起重运输机械设计研究院
地　　址:北京市东城区雍和宫大街52号
邮　　编:100007
电　　话:010－64023392
传　　真:010－64052584

企业名称:常熟市电动平车厂
地　　址:江苏省常熟市梅李镇聚沙路5号
邮　　编:215511
电　　话:0512－52661892
传　　真:0512－52661886

企业名称:长春发电设备总厂
地　　址:吉林省长春市经济技术开发区世纪大街3388号
邮　　编:130033
电　　话:0431－85868557
传　　真:0431－85868500

企业名称:秦皇岛秦冶重工有限公司
地　　址:河北省秦皇岛市经济技术开发区鄱阳湖路2号
邮　　编:066318
电　　话:0335－8358085
传　　真:0335－8586258

企业名称:上海电力环保设备总厂有限公司
地　　址:上海市闸北区共和新路3155号
邮　　编:200072
电　　话:021－56655880
传　　真:021－56657888

企业名称:丹东振安建工机械有限公司
地　　址:辽宁省丹东市振安区鸭绿江村89号
邮　　编:118002
电　　话:0415－4188608
传　　真:0415－4188606

企业名称:上海振华重工(集团)股份有限公司散货机械事业部
地　　址:上海市浦东新区东方路3261号
邮　　编:200125
电　　话:021－51907501
传　　真:021－51907500

企业名称:岳阳强力电磁设备有限公司
地　　址:湖南省岳阳市京珠连线5公里处(137信箱)
邮　　编:414000
电　　话:0730－8799598
传　　真:0730－8799009

企业名称:江阴市万事达液压机械有限公司
地　　址:江苏省江阴市周庄镇周西工业园区高僧桥
邮　　编:214423
电　　话:0510－86221271
传　　真:0510－86903068

企业名称:浙江特种电机有限公司

地　　址:浙江省嵊州市经济开发区加佳路 18 号
邮　　编:312400
电　　话:0575 - 83000258
传　　真:0575 - 83000507

企业名称:浙江双鸟机械有限公司
地　　址:浙江省嵊州市黄泽镇
邮　　编:312455
电　　话:0575 - 83503888
传　　真:0575 - 83503801

企业名称:北方重工集团有限公司装卸设备公司
地　　址:辽宁省沈阳市经济技术开发区开发大路 16 号
邮　　编:110042
电　　话:024 - 25802505
传　　真:024 - 24325449

企业名称:上海公茂起重设备有限公司
地　　址:上海市浦东新区云台路 145 号云台大厦 13 楼
邮　　编:200126
电　　话:021 - 50871759
传　　真:021 - 50871665

企业名称:中联重科物料输送设备有限公司
地　　址:湖南省长沙市雨花区芙蓉中路 613 号
邮　　编:410205
电　　话:0731 - 88983088
传　　真:0731 - 88998392

企业名称:常熟市亿安电动平车有限公司
地　　址:江苏省常熟市董浜镇徐市安庆路北
邮　　编:215535
电　　话:0512 - 52496081
传　　真:0512 - 52496082

企业名称:康稳移动供电设备(上海) 有限公司
地　　址:上海市浦东新区世纪大道 1500 号东方大厦 925 室
邮　　编:200122
电　　话:021 - 68407060
传　　真:021 - 68968310

企业名称:武汉电力设备厂
地　　址:湖北省武汉市武昌区白沙洲特 3 号
邮　　编:430064
电　　话:027 - 68888405
传　　真:027 - 88113825

企业名称:上海特国斯传动设备有限公司(浙江东海减速机有限公司)
地　　址:上海市曲阜西路 268 号恒安大厦 1302 室(浙江省温州市平阳经济开发区东海园区
邮　　编:200122 (325401)
电　　话:021 - 63812226(0577 - 63631860)
传　　真:021 - 63810571(0577 - 63635393)

企业名称:哈尔滨龙鑫重型机械有限公司
地　　址:黑龙江省哈尔滨市香坊区珠江路 29 号
邮　　编:150040
电　　话:0451 - 55626600
传　　真:0451 - 55626600

企业名称:大连长盛输送设备制造有限公司
地　　址:辽宁省大连市金州区亮甲店镇石城村
邮　　编:116104
电　　话:0411 - 87275188
传　　真:0411 - 87275757

企业名称:大连通达矿冶机械有限公司
地　　址:辽宁省大连市金州区三十里堡镇
邮　　编:116104
电　　话:0411 - 87362498
传　　真:0411 - 87350008

企业名称:大连重工机电动力有限公司
地　　址:辽宁省大连市沙河口区中山路 594 号金玉星海大厦 19 层
邮　　编:116023
电　　话:0411 - 39757578
传　　真:0411 - 39757528

企业名称:常熟市凯龙电动平车有限公司
地　　址:江苏省常熟市梅李镇珍南路 18 号
邮　　编:215500
电　　话:0512 - 52664298
传　　真:0512 - 52262798

企业名称:湖南省映鸿科技有限公司
地　　址:湖南省长沙市劳动东路 4 号明星村 1705 室
邮　　编:417600
电　　话:0738 - 3537338
传　　真:0738 - 3537909

企业名称:无锡巨力电动平车有限公司
地　　址:江苏省无锡市新区新光工业园 5 号地块
邮　　编:214028
电　　话:0510 - 82255086
传　　真:0510 - 85210217

冶金压延机械

企业名称:中国第一重型机械集团公司

地　　址:黑龙江省齐齐哈尔市富拉尔基厂前路 9 号
邮　　编:161042
电　　话:0452 – 6810186
传　　真:0452 – 6810111

企业名称:中国重型机械研究院股份公司
地　　址:陕西省西安市未央区东元路 209 号
邮　　编:710032
电　　话:029 – 86322669
传　　真:029 – 86713965

企业名称:中国重型机械有限公司
地　　址:北京市海淀区公主坟复兴路甲 23 号
邮　　编:100036
电　　话:010 – 68221576
传　　真:010 – 68296106

企业名称:大连重工·起重集团有限公司设计研究院
地　　址:辽宁省大连市西岗区八一路 169 号
邮　　编:116013
电　　话:0411 – 86852288
传　　真:0411 – 86852283

企业名称:云南冶金昆明重工有限公司
地　　址:云南省昆明市龙泉路 871 号
邮　　编:650203
电　　话:0871 – 6085233
传　　真:0871 – 6085085

企业名称:上海市机电设计研究院有限公司
地　　址:上海市静安区北京西路 1287 号
邮　　编:200040
电　　话:021 – 62479741
传　　真:021 – 62479741

企业名称:中国第二重型机械集团公司
地　　址:四川省德阳市珠江路 1 号
邮　　编:618013
电　　话:0838 – 2341817
传　　真:0838 – 2201998

企业名称:上海重型机器厂有限公司
地　　址:上海市闵行区江川路 1800 号
邮　　编:200245
电　　话:021 – 54721141 – 2110
传　　真:021 – 54722933

企业名称:北方重工集团有限公司
地　　址:辽宁省沈阳市铁西区兴华北街 8 号
邮　　编:110025
电　　话:024 – 25802406
传　　真:024 – 25802416

企业名称:天津天重重型机器有限公司
地　　址:天津市北辰区高峰路
邮　　编:300400
电　　话:022 – 26341079
传　　真:022 – 26340718

企业名称:燕山大学机械学院
地　　址:河北省秦皇岛市河北大街 169 号
邮　　编:066044
电　　话:0335 – 8057040
传　　真:0335 – 8050148

企业名称:浙江省宁波凯特机械有限公司
地　　址:浙江省宁波市宁海县越龙街道西郊路 55 号
邮　　编:315600
电　　话:0574 – 65210558
传　　真:0574 – 65562620

企业名称:包头市冶金矿山机械制造有限公司
地　　址:内蒙古包头市东河区巴彦塔拉大街 15 号
邮　　编:014040
电　　话:0472 – 4111538
传　　真:0472 – 4172310

企业名称:一重集团大连设计研究院有限公司
地　　址:辽宁省大连市经济技术开发区东北大街 96 号
邮　　编:116600
电　　话:0411 – 39243301
传　　真:0411 – 39243345

企业名称:云南冶金昆明重工有限公司拉丝设备分公司
地　　址:云南省昆明市茨坝路 31 号
邮　　编:650203
电　　话:0871 – 5150091 – 2241
传　　真:0871 – 5150151

企业名称:一重集团大连设计研究院有限公司冷轧部
地　　址:辽宁省大连市经济技术开发区东北大街 96 号
邮　　编:116600
电　　话:0411 – 39243366
传　　真:0411 – 39243133

企业名称:中冶京诚工程技术有限公司
地　　址:北京市经济技术开发区建安街 7 号
邮　　编:100176
电　　话:010 – 83587839
传　　真:010 – 83587998

企业名称:北京科技大学机械工程学院
地　　址:北京市海淀区学院路 30 号
邮　　编:100083
电　　话:010－62334723
传　　真:010－62329145

企业名称:北京有色冶金设计研究院
地　　址:北京市海淀区复兴路 12 号
邮　　编:100038
电　　话:010－63936451
传　　真:010－63936618

企业名称:邢台冶金机械轧辊厂
地　　址:河北省邢台市新兴西大街 1 号
邮　　编:054025
电　　话:0319－2116090
传　　真:0319－2022061

企业名称:哈尔滨环保制氢设备工业公司
地　　址:黑龙江省哈尔滨市南岗区哈西大街 107 号
邮　　编:150080
电　　话:0451－86662954
传　　真:0451－86662954

企业名称:沈阳冶金机械有限公司
地　　址:辽宁省沈阳市技术开发区沈辽路 2 号
邮　　编:110141
电　　话:024－25810645
传　　真:024－25810645

企业名称:太原重型机械集团有限公司
地　　址:山西省太原市万柏林区玉河街 53 号
邮　　编:030024
电　　话:0351－6362594－8018
传　　真:0351－6365903

企业名称:太原矿山机器集团有限公司
地　　址:山西省太原市解放北路 75 号
邮　　编:030009
电　　话:0351－3041086
传　　真:0351－3041086

企业名称:太原科技大学冶金机械学院
地　　址:山西省太原市万柏林区瓦流路 66 号
邮　　编:030024
电　　话:0351－6963332
传　　真:0351－6963332

企业名称:鞍山矿山机械股份有限公司
地　　址:辽宁省鞍山市立山区励工街 5 号
邮　　编:114032
电　　话:0412－6612676
传　　真:0412－6612313

企业名称:上海冶金矿山机械厂
地　　址:上海市汶水路 210 号
邮　　编:200072
电　　话:021－56771254
传　　真:021－56639508

企业名称:洛阳矿山机械工程设计研究院有限责任公司
地　　址:河南省洛阳市涧西区建设路 206 号
邮　　编:471039
电　　话:0379－64087777
传　　真:0379－64087818

企业名称:杭州拉丝机制造厂
地　　址:浙江省杭州市桐庐县富春江镇子陵路 10 号
邮　　编:311504
电　　话:0571－64653908
传　　真:0571－64653411

企业名称:西安忠义金属制品设备总厂
地　　址:陕西省西安市未央宫乡小白杨路 20 号
邮　　编:710016
电　　话:029－86312404
传　　真:029－86312404

企业名称:锡山大象机械制造有限公司
地　　址:江苏省无锡市锡山区荡口镇人民路 63 号
邮　　编:214116
电　　话:0510－88741471
传　　真:0510－88741471

润滑液压设备

企业名称:太原矿山机器润滑液压设备有限公司
地　　址:山西省太原市经济技术开发区电子街 25 号
邮　　编:030032
电　　话:0351－3045918
传　　真:0351－3045918

企业名称:中国重型机械研究院股份公司
地　　址:陕西省西安市未央区东元路 209 号
邮　　编:710032
电　　话:029－86322543
传　　真:029－86322431

企业名称:四川川润股份有限公司
地　　址:四川省成都市郫县现代工业港北区港北六路

85 号
邮　　编:611743
电　　话:028 - 61836200
传　　真:028 - 61777787

企业名称:常州市华立液压润滑设备有限公司
地　　址:江苏省常州市武进区郑陆镇三河口
邮　　编:213115
电　　话:0519 - 88675056
传　　真:0519 - 88675343

企业名称:启东润滑设备有限公司
地　　址:江苏省启东市和平中路 306 号
邮　　编:226200
电　　话:0513 - 83356668
传　　真:0513 - 83312646

企业名称:一重集团大连设计研究院有限公司
地　　址:辽宁省大连市经济技术开发区东北大街 96 号
邮　　编:116600
电　　话:0411 - 39243635
传　　真:0411 - 39243366

企业名称:上海澳瑞特润滑设备有限公司
地　　址:上海市虹口区丰镇路 788 号
邮　　编:200434
电　　话:021 - 65288155
传　　真:021 - 65288155

企业名称:辽宁省机械研究院有限公司
地　　址:辽宁省沈阳市皇姑区北陵大街 56 号
邮　　编:110032
电　　话:024 - 86890291
传　　真:024 - 86890291

企业名称:启东市南方润滑液压设备有限公司
地　　址:江苏省启东市惠萍镇工业园区
邮　　编:226255
电　　话:0513 - 83792888
传　　真:0513 - 83795028

企业名称:燕山大学
地　　址:河北省秦皇岛市河北大街西段 438 号
邮　　编:066004
电　　话:0335 - 8051166
传　　真:0335 - 8074498

企业名称:上海润滑设备厂有限公司
地　　址:上海市奉贤区平港路 655 号
邮　　编:201413
电　　话:021 - 65430543
传　　真:021 - 65431871

企业名称:吉林四平维克斯换热设备有限公司
地　　址:吉林省四平市铁东区南一经街 5665 号
邮　　编:136001
电　　话:0434 - 3335589
传　　真:0434 - 3335515

企业名称:北方重工集团公司设计研究院
地　　址:辽宁省沈阳市经济技术开发区开发大路 16 号
邮　　编:110141
电　　话:024 - 25802407
传　　真:024 - 25802416

企业名称:太原科技大学机电工程学院
地　　址:山西省太原市万柏林区窊流路 66 号
邮　　编:030024
电　　话:0351 - 6963399
传　　真:0351 - 6963399

企业名称:中冶京诚工程技术有限公司技术研究院
地　　址:北京市经济技术开发区亦庄建安街 7 号
邮　　编:100176
电　　话:010 - 67835821
传　　真:010 - 67835154

企业名称:中色科技股份有限公司装备所
地　　址:河南省洛阳市西苑路 1 号
邮　　编:471039
电　　话:0379 - 64872373
传　　真:0379 - 64872352

企业名称:二重集团重型机械设计研究院
地　　址:四川省德阳市珠江路 1 号
邮　　编:618013
电　　话:0838 - 2342292
传　　真:0838 - 2204416

企业名称:北京冶金设备研究设计总院
地　　址:北京市东城区安定门外胜古庄 2 号
邮　　编:100029
电　　话:010 - 64428432
传　　真:010 - 64418694

企业名称:北京科技大学
地　　址:北京市海淀区学院路 30 号
邮　　编:100083
电　　话:010 - 62332916
传　　真:010 - 62332916

企业名称:大连华锐股份有限公司液压装备厂
地　　址:辽宁省大连市甘井子区新水泥路78－7号
邮　　编:116035
电　　话:0411－86426269
传　　真:0411－86427852

企业名称:宁波盛发液压有限公司
地　　址:浙江省宁波市鄞洲区望春宋家漕
邮　　编:315175
电　　话:0574－88449050
传　　真:0574－88055152

企业名称:启东江海液压润滑设备厂
地　　址:江苏省启东市江厦工业区1号
邮　　编:226259
电　　话:0513－68202988
传　　真:0513－83777536

企业名称:江苏澳瑞思液压润滑设备有限公司
地　　址:江苏省启东市城北工业园经济开发区杨沙路2号
邮　　编:226200
电　　话:0513－83637418
传　　真:0513－83637448

企业名称:沈阳市北方润滑设备制造有限公司
地　　址:辽宁省沈阳市沈河区文化东路99号
邮　　编:110015
电　　话:024－24824187
传　　真:024－24206028

企业名称:博山润滑设备厂
地　　址:山东省淄博市博山区北博山
邮　　编:255207
电　　话:0533－4548567
传　　真:0533－4546336

企业名称:温州市润滑设备厂
地　　址:浙江省温州市鹿城工业区三开路26号
邮　　编:325007
电　　话:0577－88781219
传　　真:0577－88781270

企业名称:温州市龙湾润滑液压设备厂
地　　址:浙江省温州市飞鹏巷6号(新14号)
邮　　编:325000
电　　话:0577－88290271
传　　真:0577－88295568

企业名称:温州市三丰润滑设备制造有限公司
地　　址:浙江省温州市双屿嵇师新街11号
邮　　编:325007
电　　话:0577－88763177
传　　真:0577－88766885

企业名称:沈阳市大金润滑设备厂
地　　址:辽宁省沈阳市沈河区沈洲路185－2号
邮　　编:110014
电　　话:024－22907338
传　　真:024－22940938

企业名称:南通市南方润滑液压设备有限公司
地　　址:江苏省启东市开发区纬二路236－238号
邮　　编:226200
电　　话:0513－83110190
传　　真:0513－83110290

企业名称:启东安升润液设备有限公司
地　　址:江苏省启东市久隆新巷工业集中118号
邮　　编:226222
电　　话:0513－83852668
传　　真:0513－83852108

企业名称:苏州宝宇液压设备制造有限公司
地　　址:江苏省太仓市浏河镇听海路106号
邮　　编:215431
电　　话:0512－53601818
传　　真:0512－53601155

企业名称:沈阳市北方润华冷却设备有限公司
地　　址:辽宁省沈阳市东陵区泉园二路15－4－212
邮　　编:110015
电　　话:024－86670917
传　　真:024－86670451

企业名称:启东中冶润滑设备有限公司
地　　址:江苏省启东市台角工业园区跃龙路16号
邮　　编:226200
电　　话:0513－83250190
传　　真:0513－83250310

企业名称:四平市隆百洲机电科技有限公司
地　　址:吉林省四平市铁东区山门镇
邮　　编:136002
电　　话:0434－3301333
传　　真:0434－3301598

企业名称:启东丰汇润滑设备有限公司
地　　址:江苏省启东市南苑西路999号
邮　　编:226200

电　　话:0513－83113685
传　　真:0513－83349800

企业名称:沈阳三丰液压润滑设备有限公司
地　　址:辽宁省沈阳市于洪区平罗镇陆家村
邮　　编:110147
电　　话:024－89286088
传　　真:024－89286893

企业名称:启东恒泰自动化润滑设备有限公司
地　　址:江苏省启东市南苑工业园区恒丰路28号
邮　　编:226200
电　　话:0513－80286900
传　　真:0513－83307018

企业名称:北京中冶华润科技发展有限公司
地　　址:北京市丰台区南四环西路188号三区21号楼
邮　　编:100070
电　　话:010－63964536
传　　真:010－63964534

企业名称:秦皇岛市隆达润滑技术研发有限公司
地　　址:河北省秦皇岛市北戴河区海宁路225号
邮　　编:066102
电　　话:0335－4289066
传　　真:0335－4289066

企业名称:浙江镇南精工机械有限公司
地　　址:浙江省诸暨市店口镇解放路259号
邮　　编:311835
电　　话:0575－87655388
传　　真:0575－87655618

企业名称:陕西中润液压设备有限公司
地　　址:陕西省西安市经济技术开发区泾渭工业园泾高南路中段22号
邮　　编:710201
电　　话:029－86963180
传　　真:029－86963166

企业名称:黄山工业泵制造有限公司
地　　址:安徽省黄山市屯溪区九龙工业园区九龙大道5号
邮　　编:245021
电　　话:0559－2553898
传　　真:0559－2568248

企业名称:淄博市博山润丰油泵厂
地　　址:山东省淄博市博山区博山镇博沂路
邮　　编:255207
电　　话:0533－4544888
传　　真:0533－4548198

企业名称:南通博南润滑液压设备有限公司
地　　址:江苏省启东市开发区精工路7号(一区)
邮　　编:226200
电　　话:0513－83122033
传　　真:0513－83228811

重型基础件

企业名称:中国重型机械研究院股份公司
地　　址:陕西省西安市未央区东元路209号
邮　　编:710032
电　　话:029－86322583
传　　真:029－86322583

企业名称:重庆齿轮箱有限责任公司
地　　址:重庆市江津区东方红大街
邮　　编:402263
电　　话:023－47211757
传　　真:023－47211161

企业名称:宁波东力传动设备股份有限公司
地　　址:浙江省宁波市江北工业区C区苏湖路1号
邮　　编:315033
电　　话:0574－88398821
传　　真:0574－88398840

企业名称:江苏省金象传动设备股份有限公司
地　　址:江苏省淮安市清河区青龙湖路1号
邮　　编:223001
电　　话:0517－83649806
传　　真:0517－83649828

企业名称:中信重工机械股份有限公司齿轮箱厂
地　　址:河南省洛阳市涧西区建设路206号
邮　　编:471039
电　　话:0379－64088608
传　　真:0379－64211297

企业名称:北方重工集团有限公司传动设备分公司
地　　址:辽宁省沈阳市经济技术开区开发大路16号
邮　　编:110142
电　　话:024－85834628
传　　真:024－85834325

企业名称:安徽泰尔重工股份有限公司
地　　址:安徽省马鞍山市开发区红旗南路18号
邮　　编:243000

电　　话:0555－2229329
传　　真:0555－2229287

企业名称:浙江通力重型齿轮股份有限公司
地　　址:浙江省瑞安市林垟通力大道
邮　　编:325207
电　　话:0577－65590088
传　　真:0577－65598888

企业名称:天津市万新减速机有限公司
地　　址:天津市东丽经济开发区一经路31号
邮　　编:300300
电　　话:022－24830967
传　　真:022－24374550

企业名称:燕山大学机械工程学院
地　　址:河北省秦皇岛市河北大街西段483号
邮　　编:066004
电　　话:13081889632
传　　真:0335－8074783

企业名称:西安理工大学
地　　址:陕西省西安市碑林区金花南路5号
邮　　编:710048
电　　话:029－82319700
传　　真:029－83230026

企业名称:江阴齿轮箱制造有限公司
地　　址:江苏省江阴市山观工业园区澄山路601号
邮　　编:214437
电　　话:0510－86993103
传　　真:0510－86993196

企业名称:南京高精齿轮集团有限公司
地　　址:江苏省南京市江宁科学园莱茵达路299号
邮　　编:211100
电　　话:025－52172828
传　　真:025－52172700

企业名称:江苏上齿集团有限公司
地　　址:江苏省溧阳市天目湖工业园溪缘路6号
邮　　编:213333
电　　话:0519－88301181
传　　真:0519－87229638

企业名称:昆山荣星动力传动有限公司
地　　址:江苏省昆山市高新区中华园西路1869号
邮　　编:215347
电　　话:0512－57781849
传　　真:0512－57797398

企业名称:安徽省湖滨机械厂
地　　址:安徽省巢湖市巢湖北路369号
邮　　编:238013
电　　话:0551－82393587
传　　真:0551－82317765

企业名称:上海茂德企业集团
地　　址:上海市南汇工业园区沪南公路9408号茂德工业园
邮　　编:201300
电　　话:021－68016659
传　　真:021－68016458

企业名称:石家庄科一重工有限公司
地　　址:河北省石家庄市和平西路595号
邮　　编:050071
电　　话:0311－87796242
传　　真:0311－87783772

企业名称:山西省平遥减速器厂
地　　址:山西省晋中市平遥县古城南路138号
邮　　编:031100
电　　话:0354－5650091
传　　真:0354－5650268

企业名称:恒星科技控股集团有限公司
地　　址:浙江省杭州市萧山经济技术开发区鸿达路66号
邮　　编:311215
电　　话:0571－22892908
传　　真:0571－82605888

企业名称:浙江长城减速机有限公司
地　　址:浙江省温州市鹿城轻工产业园戍浦江路28号
邮　　编:325019
电　　话:0577－88628620
传　　真:0577－88628622

企业名称:杭州杰牌传动科技有限公司
地　　址:浙江省杭州市空港新城(萧山靖江)
邮　　编:311223
电　　话:0571－82996826
传　　真:0571－82994444

企业名称:泰星减速机股份有限公司
地　　址:江苏省泰兴市姚王镇泰姚北路10号
邮　　编:225402
电　　话:0523－87541669
传　　真:0523－87548888

企业名称:内蒙古兴华机械制造厂

地　　址:内蒙古呼和浩特市昭君路玉泉区政府西侧
邮　　编:010070
电　　话:0471－2397262
传　　真:0471－5686313

企业名称:荆州市巨鲸传动机械有限公司
地　　址:湖北省荆州市高新技术开发区东方大道58号
邮　　编:434000
电　　话:0716－8303805
传　　真:0716－8303886

企业名称:中国第二重型机械集团公司
地　　址:四川省德阳市珠江西路460号
邮　　编:618000
电　　话:0838－2341179
传　　真:0838－2341179

企业名称:太原重工股份有限公司技术中心
地　　址:山西省太原市万柏林区玉河街53号
邮　　编:030024
电　　话:13513638123
传　　真:0351－6360994

企业名称:上海尔华杰机电装备制造有限公司
地　　址:上海市宝山区宝安公路1785号
邮　　编:201907
电　　话:021－66028006
传　　真:021－56022054

企业名称:德阳立达基础件有限公司
地　　址:四川省德阳市庐山南路3段32号
邮　　编:618000
电　　话:0838－2903951
传　　真:0838－2903848

企业名称:山东省德州市金宇机械有限公司
地　　址:山东省德州市德城区湖滨北路888号
邮　　编:253015
电　　话:0534－2745032
传　　真:0534－2745033

企业名称:河北省冀州市联轴器厂
地　　址:河北省冀州市冀州镇刘杨村
邮　　编:053200
电　　话:0318－8693695
传　　真:0318－8691484

企业名称:乐清重型机械配件厂
地　　址:浙江省乐清市城关宁康西路157号
邮　　编:325600
电　　话:0577－62522038
传　　真:0577－61527608

企业名称:大连重工·起重集团公司通用减速机厂
地　　址:辽宁省大连市甘井子区新水泥路78－11号
邮　　编:116035
电　　话:0411－86426178
传　　真:0411－86426041

企业名称:宁波市实立矿山机械制造有限公司
地　　址:浙江省宁波市象山县石铺镇兴港路100号
邮　　编:315731
电　　话:0574－65982886
传　　真:0574－65982886

企业名称:宁波市东钱湖旅游度假区华实传动机械厂
地　　址:浙江省宁波市东钱湖工业园区莫高公路58号
邮　　编:315121
电　　话:0574－88370903
传　　真:0574－88370903

企业名称:乐清市联轴器厂
地　　址:浙江省乐清市柳市镇上金垟
邮　　编:325604
电　　话:0577－62722326
传　　真:0577－62728326

企业名称:乐清虹桥万向轴有限公司
地　　址:浙江省乐清市虹桥镇西工业区E2－1
邮　　编:325608
电　　话:0577－62311811
传　　真:0577－62322180

企业名称:常州市二传机械有限公司
地　　址:江苏省常州市武进区漕桥镇运村
邮　　编:213175
电　　话:0519－6131020
传　　真:0519－6133108

企业名称:银川重程减速器制造有限公司
地　　址:宁夏银川市经济技术开发区2区诚信街186号
邮　　编:750021
电　　话:0951－2020630
传　　真:0951－2020390

企业名称:哈尔滨国海星轮传动有限公司
地　　址:黑龙江省哈尔滨市哈平路工业区内烟台三路8号
邮　　编:150060
电　　话:0451－86530788
传　　真:0451－86530858

企业名称:宝钢集团苏冶重工有限公司
地　　址:江苏省苏州市高新区浒关镇永安路122号
邮　　编:215151
电　　话:0512－66162701
传　　真:0512－66162901

企业名称:株洲沃尔得特种齿轮有限公司
地　　址:湖南省株洲市黄河南路天台金谷3号厂房一层2号
邮　　编:412007
电　　话:0731－22528908
传　　真:0731－22528908

企业名称:襄阳宇清机械有限公司
地　　址:湖北省襄阳市高新区十二号路
邮　　编:441058
电　　话:0710－3332586
传　　真:0710－3564322

企业名称:盐城华兴液压机械有限公司
地　　址:江苏省盐城市建湖县严桥
邮　　编:224700
电　　话:13921851333
传　　真:0515－86291052

企业名称:中钢西重传动机械公司
地　　址:陕西省西安市汉城北路99号
邮　　编:710077
电　　话:029－84619374
传　　真:029－84619371

企业名称:宁波大港意宁液压有限公司
地　　址:浙江省宁波市北仑区坝头西路288号
邮　　编:315806
电　　话:0574－86115072
传　　真:0574－86115070

企业名称:宁波中意液压马达有限公司
地　　址:浙江省宁波市镇海经济开发区中意路88号
邮　　编:315200
电　　话:0574－86264491
传　　真:0574－86264387

企业名称:宁波市镇海减变速机制造有限公司
地　　址:浙江省宁波市镇海经济开发区青青路168号
邮　　编:315200
电　　话:0574－86302258
传　　真:0574－86302358

企业名称:浙江东海减速机有限公司
地　　址:浙江省温州市平阳经济开发区(兴鳌路)
邮　　编:325401
电　　话:0577－63631862
传　　真:0577－63635393

企业名称:西安环力传动机械股份有限公司
地　　址:陕西省西安市经济技术开发区凤城十一路91号
邮　　编:710018
电　　话:029－86171905
传　　真:029－85251460

企业名称:天津格里森高精齿轮有限公司
地　　址:天津市东丽开发区丽新路10号
邮　　编:300300
电　　话:022－24993326
传　　真:022－24992296

企业名称:乐清机械厂有限公司
地　　址:浙江省乐清市城西路55号
邮　　编:325600
电　　话:0577－62522885
传　　真:0577－62522885

企业名称:上海合纵重工机械有限公司
地　　址:上海市金山工业区金流路879号
邮　　编:201506
电　　话:021－67276715
传　　真:021－67277700

企业名称:扬中市金星联轴器制造有限公司
地　　址:江苏省扬中市新坝科技园区
邮　　编:212212
电　　话:0511－88433602
传　　真:0511－88436976

企业名称:西安航空发动机公司机械厂
地　　址:陕西省西安市徐家湾
邮　　编:710015
电　　话:029－86624427
传　　真:029－86624427

企业名称:陕西秦川机械发展股份有限公司
地　　址:陕西省宝鸡市姜谭路22号
邮　　编:721009
电　　话:0917－3670640
传　　真:0917－3393841

企业名称:青海华鼎齿轮箱有限公司
地　　址:青海省西宁市南川东路75号
邮　　编:810021

电　　话:0971－4310385
传　　真:0971－4310004

企业名称:山东博山减速机厂
地　　址:山东省淄博市博山区水河路中段
邮　　编:255200
电　　话:0533－4264888
传　　真:0533－4184888

企业名称:宁波天元压缩机有限公司
地　　址:浙江省宁波市长春路35号
邮　　编:315010
电　　话:0574－87294520
传　　真:0574－87294520

企业名称:唐冶减速机分厂
地　　址:河北省唐山市缸窑路
邮　　编:063027
电　　话:0315－3202248
传　　真:0315－3202248

企业名称:镇江通宇传动机械有限公司
地　　址:江苏省镇江市矿机路5号
邮　　编:212003
电　　话:0511－84421221
传　　真:0511－84422078

企业名称:文成力生机械有限公司
地　　址:浙江省温州市文成县栖云路86号
邮　　编:315300
电　　话:0577－67862981
传　　真:0577－67862981

企业名称:江苏新瑞戴维布朗齿轮系统有限公司
地　　址:江苏省常州市武进开发区西太湖大道1号
邮　　编:213149
电　　话:0519－83163480
传　　真:0519－86361355

企业名称:兰州减速机厂
地　　址:甘肃省兰州市天水路80号
邮　　编:730000
电　　话:0931－8618094
传　　真:0931－8618094

企业名称:江苏东方万向重型机械有限公司
地　　址:江苏省镇江市辛丰镇
邮　　编:212141
电　　话:0511－83321074
传　　真:0511－83322338

企业名称:苏州苏万万向节有限公司
地　　址:江苏省苏州市吴江区交通路4279号
邮　　编:215200
电　　话:0512－63453946
传　　真:0512－63455302

企业名称:象山机械厂
地　　址:浙江省宁波市象山县丹城镇城西路58号
邮　　编:315700
电　　话:0574－65725710
传　　真:0574－65714615

企业名称:浙江江南减速机有限公司
地　　址:浙江省温州市经济技术开发区滨海园区滨海九路717号
邮　　编:325025
电　　话:0577－86807105
传　　真:0577－86906938

企业名称:焦作市液压机械制造有限公司
地　　址:河南省焦作市解放中路11号
邮　　编:454150
电　　话:0391－2923824－378
传　　真:0391－2922653

企业名称:中航工业长沙中传机械有限公司
地　　址:湖南省长沙市望城区郭亮中路248号
邮　　编:410200
电　　话:0731－88171090
传　　真:0731－88170312

企业名称:泰顺县力达冶金机械配件厂
地　　址:浙江省温州市泰顺县城南工业区1号
邮　　编:325500
电　　话:0577－67581111
传　　真:0577－67588958

企业名称:象山兴池液压润滑有限公司
地　　址:浙江省宁波市象山县涂茨镇
邮　　编:315704
电　　话:0574－65690288
传　　真:0574－65690288

油膜轴承

企业名称:太原重型机械集团有限公司
地　　址:山西省太原市万柏林区玉河街53号
邮　　编:030024
电　　话:0351－6365320
传　　真:0351－6367203

企业名称:宝钢股份公司
地　　址:上海市宝山区富锦路宝钢指挥中心
邮　　编:201900
电　　话:021－56780055
传　　真:021－26648046

企业名称:本钢集团有限公司
地　　址:辽宁省本溪市北光路6号
邮　　编:117000
电　　话:0414－7828055
传　　真:0414－2842074

企业名称:鞍钢股份有限公司
地　　址:辽宁省鞍山市铁西鞍钢厂内
邮　　编:114021
电　　话:0412－6734868
传　　真:0412－6722083

企业名称:太钢不锈钢股份有限公司
地　　址:山西省太原市尖草坪区尖草坪
邮　　编:030003
电　　话:0351－3011010
传　　真:0351－3134170

企业名称:太原科技大学
地　　址:山西省太原市万柏林区窊流路66号
邮　　编:030024
电　　话:0351－6222894
传　　真:0351－6220233

企业名称:太原重工股份有限公司油膜轴承分公司
地　　址:山西省太原市万柏林区玉河街53号
邮　　编:030024
电　　话:0351－6367118
传　　真:0351－6367203

企业名称:鞍钢冷轧厂
地　　址:辽宁省鞍山市鞍钢厂区北部
邮　　编:114021
电　　话:0412－6751512
传　　真:0412－6751512

企业名称:本溪钢铁集团有限公司热连轧厂
地　　址:辽宁省本溪市平山区轧钢路
邮　　编:117021
电　　话:0414－7820053
传　　真:0414－7825049

企业名称:秦皇岛首秦金属材料有限公司轧钢部
地　　址:河北省秦皇岛市抚宁县杜庄乡
邮　　编:066326
电　　话:0335－6086238
传　　真:0335－6089252

企业名称:唐山钢铁集团公司第一轧钢厂
地　　址:河北省唐山市滨河路9号
邮　　编:063013
电　　话:0315－3707227
传　　真:0315－3707227

企业名称:首钢京唐钢铁联合有限责任公司热轧部
地　　址:河北省唐山市曹妃甸工业区
邮　　编:100043
电　　话:0315－8829215
传　　真:0315－8871799

企业名称:安阳钢铁股份有限公司第二炼轧厂
地　　址:河南省安阳市殷都区梅园庄
邮　　编:455004
电　　话:0372－3120928
传　　真:0372－3120909

企业名称:舞阳钢铁有限责任公司4100宽厚板厂
地　　址:河南省舞钢市湖滨大道
邮　　编:462500
电　　话:0375－8113800
传　　真:0375－8113800

企业名称:武汉钢铁集团公司热轧总厂
地　　址:湖北省武汉市青山区厂前
邮　　编:430083
电　　话:027－86891525
传　　真:027－86891525

企业名称:湘潭钢铁集团有限公司
地　　址:湖南省湘潭市岳塘
邮　　编:411101
电　　话:0732－58654951
传　　真:0732－58654951

企业名称:攀枝花钢铁集团公司热连轧厂
地　　址:四川省攀枝花市向阳区
邮　　编:617062
电　　话:0812－3393260
传　　真:0812－3396573

企业名称:太钢热连轧厂
地　　址:山西省太原市尖草坪区尖草坪
邮　　编:030003
电　　话:0351－3016907

传　　真:0351 - 3016907

企业名称:宝钢集团宝钢分公司设备部
地　　址:宝钢股份设备部备管室
邮　　编:201900
电　　话:021 - 26646629
传　　真:021 - 26648830

企业名称:济钢中厚板厂
地　　址:山东省济南市工业北路 21 号
邮　　编:250101
电　　话:0531 - 88847758
传　　真:0531 - 88847461

企业名称:宝钢梅钢热轧厂
地　　址:江苏省南京市中华门外新建
邮　　编:210039
电　　话:025 - 58082132
传　　真:025 - 86702446

企业名称:重庆钢铁股份有限公司厚板厂
地　　址:重庆市长寿区
邮　　编:400082
电　　话:023 - 68871499
传　　真:023 - 68871380

企业名称:鞍钢热连轧厂
地　　址:辽宁省鞍山市鞍钢厂区北部
邮　　编:114021
电　　话:0412 - 6753575
传　　真:0412 - 6753575

企业名称:鞍钢中板厂
地　　址:辽宁省鞍山市鞍钢厂区北部
邮　　编:114021
电　　话:0412 - 6752034
传　　真:0412 - 6753575

企业名称:本溪钢铁集团有限公司冷轧厂
地　　址:辽宁省本溪市平山区轧钢路
邮　　编:117021
电　　话:0414 - 7821239
传　　真:0414 - 7821496

企业名称:唐山中厚板有限公司
地　　址:河北省唐山市乐亭县玉滩镇
邮　　编:063610
电　　话:0315 - 4959888
传　　真:0315 - 4959336

企业名称:唐山港陆钢铁有限公司
地　　址:河北省唐山市遵化市镇海东街
邮　　编:064200
电　　话:0315 - 6075518
传　　真:0315 - 6075518

企业名称:唐山不锈钢有限公司设备部
地　　址:河北省唐山市古冶区唐家庄
邮　　编:063105
电　　话:0315 - 3765888
传　　真:0315 - 3768802

企业名称:秦皇岛首钢板材有限公司
地　　址:河北省秦皇岛市建设大街 409 号
邮　　编:066000
电　　话:0335 - 3011421
传　　真:0335 - 3014693

企业名称:安钢股份有限公司第二轧钢厂
地　　址:河南省安阳市殷都区梅园庄
邮　　编:455004
电　　话:0372 - 3123012
传　　真:0372 - 3123613

企业名称:武汉钢铁集团公司冷轧厂
地　　址:湖北省武汉市青山区厂前
邮　　编:430083
电　　话:027 - 86894638
传　　真:027 - 86891470

企业名称:涟源钢铁集团公司热轧板厂
地　　址:湖南省娄底市轧钢东路
邮　　编:417009
电　　话:0738 - 8663655
传　　真:0738 - 8663726

企业名称:攀钢冷轧厂
地　　址:四川省攀枝花市向阳区
邮　　编:617062
电　　话:0812 - 3380118
传　　真:0812 - 3380137

企业名称:攀枝花新钢铁集团公司设备部
地　　址:四川省攀枝花市向阳区
邮　　编:617062
电　　话:0812 - 3391151
传　　真:0812 - 3396418

企业名称:广州珠江钢铁有限责任公司
地　　址:广东省广州市经济开发区西基工业区

邮　　编:510730
电　　话:020－82222392
传　　真:020－82222400

企业名称:济南钢铁股份有限公司中板厂
地　　址:山东省济南市工业北路21号
邮　　编:250101
电　　话:0531－88866255
传　　真:0531－88866255

企业名称:宁波钢铁有限公司热轧厂
地　　址:浙江省宁波市北仑区霞浦临港二路168号
邮　　编:315800
电　　话:0574－86859108
传　　真:0574－86859126

企业名称:江苏沙钢集团有限公司
地　　址:江苏省张家港市锦丰镇
邮　　编:215625
电　　话:0512－58568831
传　　真:0512－58550681

企业名称:包头钢铁(集团)有限责任公司宽厚板厂
地　　址:内蒙古包头市昆区河西工业区
邮　　编:014010
电　　话:0472－2188168
传　　真:0472－2181118

企业名称:宝钛集团宽厚板材料公司
地　　址:陕西省宝鸡市71号信箱
邮　　编:721014
电　　话:0917－3360180
传　　真:0917－3360180

企业名称:新疆八一钢铁集团公司
地　　址:新疆乌鲁木齐市头屯河区八一路
邮　　编:830022
电　　话:0991－3893838
传　　真:0991－3890035

企业名称:天津轧一有限公司
地　　址:天津市大沽南路928号
邮　　编:300220
电　　话:022－63255800
传　　真:022－63255888

企业名称:南京钢铁联合有限公司中板厂
地　　址:江苏省南京市大厂区卸甲店
邮　　编:210035
电　　话:025－57074699
传　　真:025－57072545

企业名称:宝钢不锈钢分公司热轧厂
地　　址:上海市宝山区长江路735号
邮　　编:200431
电　　话:021－26033369
传　　真:021－26034661

企业名称:广西柳钢热轧板带厂
地　　址:广西柳州市北雀路117号
邮　　编:545002
电　　话:0772－2596358
传　　真:0772－2596355

企业名称:新余钢铁有限责任公司
地　　址:江西省新余市新钢冶金路
邮　　编:338001
电　　话:0790－6293328
传　　真:0790－6294999

企业名称:五矿营口中板有限责任公司中板厂
地　　址:辽宁省营口市老边区
邮　　编:115005
电　　话:0417－3256501
传　　真:0417－3256503

企业名称:首钢迁安热轧厂
地　　址:河北省迁安市扬店子镇滨河村
邮　　编:064404
电　　话:0315－7703962
传　　真:0315－7703011

企业名称:邯郸钢铁有限责任公司中板厂
地　　址:河北省邯郸市复兴路232号
邮　　编:056015
电　　话:0310－6075426
传　　真:0310－4959971

企业名称:酒钢集团热轧薄板厂
地　　址:甘肃省嘉峪关市五一北路1号
邮　　编:735100
电　　话:0937－6711948
传　　真:0937－6711982

企业名称:河北钢铁承德分公司供应公司
地　　址:河北省承德市双滦区滦河镇
邮　　编:067002
电　　话:0314－4079789
传　　真:0314－4314947

企业名称:广东韶钢松山股份有限公司宽板厂
地　　址:广东省韶关市曲江马坝
邮　　编:512123
电　　话:0751－8795907
传　　真:0751－8792504

企业名称:马钢股份有限公司第四钢轧总厂
地　　址:安徽省马鞍山市三台路
邮　　编:243051
电　　话:0555－2890809
传　　真:0555－2890805

企业名称:江苏飞达薄板材股份公司
地　　址:江苏省丹阳市高士桥工业园
邮　　编:212312
电　　话:0511－86326852
传　　真:0511－6326852

企业名称:江阴兴澄特种钢铁有限公司钢板厂
地　　址:江苏省江阴市滨江东路 297 号
邮　　编:214429
电　　话:0510－86193388－6718
传　　真:0510－86190970

企业名称:四川西南不锈钢有限责任公司轧钢厂
地　　址:四川省乐山市沙湾区嘉农镇泰山路
邮　　编:614951
电　　话:0833－5208601
传　　真:0833－5208998

企业名称:河北敬业中厚板有限公司设备采购部
地　　址:河北省石家庄市平山县南甸镇
邮　　编:050400
电　　话:0311－82873502
传　　真:0311－82873502

企业名称:河北普阳钢铁公司
地　　址:河北省武安市阳邑镇
邮　　编:056300
电　　话:0310－5178962
传　　真:0310－5178962

企业名称:山西百一机械制造有限公司
地　　址:山西省太原市尖草坪 2 号
邮　　编:030003
电　　话:0351－3016342
传　　真:0351－3016803

企业名称:常熟益成特殊钢有限公司
地　　址:江苏省常熟市经济开发区沿江工业区
邮　　编:215536
电　　话:0512－52655156
传　　真:0512－52655156

企业名称:铁岭五星油膜橡胶密封研究所
地　　址:辽宁省铁岭市辽海北路 15 号
邮　　编:112000
电　　话:0410－4564226
传　　真:0410－4501500

企业名称:优必胜(大连)轴承制造有限公司
地　　址:辽宁省瓦房店市北三家瓦窝工业园北路 18 号
邮　　编:116300
电　　话:0411－85508388
传　　真:0411－85545658

企业名称:广州机械科学研究院密封研究所
地　　址:广东省广州市黄浦区茅岗
邮　　编:510700
电　　话:020－32388050
传　　真:020－32389624

企业名称:中国石化润滑油公司北京研发中心
地　　址:北京市 2852#研发中心
邮　　编:100085
电　　话:010－62949743
传　　真:010－62949751

企业名称:上海大学轴承研究室
地　　址:上海市闸北市延长路 149 号
邮　　编:200072
电　　话:021－56331937
传　　真:021－56331937

企业名称:中国一重集团大连设计研究院
地　　址:辽宁省大连市经济技术开发区
邮　　编:116600
电　　话:0411－39243235
传　　真:0411－39243366

企业名称:中国二重机械集团设计研究院
地　　址:四川省德阳市珠江西路 1 号
邮　　编:618013
电　　话:0838－2208846
传　　真:0838－2204416

企业名称:上海重型机器厂有限公司设计研究院
地　　址:上海市闵行区江川路 1388 号
邮　　编:200245
电　　话:021－64632262

传　　真:021－54722933

企业名称:中钢设备公司国际部
地　　址:北京市朝阳区芳园街1号
邮　　编:100016
电　　话:010－62688018
传　　真:010－62688098

企业名称:欧洛普过滤技术开发公司
地　　址:北京市中关村科技园区通州园
邮　　编:100176
电　　话:010－61279203
传　　真:010－61279958

企业名称:上海海联润滑材料科技有限公司
地　　址:上海市徐汇区钦州路100号
邮　　编:200235
电　　话:021－64834393
传　　真:021－64837197

停车设备

企业名称:杭州西子石川岛停车设备有限公司
地　　址:浙江省杭州市机场路176号
邮　　编:310021
电　　话:0571－88143666
传　　真:0571－88139678

企业名称:山东莱钢泰达车库有限公司
地　　址:山东省莱芜市经济开发区钢城分区莱钢工业园
邮　　编:271129
电　　话:0634－6899999
传　　真:0634－6894958

企业名称:深圳怡丰自动化科技有限公司
地　　址:广东省深圳市龙岗区龙城大道龙西路口龙岗高科技园
邮　　编:518116
电　　话:0755－84879829
传　　真:0755－84879397

企业名称:许继停车系统有限公司
地　　址:河南省许昌市许由路5号
邮　　编:461000
电　　话:0374－3219228
传　　真:0374－3219091

企业名称:北京航天汇信科技有限公司
地　　址:北京市经济技术开发区中和街20号
邮　　编:100176
电　　话:010－67886601
传　　真:010－67874871

企业名称:浙江子华停车设备有限公司
地　　址:浙江省绍兴市绍兴县滨海工业区思源路782号
邮　　编:312071
电　　话:0575－81199858
传　　真:0575－81199877

企业名称:唐山通宝停车设备有限公司
地　　址:河北省唐山市丰润区公园道138号
邮　　编:063030
电　　话:0315－3080599
传　　真:0315－3080690

企业名称:潍坊大洋自动泊车设备有限公司
地　　址:山东省潍坊市高新开发区东明路北首806号
邮　　编:261031
电　　话:0536－8797707
传　　真:0536－8791526

企业名称:济南天辰立体停车设备有限公司
地　　址:山东省济南市高新区天辰大街天辰工业园
邮　　编:250101
电　　话:0531－88878888
传　　真:0531－88877018

企业名称:上海赐宝停车设备制造有限公司
地　　址:上海市黄浦区打浦路1号906室
邮　　编:200023
电　　话:021－53960436
传　　真:021－53960435

企业名称:北京起重运输机械设计研究院
地　　址:北京市东城区雍和宫大街52号
邮　　编:100007
电　　话:010－64032277
传　　真:010－64052584

企业名称:杭州友佳精密机械有限公司
地　　址:浙江省萧山市经济技术开发区市心北路120号
邮　　编:311215
电　　话:0571－82831393
传　　真:0571－82831353

企业名称:上海万强机械车库制造有限公司
地　　址:上海市金山区松金公路2502号
邮　　编:201514
电　　话:021－57213927
传　　真:021－57213333

企业名称:上海浦东新区远东立体停车装备有限公司
地　　址:上海市浦东新区东川公路7447号
邮　　编:201201
电　　话:021－68907170
传　　真:021－68901921

企业名称:北京天宏恩机电科技有限公司
地　　址:北京市海淀区复兴路12号
邮　　编:100038
电　　话:010－63963040
传　　真:010－63962898

企业名称:敬稳(北京)机电设备有限公司
地　　址:北京市朝阳区建国门外大街19号国际大厦202室
邮　　编:100004
电　　话:010－85261141
传　　真:010－85261145

企业名称:广州广日智能停车设备有限公司
地　　址:广东省广州市高新技术产业开发区科学城科林路1号
邮　　编:510660
电　　话:020－82075622
传　　真:020－82075606

企业名称:北京金地汇通停车服务有限公司
地　　址:北京市丰台区南四环西路188号总部基地6区7号楼
邮　　编:100070
电　　话:010－68986966
传　　真:010－68986965

企业名称:上海天地岛川停车设备制造有限公司
地　　址:上海市虹口区东宝兴路157号17A、D
邮　　编:200080
电　　话:021－63563092
传　　真:021－63243053

企业名称:北京鑫华源机械制造有限责任公司
地　　址:北京市门头沟区矿后街47号
邮　　编:102300
电　　话:010－61814331
传　　真:010－61815320

企业名称:江苏启良停车设备有限公司
地　　址:江苏省江阴市大桥北路26号
邮　　编:214400
电　　话:0510－86634998
传　　真:0510－80667733

企业名称:杭州福瑞科技有限公司
地　　址:浙江省杭州市西湖区塘苗路18号华星工业村1号楼2楼
邮　　编:310013
电　　话:0571－85123559
传　　真:0571－85123228

企业名称:青岛金华工业集团有限公司
地　　址:山东省青岛市市北区辽阳西路51号
邮　　编:266034
电　　话:0532－85656888
传　　真:0532－85665098

企业名称:深圳市伟创自动化设备有限公司
地　　址:山东省深圳市南山高新区北区第五工业区彩虹科技大楼B2－2
邮　　编:518057
电　　话:0755－82445970
传　　真:0755－82445970

企业名称:浙江镭蒙机械设备有限公司
地　　址:浙江省诸暨市城西工业区千禧路8－1号
邮　　编:311800
电　　话:0575－87380088
传　　真:0575－87399280

企业名称:车立方(北京)新能源科技有限公司
地　　址:北京市朝阳区曙光西里甲1号第三置业B座1601室
邮　　编:100020
电　　话:010－59073288
传　　真:010－59073269

企业名称:日立(上海)贸易有限公司
地　　址:上海市黄浦区茂名南路205号瑞金大厦18楼
邮　　编:200020
电　　话:021－64721002
传　　真:021－64724990

企业名称:明椿电气机械股份有限公司
地　　址:上海市嘉定区南翔镇田旺路65号－16
邮　　编:201802
电　　话:021－69123815
传　　真:021－59177920

企业名称:苏州联发电机有限公司
地　　址:江苏省苏州市相城经济开发区富元路402号
邮　　编:215153
电　　话:0512－65793566
传　　真:0512－65793569

企业名称:天马华源停车设备(北京)有限公司
地　　址:北京市朝阳区东四环中路195号华腾新天地大厦1003室
邮　　编:100022
电　　话:010－87952553
传　　真:010－87952559

企业名称:北京大兆新元停车设备有限公司
地　　址:北京市海淀区北小马厂6号华天大厦12层13－16
邮　　编:100038
电　　话:010－63319787
传　　真:010－63319786

企业名称:北京宏地车港科技有限公司
地　　址:北京市东城区建国门内大街18号恒基中心办公楼第三座818－819室
邮　　编:100005
电　　话:010－63383023
传　　真:010－63331279

企业名称:北京海亮机械制造有限公司
地　　址:北京市通州区漷县镇觅子店组团鑫隅四街2号
邮　　编:101112
电　　话:010－80569770
传　　真:010－80569770

企业名称:北京博锐奥盛科技发展有限公司
地　　址:北京市朝阳区北苑路170号凯旋中心C座1606室
邮　　编:100101
电　　话:010－59273969
传　　真:010－58235608

企业名称:上海机械设备成套集团物流工程有限公司
地　　址:上海市虹口区四川北路1851号18楼
邮　　编:200081
电　　话:021－51053310
传　　真:021－51053309

企业名称:上海西飞三精机械有限公司
地　　址:上海市浦东新区外高桥保税区华申路221号
邮　　编:200131
电　　话:021－58660159
传　　真:021－58665105

企业名称:上海远急国际贸易有限公司
地　　址:上海市静安区铜仁路258号九安广场金6B
邮　　编:200040
电　　话:021－62890790
传　　真:021－62890788

企业名称:上海人本旭川自动化机械有限公司
地　　址:上海市闵行区顾戴路2525号
邮　　编:201100
电　　话:021－54888730
传　　真:021－54887736

企业名称:上海日荣樱天客金属工业有限公司
地　　址:上海市松江区茸北工业区施惠路258号
邮　　编:201613
电　　话:021－57783889
传　　真:021－57783859

企业名称:上海爱登堡电梯有限公司
地　　址:上海市闵行区浦星公路1601号
邮　　编:201114
电　　话:021－54331601
传　　真:021－64970181

企业名称:上海沈中停车设备有限公司
地　　址:上海市浦东新区浦建路729号804室
邮　　编:200127
电　　话:021－61460138
传　　真:021－61460108

企业名称:上海禾通涌源停车设备有限公司
地　　址:上海市松江区车墩镇茸昌路100－1号
邮　　编:201611
电　　话:021－57609563
传　　真:021－57609565

企业名称:上海剑峰停车设备工程有限公司
地　　址:上海市黄浦区南京东路61号新黄浦金融大厦607室
邮　　编:200002
电　　话:021－63392097
传　　真:021－63391924

企业名称:上海席尔诺停车设备有限公司
地　　址:上海市普陀区怒江北路598号1619室
邮　　编:200333
电　　话:021－61671489
传　　真:021－62169365

企业名称:天津鑫基机械停车设备有限公司
地　　址:天津市东丽开发区二纬路27号
邮　　编:300300
电　　话:022－24982100
传　　真:022－24990569

企业名称:天津通广集团专用设备有限公司
地　　址:天津市河北区新大路185号
邮　　编:300140
电　　话:022－26237315
传　　真:022－26224197

企业名称:天津市天兴机械制造有限公司
地　　址:天津市大港区中塘镇港中公路899号
邮　　编:300270
电　　话:022－63276278
传　　真:022－63270525

企业名称:石家庄舒玛停车设备有限公司
地　　址:河北省石家庄市正定县金河国际A座15楼
邮　　编:050800
电　　话:0311－83507709
传　　真:0311－83507708

企业名称:唐山市朋鼎停车设备制造有限公司
地　　址:河北省唐山市丰南区小集镇草泊东部、大碱路西侧
邮　　编:063300
电　　话:0315－8657777
传　　真:0315－8209777

企业名称:廊坊三联停车设备有限公司
地　　址:河北省廊坊市经济技术开发区蓝多廊公寓6－1－301室
邮　　编:065001
电　　话:0316－6081133
传　　真:0316－6081133

企业名称:保定市永和钢结构工程有限公司
地　　址:河北省保定市富昌路119号永和钢结构
邮　　编:071058
电　　话:0312－3211600
传　　真:0312－3211600

企业名称:太原刚玉产业发展有限公司
地　　址:山西省太原市阳曲县侯村乡赵庄村刚玉工业园区
邮　　编:030110
电　　话:0351－5565986
传　　真:0351－5565986

企业名称:山西华博科技有限公司
地　　址:山西省太原市长治路249号403室
邮　　编:030006
电　　话:0351－7024987
传　　真:0351－7024987

企业名称:大连华锐股份有限公司备料厂
地　　址:辽宁省大连市甘井子区中华东路3号
邮　　编:116031
电　　话:0411－86855206
传　　真:0411－86855208

企业名称:沈阳华德机械工程安装有限公司
地　　址:辽宁省沈阳市大东区联合路176号甲
邮　　编:110044
电　　话:024－88093011
传　　真:024－88423105

企业名称:沈阳远大立体车库有限公司
地　　址:辽宁省沈阳市经济技术开发区十三号街22号
邮　　编:110023
电　　话:024－25273686
传　　真:024－25271612

企业名称:中船重工(沈阳)辽海电梯有限公司
地　　址:辽宁省沈阳市和平区十三纬路23号
邮　　编:110003
电　　话:024－23707527
传　　真:024－23707525

企业名称:沈阳圣泰机电设备有限公司
地　　址:辽宁省沈阳市苏家屯区瑰香北街20－1号
邮　　编:110101
电　　话:024－89468828
传　　真:024－89463888

企业名称:尚志市田地立体车库设备制造有限公司
地　　址:黑龙江省尚志市经济开发区
邮　　编:150600
电　　话:0451－56757878
传　　真:0451－56757979

企业名称:苏州江南嘉捷电梯股份有限公司
地　　址:江苏省苏州市工业园区娄江路(葑亭大道)88号
邮　　编:215122
电　　话:0512－62746790
传　　真:0512－62741517

企业名称:无锡许继富通达停车设备有限公司
地　　址:江苏省无锡市惠河路65号
邮　　编:214062
电　　话:0510－85877716
传　　真:0510－85877716

企业名称:江苏金冠立体停车系统工程有限公司
地　　址:江苏省南通市外环西路72号高新技术园201室

邮　　编:226005
电　　话:0513－83553951
传　　真:0513－83522919

企业名称:江苏普腾停车设备有限公司
地　　址:江苏省南通市经济技术开发区通盛南路32－9号
邮　　编:226009
电　　话:0513－80770518
传　　真:0513－80770077

企业名称:江苏顺达工程科技有限公司
地　　址:江苏省南通市如皋市九华镇九华社区居委会二十六组98号
邮　　编:226541
电　　话:0513－82913888
传　　真:0513－82913888

企业名称:江苏安华机电工程有限公司
地　　址:江苏省徐州市青年路57路丰源大厦23层
邮　　编:221000
电　　话:0513－83606618
传　　真:0513－83600801

企业名称:昆山通祐电梯有限公司
地　　址:江苏省昆山市陆杨镇财贸路3号
邮　　编:215213
电　　话:0512－57646892
传　　真:0512－57646808

企业名称:江苏润邦智能停车设备有限公司
地　　址:江苏省南京市浦口区星甸工业园
邮　　编:211803
电　　话:025－58264788
传　　真:025－58265566

企业名称:中国一航合肥皖安航空装备有限责任公司
地　　址:安徽省合肥市望江西路205号
邮　　编:230022
电　　话:0551－5587053
传　　真:0551－5569754

企业名称:安徽鸿路钢结构(集团)股份有限公司
地　　址:安徽省合肥市双凤工业区鸿路大厦
邮　　编:231131
电　　话:0551－6391971
传　　真:0551－6391793

企业名称:安徽华星智能停车设备有限公司
地　　址:安徽省合肥市肥东新城开发区燎原路25号
邮　　编:231600
电　　话:0551－67758520
传　　真:0551－67744350

企业名称:安徽凯旋停车设备有限公司
地　　址:安徽省合肥市包河区花园路葛大店花园路15号
邮　　编:230051
电　　话:0551－3475498
传　　真:0551－3475418

企业名称:兰州远达工程设备有限责任公司
地　　址:甘肃省兰州市西固西路59号
邮　　编:730060
电　　话:0931－7981190
传　　真:0931－7961566

企业名称:山东齐星铁塔科技股份有限公司
地　　址:山东省滨州市邹平开发区会仙二路齐星大厦
邮　　编:256200
电　　话:0543－4305222
传　　真:0543－4305222

企业名称:青岛昊悦机械有限公司
地　　址:山东省青岛市遵义路3号
邮　　编:266043
电　　话:0532－84815754
传　　真:0532－84816885

企业名称:山东鲁南装备制造有限公司
地　　址:山东省枣庄市薛城区张范镇欣兴路西侧
邮　　编:277021
电　　话:0632－4090744
传　　真:0632－4090836

企业名称:山东同力达智能机械有限公司
地　　址:山东省济南市槐荫区槐村街73号
邮　　编:250022
电　　话:0531－88305461
传　　真:0531－88305505

企业名称:山东诺德机械制造有限公司
地　　址:山东省聊城市开发区辽河路东首路北
邮　　编:252000
电　　话:0635－5051010
传　　真:0635－5051019

企业名称:烟台华安智能停车设备制造有限公司
地　　址:山东省烟台市开发区华山路7号
邮　　编:265304
电　　话:0535－6393888
传　　真:0535－6393888

企业名称:青岛车的家车库有限公司
地　　址:山东省青岛市城阳区玉皇岭工业园
邮　　编:266107
电　　话:0532－66736759
传　　真:0532－66736769

企业名称:山东金冠机械有限公司
地　　址:山东省聊城市冠县新世纪工业园区
邮　　编:252500
电　　话:0635－5261777
传　　真:0635－5261777

企业名称:德州科博智能仓储物流设备限公司
地　　址:山东省德州市经济开发区高速东路
邮　　编:253000
电　　话:0534－2722667
传　　真:0534－2722667

企业名称:杭州大中泊奥科技有限公司
地　　址:浙江省杭州市萧山经济技术开发区桥南区高新5路
邮　　编:311231
电　　话:0571－82696679
传　　真:0571－82695083

企业名称:绍兴永利环保科技有限公司
地　　址:浙江省绍兴市绍兴县杨讯桥镇永利新村
邮　　编:312028
电　　话:0575－84575387
传　　真:0575－84575387

企业名称:浙江越宫钢结构有限公司
地　　址:浙江省绍兴市绍三线永仁路口
邮　　编:312000
电　　话:0575－8200390
传　　真:0575－8011958

企业名称:浙江双金机械集团股份有限公司
地　　址:浙江省杭州市余杭区瓶窑镇南山村
邮　　编:311115
电　　话:0571－88566529
传　　真:0571－88566529

企业名称:宁波神舟立体车库制造有限公司
地　　址:浙江省宁波市象山县爵溪镇新瀛路3号
邮　　编:315708
电　　话:0574－65605780
传　　真:0574－65605657

企业名称:宁波邦达实业有限公司
地　　址:浙江省宁波市国家高新区木槿路99号
邮　　编:315013
电　　话:0574－88416668
传　　真:0574－88411233

企业名称:宁波云环电子集团有限公司
地　　址:浙江省余姚市泗门镇小路下村
邮　　编:315472
电　　话:0574－62125892
传　　真:0574－62125891

企业名称:浙江力硕科技有限公司
地　　址:浙江省杭州市萧山区河上镇大桥工业园区
邮　　编:311264
电　　话:0571－82203870
传　　真:0571－82203800

企业名称:莱茵电梯(中国)有限公司
地　　址:浙江省湖州市练市工业园区
邮　　编:313013
电　　话:010－66132097
传　　真:010－66132097

企业名称:国家建筑城建机械质量监督检验中心
地　　址:湖南省长沙市银盆南路361号
邮　　编:410013
电　　话:0731－8923869
传　　真:0731－8910912

企业名称:郴州泰安智能立体车库设备有限公司
地　　址:湖南省郴州市槐树下北湖区工业园
邮　　编:423000
电　　话:0735－2176988
传　　真:0735－2176887

企业名称:湖南环通科技有限公司
地　　址:湖南省常德市常德大道2128号
邮　　编:415000
电　　话:0736－7306111
传　　真:0736－7306111

企业名称:新乡市宏丰停车设备制造有限公司
地　　址:河南省新乡市经济开发区环城北路
邮　　编:453700
电　　话:0373－5635559
传　　真:0373－5636844

企业名称:洛阳龙辇居停车设备有限公司
地　　址:河南省洛阳市黄河小浪底风景区工业园
邮　　编:471000

电　　话:0379－67822295
传　　真:0379－67822295

企业名称:中国船舶重工集团第 713 研究所海神停车设备公司
地　　址:河南省郑州市京广南路 126 号
邮　　编:450052
电　　话:0371－68717574
传　　真:0371－68733635

企业名称:河南省盛茂永代机械制造有限责任公司
地　　址:河南省郑州市惠济区绿源路与丰硕街交叉口北
邮　　编:450000
电　　话:0371－63779865
传　　真:0371－63779865

企业名称:新乡市中重停车装备有限公司
地　　址:河南省新乡市新乡经济开发区中央大道 71 号
邮　　编:45300
电　　话:0373－5586110
传　　真:0373－5586119

企业名称:新乡天丰机械制造有限公司
地　　址:河南省新乡市开发区新一街 17 号
邮　　编:453002
电　　话:0373－3526678
传　　真:0373－3526676

企业名称:河南中州起重集团有限公司
地　　址:河南省新乡市长垣县位庄镇工业区
邮　　编:453400
电　　话:0373－8611564
传　　真:0373－8611564

企业名称:河南祥鼎机械设备有限公司
地　　址:河南省郑州市惠济区新城街道办事处固城村118 号
邮　　编:450000
电　　话:0371－86178680
传　　真:0371－86178680

企业名称:佛山市南海高达建筑机械有限公司
地　　址:广东省佛山市南海区平洲五斗桥北侧
邮　　编:528251
电　　话:0575－86795321
传　　真:0575－86778582

企业名称:深圳中集天达空港设备有限公司
地　　址:广东省深圳市蛇口工业区工业四路 4 号
邮　　编:518067
电　　话:0755－26688488
传　　真:0755－26671643

企业名称:深圳市中科利亨车库设备有限公司
地　　址:广东省深圳市宝安区福永街道福海工业区 13 号
邮　　编:518103
电　　话:0755－29981555
传　　真:0755－29981777

企业名称:广西景和停车设备有限责任公司
地　　址:广西南宁市民族大道 115－1 号现代国际 905－908 室
邮　　编:530028
电　　话:0771－5595654
传　　真:0771－5596031

企业名称:南宁市宏涛机械设备有限责任公司
地　　址:广西南宁市北大南路 31 号内 C 栋 11－12 号
邮　　编:530022
电　　话:0771－4855196
传　　真:0771－4848255

企业名称:成都东风停车设备制造有限公司
地　　址:四川省成都市外东沙河堡大观堰 1 号
邮　　编:610066
电　　话:028－84789033
传　　真:028－84785619

企业名称:成都正武停车设备制造股份有限公司
地　　址:四川省广汉市小汉镇康营村 5 社
邮　　编:618304
电　　话:0838－6839589
传　　真:0838－6839567

企业名称:四川五新智能设备有限公司
地　　址:四川省成都市双流县西南航空港经济开发区工业集中发展区
邮　　编:610200
电　　话:028－85744268
传　　真:028－85676688

企业名称:昆明泊乐(风动)机械制造有限公司
地　　址:云南省昆明市高新技术开发区科泰路
邮　　编:650101
电　　话:0871－8325207
传　　真:0871－8325183

企业名称:昆明松骋汽修设备有限公司
地　　址:云南省昆明市关雨路东聚小车汽配城 B 区 11 幢
邮　　编:650214

电　　话:0871－8024888
传　　真:0871－8024888

企业名称:陕西中汽合力停车系统有限公司
地　　址:陕西省西安市高新区唐延路23号
邮　　编:710075
电　　话:029－87305008
传　　真:029－87305158

企业名称:龙岩市广通钢结构工程有限公司
地　　址:福建省龙岩市龙州工业园高新区A－06－2地块正合精密模具公司内
邮　　编:364000
电　　话:0597－2383630
传　　真:0597－2211639

企业名称:泉州市东盛钢结构发展有限公司
地　　址:厦门市湖里区五缘湾海富中心B座17C
邮　　编:362342
电　　话:0592－5795913
传　　真:0592－5793912

企业名称:福建轻安智能仓储设备有限公司
地　　址:福建省邵武市经济开发区紫金工业园区香林大道中段
邮　　编:354000
电　　话:0599－6228228
传　　真:0599－6228228

企业名称:湖北金宝科技发展有限公司
地　　址:湖北省襄阳市国家高新技术开发区
邮　　编:441000
电　　话:0710－3752199
传　　真:0710－3086810

企业名称:武汉鸿迅立体停车投资有限公司
地　　址:湖北省武汉市江汉区江汉路步行街126号长盛大厦9楼
邮　　编:430014
电　　话:027－82842228
传　　真:027－82755680

企业名称:湖北赛尔自动化设备有限公司
地　　址:湖北省松滋市新江口镇城北工业园立业路2号
邮　　编:434200
电　　话:0716－6269248
传　　真:0716－6269248

企业名称:武汉泊度停车投资管理有限公司
地　　址:湖北省武汉市武昌区西湖东路安顺花园E栋1004室
邮　　编:430061
电　　话:027－88185166
传　　真:027－88185166

企业名称:湖北广兴停车设备有限公司
地　　址:湖北省仙桃市胡场镇发展大道特1号
邮　　编:433000
电　　话:0728－2812669
传　　真:0728－2812669

企业名称:欧姆龙自动化(中国)统辖集团
地　　址:上海市浦东新区银城中路200号中银大厦2211室
邮　　编:200120
电　　话:021－50372222
传　　真:021－50372200

企业名称:ABB(中国)有限公司低压部
地　　址:北京市朝阳区酒仙桥路10号恒通广厦
邮　　编:100016
电　　话:010－84566688
传　　真:010－84569907

企业名称:北京亚博瑞思科技开发有限责任公司
地　　址:北京市海淀区祁家豁子甲2号健德商务楼107A(B座)
邮　　编:100191
电　　话:010－58537965
传　　真:010－82076094

企业名称:松下电器(中国)有限公司
地　　址:北京市朝阳区建国路79号华贸中心2号写字楼6F
邮　　编:100025
电　　话:010－59255988
传　　真:010－59255980

企业名称:施瑞克(北京)电气自动化技术有限公司
地　　址:北京市石景山八大处高科技园区
邮　　编:100041
电　　话:010－68647505
传　　真:010－68647505

企业名称:北京中通广联自动化设备有限公司
地　　址:北京市门头沟区双峪路熙旺中心B座1715室
邮　　编:102300
电　　话:010－57553360
传　　真:010－57553360

企业名称:上海山电电机有限公司
地　　址:上海市普陀区绥德路 889 弄 5 号楼 4 楼
邮　　编:200331
电　　话:021－62841028
传　　真:021－52841755

企业名称:上海兰宝传感科技股份有限公司
地　　址:上海市奉贤区金汇工业园区金碧路 228 号
邮　　编:201404
电　　话:021－57486188
传　　真:021－57486199

企业名称:史克马机电(上海)有限公司
地　　址:上海市青浦区漕盈路 3588 号
邮　　编:201712
电　　话:021－59228711
传　　真:021－59228711

企业名称:上海佐逸电器有限公司
地　　址:上海市浦东新区金港路 333 号禹州国际大厦 3 期 2 号楼
邮　　编:201206
电　　话:021－60446564
传　　真:021－58100927

企业名称:杭州东华链条集团有限公司
地　　址:浙江省杭州市机场路 218 号
邮　　编:310021
电　　话:0571－85041448
传　　真:0571－85040765

企业名称:杭州澳琪同济停车配件制造有限公司
地　　址:浙江省杭州市下城区香积寺路白石路灯塔西苑
邮　　编:310004
电　　话:0571－85362212
传　　真:0571－85362212

企业名称:浙江诸暨链条总厂
地　　址:浙江省诸暨市牌头五一路 1 号
邮　　编:311825
电　　话:0575－87051296
传　　真:0575－87056868

企业名称:浙江神牛机械制造有限公司
地　　址:浙江省诸暨市丰南路 8 号
邮　　编:311800
电　　话:0575－87181152
传　　真:0575－87185255

企业名称:浙江恒久机械集团诸暨特种链条厂
地　　址:浙江省诸暨市城西开发区
邮　　编:311800
电　　话:0575－87213808
传　　真:0575－87214388

企业名称:武义东风链条有限公司
地　　址:浙江省金华市武义县黄龙工业区
邮　　编:321200
电　　话:0579－87988090
传　　真:0579－87698070

企业名称:浙江康明斯机械有限公司
地　　址:浙江省温岭市新河镇中厢工业园
邮　　编:317502
电　　话:0576－86578602
传　　真:0576－86578336

企业名称:浙江永美链条有限公司
地　　址:浙江省金华市经济技术开发区南二环西路 2768 号
邮　　编:321312
电　　话:0579－89119537
传　　真:0579－89119251

企业名称:乐清市凯昆贸易有限公司
地　　址:浙江省乐清市柳市镇柳翁西路 6 号
邮　　编:325604
电　　话:0577－62769205
传　　真:0577－62766030

企业名称:苏州环球链传动有限公司
地　　址:江苏省苏州市吴中区藏书镇石中路 53 号
邮　　编:215156
电　　话:0571－88126215
传　　真:0571－88126227

企业名称:无锡市三爱电器厂
地　　址:江苏省无锡市苏锡路 553 号
邮　　编:214121
电　　话:0512－66955388
传　　真:0512－66235388

企业名称:无锡市明达电器有限公司
地　　址:江苏省无锡市滨湖经济技术开发区立业路 7 号
邮　　编:214142
电　　话:0510－85072580
传　　真:0510－85072581

企业名称:射阳达金机械厂
地　　址:江苏省盐城市射阳县合德镇创业园宏峰路 10 号

邮　　编:224300
电　　话:0515－82391680
传　　真:0515－82391080

企业名称:中航工业金城集团进出口有限公司
地　　址:江苏省南京市龙蟠中路216号金城大厦26楼
邮　　编:210002
电　　话:025－51815963
传　　真:025－51815379

企业名称:江苏中泰停车产业有限公司
地　　址:江苏省南京市汉中路180号星汉大厦21楼A座
邮　　编:210029
电　　话:025－58007188
传　　真:025－86619953

企业名称:湖北本格重工科技有限公司
地　　址:湖北省武汉市武昌区民主路728号洪广大厦23楼
邮　　编:438000
电　　话:027－87819502
传　　真:027－87267850

企业名称:天津滨新科技贸易发展有限公司
地　　址:天津市河北区新开路与胜利路交口北斗花园8－1－2804
邮　　编:300011
电　　话:022－24388262
传　　真:022－24127208

企业名称:派蒙蜂巢停车场管理(北京)有限公司
地　　址:北京市朝阳区建外SOHO－A座2103
邮　　编:100022
电　　话:010－59000938
传　　真:010－58691663

企业名称:厦门正黎明冶金机械有限公司
地　　址:福建省厦门市集美区杏林杏前路187号
邮　　编:361022
电　　话:0579－87988090
传　　真:0579－87699988

企业名称:佛山市三浦重工钢构有限公司
地　　址:广东省佛山市三水区南山镇迳口华侨开发区A区8－2号
邮　　编:528145
电　　话:0757－87276686
传　　真:0757－87276680

大型铸锻件

企业名称:中国第二重型机械集团公司
地　　址:四川省德阳市
邮　　编:618013
电　　话:0838－2239221
传　　真:0838－2201998

企业名称:中国第一重型机械股份公司
地　　址:黑龙江省齐齐哈尔市
邮　　编:161042
电　　话:0452－6810111
传　　真:0452－6810111

企业名称:上海重型机器厂有限公司
地　　址:上海市闵行区江川路1800号
邮　　编:200245
电　　话:021－54721921
传　　真:021－54721921

企业名称:中信重工机械股份有限公司
地　　址:河南省洛阳市涧西区建设路206号
邮　　编:471039
电　　话:0379－64088005
传　　真:0379－64214680

企业名称:鞍钢重型机械有限责任公司
地　　址:辽宁省鞍山市
邮　　编:114042
电　　话:0412－6611161
传　　真:0412－6613458

企业名称:中原特钢股份有限公司
地　　址:河南省济源市
邮　　编:454685
电　　话:0391－6099030
传　　真:0391－6099019

企业名称:太原科技大学材料科学与工程分院
地　　址:山西省太原市万柏林区
邮　　编:300024
电　　话:0351－6221456
传　　真:0351－6221456

企业名称:大连华锐重工铸钢股份有限公司
地　　址:辽宁省大连市甘井子区新水泥路8号
邮　　编:116035
电　　话:0411－86428074
传　　真:0411－85583099

企业名称:天津重型装备工程研究有限公司
地　　址:天津市经济技术开发区宏达街21号B座
邮　　编:300457

电　　话:022 - 59887808
传　　真:022 - 59887888

企业名称:中国第一重型机械股份公司铸锻钢事业部
地　　址:黑龙江省齐齐哈尔市
邮　　编:161042
电　　话:0452 - 6811476
传　　真:0452 - 6810535

企业名称:云南冶金昆明重工有限公司锻造分公司
地　　址:云南省昆明市龙泉路 871 号
邮　　编:650203
电　　话:0871 - 6085054
传　　真:0871 - 6085054

企业名称:沈阳铸造研究所
地　　址:辽宁省沈阳市铁西区云峰南街 17 号
邮　　编:110025
电　　话:024 - 25872249
传　　真:024 - 25851306

企业名称:太原重型机械股份有限公司冶铸分公司
地　　址:山西省太原市万柏林区玉河街 53 号
邮　　编:030024
电　　话:0351 - 6366750
传　　真:0351 - 6366750

企业名称:武汉重工铸锻有限责任公司
地　　址:湖北省武汉市青山区东武路 1 号
邮　　编:430084
电　　话:027 - 68861620
传　　真:027 - 68861617

企业名称:天津市天重曲轴锻造厂
地　　址:天津市北辰区高峰路马庄
邮　　编:300400
电　　话:022 - 26630208
传　　真:022 - 26340718

企业名称:内蒙古北方重工特殊钢分公司
地　　址:内蒙古包头市
邮　　编:014033
电　　话:0472 - 3385721
传　　真:0472 - 3322346

企业名称:内蒙古北方重工集团
地　　址:内蒙古包头市
邮　　编:014033
电　　话:0472 - 3386880
传　　真:0472 - 3335641

企业名称:中国中元兴华工程公司工艺工程院
地　　址:北京市海淀区西三环北路 5 号
邮　　编:100089
电　　话:010 - 68732550
传　　真:010 - 68732550

企业名称:中钢集团邢台冶金轧辊有限公司
地　　址:河北省邢台市新兴西路 1 号
邮　　编:054025
电　　话:0319 - 3932002
传　　真:0319 - 3123661

企业名称:中国南车集团资阳机车厂
地　　址:四川省资阳市
邮　　编:641301
电　　话:028 - 22022061
传　　真:028 - 22022061

企业名称:中国二重万航模锻厂
地　　址:四川省德阳市珠江西路 460 号
邮　　编:618013
电　　话:0838 - 2342304
传　　真:0838 - 2342304

企业名称:清华大学机械工程系
地　　址:北京市海淀区学院路
邮　　编:100084
电　　话:010 - 62789922
传　　真:010 - 62773637

企业名称:燕山大学材料科学与工程学院
地　　址:河北省秦皇岛市河北大街
邮　　编:066004
电　　话:0335 - 8387472
传　　真:0335 - 8074545

企业名称:北京科技大学材料科学与工程学院
地　　址:北京市海淀区学院路 30 号
邮　　编:100083
电　　话:010 - 62332572
传　　真:010 - 62332572

企业名称:大连理工大学材料工程系
地　　址:辽宁省大连市甘井子区凌工路 2 号
邮　　编:116024
电　　话:0411 - 84708434
传　　真:0411 - 84709284

企业名称:上海汽轮机有限公司锻冶处
地　　址:上海市闵行区江川路 333 号

邮　　编:200240
电　　话:021－64358331－3388
传　　真:021－64355046

企业名称:哈尔滨汽轮机厂有限责任公司
地　　址:黑龙江省哈尔滨市动力区大庆路
邮　　编:150046
电　　话:0451－82953194
传　　真:0451－82681364

企业名称:东方汽轮机有限公司
地　　址:四川省德阳市高新技术产业园金沙江西路666号
邮　　编:618000
电　　话:0838－2687430
传　　真:0838－2687777

企业名称:山东山一重工
地　　址:山东省泰安市山口镇
邮　　编:271000
电　　话:0538－8611866
传　　真:0538－86116666

企业名称:中冶京诚(营口)装备技术有限公司
地　　址:辽宁省营口市老边区柳树镇
邮　　编:115004
电　　话:0417－3257899
传　　真:0417－3257900

企业名称:沈阳铸锻工业有限公司
地　　址:辽宁省沈阳市铁西区辽西路188号
邮　　编:110025
电　　话:024－25615372
传　　真:024－25615373

企业名称:二重集团金结分厂
地　　址:四川省德阳市珠江西路460号
邮　　编:618013
电　　话:0838－2342383
传　　真:0838－2342383

企业名称:鞍钢重型机械有限责任公司锻造厂
地　　址:辽宁省鞍山市灵山红旗路
邮　　编:114042
电　　话:0412－6762398
传　　真:0412－6762398

企业名称:上海重型机器厂有限公司大锻所
地　　址:上海市闵行区江川路1800号
邮　　编:200245
电　　话:021－54721921
传　　真:021－54721921

企业名称:上重特种钢公司
地　　址:上海市闵行区江川路1800号
邮　　编:200245
电　　话:021－54721651
传　　真:021－54303203

企业名称:上海重型机器冶铸厂
地　　址:上海市闵行区江川路1800号
邮　　编:200245
电　　话:021－34098183
传　　真:021－34098183

企业名称:上海重型机器锻件厂
地　　址:上海市闵行区江川路1800号
邮　　编:200245
电　　话:021－54721141－2651
传　　真:021－54720453

企业名称:广重铸轧钢有限公司
地　　址:广东省中山市黄圃镇鲤鱼嘴工业开发区
邮　　编:528429
电　　话:0760－321333
传　　真:0760－312227

企业名称:广东省韶铸集团有限公司
地　　址:广东省韶关市十里亭
邮　　编:512031
电　　话:0751－8853784
传　　真:0751－8853784

企业名称:天津天重车轴制造有限公司
地　　址:天津市北辰区高峰路马庄
邮　　编:300400
电　　话:022－26626168
传　　真:022－26341806

企业名称:无锡宏达集团
地　　址:江苏省无锡市南泉壬港
邮　　编:214128
电　　话:0510－85952557
传　　真:0510－85953536

企业名称:中冶陕压重工设备有限公司
地　　址:陕西省渭南市富平县庄里镇
邮　　编:714000
电　　话:0913－8622969
传　　真:0913－8622000

企业名称:内蒙一机集团制造部
地　　址:内蒙古包头市2号信箱
邮　　编:014033
电　　话:0472－3118051
传　　真:0472－3117580

企业名称:中国长江动力公司(集团)
地　　址:湖北省武汉市关山一路105号
邮　　编:430074
电　　话:027－87801455
传　　真:027－87801455

企业名称:重庆炎炼重型机械设备有限公司
地　　址:重庆市大渡口区双山工业园区
邮　　编:400084
电　　话:023－68611119
传　　真:023－68883622

企业名称:山西大同机车厂技术中心工艺开发部
地　　址:山西省大同市大庆路
邮　　编:037038
电　　话:0352－7163354
传　　真:0352－7162440

企业名称:杭州宝鼎铸锻有限公司
地　　址:浙江省杭州市余杭区
邮　　编:311106
电　　话:0571－86380788
传　　真:0571－86380688

企业名称:秦南重工机械有限公司
地　　址:四川省德阳市青山巷6号
邮　　编:618000
电　　话:0838－2204470
传　　真:0838－2202266

企业名称:江苏国光重型机械有限公司
地　　址:江苏省江阴市利港镇镇澄路2558号
邮　　编:214441
电　　话:025－86609555－8005
传　　真:025－86600851

企业名称:上海交大申模计算机系统集成有限公司
地　　址:上海市华山路1954号
邮　　编:200030
电　　话:021－32260298
传　　真:021－62946388

企业名称:南京科润工业介质有限公司
地　　址:江苏南京市江宁区秦淮路31号
邮　　编:211100
电　　话:025－52125195
传　　真:025－52101342

企业名称:德阳兴利机械设备有限责任公司
地　　址:四川省德阳市
邮　　编:618000
电　　话:0838－2226098
传　　真:0838－2226098

企业名称:德阳万鑫电站产品开发有限公司
地　　址:四川省德阳广汉高坪镇龙潭村八社
邮　　编:618306
电　　话:0838－2225133
传　　真:0838－2225133

重型锻压机械

企业名称:中国第二重型机械集团公司
地　　址:四川省德阳市珠江西路1号
邮　　编:618013
电　　话:0838－2341482
传　　真:0838－2201998

企业名称:中国重型机械有限公司
地　　址:北京市海淀区公主坟复兴路甲23号
邮　　编:100036
电　　话:010－68221576
传　　真:010－68217772

企业名称:中国重型机械研究院有限公司
地　　址:陕西省西安市未央区东元路209号
邮　　编:710032
电　　话:029－86322300
传　　真:029－86713965

企业名称:太原重型机械集团有限公司
地　　址:山西省太原市河西区和平北路
邮　　编:030024
电　　话:0351－6045384
传　　真:0351－6064467

企业名称:清华大学机械系
地　　址:北京市海淀区清华园
邮　　编:100084
电　　话:010－62771476
传　　真:010－62783387

企业名称:北方重工沈阳重型机械集团有限责任公司
地　　址:辽宁省沈阳市铁西区兴华北街8号

邮　　编:110025
电　　话:024 - 25802599
传　　真:024 - 25851610

企业名称:中国第一重型机械集团公司
地　　址:黑龙江省齐齐哈尔市富拉尔基区
邮　　编:116600
电　　话:0452 - 6810123
传　　真:0452 - 6810111

企业名称:中信重工机械股份有限公司
地　　址:河南省洛阳市涧西区建设路 206 号
邮　　编:471400
电　　话:0379 - 64008888
传　　真:0379 - 64214807

企业名称:上海重型机械厂锻件厂
地　　址:上海市闵行区江川路 1800 号
邮　　编:200240
电　　话:021 - 54721141 - 2651
传　　真:021 - 64300132

企业名称:中国第二重型机械集团公司
地　　址:四川省德阳市珠江西路 1 号
邮　　编:618013
电　　话:0838 - 2341807
传　　真:0838 - 2201998

企业名称:中国重型机械有限公司综合管理三部
地　　址:北京市海淀区公主坟复兴路甲 23 号
邮　　编:100036
电　　话:010 - 68296095
传　　真:010 - 68217772

企业名称:德阳立达基础件有限公司
地　　址:四川省德阳市庐山南路三段 32 号
邮　　编:618000
电　　话:0838 - 2903979
传　　真:0838 - 2903979

〔供稿人:中国重型机械工业协会张艳君〕

上海重型机器厂有限公司

Shanghai Heavy Machinery Plant Co.,Ltd.

1 700mm中薄板连轧精轧机组

上海重型机器厂有限公司前身始建于1934年,1962年启用上海重型机器厂厂名，2004年6月改制为上海重型机器厂有限公司（以下简称上重），系上海电气集团股份有限公司（香港和上海上市公司）成员企业。

上重是国家机械工业大型骨干企业，产品涵盖核电、火电、冶金、机械、造船和化工等行业所需的高质量大型铸锻件和电站制粉、冶炼、轧钢、锻压、水利、矿山采掘设备等。主导产品包括HP中速磨煤机、BBD磨煤机等电站辅机制粉设备，冷热主轧机、工艺段产品等冶金轧钢设备，荣获国家科技进步奖一等奖的100MN双动铝挤压机、中国国际工业博览会金奖的165MN自由锻造油压机等大型锻压设备，以及百万级火电机组汽轮机转子、百万级核电机组核岛主设备、大型支承辊和大型船用曲轴等大型铸锻件。

油压机、操作机联动

1 000MW超超临界机组低压转子